옛글 읽기

나찬연 · 김문기

도서출판 월인

머리말

지은이는 지난 10여 년 동안 '옛글 읽기'나 '국어학 강독'의 강좌를 개설하여 강의를 해 왔다. 이들 강좌를 수강하는 학생들은 대체로 옛말과 옛글에 대한 관심은 높은 데 반해서, 옛말의 문법이나 옛글에 대한 지식이 부족하여 강의를 듣는 데 큰 어려움을 느끼고 있었다. 이러한 현상은 옛말에 대한 문법 교육이 충실하지 못하였거나 '옛글 읽기'나 '국어학 강독' 교재의 체제와 내용이 부실한 데에서 비롯한다고 생각한다. 지은이는 이러한 문제점을 감안하여 학습자들이 편리하고 쉽게 강독 강좌를 들을 수 있도록 교재를 편찬하려고 노력하였다.

이 책은 15세기부터 19세기까지 간행된 한글 문헌에 쓰인 옛말과 옛글의 모습을 소개하는 책이다. 독자들은 이 책을 통하여 국어의 시대별 모습을 이해할 수 있고 나아가 국어의 변화 양상을 파악할 수 있다. 이를 위하여 중세 국어의 시기인 15~16세기의 문헌을 비중 있게 실었고, 근대 국어의 시기인 17, 18, 19세기에 간행된 문헌의 텍스트를 각각 한 편씩 소개하였다.

지은이는 이 책의 체제를 제1부 '15세기 국어의 문법', 제2부 '옛글 읽기'로 구성하고, 여기에 '부록'을 덧붙였다.

제1부인 '15세기 국어의 문법'에서는 15세기 국어 문법의 학습 내용 가운데 중요한 사항을 추려서 간략하게 제시하였다. 이들 중세 국어의 문법 이론은 '고등학교 문법(2009)'의 '국어의 옛 모습'에 제시된 중세 국어의 문법 내용에 바탕을 두고 기술하였다. 제1부의 내용을 통하여 독자들은 옛글을 읽기 전에 익혀야 할 옛말의 문법에 대한 기본적인 지식을 얻을 수 있다.

제2부인 '옛글 읽기'에서는 옛 문헌의 원래 모습을 영인(影印)하여 실었으며, 영인된 옛 문헌의 하단에 해당 페이지에 나타난 주요 어휘의 뜻과 문법 형태소의 기능에 대한 풀이를 각주의 형식으로 제시하였다.

'부록 1'에서는 제1부인 '15세기 국어의 문법'에서 다룬 옛말 예문에 나타난 어휘의 뜻을 풀이하고 문법 형태소를 분석하였으며, 아울러 옛말 예문을 현대어로 옮겼다. 그리고 '부록 2'에서는 제2부인 '옛글 읽기'에서 다룬 옛글 텍스트를 현대어로 풀이하였다. '부록'의 내용을 통해서 이 책의 독자들은 중세 국어의 문법을 좀더 편리하게 익힐 수 있을 것으로 생각한다.

이 책을 내는 데는 여러 사람의 도움이 있었다. 먼저 지은이들과 함께 '학교 문법 연구회'에서 활동하고 있는 권영환, 박성호, 박영미, 오효순 선생은 이 책의 내용과 체제에 대하여 여러 가지 도움말을 해 주었다. 그리고 경성대학교 교육대학원의 박현진 양은 이 책에 실린 옛 문헌 자료의 모습을 디지털 이미지로 만들어 편집해 주었다. 끝으로 이 책을 흔쾌히 발간해 주신 도서출판 월인의 박성복 사장님과 원고를 편집하여 책으로 묶어 주신 최형필 상무님께 감사의 말을 전한다.

아무쪼록 이 책을 통하여 국어학 입문자들이 국어의 옛말과 옛글을 쉽게 이해하고 국어의 변천의 흐름을 이해하는 데 도움이 되었으면 한다.

2009년 10월 31일

지은이 씀

차 례

[이 책에서 인용한 15세기 문헌]

약어	문헌 이름		발간 연대	
	한자 이름	한글 이름		
용가	龍飛御天歌	용비어천가	1445년	세종
훈해	訓民正音解例	훈민정음 해례	1446년	세종
석보	釋譜詳節	석보상절	1447년	세종
월천	月印千江之曲	월인천강지곡	1448년	세종
세훈	世宗御製訓民正音(訓民正音諺解)	세종 어제 훈민정음(훈민정음 언해)	1450년경	세종
월석	月印釋譜	월인능언	1459년	세조
능언	愣嚴經諺解	능엄경 언해	1462년	세조
법언	妙法蓮華經諺解(法華經諺解)	묘법연화경 언해(법화경 언해)	1463년	세조
몽언	蒙山和尙法語略錄諺解	몽산화상법어 약록 언해	세조 때	세조
금언	金剛經諺解	금강경 언해	1464년	세조
선언	禪宗永嘉集諺解	선종영가집 언해	1464년	세조
원언	圓覺經諺解	원각경 언해	1465년	세조
구언	救急方諺解	구급방 언해	1466년	세조
내훈	內訓(일본 蓬左文庫 판)	내훈(일본 봉좌문고 판)	1475년	성종
삼행	三綱行實圖	삼강행실도	1481년	성종
두언	分類杜工部詩諺解 初刊	분류두공부시 언해 초간	1481년	성종
금삼	金剛經三家解	금강경 삼가해	1482년	성종
영남	永嘉大師證道歌 南明泉禪師繼訟	영가대사증도가 남명천선사계송	1482년	성종
육언	六祖法寶壇經諺解	육조법보단경 언해	?	?
악궤	樂學軌範	악학궤범	1493년	성종
박언	朴通事諺解 初刊	박통사 언해 초간	16세기 초	중종
소언	小學諺解	소학 언해	1587년	선조
악가	樂章歌詞	악장가사	?	?

제1부 15세기 국어의 문법

제1장 글자와 표기법

1.1. 훈민정음의 제자 원리

1.1.1. 제자의 일반 원리

훈민정음의 제자 원리는 <훈민정음 해례본>의 '제자해(制字解)'에 기술되어 있다.

(1) 훈민정음 28글자는 각기 그 모양을 본떠서 만들었다. [훈해 제자해]

1.1.2. 초성과 종성 글자의 제자 원리

초성 글자는 발음 기관을 상형하여 기본 글자를 만들고, 이 기본 글자에 가획함으로써 나머지 글자를 만들었다. 그리고 종성 글자는 따로 만들지 않고 초성의 글자를 다시 사용하였다.

〈**상형**〉 초성 글자는 소리를 낼 때의 발음 기관을 상형하여 기본 글자를 만들었다.

(2) 초성은 모두 17자이다. 어금닛소리인 'ㄱ'은 혀의 뿌리가 목구멍을 막는 모양을 본떴고, 혓소리인 'ㄴ'은 혀가 윗잇몸에 붙는 모양을 본떴고, 입술소리인 'ㅁ'은 입의 모양을 본떴고, 잇소리인 'ㅅ'은 이의 모양을 본떴으며, 목구멍소리인 'ㅇ'은 목구멍의 모양을 본떴다. [훈해 제자해]

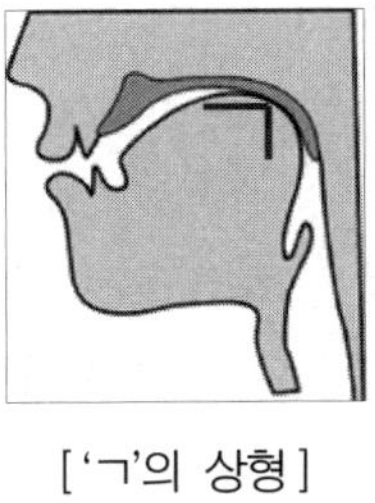

['ㄱ'의 상형]

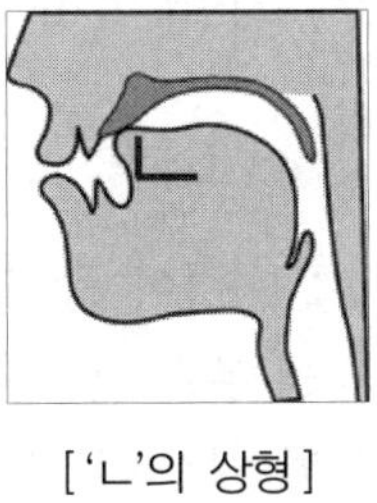

['ㄴ'의 상형]

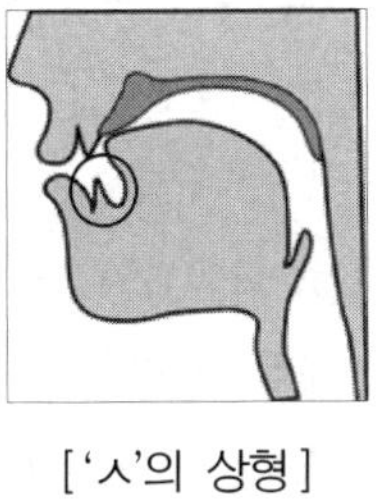

['ㅅ'의 상형]

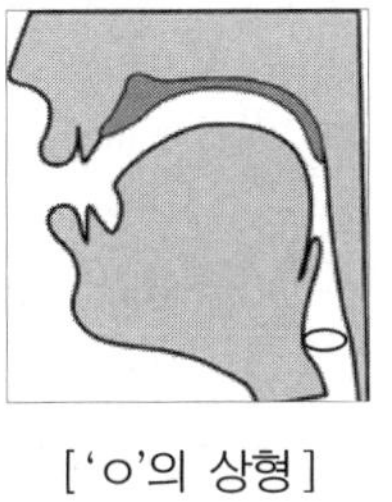

['ㅇ'의 상형]

〈**가획**〉 소리가 세어짐에 따라서 기본 글자에 획을 더하여 나머지 글자를 만들었다.

(3) ㅋ은 ㄱ보다 소리가 좀 세게 나는 까닭에 획을 더하였고, ㄴ에서 ㄷ, ㄷ에서 ㅌ, ㅁ에서 ㅂ, ㅂ에서 ㅍ, ㅅ에서 ㅈ, ㅈ에서 ㅊ, ㅇ에서 ㆆ, ㆆ에서 ㅎ이 된 것도 그 소리에 따라 획을 더한 뜻이 다 같다. 그러나 오직 ㆁ은 다르게 하였다. [훈해 제자해]

구 분	기본자	1차 가획	2차 가획	이체(異體)
아음(牙音)	ㄱ	ㅋ		(ㅇ→)ㆁ
설음(舌音)	ㄴ	ㄷ	ㅌ	(ㄷ→)ㄹ
순음(脣音)	ㅁ	ㅂ	ㅍ	
치음(齒音)	ㅅ	ㅈ	ㅊ	(ㅅ→)ㅿ
후음(喉音)	ㅇ	ㆆ	ㅎ	

[표 1. 초성 글자의 가획 원리]

〈**종성**〉 종성 글자는 따로 만들지 않고 초성의 글자를 다시 사용하였다.

(4) 종성은 초성을 다시 사용한다.(終聲復用初聲) [훈해 예의]

1.1.3. 중성 글자의 제자 원리

중성(모음) 글자는 '天, 地, 人'을 상형하여 'ㆍ, ㅡ, ㅣ' 세 글자를 만들고, 이 세 글자를 합하여 나머지 글자를 만들었다.

〈**상형**〉 중성(모음) 글자는 '하늘(天), 땅(地), 사람(人)'을 상형하여 'ㆍ, ㅡ, ㅣ' 세 글자를 만들었다.

(5) 중성은 모두 11자이다. 'ㆍ'는 … 그 형상이 둥근 것은 하늘을 본뜬 것이다. 'ㅡ'는 … 그 형상이 평평한 것은 땅을 본뜬 것이다. 'ㅣ'는 … 그 형상이 선 모양인 것은 사람을 본뜬 것이다. [훈해 제자해]

〈**합성**〉 기본자인 '·'와 'ㅡ'와 'ㅣ'를 합성(合成)하여 초출자와 재출자를 만들었다.

(6) 'ㅗ'는 그 모양이 '·'와 'ㅡ'가 합쳐서 이루어졌고, 'ㅏ'는 그 모양이 'ㅣ'와 '·'가 합쳐서 이루어졌으며, 'ㅜ'는 그 모양이 'ㅡ'와 '·'가 합쳐서 이루어졌으며, 'ㅓ'는 그 모양이 '·'와 'ㅣ'가 합쳐서 이루어졌다. 'ㅛ'는 'ㅗ'와 같으나 'ㅣ'에서 일어나며, 'ㅑ'는 'ㅏ'와 같으나 'ㅣ'에서 일어난다. 'ㅠ'는 'ㅜ'와 같으나 'ㅣ'에서 일어나며, 'ㅕ'는 'ㅓ'와 같으나 'ㅣ'에서 일어난다. 'ㅗ, ㅏ, ㅜ, ㅓ'는 천지(天地)에서 비롯하므로 초출(初出)이 된다. 'ㅛ, ㅑ, ㅠ, ㅕ'는 'ㅣ'에서 일어나서 인(人)을 겸하므로 재출(再出)이 된다. [훈해 제자해]

구분	글꼴	글자의 합성	음가	구분	글꼴	글자의 합성	음가
초출자	ㅗ	ㅡ + ·	/o/	재출자	ㅛ	ㅗ + ·	/jo/
	ㅏ	ㅣ + ·	/a/		ㅑ	ㅏ + ·	/ja/
	ㅜ	ㅡ + ·	/u/		ㅠ	ㅜ + ·	/ju/
	ㅓ	ㅣ + ·	/ə/		ㅕ	ㅓ + ·	/jə/

[표 2. 초출자와 재출자의 제자 원리]

1.1.4. 글자의 운용법

<훈민정음>의 예의에서는 글자의 운용에 관한 규정으로서, '연서법, 병서법, 성음법, 부서법, 사성법'에 관한 규정을 두고 있다.

〈**연서법**〉 순음 아래 ㅇ를 붙여서 순경음 글자 'ㅸ, ㅱ, ㆄ, ㅹ'을 만드는데, 이렇게 글자를 위아래로 이어서 새로운 글자를 만드는 방법을 '연서(連書)'라고 한다.

(7) ㅇ을 순음의 아래에 이어 쓰면 순경음이 된다. [훈해 예의]

〈**병서법**〉 초성과 종성의 글자를 합해서 사용할 때에는 두 글자를 왼쪽에서 오른쪽으로 나란히 잇대어서 쓰는데, 이를 '병서(竝書)'라고 한다.

(8) 초성을 합쳐서 사용하려면 나란히 쓰라. 종성도 마찬가지다. [훈해 예의]

(9) ㄱ. 各自竝書 : ㄲ, ㄸ, ㅃ, ㅆ, ㅉ, ㆅ, (ᅇ, ᄔ)
ㄴ. 合用竝書 : ㅳ, ㅄ, ㅶ ; ㅺ, ㅼ, ㅽ, ㅾ ; ㅴ, ㅵ

〈**성음법**〉 글자는 초성, 중성, 종성의 글자를 합쳐서 적어야 한다는 규정을 두었는데, 이러한 규정을 '성음법(成音法)'이라고 한다.

(10) 무릇 글자는 반드시 합쳐져야 소리가 이루어진다. [훈해 예의]

(11) ㄱ. 君군, 覃ᄄᆞᆷ, 呑ᄐᆞᆫ, 彆볋, 即즉, 侵침, …
ㄴ. 快쾡, 那낭, 步뽕, 彌밍, 慈ᄍᆞᆼ, 邪썅, 虛헝, 閭령, …
ㄷ. 欲욕, …

〈**부서법**〉 중성 가운데 어떤 것은 초성의 아래에 붙여 쓰고 또 어떤 것은 초성의 오른쪽에 붙여 쓴다는 규정을 두었는데, 이러한 규정을 '부서법(附書法)'이라고 한다.

(12) ㆍㅡㅗㅜㅛㅠ는 초성의 아래에 붙여 쓰고, ㅣㅏㅓㅑㅕ는 (초성의) 오른쪽에 붙여 쓴다. [훈해 예의]

(13) 중성 중에서 둥근 것과 가로 그은 것은 초성의 아래에 놓이는데, ㆍㅡㅗㅜㅛㅠ가 그것이다. 위에서 아래로 그은 것은 초성의 오른쪽에 놓이는데, ㅣㅏㅓㅑㅕ가 그것이다. [훈해 합자]

〈**사성법**〉 훈민정음은 초성, 중성, 종성의 글자 이외에도 '방점(傍點, 四聲點)'을 찍어서 성조(聲調, 소리의 높낮이)를 표시하였는데, 이를 사성법(四聲法)이라고 한다.

(14) 왼편에 한 점을 찍으면 거성(去聲)이요, 둘이면 상성(上聲)이요, 없으면 평성(平聲)이요, 입성(入聲)은 점을 찍는 것은 같으나 촉급하다.[1] [훈해 예의]

1) 입성(入聲)은 '독(甕), ·ᄐᆞᆨ(頤), 긷(柱), :낟(穀), ·몯(釘), :깁(繒), 녑(脅), ·입(口)'처럼 종성이 /k/, /t/, /p/인 음절이다. 입성의 음절은 소리의 높낮이와는 관계없이 짧고 빨리 끝나는 소리이므로, 입성은 성조 체계에서 제외되어야 한다.

사성(四聲)		좌가점(左加點)	용례	소리의 성질	
				해례본	언해본
비입성(非入聲)	거성(去聲)	一 點	·갈(刀), ·키(箕)	擧而壯	ᄆᆞᆺ 노ᄑᆞᆫ 소리
	상성(上聲)	二 點	:돌(石), :범(虎)	和而擧	처ᅀᅥ미 ᄂᆞᆺ갑고 내중이 노ᄑᆞᆫ 소리
	평성(平聲)	無 點	벼(稻), 콩(大豆)	安而和	ᄆᆞᆺ ᄂᆞᆺ가ᄫᆞᆫ 소리
입성(入聲)	거성(去聲)	一 點	·몯(釘), ·ᄐᆞᆨ(頤)	促而塞	ᄲᆞᆯ리 긋ᄃᆞᆮᄂᆞᆫ 소리
	상성(上聲)	二 點	:낟(穀), :깁(繒)		
	평성(平聲)	無 點	독(甕), 녑(脅)		

[표 3. 방점의 운용법]

1.2. 글자의 소리

15세기 국어의 음절은 초성, 중성, 종성으로 구성되었다. 따라서 훈민정음의 글자는 원칙적으로 초성 글자와 중성 글자, 그리고 종성 글자로 구분할 수 있다.

1.2.1. 초성과 종성 글자의 소리

초성 글자와 종성 글자 중에서 현대어와 차이 나는 것의 음가와 사용법을 정리하면 다음과 같다.

1.2.1.1. 초성과 종성의 소리 체계

〈초성의 소리 체계〉 15세기 국어 자음의 소리 체계를 표로 보이면 다음과 같다.

조음 방법 / 조음 위치	全淸(예사소리)	次淸(거센소리)	不淸不濁(울림소리)	全濁(된소리)
牙音(여린입천장소리)	/ㄱ/ 君군	/ㅋ/ 快쾡	/ㆁ/ 業업	/ㄲ/ 虯뀨ᇢ
舌音(잇몸소리)	/ㄷ/ 斗두ᇢ	/ㅌ/ 呑튼	/ㄴ/ 那낭	/ㄸ/ 覃땀

脣音(입술소리)	/ㅂ/ 鷩볋	/ㅍ/ 漂푷	/ㅁ/ 彌밍	/ㅃ/ 步뽕
齒音(잇소리)	/ㅈ/ 卽즉 /ㅅ/ 戌슗	/ㅊ/ 侵침		/ㅉ/ 慈ᄍᆞᆼ /ㅆ/ 邪썅
喉音(목청소리)	/ㆆ/ 挹ᅙᅳᆸ	/ㅎ/ 虛헝	/ㅇ/ 欲욕	/ㆅ/ 洪ᅘᅩᆼ
半舌音(잇몸소리)			/ㄹ/ 閭령	
半齒音(잇소리)			/ㅿ/ 穰ᅀᅣᇰ	

[표 4. 자음의 소리 체계]

1.2.1.2. 초성 글자의 소리

〈초성 글자의 체계〉 초성 글자는 ‘홑 초성 글자’와 ‘겹 초성 글자’로 구분할 수 있다. ‘홑 초성 글자’는 한 글자로 이루어진 기본 글자이며, ‘겹 초성 글자’는 기본 글자를 합해서 만든 글자로서 ‘각자 병서 글자, 합용 병서 글자, 연서 글자’가 있다.

홑 초성 글자		ㄱ, ㅋ, ㆁ ; ㄷ, ㅌ, ㄴ ; ㅂ, ㅍ, ㅁ ; ㅅ, ㅈ, ㅊ ; ㆆ, ㅎ, ㅇ ; ㄹ ; ㅿ
겹 초성 글자	각자 병서 글자	ㄲ, ㄸ, ㅃ, ㅉ, ㅆ, ㆅ, (ᅇ, ᄔ)
	합용 병서 글자	ᄠ, ᄡ, ᄧ, ᄩ ; ᄭ, ᄮ, ᄯ, ᄲ ; ᄢ, ᄣ
	연 서 글 자	ㅸ(ㅱ, ㆄ, ㅹ)

[표 5. 초성 글자의 체계]

가. 홑 초성 글자의 소리

‘홑 초성 글자’ 가운데 지금은 없어졌거나 발음이 지금과 다른 글자로는 ‘ㆁ, ㆆ, ㅇ, ㅿ, ㅈ, ㅊ’이 있다.

가-1. 없어진 홑 초성 글자의 소리

〈ㆁ, ㆆ, ㅿ〉 ‘ㆁ’는 아음(牙音)의 불청불탁 글자로서, 여린 입천장에서 나는 비음인 /ŋ/의 음가를 가진 글자이며, ‘ㆆ’은 후음(喉音)의 전청 글자로서, 후두 폐쇄음(소리를 끊음을 표시하는 부호)인 /ʔ/의 음가를 가진 글자이다. 그리고 ‘ㅿ’은 ‘ㅅ’에 대립되는

'유성 치조 마찰음(有聲 齒槽 摩擦音)'인 /z/의 음가를 가지는 글자이다.

(1) ㄱ. 러울, 서에, 바올, 그에, 미드니잇가
ㄴ. 長湍ᄋᆞᆯ 건너시ᇙ 제, 가ᇙ 길히, 니르고져 호ᇙ 배, 도라오ᇙ 軍士, 지브로 도라오시ᇙ 제 ; 於ᅙᅥᆼ, 一ᅙᅵᇙ, 因ᅙᅵᆫ, 依ᅙᅴᆼ, 音ᅙᅳᆷ
ㄷ. 거싀, 겨슬, ᄀᆞᄉᆞᆯ, ᄆᆞᄉᆞᆯ, ᄉᆞ시, 아ᄉᆞ, 한숨, 몸소

가-2. 바뀐 흗 초성 글자의 소리

〈ㅇ〉 15세기 국어에서는 'ㅇ'은 대체로 음가가 없는데, 현대 국어에서 초성에서는 음가가 없고 종성에서는 그 음가가 /ŋ/이다.

(2) ㄱ. 아ᄒᆡ, 아ᄉᆞ, 어마님, 요주숨, 입시울 ; ᅌᅭᆼ(用), ᅌᅭᆨ(欲), ᅌᅵᆼ(異)
ㄴ. 셩(書), ᄍᆞᆼ(字), 셩(如), ᄎᆞᆼ(此), 뽕(步)

그런데 'ㅇ'이 /ㄹ, ㅿ, ㅣ, ㅣ/[1]와 그에 뒤따르는 모음 사이에서 실현될 때는 무음가의 글자로 보기 어렵다. 이들 환경에서 실현된 'ㅇ' 글자를 '유성 후두 마찰음(有聲 喉頭 摩擦音)'인 /ɦ/의 음가를 가지는 글자로 보는 견해도 있다.

(3) ㄱ. 놀애, ᄂᆞᆯ애, 몰애 ; 달아, 일우다
ㄴ. ᄀᆞᇫ애, 아ᇫ이 ; 그ᇫ어, 비ᇫ이고, 우ᇫ음
ㄷ. 아니어늘, 몯ᄒᆞ리오, 뷔오

〈ㅈ, ㅊ〉 'ㅈ'과 'ㅊ'은 현대어에서는 경구개음(센입천장소리)의 글자인데 반해서, 15세기 국어에서는 치음(혀끝소리)의 글자이다.

(4) 잡다, 잣(城), ᄌᆞ라다, 좀먹다, 즘게 ; 차(茶), 차반, 춤, ᄎᆞᆷ히, ᄎᆞᆷᄢᅢ, 칙ᄒᆞ다

---

1) /ㅣ/는 이중 모음인 /ㅑ, ㅕ, ㅛ, ㅠ/ 등을 이루는 반모음(/j/)이다.

나. 병서 글자의 소리

나-1. 각자 병서 글자의 소리

〈ㄲ, ㄸ, ㅃ, ㅉ, ㅆ〉 'ㄲ, ㄸ, ㅃ, ㅉ, ㅆ'은 전탁 계열의 글자로서 각각 현대 국어의 /k', t', p', ts', s'/의 된소리와 대응된다.

(5) ㄱ. 말ᄊᆞᆷ, 쓰다, 싸호다, 블쎠
ㄴ. ᄇᆞᄅᆞᆯ ᄁᆞ름, 수믈 띄, 여흴 쩌긔, 펄 ᄊᆞᅀᅵ예
ㄷ. 일흘까, 아ᅀᆞᄫᆞᆯ까, 이실까, 겻굴따
ㄹ. 녀쏩고, 듭쏩고, 노쏩고 ; 연쫍고, 무ᄍᆞᄫᆞᆫ대, 조쫍고, 마ᄍᆞᄫᅵ
ㅁ. 엄쏘리, 니쏘리, 혀쏘리
ㅂ. 而ᅌᅵᆼ終즁不붏得득伸신其끵情쪙者쟝ㅣ 多당矣읭라 [세훈]

〈ㅎㅎ〉 'ㅎㅎ'은 반모음인 /j/ 앞에서 나타나는 'ㅎ(/ç/)'을 긴장되게 발음하는 소리(/ç'/)이다.

(6) ᅘᅧ, 내ᅘᅧᄂᆞ니, ᄲᅡᅘᅧᆯ 씨니, 치ᅘᅧ시니, 두르ᅘᅧ, 두위ᅘᅧ, 도ᄅᆞᅘᅧ

〈ㆀ〉 'ㆀ'은 대체로 반모음 /j/나 /i/ 뒤에서 실현되며 /j/나 /i/를 긴장되고 길게 발음하는 음가를 가진다.

(7) ㄱ. 使ᄂᆞᆫ ᄒᆡᅇᅧ ᄒᆞ논 마리라 [세훈 3]
ㄴ. 生死애 ᄆᆡᅇᅩᆫ 根源 [능언 5:5]
ㄷ. 사ᄅᆞᄆᆡ 게 ᄆᆡᅇᅵᆫ 고ᄃᆞᆯ 긋 아라 [몽언 9]
ㄹ. 王이 威嚴이 업서 ᄂᆞᄆᆡ 소내 쥐ᅇᅧ 이시며 [월석 2:11]

〈ㅥ〉 'ㅥ'은 'ㄴ'을 길게 발음하는 소리인 /n:/의 음가를 가진다.

(8) 다ᄔᆞ니라, 슬ᄔᆞ니

나-2. 합용 병서 글자의 소리

서로 다른 글자를 옆으로 나란히 적어서 새로운 글자를 만드는 방법을 '합용 병서(合用竝書)'라고 하는데, 이에는 'ㅲ, ㅄ, ㅶ, ㅷ ; ㅺ, ㅻ, ㅼ, ㅽ ; ㅳ, ㅴ'이 있다.

(9) ㄱ. ᄠᆞᆯ기, ᄠᅳᆮ ; ᄡᅮᆨ, ᄡᅵ, ᄡᆞᆯ ; 대ᄧᅩᆨ, ᄧᅡᆨ ; ᄩᅳ고, ᄩᅥ디며 ('ㅂ'계 합용 병서)
ㄴ. ᄭᅬ, ᄭᅩ리, ᄭᅮᆷ ; ᄮᅡ히 ; ᄯᅡᇂ, ᄯᅥᆨ, ᄯᅩ, ᄲᅧ ('ㅅ'계 합용 병서)
ㄷ. ᄢᅮᆯ, ᄢᅳᆷ, ᄢᅢ니 ; 듨ᄣᅢ, ᄣᅵ며, ᄣᅳ리니 ('ㅄ'계 합용 병서)

다. 연서 글자의 소리

〈ㅸ〉 'ㅸ'은 두 입술을 가볍게 하여 마찰음으로 소리내는 유성음(유성 양순 마찰음)인 /β/의 음가를 가지는 글자이다.

(10) ㅇ을 입술소리 밑에 이어 쓰면 입술 가벼운 소리가 되는 것은, 가벼운 소리로써 입술이 가볍게 합쳐져서 목소리(후음)가 많기 때문이다. [훈해 제자]

(11) ㄱ. ᄀᆞᄅᆞᄫᅵ, 셔ᄫᅳᆯ, ᄒᆞᄫᆞᅀᅡ, 대ᄫᅥᆷ
ㄴ. 열ᄫᅳᆫ, 셜ᄫᅥ, 글ᄫᅡᆯ, 말ᄫᅡᆷ ; 우ᇫᄫᅳ니
ㄷ. 斗두ᇢ 字, 漂퓨ᇢ 字

1.2.1.3. 종성 글자의 소리

종성에서는 /ㄱ, ㆁ, ㄷ, ㄴ, ㅂ, ㅁ, ㅅ, ㄹ/의 소리만 발음될 수 있었는데, 이에 따라서 종성을 적을 때는 'ㄱ, ㆁ, ㄷ, ㄴ, ㅂ, ㅁ, ㅅ, ㄹ'의 여덟 글자만 쓸 수 있게 하였다.

(12) 박(瓢), ᄯᅥᆨ(餠) ; 강아지(犬), 방(房) ; 낟(穀), 벋(友) ; 빈혀(簪), 션비(士) ; 입(口), 납(猿) ; 밤(栗), ᄌᆞᆷ(眠) ; 못(池), ᄆᆞᆺ(最) ; 절(拜), ᄆᆞᆯ(馬)

1.2.2. 중성 글자의 소리

1.2.2.1. 중성의 소리 체계

15세기 국어의 단모음은 모두 7개인데, <훈민정음 해례>의 설명에 따라서 소리 체계를 정리하여 보이면 다음과 같다.

음상 \ 입 모양	입을 폄(口張)	중간	입을 오므림(口蹙)
양성 모음	/ㅏ/	/ㆍ/	/ㅗ/
음성 모음	/ㅓ/	/ㅡ/	/ㅜ/
중성 모음		/ㅣ/	

[표 1. 단모음의 소리 체계]

15세기 국어의 단모음은 '입의 모양'과 '음상(音相)'에 따라서 분류된다. 첫째, 입의 모양에 따라서 단모음을 나눌 수 있는데, 이에 따르면 /ㅏ, ㅓ/는 입을 펴서 내는 소리(口張)이며, /ㅗ, ㅜ/는 입을 오므려서 내는 소리(口蹙)이며, /ㆍ, ㅡ, ㅣ/는 그 중간 소리이다. 둘째, 음상에 따라서도 단모음을 나눌 수 있다. 곧 /ㅏ, ㆍ, ㅗ/는 양성 모음이며, /ㅓ, ㅡ, ㅜ/는 음성 모음이며, /ㅣ/는 중성 모음이다.

1.2.2.2. 중성 글자의 소리

가. 중성 글자의 체계

홑 중성 글자	기본자	ㆍ, ㅡ, ㅣ
	초출자	ㅗ, ㅏ, ㅜ, ㅓ
	재출자	ㅛ, ㅑ, ㅠ, ㅕ
겹 중성 글자	두겹 중성 글자	ㅘ, ㅝ, ㆎ, ㅢ, ㅚ, ㅐ, ㅟ, ㅔ, ㆉ, ㅒ, ㆌ, ㅖ, (ㆇ, ㆊ)
	세겹 중성 글자	ㅙ, ㅞ, (ㆈ, ㆋ)

[표 2. 중성 글자의 체계]

중성 글자로는 하나의 글자로 된 '홀 중성 글자'와 이를 합용(合用)한 '겹 중성 글자'가 있다.

첫째, 'ㆍ, ㅡ, ㅣ ; ㅗ, ㅏ, ㅜ, ㅓ ; ㅛ, ㅑ, ㅠ, ㅕ'는 한 글자로 이루어진 '홑글자'이다.

(13) ㄱ. ㆍ[ʌ], ㅡ[ɨ], ㅣ[i]
　　ㄴ. ㅗ[o], ㅏ[a], ㅜ[u], ㅓ[ə]
　　ㄷ. ㅛ[jo], ㅑ[ja], ㅠ[ju], ㅕ[jə]

(14) ㄱ. ᄆᆞᅀᆞᆷ, 드르ㅎ, 기리
　　ㄴ. 몸소, 나라ㅎ, 우ᅀᅮᆷ, 멀험
　　ㄷ. 쇼ㅎ, 약대, 유무, 여ᅀᆞ

둘째, '겹 중성 글자'는 '홀 중성 글자'를 합용한 글자이다.

(15) ㄱ. ㅘ[wa], ㅝ[wə]
　　ㄴ. ㆎ[ʌj], ㅢ[ij], ㅚ[oj], ㅐ[aj], ㅟ[uj], ㅔ[əj]
　　ㄷ. ㆉ[joj], ㅒ[jaj], ㅖ[jəj]
　　ㄹ. ㅙ[waj], ㅞ[wəj]

(16) ㄱ. 좌ᄒᆞ다, 워기다
　　ㄴ. ᄆᆡ샹, 믜다, 외얒, 대범, 뮈다, 세ㅎ
　　ㄷ. 쇠똥, ᄌᆞ걔, 셰다
　　ㄷ. 괘씸ᄒᆞ다, 웨다

그런데 15세기 국어에 쓰인 중성 글자들은 그 음가를 기준으로 다음과 같이 3가지 유형으로 분류할 수 있다.

첫째, 기본자인 'ㆍ, ㅡ, ㅣ'와 초출자인 'ㅗ, ㅏ, ㅜ, ㅓ'는 '단모음'으로 발음되는 글자이다. 둘째, 재출자인 'ㅛ, ㅑ, ㅠ, ㅕ'와 겹중성 글자인 'ㅘ, ㅝ ; ㆎ, ㅢ, ㅚ, ㅐ, ㅟ, ㅔ'의 글자들은 '이중 모음'으로 발음되는 글자들이다. 셋째, '겹 중성 글자' 중에서 'ㆉ, ㅒ, ㆌ, ㅖ ; ㅙ, ㅞ'들은 삼중 모음으로 발음된다.

<table>
<tr><th colspan="3">소리 체계</th><th>글자 체계</th></tr>
<tr><td>단모음 글자</td><td>·, ㅡ, ㅣ, ㅗ, ㅏ, ㅜ, ㅓ</td><td>—</td><td rowspan="2">홑 중성 글자</td></tr>
<tr><td rowspan="3">이중 모음 글자</td><td>ㅛ, ㅑ, ㅠ, ㅕ</td><td>'ㅣ'계 상향식</td></tr>
<tr><td>ㅘ, ㅝ</td><td>'ㅜ'계 상향식</td><td rowspan="3">두 겹 중성 글자</td></tr>
<tr><td>ㆎ, ㅢ, ㅚ, ㅐ, ㅟ, ㅔ</td><td>'ㅣ'계 하향식</td></tr>
<tr><td rowspan="2">삼중 모음 글자</td><td>ㆉ, ㅒ, ㆌ, ㅖ</td><td>'ㅣ'계 상향 → 'ㅣ'계 하향</td></tr>
<tr><td>ㅙ, ㅞ</td><td>'ㅜ'계 상향 → 'ㅣ'계 하향</td><td>세 겹 중성 글자</td></tr>
</table>

[표 3. 중성의 소리 체계와 글자 체계]

나. 중성 글자 '·'의 소리

'·'는 현대에는 쓰이지 않는 글자인데, <훈민정음 해례>의 다음과 같은 설명으로 그 음가를 추정할 수 있다.

(17) '·'는 혀가 오그라들며 소리가 깊다. [훈해 제자 4]

(18) 'ㅗ'는 '·'와 같으나 입이 오므라지고, 'ㅏ'는 '·'와 같으나 입이 펴진다. [훈해 제자 5]

<입을 폄: 張> <입을 오므림: 蹙>

[ㅏ] ←——— [·] ———→ [ㅗ]

1.3. 표기법

1.3.1. 종성의 표기

15세기 국어에서 종성을 표기하는 데는 원칙적으로는 '음소적 표기법'이 쓰였고, 부분적으로 '형태 음소적 표기법'이 쓰였다.

〈음소적 표기〉 '음소적 표기법(phoneticism)'은 변동된 형태소를 소리나는 대로 적는 표기 방법이다.

(1) ㄱ. 목소리, 스스ᇰ, 낟(穀), 눈, 솝옷, ᄉᆞᆷ, 옷, 믈
ㄴ. 받(←밭), 놉고(←높고), 곳(←곶), 노ᄉᆞᆸ고(←놓ᄉᆞᆸ고)

(2) ㄱ. 모ᄆᆞᆯ(몸+-ᄋᆞᆯ), 사ᄅᆞ미(사ᄅᆞᆷ+-이), 도ᄂᆞ로(돈+-ᄋᆞ로), ᄠᅳ들(ᄠᅳᆮ+-을)
ㄴ. 업슬(없-+-을), 업시(없-+-이), 아나(안-+-아), 빌머그라(빌먹-+-으라)

〈**형태 음소적 표기**〉 '형태 음소적 표기법(ideographicism)'은 변동된 형태소의 기본 형태를 밝혀서 적거나, 형태소의 경계를 밝혀서 적는 표기 방법이다.

(3) ㄱ. 곶비, 낮과 ; ᄌᆞᆾ거늘, 빛나시니이다 ; 깊고, 높고, 닢, ; 낱
ㄴ. 눈에, 손ᄋᆞ로 ; 일ᄋᆞᆯ, 믈이 ; ᄉᆞᆷ을, 몸이 ; 죵ᄋᆞᆯ, 딮동ᄋᆞᆯ ; 즈ᇫ을

1.3.2. 사잇소리의 표기

<훈민정음 언해>와 <용비어천가>에 쓰인 사잇소리의 표기 방법은 'ㅅ'뿐만 아니라 'ㄱ, ㄷ, ㅂ, ㅸ, ㆆ, ㅿ' 등 여러 가지 글자를 사용했다.

실현 환경				보기
앞말의 끝소리		사잇소리 글자	뒷말의 첫소리	
유성음	모든 유성음	ㅿ	유성음 (모음, ㄴ, ㄹ, ㅁ)	世子ㅿ 位, 天子ㅿ ᄆᆞᅀᆞᆷ, 英主ㅿ 알ᄑᆡ, 나랋 일훔, 後ㅿ 날, 바ᄅᆞᇫ 우희, 눉 므를
	/ㅇ/	ㄱ	무성의 예사소리 (/ㄱ, ㄷ, ㅂ, ㅅ, ㅈ/)	遮陽ㄱ 세 쥐, 乃냉終즁ㄱ 소리, 讓兄ㄱ ᄠᅳᆮ
	/ㄴ/	ㄷ		呑ᄐᆞᆫㄷ 字ᄍᆞᆼ, 君군ㄷ 字ᄍᆞᆼ, 몃 間ㄷ 지븨
	/ㅁ/	ㅂ		사ᄅᆞᇝ ᄠᅳ디잇가, 侵침ㅂ 字ᄍᆞᆼ
	/ㅱ/	ㅸ		斗둫ㅸ 字ᄍᆞᆼ, 漂푷ㅸ 字ᄍᆞᆼ
	모음, /ㄹ/	ㆆ		那낭ㆆ 字ᄍᆞᆼ, 先考ㆆ ᄠᅳᆮ ; 하ᄂᆞᇙ ᄠᅳ들

[표 1. 사잇소리 표기 방법]

그런데 사잇소리에 대한 이러한 다양한 표기 방법은 훈민정음을 창제한 직후부터 변하여, ‘ㅅ’으로 두루 쓰려는 경향이 나타나게 되었다.

(4) ㄱ. 野人ㅅ 서리, 님긊 德, 아바닚 뒤, 나랏 小民, ᄀᆞᇝᄀᆞ새 [용가]
　　ㄴ. 부텻 말, 聖人ㅅ 물, 神通ㅅ 이를 [법언]

1.3.3. 한자어의 표기

15세기 국어에서 한자어는 표기 방법에는 한자어를 한자로만 표기하고 한글을 표기하지 않는 방법, 한자를 주로 삼고 한글을 딸림으로 하여 한자어를 표기하는 방법, 한글을 주로 하고 한자를 딸림으로 하여 한자어를 표기하는 방법이 있었다.

(5) ㄱ. 狄人ㅅ 서리예 가샤 狄人이 ᄀᆞᆯ외어늘 [용가 4장]
　　ㄴ. 나랏 말ᄊᆞ미 中듕國귁에 달아 [세훈 1]
　　ㄷ. 셰世존尊ㅅ 일 ᄉᆞᆲ보리니 먼萬리里외外 일이시나 [월천 기2]

1.3.4. 붙여쓰기

15세기 문헌에서는 원칙적으로 띄어쓰기를 하지 않고 글 전체를 붙여 썼다.

(6) ㄱ. 나랏말ᄊᆞ미中國애달아文字와로서르ᄉᆞᄆᆞᆺ디아니ᄒᆞᆯᄊᆡ [세훈 1]
　　ㄴ. 닐굽고ᄌᆞᆯ因ᄒᆞ야信誓기프실ᄊᆡ世世예妻眷이ᄃᆞ외시니 [월석 1:4]

훈민정음을 창제한 1444년 이후부터 19세기 말인 개화기 직전의 시기까지는 대체로 띄어쓰기를 하지 않고 (6)처럼 글 전체를 붙여서 적었다.

제2장 형태론

2.1. 단어의 형성

단어는 하나의 어근으로 이루어진 것도 있지만, 어근과 어근이 결합하거나 어근에 파생 접사가 붙어서 형성된 것도 있다.

2.1.1. 단어의 짜임새

〈**어근과 접사**〉 '어근(語根, 뿌리, root)'은 단어 속에서 의미의 중심을 이루는 실질 형태소이고, '접사(接詞, 가지, affix)'는 어근에 붙어서 단어를 짜 이루는 요소로 작용하되, 실질적인 뜻을 가지지 못하는 형식 형태소이다.

(1) ㄱ. 니ᄡᆞᆯ(니- + ᄡᆞᆯ)
ㄴ. 불무질(불무 + -질)
ㄷ. 검듸영(검- + -듸영)

(2) ㄱ. ᄇᆞᄅᆞ매(ᄇᆞᄅᆞᆷ + -애)
ㄴ. 뮐씨(뮈- + -ㄹ씨)
ㄷ. 됴코(둏- + -고)

〈**단일어와 복합어**〉 하나의 어근으로 이루어진 단어를 '단일어(單一語, simple word)'라고 한다. 이와 달리 둘 이상의 어근이 결합하여 구성된 단어(합성어, 合成語)나 어근에 파생 접사가 붙어서 짜인 단어(파생어, 派生語)를 아울러서 '복합어(複合語, complex word)'라고 한다.

(3) ㄱ. 쇼, 나모 ; 새(新), 다시(再) ; 밍ᄀᆞᆯ다(造), 하다(多)
ㄴ. ᄀᆞᆯ가마괴, ᄉᆡ어미 ; 무덤, ᄂᆞᆯ개
ㄷ. 밤낮, ᄡᆞᆯ밥, 불뭇골 ; 검븕다, 오ᄅᆞᄂᆞ리다, 도라오다

〈**파생법과 합성법**〉 어근에 파생 접사가 결합하여 파생어를 만들어 내는 단어 형성법을 '파생법(派生法, derivation)'이라고 하고, 어근과 어근이 결합하여 합성어를 만드는

단어 형성법을 '합성법(合成法, compounding)'이라고 한다.

- 조어법
  - 파생법
    - 접두 파생법 (접두사 + 어근)
    - 접미 파생법 (어근 + 접미사)
  - 합성법 (어근 + 어근)

2.1.2. 합성법

2.1.2.1. 어근의 결합 방법에 따른 합성법의 유형

합성법은 합성어를 짜이루는 어근들이 결합하는 방식에 따라서 '통사적 합성법'과 '비통사적 합성법'으로 구분한다.

〈**통사적 합성법**〉 '통사적 합성법(syntactic compounding)'은 합성어를 구성하는 어근들이 결합되는 방식이 국어의 통사적인 짜임새와 같은 합성법이다. 곧 단어들이 모여서 문장을 짜이루는 방식과 동일한 방법으로 합성어가 형성되는 합성법이다.

(4) ㄱ. 어ᅀᅵ아ᄃᆞᆯ, ᄒᆡᄃᆞᆯ ; 요ᄉᆞᅀᅵ, 늘그니
ㄴ. 도라가다, 업시너기다
ㄷ. 값없다, 맛보다(嘗)

〈**비통사적 합성법**〉 '비통사적 합성법(asyntactic compounding)'은 국어의 통사적인 구성 방식과 다른 방식으로 어근이 결합되는 합성법이다.

(5) 죽살다, ᄠᅱ놀다 ; 감ᄑᆞᄅᆞ다, 됴ᄏᆞᆽ다

2.1.2.2. 품사에 따른 합성법의 종류

합성법으로 형성되는 단어의 품사에 따라서 합성법을 '체언 합성법', '용언 합성법', '수식언 합성법'으로 나눌 수 있다.

가. 체언 합성법

〈**명사 합성법**〉 명사 합성법은 어근과 어근이 결합하여 명사를 만드는 합성법이다.

(6) ㄱ. 공쟝바치, ᄆᆞ쇼 ; 믌결, ᄃᆞᆯᄀᆡ알
　　ㄴ. 요즈슴 ; 져므니, 하나비 ; ᄌᆞᄆᆞᆯ쇠

나. 용언 합성법

〈**동사 합성법**〉 동사 합성법은 어근과 어근이 결합하여 동사를 형성하는 합성법이다.

(7) ㄱ. 믈들다, 빛나다, 본받다, 앒셔다, 번삼다
　　ㄴ. ᄀᆞᄅᆞ디르다, 업시너기다
　　ㄷ. 나ᅀᅡ가다, 도라오다
　　ㄹ. 나들다, 듣보다, 딕먹다, 빌먹다, ᄢᅱ놀다, 오ᄅᆞᄂᆞ리다, 여위ᄆᆞᄅᆞ다, 죽살다

〈**형용사 합성법**〉 형용사 합성법은 어근과 어근이 결합하여 형용사를 형성하는 합성법이다.

(8) ㄱ. 값없다, ᄉᆞᆯ지다, 그지없다, 힘세다
　　ㄴ. 됴쿶다, 검븕다, 감ᄑᆞᄅᆞ다, 어위크다, 질긔굳다

다. 수식언 합성법

〈**관형사 합성법**〉 관형사 합성법은 어근과 어근이 결합하여 관형사를 형성하는 합성법인데, 그 수가 많지 않은 것이 특징이다.

(9) ㄱ. ᄒᆞᆫ두, 두ᅀᅥ
　　ㄴ. 스므나ᄆᆞᆫ, 여라ᄆᆞᆫ ; 녀나ᄆᆞᆫ, 그나ᄆᆞᆫ
　　ㄷ. 온갓 ; 아니한

〈**부사 합성법**〉 부사 합성법은 어근과 어근이 결합하여 부사를 형성하는 합성법이다.

(10) ㄱ. 몯다 ; 다폴다폴, 너운너운
ㄴ. 나날, ᄆᆞ디ᄆᆞ디, 가지가지
ㄷ. 외ᄡᅡ로

2.1.3. 파생법

2.1.3.1. 어휘적 접사와 통사적 접사

〈**어휘적 접사**〉 파생어를 형성하는 과정에서 원래의 말(어근)에 특정한 의미만을 덧붙이는 접사를 '어휘적 접사(lexical affix)' 혹은 '한정적 접사(restrictive affix)'라고 한다.

(11) ㄱ. 핟옷 ; 횟돌다
ㄴ. 아기씨 ; 열티다 ; 몯내

〈**통사적 접사**〉 파생 접사 가운데는 어근에 특정한 뜻만 덧붙이는 것이 아니라, 문장의 통사적 구조를 바꾸거나 어근의 품사까지 바꾸는 기능을 하는 접사를 '통사적 접사(syntactic affix)' 혹은 '지배적 접사(governing affix)'라고 한다.

(12) ㄱ. ᄉᆡ미 기픈 므른 ᄀᆞᄆᆞ래 아니 그츨ᄊᆡ [용가 2장]
ㄴ. 한비ᄅᆞᆯ 아니 그치샤 [용가 68장]

(13) ㄱ. 블근 새 그를 므러 [용가 7장]
ㄴ. 모딘 즁ᄉᆡᆼ 믈여 橫死ᄒᆞᆯ 씨오 [월석 9:58]

(14) ㄱ. 艱難(간난 : 명사) + -ᄒᆞ(형접)- + (-다) → 艱難ᄒᆞ다(가난하다 : 형용사)
ㄴ. 그리(그리다 : 동사)- + -ㅁ(명접) → 그림(그림 : 명사)
ㄷ. 새(새것 : 명사) + -롭(형접)- + (-다) → 새롭다(새롭다 : 형용사)
ㄹ. 길(길다 : 형용사)- + -우(사접)- + (-다) → 길우다(길게 하다 : 동사)
ㅁ. 몸(몸 : 명사) + -소(부접) → 몸소(몸소 : 부사)

2.1.3.2. 접두 파생법

가. 체언 파생법

다음의 단어들은 체언에 접두사가 붙어서 파생된 단어이므로, 어근의 품사인 체언을 그대로 유지한다.(허웅 1975:142 이하)

형태	의미	예
가(갓)-	못생긴	가-싸히
갈-	무늬가 있는	갈-웜, 갈-지게, 갈-외
ᄀᆞᆯ-	배가 흰	ᄀᆞᆯ-가마괴, ᄀᆞᆯ-거믜
납-	넓다(廣)	납-거믜
니-	잡곡에 대립되는 의미로 '보통의 쌀'	니-ᄡᆞᆯ
댓-	크고 억센	댓-무수, 댓-ᄡᆞ리
들-	야생의	들-기름, 들-ᄢᅢ
새-	희고 밝은	새-별, 새-매, 새-삼
소-	맨-	소-밥
쉿-	작고 둥근	쉿-무수
스-	새로 된	스-ᄀᆞ볼
싀-	새로 된, 媤	싀-아비, 싀-어미
ᄡᅳ-	곡식 가루, 흰	ᄡᅳ-믈
아ᄎᆞᆫ-	작은	아ᄎᆞᆫ-아ᄃᆞᆯ, 아ᄎᆞᆫ-설
이듬-	그 다음	이듬-ᄒᆡ
읻-	둘	읻-ᄒᆡ
젼-	군것을 섞지 않은	젼-술, 젼-국, 청-국(← 젼-국)
초-	초(初)-	초-ᄒᆞᄅᆞ
출-	끈기가 있는	출-콩, ᄎᆞ-ᄡᆞᆯ
ᄎᆞᆷ-	인공을 잘 들인, 진짜의, 품질이 좋은	ᄎᆞᆷ-기름, ᄎᆞᆷ-ᄢᅢ, ᄎᆞᆷ-빗, ᄎᆞᆷ-먹
한-	집밖의	한-ᄃᆡ
핟-	솜을 넣은	핟-옷
항-	큰(← 한)	항-것

[표 1. 체언을 파생하는 접두사]

나. 용언 파생법

다음의 단어들은 용언에 파생 접두사가 붙어서 파생된 단어이므로, 어근의 품사인 체언을 그대로 유지한다.(허웅 1975:136 이하)

형태	의미	예
걸-	걸다(掛)	걸-앉다
것ᄆᆞᄅᆞ-	가짜(假)	것ᄆᆞᄅᆞ-죽다
넙-	넘나들다	넙-놀다
답-	한 군데 첩첩이	답-샇다
더위-	손을 높이 올려 당기다.	더위-잡다
덧-	강세	덧-궂다
데-	감정적인 색채를 더함.	데-뻐다
마-	'수척'의 뜻	마-ᄆᆞᄅᆞ다
ᄆᆞᆯ(ᄇᆞᆯ)-	힘주어 꽉	ᄆᆞᆯ-ᄃᆞᆼ기다, ᄇᆞᆯ-ᄃᆞᆼ기다
박-	힘주어 세게	박-ᄎᆞ다
브르-	솟아나게	브르-돋다, 브르-쁘다
비-	멸시하여	비-웃다
아ᅀᅵ-	처음	아ᅀᅵ-삐다
엇-	어긋나게	엇-막다
에-	'옳지 않으면서 세기만 한'의 뜻	에-굳다
져-	기대에 어긋나게	져-ᄇᆞ리다
줓-	바로 밑바닥까지	주잖다(줓-앉다)
즏-	함부로 마구	즏-ᄇᆞᆲ다
츳-	강세	츳-듣다
치-	힘줌	치-잡다, 치-ᅘᅧ다
티-	위로, 세게, 힘주어	티-ᄎᆞ다, 티-소다, 티-디르다, 티-받다
휫-	돌아가는 모양	휫-돌다, 휫-도니다
ᄒᆞ-	남을 못살게	ᄒᆞ-놀이다
에-	'옳지 않으면서 세기만 한'의 뜻	에-굳다

[표 2. 용언을 파생하는 접두사]

2.1.3.3. 접미 파생법

가. 체언 파생법

체언 파생법은 어근에 접미사를 붙여서 새로운 체언을 만드는 파생법이다.

(15) ㄱ. ᄇᆞ롬가비, 뒷간, 아바님, 머리맡, 어비ᄆᆞᆫ, 머릿박, 빗복, 글발, 눈쌀, 아기씨, 말쌈, 프ᅀᅥᆼ귀, ᄉᆞ라기, 고랑, ᄆᆞ야지, 둥어리, 가락지, 불무질, 아홉채, 발측, 기동, 담장이
ㄴ. 그듸, 그듸내, 너희(돌ㅎ), 저희(돌ㅎ)
ㄷ. ᄒᆞ나차히, 둘차히, 세차히, 네차히, 다ᄉᆞᆺ차히, 여스차히, 닐굽차히,…

(16) ㄱ. 이바디, 마지 ; 거름, 무덤, 싸홈, 우숨 ; ᄀᆞᅀᅢ, 울에, ᄂᆞᆯ개 ; 얼운
ㄴ. 기리 ; 노ᄑᆡ, 기릐, ᄏᆡ, 더ᄫᅱ, 치ᄫᅱ

나. 용언 파생법

〈**동사 파생법**〉 동사 파생법은 어근에 접미사를 붙여서 동사를 만드는 파생법이다. 이러한 동사 파생법 중에서 아래의 (18)처럼 어근에 형태가 없는 '영 접미사(zero suffix)'를 연결하여 용언을 만드는 조어 방법을 '영 파생'이라고 한다.

(17) ㄱ. 니르받다, 밀왇다 ; 열티다 ; 니ᄅᆞ혀다, 드위ᅘᅧ다
ㄴ. 무티다, 밧기다 노기다, 구티다, 너피다, 더러ᄫᅵ다 ; 녀토다, 길우다, ᄀᆞ초다
ㄷ. 두피다, 다티다, 담기다, ᄃᆞᆷ기다 ; ᄆᆡᅇᅵ다, 괴ᅇᅵ다
ㄹ. 공ᄉᆞᄒᆞ다, 그슴ᄒᆞ다, 깃ᄒᆞ다, 시름ᄒᆞ다, ᄉᆞᅀᅵᄒᆞ다, 풍류ᄒᆞ다

(18) ㄱ. 깃다(깃들이다) : 깃(보금자리, 巢) + -Ø- + -다
ㄴ. ᄀᆞ몰다(가물다) : ᄀᆞ몰(가뭄, 旱) + -Ø- + -다
ㄷ. 되다(되다) : 되(되, 升) + -Ø- + -다
ㄹ. 신다(신다) : 신(신, 履) + -Ø- + -다
ㅁ. 품다(품다) : 품(품, 胸) + -Ø- + -다

ㅂ. 낛다(낚다) : 낛(낚시, 釣) + -Ø- + -다

〈**형용사 파생법**〉 어근에 접미사가 붙여서 새로운 형용사를 만드는 파생법이다.

(19) ㄱ. 넏갑다, ᄂᆞᆾ갑다, 맛갑다
ㄴ. 골ᄑᆞ다, 믿브다, 깃브다 ; 앗갑다, 므겁다
ㄷ. 곳답다, 아ᄅᆞᆷ답다 ; 녜롭다, 아ᄉᆞ롭다 ; 힘젓다

다. 수식언 파생법[1)]

〈**부사 파생법**〉 어근에 접미사가 붙여서 새로운 부사를 만드는 파생법이다.

(20) ㄱ. 날로, 새로, 진실로 ; 내죵내, ᄆᆞᄎᆞᆷ내 ; 몸ᅀᅩ, 손ᅀᅩ
ㄴ. 비르서, 모다, 가ᄉᆡ야 ; 갓ᄀᆞ로, 마조, 골오, 조초, 너무, 비르수
ㄷ. 기릐, 노피, 기피, 불기, 너비, 해, 슬피, 키 ; 훤츨히, 펴러히, 이러히 ; ᄀᆞᄃᆞ기, ᄂᆞᄌᆞ기 ; 그러나, 그러면, 그럴씨
ㄹ. 이런ᄃᆞ로, 그런ᄃᆞ로

(21) ㄱ. 부텨 向ᄒᆞᅀᆞᄫᅡ 손 <u>고초샤</u> [월석 1:52]
ㄴ. 되 征伐호ᇙ <u>ᄀᆞ초아</u> ᄒᆞᄂᆞᆺ다 [두언 7:25]

(22) ㄱ. ᄒᆞᆫ 발로 <u>고초</u> 드듸여 셔샤 [월석 1:52]
ㄴ. ᄆᆞᅀᆞᆷ 조초 <u>ᄀᆞ초</u> 얻긔 호리라 [석상 9:10]

라. 조사 파생법

용언과 '-이다'의 어근에 접미사가 붙여서 새로운 조사를 만드는 파생법이다.

(23) ㄱ. 著ᄋᆞᆫ <u>브틀</u> 씨라 [월석 서:3]

---

1) '관형사 파생법'은 관형사를 형성하는 파생법인데, 그 예가 극히 드물다. (보기) 모ᄃᆞᆫ[모든 : 몯(集)- + ᄋᆞᆫ(관접)], ᄀᆞᄌᆞᆫ[갖은 : ᄀᆞᆽ(具)- + -ᄋᆞᆫ(관접)], 온[오ᄋᆞᆯ(全)- + -ㄴ(관접)]

ㄴ. 네 사ᄅᆞᆷ ᄃᆞ리샤 [용가 58장]

(24) ㄱ. 阿鼻地獄브터 有頂天에 니르시니 [석상 13:16]
ㄴ. 世尊이 文殊師利ᄃᆞ려 니ᄅᆞ샤ᄃᆡ [석상 9:11]

(25) ㄱ. 아뫼나 이 經을 디녀 [석상 9:21]
ㄴ. 이런 有情ᄃᆞᆯᄒᆞᆫ 이에셔 주그면 餓鬼어나 畜生이어나 ᄃᆞ외리니 [석상 9:12]

2.1.4. 단어 형성법의 음운 변동

어근과 어근이 결합하여 합성어가 되거나 어근에 파생 접사가 붙어서 파생어가 될 때에 음운이 변동하는 일이 있다. 이들 변동은 모두 불규칙하게 일어나는 변동이다.

2.1.4.1. 합성법의 음운 변동

〈음운의 탈락〉 어근과 어근이 결합할 때, 어근의 음운이 탈락하여 줄어질 수 있다.

(26) ㄱ. ᄆᆞ쇼, 화살, 가ᅀᆞ며살다 ; 소나모, ᄃᆞ나ᄃᆞᆯ다, ᄆᆞ너흘다
ㄴ. 수ᄃᆞᆯ마기, 암ᄃᆞᆯ마기

〈음운의 바뀜〉 어근과 어근이 결합할 때, 한 음운이 다른 음운으로 바뀔 수 있다.

(27) ㄱ. 갯버들, 묏골, 빗시울, 빗돐 ; 눉ᄌᆞᅀᆞ, 니슶길, 숤바당, 밠등
ㄴ. ᄀᆞᄅᆞ비, 대밭, 대범 ; 메밧다
ㄷ. ᄇᆡᄉᆞᆯᇂ, 한삼, 한숨

2.1.4.2. 파생법의 음운 변동

〈접두 파생어의 음운 변동〉 어근에 접두사가 결합하여 파생어가 되는 과정에서 음

운 변동이 일어나는 경우가 있다.

(28) ᄎᆞᄡᆞᆯ, ᄀᆞᆯ아마괴

〈**접미 파생어의 음운 변동**〉 어근 뒤에 접미사가 붙어서 파생어가 될 때, 음운 변동이 일어나는 경우가 있다.

(29) ㄱ. 쇼ᇰ아지, 처ᅀᅥᆷ, 구지람, 춤 ; 올이다(登), 들이다(聞), 븟이다(注) ; 수ᄫᅵ, 어려ᄫᅵ
ㄴ. 놀애 ; 구믈어리다
ㄷ. ᄆᆞ야지 ; 더ᄫᅱ, 치ᄫᅱ ; 웃ᄫᅳ다

2.2. 품사

한 언어에는 수많은 단어들이 있는데, 이들 단어들의 문법적인 특질이 모두 동일한 것은 아니다. '품사(品詞, 씨, parts of speech)'는 한 언어에 존재하는 수많은 단어들을 형태, 기능, 의미 등의 문법적 성질의 공통성에 따라 몇 갈래로 묶어 놓은 것이다.

〈**품사 분류의 대강**〉 고등학교 문법(2009:90)에서는 15세기 국어의 품사를 현대 국어의 품사 체계와 마찬가지로 '체언(명사, 대명사, 수사), 관계언(조사), 용언(동사, 형용사), 수식언(관형사, 부사), 독립언(감탄사)'의 9품사로 설정하고 있다.

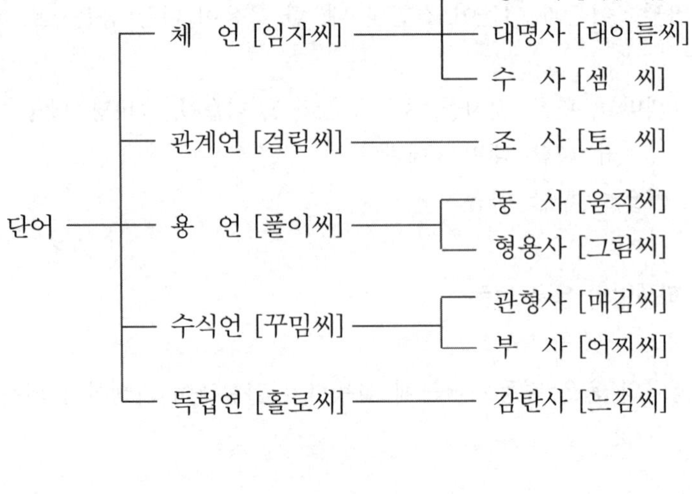

2.2.1. 체언

'체언(體言, 임자씨)'은 어떠한 대상의 이름이나 수량(순서)을 나타내거나 명사를 대신하는 단어들의 부류들이다. 체언은 문장에서 격조사와 함께 쓰여서, '서술어, 주어, 목적어, 보어, 관형어, 부사어, 독립어' 등 여러 가지 문장 성분으로 쓰일 수 있다. 이들 체언은 '명사, 대명사, 수사'로 나뉜다.

2.2.1.1. 명사

'명사(名詞, 이름씨, noun)'는 어떠한 대상(사람 · 사물)이나 일 혹은 상황의 구체적인 이름을 표현하는 단어이다. 이러한 명사는 지시 범위에 따라서 '보통 명사'와 '고유 명사'로 구분되기도 하며, 자립성의 유무에 따라서 '자립 명사'와 '의존 명사'로 나뉘기도 한다.

(1) ㄱ. 불휘 기픈 남ᄀᆞᆫ ᄇᆞᄅᆞ매 아니 뮐ᄊᆡ　　[용가 2장]
　 ㄴ. 海東 六龍이 ᄂᆞᄅᆞ샤　　[용가 1장]

(2) ㄱ. ᄉᆡ미 기픈 므른　　[용가 2장]
　 ㄴ. 니르고져 홇 배 이셔도　　[세훈 2]

〈**의존 명사**〉 '의존 명사(依存名詞, 매인 이름씨)'는 홀로 쓰일 수 없어서 반드시 관형어와 함께 쓰이는 명사이다. 의존 명사는 자립성이 없을 뿐만 아니라 그것이 표현하는 의미도 실질적인 의미가 아니라 형식적인 의미이다.

(3) ㄱ. 니르고져 홇 배 이셔도　　[세훈 2]
　 ㄴ. 당다이 이 ᄯᅡ해 橫死홇 주리 업스며　　[석상 9:22]
　 ㄷ. ᄆᆞᆯ 톤 자히 건너시니이다　　[용가 34장]

의존 명사는 문장 속에서 사용되는 기능에 따라서 '보편성 의존 명사, 주어성 의존 명사, 부사어성 의존 명사, 단위성 의존 명사'로 나누어진다.

① **보편성 의존 명사**: '보편성 의존 명사'는 관형어와 조사의 통합에 제약을 받지 않는 의존 명사이다.

(4) ㄱ. ᄯᅩ 阿難ᄋᆡ 아ᄅᆞᆷ 거시 아니니 [능언 4:104]
ㄴ. 行陣ᄋᆞᆯ 조ᄎᆞ샤 不解甲이 현 나리신 ᄃᆞᆯ 알리 [용가 112장]
ㄷ. 니르고져 ᄒᆞᇙ 배 이셔도 [석상 9:8]
ㄹ. 당다이 이 ᄯᅡ해 橫死ᄒᆞᇙ 주리 업스며 [석상 9:22]

② **주어성 의존 명사**: '주어성 의존 명사'는 그 앞의 관형절을 포함한 전체 구성이 주어로만 쓰이는 의존 명사이다.

(5) ㄱ. 南北東西에 그츤 스치 없거늘 [영남 상:13-14]
ㄴ. 諸佛 供養이 그ᄎᆞᇙ ᄉᆞᆺ 업스니 [월천 기205]

③ **부사어성 의존 명사**: '부사어성 의존 명사'는 관형절을 포함한 전체 구성이 부사어로만 쓰이는 의존 명사이다.

(6) ㄱ. 이ᄂᆞᆫ 서르 섯근 ᄃᆞᆺ 疑心ᄃᆞ외도다 [능언 2:98]
ㄴ. ᄆᆞᆯ 톤 자히 건너시니이다 [용가 34장]

(7) ㄱ. 佛法이ᅀᅡ 내 이어긔도 죠고마치 잇다 ᄒᆞ야시ᄂᆞᆯ [남명 상:14]
ㄴ. 佛禪力의 뎌에 通力 빌이샤ᄆᆞᆯ 因ᄒᆞ니 [월석 18:7]

④ **단위성 의존 명사** : '단위성 의존 명사'는 선행하는 명사의 수량 단위를 나타내는 의존 명사이다.

(8) ㄱ. 이 經을 마ᅀᆞᆫ 아홉 디위 닑고 [석상 9:32]
ㄴ. 술 ᄒᆞᆫ 셔믈 다ᄆᆞᆺ 주리라 [두언 25:4]

2.2.1.2. 대명사

대명사(代名詞, 대이름씨, pronoun)'는 특정한 대상의 이름(명사)을 대신하여 그것을 직접적으로 가리키는 말로 사용되는 체언이다. 대명사는 발화 현장에서 어떠한 대상을 직접 가리키는 '직시(지시)'의 기능과, 담화 속의 앞선 문맥에서 이미 언급한 말을 가리키는 '대용'의 기능이 있다.

가. 대명사의 종류

대명사는 직접 가리키거나 대용하는 대상이 사람이냐 혹은 사람 이외의 것이냐에 따라서 '인칭 대명사'와 '지시 대명사'로 구분한다.

가-1. 인칭 대명사

'인칭 대명사(人稱代名詞, 사람 대이름씨)'는 사람을 직시하거나 대용하는 데 쓰는 대명사이다. 15세기 국어의 인칭 대명사는 말하는 이와 듣는 이의 관계에 따라서 '1인칭 대명사와 2인칭 대명사, 3인칭 대명사'로 나뉜다. 그리고 3인칭 대명사는 다시 그 기능에 따라서, '정칭, 미지칭, 부정칭, 재귀칭'으로 구분된다.

	1인칭	2인칭	3인칭			
			정칭	미지칭	부정칭	재귀칭
단수	나	너, 그듸/그ᄃᆡ/그디	뎌	누	아모	저, ᄌᆞ갸
복수	우리	너희	-			저희

[표 1. 인칭 대명사의 종류]

(9) ㄱ. 내 太子ᄅᆞᆯ 셤기ᅀᆞᄫᅩᄃᆡ [석상 6:4]

ㄴ. 이제 너를 노하 보내면 내 모미 長者ㅣ 怒ᄅᆞᆯ 맛나리라 [월석 8:98]

ㄷ. 우리 모다 재조ᄅᆞᆯ 겻고아 뎌옷 이긔면 (精舍ᄅᆞᆯ) 짓게 ᄒᆞ고 [석상 6:26]

ㄹ. 七代之王ᄋᆞᆯ 뉘 마ᄀᆞ리잇가 [용가 15장]

ㅁ. 아뫼나 이 藥師琉璃光如來ㅅ 일후믈 듣ᄌᆞᄫᆞ면 [석상 9:17]
ㅂ. 어린 百姓이 … ᄆᆞᄎᆞᆷ내 제 ᄠᅳ들 시러 펴디 몯ᄒᆞᇙ 노미 하니라 [세훈 2]

가-2. 지시 대명사

'지시 대명사(指示 代名詞)'는 사물이나 장소 등의 명사를 직접 가리키거나 대용하는 말인데, 관형사와 명사로 이루어진 합성어가 대부분이다.

	화자에 가까울 때	청자에 가까울 때	둘 다에 멀 때	미지칭	부정칭
사물	이	그	뎌	어느/어ᄂᆞ; 므슥, 므슴, 므스것; 현마, 언마; 엇뎨	아모것
처소	이어긔 이에	그어긔 그에	뎌어긔 뎌에	어듸, 어듸메	아모ᄃᆡ

[표 2. 지시 대명사의 종류]

(10) ㄱ. 내 이ᄅᆞᆯ 爲ᄒᆞ야 어엿비 너겨 [세훈 2]
ㄴ. 님긊 말ᄊᆞ미 긔 아니 올ᄒᆞ시니 [용가 39장]
ㄷ. 이 두 말ᄋᆞᆯ 어늘 從ᄒᆞ시려뇨 [월석 7:26]
ㄹ. 阿難이 묻ᄌᆞᄫᆞᄃᆡ 아홉 橫死ᄂᆞᆫ 므스기잇고 [석상 9:35]
ㄹ. 죵과 ᄆᆞᆯ와ᄅᆞᆯ 현맨 ᄃᆞᆯ 알리오 [월천 기52]
ㅂ. 그 마리 엇뎨오 [법언 2:27]
ㅅ. ᄒᆞ다가 빋낸 사ᄅᆞ미 아모것도 마가 줄 것 업거든 [번역박통사 상 61]

(11) ㄱ. 이 經 디닐 싸ᄅᆞ미 이어긔 이셔도 다 能히 ᄀᆞᆯᄒᆡ며 [석상 19:17]
ㄴ. 그어긔 쇠 하아 쇼로 쳔량 사마 흥졍ᄒᆞᄂᆞ니라 [월석 1:24]
ㄷ. 어듸 머러 威不及ᄒᆞ리잇고 [용가 47장]
ㄹ. 아모ᄃᆡ도 마근 ᄃᆡ 업서 [월석 서:8장]

2.2.1.3. 수사

'수사(數詞, 셈씨, numeral)'는 사람이나 사물의 수량이나 차례를 가리키는 품사이다.

(12) ㄱ. ᄒᆞ나ㅎ, 둘ㅎ, 세ㅎ, 네ㅎ, 다ᄉᆞᆺ, …, 몇, 여러ㅎ
ㄴ. 一, 二, 三, 四, 五, 六 …, 百, 千, 萬, 億, …
ㄴ. ᄒᆞ나차히, 둘차히, 세차히, 네차히, 다ᄉᆞᆺ차히, …
ㄷ. 第一, 第二, 第三, 第四, …

2.2.2. 관계언

〈조사의 개념〉 '조사(助詞, 토씨, 걸림씨)'는 주로 체언에 결합하여, 그 체언이 문장 속의 다른 단어와 맺는 관계를 나타내거나 특별한 뜻을 더해 주는 단어이다. 조사는 그 기능에 따라서 '격조사, 접속 조사, 보조사'로 나뉜다.

2.2.2.1. 격조사

'격조사(格助詞, 자리 토씨)'는 그 앞에 오는 말이 문장 안에서 일정한 문장 성분으로서의 자격을 가지게 하는 조사이다.

〈주격 조사〉 '주격 조사(主格助詞, 임자 자리 토씨)'는 그 앞 말(주로 체언)에 주어의 자격을 부여하는 조사이다. 주격 조사는 선행하는 말의 끝소리의 종류에 따라서 {-이/-ㅣ/-Ø}의 변이 형태로 실현된다.

(1) ㄱ. 부텻 모미 여러 가짓 相이 ᄀᆞᄌᆞ샤 [석상 6:41]
ㄴ. 프른 뻬 하니 [두언 7:36]
ㄷ. 불휘 기픈 남ᄀᆞᆫ ᄇᆞᄅᆞ매 아니 뮐ᄊᆡ [용가 2장]

(ㄱ)처럼 자음으로 끝나는 체언 다음에는 주격 조사가 '-이'의 형태로 실현된다. 그리고 (ㄴ)처럼 /ㅣ/나 반모음인 /j/를 제외한 모음으로 끝나는 체언 다음에는 주격 조사가 반모음인 '-ㅣ'의 형태로, (ㄷ)처럼 /ㅣ/나 반모음 /j/로 끝나는 체언 다음에는 주격 조사의

형태가 드러나지 않는다.

〈**서술격 조사**〉 '서술격 조사(敍述格助詞, 풀이 자리 토씨)'는 그것이 붙은 앞 말에 서술어의 자격을 부여하는 조사로서 주어의 내용을 지정(指定)하면서 풀이한다. 서술격 조사는 주격 조사와 마찬가지로 선행하는 말의 끝소리의 종류에 따라서 {-이라/-ㅣ라/-Ø라}의 변이 형태로 실현된다.

(2) ㄱ. 國ᄋᆞᆫ 나라히라 [세훈 1]
ㄴ. 形은 양ᄌᆡ라 [월석 8:21]
ㄷ. 頭ᄂᆞᆫ 머리라 [세훈 14]

〈**목적격 조사**〉 '목적격 조사(目的格助詞, 부림 자리 토씨)'는 그 앞 말에 목적어의 자격을 부여하는 조사이다. 목적격 조사는 앞 체언의 끝소리 종류에 따라서 {-ᄅᆞᆯ/-를/-ᄋᆞᆯ/-을/-ㄹ}의 변이 형태로 실현된다.

(3) ㄱ. 太子ᄅᆞᆯ 하ᄂᆞᆯ히 ᄀᆞᆯᄒᆡ샤 [용가 8장]
ㄴ. 麗運이 衰ᄒᆞ거든 나라ᄒᆞᆯ 맛ᄃᆞ시릴ᄊᆡ [용가 6장]
ㄷ. ᄇᆡ야미 가칠 므러 즘겟가재 연ᄌᆞ니 [용가 7장]

음운 환경	모음 뒤			자음 뒤	
	양성	음성	(준말)	양성	음성
형태	-ᄅᆞᆯ	-를	-ㄹ	-ᄋᆞᆯ	-을
용례	太子ᄅᆞᆯ	長壽를	가칠, 위(位)ㄹ	나라ᄒᆞᆯ	法을

[표 3. 목적격 조사의 변이 형태]

〈**보격 조사**〉 '보격 조사(補格助詞, 기움 자리 토씨)'는 앞 말에 보어의 자격을 부여하는 조사로서, 주격 조사와 마찬가지로 {-이/-ㅣ/-Ø}의 변이 형태로 실현된다.[1)]

1) 보어는 서술어로 쓰이는 'ᄃᆞᄫᆡ다/ᄃᆞ외다'나 '아니다'가 주어 이외에 반드시 필요로 하는 문장 성분이다.

(4) ㄱ. 色界 諸天도 ᄂᆞ려 仙人이 ᄃᆞ외더라 [월석 2:24]
ㄴ. 山ᄋᆡ 草木이 軍馬ㅣ ᄃᆞᄫᅵ니이다 [용가 98장]
ㄷ. 四衆의 힝뎌기 ᄒᆞᆫ 가지 아니어늘 [월석 17:83]

〈**관형격 조사**〉 '관형격 조사(冠形格助詞, 매김 자리 토씨)'는 그것이 붙는 앞 말에 관형어의 자격을 부여하는 조사인데 {-ᄋᆡ/-의, -ㅣ, -ㅅ}의 변이 형태로 실현된다.

(5) ㄱ. 네 性이 … 즁ᄋᆡ 서리예 淸淨ᄒᆞ도다 [두언 25:7]
ㄴ. 徐卿의 두 아ᄃᆞ리 나 [두언 8:24]
ㄷ. 그 묏보오리 쇠 머리 ᄀᆞ틀씨 [월석 1:27]

(6) ㄱ. 나랏 말ᄊᆞ미 中國에 달아 [세훈 1]
ㄴ. 부텻 모미 여러 가짓 相이 ᄀᆞᄌᆞ샤 [석상 6:41]

유정 명사 다음에는 (5)의 (ㄱ)과 (ㄴ)처럼 일반적으로 관형격 조사로 '-ᄋᆡ, -의'가 쓰인다. 그리고 앞 체언의 끝 소리가 모음일 경우에는 (ㄷ)처럼 '-ㅣ'도 관형격 조사로 쓰일 수 있다. 그리고 (6)에서 '-ㅅ'은 (ㄱ)처럼 무정 명사나 (ㄴ)처럼 '높임의 대상인 유정 명사' 뒤에 쓰이는 것이 특징다.

〈**부사격 조사**〉 '부사격 조사(副詞格助詞, 어찌 자리 토씨)'는 그것이 붙는 앞말에 부사어의 자격을 부여하는 조사이다.

① **{-애/-에/-예}** '-애/-에/-예'는 문맥에 따라서 '장소, 시간, 원인, 비교' 등 다양한 의미를 나타낸다. '-애'는 앞선 체언의 끝 음절이 양성 모음일 때, '-에'는 음성 모음일 때, '-예'는 /ㅣ/일 때 실현된다.

(7) ㄱ. 世尊이 象頭山애 가샤 [석상 6:1]
ㄴ. 나랏 말ᄊᆞ미 中國에 달아 [세훈 2]
ㄷ. 東녀그로 萬里예 녀 가 [두언 7:2]

② **{-ᄋᆡ/-의}** '-ᄋᆡ/-의'는 공간이나 시간적인 '위치'를 나타낸다. '-ᄋᆡ'는 앞선 체언의 끝 음절이 양성 모음일 때 실현되고, '-의'는 음성 모음일 때 실현된다.

(8) ㄱ. 남ᄀᆡ ᄢᅦ여 性命을 ᄆᆞᄎᆞ시니 [월천 기4]
ㄴ. 처ᅀᅥᄆᆡ ᄒᆞᆫ 번 ᄇᆞ리니 [두언 15:3]

③ {-애셔/-에셔/-예셔} '-애셔/-에셔/-예셔'는 '시발점'을 나타낸다. '-애셔'는 앞선 체언의 끝 음절이 양성 모음일 때 실현되고, '-에서'는 음성 모음일 때 실현되며, '-예서'는 /ㅣ/로 끝나는 체언 다음에 실현된다.

(9) ㄱ. 일후미 救脫이라 ᄒᆞ샤리 座애셔 니르샤 [월석 9:29]
ㄴ. 玉女寶ᄂᆞᆫ … 이베셔 靑蓮花ㅅ 香내 나며 [월석 1:26]
ㄷ. 金剛ᄋᆞᆫ 쇠예셔 난 ᄆᆞᆺ 구든 거시니 [두언 21:41]

④ {-ᄃᆞ려, -ᄭᅴ} '-ᄃᆞ려, -ᄭᅴ'는 '상대'를 나타내는데, 일반적인 체언에는 '-ᄃᆞ려'가 쓰이고 높임의 대상이 되는 체언에는 '-ᄭᅴ'가 쓰인다.

(10) ㄱ. 世尊이 ᄯᅩ 文殊師利ᄃᆞ려 니ᄅᆞ샤ᄃᆡ [석상 9:11]
ㄴ. 阿難과 모ᄃᆞᆫ 大衆이 … 부텨ᄭᅴ 禮數ᄒᆞᅀᆞ와 [능언 2:1]

⑤ {-ᄋᆞ로/-으로/-로} '-ᄋᆞ로/-으로/-로'는 '방향' 또는 '변성(變成)'을 나타낸다. 먼저 '-ᄋᆞ로'와 '-으로'는 /ㄹ/ 이외의 자음으로 끝나는 체언 다음에 실현되고, '-로'는 모음이나 /ㄹ/로 끝나는 체언 다음에 실현된다.

(11) ㄱ. 도ᄌᆞᆨ 五百이 … 精舍ㅅ 겨ᄐᆞ로 디나가니 [월석 1:6]
ㄴ. 實로 ᄒᆡ로 變ᄒᆞ며 … ᄯᅩ 兼ᄒᆞ야 ᄃᆞᆯ로 化ᄒᆞ며… [능언 2:7]

⑥ {-ᄋᆞ로/-으로/-로, -ᄋᆞ로ᄡᅥ/-으로ᄡᅥ/-로ᄡᅥ} '-ᄋᆞ로/-으로/-로'와 '-ᄋᆞ로ᄡᅥ/-으로ᄡᅥ/-로ᄡᅥ'는 '재료, 수단, 원인' 등의 여러 가지 의미로 쓰일 수 있다.

(12) ㄱ. 欄干階砌예 七寶로 ᄭᅮ미고 [월석 2:27]
ㄴ. 衆生이 거즛 일로 沙門이 ᄃᆞ외야 [월석 21:40]
ㄷ. ᄯᅩ 正音으로ᄡᅥ 곧 因ᄒᆞ야 더 飜譯ᄒᆞ야 사기노니 [월석 서:6]

⑦ **{-과/-와, -과로/-와로}** '-과/-와, -과로/-와로'는 '공동' 혹은 '비교'의 의미를 나타낸다. /ㄹ/을 제외한 자음으로 끝나는 체언 뒤에서는 '-과'나 '-과로'로 실현되고, 모음이나 /ㄹ/로 끝나는 체언 다음에서는 '-와'나 '-와로'로 실현된다.

(13) ㄱ. 샹녜 스승과 ᄒᆞᆫᄃᆡ 나ᄂᆞ니 [법언 3:191]
ㄴ. 世間앳 이ᄅᆞᆫ 눌와 다ᄆᆞᆺ 議論ᄒᆞᄂᆞ뇨 [두언 21:23]
ㄷ. 사ᄅᆞᆷ과로 ᄒᆞᆫᄢᅴ 살며 ᄯᅩ 주그리라 [두언 16:42]

⑧ **{-이/-ㅣ, -두고, -라와, -ᄋᆞ론/-으론}** '-이/-ㅣ, -두고, -라와, -ᄋᆞ론/-으론'은 앞의 체언에 붙어서 비교의 의미를 나타낸다.

(14) ㄱ. ᄃᆞ리 즈믄 ᄀᆞᄅᆞ매 비취요미 ᄀᆞᆮᄒᆞ니라 [월석 1:1]
ㄴ. 光明이 ᄒᆡᄃᆞᆯ두고 더으니 [월석 1:26]
ㄷ. 貪慾앳 브리 이 블라와 더으니라 [월석 10:14]
ㄹ. 各別히 勞心호ᄆᆞ론 더으니라 [금강 4:30]

〈호격 조사〉 '호격 조사(呼格助詞, 부름 자리 토씨)'는 앞 말에 독립어(홀로말)의 자격을 부여하면서, 듣는 이를 부르는 기능을 하는 조사이다. 이는 형태로는 '-아/-야, -여/-이여/-ㅣ여, -하' 등이 있는데, 이들은 높임의 등분에 따라서 달리 쓰인다.

(15) ㄱ. 彌勒아 아라라 [석상 13:26]
ㄴ. 牽牛야 네 큰 神力을 諸神이 미츠리 져그니 [월석 21:151]
ㄷ. 어딜쎠 觀世音이여 [능언 6:65]
ㄹ. ᄃᆞᆯ하 노피곰 도ᄃᆞ샤 [악궤 5:10 정읍사]

2.2.2.2. 접속 조사

'접속 조사(接續助詞, 이음 토씨)'는 둘 이상의 체언을 같은 자격(문장 성분)으로 이어서 하나의 명사구를 만드는 조사이다. 15세기 국어에서 쓰이는 접속 조사로는 '-과/-와, -하고, -이며, -이여' 등이 있는데, 이들 접속 조사는 그것이 잇는 앞 체언과 뒤 체언 모두에 붙을 수 있는 것이 특징이다.

(16) ㄱ. 입시울<u>와</u> 혀<u>와</u> 엄<u>과</u> 니<u>왜</u> 다 됴ᄒᆞ며 [석상 19:7]
ㄴ. 밤<u>과</u> 낮<u>과</u> 法을 니ᄅᆞ시니 [두언 21:2]

(17) ㄱ. 夫人도 목수미 열 둘<u>ᄒᆞ고</u> 닐웨 기터 겨샤다 [월석 2:13]
ㄴ. 天人師ᄂᆞᆫ 하ᄂᆞᆯ<u>히며</u> 사ᄅᆞᄆᆡ <u>스스</u>이시다 ᄒᆞᄂᆞᆫ 마리라 [석상 9:3]
ㄷ. 닐굽 ᄒᆡ 도ᄃᆞ면 뫼<u>히여</u> 돌<u>히여</u> 다 노가 디여 [월석 1:48]

2.2.2.3. 보조사

'보조사(補助詞, 도움 토씨)'는 앞의 체언에 특별한 뜻을 보태어 주는 조사이다. 보조사는 체언에 붙는 것이 보통이지만, 부사나 용언의 연결형에 실현될 수도 있다.

가. 체언, 부사, 용언에 두루 붙는 보조사

보조사 중에 '-ᄂᆞᆫ(주제, 대조), -도(동일, 첨가, 강조), -셔(강조, 상태의 유지), -ᅀᅡ(한정 강조), -곳/-옷(한정 강조), -이나/-이어나(선택, 강조), -이ᄃᆞ록(도달), -브터(비롯함), -잇ᄃᆞᆫ(국한 강조)' 등은 체언뿐만 아니라 부사나 용언의 연결형에도 붙을 수 있다.

(18) ㄱ. 나<u>ᄂᆞᆫ</u> 어버ᅀᅵ 여희오 [석상 6:5]
ㄴ. 어미<u>도</u> 아ᄃᆞᄅᆞᆯ 모ᄅᆞ며 아ᄃᆞᆯ<u>도</u> 어미ᄅᆞᆯ 모ᄅᆞ리니 [석상 6:3]
ㄷ. 머리<u>셔</u> 제 아비 보ᄆᆞᆫ 能히 證티 몯호ᄆᆞᆯ 가ᄌᆞᆯ비고 [법언 2:196]
ㄹ. 甁의 므를 기려 두고<u>ᅀᅡ</u> 가리라 [월석 7:9]
ㅁ. 녯 이ᄅᆞᆯ ᄉᆞ랑ᄒᆞ논 ᄠᅳᆮ<u>곳</u> 쇽절업시 잇도다 [두언 8:64-65]
ㅂ. ᄒᆞ다가 잢간<u>이나</u> 디닐 싸ᄅᆞ미면 내 歡喜ᄒᆞ며 [법언 4:147]
ㅅ. 밦듕<u>이ᄃᆞ록</u> 자디 아니ᄒᆞ시며 [내훈 2 하:38]
ㅇ. 阿鼻地獄<u>브터</u> 有頂天에 니르시니 [석보 13:16-7]
ㅈ. ᄉᆞᆯ히 여위신ᄃᆞᆯ 金色<u>잇ᄃᆞᆫ</u> 가ᄉᆡ시리여 [월천 기62]

나. 체언에만 붙는 보조사

보조사 '-으란/-으라ᄂᆞᆫ/-을란(주제, 대조), -마다(각자), -곰(각자), -나마(잉여), -ᄆᆞᆺ/-ᄇᆞᆺ/-봇(한정 강조), -만뎡(양보), -인ᄃᆞᆯ(양보)' 등은 부사나 용언의 활용형에는 붙지 않고 오직 체언에만 붙는다.

(19) ㄱ. 臣下란 忠貞을 勸ᄒᆞ시고 子息으란 孝道ᄅᆞᆯ 勸ᄒᆞ시고 [월석 8:29]
ㄴ. 사ᄅᆞᆷ마다 수ᄫᅵ 아라 [석상 서:6]
ㄷ. ᄒᆞᆫ 나라해 ᄒᆞᆫ 須彌山곰 이쇼ᄃᆡ [월석 1:22]
ㄹ. 門人이 一千나마 잇ᄂᆞ니 [육언 상 5]
ㅁ. 숨ᄆᆞᆺ 아니면 어느 길헤 다시 보ᅀᆞᄫᆞ리 [월석 8:82]
ㅂ. 밥 머긇 덛만뎡 長常 이 이ᄅᆞᆯ ᄉᆡᇰ각ᄒᆞ라 [월석 8:8]
ㅅ. 엇뎨 잢간인ᄃᆞᆯ 놀라 저ᄒᆞ리오 [금삼 3:25]

다. 용언의 연결형과 부사에만 붙는 보조사

보조사 '-곰(강조, 여운감), -다가(강조, 상태의 유지)'는 용언의 연결형과 부사에만 붙고 체언에는 붙지 않는다.

(20) ㄱ. 이리곰 火災호ᄆᆞᆯ 여ᄃᆞᆲ 번 ᄒᆞ며 [월석 1:49]
ㄴ. 네 바리ᄅᆞᆯ 어듸 가 어든다 도로다가 두어라 [월석 7:8]

라. 의문문을 만드는 보조사

의문의 뜻을 나타내면서 문장을 끝맺는 보조사로서 '-고/-오'와 '-가/-아'가 있다.

(21) ㄱ. 얻논 藥이 므스것고 [월석 21:215]
ㄴ. 사호매 서르 맛나ᄆᆞᆫ ᄯᅩ 어느 날오 [두언 21:16]
ㄷ. 이ᄂᆞᆫ 法身가 報身가 [금삼 3:23]
ㄹ. 이ᄂᆞᆫ 賞가 罰아 ᄒᆞᆫ 가지아 아니아 [능언 3:99]

2.2.2.4. 조사의 생략과 겹침

가. 조사의 생략

격조사와 접속 조사가 문맥에 실현되지 않을 수도 있는데, 이러한 현상을 '조사의 생략'이라고 한다.

(22) ㄱ. 곶Ø 됴코 여름Ø 하ᄂᆞ니 [용가 2장]
ㄴ. 右手左手로 天地Ø ᄀᆞᄅᆞ치샤 [월석 2:34]

(23) 아비Ø 어미Ø 날 기를 져긔 [두언 8:67]

나. 조사의 겹침

조사는 둘 또는 셋이 겹쳐서 실현될 수 있다. 이렇게 조사가 겹쳐서 표현될 때에는 같은 종류의 조사끼리 겹쳐서 표현될 수도 있고, 다른 종류의 조사가 겹쳐서 표현될 수도 있다.

〈같은 종류의 조사가 겹침〉 격조사와 격조사가 겹쳐거나 보조사와 보조사가 겹쳐서 실현될 수 있다.

(24) ㄱ. 一千 化佛이 … 摩耶<u>ᄭᅴ로</u> 向ᄒᆞ야 ᄉᆞᆯᄫᆞ샤ᄃᆡ [석상 23:29]
ㄴ. 집<u>마다셔</u> 사ᄅᆞᄆᆞᆯ ᄒᆞ놀이놋다 [두언 15:6]

〈다른 종류의 조사가 겹침〉 다른 종류의 조사가 겹쳐서 실현되는 경우가 있는데, 이때에는 대체로 '접속 조사 – 격조사 – 보조사'의 순서로 실현된다.

(25) ㄱ. 威嚴과 德<u>괘</u> 自在ᄒᆞ야 [석상 9:19]
ㄴ. 오직 부<u>톄ᅀᅡ</u> 能히 아ᄅᆞ시니 [법언 4:63]
ㄷ. 報와 化<u>왜ᅀᅡ</u> 비르서 말 겨시니 [금삼 4:36]
ㄹ. 生과 滅<u>와로셔</u> 이숀디 아니며 [능엄 3:17]

2.2.3. 용언

'용언(用言, 풀이씨)'은 문장 속에서 서술어로 쓰여서 주어로 표현되는 대상(주체)의 움직임이나 상태 혹은 존재의 유무(有無)를 풀이한다. 용언은 다음과 같은 일반적인 성질이 있다. 첫째, 용언은 주어로 표현되는 대상(주체)의 움직임, 속성, 상태, 존재의 유무 등을 풀이한다. 둘째, 용언은 어간과 어미로 구분되는데, 실질적인 의미를 나타내는 어간에 다양한 어미가 붙어서 여러 가지 문법적인 기능을 나타낸다.

2.2.3.1. 용언의 종류

용언은 의미와 활용하는 방식의 차이에 따라서 동사와 형용사로 구분된다

가. 동사와 형용사

〈**동사**〉 '동사(動詞, 움직씨, verb)'는 주어로 쓰인 사람이나 사물의 움직임을 표현하는 단어이다. 동사는 문장에 쓰일 때 목적어를 요구하느냐 아니하느냐에 따라서 '자동사'와 '타동사'로 구분한다.

① **자동사** : '자동사(自動詞, 제움직씨)'는 목적어를 취하지 않아서, 그 움직임이 주어에만 미치는 동사이다.

(1) ㄱ. 아비 <u>죽다</u> [월석 17:21]
ㄴ. 衆生이 福이 <u>다ᄋᆞ거다</u> [석상 23:28]

② **타동사** : '타동사(남움직씨)'는 목적어를 취하여서, 그것이 표현하는 움직임이 주어뿐만 아니라 목적어에도 미치는 동사이다.

(2) ㄱ. (世尊이) 十方諸國ᄋᆞᆯ <u>보긔</u> ᄒᆞ시니 [월석 8:1]
ㄴ. 셜ᄫᅳᆯ쎠 衆生이 正ᄒᆞᆫ 길ᄒᆞᆯ <u>일허다</u> [석상 23:19]

〈**형용사**〉 '형용사(形容詞, 그림씨, adjective)'는 주어로 표현되는 대상의 성질이나 상

태를 풀이하는 용언이다. 형용사는 성질이나 상태의 실질적인 의미를 나타내는 '성상 형용사'와, 자립성과 실질성이 없이 지시나 대용의 의미만 나타내는 '지시 형용사'로 나뉜다.

(3) ㄱ. 골ᄑᆞ다, 그립다, 깃브다, 됴ᄒᆞ다, 슬프다, 슳다, 알ᄑᆞ다
ㄴ. 길다, 높다, ᄂᆞᆽ갑다, 븕다, ᄒᆡ다 ; 고요ᄒᆞ다 ; 거츨다, ᄎᆞ다 ; ᄃᆞᆯ다, ᄆᆡᆸ다, ᄡᅳ다

(4) ㄱ. 赤島 안햇 움흘 至今에 보ᅀᆞᆸᄂᆞ니 王業艱難이 <u>이러ᄒᆞ시니</u> [용가 5장]
ㄴ. 비록 <u>그러ᄒᆞ나</u> 이 無ᅙ字ᄂᆞᆫ 어느 고ᄃᆞᆯ 從ᄒᆞ야 나뇨 [몽언 61]
ㄷ. 至孝ㅣ <u>뎌러ᄒᆞ실ᄊᆡ</u> ᄂᆞᄆᆞᆫ 즐기ᄂᆞᆫ 나ᄅᆞᆯ 아니 즐겨 [용가 92장]
ㄹ. 羅睺羅ᄅᆞᆯ 出家ᄒᆡ샤 나라 니ᅀᅳ리ᄅᆞᆯ 긋게 ᄒᆞ시ᄂᆞ니 <u>엇뎌ᄒᆞ니잇고</u> [석상 6:7]

나. 보조 용언

'보조 용언(補助用言, 도움 풀이씨, 매인 풀이씨)'은 문장 안에서 홀로 설 수 없어서, 반드시 그 앞의 다른 용언에 붙어서 어떠한 문법적 의미를 더해 주는 용언이다.

보조 동사	현대어	의미	용례
보다	보다	시도	일로 혜여 <u>보건덴</u> [석상 6:6]
ᄇᆞ리다	버리다	완료	恩惠를 니저 <u>ᄇᆞ리샤</u> [석상 6:4]
디다	지다	저절로 도달함	뫼히여 들히여 다 노가 <u>디어</u> [월석 1:48]
두다	두다	동작의 유지	왼녁 피 닫 담고 올ᄒᆞᆫ녁 피 닫 담아 <u>두고</u> 닐오ᄃᆡ [월석 1:7]
나다	나다	벗어남	뎌 如來ᄅᆞᆯ 念ᄒᆞ야 恭敬ᄒᆞᅀᆞᄫᆞ면 다 버서 <u>나리라</u> [석상 9:24]
내다	내다	끝까지 완수함	勞度差ㅣ 또 ᄒᆞᆫ 쇼ᄅᆞᆯ 지ᅀᅥ <u>내니</u> [석상 6:32]
ᄃᆞ외다	되다	변성	우리 어ᅀᅵ아ᄃᆞ리 외롭고 입게 <u>ᄃᆞ외야</u> [석상 6:5]
말다	말다	금지	너희 브즈러니 지ᅀᅥ 게으르디 <u>말라</u> [법언 2:209]
ᄒᆞ다	하다	당위	善男子 善女人이 뎌 부텻 世界에 나고져 發願ᄒᆞ야ᅀᅡ <u>ᄒᆞ리라</u> [석상 9:11]

이시다/잇다	있다	진행	내 풍류바지 ᄃᆞ리고 됴ᄒᆞᆫ 차반 먹고 이쇼ᄃᆡ [석상 24:28]
		완료 지속	赤眞珠ㅣ ᄃᆞ외야 잇ᄂᆞ니라 [월석 1:23]
겨시다	계시다	완료 지속	미친 사ᄅᆞᆷ ᄀᆞ티 묏고래 수머 겨샤 [석상 6:4]

[표 1. 보조 동사의 종류와 의미]

보조 형용사	현대어	의미	용례
식브다	싶다	희망, 추측	나고져 식브녀 [월천 기132]
지다	싶다	바람, 원망	東山 구경ᄒᆞ야 지이다 [월석 2:27]

[표 2. 보조 형용사의 종류와 의미]

보조 용언	현대어	의미		용례
아니ᄒᆞ다	아니하다	부정	보동	菩提 일우믈 得ᄒᆞ디 아니ᄒᆞ리 업ᄂᆞ니 [원언 하 2-2:43]
			보형	슬후미 녇디 아니ᄒᆞ니 [두언 6:29]
몯ᄒᆞ다	못하다	부정	보동	보도 몯ᄒᆞ며 듣도 몯거니 [석상 24:28]
			보형	本來ㅅ 아로미 ᄇᆞᆰ디 몯ᄒᆞ거든 다 疑心을 두리니 [몽언 14]

[표 3. 보조 동사와 보조 형용사로 두루 쓰이는 보조 용언]

다. 규칙 용언과 불규칙 용언

〈**규칙 용언**〉 용언은 활용할 때에 어간이나 어미의 기본 형태가 그대로 유지되는 경우가 있고, 어간이나 어미가 기본 형태와는 다르게 바뀌는 경우도 있다. 이때 기본 형태가 그대로 유지되는 활용을 '규칙 활용(規則活用)'이라고 하며, 이러한 방식으로 활용하는 용언을 '규칙 용언(規則用言)'이라고 한다.

그런데 용언이 규칙 활용을 하더라도 어간에 어미가 결합하는 과정에서 어간이나 어미의 형태가 변하는 경우가 있다. 이러한 형태 변화는 동일한 음운적인 환경에서는 예외 없이 일어나는 변동(보편적인 변동)이기 때문에, 그 형태의 변화에도 불구하고 규칙 활용으로 처리한다.

첫째, 용언이 활용할 때 어간이나 어미의 형태가 다른 형태로 바뀔 수 있다.

(5) ㄱ. 슬후미 녇디 아니ᄒᆞ니 [두언 6:29]
ㄴ. 새 그를 고툐ᄆᆞᆯ ᄆᆞᆾ고 [두언 16:14]

둘째, 용언이 활용할 때 어간이나 어미의 특정한 소리가 탈락할 수가 있다.

(6) ㄱ. 업던 번게를 하ᄂᆞᆯ히 ᄇᆞᆯ기시니 [용가 30장]
ㄴ. ᄒᆞᆯᄀᆞᆯ 파 가져 [월석 1:7]

셋째, '다ᄅᆞ다(異), ᄇᆞᅀᆞ다(破) ; 기르다(養), 비ᅀᅳ다(粧)' 등은, /ㅏ, ㅓ/나 /ㅗ, ㅜ/로 시작하는 어미 앞에서 어간의 끝 모음인 /ㆍ, ㅡ/가 탈락하고 남은 앞 자음이 앞 음절의 받침소리로 가서 붙는다.

(7) ㄱ. ᄂᆞᄆᆞᆫ ᄠᅳᆮ 다ᄅᆞ거늘 [용가 24장]
ㄴ. 나랏 말ᄊᆞ미 中國애 달아 [세훈 1]

(8) ㄱ. 고ᄌᆞ로 비ᅀᅳᆫ 가시 [월천 기51]
ㄴ. 夫人이 … ᄀᆞ장 비ᇫ어 됴ᄒᆞᆫ 양 ᄒᆞ고 [월석 2:5]

넷째, '모ᄅᆞ다(不知), ᄇᆞᄅᆞ다(粧), ᄲᆞᄅᆞ다(速) ; 부르다(演), 브르다(呼), 흐르다(流)' 등은 어간에 /ㅏ, ㅓ/나 /ㅗ, ㅜ/로 시작하는 어미가 붙으면, 어간의 /ㆍ, ㅡ/가 탈락되고 홀로 남은 자음은 앞 음절의 받침소리로 되면서 /ㄹ/이 첨가된다.

(9) ㄱ. 天命을 모ᄅᆞ실ᄊᆡ [용가 13장]
ㄴ. 方面을 몰라 보시고 [용가 85장]

(10) ㄱ. 흐르는 ᄉᆡᆷ [석상 13:23]
ㄴ. 時節이 … 흘러 가면 [석상 19:11]

다섯째, 어미가 모음 조화 규칙에 의하여 교체되는 경우가 있다.

(11) ㄱ. 자바, ᄂᆞ라
　　 ㄴ. 주거, 버서

〈**불규칙 용언**〉 용언이 활용할 때 어간이나 어미가 불규칙적으로 바뀌어서(개별적으로 교체되어) 일반적인 변동 규칙으로는 설명할 수 없는 활용이 있다. 이러한 활용을 '불규칙 활용(不規則活用, 벗어난 꼴바꿈)'이라고 하고, 불규칙 활용을 하는 용언을 '불규칙 용언(不規則用言, 벗어난 풀이씨)'이라고 한다.

(12) ㄱ. 암龍 ᄃᆞ외야 毒龍ᄋᆞᆯ 얻더니 [월석 7:27]
　　 ㄴ. 넷 날애 바리를 어더 [월천 기88]

(13) ㄱ. 아히 井華水를 긷ᄂᆞ니 [두언 9:21]
　　 ㄴ. 甁의 무를 기러 두고ᅀᅡ 가리라 ᄒᆞ야 므를 기르니 [월석 7:9]

다-1. 어간이 불규칙하게 바뀌는 용언

활용할 때 어간이 불규칙하게 바뀌는 용언으로는 'ㅅ' 불규칙 용언, 'ㅂ' 불규칙 용언, 'ㄷ' 불규칙 용언, 불규칙하게 활용하는 개별 용언 등이 있다.

〈**'ㅅ' 불규칙 용언**〉 어간이 /ㅅ/ 받침 소리로 끝나는 일부 용언은 모음으로 시작하는 어미 앞에서 /ㅅ/이 /ㅿ/으로 바뀐다.[1)]

(14) ㄱ. 오직 낫고 믈룸 업수미 일후미 不退心이라 [능언 8:18]
　　 ㄴ. 부텻 알ᄑᆡ 나ᅀᅡ 드르샤 [석보 11:17]

〈**'ㅂ' 불규칙 용언**〉 어간이 /ㅂ/ 받침 소리로 끝나는 일부 용언은 모음으로 시작하는 어미 앞에서 /ㅂ/이 /ㅸ/으로 바뀐다.[2)]

---

1) 'ㅅ' 불규칙 용언으로는 '긋다(劃), 낫다(進), 닛다(承), ᄃᆞᆺ다(愛), 웃다(笑), 젓다(搖), ᄌᆞᆺ다(拾)' 등이 있다.
2) 'ㅂ' 불규칙 용언으로는 '갓갑다(近), 곱다(麗), 굽다(曲, 燒), 눕다(臥), 덥다(暑), 돕다(助), 쉽다(易), 어렵다(難), 입다(迷), 칩다(寒) ; ᄀᆞᆲ다(竝), ᄊᆞᆲ다(難), ᄠᆞᆲ다(澁), ᄇᆞᆲ다(履), 숣다(曰), 셟다(哀, 셟다), 엷다(薄)' 등이 있다.

(15) ㄱ. 江漢앤 ᄃᆞᆳ비치 <u>곱</u>도다 [두언 20:8]
ㄴ. 太子ㅣ 性 <u>고ᄫᆞ</u>샤 [월석 21:211]

〈'ㄷ' 불규칙 용언〉 어간이 /ㄷ/ 받침 소리로 끝나는 일부 용언은, 모음으로 시작하는 어미 앞에서 /ㄷ/이 /ㄹ/로 바뀐다.[3)]

(16) ㄱ. 難陁ㅣ … ᄒᆞᆫ ᄢᅢ 계도록 (므를) <u>긷</u>다가 몯ᄒᆞ야 [월석 7:9]
ㄴ. 甁의 므를 <u>기러</u> 두고ᅀᅡ 가리라 [월석 7:9]

〈개별 용언의 불규칙 활용〉 '시므다, ᄌᆞᄆᆞ다'와 '녀다', '이시다'에만 나타나는 특수한 형태의 불규칙 활용이 있다. 이러한 활용은 개별적인 용언이 불규칙하게 바뀌는 활용이다.

① **'시므다, ᄌᆞᄆᆞ다'의 불규칙 활용** : '시므다(植)'와 'ᄌᆞᄆᆞ다(沈)'에 모음으로 시작하는 어미가 붙어서 활용할 때에는, 어간의 끝소리가 탈락하면서 동시에 /ㄱ/이 첨가된다.

(17) ㄱ. 여러 가짓 됴ᄒᆞᆫ 根源을 <u>시므</u>고 [석상 19:33]
ㄴ. 아마도 福이 조ᅀᆞᄅᆞᄫᅵ니 아니 <u>심거</u> 몯 ᄒᆞᆯ 꺼시라 [석상 6:37]

(18) ㄱ. 밀므리 사ᄋᆞ리로ᄃᆡ 나거ᅀᅡ <u>ᄌᆞᄆᆞ</u>니이다 [용가 67장]
ㄴ. 청 믈 든 뵈 <u>ᄌᆞᆷ가</u> 우러난 즙 서 되를 머그라 [구간 6:36]

② **'녀다'의 불규칙 활용** : '녀다'의 어간인 '녀-'는 선어말 어미 '-거-'와 어말 어미 '-거' 앞에서 '니-'로 바뀐다.

(19) ㄱ. 어셔 도라 <u>니</u>거라 [월석 8:101]
ㄴ. 東이 <u>니</u>거시든 西夷 ᄇᆞ라ᅀᆞᄫᆞ니 [용가 38장]
ㄷ. 내 <u>니</u>거 지이다 [용가 58장]

---

3) 'ㄷ' 불규칙 용언으로는 '걷다(步), ᄭᆡᄃᆞᆮ다(覺), 다ᄃᆞᆮ다(到着), 일ᄏᆞᆮ다(曰), ᄒᆞᆮ다(散)' 등이 있다.

③ **'이시다'의 불규칙 활용** : '이시다'의 어간인 '이시-'는 자음으로 시작하는 어미 앞에서는 '잇-'으로 변동한다.

(20) ㄱ. 셔봃 賊臣이 잇고 흔 부니 天命이실씨 [용가 37장]
ㄴ. 大愛道ㅣ 드르시고 흔 말도 몯ᄒᆞ야 잇더시니 [월석 7:1]

다 - 2. 어미가 불규칙하게 바뀌는 용언

〈/ㄷ/으로 시작하는 어미의 /ㄷ/이 /ㄹ/로 바뀜〉 /ㄷ/으로 시작하는 어미인 '-다, -다가, -더-, -도-' 등이, 서술격 조사의 어간인 '-이-'나 선어말 어미 '-리-, -니-' 뒤에 실현될 때는 각각 '-라, -라가, -러-, -로-'로 불규칙하게 바뀐다.

(21) ㄱ. 일후미 涅槃이라 ᄒᆞ더니 [능언 2:3]
ㄴ. 네 得혼 거슨 聲聞의 慧眼이라가 이제 니르러ᅀᅡ 비르서 부텻 ᄠᅳ들 아ᅀᆞ올씨 [금삼 73]
ㄷ. 六師ᄋᆡ 무리 三億萬이러라 [석보 6:28]
ㄹ. 네 업던 이리로다 [월석 1:14]

〈/ㄱ/으로 시작하는 어미의 /ㄱ/이 탈락됨〉 /ㄱ/으로 시작하는 어미 '-거늘, -거니, -거니와, -거든 ; -고, -고져' 등은, /ㄹ/ 받침이나 반모음 /j/로 끝나는 용언의 어간, 서술격 조사, 선어말 어미 '-리-'의 뒤에서 /ㄱ/이 줄어져서 '-어늘, -어니, -어니와, -어든; -오, -오져' 등으로 바뀐다.

(22) ㄱ. 西征에 功이 일어늘 所獲ᄋᆞᆯ 다 도로 주샤 [용가 41장]
ㄴ. 狄人이 ᄀᆞᆯ외어늘 岐山 올ᄆᆞ샴도 하ᄂᆞᇙ ᄠᅳ디시니 [용가 4장]
ㄷ. 노ᄑᆞᆫ 座 ᄆᆡᆼᄀᆞᆯ오 便安히 연ᄌᆞ면 [석상 9:21]
ㄹ. 眷屬ᄋᆞᆯ 여희오 어딘 사ᄅᆞᄆᆞᆯ 갓가비 ᄒᆞ야 [석상 13:22]
ㅁ. 이 光明ㅅ 因緣을 알오져 ᄒᆞ더니 [석상 13:32]

〈/ㅗ, ㅜ/로 시작하는 어미의 /ㅗ/가 /로/로 바뀜〉 /ㅗ, ㅜ/로 시작하는 어미의 /ㅗ, ㅜ/는 서술격 조사의 어간 '-이-'의 뒤에서 /로/로 바뀐다.

(23) ㄱ. 工夫ㅣ ᄒᆞᆫ가지로ᄆᆞᆯ 니르니라 [몽언 19]
ㄴ. 밀므리 사ᄋᆞ리로ᄃᆡ 나거ᅀᅡ ᄌᆞᄆᆞ니이다 [용가 67장]

〈**선어말 어미 '-아-/-어-'가 '-거-'와 '-나-'로 바뀜**〉 말하는 이의 '주관적인 믿음'을 표현하는 선어말 어미(확인법 선어말 어미)는 타동사의 어간 다음에서 '-아-/-어-'로 실현된다. 그런데 선어말 어미가 '-아-/-어-'가 형용사나 자동사 다음에는 '-거-'로 바뀌고, '오다'의 어간 뒤에서는 '-나-'로 바뀐다.

(24) ㄱ. 衆生이 正ᄒᆞᆫ 길ᄒᆞᆯ 일허다 [석상 23:19]
ㄴ. 어셔 도라 니거라 [월석 8:101]
ㄷ. 내 니마해 ᄇᆞᆯ론 香이 몯 ᄆᆞᆯ랫거든 도로 오나라 [월석 7:7]

〈**'ᄒᆞ-' 뒤에 실현되는 연결 어미의 /아/가 /야/로 바뀜**〉 연결 어미인 '-아/-어, -아셔/-어셔, -아도/-어도'는, 'ᄒᆞ-'로 끝나는 용언의 어간에 결합하면 '-야, -야셔, -야도' 등으로 바뀐다.

(25) ㄱ. 煩惱障이 ᄆᆞᅀᆞᄆᆞᆯ ᄀᆞ려 ᄆᆞᅀᆞ미 解脫 몯ᄒᆞ야 業을 지ᅀᅥ 生ᄋᆞᆯ 受ᄒᆞ야 다ᄉᆞᆺ 길헤 輪回ᄒᆞ며 [월석 9:6-7]
ㄴ. 주긂 相이 一定ᄒᆞ야 어버ᅀᅵ며 … 아로리며 두루 에ᄒᆞ야셔 울어든 [능언 2:4]

2.2.3.2. 어미의 종류와 기능

가. 활용

〈**활용의 개념**〉 용언은 실질 형태소인 어간에 다양한 형태의 어미가 실현되어서 문법적인 기능을 나타내는데, 이러한 현상을 '활용(活用, 끝바꿈, conjugation)'이라고 한다.

(26) ㄱ. 길헤 ᄀᆞᄅᆞ미 잇더니 … 건나디 몯ᄒᆞ야 ᄀᆞᅀᅢ셔 자다니 [월석 10:23]
ㄴ. 처ᅀᅥᆷ 出家ᄒᆞ샤 ᄌᆞᆷ 잘 자거시ᄂᆞᆯ 如來ㅣ 구지즈신대 [영남 상:25]

ㄷ. 이트를 자듸 노로ᄆᆞᆯ 아니 ᄒᆞ야 잇다니 [두언 7:23]
ㄹ. 셤 안해 자싫 제 한비 사ᄋᆞ리로ᄃᆡ [용가 8:18]

〈**어미의 유형**〉 어미는 '어말 어미'와 '선어말 어미'로 나눌 수 있다. 여기서 '어말 어미(語末語尾, final ending)'는 용언의 맨끝의 위치에 실현되는 어미이며, '선어말 어미(先語末語尾, pre-final ending)'는 어간과 어말 어미 사이에 실현되는 어미이다.

(27) 활용어 = 어간 + 어미[(선어말 어미) + 어말 어미]

(28) ㄱ. 모딘 길헤 ᄠᅥ러디면 恩愛ᄅᆞᆯ 머리 여희여 [석상 6:3]
ㄴ. ᄀᆞᄌᆞᆫ 道ᄅᆞᆯ 듣ᄌᆞᆸ고져 ᄒᆞᅀᆞᆸᄂᆞ이다 [법언 1:165]
ㄷ. 使者ᄂᆞᆫ ᄇᆞ리신 사ᄅᆞ미라 [석상 6:2]

선어말 어미와 어말 어미의 전체적인 유형을 일람표로 보이면 다음과 같다.

- 선어말 어미
  - 주체 높임 : -으시-
  - 객체 높임 : -ᅀᆞᆸ-
  - 상대 높임 : -이-
  - 시 간 : -Ø-, -ᄂᆞ-, -더-, -으리-
  - 믿음, 느낌 : -거-, -니-, -도-
  - 인칭, 대상 : -오-
- 어말 어미
  - 종결 어미
    - 평서형 : -다, -니라, -(오/우)마
    - 의문형 : -은다, -을다, -은가, -을가, -으니아, -으리아
    - 명령형 : -으라, -고라, -어쎠, -으쇼셔
    - 청유형 : -져, -사이다
    - 감탄형 : -은뎌, -을쎠, -애라, (-도다, -도소이다)
  - 연결 어미
    - 대등적 : -고, -으며, -으나, -거나 ~ -거나 …
    - 종속적 : -니, -오ᄃᆡ, -을ᄊᆡ, -관ᄃᆡ, -거든, -고져 …
    - 보조적 : -어, -긔/-게, -디, -ᄃᆞᆯ
  - 전성 어미
    - 명사형 : -옴, -기, -디
    - 관형사형 : -은, -을

나. 어미의 유형

나-1. 선어말 어미

'선어말 어미(先語末語尾, 안맺음 씨끝, pre-final ending)'는 용언의 끝에 실현되지 못하고, 어간과 어말 어미 사이에 실현되는 어미이다.

〈높임 표현의 선어말 어미〉 '높임 표현의 선어말 어미'는 문장 속에 등장하는 어떠한 대상을 높여서 표현하는 선어말 어미인데, '상대(相對) 높임의 선어말 어미', '주체(主體) 높임의 선어말 어미', '객체(客體) 높임의 선어말 어미' 등이 있다.

① **상대 높임의 선어말 어미**: 상대 높임의 선어말 어미는 말을 듣는 '상대(相對)'를 높이는데, '-이-/-잇-'의 형태로 실현된다.

(29) ㄱ. 世尊하 … 이런 고디 업스이다 [능언 1:50]
ㄴ. 내 이제 엇뎨ᄒᆞ야ᅀᅡ 地獄 잇ᄂᆞᆫ ᄯᅡ해 가리잇고 [월석 21:25]

② **주체 높임의 선어말 어미**: '주체 높임의 선어말 어미'는 문장에서 주어로 실현되는 대상인 '주체(主體)'를 높이는데, '-으시-/-으샤-'의 형태로 실현된다.

(30) ㄱ. 王이 … 그 蓮花ᄅᆞᆯ ᄇᆞ리라 ᄒᆞ시다 [석상 11:31]
ㄴ. **부텨** 百億 世界예 化身ᄒᆞ야 敎化ᄒᆞ샤미 [월석 1:1]

③ **객체 높임의 선어말 어미**: '객체 높임의 선어말 어미'는 문장에서 목적어나 부사어로 표현되는 대상인 '객체(客體)'를 높이는데, '-ᄉᆞᆸ-/-ᄌᆞᆸ-/-ᅀᆞᆸ-'이나 '-ᄉᆞᄫᆞ-/-ᄌᆞᄫᆞ-/-ᅀᆞᄫᆞ-'의 형태로 실현된다.

(31) ㄱ. 벼슬 노ᄑᆞᆫ 臣下ㅣ **님그믈** 돕ᄉᆞ바 [석상 9:34]
ㄴ. 내 아래브터 **부텻긔** 이런 마ᄅᆞᆯ 몯 듣ᄌᆞᄫᆞ며 [석상 13:44]
ㄷ. 須達이 **世尊** 뵈ᅀᆞᆸ고져 너겨 [석상 6:45]

〈시간 표현의 선어말 어미〉 시간을 표현하는 선어말 어미로는 '-ᄂᆞ-, -으리- ; -더-' 등이 있으며, 형태가 없이 쓰이는 부정법(不定法)의 선어말 어미 '-Ø-'도 현재나 과거의 시제를 표현한다.

① **발화시를 기준으로 하는 시간 표현**: 첫째, '-ᄂᆞ-'와 '-으리-', '-Ø-'는 말하는 이가 발화하는 때(발화시)를 기준으로 사건이 일어나는 시간을 표현한다.

'-ᄂᆞ-'는 발화시에 어떠한 일이 일어나고 있음을 나타내는 '현재 시제의 선어말 어미'이다.

(32) ㄱ. 네 이제 ᄯᅩ 묻ᄂᆞ다 [월석 23:97]
　　ㄴ. 내 이제 大衆과 여희노라 [월석 21:217]

'-으리-'는 발화시 이후에 어떠한 일이 일어남을 나타내는 '미래 시제의 선어말 어미'이다.

(33) ㄱ. 아ᄃᆞᆯᄯᆞᄅᆞᆯ 求ᄒᆞ면 아ᄃᆞᆯᄯᆞᄅᆞᆯ 得ᄒᆞ리라 [석상 9:23]
　　ㄴ. 말ᄉᆞᄆᆞᆯ 安定히 ᄒᆞ면 百姓을 便安케 ᄒᆞ린뎌 [내훈 1:7]

그리고 형태가 없이 실현되는 부정법(不定法)의 선어말 어미 '-Ø-'도 현재나 과거 시제를 표현한다. 곧 부정법의 시제 선어말 어미 '-Ø-'는 형용사에 실현될 때는 현재 시제를 나타내며, 동사에 실현될 때에는 과거 시제를 나타낸다.

(34) ㄱ. 너도 ᄯᅩ 이 ᄀᆞᆮᄒᆞ다 [능엄 2:23]
　　ㄴ. 닐굽 ᄒᆡ 너무 오ᄅᆞ다 [월석 7:2]

(35) ㄱ. 이 ᄢᅴ 아ᄃᆞᆯ들히 아비 죽다 듣고 [월석 17:21]
　　ㄴ. 菩提를 得ᄒᆞ시다 드르시고 [석보 13:30]

② **경험시를 기준으로 하는 시간 표현**: '-더-'는 말하는 이가 직접 경험한 발화시 이전의 어떤 때(경험시)로 생각을 돌이켜서, 그때를 기준으로 해서 일이 일어난 시간을 나타내는 '회상(回想)의 선어말 어미'이다.

(36) ㄱ. ᄠᅳ데 몯 마ᄌᆞᆫ 이리 다 願 ᄀᆞ티 ᄃᆞ외더라 [월석 10:30]
　　ㄴ. 六師ᄋᆡ 무리 三億萬이러라 [석상 6:28]
　　ㄷ. 功德이 이러 당다이 부톄 ᄃᆞ외리러라 [석상 19:34]
　　ㄹ. 내 지븨 이싫 저긔 受苦ㅣ 만타라 [월석 23:74]

〈태도 표현의 선어말 어미〉 선어말 어미 중에는 문장의 내용에 대하여 말하는 이의 태도를 표현하는 것들이 있는데, 선어말 어미 '-아-/-어-, -거-, -나- ; -니-' 등은 믿음의 태도를 나타내며, '-돗-/-도-' 등은 느낌(감동)의 태도를 나타낸다.[4)]

① **'주관적 믿음 표현의 선어말 어미'** : 선어말 어미 '-아-/-어-/-야-/-여-, -거-, -나-'는 심증(心證)과 같은 말하는 이의 주관적인 믿음에 근거하여, 어떠한 일을 확정적으로 판단함을 나타내는 선어말 어미이다.

(37) ㄱ. 崔九의 집 알ᄑᆡ 몃 디윌 드러뇨 [두언 16:52]
ㄴ. 셜ᄫᅳᆯ쎠 衆生이 正ᄒᆞᆫ 길ᄒᆞᆯ 일허다 [석상 23:19]
ㄷ. 네 願 다히 ᄒᆞ야라 [석상 24:14]

(38) ㄱ. 安樂國이ᄂᆞᆫ … 어미도 몯 보아 시르미 더욱 깁거다 [월석 8:101]
ㄴ. 衆生이 福이 다ᄋᆞ거다 [석상 23:28]
ㄷ. 내 니마해 ᄇᆞᆯ(ᄅᆞᆫ)론 香이 몯 ᄆᆞᆯ랫거든 도로 오나라 [월석 7:7]

② **'객관적 믿음 표현의 선어말 어미'** : '-으니-'는 말하는 이가 객관적인 믿음을 근거로 사태를 확정적인 것으로 판단하여 말함을 나타내는 선어말 어미이다. '-으니-'는 대체로 현재 시제나 회상을 표현하는 용언의 뒤에 실현되는 것이 일반적이다.

(39) ㄱ. 사ᄅᆞ미 살면 주그미 이실ᄊᆡ 모로매 늙ᄂᆞ니라 [석상 11:36]
ㄴ. ㄱᄂᆞᆫ 엄쏘리니 君ㄷ字 처ᅀᅥᆷ 펴아 나ᄂᆞᆫ 소리 ᄀᆞᄐᆞ니라 [세훈 4]
ㄷ. 녜ᄂᆞᆫ 죠ᄒᆡ 업서 대ᄅᆞᆯ 엿거 그를 ᄡᅳ더니라 [월석 8:98]

③ **'느낌 표현의 선어말 어미'** : '-도-, -돗-'은 느낌(감동)을 나타내는 선어말 어미이다. '-도-, -돗-'은 '-이다'와 '아니다'의 어간이나 '-으리-' 뒤에서는 각각 '-로-, -롯-'으로 실현된다.

(40) ㄱ. ᄠᅳ디 기프시도다 [금삼 5:21]

---

4) 고등학교 문법(2010:301)에서는 '태도 표현'을 '시간 표현'의 범주에 넣어서 다루고 있다.

ㄴ. 새 그를 어제 브터 보내돗더라 [두언 23:29]

(41) ㄱ. 네 업던 이리로다 [월석 1:14]
ㄴ. 天龍鬼神ᄋᆞᆯ 네 數를 알리로소니여 모ᄅᆞ리로소니여 [석상 11:4]

〈**1인칭 주어 표현과 대상 표현의 선어말 어미**〉 선어말 어미 '-오-/-우-'는 종결형이나 연결형에서 실현되는 것과, 관형사형에서 실현되는 것이 있다.

① **인칭 표현의 선어말 어미**: 종결형이나 연결형에서 나타나는 선어말 어미 '-오-/-우-'는 문장의 주어가 말하는 사람(1인칭 화자)임을 나타낸다.

(42) ㄱ. ᄒᆞ오ᅀᅡ 내 尊호라 [월석 2:34]
ㄴ. 나ᄂᆞᆫ 弟子 大目健連이로라 [월석 23:82]
ㄷ. 世尊ㅅ 일 ᄉᆞᆯ보리니 … 눈에 보논가 너기ᅀᆞᄫᆞ쇼셔 [월석 1:1]

1인칭 주어가 쓰인 문장에서 회상의 선어말 어미 '-더-'에 인칭 표현의 선어말 어미 '-오-/-우-'가 결합하면 '-더-'가 '-다-'로 바뀌면서 '-오-/-우-'가 탈락한다.

(43) ㄱ. **내** 롱담ᄒᆞ다라 [석상 6:24]
ㄴ. **내** 지븨 이슓 저긔 受苦ㅣ 만타라 [월석 10:23]
ㄷ. **내** … 舍衛國 사ᄅᆞ미라니 [월석 10:23]

'주관적 믿음 표현'의 선어말 어미 '-거-, -아-/-어-, -나-'가 선어말 어미 '-오-/-우-'와 결합하여 줄어지면 '-과-'나 '-가-'로 형태가 바뀐다.

(44) ㄱ. **내** 이제 훤히 즐겁과라 [법언 2:137]
ㄴ. **내** 親히 저ᅀᆞᆸ고 香 퓌우ᅀᆞᆸ가니 [월석 23:88-89]

② **대상 표현의 선어말 어미**: 관형사형에서도 선어말 어미 '-오-/-우-'가 나타날 수 있다. 이때의 '-오-/-우-'는 관형절의 수식을 받는 체언이, 관형절의 서술어로 표현되는 용언에 대하여 의미상으로 객체(목적어나 부사어로 쓰인 대상)일 때나, 관형절이

그 중심어에 대하여 동격 관계일 때 실현된다.

ⓐ **'주체－풀이'의 관계**: 관형절의 수식을 받는 체언이, 관형절의 서술어로 표현되는 용언에 대하여 의미상으로 '주체－풀이(주어-서술어)의 관계일 때에는 선어말 어미 '-오-/-우-'가 실현되지 않는다.

(45) 出家ᄒᆞᆫ **사ᄅᆞᄆᆞᆫ** 쇼히 ᄀᆞᆮ디 아니ᄒᆞ니 [석상 6:22]

ⓑ **'객체－풀이'의 관계**: 관형절의 수식을 받는 체언이, 관형절의 서술어로 표현되는 용언에 대하여 의미상으로 '객체－풀이(목적어－서술어, 부사어－서술어)'의 관계일 때에는 선어말 어미 '-오-/-우-'가 실현될 수 있다.

(46) ㄱ. 須達이 지순 **精舍**마다 드르시며 [석상 6:38]
ㄴ. 王이 … 누ᄫᅮᆫ 자리예 겨샤 [월석 10:9]

ⓒ **동격의 관계**: '동격 관형절'에서는 관형절의 서술어에 선어말 어미 '-오-/-우-'가 실현될 수 있다.

(47) ㄱ. 十方佛 보ᅀᆞ오시논 **이ᄅᆞᆯ** 다시 諷ᄒᆞ샤 [법언 5:75]
ㄴ. 法 爲호ᇙ **ᄆᆞᅀᆞ미** 너블씨 [법언 6:12]

관형절의 종류	통사적 관계	'-오' 의 실현	예문	의미적 관계	'-오-'의 실현
관계 관형절	주 어－서술어	－	出家ᄒᆞᆫ 사ᄅᆞᄆᆞᆫ	**사ᄅᆞ미** 出家ᄒᆞ다	出家ᄒᆞ-＋-ㄴ
	목적어－서술어	＋	ᄂᆞᄆᆡ 지순 녀르믈	ᄂᆞᄆᆡ **녀르믈** 짓다	짓-＋-우-＋-ㄴ
	부사어－서술어	＋	王이 … 누ᄫᅮᆫ 자리	王이 **자리예** 눕다	눕-＋-우-＋-ㄴ
		－	ᄣᅵ 무든 옷	ᄣᅵ **오세** 묻다	묻-＋-은
동격 관형절	동격 관계	＋	法 爲호ᇙ ᄆᆞᅀᆞ미	**ᄆᆞᅀᆞᆷ** ＝ 法 爲ᄒᆞ다	爲ᄒᆞ-＋-**오**-＋-ㄴ
		－	사호ᄂᆞᆫ ᄆᆞᅀᆞ미	**ᄆᆞᅀᆞᆷ** ＝ 사호다	사호-＋-ᄂᆞ-＋-ㄴ

[표 4. 대상 표현의 실현 양상]

문법 범주		형태	실현 환경	용례
높임 표현	상대 높임	-으이-	일반적 환경	世尊하 … 이런 고디 업스이다
		-잇-	의문형 어미 앞	내 이제 엇뎨ᄒᆞ야ᅀᅡ 地獄 잇ᄂᆞᆫ ᄯᅡ해 가리잇고
	주체 높임	-으시-	자음 앞	王이…그 蓮花ᄅᆞᆯ ᄇᆞ리라 ᄒᆞ시다
		-으샤-	모음 앞	부톄 敎化ᄒᆞ샤미
	객체 높임	-ᄉᆞᆸ-	/ㄱ, ㅂ, ㅅ, (ㅎ)/의 뒤	벼슬 노ᄑᆞᆫ 臣下ㅣ 님그믈 돕ᄉᆞᄫᅡ
		-ᄌᆞᆸ-	/ㄷ/의 뒤	내 아래브터 부텻긔 이런 마ᄅᆞᆯ 몯 듣ᄌᆞᄫᆞ며
		-ᅀᆞᆸ-	유성음 뒤	須達이 世尊 뵈ᅀᆞᆸ고져 너겨
시간 표현	과거 표현	-Ø-	동사의 어간 뒤	이 ᄢᅴ 아ᄃᆞᆯᄃᆞᆯ히 아비 죽다 듣고
	현재 표현	-ᄂᆞ-	동사의 어간 뒤	네 이제 ᄯᅩ 묻ᄂᆞ다
		-Ø-	형용사의 어간 뒤	너도 ᄯᅩ 이 ᄀᆞᆮᄒᆞ다
	미래 표현	-으리-	일반적 환경	아ᄃᆞᆯᄯᆞᄅᆞᆯ 求ᄒᆞ면 아ᄃᆞᆯᄯᆞᄅᆞᆯ 得ᄒᆞ리라
	회상 표현	-더-	일반적 환경	ᄠᅳ데 몯 마ᄌᆞᆫ 이리 다 願 ᄀᆞ티 ᄃᆞ외더라
		-러-	'-이다'의 어간 뒤와 어미 '-으리-'의 뒤	六師ᄋᆡ 무리 三億萬이러라
		-다-	어미 '-오-'와 결합	내 지븨 이싫 저긔 受苦ㅣ 만타라
태도 표현	주관적 믿음	-아-/-어-	타동사의 어간 뒤	崔九의 집 알ᄑᆡ 몃 디윌 드러뇨
		-거-	비타동사의 어간 뒤	安樂國이ᄂᆞᆫ…시르미 더욱 깁거다
		-나-	'오다'의 어간 뒤	香이 몯 믈랫거든 도로 오나라
	객관적 믿음	-으니-	일반적 환경	사ᄅᆞ미 살면 주그미 이실ᄊᆡ 모로매 늙ᄂᆞ니라
	느낌	-도- -돗-	일반적 환경	ᄠᅳ디 기프시도다 새 그를 어제 브터 보내돗더라
		-로- -롯-	'-이다'와 '아니다'의 어간 뒤와 어미 '-으리-'의 뒤	네 업던 이리로다 天龍鬼神ᄋᆞᆯ 네 數를 알리로소니여 모ᄅᆞ리로소니여
인칭 표현		-오-/-우-	일반적 환경	ᄒᆞ오ᅀᅡ 내 尊호라
		-로-	'-이다'와 '아니다'의 어간 뒤	나ᄂᆞᆫ 弟子 大目健連이로라
대상 표현		-오-/-우-	일반적 환경	須達ᄋᆡ 지ᅀᅮᆫ 精舍마다 드르시며

[표 5. 선어말 어미의 종류와 기능]

나-2. 어말 어미

어말 어미는 용언의 끝 자리에 실현되는 어미인데, 그 기능에 따라서 '종결 어미, 연결 어미, 전성 어미'로 나누어진다.

〈**종결 어미**〉 '종결 어미(終結語尾, 마침법 씨끝)'는 문장을 끝맺는 어말 어미이다. 종결 어미는 문장을 끝맺는 방식에 따라서 '평서형 종결 어미, 의문형 종결 어미, 명령형 종결 어미, 청유형 종결 어미, 감탄형 종결 어미'로 구분된다.

① **평서형 종결 어미**: '평서형 종결 어미(平敍形 終結語尾, 베풂꼴 씨끝)'는 말하는 이가 자신의 생각을 듣는 이에게 단순하게 진술하는 평서문에 실현된다. 평서형 종결 어미로는 '-다, -니라, -(오/우)마' 등이 있다.

(48) ㄱ. 이 道ᄅᆞᆯ 이젯 사ᄅᆞ믄 ᄇᆞ료ᄆᆞᆯ ᄒᆞᆰ ᄀᆞ티 ᄒᆞᄂᆞ다 [두언 25:56]
ㄴ. 네 아비 ᄒᆞ마 주그니라 [월석 17:21]
ㄷ. 그리호마 ᄒᆞᆫ 이리 分明히 아니ᄒᆞ면 [내훈 3:21]

② **의문형 종결 어미**: '의문형 종결 어미(疑問形 終結語尾, 물음꼴 씨끝)'는 말하는 이가 듣는 이에게 대답을 요구하는 의문문에 실현된다. 의문형 종결 어미로는 '-은다, -을다 ; -은가/-은고, -을가/-을고'와 '-으니아/-으니오, -으리아/-으리오, -으녀/-으뇨' 등이 있다.[5)]

첫째, '-은다, -으ᇙ다'와 '-은가/-은고, -으ᇙ가/-으ᇙ고'는 주어의 인칭에 따라 구분되어서 쓰인다.

(49) ㄱ. ᄋᆡ 男子아 (**네**) 엇던 이ᄅᆞᆯ 爲ᄒᆞ야 이 길헤 든다 [월석 21:118]
ㄴ. **네** 信ᄒᆞᄂᆞᆫ다 아니 信ᄒᆞᄂᆞᆫ다 [석상 9:26]
ㄷ. **네** 내 마ᄅᆞᆯ 다 드를따 ᄒᆞ야ᄂᆞᆯ [석상 6:8]

(50) ㄱ. **내**… 엇데 자보ᄆᆞᆯ 보ᄂᆞᆫ고 [법언 2:200]
ㄴ. **두 사ᄅᆞ믄** 시러곰 님긊 겨틔 둘가 몯홀가 [두언 25:10]

---

5) '-가/-아' 등은 의문사가 쓰이지 않은 '판정 의문문'에 실현되며, '-고/-오'는 의문사가 쓰인 '설명 의문문'에 실현된다.

둘째, '-으니오/-으니아, -으리오/-으리아'는 주어의 인칭과는 상관없이 1인칭, 2인칭, 3인칭의 주어에 두루 쓰인다.

(51) ㄱ. 다시 묻노라 네 어드러 가ᄂᆞ니오 [두언 8:6]
ㄴ. 슬후미 이어긔 잇디 아니ᄒᆞ니아 [두언 7:14]

(52) ㄱ. 이 智慧 업슨 比丘ㅣ 어드러셔 오뇨 [석상 19:30]
ㄴ. 大施主의 功德이 하녀 져그녀 [석상 19:4]

(53) ㄱ. 엇뎨 겨르리 업스리오 [월석 서:17]
ㄴ. 세 술위예 글 시루믈 肯許ᄒᆞ리아 [두언 22:14]

(54) ㄱ. 그에 精舍ㅣ 업거니 (네) 어드리 가료 [석상 6:22]
ㄴ. 이 사ᄅᆞ미 得혼 福德이 하려 몯 하려 [금삼 45]

그리고 '-으니오/-으니아, -으리오/-으리아'에는 상대 높임의 선어말 어미 '-잇-'이 실현될 수 있다.

(55) ㄱ. 나라 니스리를 긋게 ᄒᆞ시ᄂᆞ니 엇더(ᄒᆞ)니잇고 [석상 6:7]
ㄴ. 사로미 이러커늘ᅀᅡ 아ᄃᆞᆯᄋᆞᆯ 여희리잇가 [월천 기143]

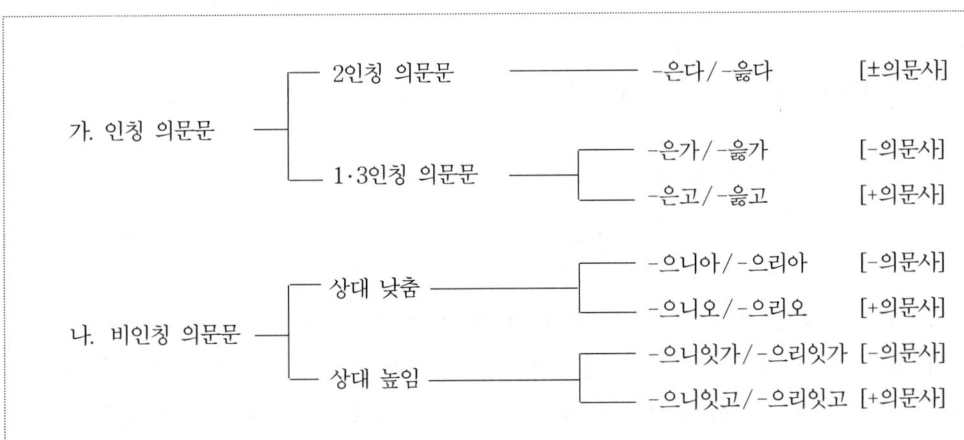

③ **명령형 종결 어미** : '명령형 종결 어미(命令形 終結語尾, 시킴꼴 씨끝)'는 말하는 이가 듣는 이에게 어떠한 행동을 하도록 요구하는 명령문에 실현된다. 명령형 종결 어미로는 '-으라, -고라/-오라, -아쎠/-어쎠, -으쇼셔'가 있다.

첫째, '-으라'는 듣는 이를 낮추면서 명령하는 어미이다.

(56) ㄱ. 너희ᄃᆞᆯ히 … 부텻 마ᄅᆞᆯ 바다 디니라 [석상 13:62]
　　ㄴ. 文殊아 아라라 [석상 13:26]

둘째, '-고라/-오라'는 반말체의 명령형 어미인데, /ㄹ/과 반모음 /j/ 뒤에서는 '-고라'의 /ㄱ/이 줄어져서 '-오라'의 형태로 실현된다.

(57) ㄱ. 내ᅀᅡ 주거도 므던커니와 이 아ᄃᆞᄅᆞᆯ 사ᄅᆞ고라 [삼강 효:20]
　　ㄴ. 모로매 願이 이디 말오라 ᄒᆞ더니 [석상 11:30]

셋째, '-아쎠/-어쎠, -으쇼셔'는 듣는 이를 높이면서 명령하는 어미이다.

(58) ㄱ. 엇뎨 부톄라 ᄒᆞᄂᆞ닛가 그 ᄠᅳ들 닐어쎠 [석상 6:16]
　　ㄴ. 이 ᄠᅳ들 닛디 마ᄅᆞ쇼셔 [용가 110장]

④ **청유형 종결 어미** : '청유형 종결 어미(請誘形 終結語尾, 꾀임꼴 씨끝)'는 말하는 이가 듣는 이에게 어떠한 행동을 함께 하도록 요구하는 청유문에 실현된다. 청유형 종결 어미로는 '-져, -사이다' 등이 있는데, '-져'는 듣는 이를 낮추어서 표현하는 청유형 어미이고, '-사이다'는 듣는 이를 높여서 표현하는 청유형 어미이다.

(59) ㄱ. 네 發願을 호ᄃᆡ 世世예 妻眷이 ᄃᆞ외져 ᄒᆞ거늘 [석상 6:8]
　　ㄴ. 淨土애 ᄒᆞᆫᄃᆡ 가 나사이다 [월석 8:100]

⑤ **감탄형 종결 어미** : '감탄형 종결 어미(感歎形 終結語尾, 느낌꼴 씨끝)'는 말하는 이가 듣는 이를 의식하지 않고 자신의 감정을 표출하는 감탄문에 실현된다. 감탄형 어미로는 '-은뎌, -을쎠/-을셔, -애라/-에라/-게라, -도다, -도소이다' 등이 있는데, '-은

뎌, -ᄋᆞᆯ쎠/-을셔, -애라/-에라/-게라, -도다'는 듣는 이를 낮추는 표현이고 '-도소이다'는 듣는 이를 높이는 표현이다.

(60) ㄱ. 義ᄂᆞᆫ 그 큰뎌 [내훈 3:54]
ㄴ. 됴ᄒᆞᆯ쎠 오ᄂᆞᆳ날 果報ㅣ여 [월석 23:82]
ㄷ. 目連이 닐오ᄃᆡ 몰라보애라 [월석 23:86]

(61) ㄱ. 여슷 하ᄂᆞ래 그듸 가 들 찌비 볼쎠 이도다 [석상 6:35]
ㄴ. 太子ㅣ 그런 사ᄅᆞ미시면 이 이리 또 어렵도소이다 [월석 21:216]

범주	형태			특징	용례
평서형	-다			일반적 평서형	이 道ᄅᆞᆯ 이젯 사ᄅᆞᄆᆞᆫ ᄇᆞ료ᄆᆞᆯ 흙ᄀᆞ티 ᄒᆞᄂᆞ다
	-으니라			보수적인 문체	네 아비 ᄒᆞ마 주그니라
	-(오/우)마			약속의 뜻	그리호마 혼 이리 分明히 아니ᄒᆞ면
의문형	인칭	2인칭	-은다	-	ᄋᆡ 男子아 (네) 엇던 이ᄅᆞᆯ 爲ᄒᆞ야 이 길헤 든다
			-을다	미래 시제	네 내 마ᄅᆞᆯ 다 드를따 ᄒᆞ야ᄂᆞᆯ
		1,3인칭	-은가	-의문사	西京은 편안ᄒᆞᆫ가 몯ᄒᆞᆫ가
			-은고	+의문사	내…엇뎨 자보ᄆᆞᆯ 보ᄂᆞᆫ고
			-을가	-의문사, 미래	두 사ᄅᆞᄆᆞᆫ 시러곰 님굾 겨틔 둘가 몯ᄒᆞᆯ가
			-을고	+의문사, 미래	어느 法으로 어느 法을 得ᄒᆞᇙ고
	비인칭		-으니아	-의문사	슬후미 이어긔 잇디 아니ᄒᆞ니아
			-으니오	+의문사	다시 묻노라 네 어드러 가ᄂᆞ니오
			-으리아	-의문사, 미래	세 술위예 글 시루믈 肯許ᄒᆞ리아
			-으리오	+의문사, 미래	엇뎨 겨르리 업스리오
명령형	-으라			낮춤	너희돌히…부텻 마ᄅᆞᆯ 바다 디니라
	-고라/-오라			반말	내ᅀᅡ 주거도 므던커니와 이 아ᄃᆞᄅᆞᆯ 사ᄅᆞ고라
	-아쎠/-어쎠			높임	엇뎨 부톄라 ᄒᆞᄂᆞ닛가 그 ᄠᅳ들 닐어쎠
	-으쇼셔			높임	이 ᄠᅳ들 닛디 마ᄅᆞ쇼셔

청유형	-져	낮춤	네 發願을 호ᄃᆡ 世世예 妻眷이 ᄃᆞ외져 ᄒᆞ거늘
	-사이다	높임	淨土애 ᄒᆞᆫᄃᆡ 가 나사이다
감탄형	-은뎌	낮춤	義ᄂᆞᆫ 그 큰뎌
	-을쎠	낮춤	됴ᄒᆞᆯ쎠 오ᄂᆞᆳ날 果報ㅣ여
	-애라/-에라/-게라	낮춤	目連이 닐오ᄃᆡ 몰라보애라
	-도다	낮춤	여슷 하ᄂᆞ래 그듸 가 들 찌비 ᄇᆞᆯ셔 이도다
	-도소이다	높임	太子ㅣ 그런 사ᄅᆞ미시면 이 이리 ᄯᅩ 어렵도소이다

[표 6. 종결 어미의 종류와 기능]

〈**연결 어미**〉 '연결 어미(連結語尾, 이음법 씨끝)'는 이어진 문장의 앞절과 뒷절을 잇거나, 본용언과 보조 용언을 잇는 어미이다. 연결 어미에는 '대등적 연결 어미, 종속적 연결 어미, 보조적 연결 어미'가 있다.

① **대등적 연결 어미**: '대등적 연결 어미(對等的 連結語尾)'는 앞절과 뒷절을 대등한 관계로 잇는 연결 어미이다. 대등적 연결 어미로는 '나열'의 의미를 나타내는 '-고, -곡, -으며'와 '대조'의 의미를 나타내는 '-으나', 그리고 '선택'의 의미를 나타내는 '-거나 ~ -거나, -으나 ~ -으나, -으니 ~ -으니' 등이 있다.

첫째, 연결 어미인 '-고, -곡, -으며'는 '나열'의 의미를 나타낸다.

(62) ㄱ. 子ᄂᆞᆫ 아ᄃᆞ리오 孫ᄋᆞᆫ 孫子이니 [월석 1:7]
ㄴ. ᄯᅩ 善커든 通콕 惡거든 마가ᅀᅡ 어려ᄫᅮ미 업스리라 [월석 14:76]
ㄷ. ᄯᅩ 玉女ᄃᆞᆯ히 虛空애셔 온가짓 풍류ᄒᆞ며 굴근 江이 ᄆᆞᆰ고 [월석 2:32]

둘째, 연결 어미인 '-으나'는 '대조'의 의미를 나타낸다.

(63) ㄱ. ᄒᆞᆫ 願을 일우면 져그나 기튼 즐거ᄫᅮ미 이시려니와 [월석 2:5]
ㄴ. 구루멧 ᄒᆡ 블 ᄀᆞᆮᄒᆞ나 더운 하늘히 서늘ᄒᆞ도다 [두언 6:35]

셋째, 동일한 형태가 반복해서 실현되는 연결 어미 '-거나 ~ -거나, -으나 ~ -으나, -으니 ~ -으니'는 '선택'의 의미를 나타낸다.

(64) ㄱ. 제 쓰거나 ᄂᆞᆷ ᄒᆡ여 쓰거나 ᄒᆞ고 [석상 9:21]
ㄴ. 오나 가나 다 새지비 兼ᄒᆞ얫도소니 [두언 7:16]
ㄷ. ᄂᆞᄆᆡ 것 서르 일버수믈 ᄒᆞᆯ씨 외니 올ᄒᆞ니 決ᄒᆞᇙ 사ᄅᆞ미 업서 [월석 1:45]

② **종속적 연결 어미**: '종속적 연결 어미(從屬的 連結語尾)'는 앞절이 뒷절에 이끌리는 관계로 이어 주는 연결 어미이다. 종속적 연결 어미로는 '-으면, -을ᄊᆡ, -거든, -어ᅀᅡ, -은ᄃᆞᆯ, -고져, -으라' 등이 있는데, 그 수가 대단히 많고 의미도 매우 다양하다.[6]

(65) ㄱ. 모딘 길헤 ᄠᅥ러디면 恩愛ᄅᆞᆯ 머리 여희여 [석상 6:3]
ㄴ. 불휘 기픈 남ᄀᆞᆫ ᄇᆞᄅᆞ매 아니 뮐ᄊᆡ 곶 됴코 여름 하ᄂᆞ니 [용가 2장]
ㄷ. 아뫼나 와 가지리 잇거든 주노라 [월석 7:3]
ㄹ. 聖人ㅅ 道理 ᄇᆡ화ᅀᅡ ᄒᆞ리니 [석상 6:3]
ㅁ. 현 번 ᄠᅱ운ᄃᆞᆯ ᄂᆞ미 오ᄅᆞ리잇가 [용가 48장]
ㅂ. 善男子 善女人이 뎌 부텻 世界예 나고져 發願ᄒᆞ야ᅀᅡ ᄒᆞ리라 [석상 9:11]
ㅅ. ᄒᆞᆫ 菩薩이 … 나라해 빌머그라 오시니 [월석 1:5]

③ **보조적 연결 어미**: '보조적 연결 어미(補助的 連結語尾)'는 본용언과 보조 용언을 잇는 연결 어미이다. 15세기 국어에 쓰인 보조적 연결 어미로는 '-아/-어, -게,

---

6) 15세기 국어에서 쓰인 종속적 연결 어미의 목록을 보이면 다음과 같다.(허웅 1975:521 나찬연 2009:394 이하 참조.) ① 제약 관계(-으니, -아, -아ᅀᅡ, -거ᅀᅡ, -아셔, -으면, -은대, -관ᄃᆡ, -거늘, -을ᄊᆡ, -라, -을시언뎡), ② 양보 관계(-아도, -고도, -거니와, -건마ᄅᆞᆫ, -은ᄃᆞᆯ, -디ᄫᅵ, -란ᄃᆡ만뎡, -거뎡, -을ᄲᅮᆫ뎡), ③ 의도 관계(-고져, -과뎌, -겟고, -옷, -오려, -으라), ④ 이름 관계(-ᄃᆞ록, -게), ⑤ 전환 관계(-다가, -으라), ⑥ 비교 관계(-곤, -노니), ⑦ 동시 관계(-다가며), ⑧ 설명 관계(-오ᄃᆡ), ⑨ 비례 관계(-디옷, -을ᄉᆞ록), ⑩ 흡사 관계(-ᄃᆞᆺ/-듯/-덧/-ᄃᆞ시/-드시), ⑪ 강세 관계(-나, -도), ⑫ 가치 관계(-암직, -아만), ⑬ 반복 관계(-곰, -암)

-거/-가 ; -디, -돌/-들, -드란' 등이 있다.

첫째, 보조적 연결 어미 '-아/-어, -게, -거/-가'는 긍정문에 쓰여서 본용언과 보조 용언을 잇는다.

(66) ㄱ. 赤眞珠ㅣ 드외야 잇느니라 [월석 1:23]
ㄴ. 慈悲는 衆生올 便安케 ᄒ시는 거시어늘 [석상 6:5]
ㄷ. 아비 보라 니거 지라 [월석 8:101]

둘째, 보조적 연결 어미 '-디, -돌/-들, -드란'은 본용언에 붙어서 '부정'을 나타내는 보조 용언인 '아니ᄒ다, 몯ᄒ다, 말다' 등을 잇는다.

(67) ㄱ. 너희 브즈러니 지서 게으르디 말라 [법언 2:209]
ㄴ. 나는 난 後로 놈 더브러 드토돌 아니ᄒ노이다 [석상 11:34]
ㄷ. 치마옛 아기를 싸디오 소느로 얻다가 얻드란 몯고 [월석 10:24]
어분 아기를 조쳐 디오

〈**전성 어미**〉 '전성 어미(轉成語尾, 감목법 씨끝)'는 용언이나 서술격 조사로 하여금 서술어로 쓰이는 본래의 기능을 그대로 유지하면서, 다른 품사처럼 기능하도록 문법적인 기능을 바꾸는 어미이다. 15세기 국어에 쓰이는 전성 어미로는 '명사형 전성 어미'와 '관형사형 전성 어미'가 있다.

① **명사형 전성 어미**: '명사형 전성 어미(名詞形 轉成語尾, 이름꼴 감목법 씨끝)'는 특정한 절 속의 서술어에 실현되어서 그 절을 명사처럼 쓰이게 하는 어미이다. 명사형 전성 어미로는 '-옴/-움, -기, -디' 등이 있다.

첫째, '-옴/-움'은 가장 널리 쓰이는 명사형 전성 어미이다. '-옴/-움'은 반모음 /j/로 끝나는 어간 다음에는 '-욤/-윰'으로 변동하고, '-이다'나 '아니다'의 어간 뒤에서는 '-롬'으로 변동한다.

(68) ㄱ. 됴ᄒᆞᆫ 法 닷고물 몯ᄒ야 [석상 9:14]
ㄴ. 사ᄅᆞ미 몸 드외요미 어렵고 [석상 9:28]
ㄷ. 工夫ㅣ ᄒᆞᆫ가지로물 니르니라 [몽언 19]

ㄹ. 둜 그림제 眞實ㅅ 들 아니로미 곧ᄒᆞ니라 [월석 2:55]
ㅁ. 正覺 일우샤ᄆᆞᆯ 뵈샤 [월석 서:6]
ㅂ. 부텨 맛:나미 어려ᄫᅳ며 [석보 6:11]

둘째, 15세기 국어에서도 '-기'가 명사형 전성 어미로 쓰였는데, '-옴/-움'에 비해서 널리 쓰이지는 않았다.

(69) ㄱ. 比丘ㅣ… 오직 절ᄒᆞ기를 ᄒᆞ야 [석상 19:30]
ㄴ. 그림 그리기예 늘구미 將次 오ᄆᆞᆯ 아디 몯ᄒᆞᄂᆞ니 [두언 16:25]

셋째, 15세기 국어에서는 '-디'가 명사형 어미로 쓰였는데, 이 경우에는 안은 문장의 서술어가 '어렵다'와 같은 용언이 쓰이는 것이 특징이다.(허웅 1975:637 참조.)

(70) ㄱ. 내 겨지비라 가져가디 어려ᄫᅳᆯᄊᆡ [월석 1:13]
ㄴ. ᄆᆞᅀᆞᆯ히 멀면 乞食ᄒᆞ디 어렵고 [석상 6:23]

② **관형사형 전성 어미**: '관형사형 전성 어미(冠形詞形 轉成語尾, 매김꼴 감목법 씨끝)'는 특정한 절 속의 용언에 실현되어서, 그 절을 관형사처럼 쓰이게 하는 어미이다. 관형사형 전성 어미로는 '-은, -을'이 있는데, 이들 어미에 선어말 어미인 '-ᄂᆞ-'와 '-더-'가 결합하면 '-ᄂᆞᆫ, -던' 등의 형태로 쓰인다.

(71) ㄱ. 어미 주근 後에 부텨씌 와 묻ᄌᆞᄫᆞ면 [월석 21:21]
ㄴ. 이 지븨 사ᄂᆞᆫ 얼우니며 아ᄒᆡ며 [월석 21:99]
ㄷ. 모딘 일 짓던 즁ᄉᆡᆼ이 새 주근 사ᄅᆞᆷ ᄃᆞᆯ히니 [월석 21:25]
ㄹ. 찻믈 기를 婇女를 비러 오라 ᄒᆞ야시ᄂᆞᆯ [월석 8:90]

관형사형 어미가 명사적으로 쓰이는 특수한 경우가 있다.(고등학교 문법 2007:294)

(72) ㄱ. 德이여 福이라 호ᄂᆞᆯ 나ᅀᆞ라 오소이다 [악궤 동동]
ㄴ. 威化振旅ᄒᆞ시ᄂᆞ로 輿望이 다 몯ᄌᆞᄫᆞ나 [용가 11장]

(73) ㄱ. 다ᄋᆞᇝ 업슨 긴 ᄀᆞᄅᆞᄆᆞᆫ 니ᅀᅥᆷ 니ᅀᅥ 오놋다 [두언 10:35]
ㄴ. 놀애ᄅᆞᆯ 노외야 슬프ᇝ 업시 브르ᄂᆞ니 [두언 25:53]

2.2.4. 수식언

체언이나 용언 등을 수식하는 기능을 하는 단어를 '수식언(修飾言)'이라고 하는데, 수식언으로는 '관형사'와 '부사'가 있다.

2.2.4.1. 관형사

'관형사(冠形詞, 매김씨, pre-noun)'는 체언을 수식하면서 체언의 의미를 제한(한정)하는 말이다.

나. 관형사의 유형

〈성상 관형사〉 '성상 관형사(性狀冠形詞)'는 성질이나 상태의 의미로 체언을 수식하는 관형사이다. 성상 관형사로는 다음과 같은 것이 있다.

(1) ㄱ. 여스슨 외 바랫 두 머린 觀이니 [원언 하2-2:21]
ㄴ. 믌고기ᄂᆞᆫ 샹 거시라 [두언 16:62]
ㄷ. 眞金은 진딧 金이라 [월석 7:29]
ㄹ. 이 ᄲᅮᆫ 아니라 녀나ᄆᆞᆫ 祥瑞도 하며 [월석 2:46]
ㅁ. 녯 대예 새 竹筍이 나며 [금삼 3:23]

〈지시 관형사〉 '지시 관형사(指示冠形詞)'는 발화 현장이나 문맥 속에 존재하는 대상을 가리키면서 체언을 수식하는 관형사이다. 지시 관형사로는 '이, 그, 뎌(= 저) ; 어느, 어누(= 어느), 므슷(= 무ᄉᆞᆫ), 므슴(= 무ᄉᆞᆫ) ; 아모(= 아무)' 등이 있다.

(2) ㄱ. ᄇᆡ홀 사ᄅᆞᄆᆞᆫ 모로매 몬져 이 트렛 이ᄅᆞᆯ 더러 ᄇᆞ리고 [내훈 3:56]
ㄴ. 그 일후미 阿若憍陳如와 摩訶迦葉과… [석상 13:1]
ㄷ. 調達ᄋᆡ 몸이 뎌 넉시러니 [월천 기136]

(3) ㄱ. 그디 子息 업더니 므슷 罪오 [월석 1:7]
ㄴ. 菩薩이 어느 나라해 ᄂᆞ리시게 ᄒᆞ려뇨 [월석 2:10]
ㄷ. 아모 사ᄅᆞ미나 ᄒᆞ오ᅀᅡ 滅度ᄅᆞᆯ 得디 아니케 ᄒᆞ야 [월석 12:48]

〈**수 관형사**〉 '수 관형사(數冠形詞)'는 단위성 의존 명사와 결합하여 '수량(數量)'이나 '순서(順序)'의 뜻으로 체언을 수식하는 관형사이다.

(4) ㄱ. 黑龍이 ᄒᆞᆫ 사래 주거 [용가 22장]
ㄴ. 온 사ᄅᆞᆷ ᄃᆞ리샤 기ᄅᆞ말 밧기시니 [용가 58장]

(5) ㄱ. 전 ᄆᆞ리 현 버늘 딘ᄃᆞᆯ [용가 31장]
ㄴ. 漸漸 늘구메 봄 맛나ᄆᆞᆫ 能히 몃 디위리오 [두언 10:7]
ㄷ. 봄이 오나ᄃᆞᆫ 온갓 고지 프며 [영남 상:63]
ㄹ. 믈읫 字ㅣ 모로매 어우러ᅀᅡ 소리 이ᄂᆞ니 [세훈 13]
ㅁ. 諸根ᄋᆞᆫ 여러 불휘니 [석상 6:28]

2.2.4.2. 부사

가. 부사의 개념

'부사(副詞, 어찌씨, adverb)'는 특정한 용언이나 문장(절)을 수식하여 그 용언이나 문장의 의미를 한정하거나, 특정한 말을 다른 말에 이어 준다.

나. 부사의 유형

부사는 그것이 수식하는 말의 종류에 따라서 특정한 문장 성분을 수식하는 '성분 부사'와 문장을 수식하는 '문장 부사'로 구분한다.

나-1. 성분 부사

'성분 부사(成分副詞)'는 문장 속에서 특정한 문장 성분만을 수식하는 부사이다. 성분 부사는 의미와 기능에 따라서 '성상 부사, 지시 부사, 부정 부사'로 구분된다.

〈성상 부사〉 '성상 부사(性狀副詞)'는 주로 그 뒤에 실현되는 용언을 성질이나 상태의 뜻으로 수식하는 부사이다.

(6) ㄱ. 그르(잘못), ᄀᆞ장(한껏, 가장), ᄀᆞᆺ(이제 막), 난겻(다투어), 다ᄆᆞᆺ(함께, 더불어, 견주어), 닫(따로, 별도로), 더듸(천천히), ᄆᆞᆺ(가장), ᄠᆞ로/ᄣᅩ로(따로), 새(새로), ᄯᅩ(또), 어루(가히, 넉넉히), 일(일찍, 이르게), 잘(잘), 절로(저절로), ᄒᆞ마(이미, 머지 않아)

ㄴ. 설설(절절), 구믈구믈(구물구물), ᄠᅮᆨ(툭), 듥긔동(덜커덩)

(7) ㄱ. 이 罪人을 <u>그르</u> 주시도소이다 [영험 8]

ㄴ 正ᄒᆞᆫ 信心ᄋᆞᆯ <u>ᄀᆞ장</u> 發ᄒᆞ야 一切 쳔량 <u>ᄀᆞ장</u> 얻고 [법언 2:245]

(8) ㄱ. 活潑潑ᄋᆞᆫ <u>설설</u> ᄒᆞ르는 믌겨레 비췬 ᄃᆞᆳ비츨 닐온 마리니 [몽언 43]

ㄴ. <u>듥긔동</u> 방해나 디허 히얘 [시향 33 상저가]

〈지시 부사〉 '지시 부사(指示副詞)'는 현실 세계의 발화 현장에서 특정한 장소나 방향, 방법 등을 직접 가리키거나(直示), 앞선 문맥에서 이미 표현된 말을 대용(代用)하는 부사이다.

(9) ㄱ. 이리(이렇게), 그리(그렇게), 뎌리(저렇게) ; 어드러(어디로)

ㄴ. 어드리(어찌), 엇뎨(어찌), 어느(어찌), 므슴(어찌) ; 아ᄆᆞ리(아무렇게)

(10) ㄱ. <u>이리</u> 受苦ᄒᆞ시니라 [월석 1:6]

ㄴ. <u>그리</u>옷 아니ᄒᆞ면 正覺 일우디 아니호리이다 [월석 23:87]

(11) ㄱ. <u>엇뎨</u> 가며 오미 이시리오 [월석 서:2]

ㄴ. 부텻 法이 精微ᄒᆞ야 져믄 아ᄒᆡ <u>어느</u> 듣ᄌᆞᄫᆞ리잇고 [석상 6:11]
ㄷ. 우리ᄃᆞᆯᄒᆡ … <u>므슴</u> 어즈러이 偈ᄅᆞᆯ 지ᅀᆞ리오 [육언 상:12]

〈**부정 부사**〉 '부정 부사(否定副詞)'는 긍정문을 부정문으로 바꾸어 주는 부사인데, '아니'와 '몯'이 쓰였다.[1)]

(12) ㄱ. 向ᄋᆞᆫ <u>아니</u> 오란 요ᄉᆞᅀᅵ라 [월석 서:26]
ㄴ. 四祖ㅣ 便安히 <u>몯</u> 겨샤 [용가 110장]

나-2. 문장 부사

'문장 부사(文章副詞)'는 문장 전체를 수식하는 부사인데, 이에는 '문장의 내용에 대한 판단을 표현하는 부사'와 '접속 부사'가 있다.

〈**문장의 내용에 대한 판단을 나타내는 부사**〉 '문장의 내용에 대한 판단을 표현하는 부사'는 문장의 전체 내용에 대하여, '추측, 필연, 가정, 양보, 기원, 부정, 의혹, 당위'와 같은 말하는 이의 태도나 주관적인 판단을 표현하는 부사이다.

(13) 모로매(모름지기), 모ᄃᆡ(반드시), 반ᄃᆞ기(반드시) ; 아마도(아마도), 믈읫(대체로 헤아려 생각하건대) ; ᄒᆞ다가(만일), 비록(비록), …

(14) ㄱ. <u>모로매</u> 내 모매 닷가 내 ᄆᆞᅀᆞ매 證ᄒᆞᆯ 디니 [능언 1:93]
ㄴ. <u>모ᄃᆡ</u> 세 가지로 닐어ᅀᅡ ᄀᆞᄌᆞ리라 [월석 2:14]
ㄷ. <u>반ᄃᆞ기</u> 甘雨ㅣ ᄂᆞ리리라 [월석 10:122]

〈**접속 부사**〉 '접속 부사(接續副詞, 이음 어찌씨)'는 단어와 단어를 이어서 명사구를 형성하거나, 앞의 문장과 뒤의 문장을 이어 주는 부사이다.

---

1) 이처럼 부정 부사인 '아니'와 '못'에 의해서 실현되는 부정문을 '짧은 부정문'이라고 한다. 반면에 '-디 아니ᄒᆞ다, -디 몯ᄒᆞ다, -디 말다'와 같이 부정을 나타내는 보조 용언으로 실현되는 부정문을 '긴 부정문'이라고 한다. (긴 부정문에 대하여는 이 책의 50쪽을 참조.)

(15) ㄱ. 밋(및), ᄯᅩ(또), ᄯᅩ한(또한), 혹(혹시)

ㄴ. 그러나(그러나), 그러면(그러면), 그럴씨(그러므로), 그런ᄃᆞ로(그러므로), 이런ᄃᆞ로(이러므로)

(16) ㄱ. 道國王과 <u>밋</u> 舒國王은 實로 親ᄒᆞᆫ 兄弟니라 [두언 8:5]

ㄴ. 이 相이 알ᄑᆡ 現ᄒᆞ시니 반ᄃᆞ기 이 果ᄅᆞᆯ 이긔시리로다[법언 5:77]
<u>그러나</u> 다 ᄯᅮ믈 브트샤 니ᄅᆞ샤ᄆᆞᆫ

ㄷ. ᄯᅩ 이 數에 더으디 아니홀 ᄠᆞᆯ 엇뎨 알리오 [법언 3:165]
<u>그러면</u> 니ᄅᆞ샨 아롬 어려우미 佛智의 어려우미 아니라

2.2.5. 독립언

가. 독립언의 개념

독립언(獨立言, 홀로씨)은 문장 속의 다른 말과 문법적인 관계를 맺지 않고 독립적으로 쓰이는 단어이다. 독립언으로는 '감탄사(感歎詞, 느낌씨)'가 있는데, 감탄사는 말하는 이가 '기쁨, 슬픔, 놀람, 불만' 등과 같은 감정이나, '대답, 다짐, 부름, 시킴' 등의 의지를 직접적으로 표출하는 말이다.

(1) ㄱ. <u>ᄋᆡ</u> 슬프다 [선언 서:15]

ㄴ. <u>아소</u> 님하 어마님 ᄀᆞ티 괴시리 업세라 [악가 가사 상:6 사모곡]

나. 독립언의 유형

현대어에서 처리한 방법으로 감탄사의 유형을 분류하면, '감정 감탄사'와 '의지 감탄사'로 나눌 수 있다.(최현배 1980:608 참조.)

〈**감정 감탄사**〉 '감정 감탄사(感情 感歎詞)'는 화자가 상대방을 의식하지 않고 감정을 표출하는 데 그치는 감탄사이다.

(2) ㄱ. <u>ᄋᆡ</u> 男子아 엇던 이ᄅᆞᆯ 爲ᄒᆞ야 이 길헤 든다 [월석 21:118]

ㄴ. <u>아으</u> 動動다리 [악궤 동동]

〈**의지 감탄사**〉 '의지 감탄사(意志 感歎詞)'는 말하는 이가 발화 현장에서 듣는 이를 의식하면서 자기의 요구나 판단을 적극적으로 표현하는 감탄사이다.

(3) ㄱ. 舍利佛이 ᄉᆞᆯᄫᆞᄃᆡ 엥 올ᄒᆞ시이다 [석상 13:47]

ㄴ. 아소 님하 어마님 ᄀᆞ티 괴시리 업세라 [악가 가사 상:6 사모곡]

제3장 통사론

3.1. 문장 성분

3.1.1. 문장 성분의 개념

문장을 구성하는 기본적인 요소를 '문장 성분(文章成分, 월조각)'이라고 한다. 곧 문장 성분은 어떠한 말이 문장 속에서 문법적인 기능을 가지고 쓰일 때의 언어적 단위를 일컫는 말이다. 문장 성분은 문장에서 쓰이는 기능에 따라서 '주성분, 부속 성분, 독립 성분'으로 나뉜다.

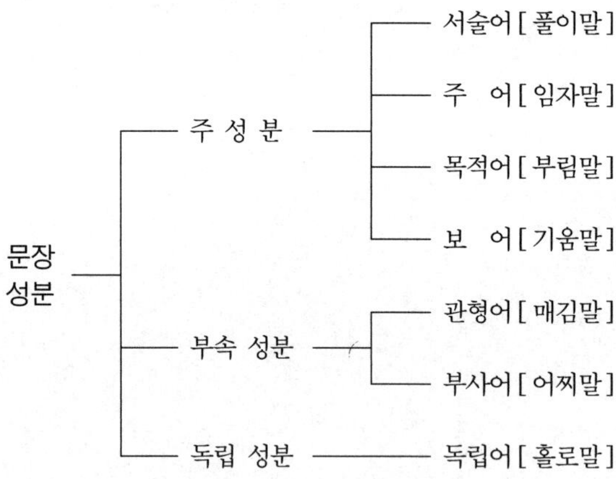

[그림 1. 문장 성분의 유형]

3.1.2. 문장 성분의 유형

〈 서술어 〉 '서술어(敍述語, 풀이말, predicate)'는 주어로 표현되는 대상(주체)의 동작이나 상태, 성질 등을 풀이하는 문장 성분이다. 서술어는 다음과 같은 활용형으로 실현된다.

(1) ㄱ. 너희ᄃᆞᆯ히 … 부텻 마ᄅᆞᆯ 바다 디니라 [월석 13:62]
ㄴ. 民瘼ᄋᆞᆯ 모ᄅᆞ시면 ᄒᆞᄂᆞᆯ히 ᄇᆞ리시ᄂᆞ니 [용가 116장]

〈**주어**〉 '주어(主語, 임자말, subject)'는 서술어로 표현되는 동작, 상태, 성질의 주체를 나타내는 문장 성분이다. 주어는 체언이나, 체언 구실을 하는 구나 절에 주격 조사의 변이 형태인 '-이, -ㅣ, -Ø'가 붙거나, 이들 조사가 생략된 형태로 실현되기도 한다.

(2) ㄱ. 世尊이 象頭山애 가샤 [석상 6:1]
ㄴ. 님금 도라오시니 [용가 33장]
ㄷ. 당다이 이 ᄡᅡ해 橫死ᄒᆞᇙ 주리 업스며 [석상 9:22]
ㄹ. 사ᄅᆞᄆᆡ 몸 ᄃᆞ외요미 어렵고 [석상 9:28]

〈**목적어**〉 '목적어(目的語, 부림말, object)'는 타동사가 표현하는 동작의 대상이 되는 문장 성분이다. 목적어는 체언 혹은 체언 구실을 하는 구나 절에 목적격 조사 '-ᄋᆞᆯ/-ᄅᆞᆯ, -을/-를, -ㄹ'이 붙어서 실현되거나, 목적격 조사가 생략된 형태로 실현되기도 한다.

(3) ㄱ. 赤島 안햇 움흘 至今에 보ᅀᆞᆸᄂᆞ니 [용가 5장]
ㄴ. 姓 ᄀᆞᆯᄒᆡ야 員이 오니 [용가 16장]
ㄷ. 됴ᄒᆞᆫ 고ᄌᆞ란 ᄑᆞ디 말오 [월석 1:9]
ㄹ. 如來 … 여ᄉᆞᆺ ᄒᆡᄅᆞᆯ 苦行ᄒᆞ샤 [석상 6:4]
ㅁ. 됴ᄒᆞᆫ 法 닷고ᄆᆞᆯ 몯ᄒᆞ야 [석상 9:14]

〈**보어**〉 '보어(補語, 기움말, complement)'는 'ᄃᆞᄫᆡ다'와 '아니다'가 서술어로 쓰일 때 주어와 함께 반드시 실현되어야 하는 문장 성분이다. 보어는 체언이나 체언 역할을 하는 구나 절에 보격 조사 '-이, -ㅣ, -Ø'가 붙거나, 이들 조사가 생략된 형태로 실현된다.

(4) ㄱ. 山ᄋᆡ 草木이 軍馬ㅣ ᄃᆞᄫᆡ니이다 [용가 98]
ㄴ. ᄂᆞᄆᆡ 겨집 ᄃᆞ외노니 출히 뎌 고마 ᄃᆞ외아 지라 [법언 2:28]

〈**관형어**〉 '관형어(冠形語, 매김말, adnominal)'는 그 뒤에 실현되는 체언을 수식하면서 체언의 의미를 한정(제한)하는 문장 성분이다. 관형어로 쓰일 수 있는 말은 '관형사, 체언 + 관형격 조사, 체언(구), 관형절, 문장' 등이 있다.

(5) ㄱ. <u>믈읫</u> 사ᄅᆞ믄 失墜호ᄆᆞᆯ 삼갈 디어다 [두언 6:23]
ㄴ. 그듸ᄂᆞᆫ <u>徐卿의</u> 두 아ᄃᆞ리 나 ᄀᆞ장 奇異호ᄆᆞᆯ 보디 아니ᄒᆞᄂᆞ다 [두언 8:24]
ㄷ. <u>어미 주근</u> 後에 부텨ᄭᅴ 와 묻ᄌᆞᄫᆞ면 [월석 21:21]
ㄹ. 廣熾ᄂᆞᆫ <u>너비 光明이 비취닷</u> ᄠᅳ디오 [월석 2:9]

〈**부사어**〉 '부사어(副詞語, 어찌말, adverbial)'는 '서술어, 관형어, 부사어, 문장' 등을 수식하면서 그 의미를 한정하거나, 또는 단어나 문장을 이어 주는 문장 성분이다. 부사어를 기능에 따라서 분류하면 '수식 기능의 부사어'와 '접속 기능의 부사어'로 구분된다.

(6) ㄱ. 菩薩이 前生애 지ᅀᅩᆫ 罪로 <u>이리</u> 受苦ᄒᆞ시니라 [월석 1:6]
ㄴ. 世尊이 <u>象頭山애</u> 가샤 [석상 6:1]
ㄷ. 道國王과 <u>밋</u> 舒國王은 實로 親ᄒᆞᆫ 兄弟니라 [두언 8:5]
ㄹ. 聲聞이 히미 비록 몯 미츠나 <u>그러나</u> 信으로 드로ᄆᆞᆯ 許ᄒᆞ실ᄊᆡ [법언 2:159]

〈**독립어**〉 '독립어(獨立語, 홀로말)'는 문장 안의 다른 성분과 직접적인 관련이 없는 성분이다. 이러한 독립어는 감탄사 단독으로 쓰이거나, 체언에 호격 조사가 붙어서 쓰인다.

(7) ㄱ. <u>ᄋᆡ</u> 슬프다 [선언 서 15]
ㄴ. <u>比丘아</u> 알라 [월석 17:14]
ㄷ. 어딜쎠 <u>觀世音이여</u> [능언 6:65]

3.2. 문장의 짜임새

문장은 기본적으로 주어와 서술어를 통해서 어떠한 일의 상태(성질)나 움직임을 표현한다. 주어와 서술어가 한 번만 실현되는 문장을 '홑문장(單文)'이라고 하고, 주어와 서술어가 두 번 이상 나타나는 문장을 '겹문장(複文)'이라고 한다. 겹문장으로는 '안은 문장'과 '이어진 문장'이 있다.

- 문장
  - 홑문장
  - 겹문장
    - 안은 문장
      - 명사절을 안은 문장
      - 관형절을 안은 문장
      - 부사절을 안은 문장
      - 서술절을 안은 문장
      - 인용절을 안은 문장
    - 이어진 문장
      - 대등하게 이어진 문장
      - 종속적으로 이어진 문장

[그림 1. 짜임으로 분류한 문장의 유형]

3.2.1. 안은 문장

문장 속에서 하나의 성분처럼 쓰이는 홑문장을 '안긴 문장'이라 하고, 이 안긴 문장을 포함하고 있는 전체 문장을 '안은 문장'이라 한다. 안긴 문장을 '절(節, 마디, clause)'이라고도 하는데, 이러한 안긴 문장에는 '명사절, 관형절, 부사절, 서술절, 인용절' 등이 있다.

〈**명사절을 안은 문장**〉 '명사절(名詞節, 이름 마디)'은 문장 속에서 명사처럼 기능하는 절로서, 명사형 전성 어미인 '-옴/-움, -기, -디' 등이 붙어서 이루어진다. 명사절은 명사와 같이 문장 속에서 여러 가지 문장 성분으로 쓰일 수 있는 것이 특징이다. 이러한 명사절을 포함하고 있는 전체 문장을 '명사절을 안은 문장'이라 한다.

(1) ㄱ. 됴ᄒᆞᆫ 法 닷고ᄆᆞᆯ 몯ᄒᆞ야 [석상 9:14]
　　ㄴ. 부텨 供養ᄒᆞ기 ᄒᆞ면 [석상 23:3]

ㄷ. 내 겨지비라 가져가디 어려ᄫᅳᆯ씨 [월석 1:13]
ㄹ. 그딋 혼 조초 ᄒᆞ야 뉘읏븐 ᄆᆞᅀᆞᄆᆞᆯ 아니호리라 [석상 6:8]

〈관형절을 안은 문장〉 '관형절(冠形節, 매김 마디)'은 문장 속에서 관형어로 기능하는 절로서, 용언의 어간에 관형사형 전성 어미가 실현되어서 성립된다. 이때 관형절을 포함하고 있는 문장을 '관형절을 안은 문장'이라고 한다.

① **관계 관형절**: '관계 관형절(關係冠形節, 빠져나간 매김 마디, relative clause)'은 관형절 속의 문장 성분 가운데서 중심어[1]와 동일한 대상을 표현하는 문장 성분이 생략되면서 형성된 관형절이다.

(2) ㄱ. 부텻 이베셔 난 아ᄃᆞ리 [법언 1:164]
ㄴ. 바래 ᄇᆞᄅᆞᆯ 끼름 [법언 2:242]

② **동격 관형절**: '동격 관형절(同格冠形節, 온전한 매김 마디, appositive clause)'은 관형절 속의 문장 성분이 생략되지 않고 형성된 관형절이다.

(3) ㄱ. 블 구피라 펼 ᄊᆞᅀᅵ예 [월석 21:4]
ㄴ. 孝道ᄒᆞ실 ᄆᆞᅀᆞᆷ [월천 기46]

〈부사절을 안은 문장〉 '부사절(副詞節, 어찌 마디)'은 문장 속에서 부사어로 기능하는 절인데, 용언의 어간에 파생 접미사 '-이'나 연결 어미인 '-게, -도록/-ᄃᆞ록, -ᄃᆺ/-ᄃᆞ시' 등이 붙어서 이루어진다. 이러한 부사절을 포함하고 있는 문장을 '부사절을 안은 문장'이라고 한다.

(4) ㄱ. 돈 업시 帝里예 살오 [두언 20:37]
ㄴ. 처ᅀᅥᆷ 듫 적브터 百千劫에 니르리 一日一夜애 萬死萬生ᄒᆞ야 [월석 21:46]
ㄷ. 法이 … 너비 펴아가미 술위ᄢᅵ 그우ᄃᆺ 홀씨 [석상 13:4]

---

1) 관형어의 수식을 받는 체언구를 '중심어'라고 한다.

〈**서술절을 안은 문장**〉 '서술절(敍述節, 풀이 마디)'은 문장 속에서 서술어로 쓰이는 절인데, 서술절을 포함하고 있는 전체 문장을 '서술절을 안은 문장'이라고 한다.[2)]

(5) ㄱ. 하ᄂᆞᆳ 樹王이 <u>고지 ᄑᆞᆫ ᄃᆞᆺ ᄒᆞ니</u> [석상 13:24]
　　ㄴ. 이 東山ᄋᆞᆫ <u>남기 됴ᄒᆞᆯᄊᆡ</u> [석상 6:24]

〈**인용절을 안은 문장**〉 '인용절(引用節, 따온 마디)'은 다른 사람의 말이나 생각을 따온 절인데, 다른 절과는 달리 온전한 문장의 형식을 갖추고 있는 것이 특징이다. 이러한 인용절을 포함하고 있는 문장을 '인용절을 안은 문장'이라고 한다.

(6) ㄱ. ᄯᅩ 닐오ᄃᆡ <u>내 無上涅槃ᄋᆞᆯ 得호라</u> ᄒᆞ고 [능언 9:91]
　　ㄴ. 부톄 니ᄅᆞ샤ᄃᆡ <u>올타 올타 네 말 ᄀᆞᄐᆞ니라</u> [석상 9:22]

3.2.2. 이어진 문장

두 개 이상의 홑문장이 연결 어미에 의해서 앞절과 뒷절로 이어져 더 큰 문장이 될 수 있는데, 이러한 문장을 '이어진 문장(接續文)'이라고 한다. 이어진 문장은 앞절과 뒷절의 의미적 관계에 따라서 '대등하게 이어진 문장'과 '종속적으로 이어진 문장'으로 구분된다.

〈**대등하게 이어진 문장**〉 '대등하게 이어진 문장'은 앞절과 뒷절이 의미적으로 대등한 관계로 이어진 문장으로서, 이들 문장의 앞절과 뒷절은 '나열, 선택, 대조' 등의 의미적 관계에 있다.

(7) ㄱ. 고히 길<u>오</u> 놉<u>고</u> 고ᄃᆞ며 [석상 19:7]
　　ㄴ. 菩薩이 ᄃᆞᆮ니시<u>며</u> 셔 겨시<u>며</u> 안ᄌᆞ시<u>며</u> 누ᄫᅳ샤매 [월석 2:26]
　　ㄷ. 브르<u>거니</u> 對答ᄒᆞ<u>거니</u> ᄒᆞ야 威와 福과ᄅᆞᆯ 짓ᄂᆞ니 [두언 6:38]
　　ㄹ. 오<u>나</u> 가<u>나</u> 다 새집이 兼ᄒᆞ얫도소니 [두언 7:16]

---

2) 서술절에는 그것이 서술절임을 나타내는 문법적인 형태가 따로 없는 것이 특징이다. '서술절을 안은 문장'의 특징과 조건에 대하여는 나찬연(2009:379) 참조.

ㅁ. 구루멧 힛 블 곧ᄒᆞ나 더운 하늘히 서늘ᄒᆞ도다 [두언 6:35]

〈**종속적으로 이어진 문장**〉 '종속적으로 이어진 문장'은 앞절과 뒷절의 의미가 서로 독립적이지 못하고, 앞절의 의미가 뒷절의 의미에 이끌리는 관계로 이어진 문장이다. 종속적으로 이어진 문장의 앞절과 뒷절은 '조건, 이유, 원인, 의도, 전환' 등의 매우 다양한 의미적 관계로 이어진다.[3)]

(8) ㄱ. 舍利佛이 ᄒᆞᆫ 獅子ㅣ를 지ᅀᅥ 내니 그 쇼를 자바머그니 [석상 6:32]
ㄴ. 불휘 기픈 남ᄀᆞᆫ ᄇᆞᄅᆞ매 아니 뮐ᄊᆡ 곶 됴코 여름 하ᄂᆞ니 [용가 2장]
ㄷ. 모딘 길헤 뻐러디면 恩愛ᄅᆞᆯ 머리 여희여 [석상 6:3]
ㄹ. 善男子 善女人이 뎌 부텻 世界예 나고져 發願ᄒᆞ야ᅀᅡ ᄒᆞ리라 [석상 9:11]
ㅁ. 이 하늘ᄃᆞᆯ히 놉디옷 목수미 오라ᄂᆞ니 [월석 1:37]

〈**이어진 문장의 통사적 제약**〉 이어진 문장에서 앞절에 특정한 연결 어미가 실현되면 뒷절의 종결 방식이 제약을 받는 경우가 있다.(허웅 1975:521 이하, 고등학교 문법 2007:298 참조.)

첫째, 이어진 문장의 앞절에서 연결 어미 '-으니' 앞에 주관적인 믿음을 표현하는 선어말 어미 '-거-, -아-/-어-'가 실현되면, 뒷절은 '앞절의 내용을 뒤집는 뜻'을 표현하면서 의문형으로 끝맺는다.

(9) ㄱ. 功德을 國人도 숣**거니** 漢人 ᄆᆞᅀᆞ미 엇더ᄒᆞ리잇고 [용가 72장]
ㄴ. ᄒᆞ마 주글 내**어니** 子孫ᄋᆞᆯ 議論ᄒᆞ리여 [월석 1:7]

둘째, 이어진 문장에서 앞절의 서술어에 연결 어미 '-관ᄃᆡ/-완ᄃᆡ'가 실현되면, 앞절에는 반드시 의문사(물음말)가 실현되고 뒷절은 의문형으로 끝맺는다.

---

3) '종속적으로 이어진 문장'을 구성하는 '종속적 연결 어미'의 종류에 대하여는 이 책 68쪽의 10번 각주를 참조하라.

(10) ㄱ. 이 엇던 神靈ㅅ 德이시**관ᄃᆡ** 내 시르믈 누기시ᄂᆞ고 [월석 21:21]
ㄴ. 地藏菩薩摩訶薩이 … 엇던 願을 세**완ᄃᆡ** 不思議옛 이ᄅᆞᆯ 能히 일우니잇고 [월석 21:15]

셋째, 이어진 문장에서 앞절의 서술어에 연결 어미인 '-디ᄫᅵ/-디위/-디외', '-건뎡' 등이 실현되면, 뒷절은 부정문(否定文)이 된다.

(11) ㄱ. 이에 든 사ᄅᆞᄆᆞᆫ 죽**디ᄫᅵ** 나디 몯ᄒᆞᄂᆞ니라 [석보 24:14]
ㄴ. 모ᄆᆞ로 端正히 홇 **디언뎡** ᄃᆞᆼ 구표미 몯ᄒᆞ리라 [몽언 24]

넷째, 이어진 문장에서 앞절의 서술어에 연결 어미인 '-곤/-온' 등이 실현되면, 뒷절에는 대체로 '하ᄆᆞᆯ며'와 같은 부사가 표현되고 서술어는 '-이여'나 '-이ᄯᆞ녀' 등의 조사가 실현된다.[4)]

(12) ㄱ. 잢간 듣ᄌᆞᆸ고 ᄒᆞ마 善ᄒᆞᆫ 利ᄅᆞᆯ 得**곤** ᄒᆞᄆᆞᆯ며 브즈러니 行호미여 [원언 하 2-1:4]
ㄴ. 莊子도 오히려 그러**콘** ᄒᆞᄆᆞᆯ며 道人이ᄯᆞ녀 [선언 하:122]

4) '-이ᄯᆞ녀'는 강세를 나타내는 '-이ᄯᆞᆫ(보조사)'에 호격 조사 '-(이)여'가 붙어서 그 전체가 반문(反問)의 뜻을 나타내는 의문형 어미처럼 쓰였다.(허웅 1975:359, 386)

【피동 표현, 사동 표현, 부정 표현】

1. 피동 표현

문장에서 주어로 표현되는 대상(주체)이 스스로의 힘으로 수행하는 행위나 동작을 '능동(能動, active)'이라고 하고, 주어로 표현되는 대상이 다른 주체에 의해서 행위나 동작을 당하는 것을 '피동(被動, 입음, passive)'이라고 한다. 이러한 능동문과 피동문 사이에는 다음과 같은 통사적인 대응 관계가 성립한다.

능동문 : <u>주어</u> + <u>목적어</u> + <u>능동사</u> (타동사)
↙ ↘ ⇩
피동문 : 주어 + 부사어 + 피동사 (자동사)

(1) ㄱ. 〔나랏 法이 有情을 <u>자바</u>〕
ㄴ. 有情이 나랏 法에 <u>자피여</u> [월석 9:25]

〈**파생적 피동문**〉 '파생적 피동문(派生的 被動文)'은 피동사를 서술어로 실현해서 형성되는 피동문이다. 15세기 국어에서 쓰이는 피동사는 능동사(타동사)의 어근에 '-이-, -히-, -기-' 등의 피동 접미사가 붙어서 파생된다.

(2) ㄱ. 곶니피 펴 즁ᄉᆡᆼᄋᆞᆯ 다 <u>두프니</u> [월천 기158]
ㄴ. 七寶ㅣ 이러 ᄡᅡ 우희 차 <u>두피고</u> [월석 8:18]

(3) ㄱ. 묏 곳거시 <u>다ᄃᆞᆫ</u> 門ㅅ 안해 잇도다 [두언 8:60]
ㄴ. 東門이 도로 <u>다티고</u> [월석 23:80]

(4) ㄱ. 罪人ᄋᆡ 모ᄆᆞᆯ <u>ᄉᆞᆯᄆᆞ며</u> [월석 21:80]
ㄴ. 衆生이 글ᄂᆞᆫ 鑊 소배 드러 므리 솟글허 <u>ᄉᆞᆱ기더니</u> [월석 23:81]

〈**통사적 피동문**〉 '통사적 피동문'은 본용언의 어간에 보조 용언인 '-아/어 디다'가 붙어서 실현되는 피동 표현이다.

(5) ㄱ. 비록 塵劫이 디나도록 모ᄆᆞᆯ ᄇᆞᅀᆞ며 [법언 1:222]
ㄴ. 그 나못 불휘를 ᄢᅢᅘᅧ … 드트리 ᄃᆞ외의 ᄇᆞᅀᅡ 디거늘 [석상 6:30-31]

2. 사동 표현

문장의 주체가 자기 스스로 하는 동작을 '주동(主動)'이라고 하고, 주체가 남으로 하여금 어떤 일을 하도록 시키는 동작을 '사동(使動, 하임, causative)'이라고 한다. 이러한 능동문과 피동문 사이에는 다음과 같은 통사적인 대응 관계가 성립한다.

주동문 :		**행동주**[주어] + …	…	+ 주동사
		↓		⇩
사동문 :	사동주[주어] +	**행동주**[부사어, 목적어] +	…	+ 사동사

(6) ㄱ. 아히 훤히 둥어리 글고
ㄴ. (내) … 아히로 훤히 둥어리 글키고 [두언 15:4]

〈**파생적 사동문**〉 '파생적 사동문(派生的 使動文)'은 어근에 사동 접미사가 붙어서 파생된 사동사에 의해서 실현되는 사동문이다. 15세기 국어의 사동사는 주동사의 어근에 사동 접미사인 '-이-, -히-, -기- ; -오-/-우-, -호-/-후-, -고- ; -ᄋᆞ-/-으-' 등이 붙어서 파생된다. 사동의 파생 접사는 주동사의 품사에 관계없이 사동사를 파생할 수 있다.

(7) ㄱ. 현 번 ᄢᅱ운ᄃᆞᆯ ᄂᆞ미 오ᄅᆞ리잇가 [용가 48장]
ㄴ. (太祖ㅣ) 石壁에 ᄆᆞᄅᆞᆯ 올이샤 [용가 48장]

(8) ㄱ. 虛空의 녀트며 기푸미 ᄂᆞᄆᆡ 하며 져고ᄆᆞᆯ 좇ᄂᆞ니 [능언 3:87]
ㄴ. 바ᄅᆞ래 ᄇᆡ 업거늘 녀토시고 ᄯᅩ 기피시니 [용가 20장]

(9) ㄱ. 내히 이러 바ᄅᆞ래 가ᄂᆞ니 [용가 2장]
ㄴ. 甓이며 디새며 ᄒᆞᆰᄀᆞ로 塔ᄋᆞᆯ 이르ᅀᆞᆸ거나 [석상 13:51]

〈통사적 사동문〉 '통사적 사동문'은 주동사의 어간에 보조 용언 '-게/-긔 ᄒᆞ다'가 붙어서 실현된 사동문이다. 보조적 연결 어미인 '-게/-긔'는 모음이나 /ㄹ/ 뒤에서는 /ㄱ/이 줄어져서 '-에/-의'로도 실현된다.

(10) ㄱ. 慈悲ᄂᆞᆫ 衆生ᄋᆞᆯ 便安케 ᄒᆞ시ᄂᆞᆫ 거시어늘 [석상 6:5]
ㄴ. (太子ㅣ) 이제 도ᄅᆞ혀 ᄂᆞᄆᆡ 어ᅀᅵ아ᄃᆞᄅᆞᆯ 여희에 ᄒᆞ시ᄂᆞ니 [석상 6:5-6]

3. 부정 표현

'부정문(否定文, negative sentence)'은 '아니, 몯 ; -디 아니ᄒᆞ다, -디 몯ᄒᆞ다, -디 말다' 등의 부정을 나타내는 요소가 쓰여서, 문장에서 표현된 내용의 전체 또는 일부를 부정하는 문장이다.[5)]

(1) ㄱ. 向ᄋᆞᆫ 아니 오란 요ᄉᆞᅀᅵ라 [월석 서:26]
ㄴ. 光明도 하시나 ᄀᆞᆺ 업스실ᄊᆡ 오ᄂᆞᆯ 몯 ᄉᆞᆲ뇌 [월천 기26]
ㄷ. 菩提 일우믈 得ᄒᆞ디 아니ᄒᆞ리 업ᄂᆞ니 [원각 하 2-2:43]
ㄹ. 뮈윰과 조ᄎᆞᆷ괘 眞實을 어즈리디 몯ᄒᆞ니 [월석 8:16]
ㅁ. 太子ㅣ… 須達이ᄃᆞ려 닐오ᄃᆡ 金을 더 내디 말라 [석상 6:26]

〈짧은 부정문〉 부정 부사(否定副詞)'는 긍정문을 부정문으로 바꾸어 주는 부사인데, '아니'와 '몯'이 쓰였다.

(12) ㄱ. 向ᄋᆞᆫ 아니 오란 요ᄉᆞᅀᅵ라 [월석 서:26]
ㄴ. 四祖ㅣ 便安히 몯 겨샤 [용가 110장]

---

5) 부정문은 의미나 기능에 따라서는 '아니 부정문'과 '몯 부정문'으로 구분할 수 있다. 곧 (11)의 (ㄱ)과 (ㄷ)처럼 '아니'와 '-디 아니ᄒᆞ다'로써 성립된 부정문을 '아니 부정문'이라고 한다. 이러한 '아니 부정문'은 일반적으로 문장으로 표현되는 사실 자체를 부정하는 '단순 부정(單純否定)의 의미를 나타낸다. 반면에 (11)의 (ㄴ)과 (ㄹ)처럼 '몯'과 '-디 몯ᄒᆞ다'로써 성립된 부정문을 '몯 부정문'이라고 한다. '몯' 부정문은 '할 수 없음' 또는 '불가능성'의 의미가 들어간 부정문으로서, '능력 부정(能力否定)'이라고도 한다.

〈**긴 부정문**〉 본용언에 '-디 아니ᄒᆞ다', '-디 몯ᄒᆞ다'와 같은 보조 용언이 붙어서 이루어진 부정문을 '긴 부정문'이라고 한다. 긴 부정문은 명령문이나 청유문에서는 '-디 말다'의 형태로 부정문이 실현된다.

(13) ㄱ. 이저디디 아니ᄒᆞᆫ 警戒ᄅᆞᆯ 得ᄒᆞ며 [석상 9:6]
ㄴ. 부톄 ᄌᆞ로 니ᄅᆞ샤도 從ᄒᆞᅀᆞᆸ디 아니ᄒᆞ더니 [석상 6:10]

(14) ㄱ. 王師ㅣ 東郡 아ᅀᆞᄆᆞᆯ 알외디 몯ᄒᆞ야시니 [두언 7:3]
ㄴ. 부텻 니ᄅᆞ샨 經엣 기픈 ᄠᅳ들 아디 몯ᄒᆞ며 [석상 9:13]

(15) ㄱ. 이 ᄠᅳ들 닛디 마ᄅᆞ쇼셔 [용가 110-124장]
ㄴ. 머리 셰ᄃᆞ록 서르 ᄇᆞ리디 말져 ᄒᆞ더라 [두언 16:18]

문장 유형	부정문 유형	의미	긴 부정문
평서문 의문문 감탄문	'아니' 부정문	단순 부정, 의지 부정	용언+-디 아니ᄒᆞ다
	'몯' 부정문	능력 부정	용언+-디 몯ᄒᆞ다
명령문 청유문	'말다' 부정문	금지	동사+-디 말다

[긴 부정문의 유형]

제2부 옛글 읽기

1. 龍飛御天歌
2. 世宗御製訓民正音
3. 釋譜詳節
4. 月印千江之曲
5. 月印釋譜
6. 內訓
7. 杜詩諺解
8. 飜譯老乞大
9. 飜譯朴通事
10. 飜譯小學
11. 小學諺解
12. 東國新續三綱行實圖
13. 五倫行實圖
14. 독닙신문

[일러두기]

1. 이 책에서 형태소 분석에 사용되는 약호는 다음과 같다.

범주	약칭	본디 명칭
품사	의명	의존 명사
	인대	인칭 대명사
	지대	지시 대명사
	보용	보조 용언
파생 접사	접두	접두사
	명접	명사 파생 접미사
	동접	동사 파생 접미사
	형접	형용사 파생 접미사
	부접	부사 파생 접미사
	사접	사동 접미사
	피접	피동 접미사
조사	주조	주격 조사
	서조	서술격 조사
	목조	목적격 조사
	보조	보격 조사
	관조	관형격 조사
	부조	부사격 조사
	호조	호격 조사
	접조	접속 조사

범주	약칭	본디 명칭
종결 어미	평종	평서형 종결 어미
	의종	의문형 종결 어미
	명종	명령형 종결 어미
	청종	청유형 종결 어미
	감종	감탄형 종결 어미
연결 어미	연어	연결 어미
전성 어미	명전	명사형 전성 어미
	관전	관형사형 전성 어미
선어말 어미	주높	주체 높임 선어말 어미
	객높	객체 높임 선어말 어미
	상높	상대 높임 선어말 어미
	과시	과거 시제 선어말 어미
	현시	현재 시제 선어말 어미
	미시	미래 시제 선어말 어미
	주믿	주관적 믿음의 선어말 어미
	객믿	객관적 믿음의 선어말 어미
	느낌	느낌 표현의 선어말 어미
	인칭	인칭법 선어말 어미
	대상	대상법 선어말 어미

2. 이 책의 형태소 분석에서 사용되는 부호는 다음과 같다.

부호	기능	용례
#	어절의 경계 표시.	철수가#국밥을#먹었다.
+	한 어절 내에서의 형태소 경계 표시.	철수+-가 # 먹-+-었-+-다
( )	언어 단위의 문법 명칭과 기능 설명.	먹(먹다)-+-었(과시)-+-다(평종)
[ ]	파생어의 내부 짜임새 표시.	먹이[먹(먹다)-+-이(사접)-]-+-다(평종)
	합성어의 내부 짜임새 표시.	국밥[국(국)+밥(밥)]+-을(목조)
a(←A)	기본 형태 A가 변이 형태 a로 변함.	지(←짓다, ㅅ불)-+-었(과시)-+-다(평종)
-a	a의 앞에 다른 말이 실현되어야 함.	-다, -냐 ; -은, -을 ; -음, -기 ; -게, -으면
a-	a의 뒤에 다른 말이 실현되어야 함.	먹(먹다)-, 자(자다)-, 예쁘(예쁘다)-
-a-	a의 앞뒤에 다른 말이 실현되어야 함.	-으시-, -었-, -겠-, -더-, -느-
Ø	무형의 형태소.	예쁘-+-Ø(현시)-+-다(평종)

3. 다음은 중세 국어의 문장을 1과 2의 약칭과 부호를 사용하여 분석한 예이다.

불휘 기픈 남ᄀᆞᆫ ᄇᆞᄅᆞ매 아니 뮐ᄊᆡ 곶 됴코 여름 하ᄂᆞ니 [용가 2장]

① 불휘 : 불휘(뿌리)+-Ø(주조)
② 기픈 : 깊(깊다)-+-은(관전)
③ 남ᄀᆞᆫ : 낡(←나모 : 나무)+-ᄋᆞᆫ(-은 : 보조사)
④ ᄇᆞᄅᆞ매 : ᄇᆞᄅᆞᆷ(바람)+-애(-에 : 부조)
⑤ 아니 : 아니(부사)
⑥ 뮐ᄊᆡ : 뮈(움직이다)-+-ㄹᄊᆡ(-으므로 : 연어)
⑦ 곶 : 곶(명사)
⑧ 됴코 : 둏(좋다)-+-고(연어)
⑨ 여름 : 여름[열매 : 열(열다)-+-음(명접)]
⑩ 하ᄂᆞ니 : 하(많다)-+-ᄂᆞ(현시)-+-니(평종, 반말)

4. 이 책에서는 위와 같은 원칙에 따라서 형태소를 분석하되, 아래의 경우에는 예외적으로 다음과 같은 방법으로 분석한다.

가. 명사, 동사, 형용사는 특별한 경우가 아니면 품사의 명칭을 표시하지 않는다. 단, 의존 명사와 보조 용언은 품사의 명칭을 밝혀서 각각 '의명'과 '보용'으로 표시한다.

(1) ㄱ. 부톄 : 부텨(부처, 佛) + -ㅣ(주조)
ㄴ. 괴오쇼셔 : 괴오(사랑하다, 愛)- + -쇼셔(-소서 : 명종)
ㄷ. 올ᄒᆞ시이다 : 옳(옳다, 是)- + -ᄋᆞ시(주높)- + -이(상높)- + -다(평종)

나. 한자말로 된 복합어는 더 이상 분석하지 않는다.

(2) ㄱ. 中國에 : 中國(중국) + -에(부조)
ㄴ. 無上涅槃ᄋᆞᆯ : 無上涅槃(무상열반) + -ᄋᆞᆯ(목조)

다. 어근에 '-ᄒᆞ다'가 붙어서 된 파생 용언은 어근과 '-ᄒᆞ다'를 분석하지 않는다.

(3) ㄱ. 修行ᄒᆞ논 : 修行ᄒᆞ(수행하다)- + -ᄂᆞ(현시)- + -오(대상)- + -ㄴ(관전)
ㄴ. 尊호라 : 尊ᄒᆞ(존하다)- + -오(인칭)- + -라(← -다 : 평종)

라. 형태가 유표적으로 존재하지 않으면서도 문법적인 기능을 가지고 있는 다음과 같은 '무형의 형태소'는 'Ø'로 표시한다.

(4) ㄱ. <u>ᄀᆞᄆᆞ라</u> 비 아니 오ᄂᆞᆫ ᄯᅡ히 잇거든
⇨ ᄀᆞᄆᆞ라 : [가물다(동사) : ᄀᆞᄆᆞᆯ(가뭄, 旱 : 명사) + -Ø(동접)-]- + -아(연어)
ㄴ. <u>바ᄅᆞ</u> 自性을 ᄉᆞᄆᆞᆺ 아ᄅᆞ샤
⇨ 바ᄅᆞ : [바로(부사) : 바ᄅᆞ(바ᄅᆞ다, 正 : 형용사)- + -Ø(부접)]
ㄷ. <u>불휘</u> 기픈 남ᄀᆞᆫ
⇨ 불휘(뿌리, 根) + -Ø(주조)
ㄹ. 내 ᄒᆞ마 <u>命終호라</u>
⇨ 命終ᄒᆞ(명종하다)- + -Ø(과시)- + -오(인칭)- + -라(← -다 : 평종)

마. 무형의 형태소로 실현되는 시제 표현의 선어말 어미는 다음과 같이 표기한다.

ⓐ 동사의 종결형에서 나타나는 부정법의 과거 시제 선어말 어미는 '-Ø-'로 표기한다.

(5) ㄱ. 아ᄃᆞᆯ둘히 아비 죽다 듣고

⇨ 죽다: 죽(죽다, 死)-+-Ø(과시)-+-다(평종)

ㄴ. 舍利佛을 須達이 조차 가라 ᄒᆞ시다

⇨ ᄒᆞ(하다, 爲)-+-Ø(과시)-+-시(주높)-+-다(평종)

ㄷ. 엇던 行業을 지ᅀᅥ 惡德애 ᄠᅥ러딘다

⇨ ᄠᅥ러딘다: ᄠᅥ러디(떨어지다, 落)-+-Ø(과시)-+-ㄴ다(의종)

ㄹ. 이 智慧 업슨 比丘ㅣ 어드러셔 오뇨

⇨ 오뇨: 오(來)-+-Ø(과시)-+-뇨(의종)

ⓑ 동사의 연결형과 관형사형에서 나타나는 과거 시제 표현의 무형의 선어말 어미는 표시하지 않는다.

(6) ㄱ. 몸앳 필 뫼화 그르세 다마 男女를 내ᅀᆞᄫᆞ니

⇨ 뫼화: 뫼호(모으다, 集)-+-아(연어)

ㄴ. 이 몸이 주근 後에

⇨ 주근: 죽(죽다, 死)-+-은(관전)

ⓒ 형용사의 종결형, 연결형, 관형사형에서 나타나는 현재 시제 표현의 무형의 선어말 어미는 형태를 표현하지 않는다.

(7) ㄱ. 닐굽 ᄒᆡ 너무 오라다

⇨ 오라(오래다, 久)-+-다(평종)

ㄴ. 여슷 大臣이 힝뎌기 왼 ᄃᆞᆯ 제 아라

⇨ 외(외다, 그르다, 誤)-+-ㄴ(관전)

ㄷ. 고히 길오 놉고 고ᄃᆞ며

⇨ 길오: 길(길다, 長)-+-오(←-고: 연어), 놉고: 높(높다, 高)-+-고(연어), 고ᄃᆞ며: 곧(곧다, 直)-+-ᄋᆞ며(-으며: 연어)

1. 龍飛御天歌

<용비어천가>는 조선 왕조의 창업을 송영(頌詠)한 노래로서, 1445년(세종 27) 4월에 편찬되어 1447년(세종 29) 5월에 간행되었다. 모두 125장에 달하는 서사시인데, 한글로 엮어진 책으로는 한국 최초의 것이다. 왕명에 따라 당시 새로이 제정된 훈민정음(訓民正音)을 처음으로 사용하여 정인지(鄭麟趾), 안지(安止), 권제(權踶) 등이 짓고, 성삼문(成三問), 박팽년(朴彭年), 이개(李塏) 등이 주석(註釋)하였으며, 정인지가 서문(序文)을 쓰고 최항(崔恒)이 발문(跋文)을 썼다.

내용은 조선 건국의 유래가 유구함과 조상(祖上)들의 성덕을 찬송하고, 태조(太祖)의 창업이 천명에 따른 것임을 밝힌 다음, 후세의 왕들에게 경계하여 자손의 보수(保守)와 영창(永昌)을 비는 뜻으로 이루어져 있다.

이 작품에 나타난 표기상의 특징을 살펴보면 다음과 같다.

첫째, 세종 당시에 쓰였던 'ㆆ, ㅸ, ㆅ; ㆁ, ㅿ' 등의 글자가 쓰였다.

둘째, 사잇소리를 표기하는 데 'ㅿ, ㄱ, ㄷ, ㅂ, ㅅ, ㆆ' 등을 사용했다.

셋째, 소리나는 대로 적는 것이 일반적이었으나, 일부의 종성(終聲) 표기에서는 용언의 어간과 체언의 기본 형태를 밝혀서 표기하기도 하였다.

넷째, 모음 조화의 규칙을 잘 지켜졌다.

이 작품은 한글로 기록된 최고(最古)의 문헌으로서 15세기의 언어와 문학 연구에 중요한 사료(史料)가 되고 있다. 하지만 이 작품은 전통적인 시의 형식을 무시하고 충분한 표현과 운율을 얻지 못하여 시가(詩歌)로서의 완벽에는 미흡한 점이 없지 않다. 그러나 주석(註釋) 중의 여진(女眞), 왜(倭) 등에 관한 기록은 역사 연구에 귀중한 자료를 제공하고 있다.

<용비어천가>는 1612년(광해군 4), 1659년(효종 10), 1765년(영조 41)에 각각 나온 중간본(重刊本)이 있으나, 초간본은 그 전질(全帙)이 전해지지 않는다. 현재의 영인본(影印本)은 광해군 연간의 재간본(再刊本)을 대본으로 하여 1938년에 경성제국대학에서 찍어낸 것이다. 목판본(木板本)으로 10권 5책으로 구성되어 있다.

第一章

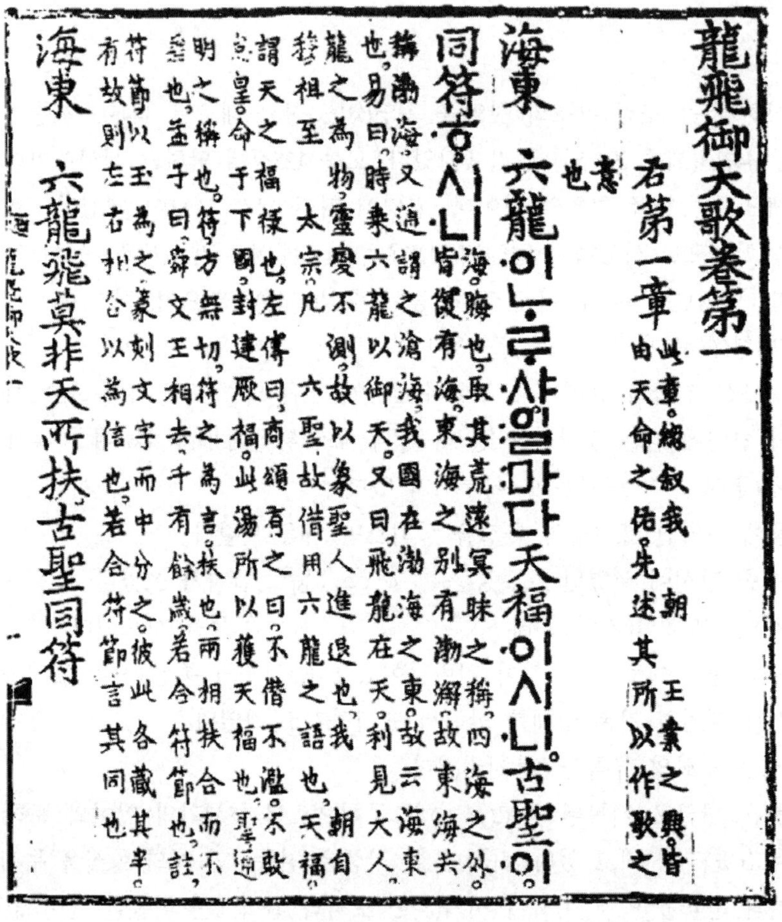
龍飛御天歌卷第一

右第一章 此章總敘我朝王業之興皆由天命之佑先述其所以作歌之意也

海東 六龍이 ᄂᆞᄅᆞ샤 일마다 天福이시니 古聖이

同符ᄒᆞ시니 海晦也取其荒遠冥昧之稱四海之外皆復有海東海之別有渤澥故東海共稱渤海又通謂之滄海我國在渤海之東故云海東也易曰時乘六龍以御天又曰飛龍在天利見大人龍之為物靈變不測故以象聖人進退也我朝自穆祖至太宗凡六聖故借用六龍之語也天福謂天之福祿也左傳曰商頌有之曰不僭不濫不敢怠皇命于下國封建厥福此湯所以獲天福也聖通明之稱也符方無切符之為言扶也兩相扶合而不差也孟子曰舜文王相去千有餘歲若合符節也註符節以玉為之篆刻文字而中分之彼此各藏其半有故則左右相合以為信也若合符節言其同也

海東 六龍飛莫非天所扶古聖同符

1) 海東六龍(해동 육룡) : 세종의 선조인 '목조(穆祖), 익조(翼祖), 도조(度祖), 환조(桓祖), 태조(太祖), 태종(太宗)' 여섯 분을 용에 비유한 것이다.
2) ᄂᆞᄅᆞ샤 : ᄂᆞᆯ(날다, 飛)- + -ᄋᆞ샤(←-ᄋᆞ시- : 주높)- + -Ø(←-아 : 연어)
3) 天福이시니 : 天福(천복) + -이(서조)- + -시(주높)- + -니(연어, 설명의 계속, 이유)
4) 古聖이 : 古聖(고성 : 옛 성인) + -이(-과 : 부조, 비교)
5) 同符(동부) : 부절(符節)을 합친 것처럼 꼭 맞는 것이다.
6) 同符ᄒᆞ시니 : 同符ᄒᆞ(동부하다)- + -시(주높)- + -니(평종, 반말)

第二章

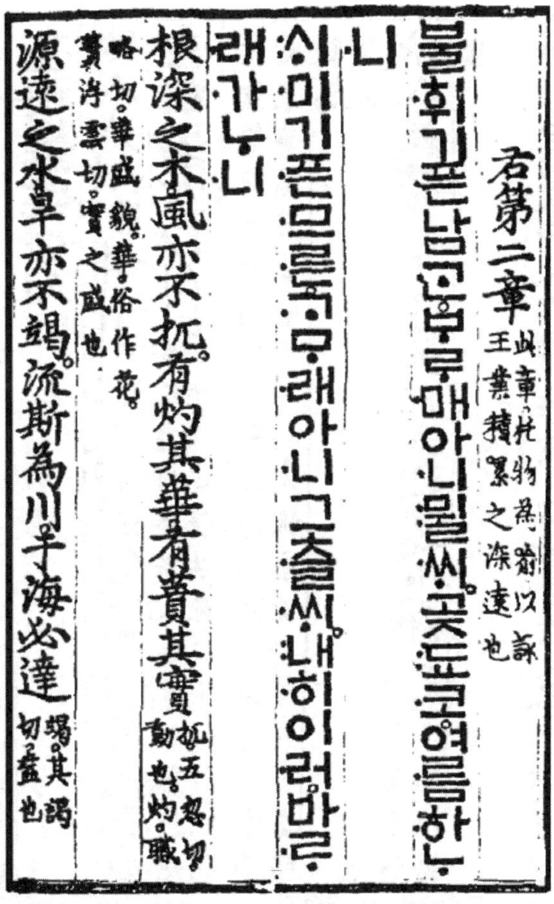

右第二章 此章托物爲喩以詠王業積累之深遠也

불휘기픈남ᄀᆞᆫᄇᆞᄅᆞ매아니뮐ᄊᆡ곶됴코여름하ᄂᆞ니

ᄉᆡ미기픈므른ᄀᆞᄆᆞ래아니그츨ᄊᆡ내히이러바ᄅᆞ래가ᄂᆞ니

根深之木風亦不扤有灼其華有蕡其實 扤五忽切動也 灼職略切華盛貌 華俗作花 蕡浮雲切實之盛也

源遠之水旱亦不竭流斯爲川于海必達 竭其謁切盡也

---

1) 불휘 : 불휘(뿌리, 根) + -Ø(주조)
2) 남ᄀᆞᆫ : 낢(← 나모 : 나무, 木) + -ᄋᆞᆫ(-은 : 보조사, 주제)
3) ᄇᆞᄅᆞ매 : ᄇᆞᄅᆞᆷ(바람, 風) + -애(-에 : 부조, 이유)
4) 뮐ᄊᆡ : 뮈(움직이다, 動)- + -ㄹᄊᆡ(-므로 : 연어, 이유)
5) 됴코 : 둏(좋아지다, 좋다, 好)- + -고(연어, 나열)
6) 여름 : [열매, 實 : 열(열다, 實)- + -음(명접)]
7) 하ᄂᆞ니 : 하(많아지다, 많다, 多)- + -ᄂᆞ(현시)- + -니(평종, 반말)
8) ᄀᆞᄆᆞ래 : ᄀᆞᄆᆞᆯ(가뭄, 旱) + -애(-에 : 부조, 위치, 원인)
9) 그츨ᄊᆡ : 긏(그치다, 止)- + -을ᄊᆡ(-으므로 : 연어, 이유)
10) 내히 : 내ㅎ(시내, 川) + -이(주조)
11) 이러 : 일(이루어지다, 되다, 成)- + -어(연어)
12) 바ᄅᆞ래 : 바ᄅᆞᆯ(바다, 海) + -애(-에 : 부조, 위치)

第四章

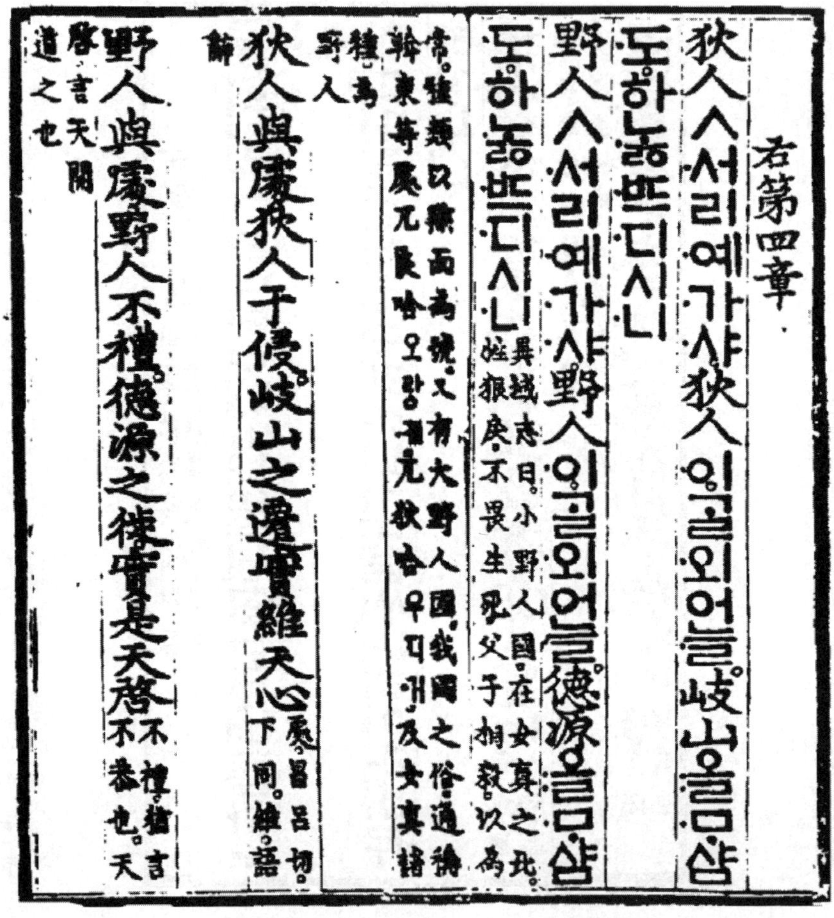

右第四章

狄人ㅅ 서리예 가샤 狄人이 ᄀᆞᆯ외어늘 岐山 올ᄆᆞ샴도 하ᄂᆞᇙ ᄠᅳ디시니

野人ㅅ 서리예 가샤 野人이 ᄀᆞᆯ외어늘 德源 올ᄆᆞ샴도 하ᄂᆞᇙ ᄠᅳ디시니

狄人與處狄人于侵岐山之遷實維天心

野人與處野人不禮德源之徙實是天啓

---

1) 狄人ㅅ: 狄人(적인) + -ㅅ(-의: 관조) ※ '狄人'은 북쪽 오랑캐이다.
2) 서리예: 서리(사이, 가운데, 間, 中) + -예(←-에: 부조, 위치)
3) 가샤: 가(가다, 行)- + -샤(←-시-: 주높)- + -Ø(←-아: 연어)
4) ᄀᆞᆯ외어늘: ᄀᆞᆯ외(덤비다, 침범하다, 侵)- + -어늘(←-거늘: 연어, 상황)
5) 올ᄆᆞ샴도: 옮(옮다, 移)- + -ᄋᆞ샤(←-ᄋᆞ시-: 주높)- + -ㅁ(←-옴: 명전) + -도(보조사, 첨가)
6) 하ᄂᆞᇙ: 하ᄂᆞᆯ(←하ᄂᆞᆶ: 하늘, 天) + -ㆆ(-의: 관조)
7) ᄠᅳ디시니: ᄠᅳᆮ(뜻, 意) + -이(서조)- + -시(주높)- + -니(평종, 반말)
8) 野人ㅅ: 野人(야인) + -ㅅ(-의: 관조) ※ '野人'은 압록강과 두만강 유역에 거주하던 여진족이다.

第七章

블근 새 그를 므러 寢室 이페 안ᄌᆞ니 聖子革命에 帝祜ᄅᆞᆯ 뵈ᅀᆞᄫᆞ니
寢 七稔切 寢也 聖子 指武王也 革 變革也 易曰 湯武革命 順乎天而應乎人 時運旣終 必有革而新之者 王者之興 受命於天 故易世謂之革命 帝者 天之一名 以形體謂之天 以主宰謂之帝也 祜 侯五切 福也

ᄇᆞ야미 가칠 므러 즘겟 가재 연ᄌᆞ니 聖孫將興에 嘉祥이 몬졔시니

右第七章

赤爵銜書止室之戶 聖子革命爰示帝祜 爰 于元切 於也 示 神至切 垂示也

大蛇銜鵲寘樹之揚 聖孫將興爰先嘉祥 詩曰 以伐遠揚 遠揚 遠枝揚起者也 先 去聲 言其嘉祥之見 先於聖孫之興也

---

1) 므러 : 믈(물다, 銜)- + -어(연어)
2) 이페 : 잎(지겟문, 어귀, 戶) + -에(부조, 위치)
3) 聖子革命(성자 혁명) : 성자(= 주나라의 무왕)가 혁명을 일으키는 것이다.
4) 帝祜(제호) : 하늘이 내린 황제의 복이다.
5) 뵈ᅀᆞᄫᆞ니 : 뵈[보이다, 示 : 보(보다, 見)- + -ㅣ(사접)-]- + -ᅀᆞᇦ(←-ᅌᆞᇦ- : 객높)- + -Ø(과시)- + -ᄋᆞ니(평종, 반말)
6) ᄇᆞ야미 : ᄇᆞ얌(뱀, 蛇) + -이(주조)
7) 즘겟가재 : 즘겟갗[나뭇가지 : 즘게(나무, 木) + -ㅅ(관조, 사잇) + 갗(←가지, 枝)] + -애(-에 : 부조, 위치)
8) 연ᄌᆞ니 : 엱(얹다, 寘)- + -ᄋᆞ니(-으니 : 연어, 설명의 계속)
9) 聖孫將興(성손 장흥) : 성스런 손자(태조 이성계)가 장차 일어나는 것이다.
10) 嘉祥(가상) : 아름다운 징조이다.
11) 몬졔시니 : 몬져(먼저, 先) + -ㅣ(서조)- + -시(주높)- + -니(평종, 반말)

第二十章

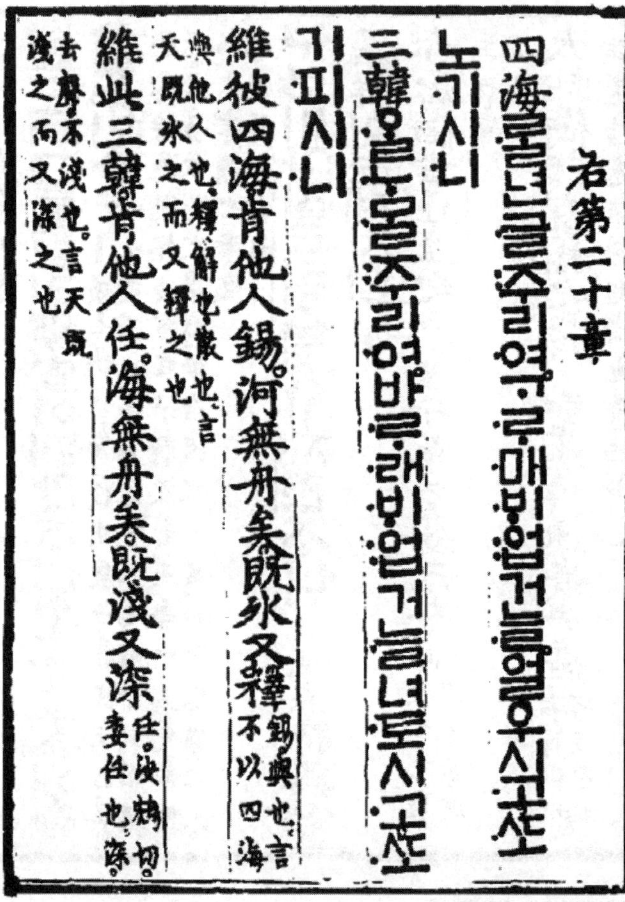

右第二十章

四海ᄅᆞᆯ년글주리여ᄀᆞᄅᆞᇝᄀᆞᅀᅢᄇᆡ업거늘얼우시고노기시니

三韓ᄋᆞᆯᄂᆞᄆᆞᆯ주리여바ᄅᆞᆳᄀᆞᅀᅢᄇᆡ업거늘녀토시고기피시니

維彼四海。肯他人錫。河無舟矣。旣氷又釋。錫與也。言不以四海與他人也。釋解也。散也。言天旣氷之而又釋之也。

維此三韓。肯他人任。海無舟矣。旣淺又深。任。汝鴆切。妻任也。深。去聲。不淺也。言天旣淺之而又深之也。

---

1) 四海(사해) : 온 천하이다.
2) 년글 : 년(←녀느 : 남, 다른 사람, 他) + -을(목조)
3) 주리여 : 주(주다, 授)- + -리(미시)- + -여(-느냐 : 의종, 비인칭, 판정)
4) ᄇᆡ : ᄇᆡ(배, 舟) + -Ø(주조)
5) 업거늘 : 업(←없다 : 없다, 無)- + -거늘(-거늘 : 연어, 상황)
6) 얼우시고 : 얼우[얼리다 : 얼(얼다, 氷)- + -우(사접)-]- + -시(주높)- + -고(연어, 나열)
7) 노기시니 : 노기[녹이다 : 녹(녹다, 融)- + -이(사접)-]- + -시(주높)- + -Ø(과시)- + -니(평종, 반말)
8) 三韓(삼한) : 우리나라.
9) 녀토시고 : 녀토[얕게 하다 : 녙(얕다, 淺)- + -오(사접)-]- + -시(주높)- + -고(연어, 나열)
10) 기피시니 : 기피[깊게 하다 : 깊(깊다, 深)- + -이(사접)-]- + -시(주높)- + -Ø(과시)- + -니(평종, 반말)

第三十一章

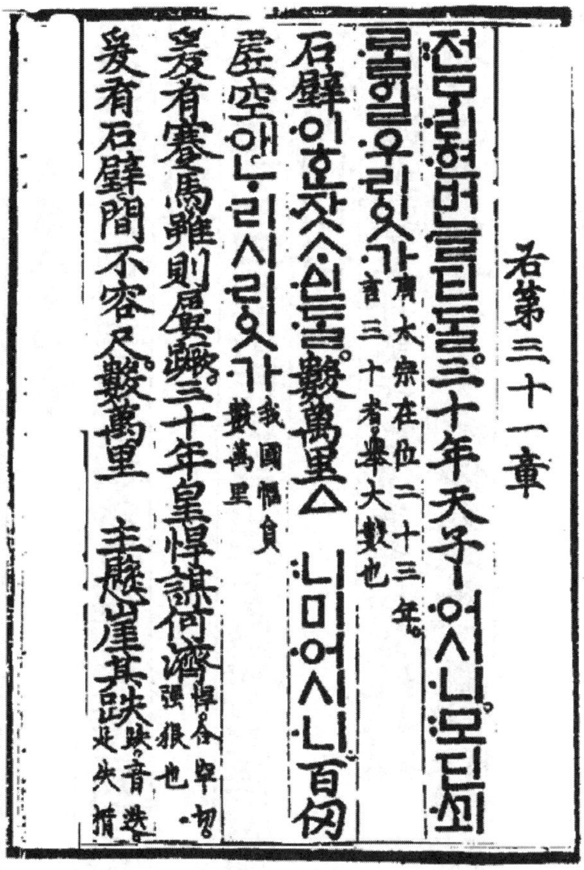

1) 전 : 저(← 절다 : 다리를 절다, 跛)- + -ㄴ(관전)
2) 현 : 몇(幾 : 관사).
3) 딘ᄃᆞᆯ : 디(넘어지다, 떨어지다, 轉, 落)- + -ㄴᄃᆞᆯ(-ㄴ들 : 연어, 양보)
4) 天子ㅣ어시니 : 天子(천자) + -ㅣ(서조)- + -어(← -거 : 주민)- + -시(주높)- + -니(연어, 설명 계속)
5) 일우리잇가 : 일우[이루다, 成 : 일(이루어지다) + -우(사접)-]- + -리(미시)- + -잇(← -이- : 상높)- + -가(-니까 : 의종, 비인칭, 판정)
6) 잣 : 자(자, 尺) + -ㅅ(-의 : 관조)
7) ᄉᆞᅀᅵᆫᄃᆞᆯ : ᄉᆞᅀᅵ(사이, 間) + -Ø(서조)- + -ㄴᄃᆞᆯ(연어, 양보)
8) 數萬里ㅿ : 數萬里(수만 리) + -ㅿ(-의 : 관전)
9) 니미어시니 : 님(임, 主) + -이(서조)- + -어(← -거 : 주민)- + -시(주높)- + -니(연어, 이유)
10) 百仞虛空(백인 허공) : 백 길이나 되는 허공 절벽이다.
11) ᄂᆞ리시리잇가 : ᄂᆞ리(내리다, 떨어지다, 降)- + -시(주높)- + -리(미시)- + -잇(← -이- : 상높)- + -가(-니까 : 의종, 비인칭, 판정)

第三十四章

右第三十四章

믈깁고ᄇᆡ업건마ᄅᆞᆫ하ᄂᆞᆯ히命ᄒᆞ실ᄊᆡ。ᄆᆞᆯ톤자히건너시니이다

城높고ᄃᆞ리업건마ᄅᆞᆫ하ᄂᆞᆯ히도ᄫᆞ실ᄊᆡ。ᄆᆞᆯ톤자히ᄂᆞ리시니이다

江之深矣雖無舟矣天之命矣乘馬截流 截。昨結切

城之高矣雖無梯矣天之佑矣躍馬下馳 梯。天黎切 木階也。下。去聲

---

1) 업건마ᄅᆞᆫ: 업(← 없다: 없다, 無)- + -건마ᄅᆞᆫ(-건마는: 연어, 대조)
2) 하ᄂᆞᆯ히: 하ᄂᆞᆶ(하늘, 天) + -이(주조)
3) 命ᄒᆞ실ᄊᆡ: 命ᄒᆞ(명하다)- + -시(주높)- + -ㄹᄊᆡ(-므로: 연어, 이유)
4) ᄆᆞᆯ 톤 자히: ᄆᆞᆯ(말, 馬) # ᄐᆞ(타다, 乘)- + -오(대상)- + -ㄴ(관전) # 자히(채: 의명)
5) 건너시니이다: 건너(건너다, 渡)- + -시(주높)- + -Ø(과시)- + -니(객믿)- + -이(상높)- + -다(평종)
6) ᄃᆞ리: ᄃᆞ리(다리, 橋) + -Ø(주조)
7) 도ᄫᆞ실ᄊᆡ: 돟(← 돕다, ㅂ불: 돕다, 助)- + -ᄋᆞ시(주높)- + -ㄹᄊᆡ(-므로: 연어, 이유)
8) ᄂᆞ리시니이다: ᄂᆞ리(내리다, 下)- + -시(주높)- + -Ø(과시)- + -니(객믿)- + -이(상높)- + -다(평종)

第三十五章

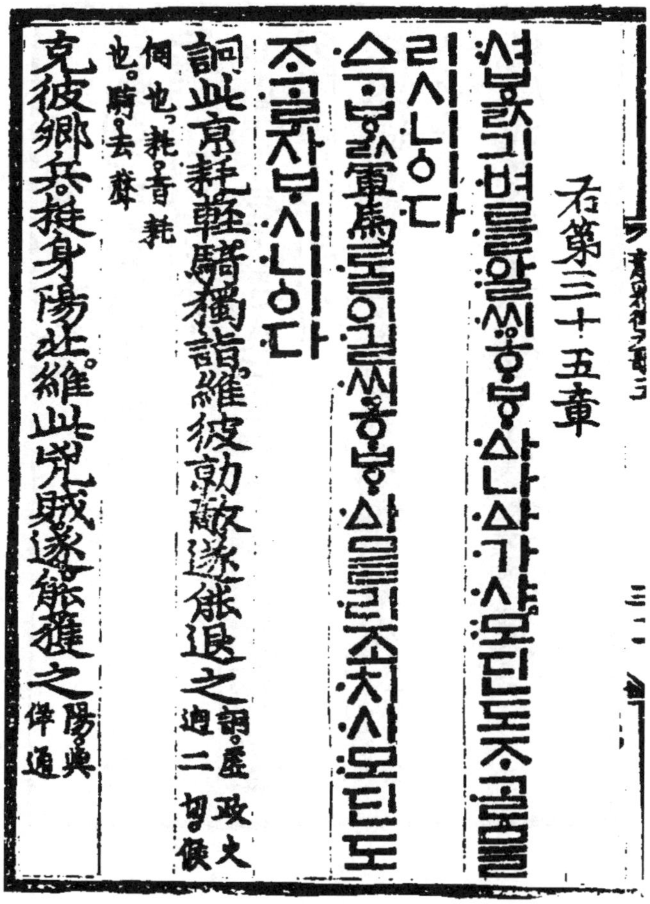

右第三十五章

셔ᄫᅳᇇ 긔벼를 알씨 ᄒᆞᄫᆞᅀᅡ 나ᅀᅡ가샤 모딘 도ᄌᆞᄀᆞᆯ 믈리시니이다

ᄉᆞᄀᆞᄫᆞᇇ 軍馬ᄅᆞᆯ 이길씨 ᄒᆞᄫᆞᅀᅡ 믈리 조치샤 모딘 도ᄌᆞᄀᆞᆯ 자ᄇᆞ시니이다

詗此京耗。輕騎獨詣。維彼勍敵。遂能退之。詗虛政迥二切偵候也。耗音耗。騎去聲

克彼鄕兵。挺身陽止。維此兇賊。遂能獲之。陽與佯通

---

1) 셔ᄫᅳᇇ : 셔ᄫᅳᆯ(서울, 京(명사) + -ㅅ(-의 : 관조)
2) 긔벼를 : 긔별(기별, 奇別) + -을(목조)
3) ᄒᆞᄫᆞᅀᅡ : 혼자, 獨(부사)
4) 나ᅀᅡ가샤 : 나ᅀᅡ가[나아가다, 進 : 낫(←낫다, ㅅ불 : 나아가다, 進)- + -아(연어) + 가(가다, 行)-]- + -샤(←-시- : 주높)- + -Ø(←-아 : 연어)
5) 모딘 : 모디(←모딜다 : 모질다, 暴) + -ㄴ(관전)
6) 믈리시니이다 : 믈리[물리치다, 退 : 므르(물러나다, 退)- + -이(사접)-]- + -시(주높)- + -Ø(과시)- + -니(객믿)- + -이(상높)- + -다(평종)
7) ᄉᆞᄀᆞᄫᆞᇇ : ᄉᆞᄀᆞᄫᆞᆯ(시골, 村) + -ㅅ(-의 : 관조)
8) 믈리 : [물러나서(부사) : 믈ㄹ(←므르다 : 물러나다, 退)- + -이(부접)]
9) 조치샤 : 조치[쫓기다 : 좇(쫓다, 從)- + -이(피접)-]- + -샤(←-시- : 주높)- + -Ø(←-아 : 연어)
10) 자ᄇᆞ시니이다 : 잡(잡다, 獲)- + -ᄋᆞ시(주높)- + -Ø(과시)- + -니(객믿)- + -이(상높)- + -다(평종)

第四十八章

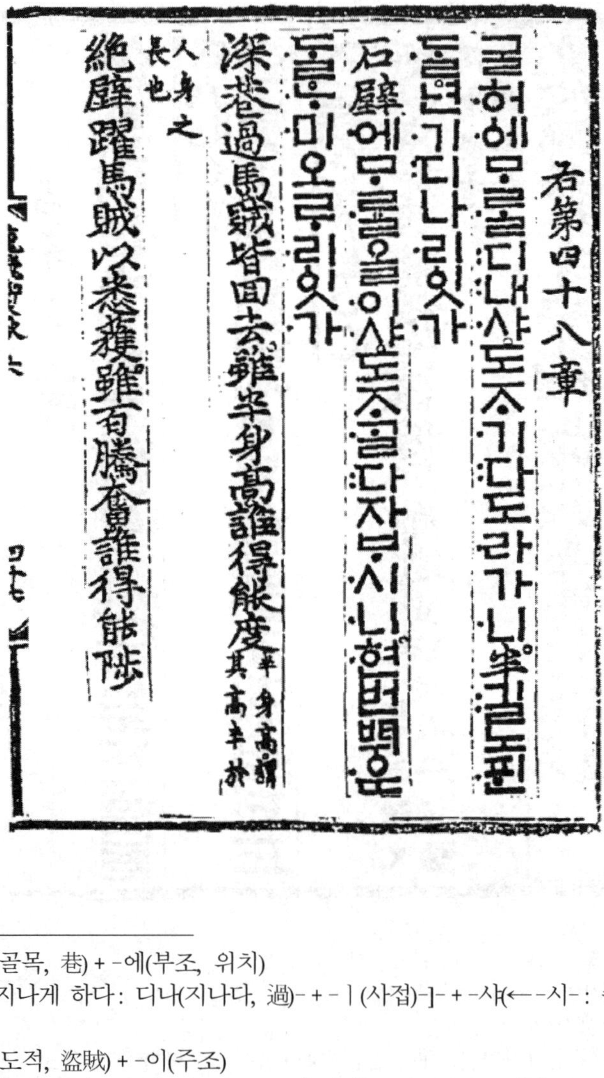
右第四十八章
굴허에ᄆᆞᄅᆞᆯ디내샤도ᄌᆞ기다도라가니半ᄃᆞᆯ노ᄑᆡᆫᄃᆞᆯ
년기디나리잇가
石壁에ᄆᆞᄅᆞᆯ올이샤도ᄌᆞᄀᆞᆯ다자ᄇᆞ시니현번ᄠᅱ운ᄃᆞᆯ
ᄂᆞᄆᆡ오ᄅᆞ리잇가
深巷過馬賊皆回去雖半身高誰得能度 半身高謂其高半於人身之長也
絕壁躍馬賊以悉獲雖百騰奮誰得能陟

---

1) 굴허에 : 굴헝(골목, 巷) + -에(부조, 위치)
2) 디내샤: 디내[지나게 하다: 디나(지나다, 過)- + -ㅣ(사접)-]- + -샤(←-시-: 주높)- + -Ø(←-아: 연어)
3) 도ᄌᆞ기 : 도ᄌᆞᆨ(도적, 盜賊) + -이(주조)
4) 노ᄑᆡᆫᄃᆞᆯ : 노ᄑᆡ[높이(명사): 높(높다, 高)- + -ᄋᆡ(명접)] + -ㄴᄃᆞᆯ(←-인들: 보조사, 양보)
5) 년기 : 녁(←녀느: 다른 사람, 他) + -이(주조)
6) 디나리잇가: 디나(지나다, 過)- + -리(미시)- + -잇(←-이-: 상높)- + -가(-니까: 의종, 비인칭, 판정)
7) 올이샤: 올이[올리다: 올(←오ᄅᆞ다: 오르다, 登)- + -이(사접)-]- + -샤(←-시-: 주높)- + -Ø(←-아: 연어)
8) ᄠᅱ운ᄃᆞᆯ : ᄠᅱ우[뛰어오르게 하다: ᄠᅱ(뛰어오르다, 躍)- + -우(사접)-]- + -ㄴᄃᆞᆯ(-은들: 연어, 양보)
9) ᄂᆞᄆᆡ: ᄂᆞᆷ(다른 사람, 他人) + -이(주조)
10) 오ᄅᆞ리잇가: 오ᄅᆞ(오르다, 登)- + -리(미시)- + -잇(←-이-: 상높)- + -가(-니까: 의종, 비인칭, 판정)

第六十七章

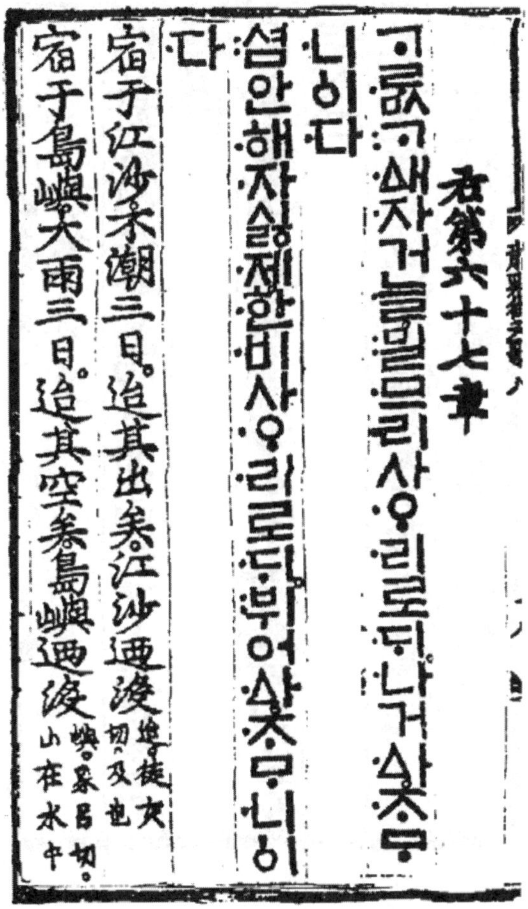
第六十七章

ᄀᆞᄅᆞᇝ ᄀᆞᇫ애 자거늘 밀므리 사ᄋᆞ리로ᄃᆡ 나거ᅀᅡ ᄌᆞᄆᆞ니이다

셤 안해 자싫 제 한비 사ᄋᆞ리로ᄃᆡ 뷔어ᅀᅡ ᄌᆞᄆᆞ니이다

宿于江渉。不潮三日。追其出矣。江沙遄逮。逮徒戴切及也

宿于島嶼。大雨三日。追其空矣。島嶼遄逮。嶼象呂切。山在水中

---

1) ᄀᆞᄅᆞᇝ : ᄀᆞᄅᆞᆷ(강, 江) + -ㅅ(-의 : 관조)
2) ᄀᆞᇫ애 : ᄀᆞᇫ(←ᄀᆞᆺ : 가, 邊) + -애(-에 : 부조, 위치)
3) 자거늘 : 자(자다, 宿)- + -거늘(연어, 상황)
4) 사ᄋᆞ리로ᄃᆡ : 사ᄋᆞᆯ(사흘, 三日) + -이(서조)- + -로ᄃᆡ(← -오ᄃᆡ : -되, 연어, 설명의 계속)
5) 나거ᅀᅡ : 나(나가다, 出)- + -거ᅀᅡ(-아야 : 연어, 필연적 조건)
6) ᄌᆞᄆᆞ니이다 : ᄌᆞᄆᆞ(잠기다, 沈)- + -Ø(과시)- + -니(객민)- + -이(상높)- + -다(평종) ※ 15세기 국어에서는 'ᄌᆞᄆᆞ다'와 'ᄌᆞᆷ다'와 모두 현대어의 '잠기다'의 뜻으로 쓰인다.
7) 안해 : 안ㅎ(안, 內) + -애(-에 : 부조, 위치)
8) 자싫 제 : 자(자다, 宿)- + -시(주높)- + -ㅭ(관전) # 제(때, 時 : 의명)
9) 한비 : 한비[큰비, 大雨 : 하(크다, 大) - + -ㄴ(관전) + 비(비, 雨)] + -Ø(주조)
10) 뷔어ᅀᅡ : 뷔(비다, 空)- + -어ᅀᅡ(← -거ᅀᅡ : -어야, 연어, 필연적 조건)

第一百章

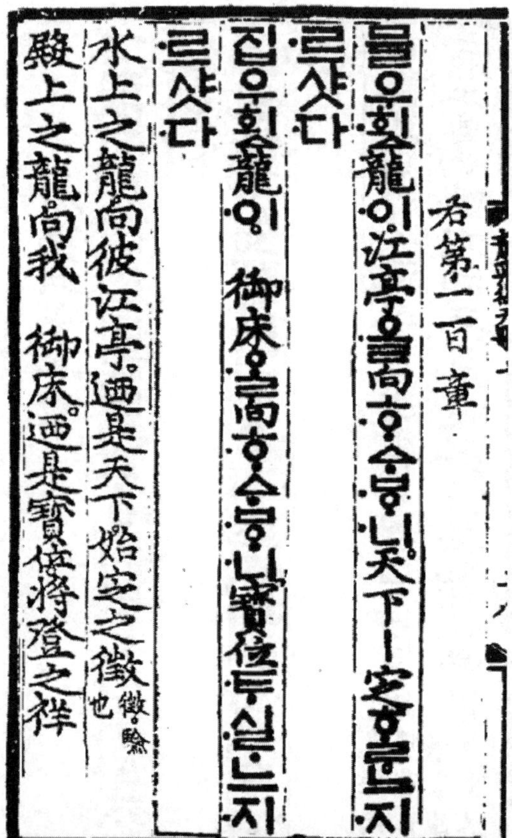
右第一百章

믈 우흿 龍이 江亭ᄋᆞᆯ 向ᄒᆞᅀᆞᄫᆞ니 天下ㅣ 定ᄒᆞᇙ 느지르샷다

집 우흿 龍이 御床ᄋᆞᆯ 向ᄒᆞᅀᆞᄫᆞ니 寶位 ᄐᆞ실 느지르샷다

水上之龍。向彼江亭。迺是天下始定之徵也 徵驗

殿上之龍。尙我御床。迺是寶位將登之祥

---

1) 우흿: 우ㅎ(위, 上)+-의(-에: 부조, 위치) + -ㅿ(-의: 관조)
2) 江亭(강정): 강가에 있는 정자이다.
3) 向ᄒᆞᅀᆞᄫᆞ니: 向ᄒᆞ(향하다)-+-ᅀᆞᇦ(←-ᅀᆸ-: 객높)-+-ᄋᆞ니(-으니: 연어, 설명의 계속)
4) 定ᄒᆞᇙ: 定ᄒᆞ(정해지다)-+-ㄹ(관전)
5) 느지르샷다: 늦(조짐)+-이(서조)-+-르(←-더-: 회상)-+-샤(←-시-: 주높)-+-ㅅ(←-옷-: 느낌)-+-다(평종) ※ '-르-'의 형태와 기능이 미상이다. 허웅(허웅 1977:162)에서는 '-르-'를 '-러- (←-더-: 회상)'의 변이 형태로 보았다. 반면에 안병희(1987)과 고영근(2004:335)에서는 '느지르샷다'를 '늦(조짐)+-일(← -이-: 서조)-+-으샤(←-시-: 주높)-+-ㅅ(←-옷-: 느낌)-+-다(평종)'로 분석하면서, '-일-'은 서술격 조사인 '-이-'의 불규칙한 변이 형태로 다루었다.
6) 御床(어상): 임금이 앉는 평상이다.
7) 寶位(보위) ᄐᆞ실: 寶位(보위: 임금의 자리) # ᄐᆞ(타다, 乘)-+-시(주높)-+-ㄹ(관전) ※ '寶位 ᄐᆞ다'는 '임금의 자리에 오르다.'의 뜻이다.

第一百十章

若第一百一十章 此章以下皆反覆歌詠以致規戒之意焉

四祖ㅣ便安히 몯 겨샤 현 고ᄃᆞᆯ 올마시뇨 몃 間ㄷ 지븨 사ᄅᆞ시리잇고 四祖指穆翼度桓四聖也便亦安也

九重에 드르샤 太平을 누리싫 제 이 ᄠᅳ들 닛디 마ᄅᆞ쇼셔 九重九重宮闕下同楚辭云君之門以九重言其深遠也

四祖莫寧息 幾處徙厥宅 幾間以爲屋 寧安也處昌據切

入此九重闕 享此太平日 此意願毋忘 毋禁止之辭

---

1) 四祖(사조) : '목조(穆祖), 익조(翼祖), 도조(度祖), 환조(桓祖)'의 네 할아버지이다.
2) 겨샤 : 겨샤(← 겨시다 : 계시다, 在)- + -Ø(← -아 : 연어)
3) 현 : 몇, 幾(관사)
4) 올마시뇨 : 옮(移)- + -아(주믿)- + -시(주높)- + -Ø(과시)- + -뇨(-느냐 : 의종, 비인칭, 설명)
5) 몃 : 몃(← 몇 : 관형)
6) 間ㄷ : 間(칸) + -ㄷ(-의 : 관조)
7) 사ᄅᆞ시리잇고 : 살(살다, 住)- + -ᄋᆞ시(주높)- + -리(미시)- + -잇(상높)- + -고(-니까 : 의종, 설명)
8) 九重(구중) : 구중 궁궐(九重宮闕)
9) 드르샤 : 들(들다, 入)- + -으샤(← -으시- : 주높)- + -Ø(← -아 : 연어)
10) 누리싫 : 누리(누리다, 享)- + -시(주높)- + -ㅭ(관전)
11) 닛디 : 닛(← 닞다 : 잊다, 忘)- + -디(-지 : 연어, 부정)
12) 마ᄅᆞ쇼셔 : 말(말다, 勿 : 보용, 부정)- + -ᄋᆞ쇼셔(-으소서 : 명종, 아주 높임)

第百二十五章

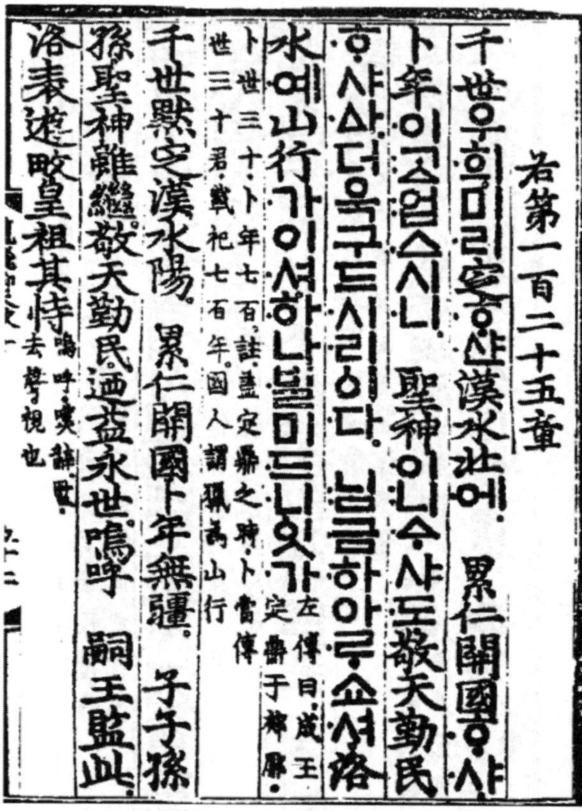

右第一百二十五章

千世 우희 미리 定ᄒᆞ샨 漢水北에 累仁開國ᄒᆞ샤 卜年이 ᄀᆞᇫ업스시니 聖神이 니ᅀᆞ샤도 敬天勤民ᄒᆞ샤ᅀᅡ 더욱 구드시리이다 님금하 아ᄅᆞ쇼셔 洛水예 山行 가 이셔 하나빌 미드니ᅌᅵᆺ가 左傳曰成王定鼎于郟鄏卜世三十卜年七百。註。盡定鼎之時卜當傳世三十君。歷祀七百年。國人謂獵爲山行

千世默定漢水陽。累仁開國卜年無疆。子子孫孫聖神雖繼。敬天勤民迺益永世。嗚呼。嗣王監此。洛表遊畋皇祖其恃。嗚呼。歎辭。監去聲視也。

---

1) 千世(천세): 많은 대(代)라는 뜻으로, 영원을 이르는 말이다.
2) 定ᄒᆞ샨: 定ᄒᆞ(정하다)-+-샤(←-시-: 주높)-+-Ø(←-오-: 대상)-+-ㄴ(관전)
3) 累仁開國ᄒᆞ샤: 累仁開國ᄒᆞ(누인개국하다)-+-샤(←-시-: 주높)-+-Ø(←-아: 연어) ※ '累仁開國'은 어진 일을 쌓아서 나라를 여는 것이다.
4) 卜年(복년): 점쳐 정한 햇수라는 뜻으로, 왕조(王朝)의 운명을 이르는 말이다.
5) ᄀᆞᇫ업스시니: ᄀᆞᇫ없[끝없다: ᄀᆞᇫ(←ᄀᆞᆺ: 가, 끝, 邊)+없(없다, 無)-]-+-으시(주높)-+-니(평종, 반말)
6) 니ᅀᆞ샤도: 닛(←닛다, ㅅ불: 잇다, 繼)-+-ᄋᆞ샤(←-ᄋᆞ시-: 주높)-+-도(←-아도: 연어, 양보)
7) 敬天勤民ᄒᆞ샤ᅀᅡ: 敬天勤民ᄒᆞ(경천근민하다)-+-샤(←-시-: 주높)-+-ᅀᅡ(←-아ᅀᅡ: -아야, 연어, 필연적 조건) ※ '敬天勤民'은 하늘을 공경하고 백성을 위하여 힘쓰는 것이다.
8) 구드시리이다: 굳(굳다, 堅)-+-으시(주높)-+-리(미시)-+-이(상높)-+-다(평종)
9) 님금하: 님금(임금, 王)+-하(-이시여: 호조, 아주 높임)
10) 山行(산행): 山行(←산ᄒᆡᇰ: 사냥, 獵)
11) 하나빌: 하나비[할아버지, 祖父: 하(크다, 大)-+-ㄴ(관전)+아비(아버지, 父)]+-ㄹ(목조)
12) 미드니ᅌᅵᆺ가: 믿(믿다, 信)-+-Ø(과시)-+-잇(←-이-: 상높)-+-으니…가(-니까: 의종, 판정)

2. 世宗 御製 訓民正音

<세종 어제 훈민정음, 世宗 御製 訓民正音>은 <월인석보, 月印釋譜>(희방사본)의 첫째 권의 책 머리에 실린 것인데, <훈민정음 언해본, 訓民正音 諺解本>이라고도 한다. 이 책은 한문본인 <훈민정음 해례본, 訓民正音 解例本>에 나타난 예의(例義)만을 국역하고, 거기에 중국의 치두음(齒頭音)과 정치음(正齒音)의 설명을 더한 것을 한글로 번역한 것이다.

이 책은 <월인석보>가 훈민정음으로 적혀 있기 때문에 훈민정음에 익숙하지 못했던 당대의 독자들에게 훈민정음 각 글자의 음가와 기본적인 사용법을 간략하게 소개하려는 목적으로 쓰였다. 이 책의 내용은 다음과 같은 체제로 구성되어 있다.

체제	세부 내용
세종의 서문	훈민정음의 창제 목적 기술
글자의 음가	초성 17 글자와 중성 11 글자의 음가 설명
글자의 운용	종성법, 연서법, 합용법, 부서법, 성음법, 사성법, 치두음과 정치음의 구별

<세종 어제 훈민정음>의 정확한 제작 연대나 번역자는 미상이다. 그러나 이 책에는 '이영보래법(以影補來法)'과 '치두음, 정치음'의 구별을 규정하고 있다. 이러한 점을 보면, 아마도 세종 당시에 <동국정운, 東國正韻>이 완성된 때로부터 <월인석보, 月印釋譜>가 간행되기까지 사이(1450년 경)에 집현전의 학자들이 번역한 내용을, 세조 5년(1459)에 간행된 <월인석보>에 실은 것으로 짐작한다. 따라서 이 책에 나타난 표기상의 특징도 <용비어천가>나 <석보상절>, <월인천강지곡> 등과 같은 세종과 세조 연간에 간행된 문헌과 동일하다. 다만, <용비어천가>에서는 한자어를 한자로만 표기한 데 반해서 석보상절에서는 한자를 주로 하고 이에 동국정운식 한자음을 부기한 것이 특징이다.

<훈민정음 해례>의 내용을 언해한 책으로는 이 밖에 박승빈 소장본과 일본 궁내성 도서실 소장본과 일본인인 가나자와의 소장본이 있다. 이 세 책은 모두 <월인석보> 첫째 권에 실린 것을 옮겨 적은 것으로 보인다.

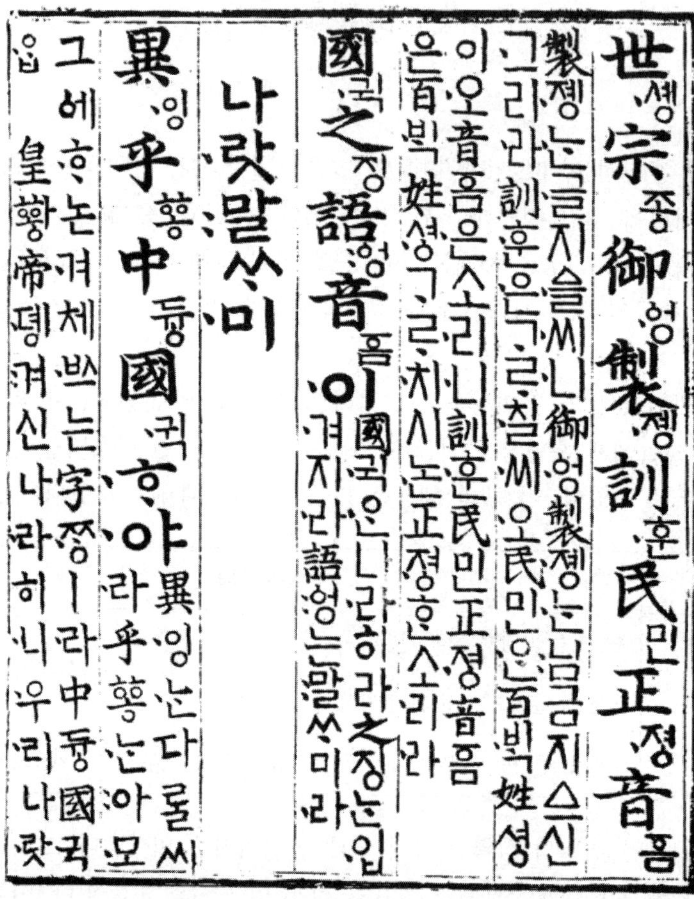
世솅宗종御엉製졩訓훈民민正졍音흠

製졩ᄂᆞᆫ 글 지ᅀᅳᆯ 씨니 御엉製졩ᄂᆞᆫ 님금 지ᅀᅳ신 그리라 訓훈은 ᄀᆞᄅᆞ칠 씨오 民민ᄋᆞᆫ 百ᄇᆡᆨ姓셩이오 音흠은 소리니 訓훈民민正졍音흠ᄋᆞᆫ 百ᄇᆡᆨ姓셩 ᄀᆞᄅᆞ치시논 正졍ᄒᆞᆫ 소리라

國귁之징語엉音흠이

國귁ᄋᆞᆫ 나라히라 之징ᄂᆞᆫ 입겨지라 語엉ᄂᆞᆫ 말ᄊᆞ미라

나랏 말ᄊᆞ미

異잉乎홍中듕國귁ᄒᆞ야

異잉ᄂᆞᆫ 다ᄅᆞᆯ 씨라 乎홍ᄂᆞᆫ 아모 그에 ᄒᆞ논 겨체 ᄡᅳ논 字ᄍᆞㅣ라 中듕國귁ᄋᆞᆫ 皇황帝뎽 겨신 나라히니 우리 나랏

---

1) 지ᅀᅳᆯ씨니 : 지ᇫ(←짓다, ㅅ불 : 짓다)- + -을(관전) # ᄊᆞ(←ᄉᆞ : 의명) + -이(서조)- + -니(연어, 설명의 계속)
2) 지ᅀᅳ신 : 지ᇫ(←짓다, ㅅ불 : 짓다)- + -으시(주높)- + -ㄴ(관전) ※ '지ᅀᅳ신'은 '지ᅀᆞ샨'의 오기다.
3) ᄀᆞᄅᆞ칠 씨오 : ᄀᆞᄅᆞ치(가르치다, 敎)- + -ㄹ(관전) # ᄊᆞ(←ᄉᆞ : 것, 의명) + -ㅣ(서조)- + -오(←고 : 연어, 나열)
4) ᄀᆞᄅᆞ치시논 : ᄀᆞᄅᆞ치(가르치다, 敎)- + -시(주높)- + -ᄂᆞ(현시)- + -오(대상)- + -ㄴ(관전)
5) 입겨지라 : 입겾[←입겿(구결) : 입(口) + 겾(←겿 : 부수된 것)] + -이(서조)- + -라(←-다 : 평종)
6) 말ᄊᆞ미 : 말ᄊᆞᆷ[말(말, 言) + -ᄊᆞᆷ(접미 : '-씨'의 뜻)] + -이(주조)
7) 다ᄅᆞᆯ 씨라 : 다ᄅᆞ(다르다, 異)- + -ㄹ(관전) # ᄊᆞ(←ᄉᆞ : 것, 의명) + -ㅣ(서조)- + -라(←-다 : 평종)
8) 아모 그에 : 아모(아무, 某 : 관형) # 그에(거기에 : 의명) ※ '아무에'로 의역할 수 있는 말이다. 원문의 '乎'는 '~에'의 뜻을 나타내는 장소의 부사격 조사로 쓰였다.
9) 겨체 : 겿(부수적이거나 덧붙이는 일. 또는 그런 물건, 토, 어조사) + -에(부조, 위치)
10) ᄡᅳ논 : ᄡᅳ(사용하다, 用)- + -ᄂᆞ(←-ᄂᆞ- : 현시)- + -오(대상)- + -ㄴ(관전)
11) 나라히니 : 나랗(나라, 國) + -이(서조)- + -니(연어, 설명의 계속)

常썅談땀애 江강南남이라 ᄒᆞᄂᆞ니라

中듕國귁에 달아

與영文문字쭝로 不붏相샹流륳通통홀씨 與영ᄂᆞᆫ 이와 뎌와 ᄒᆞᄂᆞᆫ 겨체 ᄡᅳᄂᆞᆫ 字쭝ㅣ라 文문은 글와리라 不붏은 아니ᄒᆞ논 ᄠᅳ디라 相샹ᄋᆞᆫ 서르ᄒᆞ논 ᄠᅳ디라 流륳通통ᄋᆞᆫ 흘러 ᄉᆞᄆᆞᄎᆞᆯ 씨라

文문字쭝와로 서르 ᄉᆞᄆᆞᆺ디 아니홀씨

故공로 愚웅民민이 有윻所송欲욕言언

12) 常談(상담) : 보통의 말. 늘 쓰는 예사로운 말이다.
13) ᄒᆞᄂᆞ니라 : ᄒᆞ(하다, 謂)- + -ᄂᆞ(현시)- + -니(객믿)- + -라(←-다 : 평종)
14) 中國에 : 中國(중국) + -에(-과 : 부조, 비교)
15) 달아 : 달(←다ᄅᆞ다 : 다르다, 異)- + -아(연어)
16) 글와리라 : 글왈[글월, 文 : 글(글) + 왈(접미)] + -이(서조)- + -라(←-다 : 평종)
17) 아니 ᄒᆞ논 : 아니(不, 부사) # ᄒᆞ(하다, 謂)- + -ᄂᆞ(현시)- + -오(대상)- + -ㄴ(관전)
18) ᄉᆞᄆᆞᄎᆞᆯ 씨라 : ᄉᆞᄆᆞᆾ(통하다, 通)- + -ᄋᆞᆯ(관전) # ᄊᆞ(←ᄉᆞ : 것, 의명) + -ㅣ(서조)- + -라(←-다 : 평종)
19) 文字와로 : 文字(문자, 한자) + -와로(←과로 : -와, 부조, 비교)
20) 서르 : 서로, 相(부사)
21) ᄉᆞᄆᆞᆺ디 : ᄉᆞᄆᆞᆺ(←ᄉᆞᄆᆞᆾ다 : 通하다)- + -디(-지 : 연어, 부정)
22) 아니홀씨 : 아니ᄒᆞ(아니하다 : 보용, 부정)- + -ㄹ씨(-므로 : 연어, 이유)

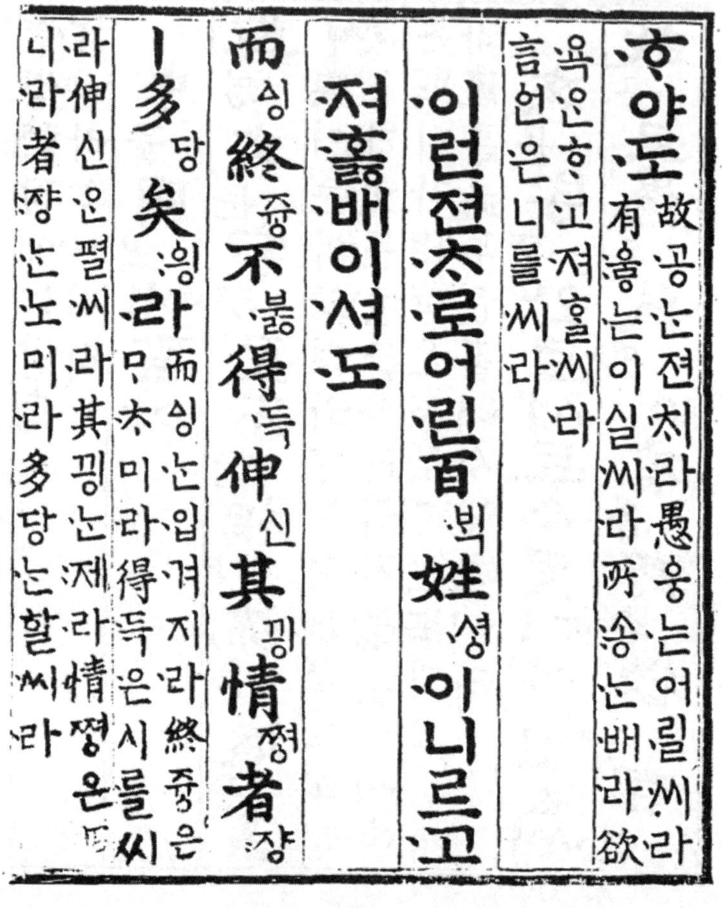

ᄒᆞ야도 故공ᄂᆞᆫ 젼치라 愚웅ᄂᆞᆫ 어릴씨라 有ᅌᅮᇢᄂᆞᆫ 이실씨라 所송ᄂᆞᆫ 배라 欲욕ᄋᆞᆫ ᄒᆞ고져 ᄒᆞᆯ씨라 言언ᄋᆞᆫ 니ᄅᆞᆯ씨라

이런 젼ᄎᆞ로 어린 百ᄇᆡᆨ姓셩이 니르고져 홇 배 이셔도

而ᅀᅵᆼ終즁不붏得득伸신其끵情쪙者쟝ㅣ 多당矣읭라 而ᅀᅵᆼᄂᆞᆫ 입겨지라 終즁ᄋᆞᆫ ᄆᆞᄎᆞ미라 得득ᄋᆞᆫ 시를씨라 伸신ᄋᆞᆫ 펼씨라 其끵ᄂᆞᆫ 제라 情쪙ᄋᆞᆫ ᄠᅳ[illegible]니라 者쟝ᄂᆞᆫ 노미라 多당ᄂᆞᆫ 할씨라

---

23) 젼치라: 젼ᄎᆞ(까닭, 由)+-ㅣ(서조)-+-라(←-다: 평종)
24) 어린: 어리(어리석다, 愚)-+-ㄴ(관전)
25) 이실 씨라: 이시(있다, 有)-+-ㄹ(관전) # ᄊᆞ(←ᄉᆞ: 것, 의명)+-ㅣ(서조)-+-라(←-다: 평종)
26) 젼ᄎᆞ로: 젼ᄎᆞ(까닭, 由)+-로(-로: 부조, 방편, 이유)
27) 배라: 바(바, 것, 所: 의명)+-ㅣ(서조)-+-라(←-다: 평종)
28) 니르고져: 니르(이르다, 曰)-+-고져(-고자: 연어, 의도)
29) 홇배: ᄒᆞ(하다, 爲)-+-오(대상)-+-ㅭ(←-ᇙ: 관전) # 바(바, 것: 의명)+-ㅣ(주조)
30) 이셔도: 이시(있다, 有)-+-어도(-어도: 연어, 양보)
31) ᄆᆞᄎᆞ미라: ᄆᆞᄎᆞᆷ[마침, 終: ᄆᆞᆾ(마치다, 終)-+-ᄋᆞᆷ(명접)]+-이(서조)-+-라(←-다: 평종)
32) 시를: 실(←싣다, ㄷ불: 얻다, 得)-+-을(관전)
33) 제라: 저(저, 彼: 인대)+-ㅣ(서조)-+-라(←-다: 평종)
34) ᄠᅳ디라: ᄠᅳᆮ(뜻, 意)+-이(서조)-+-라(←-다: 평종) ※ 'ᄠᅳ디라'에 'ᄠᅳ'가 탈각되었음.
35) 할: 하(많다, 多)-+-ㄹ(관전)

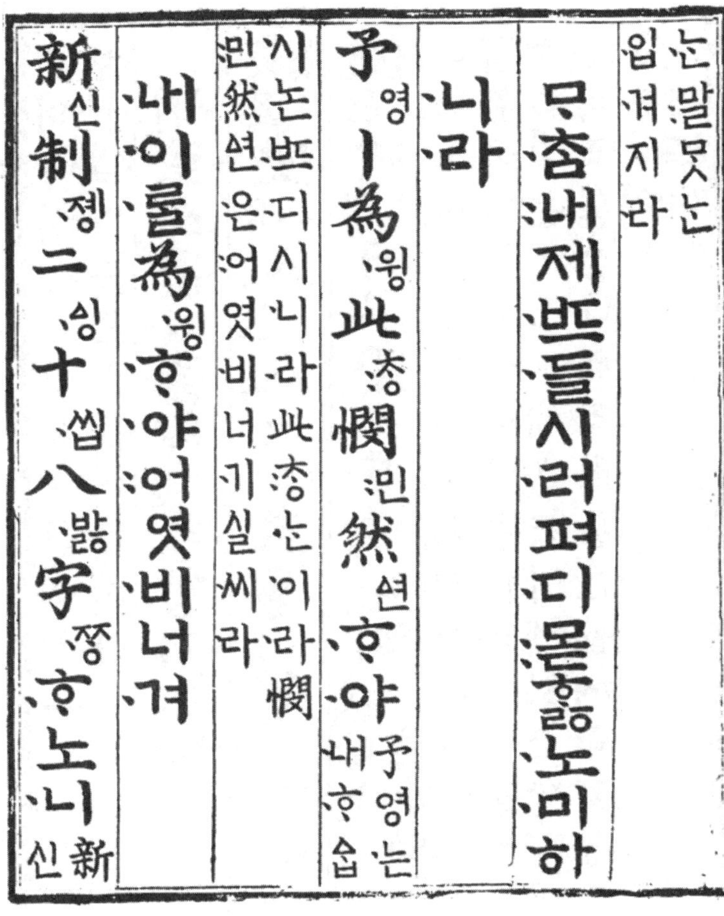

논말ᄆᆞᆺᄂᆞᆫ 입겨지라

ᄆᆞᄎᆞᆷ내제ᄠᅳ들시러펴디몯ᄒᆞᇙ노미하

니라

予영ㅣ爲윙此ᄎᆞᆼ憫민然연ᄒᆞ야 予영는 내ᄒᆞᅀᆞᆸ

시논ᄠᅳ디시니라此ᄎᆞᆼ는이라憫 민然연은어엿비너기실씨라

내이ᄅᆞᆯ爲윙ᄒᆞ야어엿비너겨

新신制졩二ᅀᅵᆼ十씹八밣字ᄍᆞᆼᄒᆞ노니 新신

---

36) 矣ᄂᆞᆫ : 矣(어조사 의) + -ᄂᆞᆫ(보조사, 주제) ※ '矣ᄂᆞᆫ'에서 '矣'가 탈각되었다.
37) 말 ᄆᆞᆺᄂᆞᆫ : 말(말, 言) # ᄆᆞᆺ(← ᄆᆞᆾ다 : 마치다, 終)- + -ᄂᆞ(현시)- + -ㄴ(관전)
38) ᄆᆞᄎᆞᆷ내 : [마침내(부사) : ᄆᆞᆾ(마치다)- + -ᄋᆞᆷ(명접) + -내(부접)]
39) 제 : 저(자기 : 인대, 재귀칭) + -ㅣ(-의 : 관조)
40) 시러 : [능히, 能(부사) : 실(← 싣다 : 얻다, 得)- + -어(연어▷부접)]
41) 몯ᄒᆞᇙ 노미 : 몯ᄒᆞ(못하다 : 보용, 부정)- + -ㄹ(관전) # 놈(사람, 者 : 의명) + -이(주조)
42) 하니라 : 하(많다, 多)- + -니(객민)- + -라(← -다 : 평종)
43) ᄒᆞᅀᆞᆸ시논 : ᄒᆞ(하다, 謂)- + -ᅀᆞᆸ(객높)- + -시(주높)- + -ᄂᆞ(현시)- + -오(대상)- + -ㄴ(관전)
44) ᄠᅳ디시니라 : ᄠᅳᆮ(뜻, 意)- + -이(서조)- + -시(주높)- + -니(객민)- + -라(← -다 : 평종)
45) 이라 : 이(이것 : 지대) + -Ø(서조)- + -라(← -라 : 평종)
46) 너기실 : 너기(여기다, 思)- + -시(주높)- + -ㄹ(관전)
47) 내 : 나(인대, 予)- + -ㅣ(주조)
48) 어엿비 : [가엾이, 불쌍히(부사) : 어엿브(가엾다, 憐)- + -이(부접)]

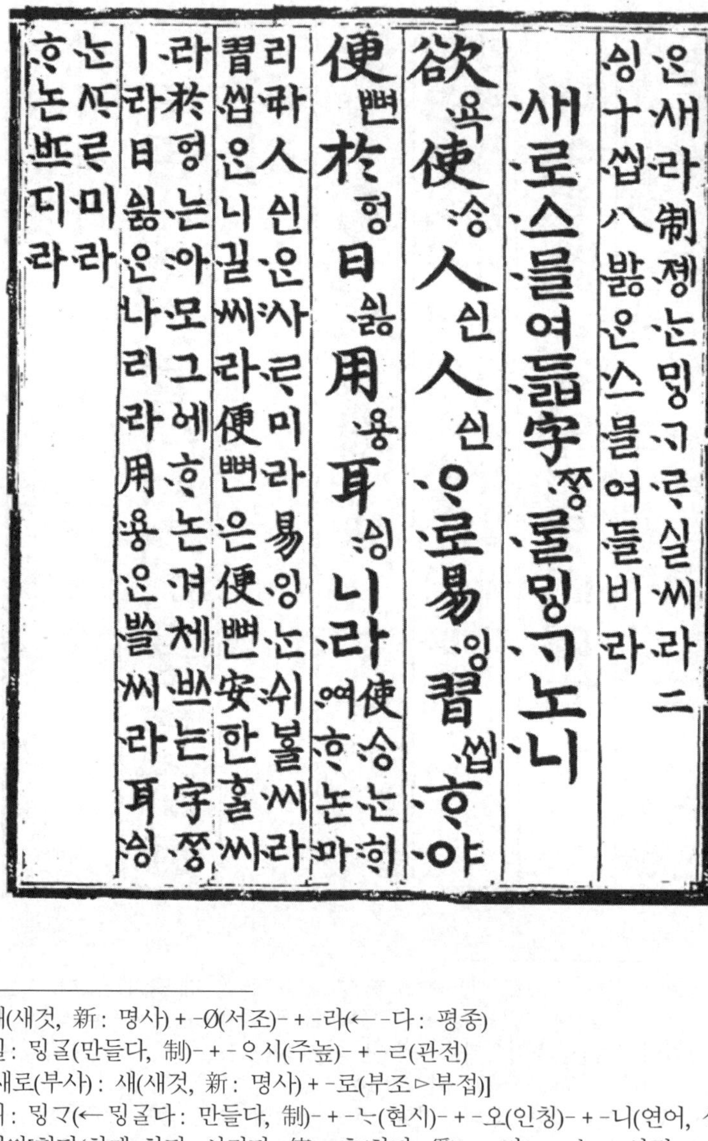

은 새라 制졩논 밍ᄀᆞᄅᆞ실 씨라 二싱十씹八밣은 스믈여들비라
새로 스믈여듧字ᄍᆞᆼᄅᆞᆯ 밍ᄀᆞ노니
欲욕使ᄉᆞᆼ人신人신ᄋᆞ로 易잉習씹ᄒᆞ야
便뼌於헝日ᅀᅵᇙ用용耳ᅀᅵᆼ니라 使ᄉᆞᆼᄂᆞᆫ 히여 ᄒᆞ논 마리라 人신ᄋᆞᆫ 사ᄅᆞ미라 易잉ᄂᆞᆫ 쉬ᄫᅳᆯ 씨라 習씹ᄋᆞᆫ 니길 씨라 便뼌ᄋᆞᆫ 便뼌安한ᄒᆞᆯ 씨라 於헝ᄂᆞᆫ 아모 그에 ᄒᆞ논 겨체 ᄡᅳ는 字ᄍᆞᆼㅣ라 日ᅀᅵᇙᄋᆞᆫ 나리라 用용ᄋᆞᆫ ᄡᅳᆯ 씨라 耳ᅀᅵᆼᄂᆞᆫ ᄯᆞᄅᆞ미라 ᄒᆞ논 ᄠᅳ디라

---

49) 새라 : 새(새것, 新 : 명사) + -Ø(서조)- + -라(← -다 : 평종)
50) 밍ᄀᆞᄅᆞ실 : 밍ᄀᆞᆯ(만들다, 制)- + -ᄋᆞ시(주높)- + -ㄹ(관전)
51) 새로 : [새로(부사) : 새(새것, 新 : 명사) + -로(부조▷부접)]
52) 밍ᄀᆞ노니 : 밍ᄀᆞ(← 밍ᄀᆞᆯ다 : 만들다, 制)- + -ᄂᆞ(현시)- + -오(인칭)- + -니(연어, 설명의 계속)
53) 히여 : 히ᅇᅧ[히다(하게 하다, 시키다, 使) : ᄒᆞ(하다, 爲)- + -ᅇᅵ(← -ㅣ- : 사접)-]- + -어(연어)
54) 쉬ᄫᅳᆯ : 쉽(← 쉽다, ㅂ불 : 쉽다, 易)- + -을(관전)
55) 니길 : 니기[익히다, 習 : 닉(익다, 慣)- + -이(사접)-]- + -ㄹ(관전)
56) 아모 그에 : 아모(아무, 某 : 지대, 미지칭) # 그에(거기에 : 의명) ※ '아모 그에'는 '아무데'에라는 뜻인데, 이는 장소를 나타내는 부사격 조사로 쓰는 말이라는 뜻이다.
57) ᄡᅳᆯ : ᄡᅳ(쓰다, 用)- + -ㄹ(관전)
58) ᄯᆞᄅᆞ미라 : ᄯᆞᄅᆞᆷ(따름 : 의명) + -이(서조)- + -라(← -다 : 평종)
59) ᄒᆞ논 : ᄒᆞ(하다, 謂)- + -ᄂᆞ(현시)- + -오(대상)- + -ㄴ(관전)

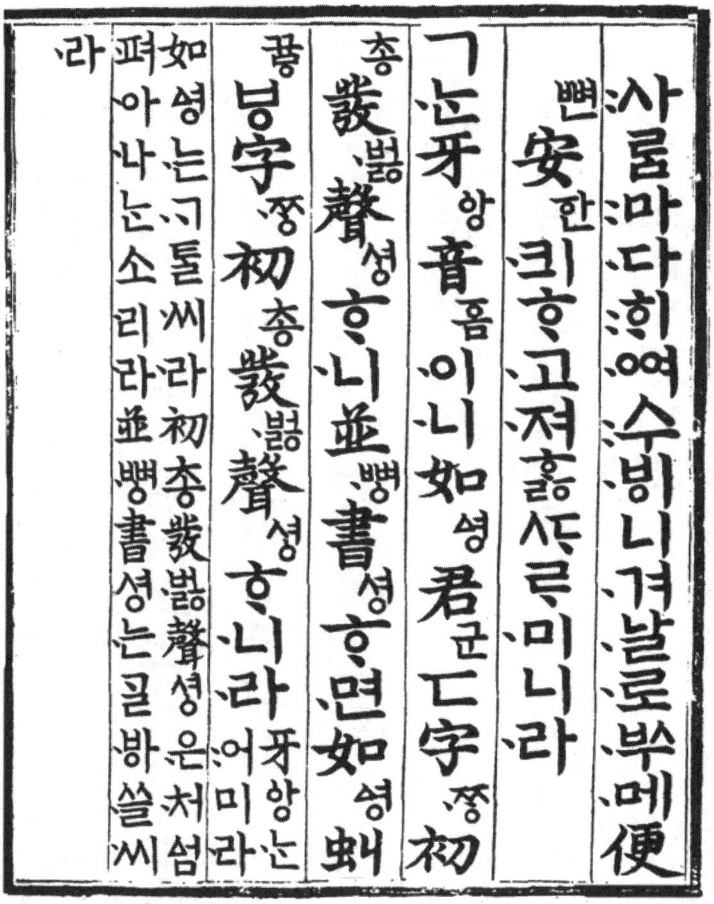
사ᄅᆞᆷ마다 ᄒᆡᅇᅧ 수ᄫᅵ 니겨 날로 ᄡᅮ메 便
뼌安한킈 ᄒᆞ고져 ᄒᆞᇙ ᄯᆞᄅᆞ미니라
ㄱᄂᆞᆫ 牙앙音ᅙᅳᆷ이니 如ᅀᅥᆼ君군ㄷ字ᄍᆞᆼ 初
총發벓聲셩ᄒᆞ니 並뼝書셩ᄒᆞ면 如ᅀᅥᆼ虯
끃ᇢ字ᄍᆞᆼ 初총發벓聲셩ᄒᆞ니라 牙앙ᄂᆞᆫ 어미라
如ᅀᅥᆼᄂᆞᆫ ᄀᆞᄐᆞᆯ 씨라 初총發벓聲셩은 처ᅀᅥᆷ
펴아 나ᄂᆞᆫ 소리라 並뼝書셩ᄂᆞᆫ ᄀᆞᆯᄫᅡ ᄡᅳᆯ 씨
라

60) 수ᄫᅵ : [← 쉬ᄫᅵ : 쉽게(부사) : ᄉᆔᇦ(← 쉽다, ㅂ불 : 易)- + -이(부접)]
61) 니겨 : 니기[익히다, 習 : 닉(익다, 慣)- + -이(사접)-]- + -어(연어)
62) 날로 : [날로, 날마다, 날이 갈수록(부사) : 날(日) + -로(부조 ▷ 부접)]
63) ᄡᅮ메 : ᄡᅳ(쓰다, 用)- + -움(명전) + -에(부조, 위치)
64) 便安킈 : 便安ᄒ(← 便安ᄒᆞ다 : 편안하다)- + -긔(-게 : 연어, 사동)
65) ᄒᆞᇙ ᄯᆞᄅᆞ미니라 : ᄒᆞ(하다, 爲)- + -ᇙ(관전) # ᄯᆞᄅᆞᆷ(따름 : 의명) + -이(서조)- + -니(객믿)- + -라(← -다 : 평종)
66) 牙音(아음) : 어금닛소리
67) 어미라 : 엄(어금니, 牙) + -이(서조)- + -라(← -다 : 평종)
68) ᄀᆞᄐᆞᆯ : ᄀᆞᇀ(← ᄀᆞᆮᄒᆞ다 : 같다, 如)- + -ᄋᆞᆯ(관전)
69) 처ᅀᅥᆷ : [처음, 初(명사) : 첫(첫 : 관사) + -엄(명접)]
70) 펴아 나ᄂᆞᆫ : 펴(펴다, 發)- + -아(연어) # 나(나다, 出)- + -ᄂᆞ(현시)- + -ㄴ(관전)
71) ᄀᆞᆯᄫᅡ ᄡᅳᆯ : ᄀᆞᇶ(← ᄀᆞᆲ다, ㅂ불 : 나란히 하다, 竝)- + -아(연어) # ᄡᅳ(쓰다, 書)- + -ㄹ(관전)

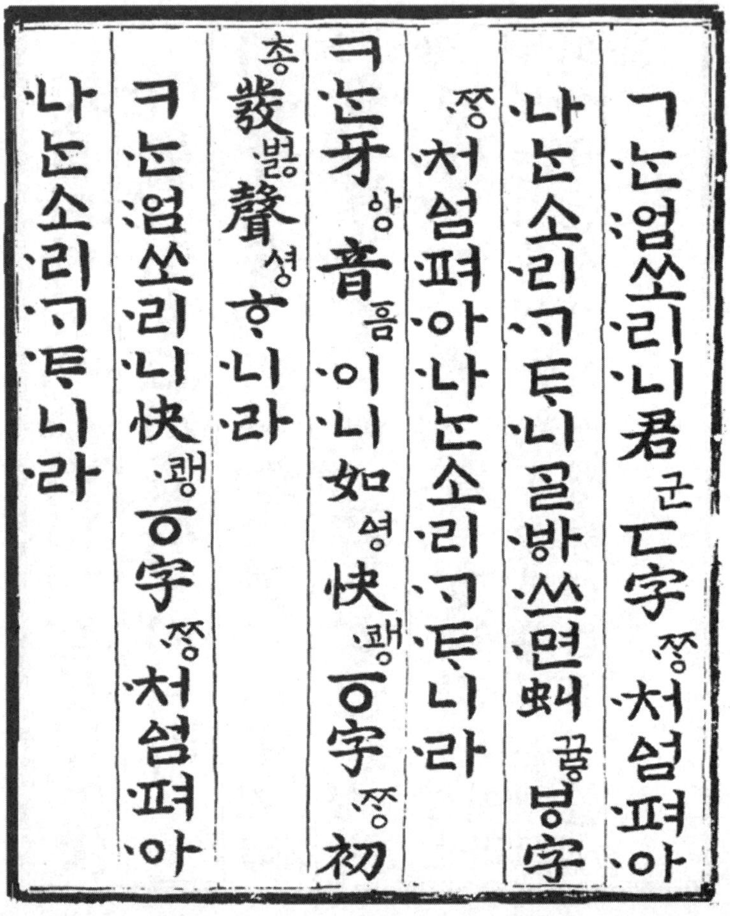

ㄱ는 엄쏘리니 君군ㄷ字쯩 처섬 펴아 나는 소리 ᄀᆞᄐᆞ니 ᄀᆞᆯ바 쓰면 虯끃ᇢ字쫑 처섬 펴아 나는 소리 ᄀᆞᄐᆞ니라

ㅋ는 牙앙音흠이니 如셩 快쾡ㆆ字쫑 初총發벓聲셩ᄒᆞ니라

ㅋ는 엄쏘리니 快쾡ㆆ字쫑 처섬 펴아 나는 소리 ᄀᆞᄐᆞ니라

---

72) 엄쏘리니 : 엄쏘리[어금닛소리 : 엄(어금니, 牙) + -ㅅ(관조, 사잇) + 소리(소리, 音)] + -Ø(서조)- + -니(연어, 설명의 계속)

73) 君ㄷ字 : 君(군) + -ㄷ(관조) # 字(자, 글자)

74) 虯ᇢ字 : 虯(규) + -ᇢ(관조) # 字(자, 글자)

75) 펴아 : 펴(펴다, 發)- + -아(연어)

76) 나는 : 나(나다, 出)- + -ᄂᆞ(현시)- + -ㄴ(관전)

77) 소리(소리, 聲) + -Ø(-와 : 부조, 비교)

78) 가ᄐᆞ니 : ᄀᆞᇀ(← ᄀᆞᆮᄒᆞ다 : 같다, 如)- + -ᄋᆞ니(-으니 : 연어, 설명의 계속)

79) ᄀᆞᆯ바 쓰면 : ᄀᆞᆲ(← ᄀᆞᆲ다, ㅂ불 : 나란히 하다, 竝)- + -아(연어) # 쓰(쓰다, 書)- + -면(연어, 조건)

80) ᄀᆞᄐᆞ니라 : ᄀᆞᇀ(← ᄀᆞᆮᄒᆞ다 : 같다, 如)- + -ᄋᆞ니(객민)- + -라(← -다 : 평종)

81) 快ㆆ字 : 快(쾌) + -ㆆ(-의 : 관조) # 字(자, 글자)

ㆍ는 如ᅀᅧᆼ呑ᄐᆫㄷ字ᄍᆼ中듀ᇰ聲셔ᇰᄒᆞ니라

中듀ᇰ은 가온ᄃᆡ라

ㆍ는 呑ᄐᆫㄷ字ᄍᆼ 가온ᄃᆡᆺ소리 ᄀᆞᄐᆞ니

라

ㅡ는 如ᅀᅧᆼ即즉字ᄍᆼ中듀ᇰ聲셔ᇰᄒᆞ니라

ㅡ는 即즉字ᄍᆼ 가온ᄃᆡᆺ소리 ᄀᆞᄐᆞ니라

ㅣ는 如ᅀᅧᆼ侵침ㅂ字ᄍᆼ中듀ᇰ聲셔ᇰᄒᆞ니라

---

82) 가온ᄃᆡ라 : 가온ᄃᆡ(가운데, 中) + -Ø(서조)- + -라(← -다 : 평종)

83) 呑ㄷ字 : 呑(탄) + -ㄷ(관조) # 字(자, 글자)

84) 가온ᄃᆡᆺ소리 : 가온ᄃᆡᆺ소리[가운뎃소리, 中聲 : 가온ᄃᆡ(가운데, 中) + -ㅅ(관조, 사잇) + 소리(소리, 音)] + -Ø(-와 : 부조, 비교)

85) ᄀᆞᄐᆞ니라 : ᄀᆞᇀ(← ᄀᆞᆮᄒᆞ다 : 같다)- + -ᄋᆞ니(객민)- + -라(← -다 : 평종)

ㅕ·는 彆볋字쫑 가온·딧소·리 ·ᄀᆞ·ᄐᆞ니·라

終즁聲셩·은 復뿧用용初총聲셩·ᄒᆞᄂᆞ·니

·라 復뿧·는 다·시 ᄒᆞᄂᆞᆫ ·ᄠᅳ·디·라

乃냉終즁ㄱ소·리·ᄂᆞᆫ 다·시 첫소·리·ᄅᆞᆯ ·ᄡᅳ

·ᄂᆞ·니·라

ㅇ·ᄅᆞᆯ 連련書셩脣쑨音흠之징下ᅘᅡᆼ·ᄒᆞ·면

則즉爲윙脣쑨輕켱音흠·ᄒᆞᄂᆞ·니·라 連련·은 니

---

86) 彆볋字쫑 : '彆(볋)字(자)'에서 '볋'의 표기는 동국정운식 한자음의 표기법에 쓰인 이른바 '이영보래(以影補來)'의 표기법을 따른 것이다. 곧 종성이 /ㄹ/인 한자음의 표기에 'ㆆ' 글자를 붙여서 적음으로써 그 음절을 입성으로 발음하게 하는 방법이다.

87) ᄒᆞᄂᆞᆫ : ᄒᆞ(하다, 謂)- + -ᄂᆞ(현시)- + -오(대상)- + -ㄴ(관전)

88) ᄠᅳ디라 : ᄠᅳᆮ(뜻, 意) + -이(서조)- + -라(←-다 : 평종)

89) 乃終ㄱ : 乃終(내종 : 나중) + -ㄱ(-의 : 관조)

90) ᄡᅳᄂᆞ니라 : ᄡᅳ(쓰다, 사용하다, 用)- + -ᄂᆞ(현시)- + -니(객믿)- + -라(←-다 : 평종)

91) 니ᅀᅳᆯ 씨라 : 닛(←닛다 : 잇다, 連)- + -을(관전) # ᄊᆞ(←ᄉᆞ : 것, 의명) + -ㅣ(서조)- + -라(←-다 : 평종)

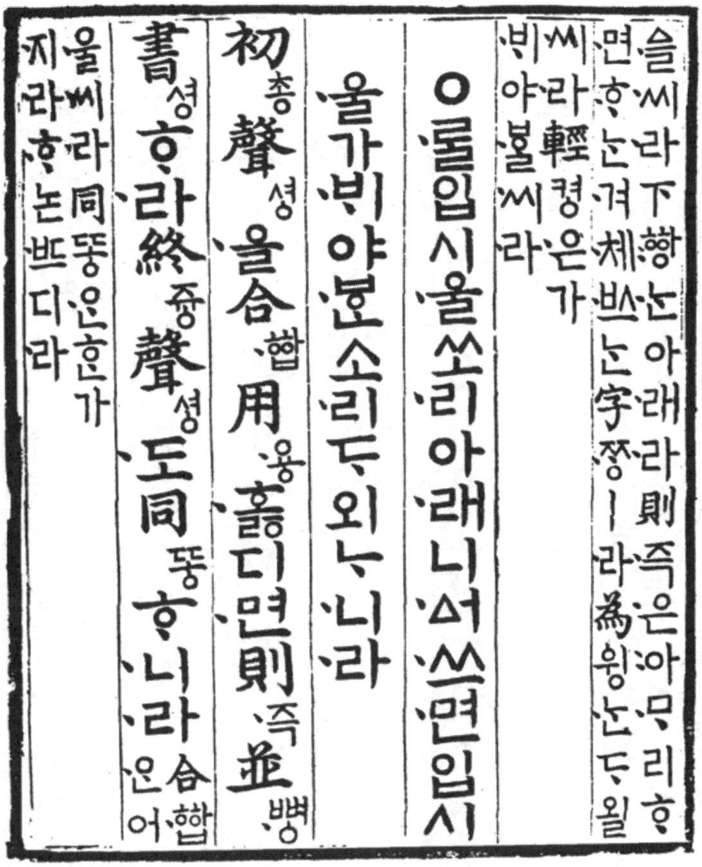

92) 지슬 씨라 : 짓(←짓다, ㅅ불 : 짓다, 만들다, 制)- + -을(관전) # ᄉᆞ(것 : 의명) + -ㅣ(서조)- + -라(←-다 : 평종)

93) 아ᄆᆞ리 ᄒᆞ면 : 아ᄆᆞ리(아무렇게 : 부사) # ᄒᆞ(하다, 爲)- + -면(연어, 조건) ※ '아ᄆᆞ리 ᄒᆞ면'은 조건을 나타내는 한자 '則'의 기능을 연결 어미인 '-면'으로 표현한 말이다.

94) ᄃᆞ욀 : ᄃᆞ외(되다, 爲)- + -ㄹ(관전)

95) 가ᄇᆡ야ᄫᆞᆯ : 가ᄇᆡ얗(←가ᄇᆡ얍다, ㅂ불 : 가볍다, 輕)- + -ᄋᆞᆯ(관전)

96) 입시울ᄡᅩ리 : 입시울[입술, 脣 : 입(입, 口) + -시울(-시울, 가장자리 : 접미) + -ㅅ(관조, 사잇) + 소리(소리, 音)]

97) 니ᅀᅥ : 닛(←닛다, ㅅ불 : 잇다, 繼)- + -어(연어)

98) ᄃᆞ외ᄂᆞ니라 : ᄃᆞ외(되다, 爲)- + -ᄂᆞ(현시)- + -니(객믿)- + -라(←-다 : 평종)

99) 어울 씨라 : 어우(←어울다 : 어울리다, 합해지다, 合)- + -ㄹ(관전) # ᄉᆞ(것 : 의명) + -ㅣ(서조)- + -라(←-다 : 평종)

100) ᄒᆞᆫ가지라 : ᄒᆞᆫ가지[한가지, 같은 것, 同 : ᄒᆞᆫ(한, 一 : 관사) + 가지(가지, 類)] + -Ø(서조)- + -라(←-다 : 평종)

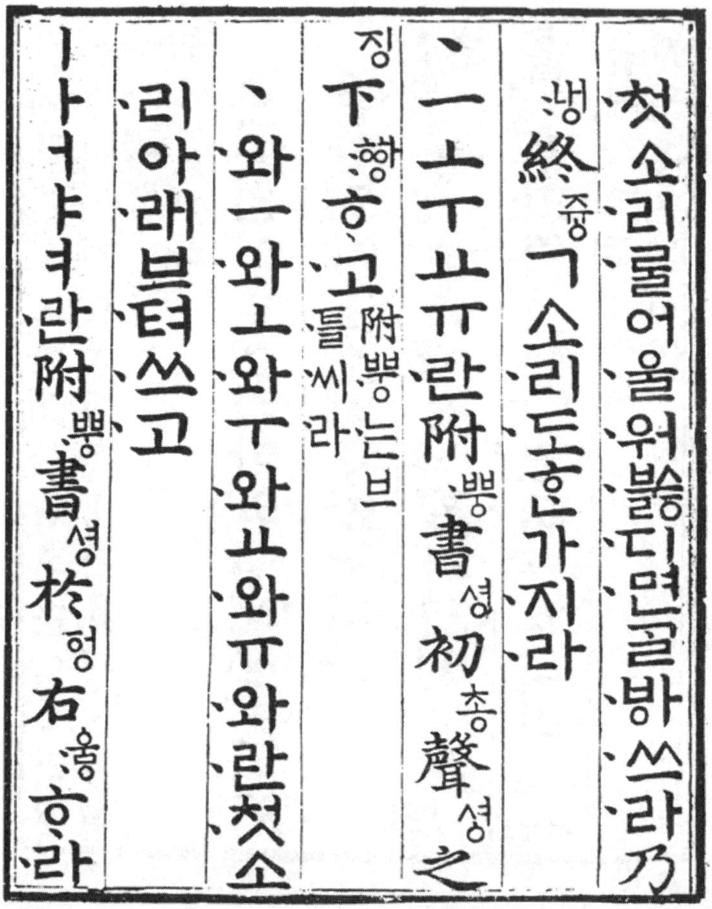
첫소리ᄅᆞᆯ 어울워 ᄡᅮᇙ디면 ᄀᆞᆯᄫᅡ 쓰라 乃냉終즁ㄱ소리도 ᄒᆞᆫ가지라
ㆍㅡㅗㅜㅛㅠ란 附뿡書셩初총聲셩之징下ᅘᅡᆼᄒᆞ고 附뿡ᄂᆞᆫ 브틀 씨라
ㆍ와 ㅡ와 ㅗ와 ㅜ와 ㅛ와 ㅠ와란 첫소리 아래 브텨 쓰고
ㅣㅏㅓㅑㅕ란 附뿡書셩於ᅙᅥᆼ右ᇢᄒᆞ라

---

1) 어울워 : 어울우(어우르다, 합하다, 合 : 어울(어울리다)- + -우(사접)-]- + -어(연어)
2) ᄡᅮᇙ 디면 : ᄡᅳ(쓰다, 사용하다, 用)- + -우(대상)- + -ᇙ(관전) # ᄃᆞ(것 : 의명) + -ㅣ(서조)- + -면(연어, 조건)
3) ᄀᆞᆯᄫᅡ 쓰라 : ᄀᆞᆲ(← ᄀᆞᆲ다, ㅂ불 : 나란히 한다, 竝)- + -아(연어) # 쓰(쓰다, 書)- + -라(명종)
4) 브틀 씨라 : 븥(붙다, 附)- + -을(관전) # ᄊᆞ(← ᄉᆞ : 의명) + -ㅣ(서조)- + -라(← -다 : 평종)
5) ㅠ와란 : ㅠ(명) + -와(접조) + -란(-는 : 보조, 주제, 대조)
6) 브텨 : 브티[붙이다, 附 : 븥(붙다, 着)- + -이(사접)-]- + -어(연어)

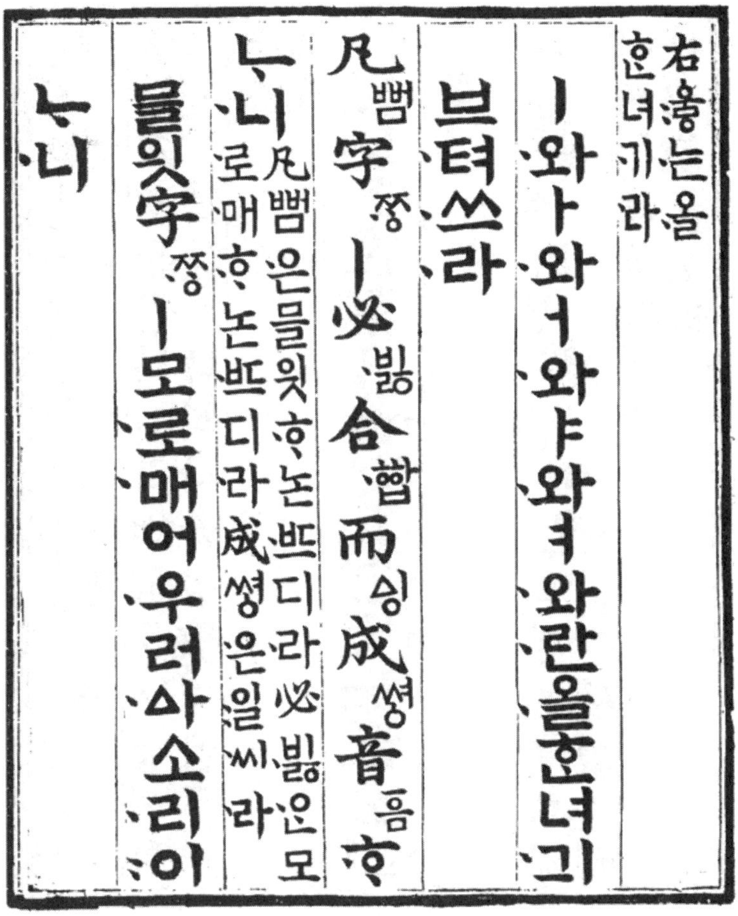

7) 올ᄒᆞᆫ녀기라: 올ᄒᆞᆫ녁[오른쪽, 右: 옳(옳다, 是)- + -ᄋᆞᆫ(관전) +녁(녘, 쪽: 의명)] + -이(서조)- + -라(←-다: 평종)

8) 올ᄒᆞᆫ녀긔: 올ᄒᆞᆫ녁[오른쪽, 右: 옳(옳다, 是)- + -ᄋᆞᆫ(관전) +녁(녘, 쪽: 의명)] + -의(-에: 부조, 위치)

9) ① 무릇, 대체로 보아서, 凡(부사) ② 모든, 全(관사)

10) 모로매: 반드시, 必(부사)

11) 일 씨라: 일(이루어지다, 成)- + -ㄹ(관전) # ᄉᆞ(←ᄉᆞ: 것, 의명) + -ㅣ(서조)- + -라(←-다: 평종)

12) 어우러ᅀᅡ: 어울(어울리다, 合)- + -어ᅀᅡ(-어야: 연어, 필연적 조건)

13) 소리: 소리(소리, 音) + -Ø(주조)

14) 이ᄂᆞ니: 이(←일다: 이루어지다, 成)- + -ᄂᆞ(현시)- + -니(연어, 설명의 계속)

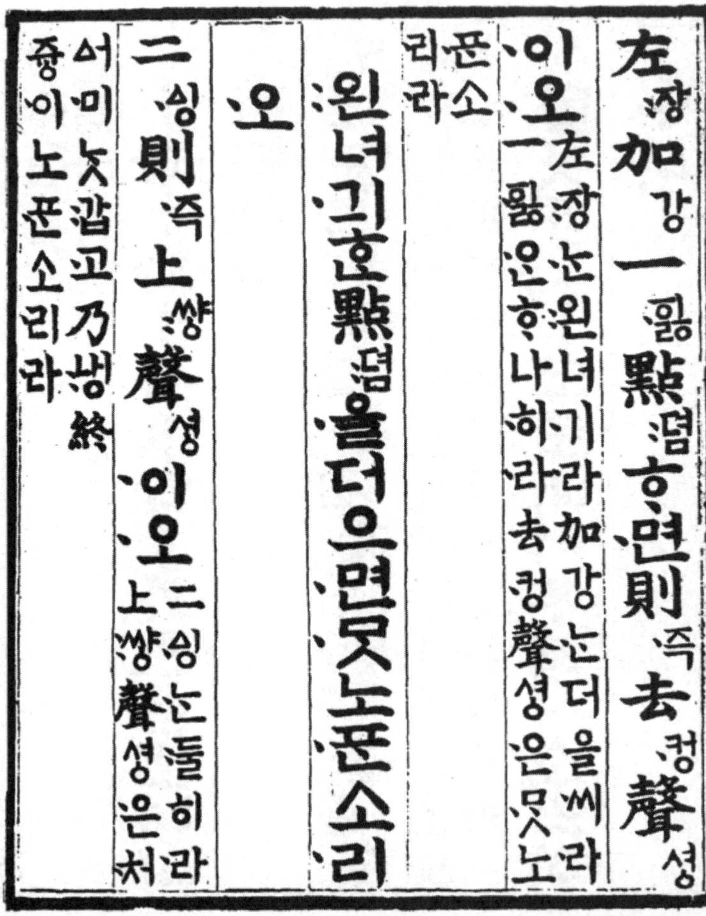

左장加강一ᅙᅵᇙ點뎜ᄒᆞ면則즉去컹聲셩이오 左장ᄂᆞᆫ왼녀기라 加강ᄂᆞᆫ더을씨라 一ᅙᅵᇙ은ᄒᆞ나히라 去컹聲셩은ᄆᆞᆺ노ᄑᆞᆫ소리라

왼녀긔ᄒᆞᆫ點뎜을더으면ᄆᆞᆺ노ᄑᆞᆫ소리오

二ᅀᅵᆼ則즉上썅聲셩이오 二ᅀᅵᆼᄂᆞᆫ둘히라 上썅聲셩은처ᅀᅥ미ᄂᆞᆽ갑고乃냉終즁이노ᄑᆞᆫ소리라

---

15) 왼녀기라 : 왼녁[왼쪽, 左 : 외(그르다, 誤)- + -ㄴ(관전) + 녁(녘, 쪽 : 의명)] + -이(서조)- + -라(←-다 : 평종)
16) 더을 : 더으(더하다, 加)- + -ㄹ(관전)
17) ᄒᆞ나히라 : ᄒᆞ나ㅎ(하나, 一 : 수사) + -이(서조)- + -라(←-다 : 평종)
18) 왼녀긔 : 왼녁[왼쪽, 左 : 외(그르다, 誤)- + -ㄴ(관전) + 녁(녘, 쪽 : 의명)] + -의(-에 : 부조, 위치)
19) 둘히라 : 둘ㅎ(둘, 二 : 수사)- + -이(서조)- + -라(←-다 : 평종)
20) ᄆᆞᆺ : 제일, 가장, 最(부사)
21) 소리오 : 소리(소리, 音) + -Ø(서조)- + -오(←-고 : 연어, 나열)
22) ᄂᆞᆽ갑고 : ᄂᆞᆽ갑[낮다 : ᄂᆞᆽ(←ᄂᆞᆾ다 : 낮다, 낮아지다, 低)- + -갑(형접)-]- + -고(연어, 나열, 대조)
23) 乃終이 : 乃終(내종, 나중) + -이(주조)

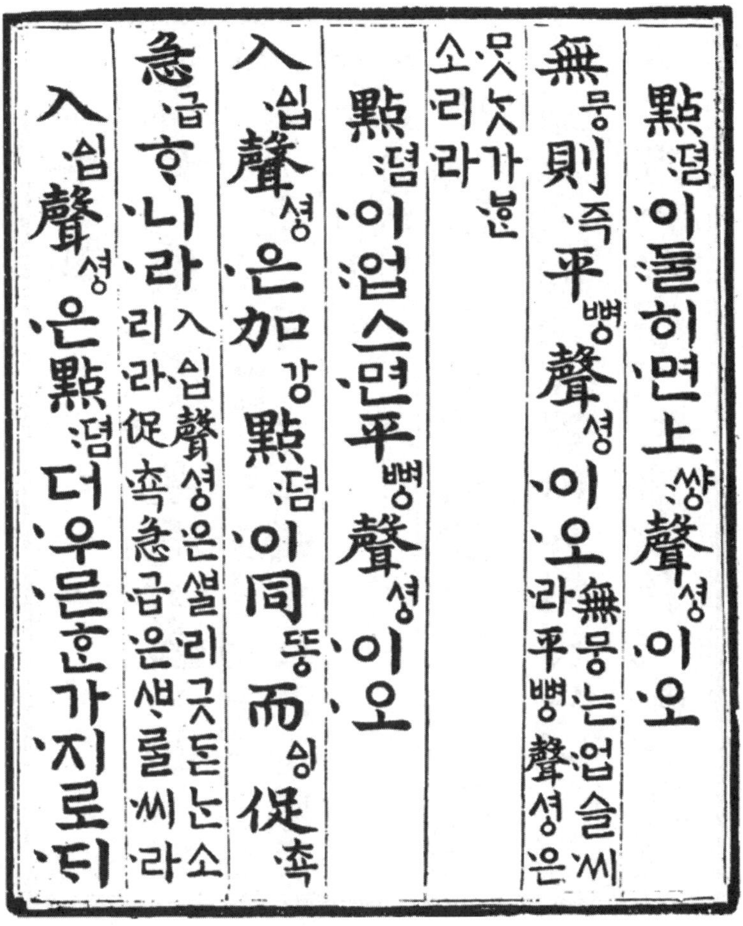

點뎜이 둘히면 上썅聲셩이오

無뭉則즉平뼝聲셩이오 無뭉는 업슬씨라 平뼝聲셩은 ᄆᆞᆺ ᄂᆞᆺ가ᄫᆞᆫ 소리라

點뎜이 업스면 平뼝聲셩이오

入십聲셩은 加강點뎜이 同똥而싱 促쵹急급ᄒᆞ니라 入십聲셩은 ᄲᆞᆯ리 긋둗ᄂᆞᆫ 소리라 促쵹急급은 ᄲᆞᄅᆞᆯ 씨라

入십聲셩은 點뎜 더우믄 ᄒᆞᆫ가지로ᄃᆡ

---

24) 둘히면 : 둘ㅎ(둘, 二 : 수사) + -이(서조)- + -면(연어, 조건)

25) 上聲이오 : 上聲(상성) + -이(서조)- + -오(←고 : 연어, 나열, 대조)

26) ᄂᆞᆺ가ᄫᆞᆫ : ᄂᆞᆺ갛[←ᄂᆞᆺ갑다, ㅂ불(낮다) : ᄂᆞᆺ(←ᄂᆞᆽ다 : 낮다, 낮아지다, 低)- + -갑(형접)-]- + -ᄋᆞᆫ(관전)

27) 소리라 : 소리(소리, 聲) -Ø(서조)- + -라(←-다 : 평종)

28) ᄲᆞᆯ리 : [빨리(부사) : ᄲᆞᆯㄹ(←ᄲᆞᄅᆞ다 : 빠르다, 急)- + -이(부접)]

29) 긋둗ᄂᆞᆫ : 긋둗[끝나다, 終 : 긋(←긑 : 끝, 末) + 둗(닫다, 달리다, 走)-]- + -ᄂᆞ(현시)- + -ㄴ(관전)

30) ᄲᆞᄅᆞᆯ 씨라 : ᄲᆞᄅᆞ(빠르다, 急)- + -ㄹ(관전) # ᄊᆞ(←ᄉᆞ : 것, 의명) + -ㅣ(서조)- + -라(←-다 : 평종)

31) 더우믄 : 더으(더하다, 加)- + -움(명전) + -은(보조사, 주제)

32) ᄒᆞᆫ가지로ᄃᆡ : ᄒᆞᆫ가지[한가지 : ᄒᆞᆫ(한, 一 : 관사) + 가지(가지, 類 : 명사)] + -Ø(서조)- + -로ᄃᆡ(←-오ᄃᆡ : -되, 연어, 설명의 계속)

ᄲᆞᄅᆞ니라

漢한音음齒칭聲셩은 有ᅌᅮᇢ齒칭頭뚷正졍齒칭之징別볋ᄒᆞ니 漢한音음은 中듕國귁소리라 頭뚷는 머리라 別볋은 ᄀᆞᆯᄒᆡᆯ 씨라

中듕國귁소리옛 니쏘리는 齒칭頭뚷와 正졍齒칭왜 ᄀᆞᆯᄒᆡ요미 잇ᄂᆞ니

ᅎᅔᅏᄼᄽ字ᄍᆞᆼ는 用ᅌᅭᆼ於ᅙᅥᆼ齒칭頭뚷

---

33) ᄲᆞᄅᆞ니라: ᄲᆞᄅᆞ(빠르다, 急)-+-니(객민)-+-라(←-다: 평종)

34) ᄀᆞᆯᄒᆡᆯ 씨라: ᄀᆞᆯᄒᆡ(가리다, 선택하다, 別)-+-ㄹ(관전) # ᄊᆞ(←ᄉᆞ: 것, 의명)+-ㅣ(서조)-+-라(←-다: 평종)

35) 소리옛: 소리(소리, 音)+-예(←-에: 부조, 위치)+-ㅅ(-의: 관조)

36) 齒頭와: 齒頭(치두)+-와(접조) ※ '齒頭音(치두음)'은 중국어에서 혀끝을 윗니 뒤에 가까이 하고 내는 치음(齒音)의 하나이다.

37) 正齒왜: 正齒(명)+-와(←-과: 접조)+-ㅣ(주조) ※ '正齒音(정치음)'은 중국어에서 혀를 말아 아래 잇몸에 가까이 하고 내는 치음(齒音)의 하나이다. 권설음(捲舌音)에 해당한다.

38) ᄀᆞᆯᄒᆡ요미: ᄀᆞᆯᄒᆡ(가리다, 구분하다)-+-욤(←-옴: 명전)+-이(주조)

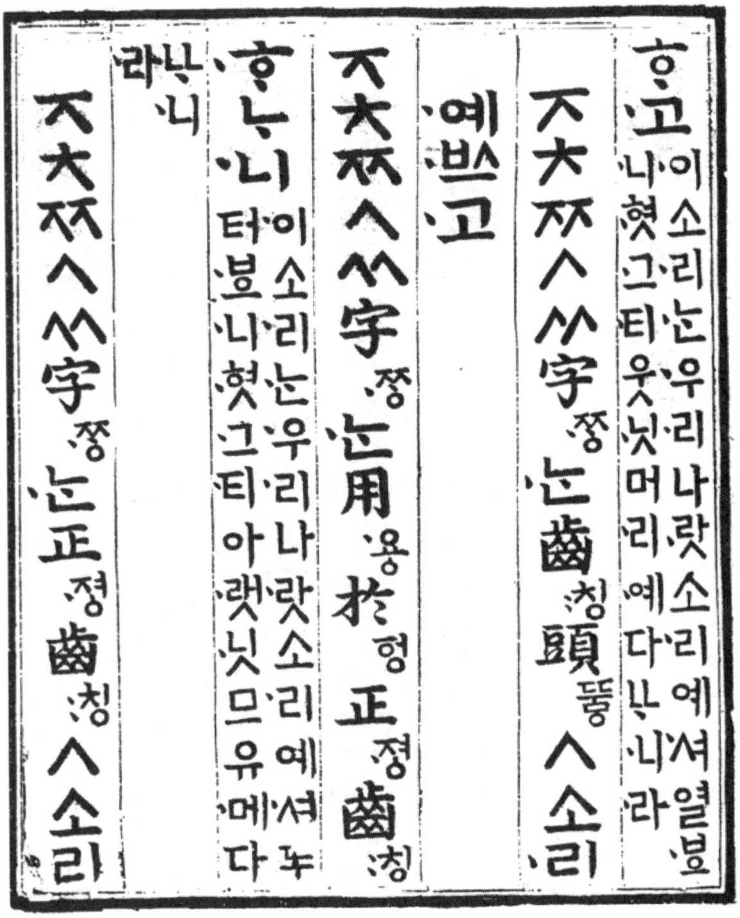
ᄒᆞ고 이 소리ᄂᆞᆫ 우리나랏 소리예셔 열ᄫᅳ니 혓그티 웃닛머리예 다ᄔᆞ니라
ᅎᅔᅏᄼᄽ字ᄍᆞᆼᄂᆞᆫ 齒ᄎᆡᆼ頭뚷ᄼ소리
예ᄡᅳ고
ᅐᅕᅑᄾᄿ字ᄍᆞᆼᄂᆞᆫ 用용於헝 正졍齒ᄎᆡᆼ
ᄒᆞᄂᆞ니 이 소리ᄂᆞᆫ 우리나랏 소리예셔 두터ᄫᅳ니 혓그티 아랫닛므유메 다ᄔᆞ니라
ᅐᅕᅑᄾᄿ字ᄍᆞᆼᄂᆞᆫ 正졍齒ᄎᆡᆼᄾ소리

39) 소리예셔 : 소리(소리, 音) + -예셔(←-에서 : 부조, 위치, 비교)
40) 열ᄫᅳ니 : 엷(←엷다, ㅂ불 : 엷다, 薄)- + -으니(연어, 설명의 계속)
41) 혓 그티 : 혀(혀, 舌) + -ㅅ(-의 : 관조) # 긑(끝, 端) + -이(주조)
42) 웃닛 : [윗니 : 우(←우ㅎ : 위, 上) + -ㅅ(관조, 사잇) + 니(이, 齒)] + -ㅅ(-의 : 관조)
43) 다ᄔᆞ니라 : 단(←닫다←닿다 : 닿다, 觸)- + -ᄂᆞ(현시)- + -니(객믿)- + -라(←다 : 평종)
44) 두터ᄫᅳ니 : 두텁(←두텁다, ㅂ불 : 두텁다, 厚)- + -으니(연어, 설명의 계속)
45) 아랫 : 아래(아래, 下) + -ㅅ(-의 : 관조)
46) 닛므유메 : 닛므윰[잇몸 : 니(이, 齒) + -ㅅ(관조, 사잇) + 므윰(몸, 莖)] + -에(부조, 위치)

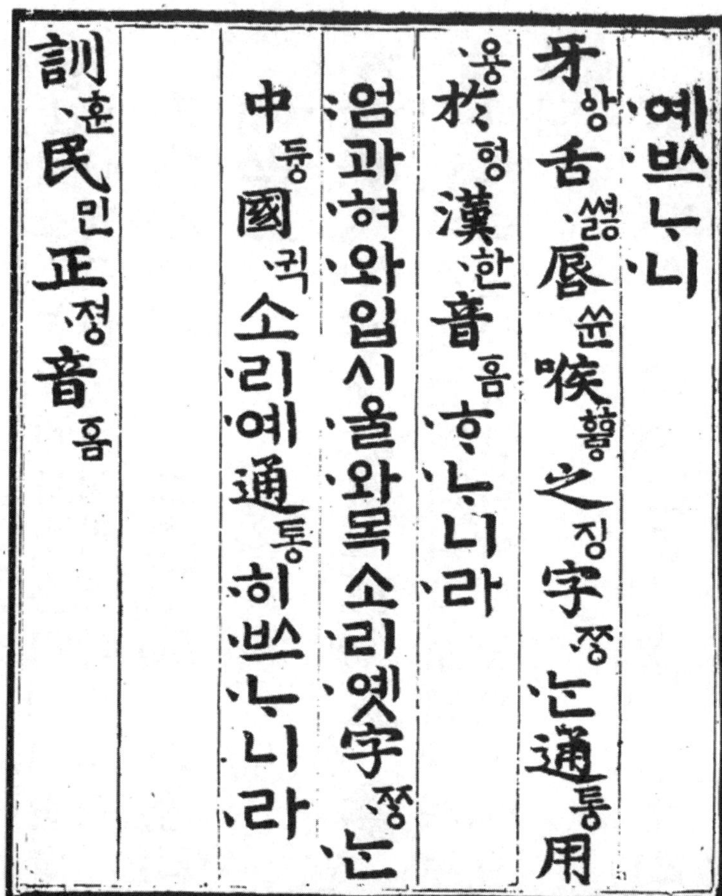

·예 ᄡᅳ·ᄂᆞ·니

牙앙 舌·쎯 脣쑨 喉ᅘᅮᇢ 之징 字ᄍᆼ·ᄂᆞᆫ 通통 用·용 於ᅙᅥᆼ 漢·한 音흠 ᄒᆞ·ᄂᆞ·니·라

:엄·과 ·혀·와 입·시·울·와 목소·리·옛 字ᄍᆼ·ᄂᆞᆫ 中듕 國·귁 소·리·예 通통·히 ᄡᅳ·ᄂᆞ·니·라

訓·훈 民민 正·졍 音흠

---

47) ᄡᅳᄂᆞ니 : ᄡᅳ(쓰다, 用)- + -ᄂᆞ(현시)- + -니(연어, 설명의 계속)

48) 엄과 : 엄(어금니, 牙) + -과(접조)

49) 목소리옛 : 목소리[목소리, 喉音 : 목(목, 喉) + 소리(소리, 音)] + -예(-에 : 부조, 위치) + -ㅅ(-의 : 관조)

50) 通히 : [통하게(부사) : 通(통 : 불어) + -ᄒᆞ(동접)- + -이(부접)]

51) ᄡᅳᄂᆞ니라 : ᄡᅳ(쓰다, 用)- + -ᄂᆞ(현시)- + -니(객민)- + -라(← 평종)

3. 釋譜詳節

1446년(세종 28)에 세종의 왕비인 소헌왕후(昭憲王后)가 사망했다. 세종은 그녀의 명복을 빌기 위하여 수양대군(훗날의 세조)에게 명하여 석가모니불의 연보인 <석보상절, 釋譜詳節>을 엮게 하였다. <석보상절>이라는 제목은 석가모니의 일생의 일을 가려내어서(節) 자세히(詳) 기록한 것이라는 뜻이다. 이에 수양대군은 김수온 등과 더불어 '석가보(釋迦譜), 법화경(法華經), 지장경(地藏經), 아미타경(阿彌陀經), 약사경(藥師經)' 등에서 뽑아 모은 글을 훈민정음으로 옮겨서 만들었다.

이 책이 언제 간행되었는지는 확실하지 않다. 하지만 수양대군이 지은 '석보상절 서(序)'가 세종 29년(1447)에 지어진 것으로 되어 있고, 또 권 9의 표지 안에 '正統拾肆年 貳月初肆日(정통십사년 이월초사일)'이란 글귀가 적혀 있어서, 이 책이 세종 29년(1447)에서 세종 31년(1449)사이에 만들어졌다는 것을 확인할 수 있다. 이러한 사실을 정리하면 1447년(세종 29)에 책의 내용이 완성되었고, 1449년(세종 31)에 책으로 간행된 것으로 볼 수 있다.

<석보상절>은 <용비어천가>나 <월인천강지곡>과 마찬가지로 세종이 생존해 있는 당시에 지어졌기 때문에, <석보상절>에 나타난 표기상의 특징도 <용비어천가>나 <월인천강지곡> 등에 나타나는 것과 동일하다. 다만 <용비어천가>에는 한자어를 한자로만 표기한 데 반해서 석보상절에는 한자를 주로 표기하고 동국정운식 한자음을 부기한 것이 특징이다.

<석보상절>은 다른 불경 언해서(諺解書)와는 달리 문장이 매우 유려하여 15세기 당시의 국어와 국문학을 대표하는 작품으로 꼽히고 있다. 곧 중국의 한문으로 기록된 내용을 바탕으로 쉽고 아름다운 국어의 문장으로 개작한 것이어서, 15세기 중엽의 국어 연구에 대단히 중요한 역할을 할 뿐만 아니라 국어로 된 산문 문학의 첫 작품이자 최초의 번역 불경이라는 가치가 있다.

현재 전하는 것은 국립중앙도서관에 소장된 권 6, 9, 13, 19의 초간본 4책(보물 523호), 동국대학교 도서관에 소장된 권 23, 24의 초간본 2책, 호암미술관에 소장된 복각 중간본 권 11의 1책, 1979년 아주대학교 천병식(千炳植) 교수가 발견한 복각 중간본 권 3의 1책 등이 있다.

釋셕譜:봉詳썅節졇第뗑六륙
世솅尊존·이 象:썅頭뚷山산·애 ·가·샤 龍
롱·과 鬼:귕神씬·과 :위ᄒᆞ·야 說·쉃法·법ᄒᆞ
·더·시·다 龍롱鬼:귕 :위ᄒᆞ·야 說쉃法법ᄒᆞ·샤·미 부텻 ·나·히 셜·흔 :둘히·러·시
니 穆·목王왕 여·ᄉᆞᆺ찻 ( ) ·ᄒᆡ 乙:힗酉:융ㅣ라 부:톄 目목連련
·이 ᄃᆞ·려 니ᄅᆞ·샤·ᄃᆡ :네 迦강毗삥羅랑國
·귁·에 ·가·아 아·바:닚·긔·와 아·ᄌᆞ마:닚·긔와
아·ᄌᆞ마:니ᄆᆞᆫ 大·땡愛·힝道:뜰ᄅᆞᆯ 니ᄅᆞ·시니 大·땡愛·힝道:뜰ㅣ 摩망耶양夫붕人

1) 象頭山애 : 象頭山(상두산) + -애(-에 : 부조, 위치)
2) 가샤 : 가(가다, 行)- + -샤(←-시- : 주높)- + -Ø(←-아 : 연어)
3) 說法ᄒᆞ더시다 : 說法ᄒᆞ(설법하다)- + -더(회상)- + -시(주높)- + -다(평종)
4) 說法ᄒᆞ샤미 : 說法ᄒᆞ(설법하다)- + -샤(←-시- : 주높)- + -ㅁ(←-옴 : 명전)- + -이(주조)
5) 둘히러시니 : 둘ㅎ(둘, 二 : 수사) + 이(서조)- + -러(←-더- : 회상)- + -시(주높)- + -니(연어, 설명의 계속, 이유)
6) 穆王(목왕) : BC 10세기경에 있었던 주(周)나라의 제5대 왕이다.
7) 여ᄉᆞᆺ찻 : 여ᄉᆞᆺ차[여섯째(수사) : 여ᄉᆞᆺ(여섯, 六) + -차(-째, 番 : 접미)] + -ㅅ(-의 : 관조)
8) 부톄 : 부텨(부처, 佛) + -ㅣ(주조)
9) 目連이ᄃᆞ려 : 目連이[목련이 : 目連(목련) + -이(접미, 어조 고름)] + -ᄃᆞ려(-에게 : 부조, 상대)
10) 니ᄅᆞ샤ᄃᆡ : 니ᄅᆞ(←니르다 : 이르다, 曰)- + -샤(←-시- : 주높)- + -ᄃᆡ(← 오ᄃᆡ : 연어, 설명)
11) 아바닚긔와 : 아바님[아버님 : 아바(←아비 : 아버지, 父) + -님(높접)] + -ㅅ긔(-께 : 부조, 상대, 높임) + -와(←-과 : 접조)
12) 아ᄌᆞ마닚긔와 : 아ᄌᆞ마님[아주머님 : 아ᄌᆞ마(←아ᄌᆞ미 : 아주머니, 叔母) + -님(높접)] + -ㅅ긔(-께 : 부조, 상대, 높임) + -와(←-과 : 접조)

신ㅅ 兄형니미시니 양ᄌᆡ 摩망耶양夫봉人신만 ᄆᆞᆯ ᄒᆞ실ᄊᆡ 버근 夫봉人신이 ᄃᆞ외시니라 아자바님내ᄭᅴ 다 安한否봉ᄒᆞᅀᆞᆸ고 ᄯᅩ 耶양輸슝陁땅羅랑ᄅᆞᆯ 달애야 恩흔愛ᄋᆡᆼᄅᆞᆯ 그쳐 羅랑睺흫羅랑ᄅᆞᆯ 노하보내야 샹재 ᄃᆞ외에 ᄒᆞ라 羅랑睺흫羅랑ㅣ 得득道똫ᄒᆞ야 도라가ᅀᅡ 어미ᄅᆞᆯ 濟졩渡똥ᄒᆞ야 涅넗槃빤 得득호ᄆᆞᆯ 나 ᄀᆞᆮ게 ᄒᆞ리라 目목連련이 그 말 듣ᄌᆞᆸ

---

13) 兄니미시니 : 兄님[형님 : 兄(형) + -님(높접)] + -이(서조)- + -시(주높)- + -니(연어, 설명의 계속)
14) 양지 : 양ᄌᆞ(용모, 모습, 樣子) + -ㅣ(주조)
15) 버근 : 벅(두 번째 가다)- + -은(관전) ※ '두 번째의'로 의역한다.
16) ᄃᆞ외시니라 : ᄃᆞ외(되다, 爲)- + -시(주높)- + -Ø(과시)- + -니(객믿)- + -라(←-다 : 평종)
17) 아자바님내ᄭᅴ : 아자바님내[아주버님네 : 아자바(←아자비 : 아주버니, 叔) + -님(높접) + -내(복접, 높임)] + -ᄭᅴ(-께 : 부조, 상대, 높임)
18) 安否ᄒᆞᅀᆞᆸ고 : 安否ᄒᆞ(안부하다, 안부를 묻다)- + -ᅀᆞᆸ(객높)- + -고(연어, 계기)
19) 恩愛(은애) : 불교 용어로 어버이와 자식, 또는 부부의 정에 집착하여 떨어지기 어려운 일.
20) 샹재 : 샹자(상좌, 上座 : 불도를 닦는 사람) + -ㅣ(보조)
21) ᄃᆞ외에 : ᄃᆞ외(되다, 化)- + -에(←-게 : 연어, 사동)
22) 도라가ᅀᅡ : 도라가[돌아가다, 歸 : 돌(돌다, 回)- + -아(연어) + 가(가다, 行)-]- + -ᅀᅡ(←-아ᅀᅡ : -아야, 연어, 필연적 조건)
23) 得호ᄆᆞᆯ : 得ᄒᆞ(얻다)- + -옴(명전)- + -ᄋᆞᆯ(목조)
24) ᄀᆞᆮ게 : ᄀᆞᆮ(←ᄀᆞᇀ다←ᄀᆞᆮᄒᆞ다 : 같다, 如)- + -게(연어, 사동)

25) 入定(입정): 수행하기 위하여 방 안에 들어앉는 일이다.

26) 펴엣던: 펴(펴다, 伸)-+-어(연어)+잇(←이시다: 있다, 보용, 완료 지속)-+-더(회상)-+-ㄴ(관전) ※ '폐엣던'은 '펴 잇던'의 축약형으로서 '완료 지속'의 의미를 나타낸다.

27) ᄇᆞᆯᄒᆞᆯ: ᄇᆞᆯㅎ(팔, 臂) +-ᄋᆞᆯ(목조)

28) ᄊᆞᅀᅵ예: ᄊᆞᅀᅵ(←ᄉᆞᅀᅵ: 사이, 間)-+-예(←-에: 부조, 위치)

29) ᄲᆞᆯ론 주를: ᄲᆞᆯㄹ(←ᄲᆞᄅᆞ다: 빠르다, 速)-+-오(대상)-+-ㄴ(관전) # 줄(것: 의명)+-을(목조)

30) 왯다: 오(오다, 來)-+-아(연어)+잇(←이시다: 있다, 보용, 완료 지속)-+-다(평종)

31) ᄇᆞ리신: ᄇᆞ리(부리다, 使)-+-시(주높)-+-ㄴ(관전)

32) 青衣(청의): 천한 사람을 이르는 말. 예전에 천한 사람이 푸른 옷을 입었던 데서 유래한다.

33) ᄃᆞ려다가: ᄃᆞ리(데리다, 더불다, 伴)-+-어(연어)+-다가(보조사, 동작의 유지, 강조)

34) 사모려 ᄒᆞᄂᆞ다: 삼(삼다, 爲)-+-오려(-으려: 연어, 의도) # ᄒᆞ(하다, 爲: 보용)-+-ᄂᆞ(현시)-+-다(평종)

35) 새: 새로, 新(부사)

36) 世間앳: 世間(세간, 세상)+-애(-에: 부조, 위치)+-ㅅ(-의: 관조)

ᄠᅳ·들 그·치·고 慈ᄍᆞᇰ悲빙ㅅ 힝뎌·글 ᄒᆞ·다
·ᄒᆞ논 ·ᄠᅳ·디·니 ·처ᅀᅥᆷ 佛뿛法·법·에 ·드·러 世
솅俗쑉앳 ·ᄠᅳ·디 :한 젼ᄎᆞ·로 모로·매 :모·딘
·ᄠᅳ·들 그·치·고 慈ᄍᆞᇰ悲빙ㅅ 힝·뎌·글 ·ᄒᆞ·야
·사 ᄒᆞ·릴 ·씨 沙상彌밍·라 ᄒᆞ·니·라 耶양輪슝ㅣ 그 긔·별 드
르·시·고 羅랑睺·훙羅랑 더·브·러 노ᄑᆞᆫ 樓
룽 우·희 올·ᄋᆞ·시·고 樓룽ᄂᆞᆫ 다·라·기·라 門몬·돌·ᄒᆞᆯ
:다 구·디 ᄌᆞᆷ·겨 ·뒷·더·시·니 目·목連련·이 耶
양輪슝ㅅ 宮궁·의 ·가 보·니 門몬·ᄋᆞᆯ :다 ᄌᆞ
ᄆᆞ·고 :유무 ·드룛 :사ᄅᆞᆷ·도 :업거·늘 ·즉자·히

---

37) 힝뎌글 : 힝뎍(행적, 行績) + -을(목조)
38) ᄒᆞ다 : ᄒᆞ(하다, 爲)- + -Ø(과시)- + -다(평종)
39) ᄒᆞ논 : ᄒᆞ(하다, 謂)- + -ᄂᆞ(현시)- + -오(대상)- + -ㄴ(관전)
40) 한 젼ᄎᆞ로 : 하(많다, 多)- + -ㄴ(관전) # 젼ᄎᆞ(까닭, 由)- + -로(부조, 이유)
41) 沙弥라 ᄒᆞ니라 : 沙弥(사미) + -Ø(서조)- + -라(←-다 : 평종) # ᄒᆞ(하다, 謂)- + -Ø(과시)- + -니(객민)- + -라(←-다 : 평종)
42) 門돌ᄒᆞᆯ : 門돌ㅎ[문들 : 門(문) + -돌ㅎ(-들 : 복접)] + -ᄋᆞᆯ(목조)
43) ᄌᆞᆷ겨 : ᄌᆞᆷ기(잠그다, 閉)- + -어(연어)
44) 뒷더시니 : 두(두다 : 보용)- + -Ø(←-어 : 연어) + 잇(←이시다 : 있다, 보용, 완료 지속)- + -더(회상)- + -시(주높)- + -니(연어, 설명의 계속)
45) ᄌᆞᄆᆞ고 : ᄌᆞᄆᆞ(잠그다, 閉)- + -고(연어, 계기)
46) 유무 : 소식(消息)
47) 드룛 : 드리[드리다, 獻 : 들(들다 : 入)- + -이(사접)-]- + -우(대상)- + -ㅭ(관전)
48) 즉자히 : 즉시, 卽(부사)

神씬通통力으로 樓릉 우·희 ᄂᆞ·라 ·올
·아 耶양輸슝ㅅ 알ᄑᆡ 가·셔·니 耶양輸슝
ㅣ ·보·시·고 ᄒᆞᆫ녀·ᄀᆞ·론 ·분·별ᄒᆞ·시·고 ᄒᆞᆫ녀
·ᄀᆞ·론 깃·거 구·쳐 니·러 ·절ᄒᆞ·시·고 안ᄌᆞ·쇼
·셔·ᄒᆞ·시·고 世솅尊존ㅅ 安한否붛 :묻ᄌᆞᆸ
·고 ·니ᄅᆞ·샤ᄃᆡ 므스므·라 ·오·시·니잇·고 目
·목連련·이 ᄉᆞᆯᄫᅩ·ᄃᆡ 太탱子ᄌᆞᆼ 羅랑睺훙
羅랑ㅣ ·나·히 ᄒᆞ마 아·호빌·씨 出츌家강

---

49) 알ᄑᆡ: 앒(앞, 前)+-ᄋᆡ(-에: 부조, 위치)
50) ᄒᆞᆫ녀ᄀᆞ론: ᄒᆞᆫ녁[한쪽: ᄒᆞᆫ(← ᄒᆞᆫ: 관사)+녁(녘: 의명)]+-ᄋᆞ로(부조, 방향)+-ㄴ(←-는: 보조사)
51) 분별ᄒᆞ시고: 분별ᄒᆞ(염려하다, 愍)-+-시(주높)-+-고(연어, 대조)
52) 깃거: 깄(기뻐하다, 歡)-+-어(연어)
53) 구쳐: 구태여(부사)
54) 니러: 닐(일어나다, 起)-+-어(연어)
55) 안ᄌᆞ쇼셔: 앉(앉다, 坐)-+-ᄋᆞ쇼셔(-으소서: 명종, 아주 높임)
56) 묻ᄌᆞᆸ고: 묻(묻다, 問)-+-ᄌᆞᆸ(객높)-+-고(연어, 계기)
57) 므스므라: [무슨 까닭으로, 왜, 何(부사): 므슴(무엇: 지대, 미지칭)+-으라(부접)]
58) 오시니잇고: 오(오다, 來)-+-시(주높)-+-Ø(과시)-+-잇(←-이-: 상높)-+-니…고(-니까: 의종, 비인칭, 설명)
59) ᄉᆞᆯᄫᅩᄃᆡ: ᄉᆞᆲ(← ᄉᆞᆲ다, ㅂ불: 아뢰다, 奏)-+-오ᄃᆡ(-되: 연어, 설명)
60) 나히: 나ㅎ(나이, 歲)+-이(주조)
61) ᄒᆞ마: 벌써, 旣(부사)
62) 아호빌씨: 아홉(아홉, 九: 수사)+-이(서조)-+-ㄹ씨(-므로: 연어, 이유)

히·여 聖·셩人신ㅅ道:똥理:링 ᄇᆡ·화·ᅀᆞᄫᆞ
·리·니 어버·ᅀᅵ子:종息·식 ᄉᆞ랑·호·ᄆᆞᆫ 아·니
한ᄉᆞ·ᅀᅵ·어·니·와 ·ᄒᆞᄅᆞᆺ아·ᄎᆞ·ᄆᆡ 命·명終즁
·ᄒᆞ·야 命·명終즁ᄋᆞᆫ 목·숨 ᄆᆞ·ᄎᆞᆯ ·씨·라 :모·딘 길·헤 ᄣᅥ·러디
·면 恩ᅙᅳᆫ愛·ᄋᆡᆼ·ᄅᆞᆯ 머·리 여·희·여 어·즐·코·아
·독·ᄒᆞ·야 ·어·미·도 아·ᄃᆞ·ᄅᆞᆯ 모·ᄅᆞ·며 아·ᄃᆞᆯ·도
어·미·ᄅᆞᆯ 모·ᄅᆞ·리·니 羅랑睺ᅘᅮᇢ羅랑ㅣ 道
:뜰理:링·ᄅᆞᆯ 得·득·ᄒᆞ·야·ᅀᅡ 도·라·와 ·어마:니

63) 出家히여 : 出家히[출가시키다 : 出家ᄒᆞ(출가하다)- + -ㅣ(사접)-]- + -여(←-어 : 연어)
64) ᄇᆡ화ᅀᅡ : ᄇᆡ호(배우다, 學)- + -아ᅀᅡ(-아야 : 연어, 필연적 조건)
65) ᄉᆞ랑호ᄆᆞᆫ : ᄉᆞ랑ᄒᆞ(사랑하다, 愛)- + -옴(명전) + -ᄋᆞᆫ(보조사, 주제)
66) 아니한 : 아니하[많지 아니하다(형사) : 아니(부사, 부정) + 하(많다, 多)-]- + -ㄴ(관전)
67) ᄉᆞᅀᅵ어니와 : ᄉᆞᅀᅵ(사이, 間) + -Ø(서조)- + -어니와(←-거니와 : -지만, 연어, 대조)
68) ᄒᆞᄅᆞᆺ아ᄎᆞᄆᆡ : ᄒᆞᄅᆞᆺ아ᄎᆞᆷ[하루아침 : ᄒᆞᄅᆞ(하루, 日) + -ㅅ(관조, 사잇) + 아ᄎᆞᆷ(아침, 朝)] + -ᄋᆡ(-에 : 부조, 위치, 시간)
69) ᄆᆞᄎᆞᆯ 씨라 : ᄆᆞᆾ(마치다, 終)- + -ᄋᆞᆯ(관전) # ᄊᆞ(←ᄉᆞ : 것, 의명) + -ㅣ(서조)- + -라(←-다 : 평종)
70) 길헤 : 길ㅎ(길, 路) + -에(부조, 위치)
71) ᄣᅥ러디면 : ᄣᅥ러디[떨어지다, 落 : ᄣᅥᆯ(떨다)- + -어(연어) + 디(지다)-]- + -면(연어, 조건)
72) 어즐코 : 어즐ᄒᆞ(←어즐ᄒᆞ다 : 어지럽다, 紛)- + -고(연어, 나열)
73) 得ᄒᆞ야ᅀᅡ : 得ᄒᆞ(득하다, 얻다)- + -야ᅀᅡ(←-아야 : 연어, 필연적 조건)
74) 어마니ᄆᆞᆯ : 어마님[어머님, 母親 : 어마(←어미 : 어머니, 母) + -님(높접)] + -ᄋᆞᆯ(목조)

몸 濟渡ᄒᆞ야 네 가짓 受苦ᄅᆞᆯ 여희여 涅槃得호ᄆᆞᆯ 부텨 ᄀᆞᄐᆞ시긔 ᄒᆞ리이다 네 가짓 受苦ᄂᆞᆫ 生老病死왜라 耶輸ㅣ 니ᄅᆞ샤ᄃᆡ 如來 太子ㅅ 時節에 나ᄅᆞᆯ 겨집 사ᄆᆞ시니 太子ᄅᆞᆯ 셤기ᅀᆞᄫᆞᄃᆡ 하ᄂᆞᆯ 셤기ᅀᆞᆸ듯 ᄒᆞ야 ᄒᆞᆫ 번도 디만ᄒᆞᆫ 일 업수니 妻眷 ᄃᆞ외얀 ᄃᆡ 三年이

75) ᄀᆞᄐᆞ시긔: ᄀᆞᇀ(← ᄀᆞᆮᄒᆞ다: 같다, 如)- + -ᄋᆞ시(주높)- + -긔(-게: 연어, 사동)
76) ᄒᆞ리이다: ᄒᆞ(하다, 使)- + -리(미시)- + -이(상높)- + -다(평종)
77) 死왜라: 死(사, 죽음) + -와(접조) + -ㅣ(서조)- + -라(← -다: 평종)
78) 사ᄆᆞ시니: 삼(삼다, 爲)- + -ᄋᆞ시(주높)- + -니(연어, 설명의 계속)
79) 셤기ᅀᆞᄫᆞᄃᆡ: 셤기(섬기다, 捧)- + -ᅀᆞᇦ(← -ᅀᆞᆸ-: 객높)- + -Ø(← -오-: 인칭)- + -오ᄃᆡ(-되: 연어, 설명의 계속)
80) 셤기ᅀᆞᆸ듯: 셤기(섬기다, 捧)- + -ᅀᆞᆸ(객높)- + -듯(-듯: 연어, 흡사)
81) 디만ᄒᆞᆫ: 디만ᄒᆞ(디만하다: 태만하다, 게으르다, 怠)- + -ㄴ(관전)
82) 업수니: 없(없다, 無)- + -우(인칭)- + -니(연어, 설명의 계속, 이유)
83) 妻眷(처권): 아내와 친족을 통틀어 이르는 말인데, 여기서는 '아내'의 뜻으로 쓰였다.
84) ᄃᆞ외얀 ᄃᆡ: ᄃᆞ외(되다, 爲)- + -야(← -가-: 주믿)- + -Ø(← -오-: 인칭, 대상)- + -ㄴ(관전) # ᄃᆞ(것: 의명) + -ㅣ(주조)

몯 차 이셔 世間 ᄇᆞ리시고 城 나
마 逃亡ᄒᆞ샤 車匿이 도라보
내샤 盟誓ᄒᆞ샤ᄃᆡ 道理 일워
ᅀᅡ 도라오리라 ᄒᆞ시고 鹿皮 옷 니
브샤 미친 사ᄅᆞᆷ ᄀᆞ티 묏고래 수머 겨샤
여슷 ᄒᆡᄅᆞᆯ 苦行ᄒᆞ샤 부텨 ᄃᆞ외야
나라해 도라오샤도 ᄌᆞ올아비 아니ᄒᆞ
샤 아랫 恩惠ᄅᆞᆯ 니저ᄇᆞ리샤 길 녏

85) 차 이셔 : 차(차다, 滿)- + -Ø(←-아 : 연어) # 이시(있다 : 보용, 완료 지속)- + -어(연어)
86) 나마 : 남(넘다, 越 : 동사)- + -아(연어)
87) 車匿이 : [차닉이 : 車匿(사람 이름 : 명사) + -이(접미, 어조 고룸)]
88) 일워ᅀᅡ : 일우[이루다 : 일(이루어지다, 成)- + -우(사접)-]- + -어ᅀᅡ(-어야 : 연어, 필연적 조건)
89) 도라오리라 : 도라오[돌아오다, 歸 : 돌(돌다, 回)- + -아(연어) + 오(오다, 來)-]- + -리(미시)- + -라(←-다 : 평종)
90) 鹿皮(녹피) : 사슴 가죽.
91) 사ᄅᆞᆷ ᄀᆞ티 : 사ᄅᆞᆷ(사람, 人) # ᄀᆞ티[같이(부사) : ᄀᆞᇀ(같다, 如)- + -이(부접)]
92) 묏고래 : 묏골[산골짜기 : 뫼(산, 山) + -ㅅ(관조, 사잇) + 골(골짜기, 谷)] + -애(-에 : 부조, 위치)
93) ᄌᆞ올아비 : [친밀하게, 親(부사) : ᄌᆞ올ᄫᅵ(←ᄌᆞ올압다, ㅂ불 : 친밀하다, 親)- + -이(부접)]
94) 아랫 : 아래(예전, 昔) + -ㅅ(-의 : 관조)
95) 니저ᄇᆞ리샤 : 니저ᄇᆞ리[잊어버리다 : 닞(잊다, 忘)- + -어(연어) + ᄇᆞ리(버리다 : 보용, 완료)-]- + -샤(←-시- : 주높)- + -Ø(←-아 : 연어)
96) 녏 : 녀(가다, 行)- + -ㅭ(관전)

사ᄅᆞᆷ과 ᄀᆞ티 너기시니 나는 어버ᅀᅵ여
희오 ᄂᆞᄆᆡ 그에 브터 사로ᄃᆡ 우리 어ᅀᅵ
아ᄃᆞ리 외ᄅᆞᆸ고 입게 ᄃᆞ외야 人신生ᄉᆡᆼ
즐거ᄫᅳᆫ ᄠᅳ디 업ᄀᆞ 추구믈 기드리노니
목수미 므거ᄫᅳᆫ 거실ᄊᆡ 손소 죽디 몯ᄒᆞ
야 셟고 애왇ᄇᆞᆫ ᄠᅳ들 머거 갓가ᄉᆞ로 사
니노니 비록 사ᄅᆞ미 무레 사니고도 즁
ᄉᆡᆼ 마도 몯호이다 셜ᄫᅳᆫ 人신生ᄉᆡᆼ 이어

---

97) ᄀᆞ티 : [같이(부사) : ᄀᆞᇀ(같다, 如)- + -이(부접)]
98) ᄂᆞᄆᆡ 그에 : ᄂᆞᆷ(남, 他) + -ᄋᆡ(-의 : 관조) # 그에(거기에, 所 : 의명) ※ '남에게'로 의역한다.
99) 어ᅀᅵ아ᄃᆞ리 : 어ᅀᅵ아ᄃᆞᆯ[어머니와 아들, 母子 : 어ᅀᅵ(어머니, 母) + 아ᄃᆞᆯ(아들, 子)] + -이(주조)
100) 입게 : 입(괴롭다, 고달프다, 苦)- + -게(연어, 피동)
1) 기드리노니 : 기드리(기다리다, 待)- + -ᄂᆞ(현시)- + -오(인칭)- + -니(연어, 설명의 계속, 이유)
2) 거실ᄊᆡ : 것(것 : 의명) + -이(서조)- + -ㄹᄊᆡ(-므로 : 연어, 이유)
3) 손소 : [손수, 스스로, 自(부사) : 손(손, 手) + -소(부접)]
4) 애왇ᄇᆞᆫ : 애왇ᄇᆞ[애닯다, 悲 : 애왇(불어)- + -ᄇᆞ(형접)-]- + -ㄴ(관전)
5) 갓가ᄉᆞ로 : 가까스로, 겨우, 僅(부사)
6) 사니노니 : 사니[지내다, 活 : 사(←살다)- + 니(가다)-]- + -ᄂᆞ(현시)- + -오(인칭)- + -니(연어)
7) 무레 : 물(무리, 衆) + -에(부조, 위치)
8) 즁ᄉᆡᆼ 마도 : 즁ᄉᆡᆼ(짐승, 獸) # 마(만, 만큼 : 의명) + -도(보조사, 강조)
9) 몯호이다 : 몯ᄒᆞ(못하다, 劣 : 형사)- + -오(인칭)- + -이(상높)- + -다(평종)

·뒷·던·이 ·ᄀᆞᄐᆞ·니이시·리잇·고 ·이제 ·ᄯᅩ 내 아·ᄃᆞ·ᄅᆞᆯ ᄃᆞ·려:가·려·ᄒᆞ·시ᄂᆞ·니 眷·권屬·쑉 ᄃᆞ외ᅀᆞ·ᄫᆞ·셔 :셜ᄫᅳᆫ :일·도 ·이·러홈 ·쎠 眷·권屬·쑉ᄋᆞᆫ 가·시·며 子:종息·씩·이·며 ·종·이·며 집·안 :사ᄅᆞᆷ :다 眷·권屬·쑉·이·라 ·ᄒᆞᄂᆞ·니·라 太·탱子:종ㅣ 道:뚷理:링 ·일·우·샤 ᄌᆞ·개 慈쫑悲빙·호·라 ·ᄒᆞ·시ᄂᆞ·니 慈쫑悲빙·ᄂᆞᆫ 衆·즁生싱·ᄋᆞᆯ 便뼌安한·킈 ·ᄒᆞ·시ᄂᆞᆫ 거·시어·늘 ·이제 도ᄅᆞ·ᅘᅧ ᄂᆞ·ᄆᆡ 어·ᅀᅵ 아·ᄃᆞ·ᄅᆞᆯ 여·회

10) 어뒷던 : [←어듸쎤 : 어찌, 何(부사) : 어듸(어디 : 지대) + -쎤(부접)]
11) ᄀᆞᄐᆞ니 : ᄀᆞᇀ(←ᄀᆞᆮᄒᆞ다 : 같다, 如)- + -ᄋᆞᆫ(관전) # 이(이, 者 : 의명) + -Ø(주조)
12) 이시리잇고 : 이시(있다, 有)- + -리(미시)- + -잇(←-이- : 상높)- + -고(-니까 : 의종, 비인칭, 설명)
13) ᄃᆞ려가려 : ᄃᆞ려가[데려가다 : ᄃᆞ리(데리다, 伴)- + -어(연어) + 가(가다, 行)-]- + -려(←-오려 : 연어, 의도)
14) ᄃᆞ외ᅀᆞᄫᆞ셔 : ᄃᆞ외(되다, 爲)- + -ᅀᆞᇦ(←-ᅌᆞᆸ- : 객높)- + -아셔(-아서 : 연어)
15) 셜ᄫᅳᆫ : 셟(←셟다, ㅂ불 : 섧다, 서럽다, 哀)- + -은(관전)
16) ᄒᆞᄂᆞ니라 : ᄒᆞ(하다, 爲)- + -ᄂᆞ(현시)- + -니(객믿)- + -라(←-다 : 평종)
17) 일우샤 : 일우[이루다, 成 : 일(이루어지다)- + -우(사접)-]- + -샤(←-시- : 주높)- + -Ø(←-아 : 연어)
18) ᄌᆞ개 : ᄌᆞ가(자기 : 인대, 재귀칭, 높임) + -ㅣ(주조)
19) 慈悲호라 : 慈悲ᄒᆞ(자비롭다)- + -오(인칭)- + -라(←-다 : 평종)
20) 거시어늘 : 것(것 : 의명) + -이(서조)- + -어늘(←-거늘 : 연어, 상황)
21) 도ᄅᆞᅘᅧ : [도리어, 猶(부사) : 돌(돌다, 回)- + -ᄋᆞ(사접)- + -ᅘᅧ(강접)- + -Ø(부접)]

·에 ·ᄒᆞ·시·ᄂᆞ·니 :셜·흔 :잀 中듕·에·도 離링別
뼗 ·ᄀᆞ·ᄐᆞ·니 :업스·니 離링別뼗 여·흴 ·씨·라 ·은 ·일·로 :혜
·여 ·보·건·덴 므슴 慈쫑悲빙 :겨·시·거·뇨
·고 目목連련·이 ᄃᆞ·려 니ᄅᆞ·샤·ᄃᆡ ·도·라·가
世솅尊존·ᄭᅴ ·내 ·ᄠᅳ·들 ·펴·아 :ᄉᆞᆯ·ᄫᆞ쇼·셔 ·그
·ᄢᅴ 目목連련·이 種종種종方방便뼌·으
·로 다·시·곰 ᄉᆞᆯ·ᄫᆞ·도 耶양輸슝ㅣ :잠·ᄭᅡᆫ·도
듣·디 아·니ᄒᆞ·실·씨 目목連련·이 淨쪙飯

---

22) ᄀᆞᄐᆞ니: ᄀᆞᇀ(← ᄀᆞᆮᄒᆞ다: 같다, 同)- + -ᄋᆞᆫ(관전) # 이(것: 의명) + -Ø(주조)
23) 여흴 씨라: 여희(여의다, 別)- + -ㄹ(관전) # ᄊᆞ(← ᄉᆞ: 것, 의명) + -ㅣ(서조)- + -라(← -다: 평종)
24) 일로: 일(← 이: 이, 此: 지대) + -로(부조, 방편)
25) 보건덴: 보(보다, 見)- + -건덴(-건대, -면: 연어, 조건)
26) 므슴: 무슨(관사), 어찌(부사)
27) 겨시거뇨: 겨시(계시다, 있으시다, 有)- + -거(주민)- + -뇨(-느냐: 의종, 비인칭, 설명)
28) 目連이ᄃᆞ려: 目連이[목련이: 目連(목련) + -이(접미)] + -ᄃᆞ려(-에게, -더러: 부조, 상대)
29) 니ᄅᆞ샤ᄃᆡ: 니ᄅᆞ(이르다, 曰)- + -샤(← -시-: 주높)- + -ᄃᆡ(← -오ᄃᆡ: -되, 연어, 설명)
30) 世尊ᄭᅴ: 世尊(세존) + -ᄭᅴ(-께: 부조, 상대, 높임)
31) ᄉᆞᆯᄫᆞ쇼셔: ᄉᆞᆲ(← ᄉᆞᆲ다, ㅂ불: 아뢰다, 사뢰다, 奏)- + -ᄋᆞ쇼셔(-으소서: 명종, 아주 높임)
32) 그 ᄢᅴ: 그(그: 관사) # ᄢᅴ(때, 時: 명사)
33) 다시곰: 다시(다시, 復: 부사) + -곰(보조사, 강조)
34) 잠ᄭᅡᆫ도: 잠ᄭᅡᆫ[잠깐(명사): 잠(잠시, 暫) + -ㅅ(관조, 사잇) + 간(사이, 間)] + -도(보조사, 강조)

35) ᄉᆞᆯᄫᆞᆫ대 : ᄉᆞᆲ(←ᄉᆞᆲ다, ㅂ불 : 사뢰다, 아뢰다, 奏)-+-ᄋᆞᆫ대(-는데, -으니 : 연어, 반응)
36) 블러 : 블ㄹ(부르다, 召)-+-어(연어)
37) 겨지비라 : 겨집(여자, 계집, 女)+-이(서조)-+-라(←-아 : 연어, 이유) ※ '-라'는 이유나 근거를 나타내는 연결 어미 '-아'가 '-이다'나 '아니다'의 어간 다음에 실현되는 형태론적 변이 형태로 처리한다.
38) 즐급드리워 : 즐급드리우(애착하다, 愛着)-+-어(연어)
39) ᄃᆞᆺ온 : ᄃᆞᆺ(애틋이 사랑하다, 愛)-+-오(대상)-+-ㄴ(관전) ※ 'ᄃᆞᆺ다'에 대상법 선어말 어미 '-오-'가 실현된 것은 'ᄃᆞᆺ다'가 중심어인 'ᄠᅳᆮ'과 동격의 관계에 있기 때문이다.
40) ᄡᅳ러 : ᄡᅳᆯ(쓸다, 掃)-+-어(연어)
41) 그듸 : [그대, 汝(인대, 2인칭, 예사 높임) : 그(지대)+-듸(접미, 높임)]+Ø(주조)
42) 靑衣(청의) : 천한 사람을 이르는 말. 예전에 천한 사람이 푸른 옷을 입었던 데서 유래한다.
43) 더브러시고 : 더블(더불다, 데리다, 伴)-+-어(주밈)-+-시(주높)-+-고(연어, 계기)
44) 種種 方便(종종 방편) : 여러 가지의 방법이다.
45) 두ᅀᅥ 번 : 두ᅀᅥ[두어, 二三(관사) : 두(←둘 : 둘, 二)+ᅀᅥ(←서 : 세, 三)] # 번(番 : 의명)

輸슝ㅣ ᄉᆞᆫ지 듣디 아니ᄒᆞ시고 大땡愛
(힝)道뜰 싀 ᄉᆞᆲ보샤ᄃᆡ 내 지븨 이슗 저긔
여듧 나랏 王왕이 난겻기로 ᄃᆞ토거늘
우리 父뿡母뭉ㅣ 듣디 아니ᄒᆞ샨 고ᄃᆞᆫ
釋셕迦강太탱子종ㅣ 지죄 奇끵特뜩
ᄒᆞ실ᄊᆡ 奇끵는 神씬奇끵ᄒᆞᆯ씨오 特뜩은 ᄂᆞᄆᆡ ᄆᆞ리예 ᄠᆞ로 다ᄅᆞᆯ씨라
우리 父뿡母뭉ㅣ 太탱子종ㅣ 싀드리ᅀᆞ
ᄫᆞ시니 夫붕人신이 며느리 어드샤ᄆᆞᆫ

---

46) ᄉᆞᆫ지: 오히려, 猶(부사)
47) ᄉᆞᆲ보샤ᄃᆡ: ᄉᆞᆲ(← ᄉᆞᆲ다, ㅂ불: 사뢰다, 아뢰다, 奏)- + -오샤(← -ᄋᆞ샤-: 주높)- + -ᄃᆡ(← -오ᄃᆡ: 연어, 설명의 계속) ※ '-오샤-'는 '-ᄋᆞ샤-'의 오기이다.
48) 이슗 저긔: 이시(있다, 在)- + -ㅭ(관전) # 적(적, 때, 時: 의명) + -의(-에: 부조, 위치, 시간)
49) 난겻기로: 난겻기(겨루기, 경쟁, 競) + -로(부조, 방편)
50) 아니ᄒᆞ샨: 아니ᄒᆞ(아니하다: 보용, 부정)- + -샤(← -시-: 주높)- + -Ø(← -오-: 대상)- + -ㄴ(관전)
51) 고ᄃᆞᆫ: 곧(것: 의명) + -ᄋᆞᆫ(보조사, 주제)
52) 지죄: 지조(재주, 才) + -ㅣ(주조)
53) ᄂᆞᄆᆡ ᄆᆞ리예: ᄂᆞᆷ(남, 他) + -ᄋᆡ(관조) # ᄆᆞ리(무리, 衆) + -예(← -에: 부조, 비교)
54) ᄠᆞ로: 따로, 別(부사)
55) 드리ᅀᆞᄫᆞ시니: 드리[드리다, 獻: 들(들다, 入)- + -이(사접)-]- + -ᅀᆞᆸ(← -ᄉᆞᆸ-: 객높)- + -ᄋᆞ시(주높)- + -니(연어, 설명의 계속)
56) 어드샤ᄆᆞᆫ: 얻(얻다, 得)- + -으샤(← -으시-: 주높)- + -ㅁ(← -옴: 명전) + -ᄋᆞᆫ(보조사, 주제)

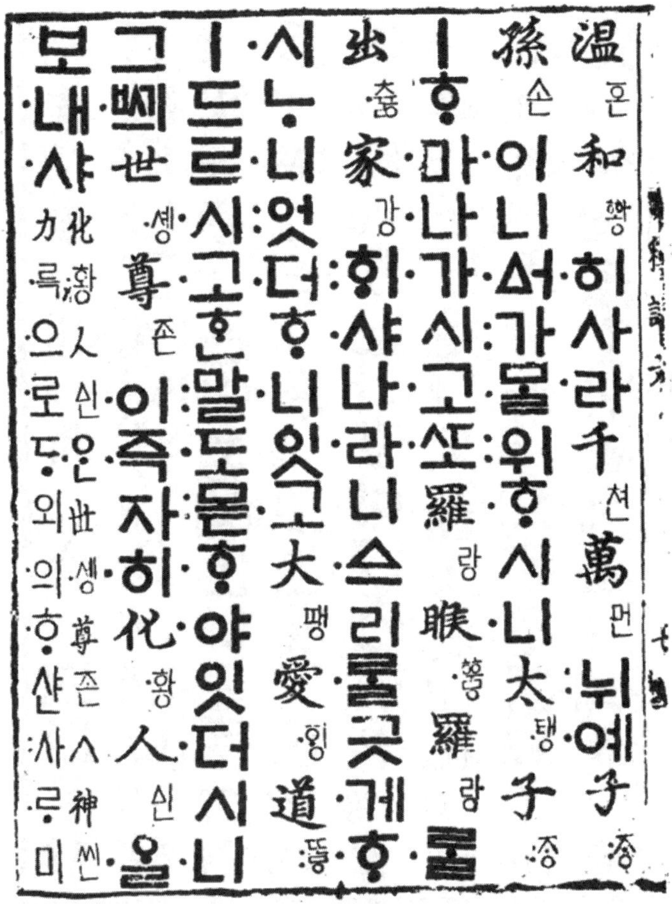
溫혼和황·히사·라千쳔萬먼:뉘·예子ᄌᆞᆼ
孫손·이니·서:가·몰:위·ᄒᆞ시·니太탱子ᄌᆞᆼ
ㅣ·ᄒᆞ·마·나·가시·고·또羅랑睺훙羅랑·ᄅᆞᆯ
出춣家강:히·샤나·라·니ᅀᅳ리·ᄅᆞᆯ긋·게·ᄒᆞ
시ᄂᆞ·니:엇·더ᄒᆞ·니잇·고大땡愛ᅙᆡᆼ道따ᇢ
ㅣ드르·시·고ᄒᆞᆫ:말·ᄊᆞ·ᄆᆞᆯ·ᄒᆞ·야잇·더시·니
그·ᄢᅴ世솅尊존·이·즉자·히化황人신·ᄋᆞᆯ
보·내·샤化황人신·ᄋᆞᆫ世솅尊존ㅅ神씬力륵·으·로ᄃᆞ외·의·ᄒᆞ샨:사·ᄅᆞ미

---

57) 뉘예 : 뉘(누리, 세상, 世) + -예(← -에 : 부조, 위치)
58) 가몰 : 가(가다 : 보용, 진행)- + -ㅁ(← -옴 : 명전) + -올(목조)
59) 出家히샤 : 出家히[출가시키다 : 出家(출가 : 명사) + -ᄒᆞ(동접)- + -ㅣ(사접)-]- + -샤(← -시- : 주높)- + -Ø(← -아 : 연어)
60) 니ᅀᅳ리를 : 닔(← 닛다, ㅅ불 : 잇다, 繼)- + -을(관전) # 이(이, 人 : 의명) + -를(목조)
61) 긋게 : 긋(← 긏다 : 끊어지다, 斷)- + -게(연어, 사동)
62) ᄒᆞ시ᄂᆞ니 : ① ᄒᆞ(하다, 爲)- + -시(주높)- + -ᄂᆞ(현시)- + -ㄴ(관전) # 이(것 : 의명) + -Ø(주조)
② ᄒᆞ(하다, 爲)- + -시(주높)- + -ᄂᆞ(현시)- + -니(연어, 설명 계속)
63) 엇더ᄒᆞ니잇고 : 엇더ᄒᆞ(어떠하다)- + -잇(← -이- : 상높)- + -니…고(-니까 : 의종, 비인칭, 설명)
64) 잇더시니 : 잇(← 이시다 : 보용, 완료 지속)- + -더(회상)- + -시(주높)- + -니(연어, 설명의 계속)
65) 化人(화인) : 불보살이 중생을 교화하기 위하여 사람의 몸으로 나타남. 또는 그런 사람이다.
66) ᄃᆞ외의 : ᄃᆞ외(되다, 化)- + -의(← -긔 : -게, 연어, 사동)
67) ᄒᆞ샨 : ᄒᆞ(하다, 使)- + -샤(← -시- : 주높)- + -Ø(← -오- : 대상)- + -ㄴ(관전)

·라
虛헝空콩·애·셔耶양輸슝·씌니ᄅᆞ·샤
·ᄃᆡ:네:디·나건:녜:뉫時씽節졇·에盟명誓
쎵發벓願원·ᄒᆞᆫ:이·ᄅᆞᆯ:혜·ᄂᆞᆫ·다모·ᄅᆞ·ᄂᆞᆫ·다
釋셕迦강如셩來링:그·ᄢᅴ菩뽕薩삻ㅅ
道뚷理:링·ᄒᆞ·노·라·ᄒᆞ·야·네:손·ᄃᆡ五:옹百
·뵉銀은:도·ᄂᆞ·로·다ᄉᆞᆺ줄·깃蓮련花황·ᄅᆞᆯ
·사·아錠·뎡光광佛뿛·씌받ᄌᆞ·ᄫᆞᆯ쩌·긔:네
發·벓願원·ᄋᆞᆯ·호·ᄃᆡ世솅世솅·예妻청眷

---

68) 디나건 : 디나(지나다, 過)- + -거(주믿)- + -ㄴ(관전)
69) 녜 : 예전, 昔(명사)
70) 뉫 : 뉘(세대, 때, 세상, 世) + -ㅅ(-의 : 관조)
71) 혜ᄂᆞᆫ다 : 혜(헤아리다, 생각하다, 量)- + -ᄂᆞ(현시)- + -ㄴ다(-ㄴ가 : 의종, 2인칭)
72) ᄒᆞ노라 : ᄒᆞ(하다, 爲)- + -ᄂᆞ(현시)- + -오(인칭)- + -라(←-다 : 평종) ※ 이 문장의 주어는 '釋迦 如來'인데, 석가 여래의 분신인 화인(化人)이 말을 하므로 실제로는 주어가 1인칭이다. ※ '-노라'를 'ᄒᆞ(하다, 爲)- + -노라(-느라 : 연어, 목적)'로 분석할 수도 있다.
73) 네 손ᄃᆡ : 너(너, 汝 : 인대) + -ㅣ(-의 : 관조) # 손ᄃᆡ(장소, 위치 : 의명) ※ '-ㅣ 손ᄃᆡ'는 '-의 장소에'라는 뜻으로 쓰이는데, 현대어로는 '-에게'로 옮길 수 있다.
74) 받ᄌᆞᄫᆞᆯ 쩌긔 : 받(바치다, 獻)- + -ᄌᆞᆸ(←-ᄌᆞᆸ- : 객높)- + -ᄋᆞᆯ(관전) # 쩍(←적 : 적, 때, 의명) + -의(부조, 위치, 시간) ※ '받ᄌᆞᄫᆞᇙ 저긔'를 '받ᄌᆞᄫᆞᆯ 쩌긔'로 표기한 것이다.
75) 世世예 : 世世(세세, 태어나는 세상마다) + -예(←-에 : 부조, 위치)
76) 妻眷(처권) : 아내와 친족을 통틀어 이르는 말인데, 여기서는 '아내'의 뜻으로 쓰였다.

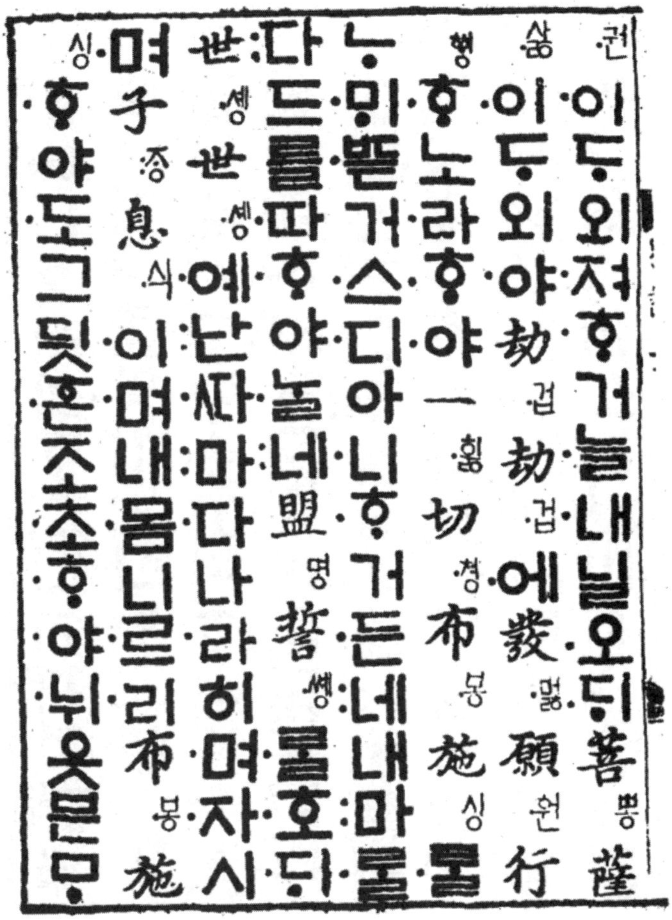
·권·이ᄃᆞ외·져·ᄒᆞ거·늘·내닐·오ᄃᆡ菩뽕薩
삻·이ᄃᆞ외·야劫·겁劫·겁·에發·벓願원行
ᅘᆡᇰ·ᄒᆞ노·라·ᄒᆞ·야一ᅙᅵᇙ切촁布봉施싱·ᄅᆞᆯ
ᄂᆞ·ᄆᆡ·ᄠᅳᆮ거·스·디아·니·ᄒᆞ거·든:네내:마·ᄅᆞᆯ
:다드·를·ᄯᅡ·ᄒᆞ·야·놀:네盟명誓쎙·ᄅᆞᆯ·호·ᄃᆡ
世솅世솅·예:난·ᄯᅡ:마·다나·라히·며·자시
·며子ᄌᆞᆼ息식·이·며내·몸니·르·리布봉施
싱·ᄒᆞ야·도그ᄃᆞᆺ·혼조초·ᄒᆞ·야·뉘읏븐ᄆᆞ

77) ᄃᆞ외져: ᄃᆞ외(되다, 爲)-+-져(-자: 청종)
78) 行ᄒᆞ노라: 行ᄒᆞ(행하다)-+-ᄂᆞ(현시)-+-오(인칭)-+-라(←-다: 평종)
79) 거스디: 거스(←거슬다: 거스르다, 逆)-+-디(-지: 연어, 부정)
80) 아니ᄒᆞ거든: 아니ᄒᆞ(아니하다: 보용, 부정)-+-거든(-거든, -면: 연어, 조건)
81) 나라히며: 나라ㅎ(나라, 國)+-이며(접조)
82) 드를따: 들(←듣다, ㄷ불: 듣다, 聞)-+-을따(←-읋다: -을까, 의종, 2인칭, 미시)
83) ᄒᆞ야늘: ᄒᆞ(하다, 謂)-+-야늘(←-아늘: -거늘, 연어, 상황)
84) 나라히며: 나라ㅎ(나라, 國)+-이며(접조)
85) 자시며: 잣(성, 城)+-이며(접조)
86) 니르리: [이르도록, 이르게(부사): 니를(이르다, 至)-+-이(부접)]
87) 혼: ᄒᆞ(하다, 爲)-+-오(대상)-+-ㄴ(관전, 명사적 용법) ※ '혼'은 '한 것'으로 옮긴다.
88) 조초: [따라, 從(부사): 좇(좇다, 從)-+-오(부접)]
89) 뉘읏븐: 뉘읏브(뉘우치다, 悔)-+-ㄴ(관전)

ᄉᆞ·ᄆᆞᆯ 아·니 ·호리·라 ·ᄒᆞ더·니 ·이제 :엇뎨 羅랑睺ᅘᅮᇢ羅랑·ᄅᆞᆯ 앗·기ᄂᆞᆫ·다 耶양輸슝ㅣ 이 :말 드르·시·고 ᄆᆞᅀᆞ·미 훤·ᄒᆞ·샤 前쪈生싱·앳 :이·리 어·제 :본 ·ᄃᆞᆺ ·ᄒᆞ·야 즐굽ᄃᆞ·빈 ᄆᆞᅀᆞ:미 ·다 ·스·러·디거·늘 目목連련·이·ᄅᆞᆯ 블·러 懺참悔횡·ᄒᆞ·시·고 懺참ᄋᆞᆫ ·ᄎᆞᄆᆞᆯ ·ᄊᆡ·니 내 罪:쬥·ᄅᆞᆯ ·ᄎᆞ·마 ᄇᆞ·리쇼셔 ·ᄒᆞᄂᆞᆫ ᄠᅳ디·오 悔횡·ᄂᆞᆫ :뉘으·츨 ·ᄊᆡ·니 :아·랫 :이·ᄅᆞᆯ 외·오 ·호·라 홀 ·ᄊᆡ·라 羅랑睺ᅘᅮᇢ羅랑·ᄋᆡ ·소·ᄂᆞᆯ 자·바 目목連련·일

---

90) 아니 호리라: 아니(부사, 부정) # ᄒᆞ(하다, 爲)- + -오(인칭)- + -리(미시)- + -라(← -다: 평종)
91) 앗기ᄂᆞᆫ다: 앗기(아끼다, 惜)- + -ᄂᆞ(현시)- + -ㄴ다(-ㄴ가: 의종, 2인칭)
92) 前生앳: 前生(전생) + -애(-에: 부조, 위치) + -ㅅ(-의: 관조)
93) 본 ᄃᆞᆺ: 보(보다, 見)- + -ㄴ(관전) # ᄃᆞᆺ(듯: 의명, 흡사).
94) 즐굽ᄃᆞ빈: 즐굽ᄃᆞᄫᅵ(애착스럽다, 애착하는 마음이 있다, 愛着)- + -ㄴ(관전)
95) 스러디거늘: 스러디[스러지다, 消: 슬(스러지다)- + -어 + 디(지다)-]- + -거늘(연어, 상황)
96) 目連이ᄅᆞᆯ: 目連이[목련이: 목련(명사) + -이(접미)] + -ᄅᆞᆯ(목조) ※ '-이'는 사람 이름 뒤에 쓰여서 어조를 고르는 기능을 하는 접미사이다.
97) ᄇᆞ리쇼셔: ᄇᆞ리(버리다: 보용, 완료)- + -쇼셔(-소서: 명종, 아주 높임)
98) 뉘으츨 ᄊᆡ니: 뉘으츠(뉘우치다, 悔)- + -ㄹ(관전) # ᄊᆞ(← ᄉᆞ: 것, 의명) + -ㅣ(서조)- + -니(연어)
99) 아랫: 아래(예전, 昔) + -ㅅ(-의: 관조)
100) 외오: [그릇, 그르게, 잘못(부사): 외(그르다, 誤)- + -오(부접)]
101) 호라: ᄒᆞ(하다, 爲)- + -Ø(과시)- + -오(인칭)- + -라(← -다: 평종)

1) 맛디시고: 맛디[맡기다, 託: 맜(맡다, 受任)- + -이(사접)-]- + -시(주높)- + -고(연어, 계기)
2) 여희시니라: 여희(이별하다, 別)- + -시(주높)- + -Ø(과시)- + -니(객믿)- + -라(←-다: 평종)
3) 누규리라: 누기[눅이다, 抑: 눅(눅다)- + -이(사접)-]- + -우(인칭)- + -리(미시)- + -라(←-다: 평종)
4) 어비몬내룰: 어비몬내[귀족, 貴族: 어비(아버지, 父) + 몬(맏이, 우두머리, 昆) + -내(복접, 높임)] + -룰(목조)
5) 모도아: 모도[모으다: 몯(모이다: 集)- + -오(사접)-]- + -아(연어)
6) 그듸내: [그대들(인대, 2인칭, 높임) : 그(그, 彼: 지대) + -듸(접미, 높임) + -내(복접, 높임)]
7) 아돌옴: 아돌(아들, 子) + -옴(←-곰: -씩, 보조사, 각자)
8) 조차: 좇(좇다, 從)- + -아(연어)
9) 쉰 아히: 쉰(쉰, 五十: 관사) # 아히(아이, 兒) + -Ø(주조)
10) 몯거늘: 몯(모이다, 集)- + -거늘(연어, 상황)
11) 부텨씌: 부텨(부처, 佛) + -씌(-께: 부조, 상대, 높임)

4. 月印千江之曲

1446년(세종 28)에 세종의 왕비인 소헌왕후(昭憲王后)가 사망했다. 세종은 그녀의 명복을 빌기 위하여 수양대군(훗날의 세조)에게 명하여 석가모니불의 연보인 <석보상절, 釋譜詳節>을 엮게 하였다. 세종은 수양대군이 지어 올린 <석보상절, 釋譜詳節>을 읽고서 석보상절의 내용에 맞추어서 석가모니 찬가를 지었는데, 이 책이 <월인천강지곡, 月印千江之曲>이다. 이 책은 세종 29년에서 세종 30년 사이에 간행된 것으로 추정하고 있으며, 이 책의 제목인 <월인천강지곡>은 부처가 나서 교화한 자취를 칭송한 노래라는 뜻이다.

<월인천강지곡>은 원래 상·중·하 3권에 580여 수의 노래가 수록되어 있었는데, 현재 상권 1책과 중권의 낙장만 전한다. 그리고 <용비어천가(龍飛御天歌)>와 더불어 훈민정음으로 표기된 한국 최고(最古)의 가사(歌詞)라는 국문학사적 가치가 있다.

이 책의 표기법과 관련하여 몇 가지 특징적인 것을 들어 보면 다음과 같다.

첫째, 이 책은 형태 음소적인 표기법이 많이 나타난다. 당시의 문헌에 실린 글은 모두 표음(表音)의 원칙, 즉 소리나는 대로 적는 원칙에 따라 적혔다. 곧 '사ᄅᆞ미, 머그니(食), 마가(防)'와 같은 식으로 체언과 조사, 그리고 용언(用言)의 어간(語幹)과 어미(語尾)를 구분하지 않고 표기하였다. 반면에 <월인천강지곡>에서는 '일이시나, 눈에, 말이시나, 일흠은, 담아, 안아, 낮과, 곶우흰, 곶비, 맞나며, 깊거다……' 등으로 기본 형태를 밝혀서 적는 것이 많다. 현대 '한글 맞춤법'에서 채택하고 있는 형태 음소적 표기법이 일부 적용된 것으로 볼 수 있다.

둘째, 다른 문헌이 한자로만 적거나 한자를 앞세우고 그 밑에 한글로 음을 단 것에 반하여 이 책은 한글을 앞세우고 그 밑에 한자를 다는 표기법을 택했다. 이는 한자의 테두리에서 벗어나 독자적으로 한글을 사용하려는 주체성(主體性)을 드러낸 것으로 볼 수 있다.

셋째, 종성(終聲)이 없는 자리에 소리값이 없는 'ㅇ' 글자를 붙이던 당시의 일반적인 한자음 표기법을 볼 수 없다.

넷째, 평서형이나 의문형으로 실현되는 서술어가 반말체의 종결 어미인 '-으니'나 '-으리'로 끝맺는 경우가 많다.

월(月)·인(印)쳔(千)강(江)지(之)·곡(曲)·샹(上)
끠(其)·힗(一)
외(巍)외(巍)·셕(釋)가(迦)·뿛(佛)무(無)량(量)무(無)
변(邊)공(功)·득(德)·을·겁(劫)·겁(劫)·에 어·느
:다 ᄉᆞᆯᄫᆞ·리
끠(其)·ᅀᅵ(二)
·셰(世)존(尊)ㅅ:일 ᄉᆞᆯᄫᅩ리·니 먼(萬):리(里)·외(外)
ㅅ:일·이시·나·눈·에·보·논·가 너·기ᅀᆞᄫᆞ쇼셔

1) 외외(巍巍): 외외. 산 따위가 높고 우뚝하다. 인격이 높고 뛰어나다.
2) 무량무변(無量無邊): 무량무변. 헤아릴 수 없이 많고 넓은 것이다.
3) 겁(劫): 겁. 하늘과 땅이 한 번 개벽할 때부터 다음 개벽할 때까지의 동안이란 뜻으로, '지극히 길고 오랜 시간을 일컫는 말. 겁겁(劫劫)은 아주 오랜 시간을 이른다.
4) 어느: 어찌(부사) ※ '어느'는 문맥에 따라서 부사, 관형사, 대명사로 쓰인다.
5) ᄉᆞᆯᄫᆞ리: ᄉᆞᆲ(← ᄉᆞᆲ다, ㅂ불: 아뢰다, 사뢰다, 奏)- + -ᄋᆞ리(의종, 반말)
6) ᄉᆞᆯᄫᅩ리니: ᄉᆞᆲ(← ᄉᆞᆲ다, ㅂ불: 아뢰다, 사뢰다, 奏)- + -오(인칭)- + -리(미시)- + -니(연어, 설명)
7) 먼리 욋: 먼리(萬里, 만리) # 외(外, 외, 밖) + -ㅅ(-의: 관조)
8) 일이시나: 일(일, 事) + -이(서조)- + -시(주높)- + -나(연어, 대조)
9) 보논가: 보(보다, 見)- + -ᄂᆞ(현시)- + -오(인칭)- + -ㄴ가(-ㄴ가: 의종, 1·3인칭, 판정) ※ 보는 행위의 주체는 2인칭인 '그디' 혹은 '너'이지만 이 문장에 인칭법의 선어말 어미 '-오-'가 실현되었다. 이는 말하는 이가 듣는 이의 입장에서 일을 표현한 것이다.
10) 너기ᅀᆞᄫᆞ쇼셔: 너기(여기다, 思) + -ᅀᆞᆸ(← -ᅀᆞᆸ-: 객높)- + -ᄋᆞ쇼셔(-으소서: 명종, 아주 높임)

쇼·셔
·셰世존尊ㅅ:말ᄉᆞᆸ보리·니쳔千·징載·썅上
ㅅ:말·이시·나귀·예듣·논·가너·기ᅀᆞ·ᄫᆞ
쇼·셔
끠其삼三
하阿승僧끼祇쪈前·셰世·겁劫·에:님·금
·위位ᄅᆞᆯ브·리·샤정精·샤舍·애안·잿·더시
·니

---

11) 쳔징 썅: 쳔징(千載, 천재, 천년) # 썅(上, 상, 전) + -ㅅ(-의: 관조)

12) 듣논가: 듣(듣다, 聞)- + -ᄂᆞ(현시)- + -오(인칭)- + -ㄴ가(-ㄴ가: 의종, 1·3인칭, 판정)

13) 하승끼(阿僧祇): 아승기. 엄청나게 많은 수로서 10의 64승의 수에 해당한다. ※ 억(億), 조(兆), 경(京), 해(垓), 자(秭), 양(穰), 구(溝), 간(澗), 정(正), 재(載), 극(極), 항하사(恒河沙), 아승기(阿僧祇), 불가사의(不可思議), 무량수(無量數).

14) ᄇᆞ리샤: ᄇᆞ리(버리다, 棄)- + -샤(← -시-: 주높)- + -Ø(← -아: 연어)

15) 정샤(精舍): 정사. 학문을 가르치기 위하여 마련한 집. 정신을 수양하는 곳. 여기서는 절(寺)을 이른다.

16) 안잿더시니: 앉(앉다, 坐)- + -아(연어) + 잇(← 이시다: 있다, 보용, 완료 지속)- + -더(회상)- + -시(주높)- + -니(평종, 반말) ※ '안잿더시니'는 '안자 잇더시니'의 축약형으로서 '-앳-'은 '완료 지속'을 나타낸다.

17) 원쓯(怨讐): 원수. 원한이 맺힐 정도로 자기에게 해를 끼친 사람이나 집단이다.
18) 나랏 쳔: 나라(← 나라ㅎ: 나라, 國) + -ㅅ(-의: 관조) # 쳔(재물, 財)
19) 일버ᅀᅡ: 일벘(← 일벗다, ㅅ불: 훔치다, 竊)- + -아(연어)
20) 디나아가니: 디나아가[지나가다: 디나(지나다, 過)- + -아(연어) + 가(가다, 行)-]- + -Ø(과시)- + -니(평종, 반말)
21) 모ᄅᆞᆯ씨: 모ᄅᆞ(모르다, 不知)- + -ㄹ씨(-므로: 연어, 이유)
22) 발자쵤: 발자최[발자취: 발(발, 足) + 자최(자취, 跡)] + -ㄹ(← -를: 목조)
23) 바다: 받(따르다, 좇다, 從)- + -아(연어)
24) 남ᄀᆡ: 낡(← 나모: 나무, 木) + -ᄋᆡ(-에: 부조, 위치)
25) ᄢᅦ여: ᄢᅦ(꿰이다, 꿰어지다, 貫)- + -여(← -어: 연어)
26) ᄆᆞᄎᆞ시니: ᄆᆞᆾ(마치다, 從)- + -ᄋᆞ시(주높)- + -Ø(과시)- + -니(평종, 반말)
27) 몸앳: 몸(몸, 身) + -애(-에: 부조, 위치) + -ㅅ(-의: 관조)
28) 뫼화: 뫼호(모으다, 集)- + -아(연어)
29) 내ᅀᆞᄫᆞ니: 내[내다: 나(나다, 出)- + -ㅣ(사접)-]- + -ᅀᆞᄫ(← -ᅀᆞᆸ-: 객높)- + -Ø(과시)- + -ᄋᆞ니(평종, 반말)

:어·엿브·신명命즁終·에감甘·쟈蔗:씨氏
:니·ᅀᆞ·샤·ᄆᆞᆯ·때大꾸瞿땀曇·이·일·우·니이
·다
·아·독ᄒᆞᆫ:ᅘᅮ後·셰世·예·셕釋가迦뿛佛ᄃᆞ
외·ᅀᆞᇙ·ᄃᆞᆯ:포普광光·뿛佛·이니ᄅᆞ·시·니이
·다
끠其·륙六
·외外:똫道신人:오五·ᄇᆡᆨ百·이:쎤善·휑慧

30) 어엿브신 : 어엿브(불쌍하다, 가엾다, 憐)- + -시(주높)- + -ㄴ(관전)

31) 명즁(命終) : 명종. 목숨을 마치는 것이다.

32) 감쟈씨 : 甘蔗氏(감자씨). 석가 종족의 조상인 소구담(小瞿曇)의 피가 화하여 되었다는 남자의 성(姓)이다. 소구담이 감자원(사탕수수 밭)에서 살았으므로 '감자씨'라고 한다.

33) 니ᅀᆞ샤ᄆᆞᆯ : 닝(←닛다, ㅅ불 : 잇다, 繼承)- + -ᄋᆞ샤(←-ᄋᆞ시- : 주높)- + -ㅁ(←-옴 : 명전) + -ᄋᆞᆯ(목조)

34) 때꾸땀(大瞿曇) : 대구담. 석가모니의 전신인 보살(菩薩)이 정사(精舍)에서 수도할 때 가르침을 받던 구담(瞿曇) 바라문(婆羅門)이다.

35) 일우니이다 : 일우[이루다 : 일(이루어지다, 成)- + -우(사접)-]- + -Ø(과시)- + -니(객믿)- + -이(상높)- + -다(평종)

36) ᄃᆞ외ᅀᆞᇙ ᄃᆞᆯ : ᄃᆞ외(되다, 爲)- + -시(주높)- + -ㅭ(관전) # ᄃᆞ(것 : 의명) + -ㄹ(목조)

37) 포광뿛(普光佛) : 보광불. 연등불(燃燈佛). 보광(普光)은 넓은 광명(光明)이란 말이다.

38) 외똫신(外道人) : 외도인. 불가에서 불도 이외의 도를 따르는 사람들을 가리키는 말이다.

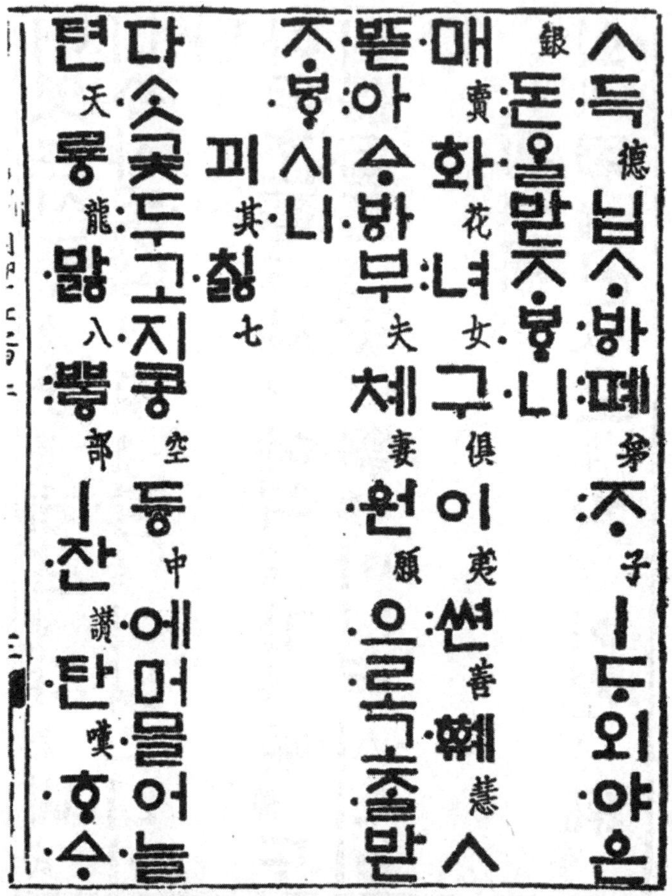

ᄉ득(德)닙ᄉᆞᄫᅡ 폐(幣)ᄌᆞ(子)ㅣ 두외야온 銀돈 올 받ᄌᆞᄫᆞ니 매(賣)화(花)녀(女) 구(俱)이(夷) 션(善)ᄡᅨ(慧)ᄉ ᄠᅳᆮ 아ᅀᆞᄫᅡ 부(夫)체(妻)원(願)으로 고ᄌᆞᆯ 받ᄌᆞᄫᆞ시니

끠 其칧七

다ᄉᆞᆺ 곶 두 고지 공(空)듕(中)에 머믈어늘 텬(天)룡(龍) 밣(八)뿡(部)ㅣ 잔(讚)탄(嘆)ᄒᆞᅀᆞ

---

39) 닙ᄉᆞ바 : 닙(입다, 받다, 受)- + -ᅀᆞᇦ(←-ᅀᆞᆸ- : 객높)- + -아(연어)
40) 받ᄌᆞᄫᆞ니 : 받(바치다, 獻)- + -ᄌᆞᇦ(←-ᄌᆞᆸ- : 객높)- + -Ø(과시)- + -ᄋᆞ니(-으니 : 평종, 반말)
41) 매화녀(賣花女) : 매화녀. 꽃을 파는 여자이다.
42) 션ᄡᅨ(善慧) : 선혜. 전세의 등조왕(燈照王) 때에 구이(俱夷)에게서 꽃을 얻어 보광불(普光佛)께 바친 선인(仙人)으로, 후세에 석가모니(釋迦牟尼)로 태어났다.
43) 아ᅀᆞ바 : 아(←알다 : 知)- + -ᅀᆞᇦ(←-ᅀᆞᆸ- : 객높)- + -아(연어)
44) 부체원(夫妻願) : 부처원. 부부가 되고자 하는 소원이다.
45) 받ᄌᆞᄫᆞ시니 : 받(바치다, 獻)- + -ᄌᆞᇦ(←-ᄌᆞᆸ- : 객높)- + -ᄋᆞ시(주높)- + -Ø(과시)- + -니 (평종, 반말)
46) 머믈어늘 : 머믈(머물다, 留)- + -어늘(←-거늘 : 연어, 상황)
47) 텬룡(天龍) : 천룡. 불법을 지키는 여덟 신장(神將) 가운데 제천(諸天)과 용신(龍神)이다.
48) 밣뿡(八部) : 팔부). 사천왕에 딸린 여덟 귀신이다. 건달바(乾闥婆), 비사사(毘舍闍), 구반다(鳩槃茶), 아귀(餓鬼), 제용중(諸龍衆), 부단나(富單那), 야차(夜叉), 나찰(羅刹)이다.
49) 잔탄ᄒᆞᅀᆞᄫᆞ니 : 잔탄ᄒᆞ(讚嘆ᄒᆞ다, 찬탄하다)- + -ᅀᆞᇦ(←-ᅀᆞᆸ- : 객높)- + -Ø(과시)- + -아(주믿)- + -니 (평종, 반말)

ᄫᆞ·니
·옷·과 마·리·ᄅᆞᆯ ·로路듕中·에 ·펴·아·시·늘 :포
普광光·뿡佛·이 ·ᄯᅩ ·쓩授·긔記·ᄒᆞ·시·니
끠其·밣八
닐·굽 고ᄌᆞᆯ 힌因·ᄒᆞ·야 ·신信·쎼誓 기프·실
·ᄊᆡ ·셰世·셰世·예 쳬妻·권眷·이 ᄃᆞ외·시·니
다·ᄉᆞᆺ ·ᄭᅮᆷ·올 힌因·ᄒᆞ·야 ·쓩授·긔記 ᄇᆞᆯᄀᆞ·실
·ᄊᆡ 금今·ᅀᅵᇙ日·에 ·셰世 존尊·이 ᄃᆞ외·시·니

---

50) 마리 : 머리, 머리카락, 髮.
51) 로듕(路中) : 노중. 길 가운데이다.
52) 펴아시늘 : 펴(펴다, 伸)- + -시(주높)- + -아 … 늘(-거늘 : 연어, 상황)
53) 쓩긔(授記) : 수기. 부처가 그 제자에게 내생(來生)에 부처가 되리라는 사실을 예언하는 것. 또는 그 교설이다.
54) 신쎼 : 신쎼(信誓, 신서) + -Ø(주조) ※ '신쎼'는 성심으로 맹세하는 것이나 또는 그 맹세이다.
55) 기프실ᄊᆡ : 깊(깊다, 深)- + -으시(주높)- + -ㄹᄊᆡ(-므로 : 연어, 이유)
56) 셰셰예 : 셰셰(世世, 세세) + -예(←-에 : 부조, 위치) ※ '셰셰(世世)'는 몇 번이든지 다시 환생하는 일이나 그런 때이다. 중생이 나서 죽고 죽어서 다시 태어나는 윤회의 형태이다.
57) 쳬권이 : 쳬권(妻眷, 처권) + -이(보조). ※ '쳬권(妻眷)'은 처가 쪽의 친척을 뜻하는데, 여기서는 '처' 혹은 '아내'의 뜻으로 쓰였다.
58) ᄇᆞᆯᄀᆞ실ᄊᆡ : ᄇᆞᆰ(밝다, 明)- + -ᄋᆞ시(주높)- + -ㄹᄊᆡ(-므로 : 연어, 이유)
59) ᄃᆞ외시니 : ᄃᆞ외(되다, 爲)- + -시(주높) + -Ø(과시)- + -니(평종, 반말)

5. 月印釋譜

<월인석보, 月印釋譜>는 세조(世祖)가 1459년(세조 4)에 부왕인 세종(世宗)과 세종의 정비인 소헌왕후(昭憲王后) 심씨, 그리고 요절한 세자 덕종(德宗)의 명복을 빌기 위하여 발간한 책이다. 이러한 표면적인 편찬 동기 이외에도 세조가 어린 조카 단종을 폐위하고 왕위에 오른 후에 단종을 비롯하여 자신의 집권에 반기를 든 수많은 신하를 죽인 업보에 대한 인간적인 고뇌를 불법의 힘으로 씻어 보려는 동기에서도 <월인석보>를 편찬한 것으로 알려져 있다.

이 책은 세종이 지은 <월인천강지곡, 月印千江之曲>의 내용을 본문으로 먼저 싣고, 그에 해당하는 내용의 <석보상절, 釋譜詳節>을 주석처럼 붙여 합편하였다. 합편하는 과정에서 책을 구성하는 방법이나 한자어 표기법, 그리고 내용도 원본인 <월인천강지곡>이나 <석보상절>과 부분적으로 차이를 보인다. 예를 들어서 <월인천강지곡>에서는 한자음을 표기할 때 '씨時'처럼 한글을 큰 글자로 제시하고, 한자를 작은 글자로써 한글의 오른쪽에 병기하였다. 반면에 <월인석보>에서는 '時씽'처럼 한자를 큰 글자로써 제시하고 한글을 작은 글자로써 한자의 오른쪽에 병기하였다. 그리고 종성이 없는 한자음을 한글로 표기할 때 <월인천강지곡>에서는 '씨時'처럼 종성 글자를 표기하지 않았는데, <월인석보>에서는 '時씽'처럼 종성의 자리에 음가가 없는 불청불탁의 후음 'ㅇ'을 종성의 위치에 달았다.

<석보상절>, <월인천강지곡>, <월인석보>의 편찬은 세종 말엽에서 세조 초엽까지 약 13년 동안에 이룩된 사업이다. 따라서 그 최종 사업으로 만들어진 <석보상절>, <월인천강지곡>, <월인석보>는 석가 일대기의 결정판이며, 훈민정음 창제 이후 가장 이른 시기에 발행된 불경 언해서(佛經諺解書)로서의 가치가 있다. 그리고 세종과 세조 당대의 말과 글자를 그대로 보전하고 있어 국어학사(國語學史)에서 매우 귀중한 문헌이다.

<월인석보>는 원본이 완전히 전하지 않아 당초 몇 권으로 편찬하였는지 명확하지 않은데, 원간본(原刊本)인 1, 2, 7, 8, 9, 10, 12, 13, 14, 17, 18, 23권과 중간본(重刊本)인 21, 22권 등 총 9종 14권 13책이 남아 있다.

닐흔 고ᄌᆞᆯ 因힌ᄒᆞ야 信신誓쎵 기프
실ᄊᆡ 世솅世솅예 妻쳉眷권이 ᄃᆞ외
시니 誓쎵는 盟명誓쎵라
다ᄉᆞᆺ 고ᄌᆞᆯ 因힌ᄒᆞ야 授쓩記긩 ᄇᆞᆯᄀᆞ
실ᄊᆡ 今금日싫에 世솅尊존이 ᄃᆞ외
시니
녯 阿항僧승祇낑劫겁 時씽節졇에 阿항

---

1) 信誓(신서) : 信誓(신서, 성심으로 맹세함. 또는 그 맹세) + -Ø(주조)
2) 기프실ᄊᆡ : 깊(깊다, 深)- + -으시(주높)- + -ㄹᄊᆡ(-므로 : 연어, 이유)
3) 世世(세세) : 몇 번이든지 다시 환생하는 일이나 그런 때이다. 중생이 나서 죽고 죽어서 다시 태어나는 윤회의 형태이다.
4) 妻眷(처권) : 처가 쪽의 친척. 여기서는 '처' 혹은 '아내'의 뜻으로 쓰였다.
5) ᄃᆞ외시니 : ᄃᆞ외(되다, 爲)- + -시(주높)- + -Ø(과시)- + -니(평종, 반말)
6) 녯 : 녜(예전, 昔 : 명사) + -ㅅ(-의 : 관조)
7) 阿僧祇劫(아승기겁) : 불교에서 사용하는 시간의 단위 중 하나이다. 아승기(阿僧祇) 역시 무한히 긴 시간 또는 수를 뜻하는 불교 용어로서 이를 수로 나타내면 10의 64승이고, 갠지스강의 모래 수를 의미하는 항하사(恒河沙)의 만 배에 해당한다. 그리고 '겁(劫)'은 천지가 한 번 개벽한 뒤부터 다음 개벽할 때까지의 기간을 말한다.

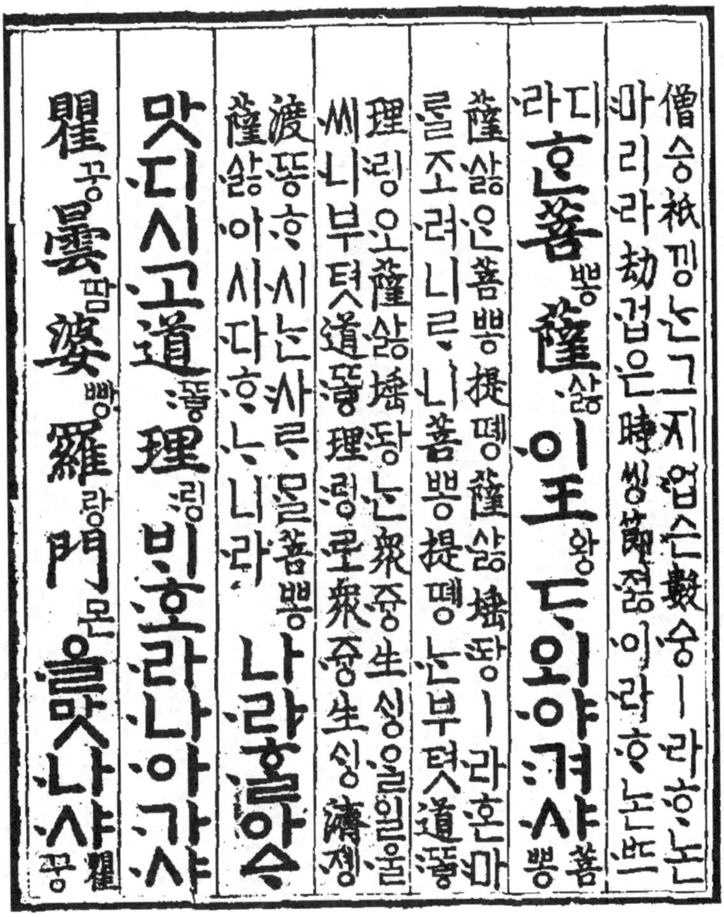
僧승祇낑ᄂᆞᆫ 그지업슨 數숭ㅣ라 ᄒᆞ논
마리라 劫겁은 時씽節졇이라 ᄒᆞ논 ᄠᅳ
디라 ᄒᆞᆫ 菩뽕薩삻이 王왕 ᄃᆞ외야 겨샤 菩
薩삻ᄋᆞᆫ 菩뽕提똉薩삻埵똥ㅣ라 ᄒᆞᆫ 마
ᄅᆞᆯ 조려 니ᄅᆞ니 菩뽕提똉ᄂᆞᆫ 부텻 道똥
理링오 薩삻埵똥ᄂᆞᆫ 衆즁生싱 일울
씨니 부텻 道똥理링로 衆즁生싱 濟졩
渡똥ᄒᆞ시ᄂᆞᆫ 사ᄅᆞᄆᆞᆯ 菩뽕
薩삻이시다 ᄒᆞᄂᆞ니라 나라ᄒᆞᆯ 아ᅀᆞ
맛디시고 道똥理링 ᄇᆡ호라 나아가샤
瞿꿍曇땀婆빵羅랑門몬ᄋᆞᆯ 맛나샤 瞿꿍

8) 그지업슨: 그지없[끝이나 한량이 없다: 그지(한도, 限: 명사) + 없(없다, 無)-]- + -은(관전)
9) ᄒᆞ논: ᄒᆞ(하다, 謂)- + -ᄂᆞ(현시)- + -오(대상)- + -ㄴ(관전)
10) 겨샤: 겨샤(← 겨시다: 계시다, 보용, 완료 지속, 높임)- + -Ø(← -아: 연어)
11) 조려: 조리[줄이다, 縮: 졸(줄다, 縮)- + -이(사접)-]- + -어(연어)
12) 일울 씨니: 일우[이루다: 일(이루어지다, 成)- + -우(사접)-]- + -ㄹ(관전) # ᄊᆞ(← ᄉᆞ: 것, 의명) + -ㅣ(서조)- + -니(연어, 설명의 계속)
13) 菩薩이시다: 菩薩(보살) + -이(서조)- + -시(주높)- + -다(평종)
14) 맛디시고: 맛디[맡기다, 託: 맜(맡다, 受任)- + -이(사접)-]- + -시(주높)- + -고(연어, 계기)
15) ᄇᆡ호라: ᄇᆡ호(배우다, 學)- + -라(-러: 연어, 목적)
16) 나아가샤: 나아가[나가다, 出: 나(나다, 出)- + -아(연어) + 가(가다, 行)-]- + -샤(← -시-: 주높)- + -Ø(← -아: 연어) ※ 여기서 '나아가다'는 문맥상 '출가(出家)하다'로 옮길 수 있다.
17) 맛나샤: 맛나[만나다, 遇: 맛(← 맞다: 迎)- + 나(出, 現)-]- + -샤(← -시-: 주높)- + -Ø(← -아: 연어)

曇땀은 姓셩이라 婆빵羅랑門몬은 조ᄒᆞᆫ 횡뎌기라 ᄒᆞ논 마리니 뫼해 ᄃᆞ러 일업시 이셔 횡뎌기 조ᄒᆞᆫ 사ᄅᆞ미라 ᄌᆞ걋 오ᄉᆞ란 밧고 瞿꿍曇땀이 오ᄉᆞᆯ 니브샤 深심山산애 드러 果광實씷와 믈와 좌시고 深심山산은 거츤 뫼히라 坐쫭禪쎤ᄒᆞ시다가 坐쫭禪쎤은 안자 이셔 기픈 道똫理링ᄉᆞ랑ᄒᆞᆯ 씨라 나라해 빌머그라 오시니다 몰라보ᅀᆞᆸ더니 小숗瞿꿍曇땀이라 ᄒᆞ

18) 조ᄒᆞᆫ : 좋(맑다, 깨끗하다, 淨)- + -ᄋᆞᆫ(관전)
19) 횡뎌기라 : 횡뎍(행적, 行跡) + -이(서조)- + -라(← -다 : 평종)
20) 뫼해 : 뫼ㅎ(산, 山) + -애(-에 : 부조, 위치)
21) 일업시 : [초연하게, 초연히, 超然히(부사) : 일(일, 事) + 없(없다, 無)- + -이(부접)]
22) ᄌᆞ걋 : ᄌᆞ갸(자기 : 인대, 재귀칭, 높임) + -ㅅ(-의 : 관조) ※ 'ᄌᆞ갸'는 '저'의 높임말이다.
23) 오ᄉᆞ란 : 옷(옷, 衣) + -ᄋᆞ란(-은 : 보조사, 주제, 대조)
24) 믈와 : 믈(물, 水) + -와(← -과 : 접조)
25) 좌시고 : 좌시(자시다, 드시다, 食)- + -고(연어, 계기)
26) ᄉᆞ랑ᄒᆞᆯ : ᄉᆞ랑ᄒᆞ(생각하다, 思)- + -ㄹ(관전)
27) 나라해 : 나라ㅎ(나라, 國) + -애(-에 : 부조, 위치)
28) 빌머그라 : 빌먹[빌어먹다 : 빌(빌다, 乞)- + 먹(먹다, 食)-]- + -으라(-으러 : 연어, 목적)
29) 몰라보ᅀᆞᆸ더니 : 몰라보[몰라보다 : 몰ㄹ(← 모ᄅᆞ다 : 모르다, 無知)- + -아(연어) + 보(보다, 見)-]- + -ᅀᆞᆸ(객높)- + -더(회상)- + -니(연어, 설명의 계속)

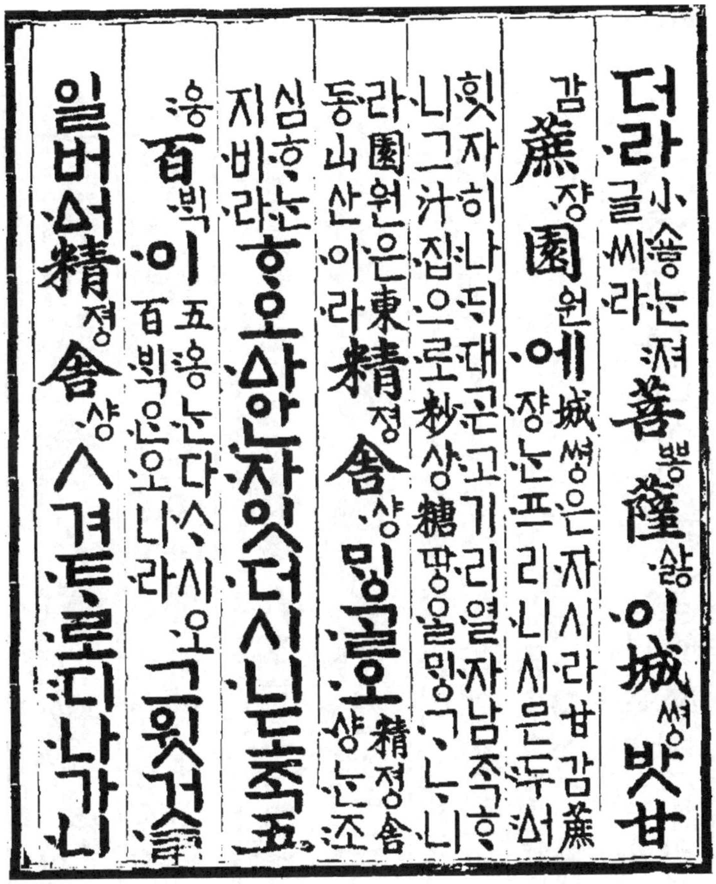

더·라 [小솛는 져근 글씨라] 善뽕薩삻·이 城쎵 밧 甘감蔗쟝園원·에 [城쎵은 자시라 甘감蔗쟝는 프리니 시믄 두ᅀᅥ 힛자히 나ᄃᆡ 대 ᄀᆞᆮ고 기리 열자 남죽ᄒᆞ니 그 汁집으로 沙상糖땅 ᄆᆡᆼᄀᆞᄂᆞ니라 園원은 東동山산이라] 精졍舍샹 ᄆᆡᆼ·ᄀᆞ·로 [精졍舍샹는 조ᄉᆞᆷᄒᆞ논 지·비·라] ᄒᆞ오ᅀᅡ 안자 잇더시니 五옹百빅·이 [五옹는 다ᄉᆞ시오 百빅은 오니라] 그윗 거슬 일버ᅀᅥ 精졍舍샹ㅅ 겨트로 디나가니

---

30) 밧 : 밧(←밨 : 밖, 外)
31) 甘蔗園(감자원) : 사탕수수밭.
32) 자시라 : 잣(성, 城) + -이(서조)- + -라(←-다 : 평종)
33) 두서 : [두어, 수량이 두 개쯤의(관사) : 두(두, 二 : 관사) + ᅀᅥ(←서 : 세, 三, 관사)]
34) 힛자히 : [해째 : 히(해, 年) + -ㅅ(관조, 사잇) + -자히(-째 : 접미)]
35) 나ᄃᆡ : 나(나다, 生)- + -ᄃᆡ(←-오ᄃᆡ : -되, 연어, 설명의 계속)
36) ᄀᆞᆮ고 : ᄀᆞᆮ(←ᄀᆞᇀ다 ←ᄀᆞᆮᄒᆞ다 : 같다, 同)- + -고(연어, 나열)
37) 남죽ᄒᆞ니 : 남죽ᄒᆞ[남짓하다, 餘 : 남죽(남짓 : 의명)- + -ᄒᆞ(형접)-]- + -니(연어, 설명의 계속)
38) 沙糖(사탕) : 사탕.
39) ᄆᆡᆼᄀᆞᄂᆞ니라 : ᄆᆡᆼᄀᆞ(←ᄆᆡᆼᄀᆞᆯ다 : 만들다, 製)- + -ᄂᆞ(현시)- + -니(객믿)- + -라(←-라 : 평종)
40) ᄒᆞ오ᅀᅡ : 혼자, 獨(부사)
41) 잇더시니 : 잇(←이시다 : 있다)- + -더(회상)- + -시(주높)- + -니(연어, 설명의 계속)
42) 오니라 : 온(백, 百 : 수사) + -이(서조)- + -라(←-다 : 평종)
43) 그윗 : 그위(관청, 官) + -ㅅ(-의 : 관조)
44) 일버ᅀᅥ : 일벘(←일벗다, ㅅ불 : 훔치다, 竊)- + -어(연어)

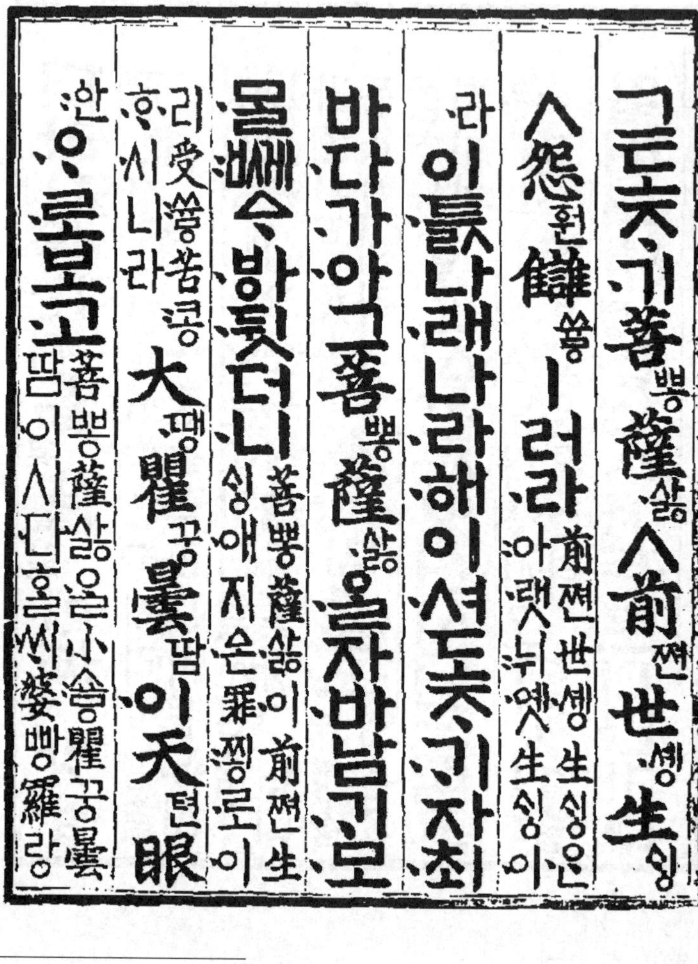
그ᄃᆡ 菩뽕薩삻ㅅ 前쪈世솅生ᄉᆡᆼ
ㅅ 怨훤讐쓩ㅣ러라 前쪈世솅生ᄉᆡᆼ은 아랫 뉘옛 生ᄉᆡᆼ이
라 이 [illegible] 나래 나라해 이셔 도ᄌᆞ기 자최
바다 가아 그 菩뽕薩삻올 자바 남기 모
ᄆᆞᆯ ᄢᅦᅀᆞᄫᅡ 뒷더니 菩뽕薩삻이 前쪈生ᄉᆡᆼ애 지ᅀᅳᆫ 罪쬥로 이
리 受쓩苦콩ᄒᆞ시니라 大땡瞿꿍曇땀이 天텬眼
안ᄋᆞ로 보고 菩뽕薩삻ᄋᆞᆯ 小會瞿꿍曇땀이 ᄉᆞ다ᄒᆞᆯᄊᆡ 婆빵羅랑

45) 怨讐ㅣ러라: 怨讐(원수) + -ㅣ(서조)- + -러(←-더-: 회상)- + -라(←-다: 평종)
46) 아랫: 아래(이전, 예전, 昔) + -ㅅ(-의: 관조)
47) 뉘옛: 뉘(세상, 세대, 때, 世) + -예(←-에: 부조, 위치) + -ㅅ(-의: 관조)
48) 나라해 이셔: 나라ㅎ(나라, 國) + -애(-에: 부조, 위치) # 이시(있다, 在)- + -어(연어) ※ '나라해 이셔'는 '나라에서'로 옮길 수 있는데, 이때 '나라해 이셔'는 문장의 주어 역할을 한다.
49) 도ᄌᆞ기: 도ᄌᆞᆨ(도적, 盜賊) + -ᄋᆡ(-의: 관조)
50) 바다: 받(따르다, 좇다, 從)- + -아(연어)
51) 남기: 낡(←나모: 나무, 木) + -ᄋᆡ(-에: 부조, 위치)
52) ᄢᅦᅀᆞᄫᅡ: ᄢᅦ(꿰다, 貫)- + -ᅀᆞᇦ(←-ᅀᆞᆸ-: 객높)- + -아(연어)
53) 뒷더니: 두(두다: 보용, 완료 유지)- + -Ø(←-어: 연어) + 잇(←이시다: 있다, 보용, 완료 지속)- + -더(회상)- + -니(연어, 설명의 계속)
54) 지ᅀᅳᆫ: 짛(←짓다, ㅅ불: 짓다, 犯)- + -오(대상)- + -ㄴ(관전)
55) 受苦ᄒᆞ시니라: 受苦ᄒᆞ(수고하다)- + -시(주높)- + -Ø(과시)- + -니(객믿)- + -라(←-다: 평종)

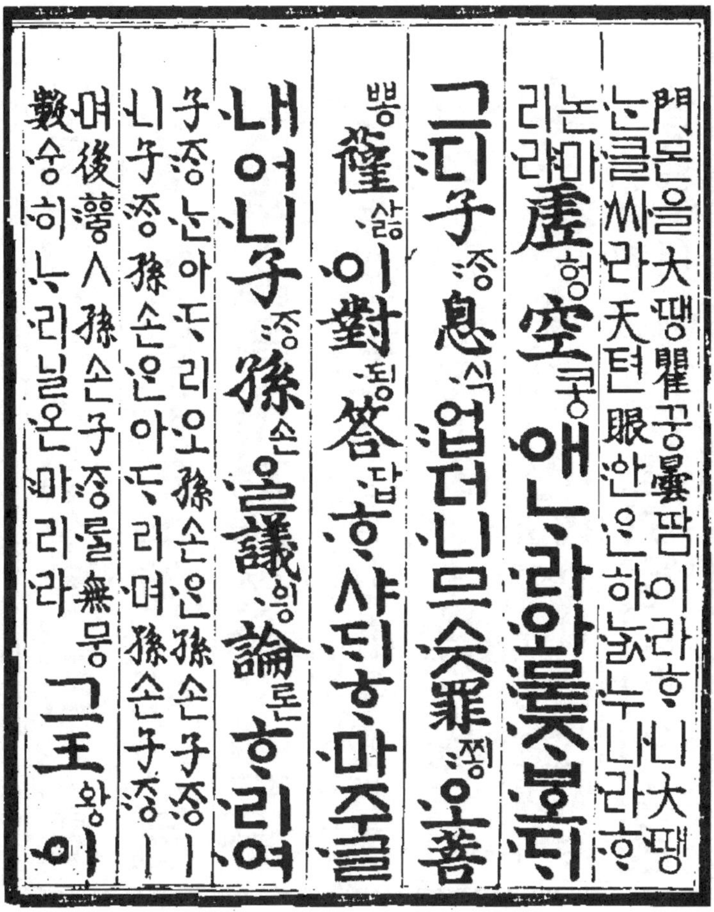

門몬을 大땡瞿궁曇땀이라ᄒᆞ니 大땡
눈 클 씨라 天텬眼안은 하ᄂᆞᆳ누니라ᄒᆞ
논마리라 虛헝空콩애 ᄂᆞ라와 묻ᄌᆞ보ᄃᆡ
그ᄃᆡ 子ᄌᆞᆼ息식 업더니 므슷 罪쬥오 善
뽕薩삻이 對됭答답ᄒᆞ샤ᄃᆡ ᄒᆞ마 주글
내어니 子ᄌᆞᆼ孫손ᄋᆞᆯ 議읭論론ᄒᆞ리여
子ᄌᆞᆼ ᄂᆞᆫ 아ᄃᆞ리오 孫손ᄋᆞᆫ 孫손子ᄌᆞᆼㅣ
니 子ᄌᆞᆼ孫손ᄋᆞᆫ 아ᄃᆞ리며 孫손子ᄌᆞᆼㅣ
며 後흫ㅅ孫손子ᄌᆞᆼᄅᆞᆯ 無뭉
數숭히 ᄂᆞ리 닐온 마리라 그王왕이

---

56) 婆羅門(바라문) : '브라만(Brahman)'의 음역어로, 인도 카스트 제도에서 가장 높은 지위인 승려 계급이다.

57) 하ᄂᆞᆳ누니라 : 하ᄂᆞᆳ눈[하늘눈, 天眼 : 하ᄂᆞᆯ(하늘, 天) + -ㅅ(관조, 사잇) + 눈(눈, 眼)] + -이(서조)- + -라(← -다 : 평종)

58) 묻ᄌᆞ보ᄃᆡ : 묻(묻다, 問)- + -ᅀᆞᇦ(← -ᄌᆞᇦ- : 객높)- + -오ᄃᆡ(-되 : 연어, 설명의 계속)

59) 그ᄃᆡ : 그ᄃᆡ[그대, 汝(인대, 예사 높임) : 그(그, 彼 : 지대) + -ᄃᆡ(접미, 높임)] + -Ø(주조)

60) 므슷 : 무슨, 何(관형)

61) 罪오 : 罪(죄 : 명사) + -오(← -고 : 보조사, 의문)

62) ᄒᆞ마 : 곧, 卽(부사)

63) 내어니 : 나(나, 我 : 인대) + -ㅣ(서조)- + -어(← -거- : 주믿)- + -니(연어, 이유)

64) 議論ᄒᆞ리여 : 議論ᄒᆞ(의논하다)- + -리(미시)- + -여(-느냐 : 의종, 비인칭, 판정)

65) ᄂᆞ리 : [내리(부사) : ᄂᆞ리(내리다, 降)- + -Ø(부접)]

66) 닐온 : 닐(← 니ᄅᆞ다 : 이르다, 말하다, 曰)- + -오(대상)- + -ㄴ(관전)

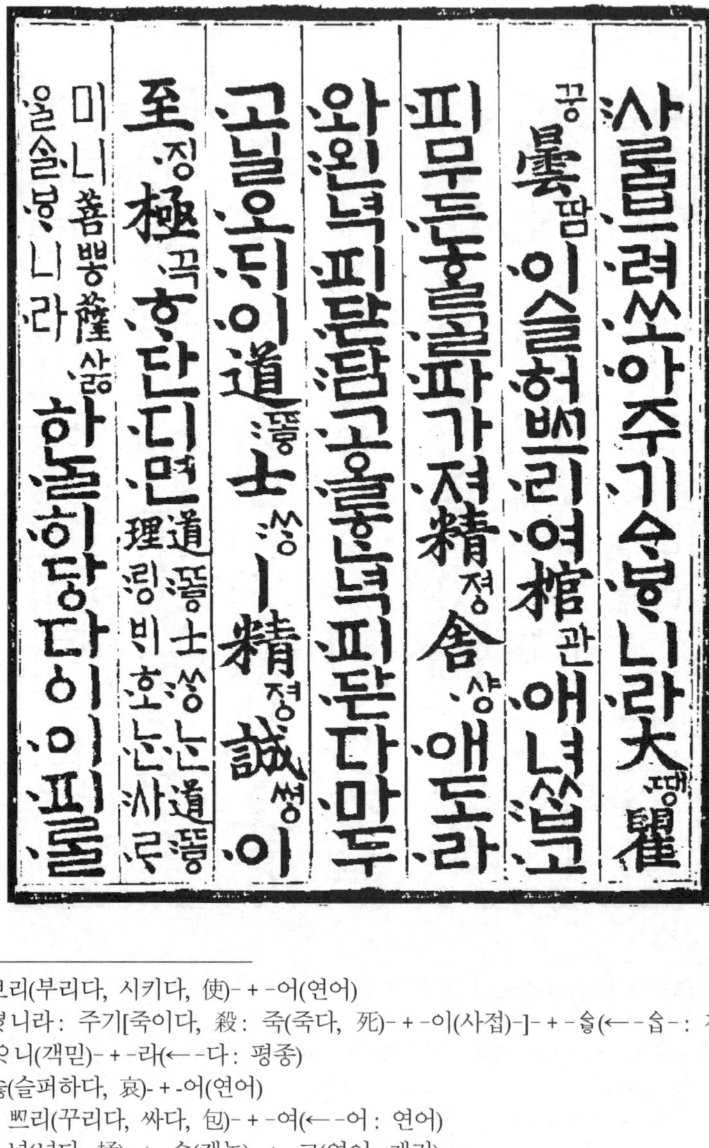
사ᄅᆞᆷ 브려 쏘아 주기ᅀᆞᄫᆞ니라 大땡瞿
끃曇땀이 슬허 ᄣᅳ리여 棺관애 녀ᄊᆞᆸ고
피 무든 옷 ᄀᆞ져 精정舍샹애 도라
와 왼녁 피 닫 담고 올ᄒᆞᆫ녁 피 닫 다마 두
고 닐오ᄃᆡ 이 道똫士쑹ㅣ 精정誠쎵이
至징極끅ᄒᆞ단 디면 (道똫士쑹는 道똫理링 비호ᄂᆞᆫ 사ᄅᆞ
미니) 菩뽕薩삻 한ᄂᆞᆯ히 당다이 이 피를
올 숣ᄫᆞ니라

---

67) ᄇᆞ려: ᄇᆞ리(부리다, 시키다, 使)-+-어(연어)
68) 주기ᅀᆞᄫᆞ니라: 주기[죽이다, 殺: 죽(죽다, 死)-+-이(사접)-]-+-ᅀᆞᇦ(←-ᅀᆞᆸ-: 객높)-+-Ø(과시)-+-ᄋᆞ니(객민)-+-라(←-다: 평종)
69) 슬허: 슳(슬퍼하다, 哀)-+-어(연어)
70) ᄣᅳ리여: ᄣᅳ리(꾸리다, 싸다, 包)-+-여(←-어: 연어)
71) 녀ᄊᆞᆸ고: 녛(넣다, 桶)-+-ᄉᆞᆸ(객높)-+-고(연어, 계기)
72) 왼녁: [왼쪽, 左: 외(그르다, 誤)-+-ㄴ(관전)+녁(녘, 쪽, 方: 의명)]
73) 닫: 따로, 別(부사)
74) 올ᄒᆞᆫ녁: [오른쪽, 右: 옳(옳다, 是)-+-ᄋᆞᆫ(관전)+녁(녘, 쪽, 方: 의명)]
75) 至極ᄒᆞ단 디면: 至極ᄒᆞ(지극하다)-+-다(←-더-: 회상)-+-Ø(←-오-: 대상)-+-ㄴ(관전) # ᄃᆞ(것: 의명)-+-ㅣ(서조)-+-면(연어, 조건)
76) 숣ᄫᆞ니라: 숣(←숣다, ㅂ불: 아뢰다, 奏)-+-Ø(과시)-+-ᄋᆞ니(객민)-+-라(←-다: 평종)
77) 당다이: [반드시, 마땅히, 必(부사): 당당(마땅: 불어)+-Ø(←-ᄒᆞ-: 형접)-+-이(부접)]

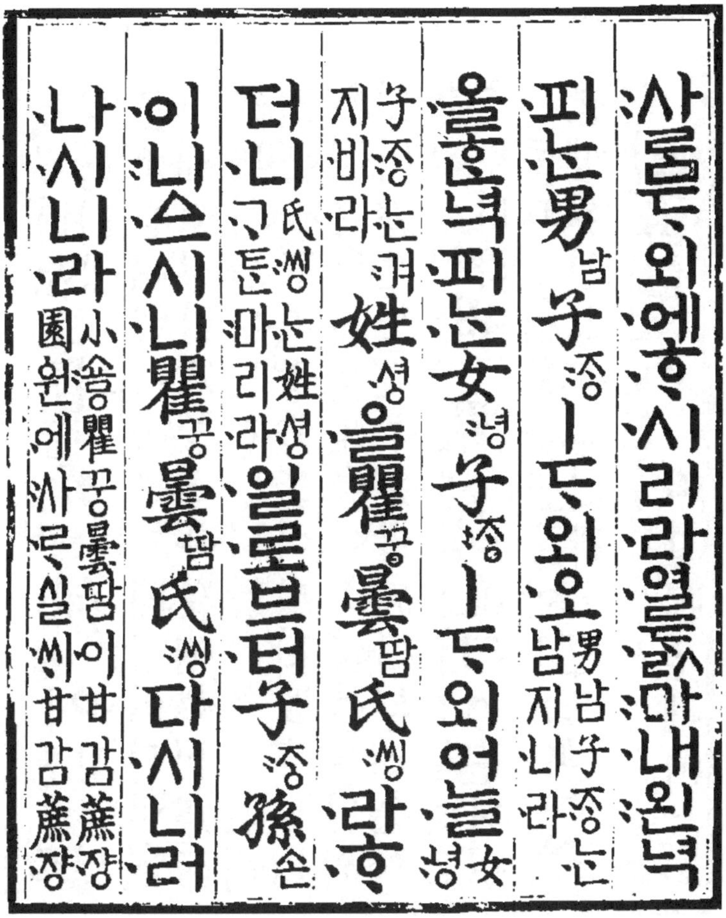
사ᄅᆞᆷ ᄃᆞ외에 ᄒᆞ시리라 열 ᄃᆞᆳ 마내 왼녁 피 ᄂᆞᆫ 男남子ᄌᆞᆼㅣ ᄃᆞ외오 男남子ᄌᆞᆼᄂᆞᆫ 남지니라 올ᄒᆞᆫ녁 피 ᄂᆞᆫ 女녕子ᄌᆞᆼㅣ ᄃᆞ외어늘 女녕子ᄌᆞᆼᄂᆞᆫ 겨지비라 姓셩을 瞿꿍曇땀氏씽라 ᄒᆞ더니 氏씽ᄂᆞᆫ 姓셩 ᄀᆞᄐᆞᆫ 마리라 일로브터 子ᄌᆞᆼ孫손이 니ᅀᅳ시니 瞿꿍曇땀氏씽 다시 니러나시니라 小숄瞿꿍曇땀이 甘감蔗쟝 園원에 사ᄅᆞ실ᄊᆡ 甘감蔗쟝

---

78) ᄃᆞ외에 : ᄃᆞ외(되다, 化)- + -에(←-게 : 연어, 사동)
79) 열 ᄃᆞᆳ : 열(열, 十 : 관사) # ᄃᆞᆯ(달, 月) + -ㅅ(-의 : 관조)
80) 마내 : 만(만 : 의명, 시간의 경과) + -애(-에 : 부조, 위치, 시간)
81) 남지니라 : 남진(남자, 男) + -이(서조)- + -니(객믿)- + -라(←-다 : 평종)
82) ᄃᆞ외어늘 : ᄃᆞ외(되다, 化)- + -어늘(←-거늘 : 연어, 상황)
83) 瞿曇氏라 : 瞿曇氏(구담씨)- + -Ø(서조)- + -라(←-다 : 평종)
84) ᄀᆞᄐᆞᆫ : ᄀᆞᇀ(←ᄀᆞᆮᄒᆞ다 : 같다, 同)- + -ᄋᆞᆫ(관전)
85) 일로브터 : 일(←이, 此 : 지대) + -로(부조, 방편) + -브터(-부터 : 보조사, 비롯함)
86) 니ᅀᅳ시니 : 닝(←닛다, ㅅ불 : 잇다, 承)- + -으시(주높)- + -니(연어, 설명의 계속, 이유)
87) 니러나시니라 : 니러나[일어나다 : 닐(일다, 起)- + -어(연어) + 나(나다, 出)-]- + -시(주높)- + -Ø(과시)- + -니(객믿)- + -라(←-다 : 평종)
88) 사ᄅᆞ실ᄊᆡ : 살(살다, 居)- + -ᄋᆞ시(주높)- + -ㄹᄊᆡ(-므로 : 연어, 이유)

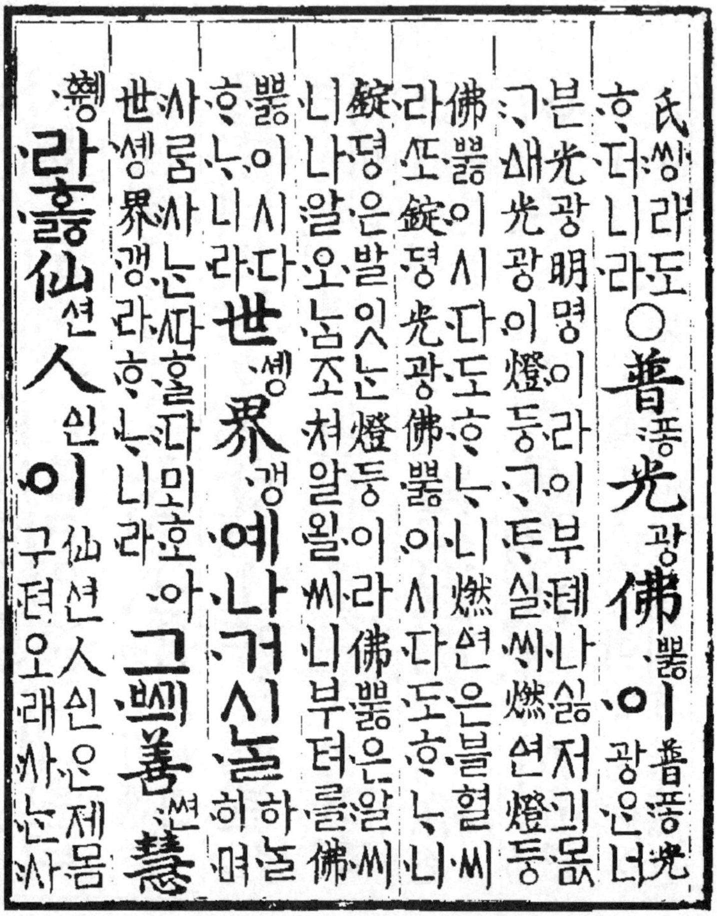

氏씽라도 ᄒᆞ더니라 ○普퐁光광佛뿛이 普퐁光광ᄋᆞᆫ 너브 光광明명이라 이 부텨 나ᅀᆞᆯ 저긔 몺 ᄀᆞ새 光광이 燈등 ᄀᆞᆮᄒᆞ실ᄊᆡ 燃연燈등佛뿛이시다도 ᄒᆞᄂᆞ니 燃연은 블 혈 ᄊᆡ라 ᄯᅩ 錠뎡光광佛뿛이시다도 ᄒᆞᄂᆞ니 錠뎡은 발 잇ᄂᆞᆫ 燈등이라 佛뿛은 알 ᄊᆡ니 나 알오 ᄂᆞᆷ 조쳐 알욀 ᄊᆡ니 부텨를 佛뿛이시다 ᄒᆞᄂᆞ니라 世솅界갱예 나거시ᄂᆞᆯ 하ᄂᆞᆯ히며 ᄉᆞᄅᆞᆷ ᄉᆞᄂᆞᆫ ᄯᅡ홀 다 뫼호아 世솅界갱라 ᄒᆞᄂᆞ니라 그 ᄢᅴ 善쎤慧ᅘᅰᆼ라 ᄒᆞᇙ 仙션人신이 仙션人신ᄋᆞᆫ 제 몸 구텨 오래 ᄉᆞ논 ᄉᆞ

89) 甘蔗氏라도 : 甘蔗氏(감자씨) + -Ø(서조)- + -라(← -다 : 평종) + -도(보조사, 첨가)
90) 普光佛(보광불) : 석가모니에게 미래에 성불(成佛)할 것이라는 예언을 한 부처이다.
91) 몺 ᄀᆞ새 : 몸(몸, 身) + -ㅅ(-의 : 관조) # ᄀᆞᆺ(← ᄀᆞᆺ : 가, 邊) + -애(-에 : 부조, 위치)
92) 燃燈佛이시다도 : 燃燈佛(연등불) + -이(서조)- + -시(주높)- + -다(평종) + -도(보조사, 첨가)
93) 블 혈씨라 : 블(불, 火) # 혀(켜다,)- + -ㄹ(관전) # ᄊᆞ(← ᄉᆞ : 것, 의명) + -이(서조)- + -라(← -다 : 평종)
94) 잇ᄂᆞᆫ : 잇(← 이시다 : 있다, 有)- + -ᄂᆞ(현시)- + -ㄴ(관전)
95) 조쳐 : 조치[아우르거나 겸하다, 兼 : 좇(좇다, 從)- + -이(사접)-]- + -어(연어)
96) 알욀 ᄊᆡ니 : 알외[알리다, 告 : 알(알다, 知)- + -오(사접)- + -ㅣ(사접)-]- + -ㄹ(관전) # ᄊᆞ(← ᄉᆞ : 것, 의명) + -ㅣ(서조)- + -니(연어, 설명의 계속, 이유)
97) 하ᄂᆞᆯ히며 : 하ᄂᆞᆯㅎ(하늘, 天) + -이며(접조)
98) 뫼호아 : 뫼호(모으다, 集)- + -아(연어)
99) 구텨 : 구티[굳히다 : 굳(굳다, 堅)- + -이(사접)-]- + -어(연어)

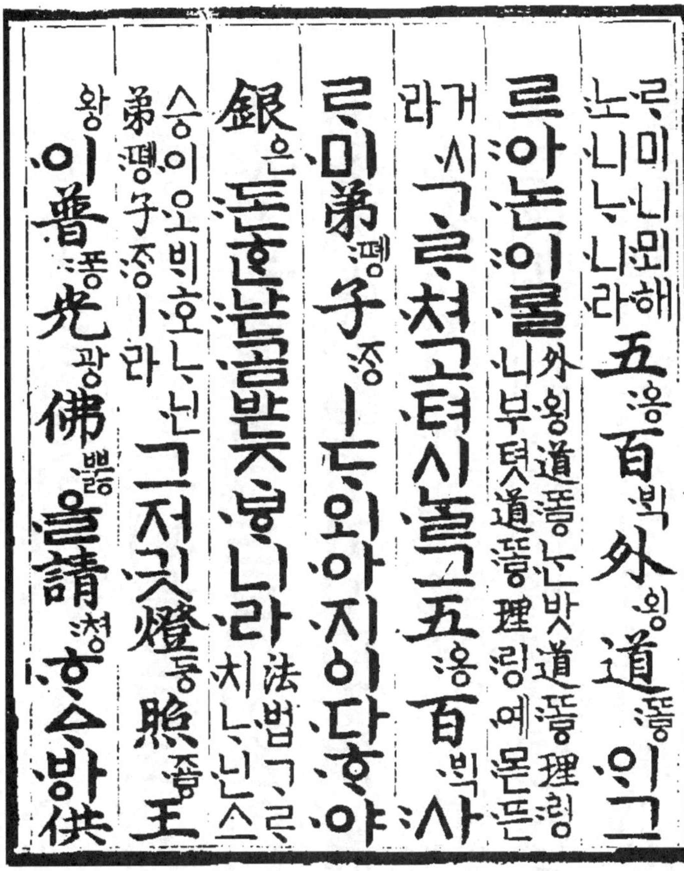
ᄅᆞ미니 뫼해 노니ᄂᆞ니라 五옹百ᄇᆡᆨ外욍道똥ㅣ 그ᄅᆞ 아ᄂᆞᆫ 이ᄅᆞᆯ 外욍道똥ᄂᆞᆫ 밧道똥理링니 부텻道똥理링예 몯 든 거시라 ᄀᆞᄅᆞ쳐 고텨시ᄂᆞᆯ 五옹百ᄇᆡᆨ사ᄅᆞ미 弟뗑子ᄌᆞᆼㅣ ᄃᆞ외아 지이다 ᄒᆞ야 銀은 돈 ᄒᆞᆫ 낟곰 받ᄌᆞᄫᆞ니라 法법 ᄀᆞᄅᆞ치ᄂᆞ닌 스승이오 ᄇᆡ호ᄂᆞ닌 弟뗑子ᄌᆞᆼㅣ라 그 저긧 燈등照졓王왕이 普퐁光광佛뿛을 請쳥ᄒᆞᅀᆞᄫᅡ 供

100) 노니ᄂᆞ니라 : 노니[← 노닐다(노닐다, 遊) : 노(← 놀다 : 놀다, 遊)- + 니(가다, 다니다, 行)-]- + -ᄂᆞ(현시)- + -니(객믿)- + -라(← -다 : 평종)

1) 그르 : [잘못, 그릇되게(부사) : 그르(그르다, 誤 : 형용)- + -Ø(부접)]

2) 아ᄂᆞᆫ 이ᄅᆞᆯ : 아(← 알다, 知)- + -ᄂᆞ(현시)- + -오(대상)- + -ㄴ(관전) # 일(일, 事) + -ᄋᆞᆯ(목조)

3) 몯 든 : 몯(못 : 부사, 부정) # 드(← 들다 : 들다, 入)- + -ㄴ(관전)

4) 고텨시ᄂᆞᆯ : 고티(고치다, 改)- + -시(주높)- + -어…ᄂᆞᆯ(← -거늘 : 연어, 상황)

5) ᄃᆞ외아 지이다 : ᄃᆞ외(되다, 爲)- + -아(연어) # 지(싶다 : 보용, 희망)- + -이(상높)- + -다(평종)

6) 낟곰 : 낟(← 낱 : 개, 個, 의명) + -곰(-씩 : 보조사, 각자)

7) 받ᄌᆞᄫᆞ니라 : 받(바치다, 獻)- + -ᄌᆞᇦ(← -ᄌᆞᆸ- : 객높)- + -Ø(과시)- + -ᄋᆞ니(객믿)- + -라(← -다 : 평종)

8) ᄀᆞᄅᆞ치ᄂᆞ닌 : ᄀᆞᄅᆞ치(가르치다, 敎)- + -ᄂᆞ(현시)- + -ㄴ(관전) # 이(이, 人 : 의명) + -ㄴ(← -ᄂᆞᆫ : 보조사, 주제)

9) ᄇᆡ호ᄂᆞ닌 : ᄇᆡ호(배우다, 學)- + -ᄂᆞ(현시)- + -ㄴ(관전) # 이(이, 人 : 의명) + -ㄴ(← -ᄂᆞᆫ : 보조사)

10) 그 저긧 : 그(그 : 관사) # 적(때, 時 : 의명) + -의(-에 : 부조, 시간) + -ㅅ(-의 : 관조)

11) 請ᄒᆞᅀᆞᄫᅡ : 請ᄒᆞ(청하다)- + -ᅀᆞᇦ(← -ᅀᆞᆸ- : 객높)- + -아(연어)

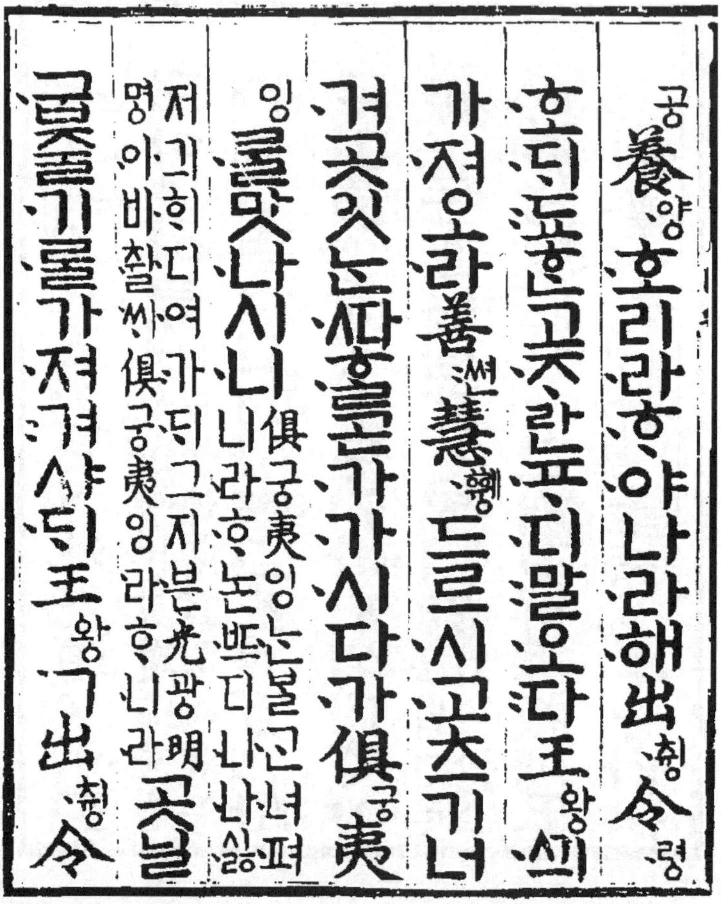

공養양호리라 ᄒᆞ야 나라해 出츓令령ᄒᆞ샤ᄃᆡ 됴ᄒᆞᆫ 고ᄌᆞ란 ᄑᆞ디 말오 다 王왕ᄭᅴ 가져오라 善쎤慧쀙 드르시고 ᄎᆞ기 너겨 곳 잇ᄂᆞᆫ ᄯᅡ홀 ᄀᆞᆫ가 가시다가 俱궁夷잉를 맛나시니 俱궁夷잉ᄂᆞᆫ 볼곤 녀펴니라 ᄒᆞ논 ᄠᅳ디니 나싫 저긔 ᄒᆡ 디여 가ᄃᆡ 그지븐 光광明명이 비췰ᄊᆡ 俱궁夷잉라 ᄒᆞ니라 곳 닐곱 줄기를 가져 겨샤ᄃᆡ 王왕ᄀᆡ 出츓令령

12) 供養호리라: 供養ᄒᆞ(공양하다)-+-오(인칭, 의도)-+-리(미시)-+-라(←-다: 평종)
13) 出슈호ᄃᆡ: 出슈ᄒᆞ(명령을 내리다)-+-오ᄃᆡ(-되: 연어, 설명의 계속)
14) 고ᄌᆞ란: 곶(꽃, 花)+-ᄋᆞ란(-은: 보조사, 주제)
15) ᄎᆞ기: [안타까이, 섭섭이(부사): ᄎᆞᆨ(측, 惻)-+Ø(←-ᄒᆞ-: 형접)-+-이(부접)]
16) ᄀᆞᆫ가: ᄀᆞᆷ(←ᄀᆞᆶ다: 힘쓰다, 애쓰다, 力)-+-아(연어) ※ 'ᄀᆞᆶ다'가 'ᄀᆞᆷ다'로 표기된 것은 8종성에서 7종성으로 바뀌는 초기의 예로 볼 수 있다.
17) 맛나시니: 맛나[만나다, 遇: 맛(←맞다: 迎)-+나(出)-]-+-시(주높)-+-니(연어, 설명의 계속)
18) 녀펴니라: 녀편(여자, 아내, 女, 妻)+-이(서조)-+-라(←-다: 평종)
19) 나싫 저긔: 나(나다, 生)-+-시(주높)-+-ㅭ(관전)#적(때: 의명)+-의(-에: 부조, 위치, 시간)
20) 디여 가ᄃᆡ: 디(지다, 落)-+-여(←-어: 연어)#가(가다: 보용, 진행)-+-ᄃᆡ(←-오ᄃᆡ: -되, 연어, 설명의 계속)
21) 비췰ᄊᆡ: 비취(비치다, 照)-+-ㄹᄊᆡ(-므로: 연어, 이유)
22) 가져 겨샤ᄃᆡ: 가지(가지다, 持)-+-어(연어)#겨샤(←겨시다: 계시다, 보용, 완료 지속)-+-ᄃᆡ(←-오ᄃᆡ: -되, 연어, 설명의 계속)

·령을 저쌋·바 瓶뼝ㄱ 소·배 ᄀᆞ초·아 ·뒷·더
시·니 善쎤慧휑 精정誠쎵·이 至징極끅
ᄒᆞ실·씨 고·지 소사·나거·늘 조·차 블·러 ·사
아 지·라 ᄒᆞ신·대 俱궁夷잉 니ᄅᆞ샤·ᄃᆡ 大
땡闕궗·에 보·내ᅀᆞᄫᆞ·방 大땡闕궗은 큰 지·비·니 님금 겨·신 지
·비라 부텨·긔 받ᄌᆞᄫᆞᇙ 고·지·라 몯ᄒᆞ·리·라 善
쎤慧휑 니ᄅᆞ샤·ᄃᆡ 五옹百빅 銀은·도·ᄂᆞ

23) 저ᄊᆞᄫᆞ : 젛(두려워하다, 畏)- + -ᅀᆞᇦ(←-ᅀᆞᆸ- : 객높)- + -아(연어)
24) 瓶ㄱ 소배 : 瓶(병) + -ㄱ(-의 : 관조) # 솝(속, 안, 內) + -애(-에 : 부조, 위치)
25) ᄀᆞ초아 : ᄀᆞ초(감추다, 갖추다, 隱)- + -아(연어)
26) 뒷더시니 : 두(두다 : 보용, 완료)- + -Ø(← -어 : 연어) + 잇(←이시다 : 있다, 보용, 완료 지속)- + -더(회상)- + -시(주높)- + -니(연어, 설명의 계속, 이유)
27) 至極ᄒᆞ실씩 : 至極ᄒᆞ(지극하다)- + -시(주높)- + -ㄹ씩(-므로 : 연어, 이유)
28) 소사나거늘 : 소사나[솟아나다 : 솟(솟다, 噴)- + -아(연어) + 나(나다, 出)-]- + -거늘(연어, 상황)
29) 조차 : 좇(좇다, 따르다, 從)- + -아(연어)
30) 사아 지라 : 사(사다, 買)- + -아(연어) # 지(싶다 : 보용, 희망)- + -라(←-다 : 평종)
31) ᄒᆞ신대 : ᄒᆞ(하다, 謂)- + -시(주높)- + -ㄴ대(-는데, -니 : 연어, 반응)
32) 부텨긔 : 부텨(부처, 佛) + -긔(-께 : 부조, 상대, 높임)
33) 받ᄌᆞᄫᆞᇙ : 받(바치다, 獻)- + -ᄌᆞᇦ(←-ᄌᆞᆸ- : 객높)- + -오(대상)- + -ᇙ(관전)
34) 고지라 : 곶(꽃, 花) + -이(서조)- + -라(←-아 : 연어, 이유, 근거)
35) 몯ᄒᆞ리라 : 몯ᄒᆞ(못하다 : 보용, 부정)- + -리(미시)- + -라(←-다 : 평종)

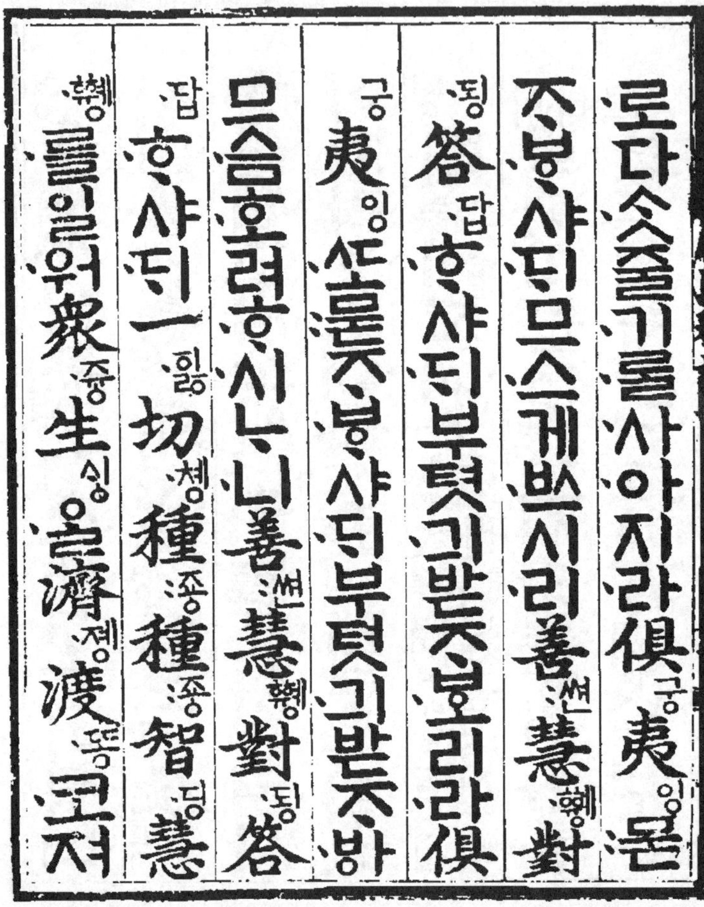
로다숫줄기ᄅᆞᆯ사아지라俱궁夷잉묻
ᄌᆞᄫᆞ샤ᄃᆡ므스게ᄡᅳ시리善쎤慧휑對
됭答답ᄒᆞ샤ᄃᆡ부텻긔받ᄌᆞᄫᆞ리라俱
궁夷잉ᄯᅩ묻ᄌᆞᄫᆞ샤ᄃᆡ부텻긔받ᄌᆞᄫᅡ
므슴호려ᄒᆞ시ᄂᆞ니善쎤慧휑對됭答
답ᄒᆞ샤ᄃᆡ一힗切쳉種죵種죵智딩慧
휑ᄅᆞᆯ일워衆즁生ᄉᆡᆼᄋᆞᆯ濟졩渡똥코져

36) 묻ᄌᆞᄫᆞ샤ᄃᆡ: 묻(묻다, 問)-+-ᄌᆞᇦ(←-ᄌᆞᆸ-: 객높)-+-ᄋᆞ샤(←-ᄋᆞ시-: 주높)-+-ᄃᆡ(←-오ᄃᆡ: -되, 연어, 설명의 계속)
37) 므스게: 므슥(무엇, 何: 지대)+-에(부조, 위치)
38) ᄡᅳ시리: ᄡᅳ(쓰다, 用)-+-시(주높)-+-리(의종, 반말)
39) 부텻긔: 부텨(부처, 佛)+-ㅅ긔(-께: 부조, 상대, 높임)
40) 받ᄌᆞᄫᆞ리라: 받(바치다, 獻)-+-ᄌᆞᇦ(←-ᄌᆞᆸ-: 객높)-+-오(인칭)-+-리(미시)-+-라(←-다: 평종)
41) 므슴: 무엇, 何(지대)
42) 호려: ᄒᆞ(하다, 爲)-+-오려(-려: 연어, 의도)
43) ᄒᆞ시ᄂᆞ니: ᄒᆞ(하다, 爲)-+-시(주높)-+-ᄂᆞ(현시)-+-니(의종, 반말)
44) 일워: 일우[이루다: 일(이루어지다, 成)-+-우(사접)-]-+-어(연어)
45) 一切種種(일체 종종): 모든 종류.
46) 濟渡코져: 濟渡ㅎ(←濟渡ᄒᆞ다: 제도하다, 구제하다)-+-고져(-고자: 연어, 의도)

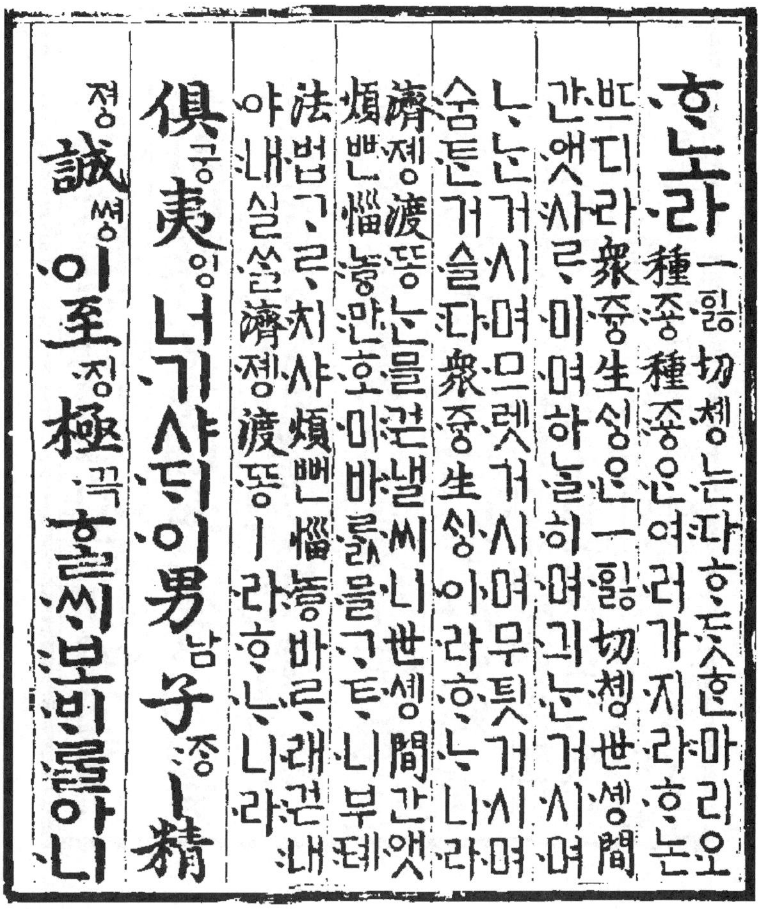
ᄒᆞ노라 一힗切쳉ᄂᆞᆫ 다ᄒᆞᄃᆞᆺ ᄒᆞᆫ 마리오 種종種종ᄋᆞᆫ 여러 가지라 ᄒᆞ논 ᄠᅳ디라 衆즁生ᄉᆡᆼᄋᆞᆫ 一힗切쳉世솅間간앳 사ᄅᆞ미며 하ᄂᆞᆯ히며 긔ᄂᆞᆫ 거시며 ᄂᆞᄂᆞᆫ 거시며 므렛 거시며 무틧 거시며 숨ᄐᆞᆫ 거슬 다 衆즁生ᄉᆡᆼ이라 ᄒᆞᄂᆞ니라 濟졩渡똥ᄂᆞᆫ 므를 건낼 씨니 世솅間간앳 煩뻔惱ᇹ 만호미 바ᄅᆞᆳ믈 ᄀᆞᄐᆞ니 부톄 法법ᄀᆞ로 치샤 煩뻔惱ᇹ 바ᄅᆞᆯ 내 건내야 내실 ᄊᆞᆯ 濟졩渡똥ㅣ라 ᄒᆞᄂᆞ니라

俱궁夷잉 너기샤ᄃᆡ 이 男남子ᄌᆞᆼㅣ 精졍誠쎵이 至징極끅ᄒᆞᆯ씨 보ᄇᆡ를 아니

47) ᄒᆞ노라 : ᄒᆞ(하다, 爲) + -ᄂᆞ(현시)- + -오(인칭)- + -라(← -다 : 평종)

48) 다ᄒᆞᄃᆞᆺ ᄒᆞᆫ : 다ᄒᆞ(다하다, 盡)- + -ᄃᆞᆺ(-듯 : 연어, 흡사) # ᄒᆞ(하다)- + -ㄴ(관전)

49) 世間앳 : 世間(세간, 일반 세상) + -애(-에 : 부조, 위치) + -ㅅ(-의 : 관조)

50) 하ᄂᆞᆯ히며 : 하ᄂᆞᆯㅎ(하늘, 天) + -이며(접조)

51) 긔ᄂᆞᆫ 거시며 : 긔(기다, 匍)- + -ᄂᆞ(현시)- + -ㄴ(관전) # 것(것 : 의명) + -이며(접조)

52) 므렛 거시며 : 믈(물, 水) + -에(부조, 위치) + -ㅅ(-의 : 관조) # 것(것 : 의명) + -이며(접조)

53) 무틧 : 뭍(육지, 陸) + -의(-에 : 부조, 위치) + -ㅅ(관조)

54) 숨ᄐᆞᆫ : 숨ᄐᆞ[숨쉬다, 목숨을 받다, 살아 움직이다 : 숨(숨, 息) + ᄐᆞ(타다, 받다)-]- + -ㄴ(관전)

55) 건낼 : 건내[건너게 하다, 건네다, 渡 : 걷(걷다, 步)- + 나(나다, 나가다, 出)- + -ㅣ(사접)-]- + -ㄹ(관전)

56) 만호미 : 많(많다, 多)- + -옴(명전) + -이(주조)

57) 바ᄅᆞᆳ믈 : [바닷물 : 바ᄅᆞᆯ(바다, 海) + -ㅅ(관조, 사잇) + 믈(물, 水)]

58) 내실 ᄊᆞᆯ : 내(내다 : 내다, 보용)- + -시(주높)- + -ㄹ(관전) # ᄊᆞ(← ᄉᆞ : 것, 의명) + -ㄹ(목조)

59) 앗기놋다: 앗기(아끼다, 惜)-+-ᄂᆞ-(현시)-+-옷-(느낌)-+-다(평종)
60) 나소리니: 낫(←낫다: 바치다, 獻)-+-오-(인칭)-+-리-(미시)-+-니(연어, 설명의 계속)
61) 願ᄒᆞᆫᄃᆞᆫ: 願ᄒᆞ(원하다)-+-ㄴᄃᆞᆫ(-건대: 연어, 조건)
62) 그딋: 그듸[그대, 汝(인대, 예사 높임): 그(그: 지대)+-듸(접미, 높임)]+-ㅅ(-의: 관조)
63) 가시: 갓(아내, 妻)+-이(보조)
64) ᄃᆞ외아 지라: ᄃᆞ외(되다, 爲)-+-아(연어)#지(싶다: 보용, 희망)-+-라(←-다: 평종)
65) 조ᄒᆞᆫ: 좋(깨끗하다, 淨)-+-ᄋᆞᆫ(관전)
66) 일업슨: 일없[초연하다: 일(일, 事: 명사)+없(없다, 無)-]-+-은(관전)
67) 求ᄒᆞ노니: 求ᄒᆞ(구하다)-+-ᄂᆞ-(현시)-+-오-(인칭)-+-니(연어, 설명의 계속, 이유)
68) 죽사릿: 죽사리[죽살이, 生死: 죽(죽다, 死)-+살(살다, 生)-+-이(명접)]+-ㅅ(-의: 관조)
69) 둗디: 두(두다, 置)-+-Ø(←-어: 연어)+잇(있다: 보용, 완료 지속)-+-디(-지: 연어, 부정)
70) 몯호려다: 몯ᄒᆞ(못하다: 보용, 부정)-+-오-(인칭)-+-리-(미시)-+-어-(주민)-+-다(평종)
71) 젼ᄎᆡ니: 젼ᄎᆞ(까닭, 원인, 由)+-ㅣ(서조)-+-니(연어, 설명의 계속)
72) ᄃᆞ외요ᄆᆞᆯ: ᄃᆞ외(되다, 化)-+-욤(←-옴: 명전)+-ᄋᆞᆯ(목조)

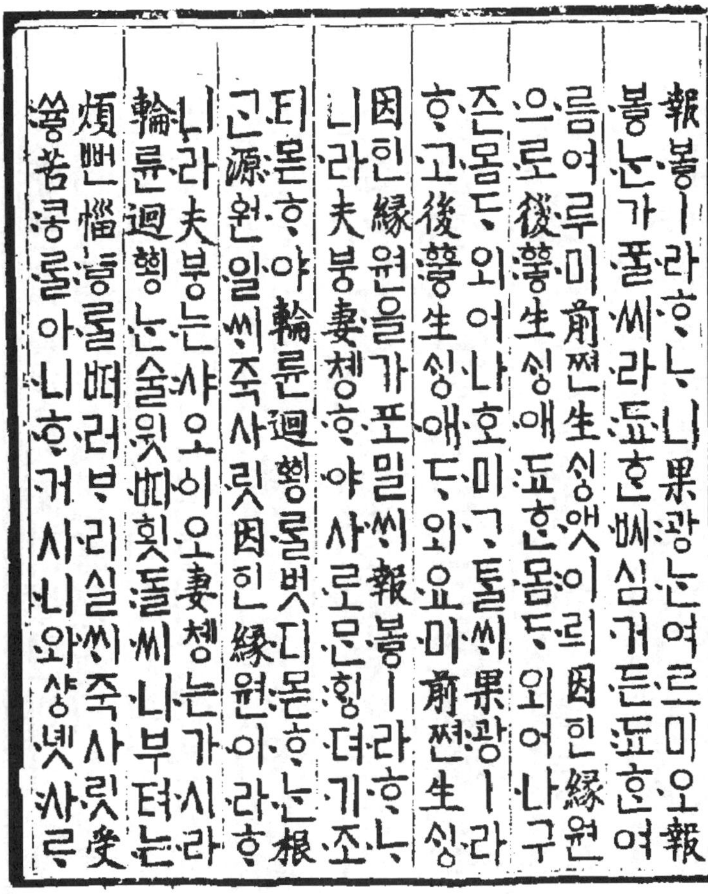
報봉ㅣ라 ᄒᆞᄂᆞ니 果광ᄂᆞᆫ 여르미오 報
봉ᄂᆞᆫ 가포밀씨라 됴ᄒᆞᆫ ᄡᅵ 심거든 됴ᄒᆞᆫ 여
름 여루미 前쪈生ᄉᆡᆼ앳 이리 因인緣원
으로 後ᅘᅮᇢ生ᄉᆡᆼ애 됴ᄒᆞᆫ 몸 ᄃᆞ외어나 구
즌 몸 ᄃᆞ외어나 호미 ᄀᆞ톨씨 果광ㅣ라
ᄒᆞ고 後ᅘᅮᇢ生ᄉᆡᆼ애 ᄃᆞ외요미 前쪈生ᄉᆡᆼ
因인緣원을 가포밀씨 報봉ㅣ라 ᄒᆞᄂᆞ
니라 夫붕妻쳉 ᄒᆞ야 사ᄅᆞᄆᆞᆫ 힝더기 조
티 몯ᄒᆞ야 輪륜迴ᅘᅬᆼ로 벗디 몯ᄒᆞᄂᆞᆫ 根
곤源원일씨 죽사릿 因인緣원이라 ᄒᆞ
ᄂᆞ니라 夫붕ᄂᆞᆫ 샤오이오 妻쳉ᄂᆞᆫ 가시라
輪륜迴ᅘᅬᆼᄂᆞᆫ 술윗ᄢᅵ 횟돌씨니 부텨ᄂᆞᆫ
煩뻔惱ᄂᇢ로ᄅᆞᆯ ᄠᅥ러ᄇᆞ리실씨 죽사릿 受
쓯苦콩ᄅᆞᆯ 아니 ᄒᆞ거시니와 샹녯 사ᄅᆞ

73) 여르미오: 여름[열매, 果: 열(열다, 實)- + -음(명접)] + -이(서조)- + -오(← -고: 연어, 나열)
74) 가포밀씨: 갚(갚다, 報)- + -옴(명전) + -이(서조)- + -ㄹ씨(-므로: 연어, 이유)
75) ᄡᅵ: 씨, 種(명사)
76) ᄃᆞ외어나: ᄃᆞ외(되다, 爲)- + -어나(← -거나: 연어, 선택)
77) 호미 ᄀᆞ톨씨: ᄒᆞ(하다)- + -옴(명전) + -이(부조, 비교) # ᄀᆞᇀ(같다, 如)- + -올씨(-므로: 연어, 이유)
78) 샤오이오: 샤옹(남편, 夫) + -이(서조)- + -오(← -고: 연어, 나열)
79) 가시라: 갓(아내, 妻) + -이(서조)- + -라(← -다: 평종)
80) 술윗ᄢᅵ: 술윗ᄢᅵ[수렛바퀴: 술위(수레, 車) + -ㅅ(관조, 사잇) + ᄢᅵ(바퀴, 輪)] + -Ø(주조)
81) 횟돌: 횟돌[횟돌다: 횟(접두, 강조)- + 돌(돌다, 回)-]- + -ㄹ(관전)
82) ᄠᅥ러ᄇᆞ리실씨: ᄠᅥ러ᄇᆞ리[떨쳐버리다: ᄠᅥᆯ(떨치다)- + -어(연어) + ᄇᆞ리(버리다: 보용, 완료)-]- + -시(주높)- + -ㄹ씨(-므로: 연어, 이유)
83) 아니 ᄒᆞ거시니와: 아니(부사, 부정) # ᄒᆞ(하다, 爲)- + -시(주높)- + -거…니와(-거니와: -지만, 연어, 대조)
84) 샹녯: 샹녜(보통, 常例) + -ㅅ(-의: 관조)

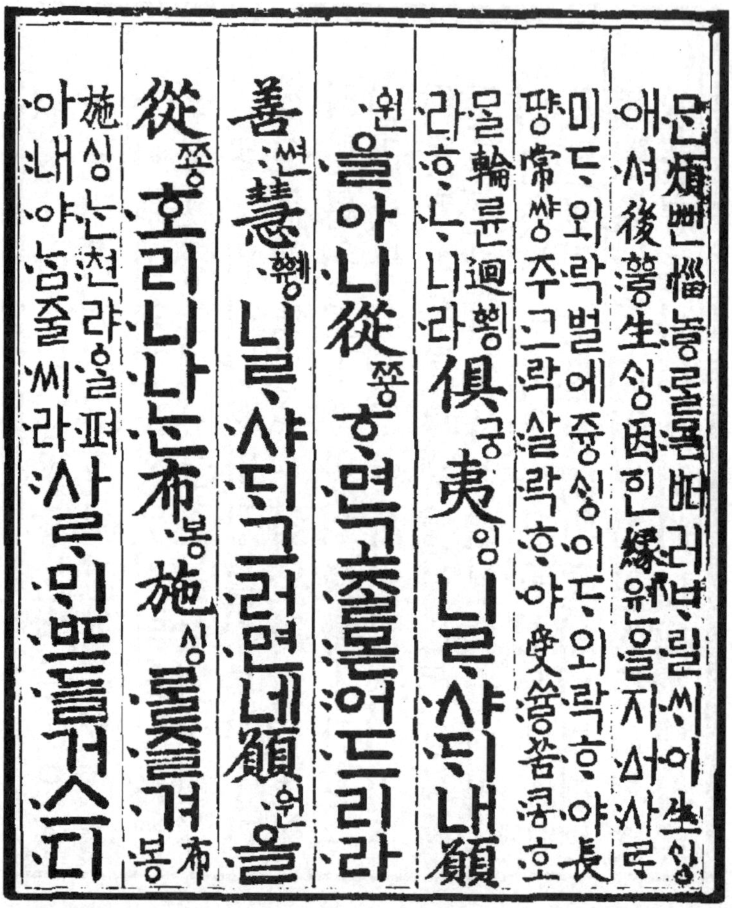
믄煩뻔惱놓ᄅᆞᆯ몯ᄇᆞ러ᄇᆞ릴ᄊᆡ이生ᄉᆡᆼ
애셔後ᅘᅮᇢ生ᄉᆡᆼ因ᅙᅵᆫ緣ᅌᅯᆫ을지ᅀᅥ사ᄅᆞᆷ
미ᄃᆞ외락벌에즁ᄉᆡᆼ이ᄃᆞ외락ᄒᆞ야長
땽常썅주그락살락ᄒᆞ야受ᄊᆢᇢ苦콩ᄒᆞ
믈輪륜迴ᅘᅬᆼ
라ᄒᆞᄂᆞ니라俱궁夷잉니ᄅᆞ샤ᄃᆡ내願
원을아니從쭁ᄒᆞ면고ᄌᆞᆯ몯어드리라
善쎤慧ᅘᅰᆼ니ᄅᆞ샤ᄃᆡ그러면네願원을
從쭁호리니나ᄂᆞᆫ布봉施싱ᄅᆞᆯ즐겨布봉
施싱ᄂᆞᆫ쳔랴ᇰ올펴
아내야ᄂᆞᆷ줄씨라사ᄅᆞ미ᄠᅳ들거스디

85) 지ᅀᅥ : 짓(← 짓다, ㅅ불 : 짓다, 製)- + -어(연어)
86) 벌에 : 벌레, 蟲.
87) 즁ᄉᆡᆼ : 짐승, 獸.
88) ᄃᆞ외락 : ᄃᆞ외(되다, 爲)- + -락(연어 : 서로 다른 동작의 반복)
89) 長常(장상) : 늘, 항상, 常(부사)
90) 從호리니 : 從ᄒᆞ(종하다, 따르다)- + -오(인칭)- + -리(미시)- + -니(연어, 설명의 계속)
91) 즐겨 : 즐기[즐기다, 樂 : 즑(즐거워하다)- + -이(사접)-]- + -어(연어)
92) 쳔랴ᇰ올 : 쳔량(재물, 財) + -올(목조)
93) 펴아 내야 : 펴(펴다, 伸)- + -아(연어) # 내[내다 : 나(나다, 出)- + -ㅣ(사접)-]- + -야(← -아 : 연어)
94) 줄 씨라 : 주(주다, 授)- + -ㄹ(관전) # ᄊᆞ(← ᄉᆞ : 것, 의명) + -ㅣ(서조)- + -라(← -다 : 평종)
95) 거스디 : 거스(← 거슬다 : 거스르다, 逆)- + -디(-지 : 연어, 부정)

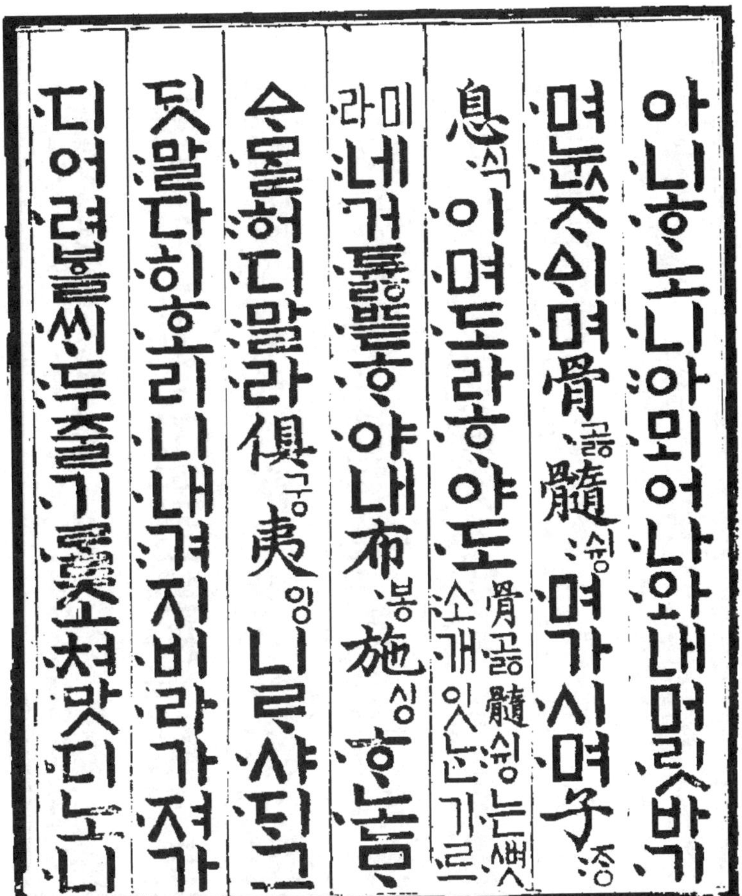

아니ᄒᆞ노니 아뫼어나 와 내 머릿바기며 눉ᄌᆞᅀᅵ며 骨곯髓쉉며 가시며 子ᄌᆞᆼ息식이며 도라 ᄒᆞ야도 骨곯髓쉉ᄂᆞᆫ ᄲᅧᆺ소개 잇ᄂᆞᆫ 기르미라 네 거틿 ᄠᅳᆮ ᄒᆞ야 내 布봉施싱ᄒᆞ논 ᄆᆞᅀᆞᄆᆞᆯ 허디 마ᄅᆞ라 俱궁夷잉 니ᄅᆞ샤ᄃᆡ 그딋 말 다히 호리니 내 겨지비라 가져가디 어려ᄫᅳᆯᄊᆡ 두 줄기ᄅᆞᆯ 조쳐 맛디노니

---

96) 아니ᄒᆞ노니 : 아니ᄒᆞ(아니하다 : 보용, 부정)- + -ᄂᆞ(현시)- + -오(인칭)- + -니(연어, 설명 계속)
97) 아뫼어나 : 아모(아무, 某 : 인대) + -ㅣ어나(-이거나 : 보조사, 선택)
98) 머릿바기며 : 머릿박[머리통 : 머리(머리, 頭) + -ㅅ(관조, 사잇) + 박(박, 桶)] + -이며(접조)
99) 눉ᄌᆞᅀᅵ며 : 눉ᄌᆞᅀᆞ[눈동자, 睛 : 눈(눈, 目) + -ㅅ(관조, 사잇) + ᄌᆞᅀᆞ(동자)] + -ㅣ며(접조)
100) 도라 : 도(주다, 달다, 授)- + -라(명종)
1) 거틿 : 거티(걸리다, 거리끼다, 碍)- + -우(대상)- + -ㅭ(관전)
2) 布施ᄒᆞ논 : 布施ᄒᆞ(보시하다)- + -ᄂᆞ(현시)- + -오(대상)- + -ㄴ(관전)
3) 허디 : 허(← 헐다 : 헐다, 毁)- + -디(-지 : 연어, 부정)
4) 그딋 : 그듸[그대, 汝(인대, 예사 높임) : 그(지대) + -듸(접미, 높임)] + -ㅅ(-의 : 관조)
5) 말 다히 : 말(말, 言) # 다히(대로, 같이 : 의명)
6) 호리니 : ᄒᆞ(하다, 爲)- + -오(인칭)- + -리(미시)- + -니(연어, 설명의 계속)
7) 겨지비라 : 겨집(여자, 女) + -이(서조)- + -라(← -아 : 연어, 이유, 근거)
8) 조쳐 : 조치[아우르다, 겸하다, 兼 : 좇(좇다, 從)- + -이(사접)-]- + -어(연어)
9) 맛디노니 : 맛디[맡기다 : 맜(맡다, 任)- + -이(사접)-]- + -ᄂᆞ(현시)- + -오(인칭)- + -니(연어, 이유)

부텻긔 받ᄌᆞᄫᅡ 生ᄉᆡᇰ生ᄉᆡᇰ애 願ᅌᅯᆫ을
일티 아니케 ᄒᆞ고라 그ᄢᅴ 燈등照ᅎᅾᇢ王
왕이 臣씬下ᅘᅡᆼ와 百ᄇᆡᆨ姓셩과 領령코
領령은 거느릴 씨라 種죵種죵 供공養양 가져 城
셩의 나아 부텨를 맛ᄌᆞᄫᅡ 저ᅀᆞᆸ고 일훔
난 고ᄌᆞᆯ 비터라 녀느 사ᄅᆞ미 供공養양
ᄆᆞ차ᄂᆞᆯ 善쎤慧ᅘᆌᆼ 다ᄉᆞᆺ 고ᄌᆞᆯ 비흐시니

---

10) 부텻긔 : 부텨(부처, 佛) + -ㅅ긔(-께 : 부조, 상대, 높임)
11) 받ᄌᆞ바 : 받(바치다, 獻)- + -ᄌᆞᇦ(← -ᄌᆞᆸ- : 객높)- + -아(연어)
12) 生生(생생) : 몇 번이든지 다시 환생하는 일이나 그런 때를 이른다. 중생이 나서 죽고 죽어서 다시 태어나는 윤회의 형태이다.
13) ᄒᆞ고라 : ᄒᆞ(하다, 爲)- + -고라(-여라 : 명종, 반말)
14) 그 ᄢᅴ : 그(그 : 관사) # ᄢᅴ(때, 時 : 의명)
15) 領코 : 領ㅎ(← 領ᄒᆞ다 : 영하다, 거느리다)- + -고(연어, 계기)
16) 맛ᄌᆞ바 : 맛(← 맞다 : 맞다, 迎)- + -ᄌᆞᇦ(← -ᄌᆞᆸ- : 객높)- + -아(연어)
17) 저ᅀᆞᆸ고 : 저ᅀᆞᆸ(저ᅀᆞᆸ다, 신이나 부처에게 절하다, 拜)- + -고(연어, 계기)
18) 비터라 : ᄇᆡᇂ(흩뿌리다, 散)- + -더(회상)- + -라(← -다 : 평종)
19) 녀느 : 다른, 他(관사)
20) ᄆᆞ차ᄂᆞᆯ : ᄆᆞᆾ(마치다, 終)- + -아ᄂᆞᆯ(-거늘 : 연어, 상황)
21) 비흐시니 : ᄇᆡᇂ(흩뿌리다, 散)- + -으시(주높)- + -니(연어, 설명의 계속, 이유)

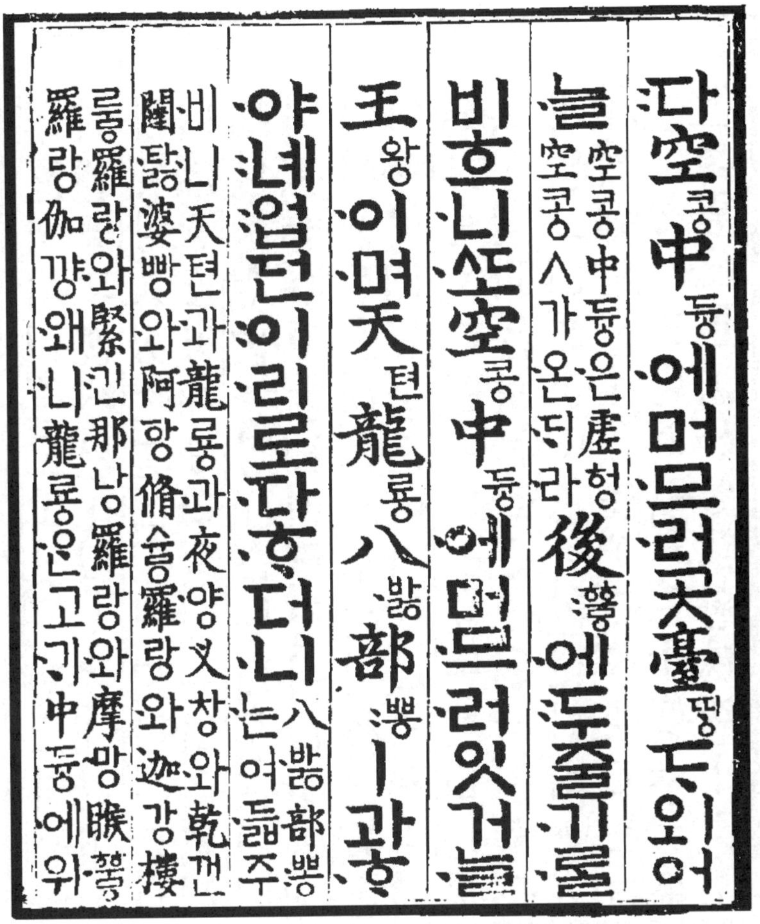
ㅅ다 空콩中듕에 머므럿 大臺띵 ᄃᆞ외어늘 空콩中듕은 虛헝空콩ㅅ 가온ᄃᆡ라 後ᅘᅮᇢ에 두줄기를 비ᄒᆞ니 ᄯᅩ 空콩中듕에 머므러 잇거늘 王왕이며 天텬龍룡八밣部뽕ㅣ 과ᄒᆞ야 네 업던 이리로다 ᄒᆞ더니 八밣部뽕ᄂᆞᆫ 여듧 주비니 天텬과 龍룡과 夜양叉창와 乾껀闥탏婆빵와 阿항脩슣羅랑와 迦강樓룽羅랑와 緊긴那낭羅랑와 摩망睺ᅘᅮᇢ羅랑伽꺙왜니 龍룡은 고기 中듕에 위

22) 곳: 곳(←곶: 꽃, 花)
23) 가온ᄃᆡ라: 가온ᄃᆡ(가운데, 中)+-Ø(서조)-+-라(←-다: 평종)
24) 머므러 잇거늘: 머믈(머물다, 留)-+-어(연어)#잇(←이시다: 있다, 보용, 완료 지속)-+-거늘(연어, 상황)
25) 天龍(천룡): 불법을 지키는 여덟 신장 가운데 제천(諸天)과 용신(龍神)을 이른다.
26) 八部(팔부): 사천왕에 딸린 여덟 귀신으로서, 건달바(乾闥婆), 비사사(毘舍闍), 구반다(鳩槃茶), 아귀, 제용중, 부단나(富單那), 야차(夜叉), 나찰(羅刹)이다.
27) 과ᄒᆞ야: 과ᄒᆞ(칭찬하다, 부러워하다, 讚)-+-야(←-아: 연어)
28) 이리로다: 일(일, 事)+-이(서조)-+-로(←-도-: 느낌)-+-다(평종)
29) 주비니: 주비(종류, 무리, 類)+-Ø(서조)-+-니(연어, 설명의 계속)
30) 摩睺羅伽왜니: 摩睺羅伽(마후라가)+-와(접조)+-ㅣ(주조)-+-니(연어, 설명의 계속)
31) 고기: 곡(←고기: 고기, 漁)+-ᄋᆡ(-의: 관조)
32) 위두ᄒᆞᆫ: 위두ᄒᆞ(爲頭ᄒᆞ다, 으뜸가다, 우두머리가 되다)-+-ㄴ(관전)

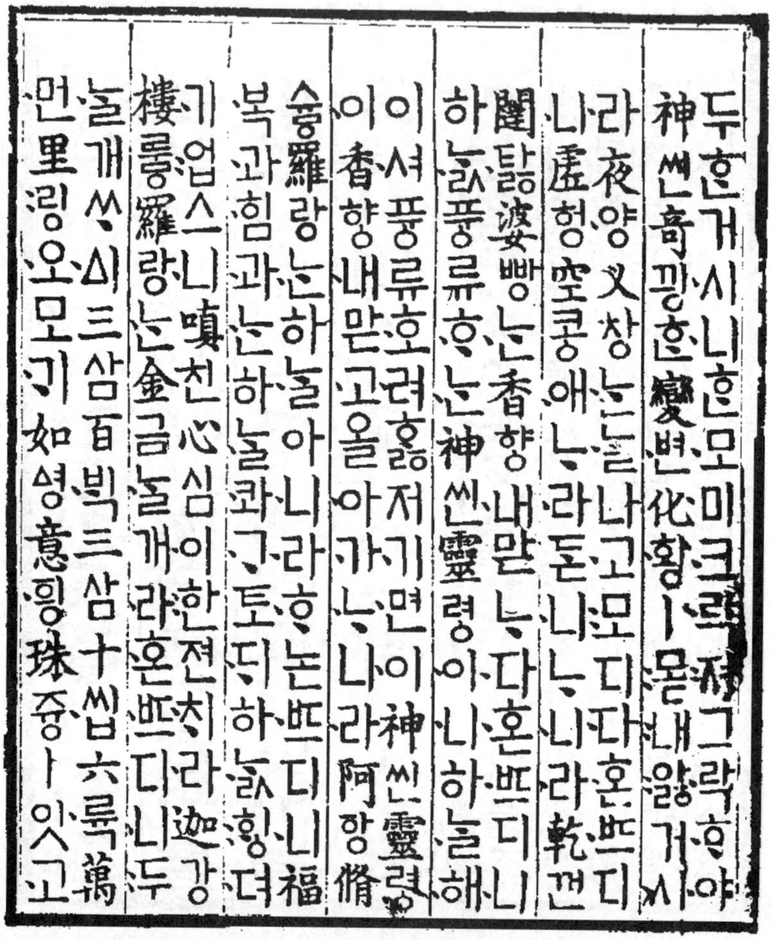

두ᄒᆞᆫ거시니ᄒᆞᆫ모미크락져그락ᄒᆞ야
神씬奇끵ᄒᆞᆫ變변化황ㅣ몯내ᄉᆞᆯᄫᆞᆯ거시라
라夜양叉창ᄂᆞᆫᄂᆞᆯ나고모디다ᄒᆞᆫᄠᅳ디
나虛헝空콩애ᄂᆞ라ᄃᆞᆫ니ᄂᆞ니라乾껀
闥탏婆빵ᄂᆞᆫ香향내맏ᄂᆞ다ᄒᆞᆫᄠᅳ디니
하ᄂᆞᇗ풍류ᄒᆞᄂᆞᆫ神씬靈령이니하ᄂᆞᆯ해
이셔풍류호려ᄒᆞᇙ저기면이神씬靈령
이香향내맏고올아가ᄂᆞ니라阿항脩
슝羅랑ᄂᆞᆫ하ᄂᆞᆯ아니라ᄒᆞ논ᄠᅳ디니福
복과힘과ᄂᆞᆫ하ᄂᆞᆯ콰ᄀᆞ토ᄃᆡ하ᄂᆞᇗ힝뎌
기업스니嗔친心심이한젼ᄎᆞ라迦강
樓롱羅랑ᄂᆞᆫ金금ᄂᆞᆯ개라ᄒᆞᆫᄠᅳ디니두
ᄂᆞᆯ개ᄊᆞ시三삼百ᄇᆡᆨ三삼十씹六륙萬
먼里링오모기如영意힁珠즁ㅣ잇고

---

33) 크락: 크(크다, 大)- + -락(연어: 대립되는 동작의 반복)

34) 몯내: [못내, 이루다 말할 수 없이(부사): 몯(못, 不: 부사, 부정) + -내(부접)] ※ 원문의 문맥으로 보아서 '몯내'를 '몯(못, 不)'의 강조적인 의미로 옮긴다.

35) ᄂᆞᆯ나고: ᄂᆞᆯ나[날래다, 速: ᄂᆞᆯ(날다, 飛)- + 나(나다, 出)-]- + -고(연어, 나열)

36) ᄂᆞ라ᄃᆞᆫ니ᄂᆞ니라: ᄂᆞ라ᄃᆞᆫ니[날아다니다: ᄂᆞᆯ(날다, 飛)- + -아(연어) + ᄃᆞᆮ(닫다, 走)- + 니(行)-]- + -ᄂᆞ(현시)- + -니(객믿)- + -라(←-다: 평종)

37) 맏ᄂᆞ다: 맏(←맡다: 맡다, 嗅)- + -ᄂᆞ(현시)- + -다(평종)

38) 풍류호려: 풍류ᄒᆞ(풍류하다, 風流)- + -오려(-려: 연어, 의도)

39) 올아가ᄂᆞ니라: 올아가[올라가다: 올(←오ᄅᆞ다: 오르다, 登)- + -아(연어) + 가(가다, 行)-]- + -ᄂᆞ(현시)- + -니(객믿)- + -라(←-다: 평종)

40) ᄒᆞ논: ᄒᆞ(하다, 謂)- + -ᄂᆞ(현시)- + -오(대상)- + -ㄴ(관전)

41) ᄀᆞ토ᄃᆡ: ᄀᆞᇀ(←ᄀᆞᆮᄒᆞ다: 같다, 同)- + -오ᄃᆡ(-되: 연어, 설명의 계속)

42) 嗔心(진심): 왈칵 성내는 마음이다.

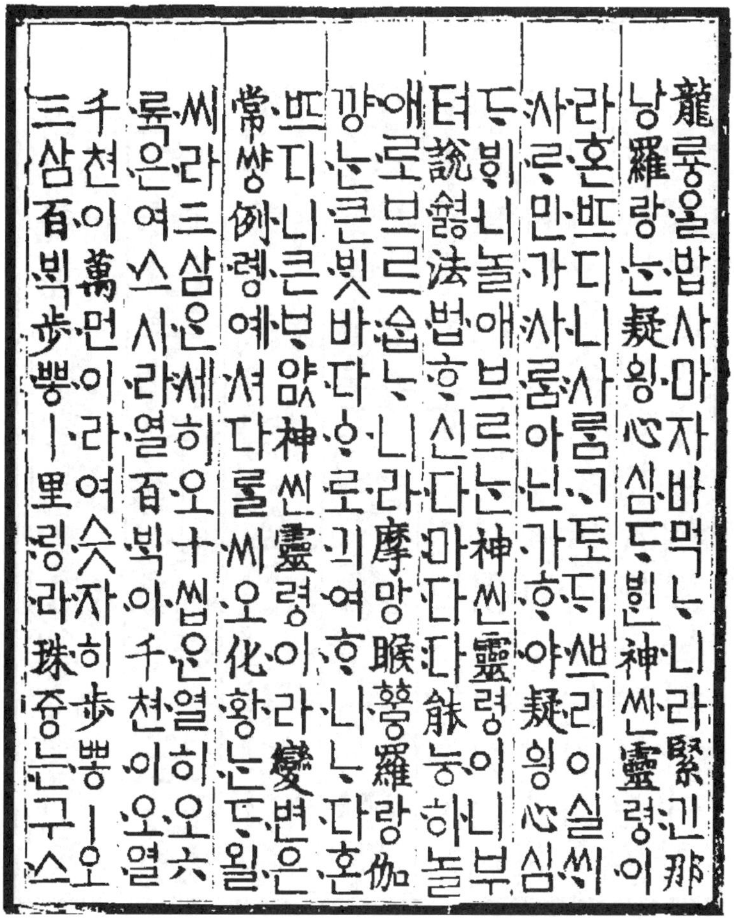

43) 疑心ᄃᆞᄫᆡᆫ : 疑心ᄃᆞᄫᆡ[의심스럽다 : 疑心(의심 : 명사) + -ᄃᆞᄫᆡ(-되- : 형접)-]- + -ㄴ(관전)
44) ᄲᅳ리 : ᄲᅳᆯ(뿔, 角) + -이(주조)
45) 사ᄅᆞ민가 : 사ᄅᆞᆷ(사람, 人) + -이(서조)- + -ㄴ가(-ㄴ가 : 의종, 1·3인칭, 판정)
46) 다마다 : 다(데, 곳, 處) + -마다(보조사, 각자)
47) 브르ᅀᆞᆸᄂᆞ니라 : 브르(부르다, 歌)- + -ᅀᆞᆸ(객높)- + -ᄂᆞ(현시)- + -니(객믿)- + -라(←-다 : 평종)
48) 빗 바다ᄋᆞ로 : 비(배, 腹) + -ㅅ(-의 : 관조) # 바당(바닥, 面) + -ᄋᆞ로(부조, 방편)
49) ᄀᆡ여 : ᄀᆡ(기다, 匍)- + -여(←-어 : 연어)
50) ᄒᆞ니ᄂᆞ다 : ᄒᆞ니(움직이다, 動)- + -ᄂᆞ(현시)- + -다(평종)
51) ᄇᆞ얎 : ᄇᆞ얌(뱀, 蛇) + -ㅅ(-의 : 관조)
52) 다ᄅᆞᆯ 씨오 : 다ᄅᆞ(다르다, 異)- + -ㄹ(관전) # ᄊᆞ(←ᄉᆞ : 것, 의명) + -ㅣ(서조)- + -오(←-고 : 연어, 나열)
53) 세히오 : 세ㅎ(세, 三 : 수사) + -이(서조)- + -오(←-고 : 연어, 나열)
54) 자히 : 자ㅎ(자, 尺 : 의명) + -이(주조)

리라[說웛은 니ᄅᆞᆯ 씨라] 普퐁光광佛뿛이 讚잔歎탄ᄒᆞ야 닐ᄋᆞ샤ᄃᆡ[讚잔歎탄ᄋᆞᆫ 기릴 씨라] 됴타 네 阿항僧승祇낑劫겁을 디나가 부텨 ᄃᆞ외야 號를 釋셕迦강牟뭉尼닝라 ᄒᆞ리라[號ᄂᆞᆫ 일훔 사마 브르ᄂᆞᆫ 거시라 釋셕迦강ᄂᆞᆫ 어딜며 ᄂᆞᄆᆞᆯ 어엿비 너기실 씨니 衆즁生ᄉᆡᆼ 爲윙ᄒᆞ야 世솅間간애 나샤ᄆᆞᆯ 숣고 牟뭉尼닝ᄂᆞᆫ 괴외ᄌᆞᆷᄌᆞᆷᄒᆞᆯ 씨니 智딩慧휑ㅅ 根근源원을 ᄉᆞᆯᄫᆞ니 釋셕迦강ᄒᆞ실 씨 涅녏槃빤애 아

---

55) 니ᄅᆞᆯ 씨라 : 니ᄅᆞ(이르다, 曰)-+-ㄹ(관전) #ᄊᆞ(←ᄉᆞ : 것, 의명)+-ㅣ(서조)-+-라(←-다 : 평종)

56) 됴타 : 둏(좋다, 好)-+-다(평종)

57) 阿僧祇 劫(아승기 겁) : 불교에서 사용하는 시간의 단위 중 하나이다. 아승기(阿僧祇) 역시 무한히 긴 시간 또는 수를 뜻하는 불교 용어로서 이를 수로 나타내면 10의 64승이고, 갠지스강의 모래 수를 의미하는 항하사(恒河沙)의 만 배에 해당한다. 그리고 '겁(劫)'은 천지가 한번 개벽한 뒤부터 다음 개벽할 때까지의 기간을 말한다.

58) 부텨 : 부텨(부처, 佛)+-ㅣ(보조)

59) 어엿비 : [불쌍히, 불쌍하게(부사) : 어엿브(불쌍하다, 憫)-+-이(부접)]

60) 나샤ᄆᆞᆯ : 나(나다, 現)-+-샤(←-시- : 주높)-+-ㅁ(←-옴 : 명전)+-ᄋᆞᆯ(목조)

61) 괴외ᄌᆞᆷᄌᆞᆷᄒᆞᆯ : 괴외ᄌᆞᆷᄌᆞᆷᄒᆞ[고요하고 잠잠하다 : 괴외('괴외ᄒᆞ다'의 어근 : 불어)+ᄌᆞᆷᄌᆞᆷ('ᄌᆞᆷᄌᆞᆷᄒᆞ다'의 어근 : 불어)-+-ᄒᆞ(형접)-]-+-ㄹ(관전)

62) ᄉᆞᆯᄫᆞ니 : ᄉᆞᇦ(←ᄉᆞᆲ다 : 아뢰다, 사뢰다, 奏)-+-ᄋᆞ니(연어, 설명의 계속)

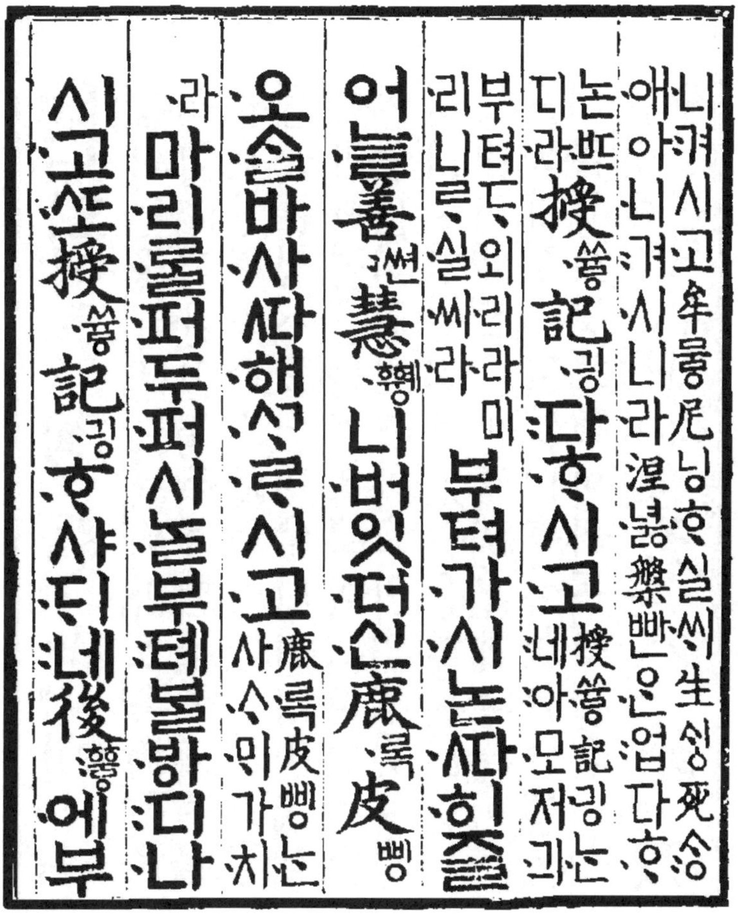
니겨시고 牟뭏尼닝ᄒᆞ실 씨 生ᄉᆡᆼ死ᄉᆞᆼ애 아니 니겨시니라 涅념槃빤ᄋᆞᆫ 업다 ᄒᆞᄂᆞᆫ ᄠᅳ디라 授쓩記긩ᄒᆞ시고 授쓩記긩ᄂᆞᆫ 네 아모 저긔 부텨 ᄃᆞ외리라 미리 니ᄅᆞ실 씨라 부텨 가시논 ᄯᅡ해 즐어늘 善쎤慧쀙 니버 잇더신 鹿록皮삥 오ᄉᆞᆯ 바사 ᄯᅡ해 ᄭᆞᄅᆞ시고 鹿록皮삥ᄂᆞᆫ 사ᄉᆞᄆᆡ 가치라 마리ᄅᆞᆯ 퍼 두퍼시늘 부텨 ᄇᆞᆯ바 디나시고 ᄯᅩ 授쓩記긩ᄒᆞ샤ᄃᆡ 네 後ᅘᅮᇢ에 부

---

63) 아모 : 아무, 某(관사)
64) 가시논 : 가(가다, 行)- + -시(주높)- + -ᄂᆞ(현시)- + -오(대상)- + -ㄴ(관전)
65) 즐어늘 : 즐(질다, 泥)- + -어늘(←-거늘 : 연어, 상황)
66) 니버 잇더신 : 닙(입다, 着)- + -어(연어) # 잇(←이시다 : 있다 : 보용, 완료 지속)- + -더(회상)- + -시(주높)- + -ㄴ(관전)
67) ᄯᅡ해 : ᄯᅡᇂ(땅, 地) + -애(-에 : 부조, 위치)
68) ᄭᆞᄅᆞ시고 : ᄭᆞᆯ(깔다, 藉)- + -ᄋᆞ시(주높)- + -고(연어, 계기)
69) 사ᄉᆞᄆᆡ 가치라 : 사ᄉᆞᆷ(사슴, 鹿) + -ᄋᆡ(-의 : 관조) # 갗(가죽, 皮) + -이(서조)- + -라(←-다 : 평종)
70) 퍼 : 프(펴다, 伸)- + -어(연어)
71) 두퍼시늘 : 둪(덮다, 蔽)- + -시(주높)- + -어…늘(-거늘 : 연어, 상황)
72) ᄇᆞᆯ바 : ᄇᆞᆲ(←ᄇᆞᆲ다, ㅂ불 : 밟다, 履)- + -아(연어)
73) 授記ᄒᆞ샤ᄃᆡ : 授記ᄒᆞ(수기하다)- + -샤(←-시- : 주높)- + -ᄃᆡ(←-오ᄃᆡ : -되, 연어, 설명 계속)
74) 네 : 너(너, 汝 : 인대) + -ㅣ(주조)

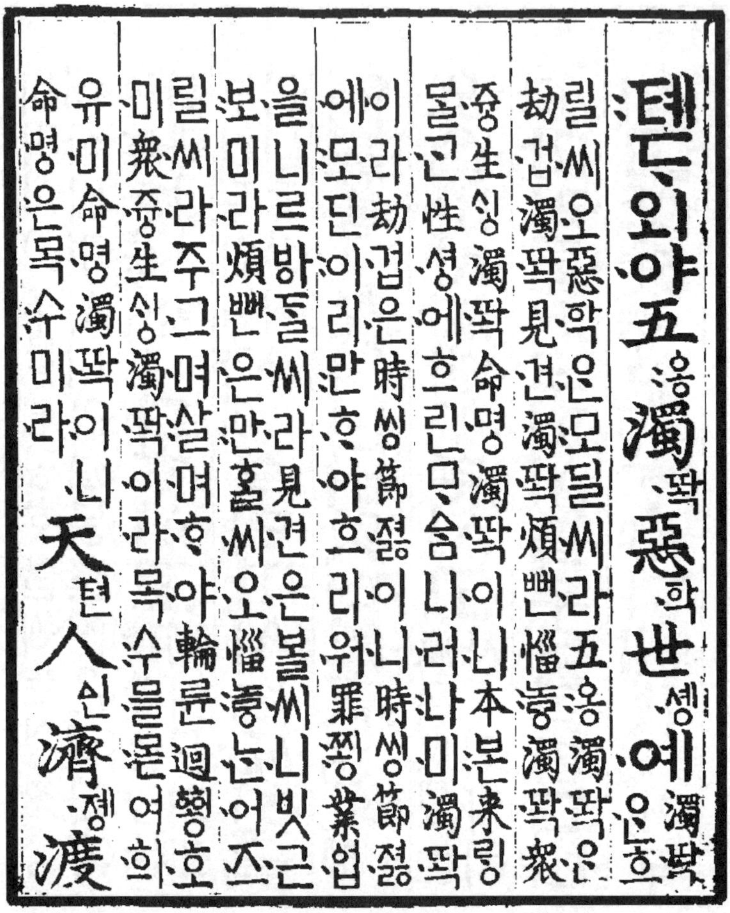

부톄외야五옹濁똭惡학世솅예濁똭ᄒᆞᆫ 릴씨오惡학ᄋᆞᆫ모딜씨라五옹濁똭ᄋᆞᆫ 劫겁濁똭見견濁똭煩뻔惱놓濁똭衆 중生싱濁똭命명濁똭이니本본來링 몰ᄀᆞᆫ性셩에흐린ᄆᆞᅀᆞᆷ니러나미濁똭 이라劫겁은時씽節졇이니時씽節졇 에모딘이리만ᄒᆞ야흐리워罪쬥業업 을니르바ᄃᆞᆯ씨라見견은볼씨니빗근 보미라煩뻔은만ᄒᆞᆯ씨오惱놓ᄂᆞᆫ어즈 릴씨라주그며살며ᄒᆞ야輪륜迴횅ᄒᆞ 미衆중生싱濁똭이라목수믈몯여희 유미命명濁똭이니天텬人신濟졩渡 命명은목수미라

---

75) 부톄: 부텨(부처, 佛) + -ㅣ(보조)
76) 五濁(오탁): 세상의 다섯 가지 더러움이다.
77) 惡世(악세): 악한 일이 성행하는 나쁜 세상이다.
78) 니러나미: 니러나[일어나다: 닐(일다, 起)- + -어(연어) + 나(나다, 出)-]- + -ㅁ(←-옴: 명전) + -이 (주조)
79) 만ᄒᆞ야: 만ᄒᆞ(많다, 多)- + -야(←-아: 연어)
80) 흐리워: 흐리우[흐리게 하다: 흐리(흐리다, 濁)- + -우(사접)-]- + -어(연어)
81) 니르바ᄃᆞᆯ: 니르받[일으키다, 惹起: 닐(일다, 起)- + -으(사접)- + -받(강접)-]- + -ᄋᆞᆯ(관전)
82) 빗근: 빍(가로지다, 비뚤어지다, 横)- + -은(관전)
83) 보미라: 보(보다, 見)- + -ㅁ(←-옴: 명전) + -이(서조)- + -라(←-다: 평종)
84) 어즈릴: 어즈리[어지럽히다, 亂: 어즐(어질: 불어)- + -이(사접)-]- + -ㄹ(관전)
85) 여희유미: 여희(여의다, 別)- + -윰(←-움: 명전) + -이(주조)
86) 濟渡호ᄆᆞᆯ: 濟渡ᄒᆞ(제도하다)- + -옴(명전) + -ᄋᆞᆯ(목조)

ᄠᅳᆮ ᄒᆞ롬 ᄭᅥᆯ비 아니 ᄒᆞ미 당다이 나 ᄀᆞᆮᄒᆞ
리라 天텬人ᅀᅵᆫ은 하ᄂᆞᆯ콰 사ᄅᆞᆷ괘라 그 ᄢᅴ 善쎤慧ᅘᅨᆼ 부
텨ᇫ긔 가아 出츓家강 ᄒᆞ샤 世솅尊존ㅅ
긔 ᄉᆞᆯᄫᆞ샤ᄃᆡ 出츓家강ᄋᆞᆫ 날 씨오 家강ᄂᆞᆫ 지비니 집 ᄇᆞ리고 나가 머리
갓ᄀᆞᆯ 씨라 내 어저ᄭᅴ 다ᄉᆞᆺ 가지 ᄭᅮ믈 ᄭᅮ우니
ᄒᆞ나ᄒᆞᆫ 바ᄅᆞ래 누ᄫᅳ며 ᄒᆞ나ᄒᆞᆫ 須슝彌밍
山산 올 볘며 須슝彌밍ᄂᆞᆫ ᄀᆞ장 놉다 ᄒᆞ논 ᄠᅳ디라 세ᄒᆞᆫ 衆

---

87) 썰비 : [어렵게, 難(부사) : 쎓(← 쎓다, ㅂ불 : 어렵다, 難)- + -이(부접)]
88) 아니 호미 : 아니(부사, 부정) # ᄒᆞ(하다, 爲)- + -옴(명전) + -이(주조)
89) 당다이 : [반드시, 마땅히, 必(부사) : 당당(마땅 : 불어) + -Ø(← -ᄒᆞ- : 형접)- + -이(부접)]
90) ᄀᆞᆮᄒᆞ리라 : ᄀᆞᆮᄒᆞ(같다, 如)- + -리(미시)- + -라(← -다 : 평종)
91) 하ᄂᆞᆯ콰 : 하ᄂᆞᆯㅎ(하늘, 天) + -과(접조)
92) 사ᄅᆞᆷ괘라 : 사ᄅᆞᆷ(사람, 人) + -과(접조) + -ㅣ(서조)- + -라(← -다 : 평종)
93) 부텨ᇫ긔 : 부텨(부처, 佛) + -ᇫ긔(-께 : 부조, 상대, 높임)
94) 갓ᄀᆞᆯ 씨라 : 갔(깎다, 削)- + -ᄋᆞᆯ(관전) # ᄉᆞ(← ᄉᆞ : 것, 의명) + -ㅣ(서조)- + -라(← -다 : 평종)
95) 어저ᄭᅴ : [어저께(명사) : 어저(← 어제 : 어제, 昨日) + -ㅅ(관조, 사잇) + 긔(거기에 : 의명)]
96) ᄭᅮ우니 : ᄭᅮ(꾸다, 夢)- + -우(인칭)- + -니(연어, 설명의 계속)
97) 볘며 : 볘(배개를 베다, 枕)- + -며(연어, 나열)
98) ᄒᆞ논 ᄠᅳ디라 : ᄒᆞ(하다, 謂)- + -ᄂᆞ(현시)- + -오(대상)- + -ㄴ(관전) # ᄠᅳᆮ(뜻, 意) + -이(서조)- + -라 (← -다 : 평종)

6. 內訓

<내훈, 內訓>은 성종의 어머니 소혜왕후(昭惠王后)가 1475년(성종 6)에 부녀자의 교육을 위해 편찬한 책이다.

<내훈>은 중국의 <열녀전, 列女傳>, <소학, 小學>, <여교, 女教>, <명감, 明鑑> 등에서 여자 행실에 꼭 필요한 내용을 뽑아서 책으로 엮은 것이다. 편자가 서문을, 상의(尙儀) 조씨(曺氏)가 발문을 붙였다. 이 책은 전체 3권으로 3책 또는 4책으로 묶었는데, 독립된 기사를 단위로 하여 한글로 토를 단 한문 원전을 앞에 배치하고 그 뒤에 한글 번역문을 실었다.

이 책의 체제를 내용으로 구분하면 전체 7장으로 짜였는데, 권 1의 <언행, 言行>은 부녀자의 기본적인 말과 행실, <효친, 孝親>은 부모 섬기기, <혼례, 婚禮>는 혼인의 예절에 대한 내용을 담고 있다. 권 2의 <부부, 夫婦>는 남편을 어떻게 대할 것인가를 담은 것으로 가장 많은 분량을 차지한다. 권 3의 <모의, 母儀>는 어머니로서의 자세, <돈목, 敦睦>은 친척과의 관계, <염검, 廉儉>은 사회 경제 생활의 자세를 담았다.

편찬 당시에 간행된 책은 전해지지 않으며 16세기 중간본의 제1책이 발견되었을 뿐이다. 그 뒤 1573년(선조 6)에 간행된 을해자본이 일본 나고야의 호사문고(蓬左文庫)에 있으며, 1611년(광해군 3) 훈련도감자로 인쇄한 것과, 1656년(효종 7) 목판으로 간행된 것이 국내에 있다. 후에 영조도 직접 소지(小識)를 붙이고 무신자(戊申字)로 인쇄하여 <어제내훈, 御製內訓>이라는 제목으로 1736년에 개간하였다.

여기에 실린 선조 6년(1573년) 판의 <내훈>은 'ㆆ, ㆅ, ㅸ, ㅱ, ㅿ, ㆁ'을 사용하는 등 소혜왕후가 1475년에 지은 원간본의 모습을 많이 보여 준다. 다만 원간본의 간행 시대인 15세기에 쓰인 연결 어미 '-마론' 뿐만 아니라 선조판의 간행 연대인 16기 후반에 쓰인 '-마ᄂᆞᆫ'이 함께 나타난다.

<내훈>은 한글로 된 여성 교훈서로서는 한국 최초의 문헌이라는 의의가 있다. 그리고 시기를 달리하면서 여러 번 간행되어 표기법은 물론 어휘와 문체의 변화가 잘 나타나 중세 국어의 연구에 중요한 자료가 된다. 하지만 이 책의 내용은 당시 전체 민중이 아니라 소수 지배층을 대상으로 한 책이라는 한계가 있다.

內訓卷第一

言行章第一

李氏女戒예曰ᄒᆞᄃᆡ 藏心이 爲情이오 出口ㅣ 爲
語ㅣ니 言語者ᄂᆞᆫ 榮辱之樞機며 親疎之大節
也ㅣ니 亦能離堅合異ᄒᆞ며 結怨興讎ᄒᆞᄂᆞ니 大者
則覆國亡家ᄒᆞ고 小者도 猶六親을 離間ᄒᆞᄂᆞ니
是以로 賢女ㅣ 謹口ᄂᆞᆫ 恐招恥謗이니 或在尊
前커니 或居閑處에 未嘗觸應答之語ᄒᆞ며 發諂
諛之言ᄒᆞ며 不出無稽之詞ᄒᆞ며 不爲調戲之事

ᄒᆞ며 不涉譏獨ᄒᆞ며 不處嫌疑니라
李(리)氏(씨)女(녀)戒(계)예 닐오ᄃᆡ ᄆᆞᅀᆞ매 ᄀᆞ
초아슈미 情(졍)이오 이베 내요미 마리니
마ᄅᆞᆫ 榮(영)華(화)와 辱(쇽)괏 지두릿 조가기
며 親(친)과 疎(소)왓 큰 ᄆᆞᄃᆡ니 ᄯᅩ 能(ᄂᆞᆼ)히 구
든 거슬 여희에 ᄒᆞ며 다ᄅᆞᆫ 거슬 몯게 ᄒᆞ며
怨(원)望(망)올 지ᅀᅳ며 寃(원)讎(슈)ᄅᆞᆯ 니ᄅᆞ왇
ᄂᆞ니 크닌 나라ᄒᆞᆯ 배며 지블 亡(망)ᄒᆞ고 져

---

1) ᄀᆞ초아슈미: ᄀᆞ초(갖추다, 藏)- + -아(연어) + 시(←이시다: 있다, 보용)- + -움(명전) + -이(주조)
2) 내요미: 내[내다: 나(나다, 出)- + -ㅣ(사접)-]- + -욤(←-옴: 명전) + -이(주조)
3) 辱괏: 辱(욕) + -과(접조) + -ㅅ(-의: 관조)
4) 지두릿: 지두리(지도리, 樞) + -ㅅ(-의: 관조)
5) 조가기며: 조각(조각, 片) + -이(서조)- + -며(연어, 나열)
6) 여희에: 여희(헤어지다, 여의다, 離)- + -에(←-게: 연어, 사동)
7) 몯게: 몯(모이다, 合)- + -게(연어, 사동)
8) 지ᅀᅳ며: 지ᇫ(←짓다, ㅅ불: 짓다, 만들다, 結)- + -으며(연어, 나열)
9) 니ᄅᆞ왇ᄂᆞ니: 니ᄅᆞ왇[일으키다: 닐(일어나다, 興)- + -ᄋᆞ(사접)- + -왇(강접)-]- + -ᄂᆞ(현시)- + -니(연어, 설명의 계속)
10) 크닌: 크(크다, 大)- + -ㄴ(관전) # 이(것: 의명) + -ㄴ(←-ᄋᆞᆫ: 보조사, 주제)
11) 배며: 배(뒤집다, 覆)- + -며(연어, 나열)
12) 亡ᄒᆞ고: '亡(망)ᄒᆞ게 ᄒᆞ고'의 오기이다.
13) 져그니도: 젹(적다, 小)- + -은(관전) # 이(것, 者: 의명) + -도(보조사, 첨가)

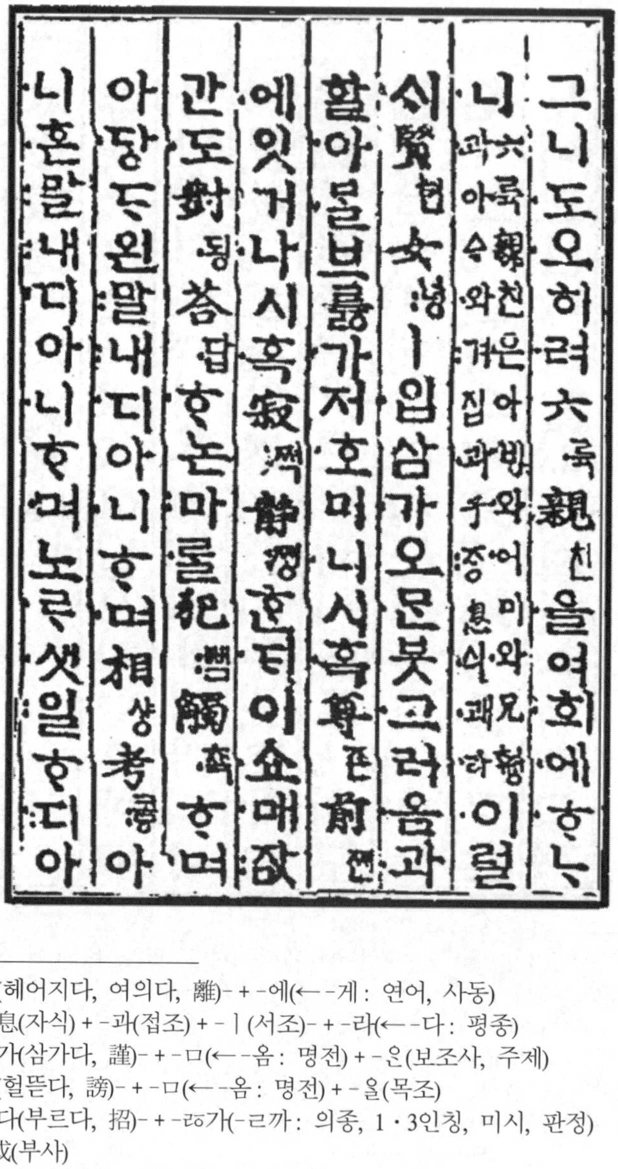
그니도오히려六륙親친을여희에ᄒᆞᄂᆞ
니六륙親친은아바와어미와兄형과아ᄋᆞ와겨집과子ᄌᆞ息식괘라이렬
싀賢현女녀ㅣ입삼가오ᄆᆞᆫ붓그러옴과
할아ᄆᆞᆯ브릃가저호미니시혹尊존前젼
에잇거나시혹寂젹靜쪙ᄒᆞᆫᄃᆡ이쇼매잇
간도對됭答답ᄒᆞ논마ᄅᆞᆯ犯뻠觸쵹ᄒᆞ며
아당ᄃᆞ왼말내디아니ᄒᆞ며相샹考콩아
니ᄒᆞᆫ말내디아니ᄒᆞ며노ᄅᆞ샛일ᄒᆞ디아

---

14) 여희에: 여희(헤어지다, 여의다, 離)- + -에(←-게: 연어, 사동)
15) 子息괘라: 子息(자식) + -과(접조) + -ㅣ(서조)- + -라(←-다: 평종)
16) 삼가오ᄆᆞᆫ: 삼가(삼가다, 謹)- + -ㅁ(←-옴: 명전) + -ᄋᆞᆫ(보조사, 주제)
17) 할아ᄆᆞᆯ: 할아(헐뜯다, 謗)- + -ㅁ(←-옴: 명전) + -ᄋᆞᆯ(목조)
18) 브릃가: 브르다(부르다, 招)- + -ㅭ가(-ㄹ까: 의종, 1·3인칭, 미시, 판정)
19) 시혹: 혹시, 或(부사)
20) 寂靜ᄒᆞᆫ: 寂靜ᄒᆞ(적정하다, 쓸쓸하고 고요하다)- + -ㄴ(관전)
21) 저호미니: 젛(두려워하다, 恐)- + -옴(명전) + -이(서조)- + -니(연어, 설명의 계속)
22) 對答ᄒᆞ논: 對答ᄒᆞ(대답하다)- + -ᄂᆞ(현시)- + -오(대상)- + -ㄴ(관전)
23) 犯觸ᄒᆞ며: 犯觸ᄒᆞ(범촉하다, 범하다, 거스르다)- + -며(연어, 나열)
24) 아당ᄃᆞ왼: 아당ᄃᆞ외[아첨스럽다: 아당(아첨, 諂: 명사) + -ᄃᆞ외(형접)-]- + -ㄴ(관전)
25) 相考(상고): 서로 견주어 보고 꼼꼼하게 따져서 검토하거나 참고하는 것이다.
26) 노ᄅᆞ샛: 노ᄅᆞᆺ[놀이, 장난, 戲: 놀(놀다, 遊)- + -ᄋᆞᆺ(명접)] + -애(-에: 부조, 위치) + -ㅅ(-의: 관조)

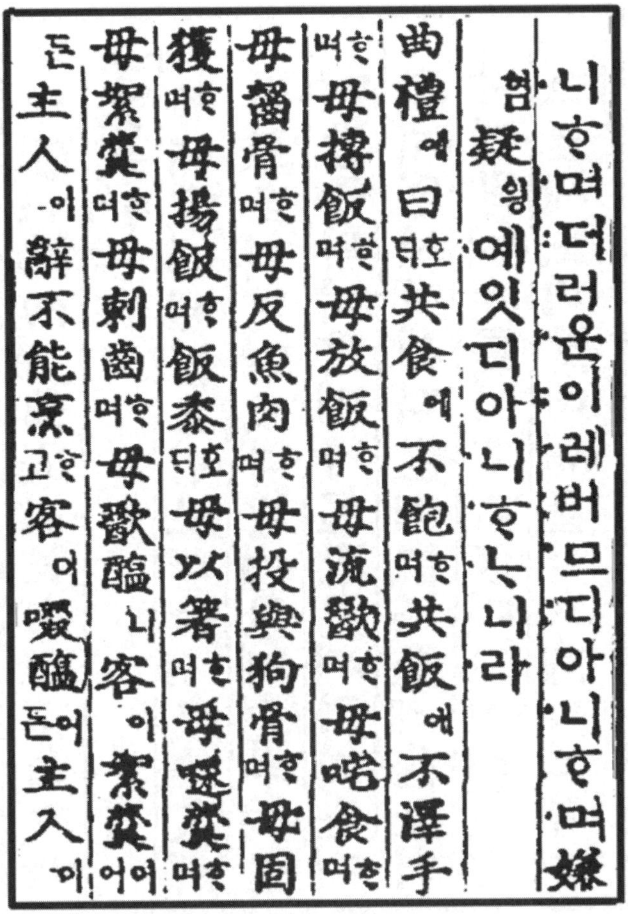
니ᄒᆞ며더러운이레버므디아니ᄒᆞ며嫌
혐疑읭예잇디아니ᄒᆞᄂᆞ니라
曲禮예曰호ᄃᆡ共食에不飽ᄒᆞ며共飯에不澤手
ᄒᆞ며毋摶飯ᄒᆞ며毋放飯ᄒᆞ며毋流歠ᄒᆞ며毋咤食ᄒᆞ며
毋齧骨ᄒᆞ며毋反魚肉ᄒᆞ며毋投與狗骨ᄒᆞ며毋固
獲ᄒᆞ며毋揚飯ᄒᆞ며飯黍호ᄃᆡ毋以箸ᄒᆞ며毋嚃羹ᄒᆞ며
毋絮羹ᄒᆞ며毋刺齒ᄒᆞ며毋歠醢니客이絮羹이어
ᄃᆞᆫ主人이辭不能烹ᄒᆞ고客이歠醢어ᄃᆞᆫ主人이

27) 버므디 : 버므(← 버믈다 : 얽매이다, 稽)- + -디(-지 : 연어, 부정)
28) 嫌疑예 : 嫌疑(혐의 : 꺼리고 미워함) + -예(← -에 : 부조, 위치)
29) 잇디 : 잇(← 이시다 : 處)- + -디(-지 : 연어, 부정)
30) 아니ᄒᆞᄂᆞ니라 : 아니ᄒᆞ(아니하다 : 보용, 부정)- + -ᄂᆞ(현시)- + -니(객민)- + -라(← -다 : 평종)

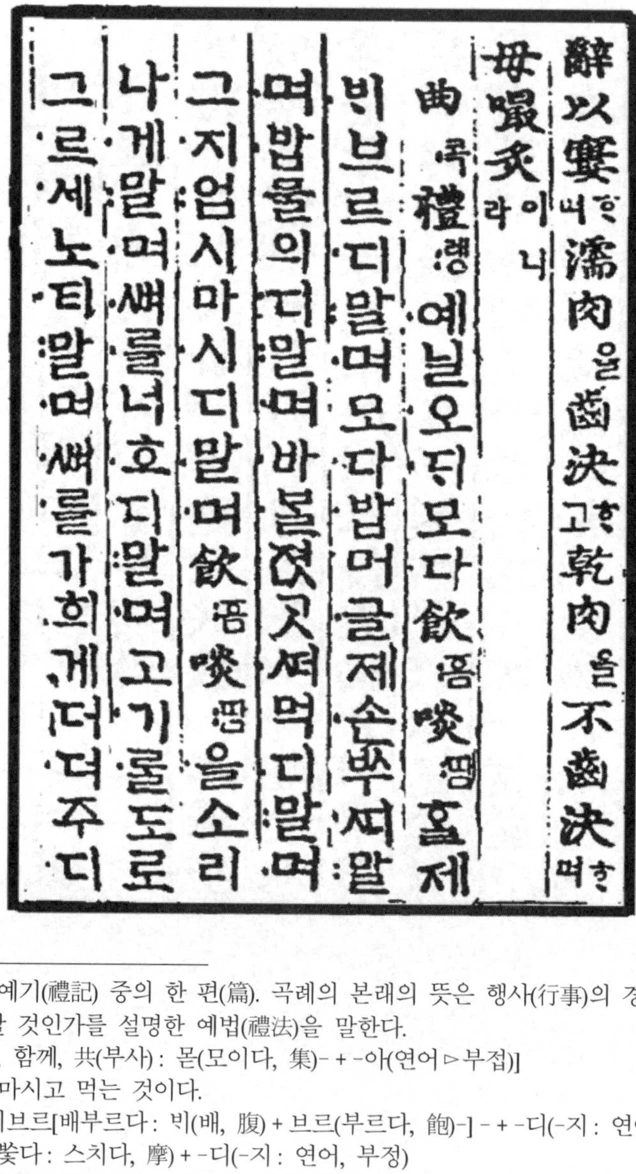
辭以窶ᄒᆞᄂᆡ 濡肉을 齒決ᄒᆞ고 乾肉을 不齒決ᄒᆞ며
毋嚃炙이니라
曲콕禮롕 예닐오ᄃᆡ 모다 飮ᅙᅳᆷ啖땀ᄒᆞᆯ 제
빈브르디 말며 모다 밥머글 제 손ᄡᅮ찌 말
며 밥물 물의디 말며 바볼 젼ᄀᆞᆺ ᄡᅥ먹디 말며
그지업시 마시디 말며 飮ᅙᅳᆷ啖땀을 소리
나게 말며 ᄡᅧ를 너호디 말며 고기를 도로
그르세 노티 말며 ᄡᅧ를 가히게 더뎌 주디

---

31) 곡례(曲禮) : 예기(禮記) 중의 한 편(篇). 곡례의 본래의 뜻은 행사(行事)의 경우 등에 몸가짐을 어떻게 할 것인가를 설명한 예법(禮法)을 말한다.
32) 모다 : [모두, 함께, 共(부사) : 몯(모이다, 集)- + -아(연어 ▷ 부접)]
33) 飮啖(음담) : 마시고 먹는 것이다.
34) 빗브르디 : 빗브르[배부르다 : 빗(배, 腹) + 브르(부르다, 飽)-] - + -디(-지 : 연어, 부정)
35) ᄡᅮ찌 : ᄡᅮᆺ(←ᄡᅮᆽ다 : 스치다, 摩) + -디(-지 : 연어, 부정)
36) 물의디 : 물의(뭉치다, 摶)- + -디(-지 : 연어, 부정)
37) 젼ᄀᆞᆺ : [한껏, 마음껏, 함부로(부사) : 젼(가장자리, 側) + -ㅅ(관조, 사잇) + ᄀᆞᆺ(가, 邊)]
38) ᄡᅥ먹디 : ᄡᅥ먹[떠먹다 : ᄡᅳ(뜨다, 放飯)- + -어(연어) + 먹(먹다, 食)-]- + -디(-지 : 연어, 부정)
39) 그지업시 : [그지없이, 끝없이(부사) : 그지(끝, 한도, 限 : 명사) + 없(없다, 無)- + -이(부접)]
40) 너흐디 : 너흐(←너흘다 : 씹다, 물어뜯다, 齧)- + -디(-지 : 연어, 부정)
41) 가희게 : 가ᄒᆡ(←가히 : 개, 犬) + -의(관조) # 게(거기에 : 의명) ※ '-의게'는 '-에게'로 의역한다.
42) 더뎌 : 더디(던지다, 投)- + -어(연어)

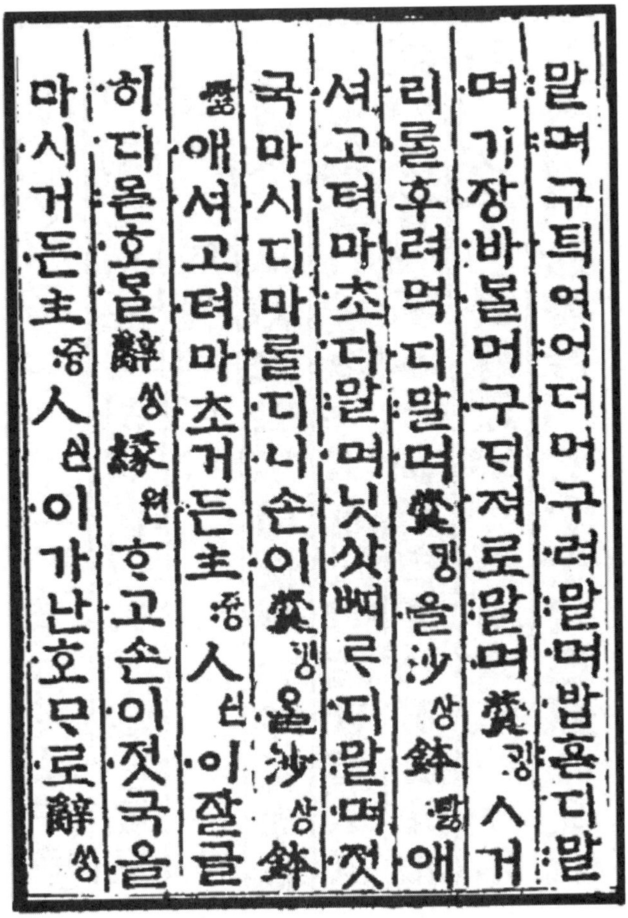
말며구틔여어더머구려말며밥흗디말
며기장바볼머구듸저로말며羹갱ㅅ거
리롤후려먹디말며羹갱을沙상鉢발애
셔고텨마초디말며닛삿ᄣᅵᄅᆞ디말며젓
국마시디마롤디니손이羹갱올沙상鉢발
애셔고텨마초거든主쥬人신이잘글
히디몯호몰辭상緣연ᄒᆞ고손이젓국올
마시거든主쥬人신이가난호ᄆᆞ로辭상

43) 어더머구려 : 어더먹[얻어먹다 : 얻(얻다, 得)- + -어(연어) + 먹(食)-]- + -우려(-으려 : 연어, 의도)
44) 흗디 : 흗(←흩다 : 흩다, 揚)- + -디(-지 : 연어, 부정)
45) 기장바볼 : 기장밥[기장밥 : 기장(기장, 黍) + 밥(밥, 飯)] + -올(목조)
46) 머구듸 : 먹(먹다, 食)- + -우듸(-되 : 연어, 설명의 계속)
47) 羹ㅅ거리롤 : 羹ㅅ거리[국거리 : 羹(갱 : 국) + -ㅅ(관조, 사잇) + 거리(건더기)] + -롤(목조)
48) 후려 : 후리(휘몰아 채다, 㘞)- + -어(연어)
49) 沙鉢애셔 : 沙鉢(사발) + -애셔(-에서 : 부조, 위치)
50) 마초디 : 마초[맞추다, 絜 : 맞(맞다, 當)- + -호(사접)-]- + -디(-지 : 연어, 부정)
51) 닛삿 : [잇새, 이 사이, 齒間 : 니(이, 齒) + -ㅅ(-의 : 관조) + 삿(←샅 : 사타구니, 사이, 間)]
52) ᄣᅵᄅᆞ디 : ᄣᅵᄅᆞ(찌르다, 刺)- + -디(-지 : 연어, 부정)
53) 마롤 디니 : 말(말다, 毋 : 보용)- + -올(관전) # ᄃᆞ(것 : 의명) + -이(서조)- + -니(연어, 설명 계속)
54) 글히디 : 글히[끓이다, 烹 : 긇(끓다, 湯)- + -이(사접)-]- + -디(-지 : 연어, 부정)
55) 辭緣ᄒᆞ고 : 辭緣ᄒᆞ(사연하다, 까닭을 말하다)- + -고(연어, 나열, 계기)
56) 가난호ᄆᆞ로 : 가난ᄒᆞ(가난하다)- + -옴(명전) + -ᄋᆞ로(-으로 : 부조, 방편, 이유)

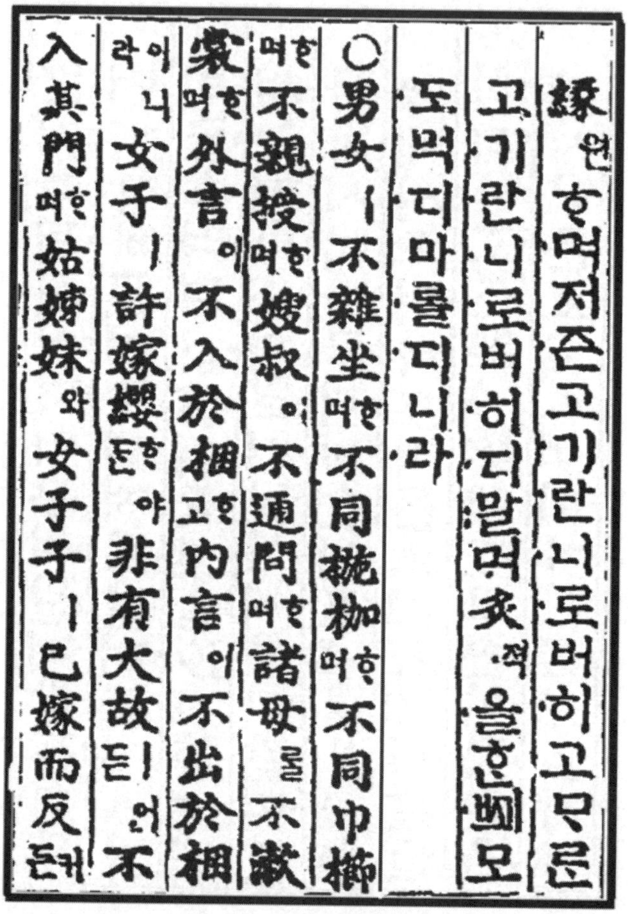

緣연ᄒᆞ며저즌고기란니로버히고므른
고기란니로버히디말며炙적을ᄒᆞᆫᄢᅴ모
도먹디마롤디니라
○男女ㅣ不雜坐ᄒᆞ며不同椸枷ᄒᆞ며不同巾櫛
ᄒᆞ며不親授ᄒᆞ며嫂叔이不通問ᄒᆞ며諸母롤不漱
裳ᄒᆞ며外言이不入於梱ᄒᆞ고內言이不出於梱
이니라女子ㅣ許嫁纓ᄒᆞ야든非有大故ㅣ어든不
入其門ᄒᆞ며姑姊妹와女子子ㅣ已嫁而反거든

---

57) 고기란 : 고기(고기, 肉) + -란(-는 : 보조사, 주제, 대조)
58) 니로 : 니(이, 齒) + -로(부조, 방편)
59) 버히고 : 버히[베다, 決 : 벟(베어지다)- + -이(사접)-]- + -고(연어, 나열)
60) 炙(적) : 어육(魚肉)이나 채소(菜蔬) 따위를 양념하여, 대꼬챙이에 꿰어 불에 굽거나 번철에 지진 음식(飮食)이다.
61) ᄒᆞᆫᄢᅴ : [함께, 同(부사) : ᄒᆞᆫ(한, 一 : 관사) + ᄢᅴ(때, 時 : 명사)]
62) 모도 : [모두, 悉(부사) : 몯(모이다, 會)- + -오(부접)]
63) 마롤 디니라 : 말(말다, 毋 : 보용, 부정, 금지)- + -오(대상)- + -ㄹ(관전) # ᄃᆞ(의명 : 것) + -ㅣ(서조)- + -니(객믿)- + -라(←-다 : 평종)

兄弟弗與同席而坐ᄒᆞ며 弗與同器而食이니라 남진과 겨집괘 섯거 앉디 말며 옷거리ᄅᆞᆯ ᄒᆞᆫᄃᆡ 말며 手슈巾건과 빗과ᄅᆞᆯ ᄒᆞᆫᄃᆡ 말며 親친히 심기디 말며 嫂수와 叔슉괘 무루믈 서르 말며 嫂수ᄂᆞᆫ 兄형의 겨지비오 叔슉은 남진의 兄형弟뎨라 아비고마ᄅᆞᆯ 아랫옷 셜이디 말며 밧긧 말ᄉᆞ미 門몬 안해 드리디 말오 안햇 말ᄉᆞ미 門몬 밧긔 내디 마ᄅᆞᆯ 디니라 겨지비 婚혼

---

64) 겨집괘 : 겨집(계집, 女, 아내, 妻) + -과(접조) + -ㅣ(주조)
65) 섯거 : 섥(섞이다, 섞다, 混)- + -어(연어)
66) 옷거리ᄅᆞᆯ : 옷거리[옷걸이, 椸 : 옷(옷, 衣) + 걸(걸다, 掛)- + -이(명접)] + -ᄅᆞᆯ(목조)
67) ᄒᆞᆫᄃᆡ : [한데, 한군데 : ᄒᆞᆫ(한, 一 : 관사) + ᄃᆡ(데, 處 : 의명)]
68) 빗과ᄅᆞᆯ : 빗(빗, 櫛) + -과(접조) + -ᄅᆞᆯ(목조)
69) 심기디 : 심기(주다, 전하다, 授)- + -디(-지 : 연어, 부정)
70) 叔괘 : 叔(숙, 시동생) + -과(접조) + -ㅣ(주조)
71) 무루믈 : 물(←묻다, ㄷ불 : 묻다, 問)- + -움(명전) + -을(목조)
72) 고마ᄅᆞᆯ : 고마(첩, 諸母) + -ᄅᆞᆯ(목조)
73) 셜이디 : 셜이[빨리다, 빨게 하다 : 셜(빨다, 漱)- + -이(사접)-]- + -디(-지 : 연어, 부정)
74) 밧긧 : 밝(밖, 外) + -의(-에 : 부조, 위치) + -ㅅ(-의 : 관조)
75) 드리디 : 드리[들이다 : 들(들다, 入)- + -이(사접)-]- + -디(-지 : 연어, 부정)
76) 내디 : 내[내다 : 나(나다, 出)- + -이(사접)-]- + -디(-지 : 연어, 부정)
77) 마ᄅᆞᆯ 디니라 : 말(毋 : 보용, 부정, 금지)- + -오(대상)- + -ㄹ(관전) # ᄃᆞ(것 : 의명) + -ㅣ(서조)- + -니(객민)- + -라(←-다 : 평종)

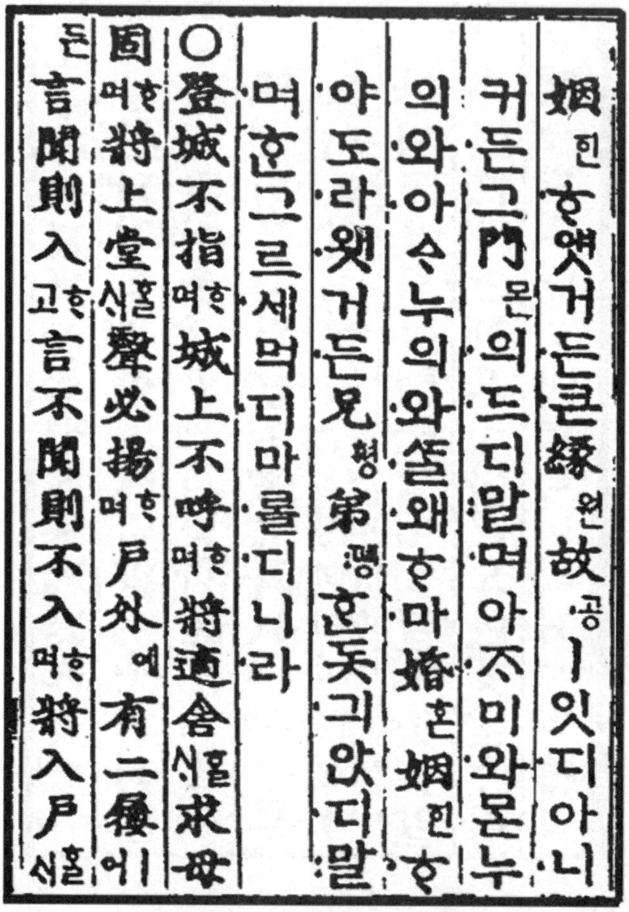

姻힌ᄒᆞ얫거든큰緣원故공ㅣ잇디아니
커든그門몬의드디말며아ᄌᆞ미와ᄆᆞᆮ누
의와아ᅀᆞ누의와ᄯᆞᆯ왜ᄒᆞ마婚혼姻힌ᄒᆞ
야도라왯거든兄형弟뗑ᄒᆞᆫ돗긔앉디말
며ᄒᆞᆫ그르세먹디마롤디니라
○登城不指ᄒᆞ며城上不呼ᄒᆞ며將適舍ᄒᆞᆯᄉᆡ求毋
固ᄒᆞ며將上堂ᄒᆞᆯᄉᆡ聲必揚ᄒᆞ며戶外예有二屨ㅣ어
든言聞則入ᄒᆞ고言不聞則不入ᄒᆞ며將入戶ᄒᆞᆯᄉᆡ

---

78) 婚姻ᄒᆞ얫거든: 婚姻ᄒᆞ(혼인하다)- + -야(←-아: 연어) + 잇(있다: 보용, 완료 지속)- + -거든(연어, 조건)
79) 아니커든: 아니ㅎ(←아니ᄒᆞ다: 아니하다, 보용, 부정)- + -거든(연어, 조건)
80) 드디: 드(←들다: 入)- + -디(-지: 연어, 부정)
81) 아ᄌᆞ미와: 아ᄌᆞ미(아주머니, 姑) + -와(←-과: 접조)
82) ᄆᆞᆮ누의와: ᄆᆞᆮ누의[맏누이, 姉: ᄆᆞᆮ(맏: 맏이, 昆) + 누의(누이, 姉)] + -와(←-과: 접조)
83) 아ᅀᆞ누이와: 아ᅀᆞ누이[누이동생, 妹: 아ᅀᆞ(아우, 弟) + 누이(누이, 妹)] + -와(←-과: 접조)
84) ᄯᆞᆯ왜: ᄯᆞᆯ(딸, 女) + -와(←-과: 접조) + -ㅣ(주조)
85) 도라왯거든: 도라오[돌아오다, 歸: 돌(돌다, 回)- + -아(연어) + 오(오다, 來)-]- + -아(연어) + 잇(있다: 보용, 완료 지속)- + -거든(연어, 조건)
86) 돗긔: 돗ㅎ(자리, 席) + -의(-에: 부조, 위치)
87) 앉디: 앉(←앉다: 앉다, 座)- + -디(-지: 연어, 부정)

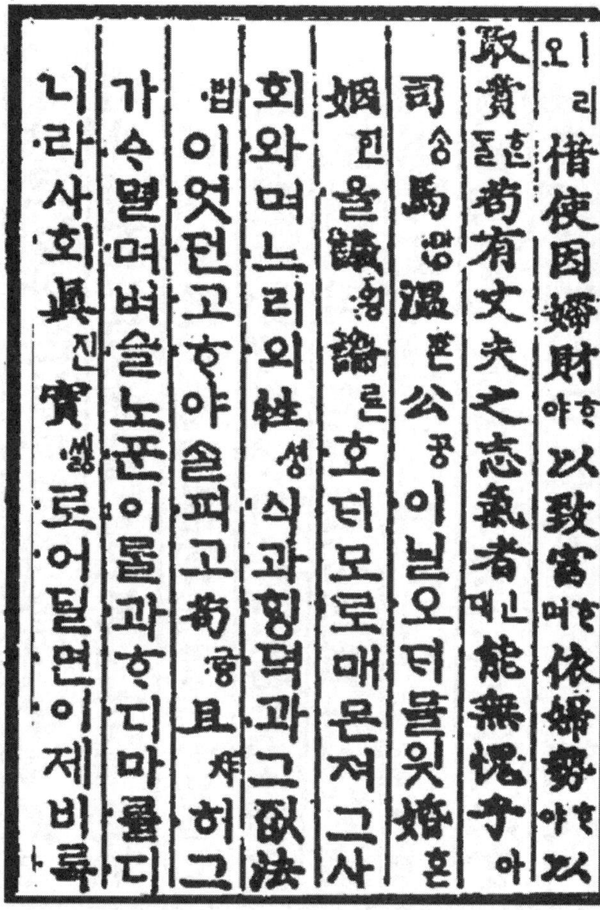

오리 借使因婦財ᄒᆞ야 以致富ᄒᆞ며 依婦勢ᄒᆞ야 以
取貴ᄒᆞᆫ돌 苟有丈夫之志氣者ㅣ면 能無愧乎아
司ᄉᆞ馬마溫온公공이 닐오ᄃᆡ 믈읫 婚혼
姻인을 議의論론호ᄃᆡ 모로매 몬져 그 사
회와 며느리의 性셩식과 힝뎍과 그 家法
법이 엇던고 ᄒᆞ야 ᄉᆞᆯ피고 苟구且챠히 그
가ᄉᆞ멸며 벼슬 노ᄑᆞᆫ 이ᄅᆞᆯ 과ᄒᆞ디 마ᄅᆞᆯ 디
니라 사회 眞진實실로 어딜면 이제 비록

---

88) 믈읫 : 무릇, 凡(부사)
89) 議論호ᄃᆡ : 議論ᄒᆞ(議論하다, 의논하다)- + -오ᄃᆡ(-되 : 연어, 설명의 계속)
90) 모로매 : 모롬지기, 반드시, 必(부사)
91) 사회와 : 사회(사위, 壻) + -와(← -과 : 접조)
92) 性식 : 성식(性息). 성질과 심정 또는 타고난 본성이다.
93) 힝뎍 : 행적(行績). 행위의 실적(實績)이나 자취이다.
94) 엇던고 : 엇더(← 엇더ᄒᆞ다 : 어떠하다, 何)- + -ㄴ고(-ㄴ가 : 의종, 1·3인칭, 설명)
95) 가ᄉᆞ멸며 : 가ᄉᆞ멸(부유하다, 富)- + -며(연어, 나열)
96) 과ᄒᆞ디 : 과ᄒᆞ(칭찬하다, 부러워하다, 慕)- + -디(-지 : 연어, 부정)
97) 마롤 디니라 : 말(말다, 毋 : 보용, 부정, 금지)- + -오(대상)- + -ㄹ(관전) # ᄃᆞ(것 : 의명) + -ㅣ(서조)- + -니(객믿)- + -라(← -다 : 평종)

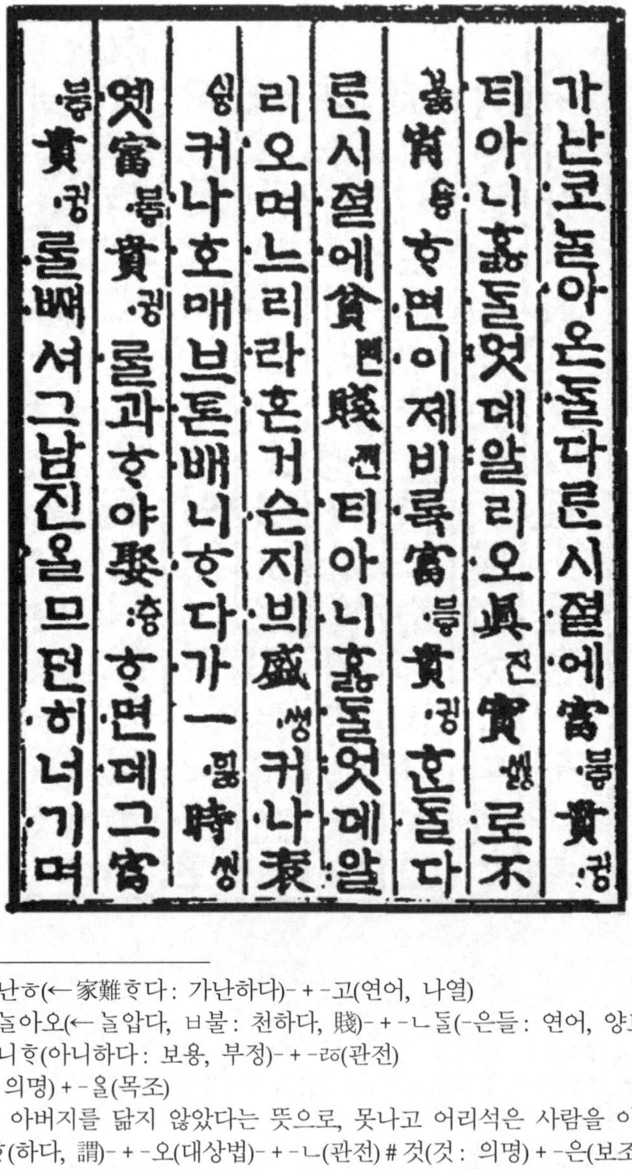

가난코 놀아온ᄃᆞᆯ 다ᄅᆞᆫ 시졀에 富붕貴귕
티 아니 홇ᄃᆞᆯ 엇뎨 알리오 眞진實씷로 不
붏肖숗ᄒᆞ면 이제 비록 富붕貴귕ᄒᆞᆫᄃᆞᆯ 다
ᄅᆞᆫ 시졀에 貧삔賤쪈티 아니 홇ᄃᆞᆯ 엇뎨 알
리오 며느리라 혼 거슨 지븨 盛씽ᄏᆞ나 衰
쇵ᄏᆞ나 호매 브톤 배니 ᄒᆞ다가 一힗時씽
옛 富붕貴귕ᄅᆞᆯ과 ᄒᆞ야 娶츙ᄒᆞ면 뎨 그 富
붕貴귕ᄅᆞᆯ ᄢᅧ셔 그 남지ᄂᆞᆯ 므던히 너기며

---

98) 가난코: 가난ㅎ(← 家難ᄒᆞ다: 가난하다)- + -고(연어, 나열)
99) 놀아온ᄃᆞᆯ: 놀아오(← 놀압다, ㅂ불: 천하다, 賤)- + -ㄴᄃᆞᆯ(-은들: 연어, 양보)
100) 아니홇: 아니ᄒᆞ(아니하다: 보용, 부정)- + -ㅭ(관전)
1) ᄃᆞᆯ: ᄃᆞ(것: 의명) + -ᆯ(목조)
2) 不肖(불초): 아버지를 닮지 않았다는 뜻으로, 못나고 어리석은 사람을 이르는 말이다.
3) 혼 거슨: ᄒᆞ(하다, 謂)- + -오(대상법)- + -ㄴ(관전) # 것(것: 의명) + -은(보조사, 주제)
4) 브톤 배니: 븥(붙다, 附)- + -오(대상)- + -ㄴ(관전) # 바(의명) + -ㅣ(서조)- + -니(연어, 설명 계속)
5) ᄒᆞ다가: 만일, 苟(부사)
6) 娶ᄒᆞ면: 娶ᄒᆞ(취하다: 장가들다, 아내를 맞이하다)- + -면(연어, 조건)
7) 뎨: 뎌(저, 彼: 인대) + -ㅣ(주조)
8) ᄢᅧ셔: ᄢᅵ(끼다, 挾)- + -어셔(-어서: 연어)
9) 므던히: [소홀히, 대수롭지 않게(부사): 므던(무던: 불어)- + -ᄒᆞ(형접)- + -이(부접)]

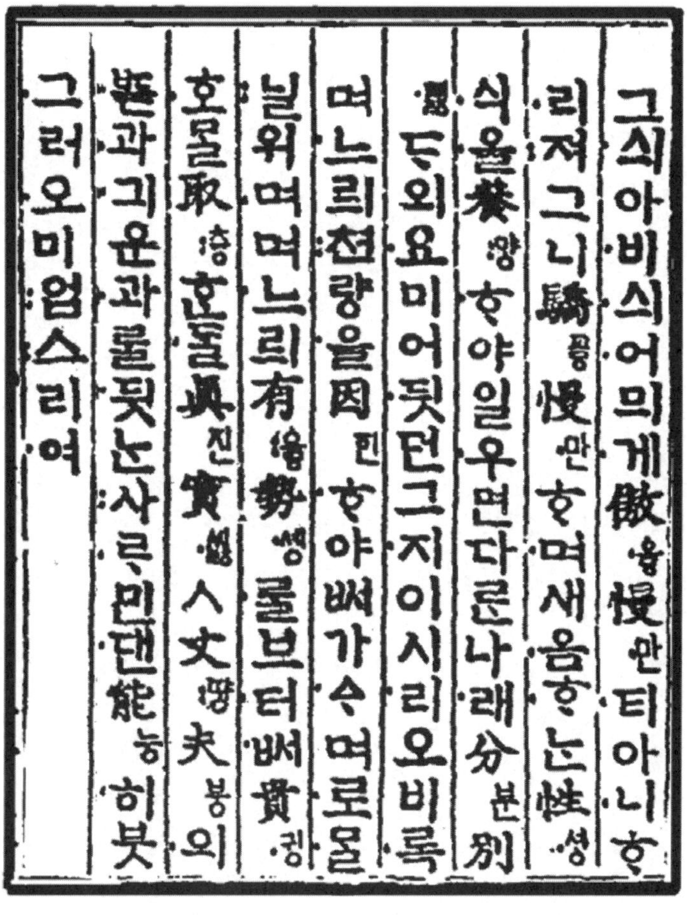

그 싀아비 싀어믜게 傲옹慢만티 아니ᄒᆞ리 져그니 驕굥慢만ᄒᆞ며 새옴ᄒᆞᄂᆞᆫ 性셩식올 養양ᄒᆞ야 일우면 다ᄅᆞᆫ 나래 分분別볋ᄃᆞ외요미 어듸뗜 그지 이시리오 비록 며느릐 쳔량을 因힌ᄒᆞ야 ᄲᅧ 가ᄉᆞ며로ᄆᆞᆯ 닐위며 며느리 有ᇰ勢솅ᄅᆞᆯ 브터 ᄲᅧ 貴귕ᄒᆞ몰 取츙ᄒᆞ논 眞진實씷人丈땽夫붕의 ᄠᅳᆮ과 긔운과ᄅᆞᆯ 뒷ᄂᆞᆫ 사ᄅᆞ미ᄆᆞᆫ댄 能능히 붓그러오미 업스리여

---

10) 어믜게 : 엄(← 어미 : 어머니, 母) + -의(관조) # 게(거기에 : 의명) ※ '-의 게'는 '-에게'로 옮긴다.
11) 아니ᄒᆞ리 : 아니ᄒᆞ(아니하다 : 보용, 부정)- + -ㄹ(관전) # 이(이 : 의명) + -Ø(주조)
12) 새옴ᄒᆞᄂᆞᆫ : 새옴ᄒᆞ(샘내다, 妬)- + -ᄂᆞ(현시)- + -ㄴ(관전)
13) 分別ᄃᆞ외요미 : 分別ᄃᆞ외[걱정되다 : 分別(걱정, 患) + -ᄃᆞ외(형접)-]- + -욤(← -옴 : 명전) + -이(주조)
14) 어듸뗜 : [← 어듸뗜(어찌, 何 : 부사) : 어듸(어디 : 지대) + -뗜(부접)]
15) 이시리오 : 이시(있다, 有)- + -리(미시)- + -오(← -고 : -느냐, 의종, 비인칭, 설명)
16) 며느릐 : 며늘(← 며느리 : 며느리, 子婦) + -의(관조)
17) 가ᄉᆞ며로ᄆᆞᆯ : 가ᄉᆞ멸(부유하다, 富)- + -옴(명전) + -ᄋᆞᆯ(목조)
18) 닐위며 : 닐위[이르게 하다, 致 : 닐(← 니르다 : 이르다, 至)- + -우(사접)- + -ㅣ(사접)-]- + -며(연어)
19) 뒷ᄂᆞᆫ : 두(두다, 持)- + -Ø(← -어 : 연어) + 잇(← 이시다 : 보용, 완결 지속)- + -ᄂᆞ(현시)- + -ㄴ(관전)
20) 사ᄅᆞ민댄 : 사ᄅᆞᆷ(사람, 人) + -이(서조)- + -ㄴ댄(-ㄴ데, -면 : 연어, 가정)
21) 붓그러오미 : 붓그러[← 붓그럽다, ㅂ불(부끄럽다, 愧) : 붓그리(부끄러워하다 : 동사)- + -업(형접)-]- + -옴(명전) + -이(주조)
22) 업스리여 : 없(없다, 無)- + -으리(미시)- + -여(← -가 : -느냐, 의종, 비인칭, 판정)

7. 杜詩諺解

<두시언해, 杜詩諺解>는 1481년(성종 12년)에 중국 당(唐)나라 두보(杜甫)의 시 전편을 52부(部)로 분류하여 한글로 번역한 시집(詩集)으로, 원명은 <분류두공부시언해, 分類杜工部詩諺解>이다. 곧 원(元)나라 때 편찬된 <찬주분류두시, 纂註分類杜詩>를 원본으로 삼아, 두보의 시 1,647편 전부와 다른 사람의 시 16편에 주석을 달고 풀이한 책이다. <두시언해>의 내용은 기행(紀行), 술회(述懷), 회고(懷古), 우설(雨雪), 산악(山嶽), 강하(江河), 문장(文章), 서화(書畵), 음악(音樂), 식물(植物), 조수(鳥獸), 충어(蟲魚), 화초(花草), 송별(送別), 경하(慶賀), 잡부(雜賦) 등 52부로 분류되어 있다.

초간본의 <두시언해>는 1443년(세종 25) 4월에 착수하여, 38년 만인 1481년(성종 12)에 비로소 간행된 한국의 첫 역시집(譯詩集)이다. 활자본으로 전 25권이 간행되었으나, 1~4권과 11~14권 등 모두 8권은 전하지 않는다.

초간본 <두시언해>에서는 세종이나 세조 당시에 쓰였던 'ㅸ, ㅱ, ㆅ' 등이 보이지 않는다. 또한 초성의 자리에 쓰인 'ㆁ'과 관형사형 어미 '-ㄹ' 다음에 쓰인 'ㆆ'이 나타나지 않으며, 각자병서의 글자도 보이지 않는다. 반면에 'ㅿ'과 종성의 자리에 쓰인 'ㆁ'은 그대로 사용되었고, 자음동화 현상이 뚜렷하지 않으며, 구개음화 현상이 나타나지 않는다.

중간본 <두시언해>는 1632년(인조 10) 3월에 경상감사 오숙(吳䎘)이 대구부사 김상복(金尙宓)에게 시켜 관하 각 읍에서 목판본 전 25권으로 분간(分刊)하게 한 것이다.

중간본 <두시언해>는 초간본을 내용을 17세기 초엽의 국어로 그대로 옮긴 것이다. 중간본이 발행된 시기와 초간본이 발행된 시기는 150여 년의 연대차가 있어, 곳곳에 17세기 초기의 어음(語音)이 반영된 흔적이 있다. 중간본에는 특히 'ㅿ'과 'ㆁ'의 글자가 쓰이지 않았고, 자음동화 현상에 따라 일부 표기가 달라졌으며, 구개음화 현상이 나타난다.

<두시언해>는 조선 시대의 국어의 음운 변천 과정을 연구함에 있어 귀중한 자료가 된다. 인조 때의 중간본은 현재도 각지에 산재하며 풍부한 어휘, 고풍(古風)의 문체, 초간본과 중간본 간의 언어적인 차이점 등으로 해서 국어국문학을 연구하는 데 중요한 문헌일 뿐만 아니라, 두보의 한시를 연구하는 데에도 좋은 자료로 인정받고 있다.

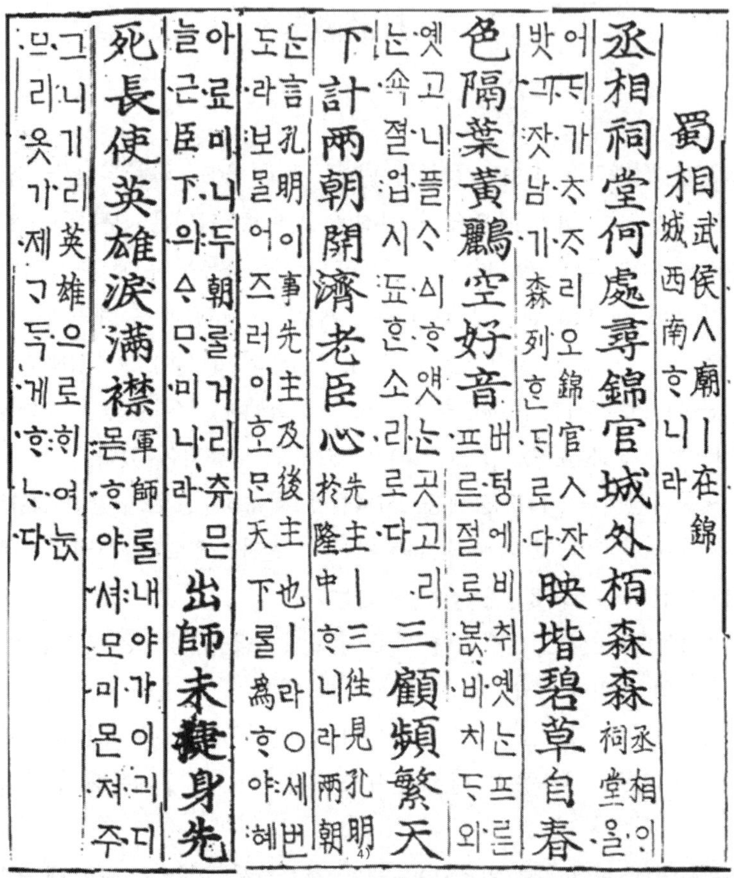

蜀相 武侯ㅅ廟ㅣ在錦城西南ᄒᆞ니라

丞相祠堂何處尋錦官城外栢森森 丞相ᄋᆡ 祠堂ᄋᆞᆯ 어·듸 가 ·ᄎᆞ·ᄌᆞ리오 錦官ㅅ 잣 밧·긔 ·잣남·기 森列ᄒᆞᆫ ·ᄃᆡ로·다 映堦碧草自春色隔葉黃鸝空好音 버·텅에 비취옛ᄂᆞᆫ 프른 ·프른 절·로 봆 ·비치 ᄃᆞ외옛고 ·니플 ᄉᆞ·ᄉᆡ ·ᄒᆞ얫ᄂᆞᆫ 곳고·리ᄂᆞᆫ ·쇽절·업시 됴ᄒᆞᆫ 소·리로·다 三顧頻繁天下計兩朝開濟老臣心 先主ㅣ 三往見孔明於隆中ᄒᆞ니라 兩朝ᄂᆞᆫ 言孔明이 事先主及後主也ㅣ라 ○세번 도·라보ᄆᆞᆯ 어ᄌᆞ러이 ᄒᆞ믄 天下ᄅᆞᆯ 爲ᄒᆞ야 ·혜아·료미니 두 朝ᄅᆞᆯ 거리츄믄 늘·근 臣下·ᄋᆡ ᄆᆞᅀᆞ·미니·라 出師未捷身先死長使英雄淚滿襟 軍師ᄅᆞᆯ 내야 ·가 이긔디 ·몯ᄒᆞ야셔 ·모·미 몬·져 주그니 기리 英雄으로 ·히여 눉·므리 ·옷가·제 ᄀᆞᄃᆞᆨ·게 ·ᄒᆞᄂᆞ·다

---

* **蜀相 (촉상)** : <촉나라의 정승>은 촉상(蜀相)은 촉나라의 정승이란 뜻인데 여기서는 제갈량을 이른다. 이 작품은 두보(杜甫)가 성도(成都)로 온 이듬해인 上元 元年(760년)에 지은 작품이다. [6:33]

1) 丞相(승상) : 옛 중국의 벼슬. 우리나라의 정승에 해당한다. 여기서는 제갈량을 가리킨다.
2) 차ᄌᆞ리오 : 찾(찾다, 尋)- + -ᄋᆞ리(미시)- + -오(←-고 : -느냐, 의종, 비인칭, 설명)
3) 잣남기 : 잣낡[잣나무, 柏 : 잣(잣) + 낡(←나모 : 나무, 木)] + -이(주조)
4) 森列ᄒᆞᆫ : 森列ᄒᆞ(삼렬하다, 촘촘하게 늘어서 있다)- + -ㄴ(관전)
5) 버텅 : 섬돌, 계단, 階(명사)
6) 비취옛ᄂᆞᆫ : 비취(비치다, 映)- + -여(←-어 : 연어) + 잇(←이시다 : 있다, 보용, 완료 지속)- + -ᄂᆞ(현시)- + -ㄴ(관전)
7) ᄃᆞ외옛고 : ᄃᆞ외(되다, 化)- + -여(←-어 : 연어) + 잇(←이시다 : 있다, 보용)- + -고(연어, 나열)
8) ᄉᆞᄉᆡᄒᆞ얫ᄂᆞᆫ : ᄉᆞᄉᆡᄒᆞ[사이하다, 隔 : ᄉᆞᄉᆡ(사이 : 명사) + -ᄒᆞ(동접)-]- + -야(←-아 : 연어) + 잇(←이시다 : 있다, 보용, 완료 지속)- + -ᄂᆞ(현시)- + -ㄴ(관전)
9) 혜아료미니 : 혜아리(헤아리다, 計)- + -옴(명전) + -이(서조)- + -니(연어, 설명의 계속)
10) 거리츄믄 : 거리치(구제하다, 濟)- + -움(명전) + -은(보조사, 주제)
11) ᄒᆡ여 : ᄒᆡ[시키다, 하게 하다, 使 : ᄒᆞ(하다)- + -ㅣ(사접)-]- + -여(←-어 : 연어)

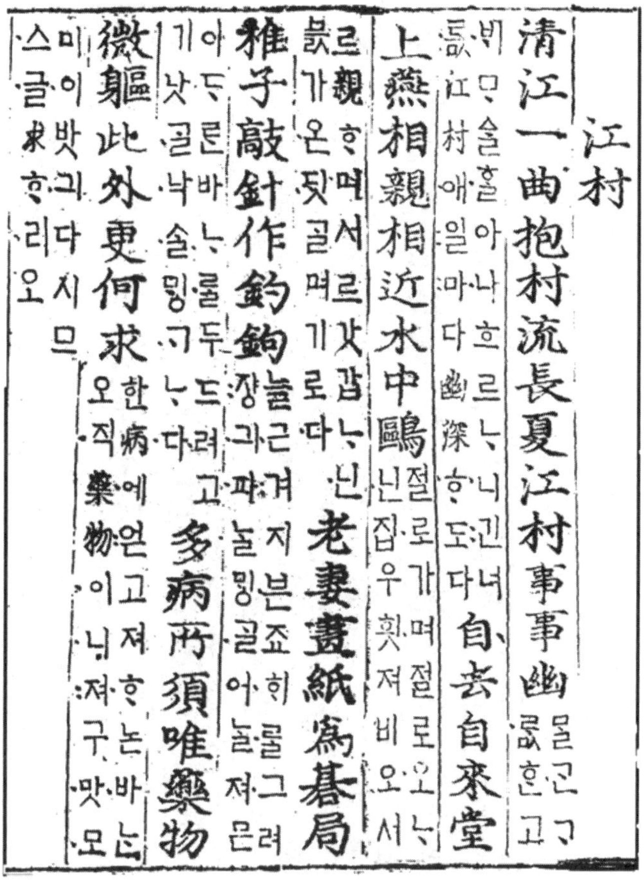

江村

淸江一曲抱村流 ᄆᆞᆯᄀᆞᆫ ᄀᆞᄅᆞᇝ ᄒᆞᆫ 고ᄫᆡ ᄆᆞᅀᆞᆯ ᄒᆞᆯ 아나 흐르ᄂᆞ니

長夏江村事事幽 긴 녀ᄅᆞᇝ 江村애 일마다 幽深ᄒᆞ도다

自去自來堂上燕 절로 가며 절로 오ᄂᆞ닌 집 우흿 져비오

相親相近水中鷗 서르 親ᄒᆞ며 서르 갓갑ᄂᆞ닌 믈 가온ᄃᆡ ᄀᆞᆯ며기로다

老妻畫紙爲碁局 늘근 겨지븐 죠ᄒᆡ롤 그려 쟝긔파ᄂᆞᆯ ᄆᆡᇰᄀᆞᆯ어ᄂᆞᆯ

稚子敲針作釣鉤 아ᄃᆞᄅᆞᆫ 바ᄂᆞᄅᆞᆯ 두드려 고기 낫ᄀᆞᆯ 낙ᄉᆞᆯ ᄆᆡᇰᄀᆞᄂᆞ다

多病所須唯藥物 한 病에 얻고져 ᄒᆞ논 바ᄂᆞᆫ 오직 藥物이니

微軀此外更何求 져구맛 모미 이 밧긔 다시 므스글 求ᄒᆞ리오

---

* **江村 (강촌)** : <강가의 마을>은 上元 元年(760년) 여름, 초당(草堂)을 지은 후의 작품이다.

1) 고ᄫᆡ : 고ᄫᆡ[구비, 曲 : 곱(굽다, 曲 : 형용사)- + -이(명접)] + -Ø(주조)

2) 녀ᄅᆞᇝ : 녀ᄅᆞᆷ(여름, 夏) + -ㅅ(-의 : 관조) ※ '녀ᄅᆞᆷ'은 '농사(農事)'의 뜻으로도 쓰인다.

3) 幽深ᄒᆞ도다 : 幽深ᄒᆞ(유심하다, 그윽하고 깊다)- + -도(느낌)- +-다(평종)

4) 오ᄂᆞ닌 : 오(오다, 來)- + -ᄂᆞ(현시)- + -ㄴ(관전) # 이(것 : 의명) + -ㄴ(← -ᄂᆞᆫ : 보조사, 대조)

5) 우흿 : 우ㅎ(위, 上 : 명사) + -의(-에 : 부조) + -ㅅ(-의 : 관조)

6) 갓갑ᄂᆞ닌 : 갓갑(가깝다, 近)- + -ᄂᆞ(현시)- + -ㄴ(관전) # 이(것 : 의명) + -ㄴ(← -ᄂᆞᆫ : 보조사, 대조)

7) ᄀᆞᆯ며기로다 : ᄀᆞᆯ며기(갈매기, 鷗) + -Ø(서조)- + -로(← -도- : 느낌)- + -다(평종)

8) 낫ᄀᆞᆯ : 낛[← 낚 : 낛(낚시, 釣 : 명사) + -Ø(동접)-]- + -ᄋᆞᆯ(관전)

9) 낙ᄉᆞᆯ : 낛(낚시, 釣鉤 : 명사) + -ᄋᆞᆯ(목조) ※ '낛-'과 '낚'은 어근이 '낚-'이었을 가능성이 있다.

10) ᄒᆞ논 바ᄂᆞᆫ : ᄒᆞ(하다, 爲)- + -ᄂᆞ(현시)- + -오(인칭, 대상)- + -ㄴ(관전) # 바(것 : 의명) + -ᄂᆞᆫ(보조사)

11) 져구맛 : 져구마(조금, 微 : 명사) + -ㅅ(-의 : 관조)

12) 求ᄒᆞ리오 : 求ᄒᆞ(구하다)- + -리(미시)- + -오(← -고 : -느냐, 의종, 비인칭, 설명)

春望

國破山河在 城春草木深 나라히 破亡ᄒᆞ니 뫼콰 ᄀᆞᄅᆞᆷ ᄲᅮᆫ 잇고 잣 앉 보ᄆᆡ 플와 나모 ᄲᅮᆫ 기펫도다

感時花濺淚 恨別鳥驚心 花鳥ᄂᆞᆫ 平時所玩이어ᄂᆞᆯ 今則見而濺淚ᄒᆞ며 聞而驚心ᄒᆞ니 時世를 可知로다 ○時節을 感嘆호니 고지 ᄂᆞᆫ므를 ᄡᅳ리게 코 여희여슈믈 슬후니 새 ᄆᆞᅀᆞᄆᆞᆯ 놀래ᄂᆞ다

烽火連三月 家書抵萬金 烽火ㅣ 석 ᄃᆞᄅᆞᆯ 니ᅀᅦ시니 지븻 音書ᄂᆞᆫ 萬金이 ᄉᆞ도다

白頭搔更短 渾欲不勝簪 셴 머리ᄅᆞᆯ 글구니 ᄯᅩ 뎌르니 다 빈혀ᄅᆞᆯ 이긔디 몯ᄒᆞᆯ ᄃᆞᆺᄒᆞ도다

---

* **春望 (춘망)** : <봄에 바라다>는 두보의 나이 46세 때(757년)에 봉선현에 기식하고 있는 처자를 만나러 갔다가 백수에서 안록산 군에 사로잡혀 장안에 연금되었을 때 지은 작품이다. [10:6]

1) 뫼콰 ᄀᆞᄅᆞᆷ ᄲᅮᆫ : 뫼ㅎ(산, 山) + -과(접조) # ᄀᆞᄅᆞᆷ(강, 江) # ᄲᅮᆫ(뿐 : 의명)

2) 기펫도다 : 깊(깊다, 深)- + -어(연어) + 잇(←이시다 : 보형, 완료 지속)- + -도(느낌)- + -다(평종)

3) 感嘆호니 : 感嘆ᄒᆞ(감탄하다)- + -오(인칭)- + -니(연어, 설명의 계속)

4) 코 : ㅎ(←ᄒᆞ다 : 하다, 使)- + -고(-고 : 연어, 나열)

5) 여희여슈믈 : 여희(이별하다, 別)- + -여시(←-어 이시- : 완료 지속)- + -움(명전) + -을(목조)

6) 슬후니 : 슳(슬퍼하다, 恨)- + -우(인칭)- + -니(연어, 설명의 계속)

7) 놀래ᄂᆞ다 : 놀래[놀라게 하다 : 놀라(놀라다, 驚)- + -이(사접)-]- + -ᄂᆞ(현시)- + -다(평종)

8) 니ᅀᅦ시니 : 닛(←닛다, ㅅ불 : 잇다, 繼)- + -어(연어) + 이시(있다 : 보형, 완료 지속)- + -니(연어, 설명의 계속, 이유)

9) 音書ᄂᆞᆫ : 音書(음서, 편지, 소식) + -ᄂᆞᆫ(보조사, 주제)

10) ᄉᆞ도다 : ᄉᆞ(그 만큼의 값이 있다, 값어치에 해당하다, 價)- + -도(느낌)- + -다(평종)

11) 글구니 : 긁(긁다, 搔)- + -우(인칭)- + -니(연어, 이유)

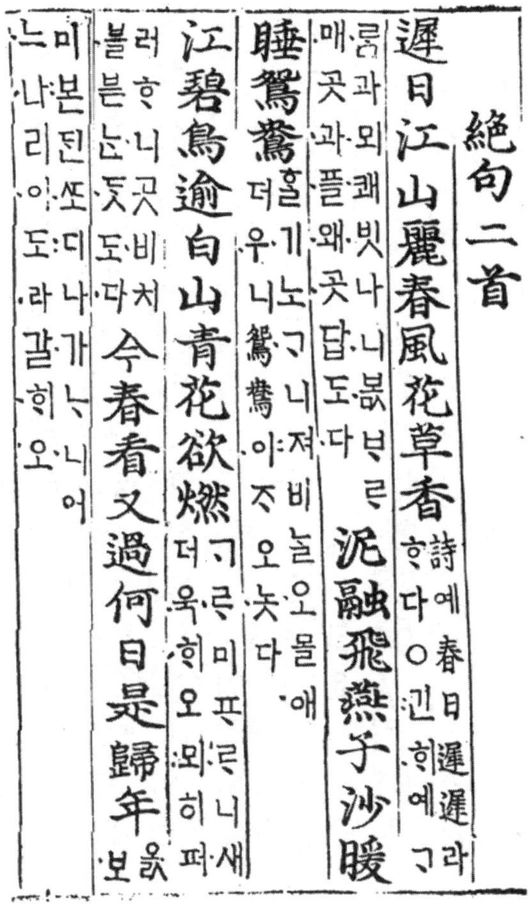
絶句二首

遲日江山麗 春風花草香 詩예 春日遲遲라 ᄒᆞ다 ○ 긴 ᄒᆡ예 ᄀᆞᄅᆞᇝ과 뫼쾌 빗나니 ᄇᆞᆷᄇᆞᄅᆞ매 곳과 플왜 곳답도다

泥融飛燕子 沙暖睡鴛鴦 흘기 노ᄀᆞ니 져비 ᄂᆞᆯ오 몰애 더우니 鴛鴦이 ᄌᆞ오ᄂᆞᆺ다

江碧鳥逾白 山青花欲燃 ᄀᆞᄅᆞ미 프ᄅᆞ니 새 더욱 ᄒᆡ오 뫼히 퍼러ᄒᆞ니 곳비치 블븐ᄂᆞᆫ ᄃᆞᆺ도다

今春看又過 何日是歸年 옰 보미 본ᄃᆞᆫ 또 디나가ᄂᆞ니 어ᄂᆞ 나리 이 도라갈 ᄒᆡ오

* **絶句二數 (절구이수)** : <절구>는 두보가 피난지 성도에서 지은 무제(無題)의 시이다. 눈 앞에 펼쳐진 화려한 봄의 정경 속에서 그 봄이 지나감을 아쉬워하며 고향에 대한 애틋한 그리움을 읊었다. [10:17]

1) 뫼쾌 : 뫼ㅎ(산, 山) + -과(접조) + -ㅣ(주조)
2) ᄇᆞᆷᄇᆞᄅᆞ매 : ᄇᆞᆷᄇᆞᄅᆞᆷ[봄바람, 春風 : ᄇᆞᆷ(春) + -ㅅ(-의 : 관조) + ᄇᆞᄅᆞᆷ(바람, 風)] + -애(-에 : 부조, 원인)
3) 곳답도다 : 곳답[향기롭다, 香 : 곳(←곶 : 꽃) + -답(형접)-]- + -도(느낌)- + -다(평종)
4) ᄌᆞ오ᄂᆞᆺ다 : ᄌᆞ오(←ᄌᆞ올다 : 졸다, 睡)- + -ᄂᆞ(현시)- + -ㅅ(느낌)- + -다(평종)
5) ᄒᆡ오 : ᄒᆡ(희다, 白)- + -오(←-고 : 연어, 나열)
6) 퍼러ᄒᆞ니 : 퍼러ᄒᆞ(퍼렇다, 靑)- + -니(연어, 이유)
7) 블븐ᄂᆞᆫ : 블븐[←불븓다, 燃 : 블(불, 火) + 븓(←븓다 : 붙다, 着)-]- + -ᄂᆞ(현시)- + -ㄴ(관전)
8) ᄃᆞᆺ도다 : ᄃᆞᆺ(듯 : 의명) # Ø(←ᄒᆞ다 : 하다)- + -도(느낌)- + -다(평종)
9) 본ᄃᆞᆫ : 보(보다, 看)- + -ㄴᄃᆞᆫ(-건대 : 연어, 조건)
10) 이 : 강조를 나타내는 관형사로서 한자 '是'의 직역이다. 여기서는 '바로 그'로 의역한다.
11) ᄒᆡ오 : ᄒᆡ(해, 年) + -오(←-고 : -인가, 보조사, 의문, 설명)

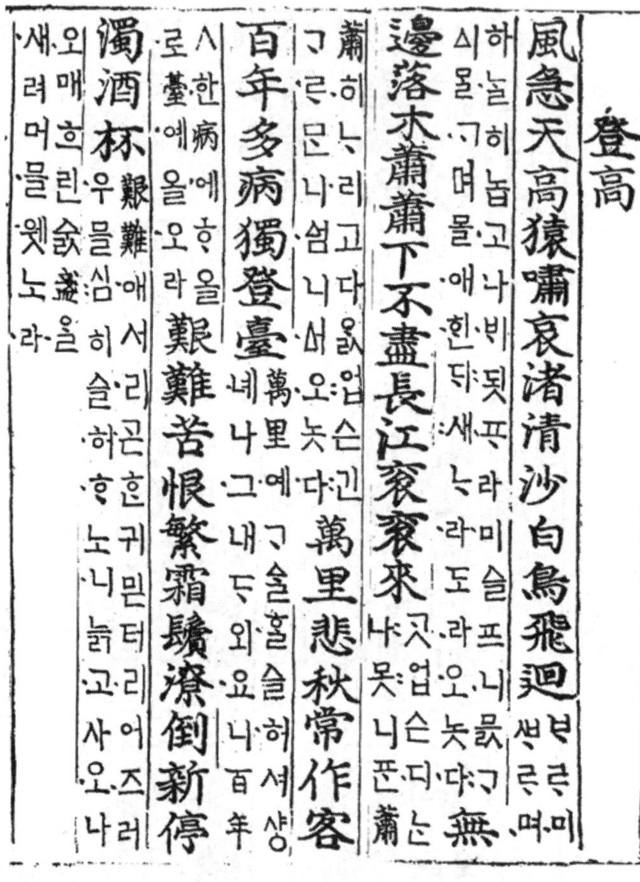

登高

風急天高猿嘯哀渚清沙白鳥飛廻 ᄇᆞᄅᆞ미 ᄲᆞᄅᆞ며 하ᄂᆞᆯ히 놉고 나ᄇᆡ 됫ᄑᆞ라미 슬프니 믌ᄀᆞᅀᅵ ᄆᆞᆯᄀᆞ며 몰애 힌 ᄃᆡ 새 ᄂᆞ라 도라오ᄂᆞᆺ다

無邊落木蕭蕭下不盡長江袞袞來 ᄀᆞᆺ 업슨 ᄃᆡᄂᆞᆫ 나못니픈 蕭蕭히 ᄂᆞ리고 다ᄋᆞᇙ 업슨 긴 ᄀᆞᄅᆞᄆᆞᆫ 니ᅀᅥᆷ 니ᅀᅥ 오ᄂᆞᆺ다

萬里悲秋常作客 萬里예 ᄀᆞᅀᆞᆯᄒᆞᆯ 슬허셔 샹녜 나그내 ᄃᆞ외요니

百年多病獨登臺 百年ㅅ 한 病에 ᄒᆞ올로 臺예 올오라

艱難苦恨繁霜鬢潦倒新停濁酒杯 艱難애 서리 ᄀᆞᆮᄒᆞᆫ 귀믿터리 어즈러우믈 심히 슬허ᄒᆞ노니 늙고 사오나오매 흐린 술盞ᄋᆞᆯ 새려 머믈웻노라

---

* **登高 (등고)**: <높은 곳에 오르다>는 두보가 56세 때(767년) 지은 시로서 인생 무상과 노경의 처량한 심회를 노래했다. [10:35]

1) 나빈: 납(원숭이, 猿) + -ᄋᆡ(-의: 관조)
2) 됫ᄑᆞ라미: 됫ᄑᆞ람(휘파람, 嘯) + -이(주조)
3) 힌 ᄃᆡ: 희(희다, 白)- + -ㄴ(관전) # ᄃᆡ(데, 곳, 處) + -Ø(←-ᄋᆡ: 부조, 위치)
4) 도라오ᄂᆞᆺ다: 도라오(돌아오다, 歸)- + -ᄂᆞ(현시)- + -ᄉᆞ(느낌)- + -다(평종)
5) 나못니픈: 나못닢[나뭇잎: 나모(나무, 木) + -ㅅ(-의: 관조) + 닢(잎, 葉)] + -은(보조사, 주제)
6) 다ᄋᆞᇙ: 다ᄋᆞ(다ᄋᆞ다: 다하다, 盡)- + -ᇙ(관전, 명사적 용법)
7) 니ᅀᅥᆷ 니ᅀᅥ: 닛(←닛다, ㅅ불: 잇다, 繼)- + -엄(-고: 연어, 반복) # 닛(←닛다: 잇다)- + -어(연어)
8) 올오라: 올(←오ᄅᆞ다: 오르다, 登)- + -Ø(과시)- + -오(인칭)- + -라(←-다: 평종)
9) 사오나오매: 사오나오(←사오납다, ㅂ불: 사납다)- + -ㅁ(←-옴: 명전) + -애(-에: 부조, 원인)
10) 새려: [새로, 新(부사): 새(新: 명사) +-려(부접)]
11) 머믈웻노라: 머믈우[멈추다: 머믈(머물다, 停)- + -우(사접)-]- + -어(연어) + 잇(←이시다: 있다, 보형, 완료 지속)- + -ᄂᆞ(현시)- + -오(인칭)- +- 라(←-다: 평종)

登岳陽樓

昔聞洞庭水今上岳陽樓 녜洞庭ㅅ·므를듣·다니오·ᄂᆞᆯ岳陽樓에올·오라

吳楚東南坼乾坤日夜浮 吳楚ㅣ在洞庭東南ᄒᆞ니 此ᄂᆞᆫ言洞庭闊遠之狀ᄒᆞ다 ○ 吳와楚왓東南녀·기·ᄠᅥ·뎟고하·ᄂᆞᆯ콰·ᄯᅡ콰ᄂᆞᆫ日夜·애ᄠᅥᆺ도·다

親朋無一字老去有孤舟 言朋友ㅣ無問訊而但乘孤舟於此而已니라 ○ 親ᄒᆞᆫ·버디ᄒᆞᆫ字ㅅ글·월·도·업스·니늘·거·가매·외ᄅᆞ·왼·ᄇᆡ·옷잇·도·다

戎馬關山北憑軒涕泗流 사·호맷ᄆᆞ·리關山ㅅ北녀·긔잇ᄂᆞ·니軒檻올비·겨셔·눉·므·를흘·리·노·라

---

* 登岳陽樓 (등악양루) : <악양루에 오르다>는 768년 두보가 57세 때 지은 오언율시(五言律詩)이다. 동정호를 소문으로만 들어 왔는데 오늘에야 비로소 악양루에 올라 보니 그 광대하고 장려한 모습이 압도적이다. [14:13]

1) 듣다니 : 듣(듣다, 聞)- + -다(←-더- : 회상)- + -Ø(←-오- : 인칭)- + -니(연어, 설명의 계속)

2) 올오라 : 올(←오ᄅᆞ다 : 오르다, 上, 登)- + -Ø(과시)- + -오(인칭)- + -라(←-다 : 평종)

3) 楚왓 : 楚(초, 초나라) + -와(←-과 : 접조) + -ㅅ(-의 : 관조)

4) ᄠᅥ뎟고 : ᄠᅥ디[터지다, 坼 : ᄠᅳ(트다)- + -어(연어) + 디(지다 : 보용, 피동)-]- + -어(연어) + 잇(있다 : 보형, 완료 지속)- + -고(연어, 나열)

5) ᄯᅡ콰ᄂᆞᆫ : ᄯᅡㅎ(땅, 坤, 地) + -과(접조) + -ᄂᆞᆫ(-는 : 보조사, 주제)

6) 늘거 가매 : 늙(늙다, 老)- + -어(연어) # 가(가다 : 보용)- + -ㅁ(←-옴 : 명전) + -애(-에 : 부조, 위치)

7) ᄇᆡ옷 : ᄇᆡ(배, 舟) + -옷(←-곳 : 보조사, 한정 강조)

8) 사호맷 : 사홈[싸움, 戰 : 사호(싸우다, 戰)- + -ㅁ(명접)] + -애(-에 : 부조, 위치) + -ㅅ(-의 : 관조)

9) 비겨셔 : 비기(의지하다, 憑)- + -어셔(-어서 : 연어)

10) 흘리노라 : 흘리[흘리다 : 흐르(흐르다, 流)- + -이(사접)-]- + -ᄂᆞ(현시)- + -오(인칭)- + -라(평종)

歸鴈

春來萬里客 亂定幾年歸 보ᄆᆡ 왯ᄂᆞᆫ 萬里옛 나그내ᄂᆞᆫ 亂이 긋거든 어ᄂᆞ ᄒᆡ예 도라가려뇨

腸斷江城鴈 高高正北飛 江城엣 그려기 노피 正히 北으로 ᄂᆞ라가매 ᄋᆡᄅᆞᆯ 긋노라

---

* **歸雁 (귀안)** : <북쪽으로 돌아가는 기러기>는 이 작품은 두보가 53세(664년) 때 피난지인 성도에서 지은 것이다. 봄이 되어서 북쪽으로 돌아가는 기러기를 보면서 고향에 돌아가지 못하는 자신의 아픔을 노래했다. [17:21]

1) 보ᄆᆡ : 봄(春) + -ᄋᆡ(-에 : 부조, 시간)
2) 왯ᄂᆞᆫ : 오(오다, 來)- + -아(연어) + 잇(←이시다 : 있다, 보용, 완료 지속)- + -ᄂᆞ(현시)- + -ㄴ(관전)
3) 萬里옛 : 萬里(만리) + -예(← -에 : 부조, 위치) + -ㅅ(-의 : 관전)
4) 긋거든 : 긋(←긏다 : 그치다, 定)- + -거든(연어, 조건)
5) 도라가려뇨 : 도라가[돌아가다, 歸 : 돌(돌다, 回)- + -아(연어) + 가(가다, 行)-]- + -리(미시)- + -어(주믿)- + -뇨(-느냐 : 의종, 비인칭, 설명)
6) ᄂᆞ라가매 : ᄂᆞ라가[날아가다 : ᄂᆞᆯ(날다, 飛)- + -아(연어) + 가(가다, 行)-]- + -ㅁ(← 옴 : 명전) + -애(-에 : 부조, 원인)
7) 江城엣 : 江城(강성, 지명) + -에(부조, 위치) + -ㅅ(-의 : 관조)
8) 긋노라 : 긋(← 긏다 : 끊다, 斷)- + -ᄂᆞ(현시)- + -오(인칭)- + -라(← -다 : 평종)

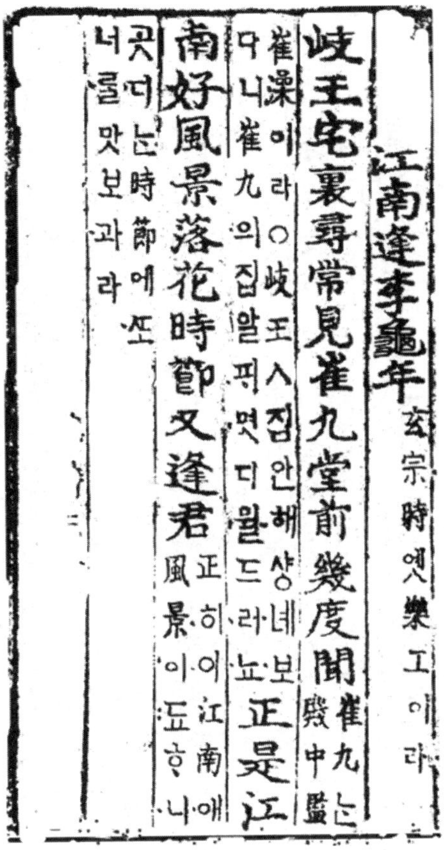

江南逢李龜年 玄宗時옛ㅅ樂工이라

岐王宅裏尋常見崔九堂前幾度聞 崔九는 殿中監 崔滌이라○岐王ㅅ집안해샹녜보다니 崔九의집알ᄑᆡ몃디윌드러뇨 正是江南好風景落花時節又逢君 正히이江南애 風景이됴ᄒᆞ니 곳디ᄂᆞᆫ時節에ᄯᅩ 너를맛보과라

---

* 江南逢李龜年 (강남봉이구년) : <강남에서 이구년을 만나다>는 두보(杜甫)가 59세(770년) 때 지은 칠언 절구(七言絶句)이다. 그는 방랑 도중 강남의 담주(潭州)에서 옛날 서울에서 자주 만났던 '이구년'을 만났는데, 둘 다 옛날 화려했던 시절은 지나고 늙어서 유락한 신세이다. [16:52]

1) 岐王(기왕) : 현종의 아우인 이범(李範)으로 문인들과 교류가 잦았던 문학 애호가여서 두보도 그의 집에 자주 출입하였다.

2) 안해 : 안ㅎ(안, 裏)+-애(-에 : 부조, 위치)

3) 샹녜 : 늘, 常(부사)

4) 보다니 : 보(보다, 見)-+-다(←-더- : 회상)-+-Ø(←-오- : 인칭)-+-니(연어, 설명의 계속)

5) 崔九(최구) : 현종의 측근으로 비서감(秘書監)을 지낸 인물이다.

6) 알ᄑᆡ : 앒(앞, 前)+-ᄋᆡ(-에 : 부조, 위치)

7) 몃 디윌 : 몃(←몇 : 몇, 幾, 관사)#디위(번, 度 : 의명)+-ㄹ(목조)

8) 드러뇨 : 들(←듣디, ㄷ불 : 聞)-+-Ø(과시)-+-어(주민)-+-뇨(-ᄂᆞ냐 : 의종, 비인칭, 설명)

9) 맛보과라 : 맛보[만나다, 逢 : 맛(←맞다, 迎)-+보(보다, 見)-]-+-Ø(과시)-+-과(←-아- : 주민)-+-Ø(←-오- : 인칭)-+-라(←-다 : 평종)

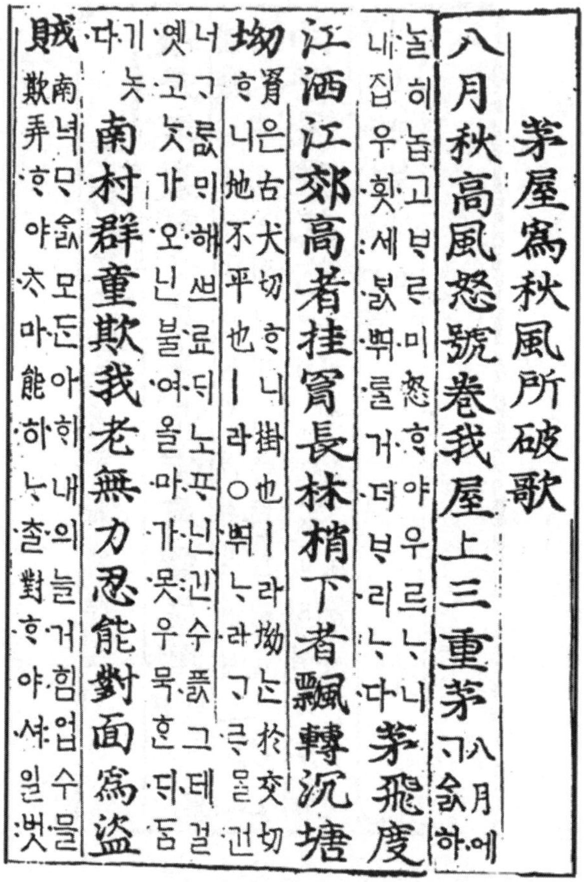

茅屋爲秋風所破歌

八月秋高風怒號卷我屋上三重茅 八月에 ᄀᆞᅀᆞᆯ하ᄂᆞᆯ히 놉고 ᄇᆞᄅᆞ미 怒ᄒᆞ야 우르ᄂᆞ니 내 집 우흿 세 ᄇᆞᆳ 뛰를 거더 ᄇᆞ리ᄂᆞ다

茅飛度江洒江郊高者挂罥長林梢下者飄轉沉塘坳 罥은 古犬切ᄒᆞ니 掛也ㅣ라 坳ᄂᆞᆫ 於交切ᄒᆞ니 地不平也ㅣ라 ○ 뛰ㅣ ᄂᆞ라 ᄀᆞᄅᆞᄆᆞᆯ 건너 ᄀᆞᄅᆞᇝ ᄆᆡ해 ᄲᅳ료ᄃᆡ 노ᄑᆞ닌 긴 숤 그테 걸옛고 ᄂᆞᆽ가오닌 불여 올마 가 못 우묵ᄒᆞᆫ ᄃᆡ ᄃᆞᆷ기ᄂᆞᆺ다

南村群童欺我老無力忍能對面爲盜賊 南녁 ᄆᆞᅀᆞᆶ 모ᄃᆞᆫ 아ᄒᆡ 내의 늘거 힘 업수믈 欺弄ᄒᆞ야 ᄎᆞ마 能히 ᄂᆞᄎᆞᆯ 對ᄒᆞ야셔 일벗

---

* **茅屋爲秋風所破家 (모옥위추풍소파가)** : <띠집이 가을 바람에 부서지다>는 上元 2년(761)의 작품이다. 이 시는 곤궁하고 힘든 생활을 하는 두보 자신의 처량한 처지를 묘사하였다. [6:41]

1) 우르ᄂᆞ니 : 우르(소리치다, 포효하다, 號)- + -ᄂᆞ(현시)- + -니(연어, 설명의 계속)
2) ᄇᆞᆳ : ᄇᆞᆯ(겹, 重) + -ㅅ(-의 : 관조)
3) ᄆᆡ해 : ᄆᆡㅎ(들, 野) + -애(-에 : 부조, 위치)
4) ᄲᅳ료ᄃᆡ : ᄲᅳ리(뿌려지다, 뿌리다, 洒)- + -오ᄃᆡ(-되 : 연어, 설명의 계속)
5) 노ᄑᆞ닌 : 높(높다, 高)- + -ᄋᆞᆫ(관전) # 이(것 : 의명) + -ㄴ(←-ᄂᆞᆫ : 보조사, 주제, 대조)
6) 걸옛고 : 걸이[걸리다 : 걸(걸다, 挂)- + -이(피접)-]- + -어(연어) + 잇(←이시다 : 있다, 보형, 완료 지속)- + -고(연어, 나열)
7) ᄂᆞᆽ가오닌 : ᄂᆞᆽ가오(←ᄂᆞᆽ갑다, ㅂ불 : 낮다, 下)- + -ㄴ(←-ᄋᆞᆫ : 관전) # 이(것 : 의명) + -ㄴ(보조사)
8) 불여 : 불이[불리다, '불다(吹)'의 피동사, 飄 : 불(불다)- + -이(피접)-]- + -어(연어)
9) ᄃᆞᆷ기ᄂᆞᆺ다 : ᄃᆞᆷ기[담기다, 沉 : ᄃᆞᆷㄱ(담다)- + -이(피접)-]- + -ᄂᆞ(현시)- + -옷(느낌)- + -다(평종)
10) 欺弄ᄒᆞ야 : 欺弄ᄒᆞ(기롱하다)- + -야(←-아 : 연어) '欺弄'은 남을 속이거나 비웃고 놀리는 것.
11) 일벗ᄂᆞ다 : 일벗(훔치다, 盜)- + -ᄂᆞ(현시)- + -다(평종)

12) 번드기 : 빤하게, 공공연하게, 환하게, 公然(부사)
13) 서리로 : 서리(사이, 가운데) + -로(부조, 방향)
14) 몯호라 : 몯ᄒᆞ(못하다 : 보용, 부정)- + -오(인칭)- + -라(← -다 : 평종)
15) 지여셔 : 지여(기대다, 의지하다, 倚)- + -셔(← -어셔 : -어서, 연어)
16) 歎息ᄒᆞ다니 : 歎息ᄒᆞ(탄식하다)- + -다(← -더- : 회상)- + -Ø(← -오- : 인칭)- + -니(연어, 설명 계속)
17) 더데 : 덛(덧, 시간적인 사이 : 의명) + -에(-에 : 부조, 위치, 시간)
18) 뵈 : 베, 布(명사)
19) 니브리 : 니블(이불, 衾) + -이(주조)
20) 일의노ᄂᆞᆫ : 일의노(← 일의놀다 : 응석부리다, 嬌)- + -ᄂᆞ(현시)- + -ㄴ(관전)
21) 아니환히 : [사납게, 나쁘게, 惡(부사) : 아니(부사, 부정) + 환ᄒᆞ(환하다)- + -이(부접)]
22) 안홀 : 안ㅎ(안, 속, 裏 : 여기서는 이불의 안감) + -올(목조)
23) ᄇᆞᆯ와 : ᄇᆞᆯ오(← ᄇᆞᆲ다, ㅂ불 : 밟다, 踏)- + -아(연어)
24) ᄆᆡ여 : ᄆᆡ(미다, 찢다, 裂)- + -여(← -어 : 연어)
25) ᄉᆡ여 : ᄉᆡ(새다, 漏)- + -여(← -어 : 연어)

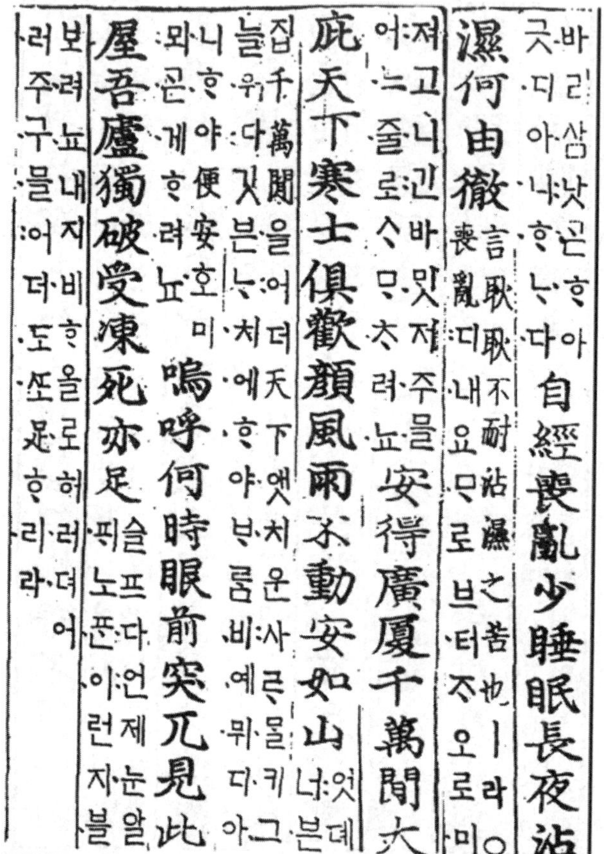

바리 삼 낫 ᄀᆞᆮᄒᆞ야 긋디 아니ᄒᆞᄂᆞ다
自經喪亂少睡眠長夜沾濕何由徹
言耿耿不耐沾濕之苦也ㅣ라。
喪亂 디내요ᄆᆞ로브터 ᄌᆞ오로미 져고니 긴 바ᄆᆡᆺ 저주믈 어느 주를로 ᄉᆞᄆᆞᄎᆞ려뇨
安得廣廈千萬間大庇天下寒士俱歡顏風雨不動安如山
엇뎨 너븐 집 千萬間을 어더 天下앳 치운 사ᄅᆞ믈 키 그ᄂᆞᆯ워 다 깃븐 ᄂᆞ치에 ᄒᆞ야 ᄇᆞᄅᆞᆷ 비예 뮈디 아니ᄒᆞ야 便安호미 뫼ᄀᆞᆮ게 ᄒᆞ려뇨
嗚呼何時眼前突兀見此屋吾廬獨破受凍死亦足
슬프다 언제 눈 알ᄑᆡ 노ᄑᆞᆫ 이런 지블 보려뇨 내 지비 ᄒᆞ올로 허러 뎌 어러 주구믈 어더도 ᄯᅩ 足ᄒᆞ리라

26) 빗바리 : 빗발[빗발, 雨脚 : 비(비, 雨) + -ㅅ(관전, 사잇) + 발(발, 줄기)] + -이(주조)
27) 삼 낫 : 삼(麻) # 낫(←낟 : 낟, 명사) ※ '삼 낫'은 '삼 줄기'이다.
28) 긋디 : 긋(←긏다 : 끊어지다, 斷)- + -디(-지 : 연어, 부정)
29) 喪亂 (상란) : 전쟁, 전염병, 천재지변 따위로 많은 사람이 죽는 재앙이다.
30) 디내요ᄆᆞ로브터 : 디내[지내다, 經 : 디나(지나다)- + -ㅣ(사접)-]- + -욤(←-옴 : 명전) + -ᄋᆞ로(-으로 : 부조, 방편) + -브터(-부터 : 보조사, 비롯함)
31) ᄌᆞ오로미 : ᄌᆞ오롬[졸음, 睡眠 : ᄌᆞ올(졸다, 睡)- + -옴(명접)] + -이(주조)
32) 져고니 : 젹(적다, 少)- + -오(인칭)- + -니(연어, 설명의 계속, 이유)
33) 바ᄆᆡᆺ : 밤(夜)- + -ᄋᆡ(-에 : 부조, 위치, 시간) + -ㅅ(-의 : 관조)
34) ᄉᆞᄆᆞᄎᆞ려뇨 : ᄉᆞᄆᆞᆾ(지내다, 徹)- + -ᄋᆞ리(미시)- + -어(주믿)- + -뇨(-느냐 : 의종, 비인칭, 설명)
35) 千萬間(천만한) : 천만 칸.
36) 그늘워 : 그늘우[그느르다, 보살펴 주다, 庇 : 그늘(←ᄀᆞ놀ㅎ : 그늘) + -우(동접)-]- + -어(연어)
37) 깃븐 : 깃브[기쁘다, 歡 : 깃(←깄다 : 기뻐하다)- + -브(형접)-]- + -ㄴ(관전)
38) ᄂᆞ치에 : ᄂᆞᆾ(낯, 顔) + -이(서조)- + -에(←-게 : 연어, 사동)
39) 보려뇨 : 보(보다, 見)- + -Ø(←-오- : 인칭)- + -리(미시)- + -어(주믿)- + -뇨(-느냐 : 의종, 설명)

8. 飜譯 老乞大

<번역 노걸대, 飜譯老乞大>는 한문본인 <노걸대, 老乞大>를 한글로 번역한 책이다. 한문본 <노걸대>의 저자와 제작 연대는 미상이나, 최초의 저작 연대를 명(明)나라 초기로 보고 있다. 세 명의 고려의 상인이 인삼 등 한국 특산물을 말에 싣고 중국 베이징에 가서 팔고 그곳 특산물을 사서 귀국할 때까지의 일화를 적었다. 긴 여로(旅路), 교역(交易) 등에서 벌어지는 주요 장면을 설정하고, 그에 알맞은 대화를 48장 106절로 꾸며 이를 익힘으로써 중국어를 배울 수 있도록 하였다. 활자본으로서 2권 1책이다. '걸대(乞大)'는 몽골어로 중국인을 뜻하는 'kita(i)'에서 온 것으로 추측한다.

<번역 노걸대>는 조선 중종 때 최세진이 <노걸대>의 원문 한자에 한글로 중국의 정음과 속음을 달고 번역한 중국어 학습서이다.(2권 2책) <번역 노걸대>의 원간본은 전하지 않으나, 을해자본의 복각으로 보이는 중간본이 전한다. 이 중간본은 <사성통해, 四聲通解> 이전인 대략 1517년 이전에 발간된 것으로 추정된다. 한문본 원본인 <노걸대> 및 그 이후에 발간된 <노걸대 언해, 老乞大諺解(1670)>와 구별하여 <번역 노걸대>라 한다.

한문본인 <노걸대>가 상인의 여행과 교역에 관한 담화집이므로, 한글로 번역된 <번역 노걸대>도 독특한 대화체의 풍부한 자료를 담고 있다. 그리고 그 뒤에 발간된 <노걸대 언해>와의 비교로 국어의 변천 과정을 연구할 수 있다. 원문에 달려 있는 한글 독음은 중국어의 음운사 연구에 귀중한 자료가 된다. 이 책에서 나타나는 표기상의 특징을 보면 다음과 같다.

첫째, 15세기에 쓰였던 글자 가운데 'ㆆ', 'ㆅ', 'ㅸ'이 쓰이지 않았다.

둘째, 'ㅿ'과 'ㆁ'의 글자는 대체로 15세기 문헌과 다름없이 쓰였다. 특히 'ㆁ'과 'ㅇ'은 엄격하게 구분하여 사용하였다.

셋째, 'ㅆ'의 글자는 'ㅅ'과 혼용이 심하다.

넷째, 'ㆍ'의 글자는 15세기와 차이가 없으나 가끔 'ㅗ'로 적힌 데도 있다.

다섯째, '끊어 적기(分綴)'를 시도하여서 형태소의 원형을 밝혀 적는 경우도 있다.

여섯째, 'ㄷ'의 구개음화와 /ㄹ/의 두음법칙이 거의 일어나지 않았다.

일곱째, 방점이 찍혀 있어서 15세기 시대의 성조가 대체로 유지된 듯하나, 방점을 찍는 방법이 15세기와 약간 다르다.

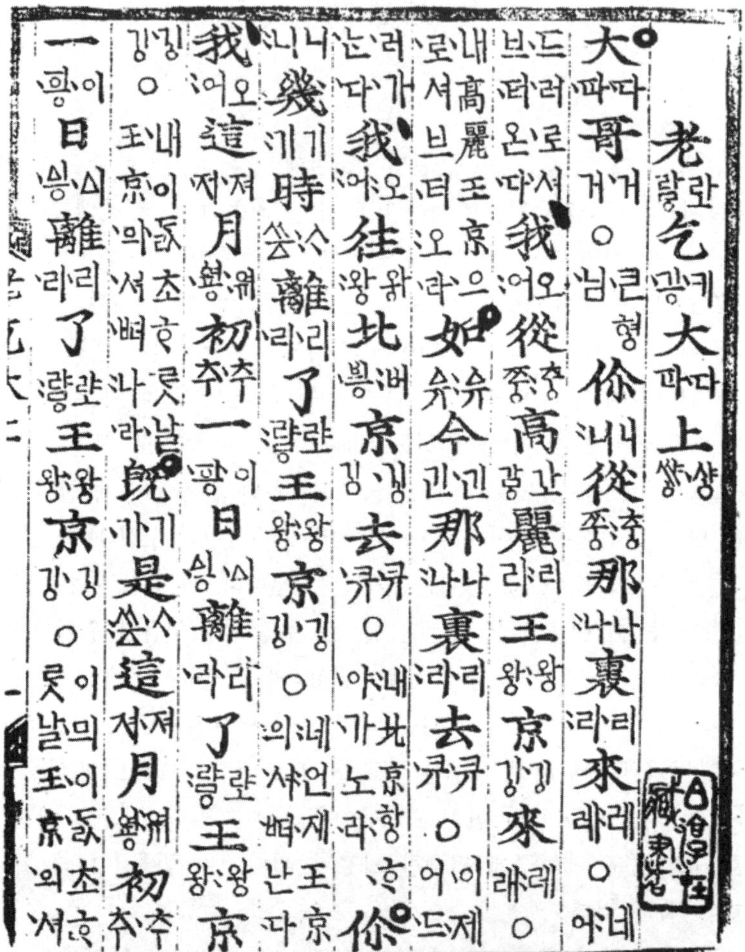

老乞大上

大哥 ○ 큰형님 你從那裏來 ○ 네 어드러로셔브터 온다 ○ 我從高麗王京來 ○ 내 高麗 王京으로셔브터 오라 ○ 如今那裏去 ○ 이제 어드러 가는다 ○ 我往北京去 ○ 내 北京 향ᄒᆞ야 가노라 ○ 你幾時離了王京 ○ 네 언제 王京의셔 ᄠᅥ난다 ○ 我這月初一日離了王京 ○ 내 이 ᄃᆞᆯ 초ᄒᆞᄅᆞᆺ날 ᄠᅥ나라 ○ 旣是這月初一日離了王京 ○ 이 ᄃᆞᆯ 초ᄒᆞᄅᆞᆺ날 王京의셔

---

1) 어드러로셔브터: 어드러(어디로: 부사) + -로(부조) + -셔(-서: 보조사) + -브터(-부터: 보조사, 비롯함)

2) 온다: 오(오다, 來)- + -Ø(과시)- + -ㄴ다(-ㄴ가: 의종, 2인칭)

3) 오라: 오(오다, 來)- + -Ø(과시)- + -Ø(←-오-: 인칭)- + -라(←-다: 평종)

4) 가는다: 가(가다, 去)- + -ᄂᆞ(현시)- + -ㄴ다(-ㄴ가: 의종, 2인칭)

5) 항ᄒᆞ야: 항ᄒᆞ(↚ 향ᄒᆞ다, 向하다)- + -야(←-아: 연어) ※ '항ᄒᆞ야'는 '향ᄒᆞ야'의 오기이다.

6) 가노라: 가(가다, 去)- + -ᄂᆞ(현시)- + -오(인칭)- + -라(← 다: 평종)

7) 王京의셔: 王京(왕경) + -의셔(-에서: 부조, 위치, 출발점)

8) ᄠᅥ난다: ᄠᅥ나(떠나다, 離)- + -Ø(과시)- + -ㄴ다(-ㄴ가: 의종, 2인칭)

9) ᄠᅥ나라: ᄠᅥ나(떠나다, 離)- + -Ø(과시)- + -Ø(←-오-: 인칭)- + -라(←-다: 평종)

10) 초ᄒᆞᄅᆞᆺ날: [초하룻날: 초(初: 접두)- + ᄒᆞᄅᆞ(하루, 一日) + -ㅅ(-의: 관조) + 날(날, 日)]

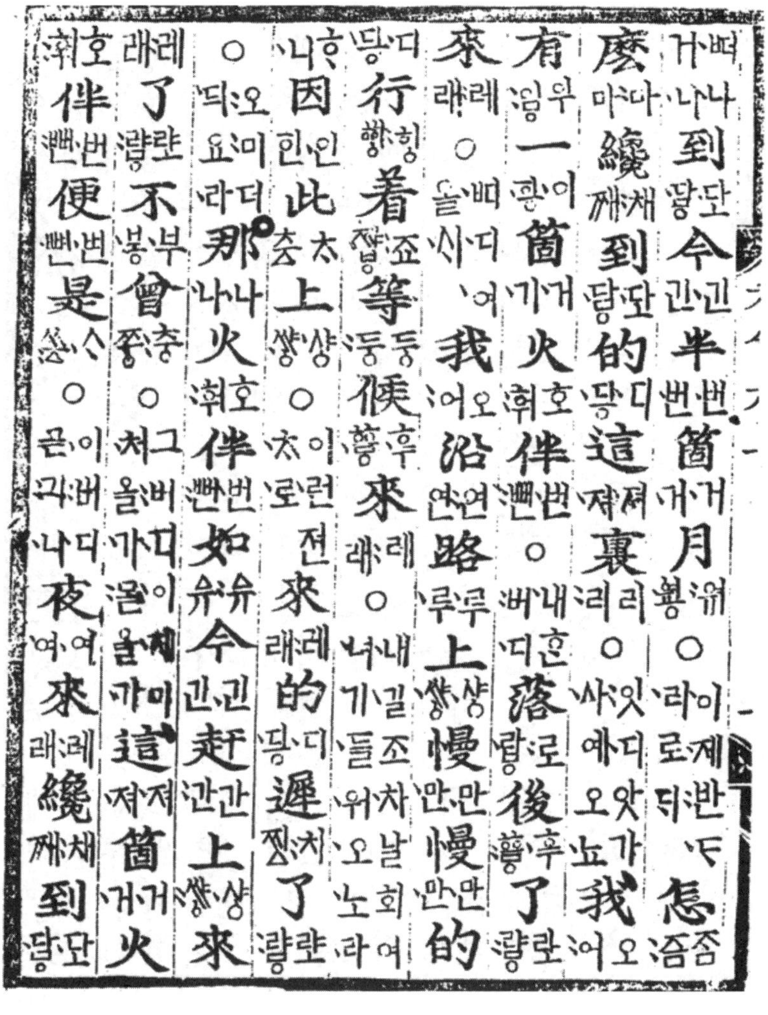

到今半箇月 怎麼纔到的這裏 我有一箇火伴落後了來 我沿路上慢慢的行着等候來 因此上來的遲了 那火伴如今赶上來了不曾 這箇火伴便是 夜來纔到

---

11) 드리로듸: 돌(달, 月: 의명)+-이(서조)-+-로듸(←-오듸: -되, 연어, 설명의 계속)
12) 잇디: '엇디(어찌)'의 오기이다.
13) 앗가사예: 앗가(←아까, 방금: 명사)+-사(-야: 보조사, 강조)+-예(↚-애: -에, 부조, 시간)
14) 오뇨: 오(오다, 來)-+-Ø(과시)-+-뇨(-느냐: 의종, 비인칭, 설명)
15) 떠디여: 떠디(↚떠디다: 떨어지다, 뒤떨어지다, 처지다, 落後)-+-여(←-어: 연어)
16) 날회여: 날회[느리게 하다: 날호(느리다, 慢慢)-+-ㅣ(사접)-]-+-여(←-어: 연어)
17) 기들워: 기들우(기다리다, 候)-+-어(연어)
18) 오노라: 오(오다, 來)-+-노라(-느라고: 연어, 이유)
19) 더듸요라: 더듸(더디다, 遲)-+-요(←-오-: 인칭)-+-라(←-다: 평종)
20) 올가: 오(오다, 來)-+-ㄹ가(-ㄹ까: 의종, 1·3인칭, 미시, 판정)
21) 긔니: 그(그, 是: 인대)+-ㅣ(서조)-+-니(연어: 상황, 설명의 계속)

又你這月盡頭到的北京麼 到不得 知他 那話怎敢說 天可憐見 身已安樂時也到 你是高麗人 却怎麼漢兒言語說的好 我漢兒人上學文書 因此

22) 어재 : '어제(昨日)'의 오기이다.
23) 그믐ᄢᅴ : 그믐ᄢᅴ[그믐께 : 그믐(그믐, 晦) + -ᄢᅴ(-께, -쯤 : 접미)]
24) 모로리로다 : 모로(←모ᄅᆞ다 : 모르다, 知他)- + -리(미시)- + -로(←-도- : 느낌)- + -다(평종)
25) 니ᄅᆞ리오 : 니ᄅᆞ(이르다, 말하다, 說)- + -리(미시)- + -오(←-고 : -느냐, 의종, 비인칭, 설명)
26) 어엿비 : 어엿비[불쌍히(부사) : 어엿브(불쌍하다, 憐)- + -이(부접)]
27) 너기샤 : 너기(여기다, 見)- + -샤(←-시- : 주높)- + -Ø(←-아 : 연어)
28) 닐오미 : 닐(←니ᄅᆞ다 : 이르다, 說)- + -옴(명전) + -이(주조)
29) 사ᄅᆞ미어시니 : 사ᄅᆞᆷ(사람) + -이(서조)- + -어(←-거 : 주믿)- + -시(주높)- + -니(연어, 설명 계속)
30) ᄒᆞᄂᆞ뇨 : ᄒᆞ(하다, 爲)- + -ᄂᆞ(현시)- + -뇨(-느냐 : 의종, 비인칭, 설명)
31) 漢兒人의손ᄃᆡ : 漢兒人(한아인, 중국인) + -의손ᄃᆡ(-에게 : 부조, 상대)
32) ᄇᆡ호니 : ᄇᆡ호(배우다, 學)- + -Ø(←-오- : 인칭)- + -니(연어, 이유)

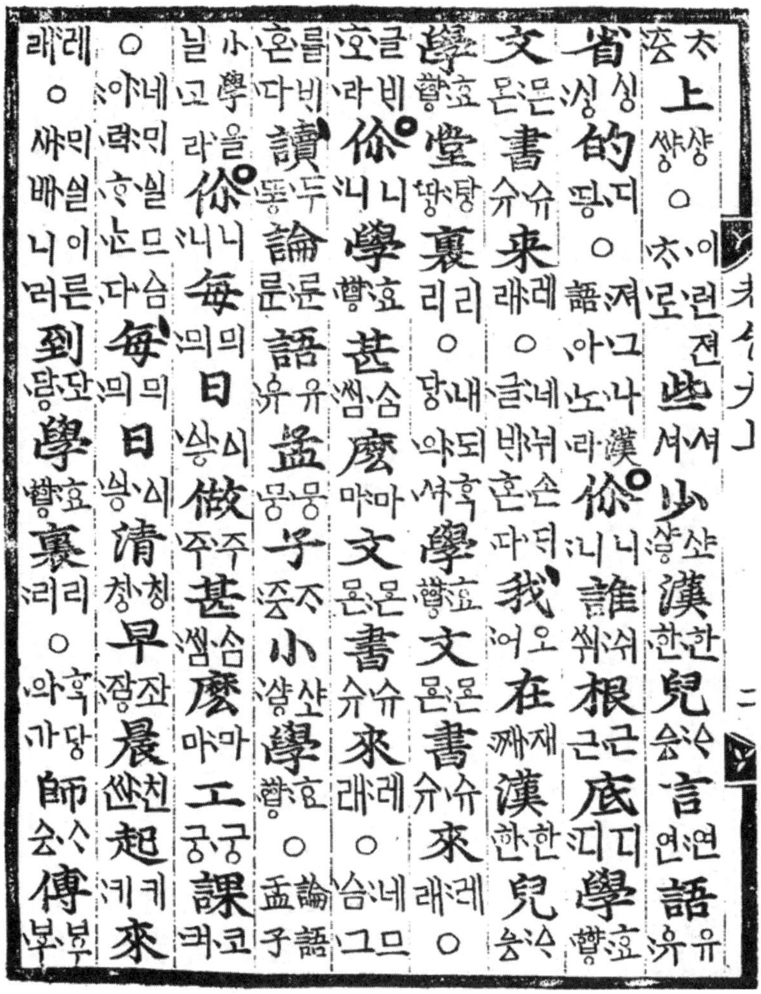

33) 져그나: [조금, 젹으나(부사): 젹다(적다, 小)- + -으나(연어 ⊳ 부접)]
34) 뉘손ᄃᆡ: 누(누구, 誰: 인대) + -ㅣ손ᄃᆡ(-에게: 부조, 상대)
35) ᄇᆡ혼다: ᄇᆡ호(배우다)- + -Ø(과시)- + -ㄴ다(-는가: 의종, 2인칭)
36) 되 ᄒᆞᆨ당의셔: 되(漢兒, 중국인) # ᄒᆞᆨ당(학당, 學堂) + -의셔(-에서: 부조, 위치)
37) ᄇᆡ호라: ᄇᆡ호(배우다, 學)- + -Ø(과시)- + -Ø(←-오-: 인칭)- + -라(←-다: 평종)
38) ᄆᆞᄉᆞᆷ 그를: ᄆᆞᄉᆞᆷ(무슨, 甚麽: 관사) # 글(글, 書) + -을(목조)
39) 닐고라: 닑(읽다)- + -Ø(과시)- + -오(인칭)- + -라(←-다: 평종)
40) 이력ᄒᆞᄂᆞᆫ다: 이력ᄒᆞ(履歷하다: 공부하다, 일하다)- + -ᄂᆞ(현시)- + -ㄴ다(-는가: 의종, 2인칭)
41) ᄆᆡ실: 매일, 每日(부사)
42) 새배: 새배(새벽, 晨) + -Ø(←-예: -에, 부조, 위치, 시간)

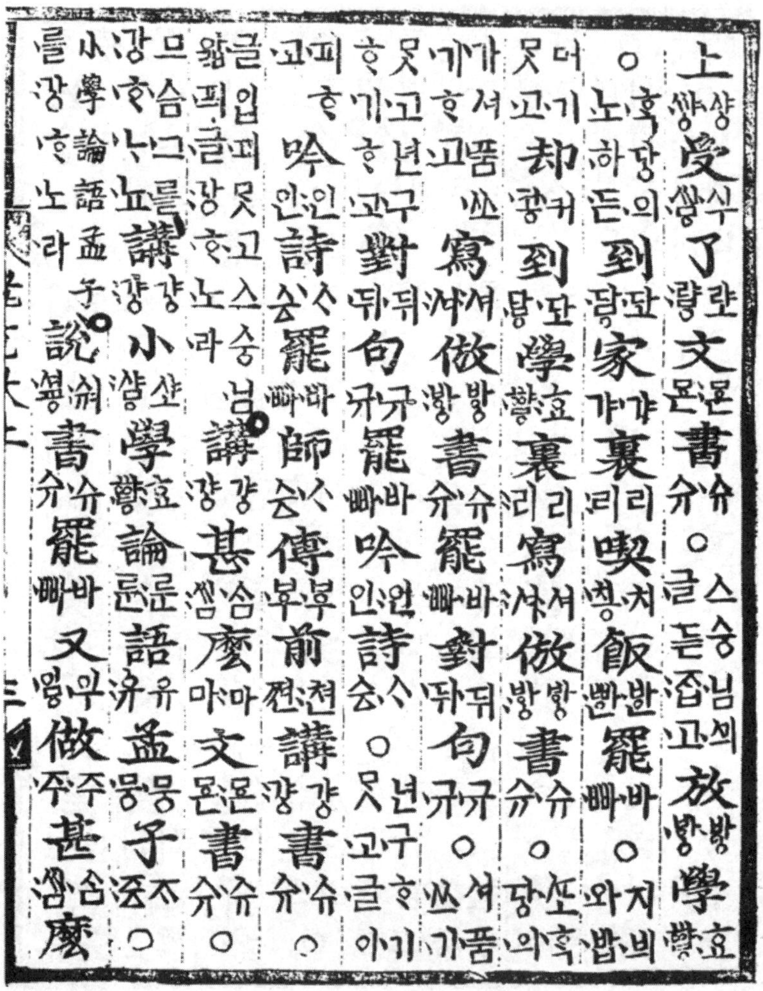
上了文書。글 스승님씌 放學。 학당의 노하든 到家裏喫飯罷。 지븨 와 밥 먹고 却到學裏寫倣書。 ᄯᅩ 혹당의 가 셔품 쓰기 ᄒᆞ고 寫倣書罷對句。 셔품 쓰기 ᄆᆞᆾ고 년구ᄒᆞ기 ᄒᆞ고 對句罷吟詩。 년구ᄒᆞ기 ᄆᆞᆾ고 글 이피 ᄒᆞ고 吟詩罷師傅前講書。 글 입피 ᄆᆞᆾ고 스승님 앏픠 글 강ᄒᆞ노라 講甚麼文書。 므슴 그를 강ᄒᆞᄂᆞ뇨 講小學論語孟子。 쇼ᄒᆞᆨ 론어 ᄆᆡᆼᄌᆞ 강ᄒᆞ노라 說書罷又做甚麼

43) 스승님씌: [스승님: 스승(스승, 師) + -님(높접)] + -씌(-께: 부조, 상대, 높임)
44) 노하든: 놓(놓다, 파하다, 마치다, 放)- + -아든(-거든: 연어, 조건)
45) ᄆᆞᆾ고: ᄆᆞᆾ(← ᄆᆞᆾ다: 마치다)- + -고(연어, 나열, 계기)
46) 셔품: 서품(글씨본)
47) 년구ᄒᆞ기: 년구ᄒᆞ(聯句하다, 한시(漢詩)를 대구(對句)하다)- + -기(명전)
48) 이피: [읊기: 잎(읊다)- + -이(명접)]
49) 입피: [←이피(읊기): 잎(읊다)- + -이(명접)] ※ '입피'는 '이피'를 거듭적기로 표기한 형태이다.
50) 앏픠: 앏ㅍ(← 앒: 앞)- + -의(-에: 부조) ※ '앏ㅍ'은 '앒'을 거듭적기로 표기한 형태이다.
51) 강ᄒᆞ노라: 강ᄒᆞ[강하다: 강(강, 講: 명사) + -ᄒᆞ(동접)-]- + -ᄂᆞ(현시)- + -오(인칭)- + -라(← -다: 평종) ※ '강(講)'은 예전에, 서당이나 글방 같은 데서 배운 글을 선생이나 시관 또는 웃어른 앞에서 외던 일이다.

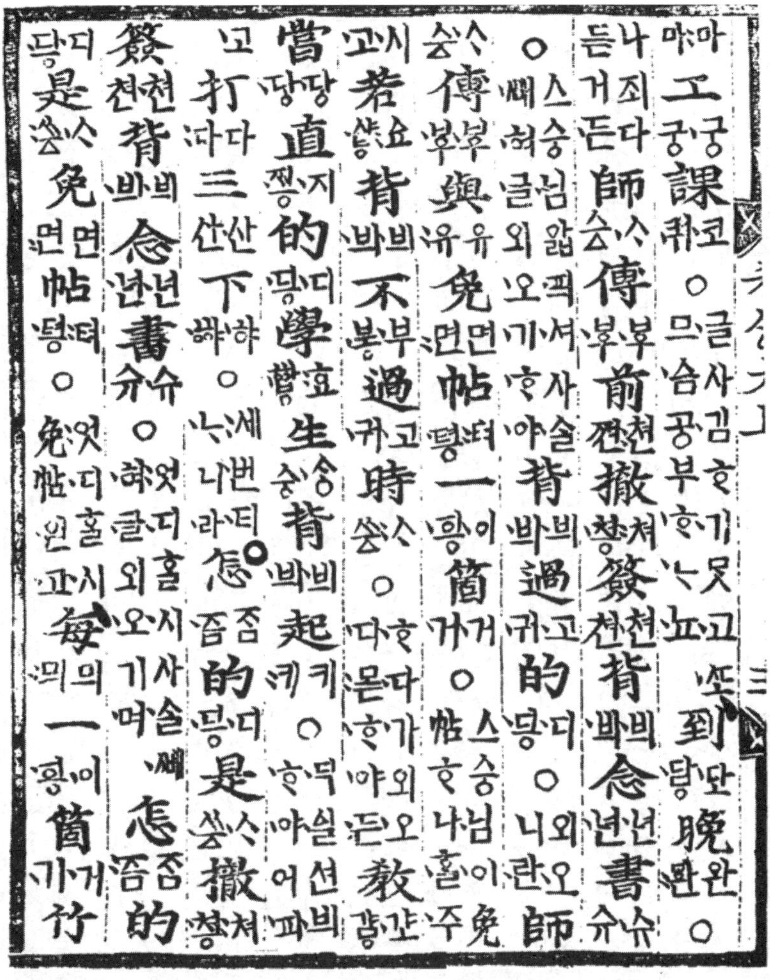
工課。글 사김ᄒᆞ기 ᄆᆞᆺ고 또 到晩。나죄 다ᄃᆞᆮ거든 師傅前撤簽背念書。스승님 앏ᄑᆡ 가 사슬 ᄲᅢ혀 글 외오니란 背過的師傅與免帖一箇。스승님이 免帖 ᄒᆞ나ᄒᆞᆯ 주고 若背不過時。ᄒᆞ다가 외오디 몯ᄒᆞ야ᄃᆞᆫ 教當直的學生背起。딕실ᄒᆞᆫ 션ᄇᆡ ᄒᆡ야 어피고 打三下。세 번 티ᄂᆞ니라 怎的是撤簽背念書。엇디ᄒᆞᆯ시 사슬 ᄲᅢ혀 글 외오기며 怎的是免帖。엇디ᄒᆞᆯ시 免帖고 每一箇竹

52) 사김ᄒᆞ기 : 사김ᄒᆞ[새김하다, 說書 : 사기(새기다)- + -ㅁ(명접) + -ᄒᆞ(동접)-]- + -기(명전)
53) 다ᄃᆞᆮ거든 : 다ᄃᆞᆮ[←다ᄃᆞᆮ다(다다르다, 到) : 다(다, 悉 : 부사) + ᄃᆞᆮ(닫다, 走)-]- + -거든(연어, 조건)
54) 사ᄉᆞᆯ : 서표, 제비, 簽
55) ᄲᅢ혀 : ᄲᅢ혀[빼다 : ᄲᅢ(빼다, 撤)- + -혀(강접)-]- + -Ø(←어 : 연어)
56) 외오니란 : 외오(외우다, 念)- + -ㄴ(관전) # 이(이 : 의명) + -란(-는 : 보조사, 주제, 대조)
57) 免帖(면첩) : 어떤 일을 면하게 하는 서류이다.
58) 몯ᄒᆞ야ᄃᆞᆫ : 몯ᄒᆞ(못하다 : 보용, 부정)- + -야ᄃᆞᆫ(←-아ᄃᆞᆫ : -거든, 연어, 조건)
59) 딕실 : 直日(직일). 숙직이나 일직을 하는 날이다.
60) ᄒᆡ야 : ᄒᆡ이[시키다, 하게 하다, 使 : ᄒᆞ(하다, 爲)- + -이(사접)-]- + -아(연어)
61) 어피고 : 어피[엎게 하다, 엎드리게 하다, 伏 : 엎(엎다)- + -이(사접)-]- + -고(연어, 나열, 계기)
62) 티ᄂᆞ니라 : 티(치다, 打)- + -ᄂᆞ(현시)- + -니(객믿)- + -라(←-다 : 평종)
63) 엇디ᄒᆞᆯ시 : 엇디ᄒᆞ(어찌하다)- + -ㄹ(관전) # ᄉᆞ(것 : 의명) + -ㅣ(주조)

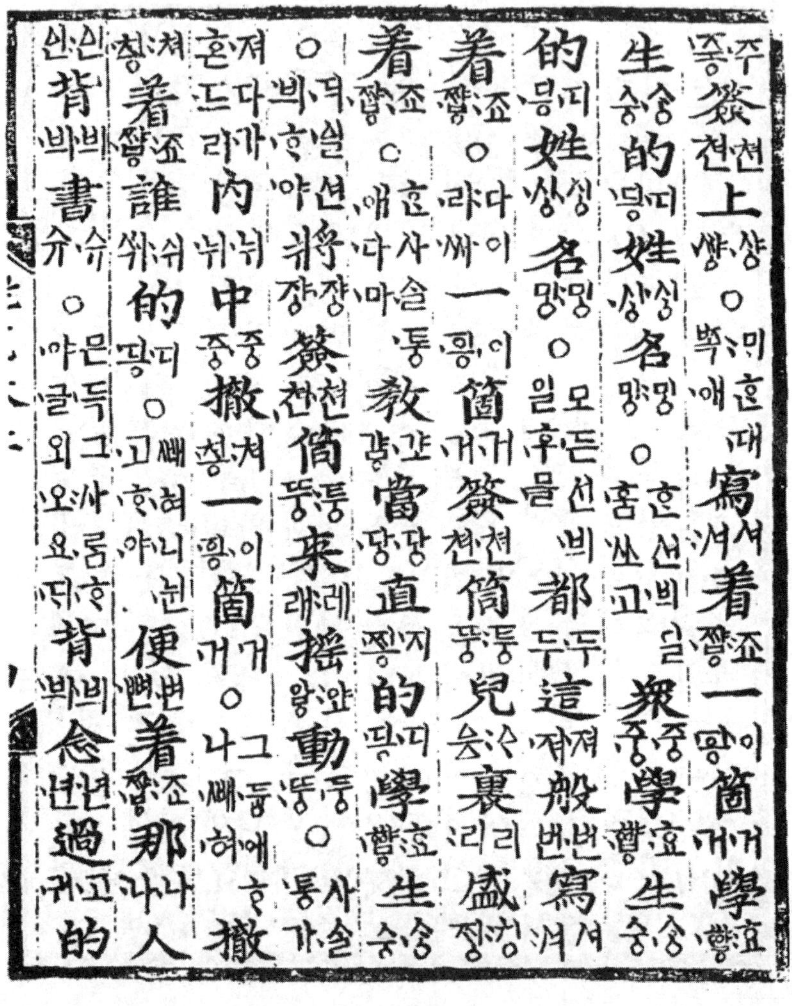

簽上。每寫着一箇學生的姓名。衆學生的姓名。都這般寫着。一箇簽筒兒裏盛着。教當直的學生將簽筒來搖動。內中撒一箇。撒着誰的便着那人背書。背念過的

64) 믹 : 매, 각각, 每(부사)

65) 대뽁애 : 대뽁[대쪽 : 대(竹) + 뽁(쪽, 조각)] + -애(-에 : 부조, 위치)

66) 션븨 : 션븨(선비, 학생, 士) + -Ø(← -의 : 관조) ※ '션븨'가 단독으로 체언 앞에서 관형어로 쓰인 것으로도 볼 수 있다.

67) ᄒᆡ여 : ᄒᆡ이[시키다, 使 : ᄒᆞ(ᄒᆞ다, 爲)- + -이(사접)-]- + -어(연어)

68) 가져다가 : 가지(가지다, 持)- + -어(연어) + -다가(보조사, 동작의 유지, 강조)

69) 혼드리 : 혼들(흔들다, 搖)- + -이(← -어 : 연어)

70) ᄲᅢ혀니 : ᄲᅢ혀[빼다 : ᄲᅢ(빼다, 撤)- + -혀(강접)-]- + -ㄴ(관전) # 이(이 : 의명) + -Ø(주조)

71) 뉜고 : 누(누구, 誰 : 인대, 미지칭) + -ㅣ(서조)- + -ㄴ고(-인가 : 의종, 1·3인칭, 설명)

72) 외오요ᄃᆡ : 외오이[외우게 하다 : 외오(외우다, 背)- + -이(사접)-]- + -오ᄃᆡ(-되, 연어, 설명의 계속)

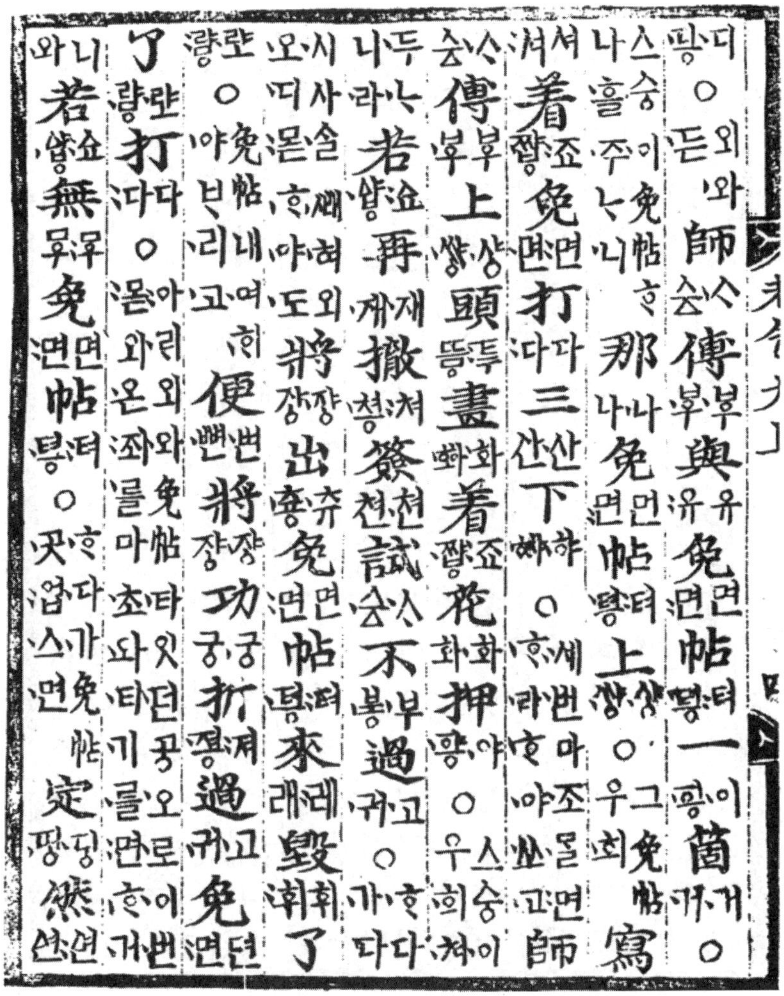

73) 외와든 : 외오(외우다, 背念)- + -아든(-거든 : 연어, 조건)

74) 쳐 : 수결(手決) ※ '수결(手決)'은 자기의 성명이나 직함 아래에 도장 대신에 자필로 글자를 직접 쓰던 일 또는 그 글자를 이른다.

75) 두ᄂᆞ니라 : 두(두다, 置)- + -ᄂᆞ(현시)- + -니(객믿)- + -라(← -다 : 평종)

76) 헤야ᄇᆞ리고 : 헤야ᄇᆞ리(← ᄒᆞ야ᄇᆞ리다 : 헐어버리다, 망그러뜨리다, 毁)- + -고(연어, 나열, 계기)

77) 아릭 : 아릭(← 아래 : 예전, 昔)

78) 공오로 : 공(공, 功) + -오로(← -ᄋᆞ로 : 부조, 방편)

79) 마초와 : 마초오[← 마초다(맞추다) : 맞(맞다, 當)- + -호(사접)-]- + -아(연어)

80) 면ᄒᆞ거니와 : 면ᄒᆞ(免하다)- + -거니와(-지만 : 연어, 대조)

81) 免帖곳 : 免帖(면첩) + -곳(보조사, 한정 강조)

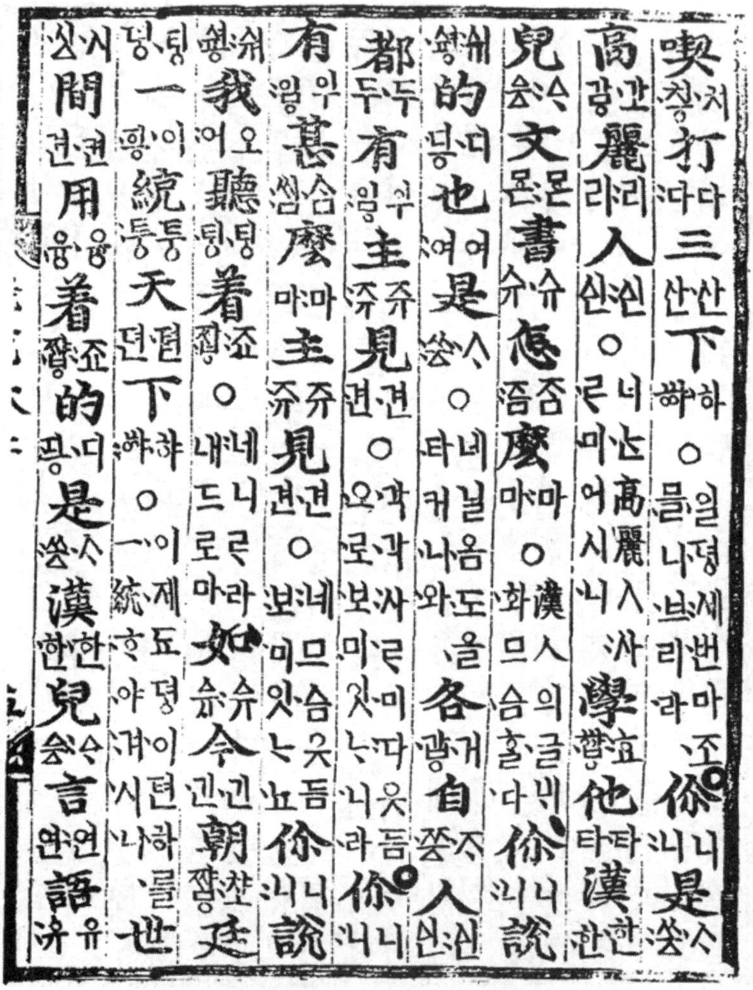

82) 일뎡: 반드시, 필경, 일정, 必(부사)
83) 니브리라: 닙(입다, 당하다)-+-으리(미시)-+-라(←-다: 평종)
84) 사ᄅᆞ미어시니: 사ᄅᆞᆷ(사람)+-이(서조)-+-어(←-거-: 주민)-+-시(주높)-+-니(연어, 설명의 계속)
85) 므슴 ᄒᆞᆯ다: 므슴(무엇: 지대, 미지칭)# ᄒᆞ(하다, 爲)-+-ㄹ다(-겠는가: 의종, 2인칭, 미시)
86) 을타: ᄋᆞᇙ(←옳다: 옳다, 是)-+-다(평종)
87) 커니와: ㅎ(←ᄒᆞ다: 하다)-+-거니와(-지만: 연어, 대조)
88) 웃듬으로: 웃듬(으뜸, 主)+-으로(부조, 자격)
89) 잇ᄂᆞ니라: 잇(←이시다: 있다, 有)-+-ᄂᆞ(현시)-+-니(객민)-+-라(←-다: 평종)
90) 잇ᄂᆞ뇨: 잇(←이시다: 있다, 有)-+-ᄂᆞ(현시)-+-뇨(-느냐: 의종, 비인칭, 설명)
91) 드로마: 들(←듣다, ㄷ불: 듣다, 聞)-+-오(인칭)-+-마(평종, 약속)

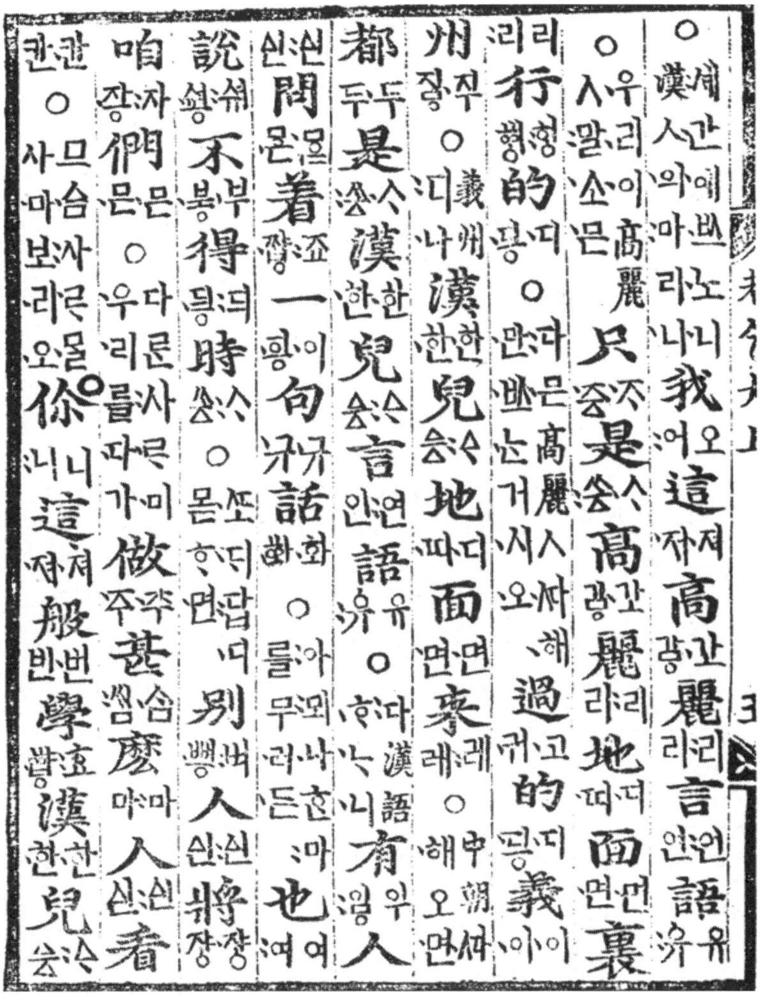

92) 세간애 : 세간(世間, 세상) + -애(-에 : 부조, 위치)

93) ᄡᅳ노니 : ᄡᅳ(쓰다, 사용하다, 用)- + -ᄂᆞ(현시)- + -오(대상)- + -ㄴ(관전) # 이(것 : 의명) + -Ø(주조)

94) 말ᄉᆞ믄 : 말ᄉᆞᆷ[← 말ᄊᆞᆷ(말, 言) : 말(말, 言) + -ᄉᆞᆷ(← -ᄊᆞᆷ : 접미)]

95) 다믄 : 다믄(← 다ᄆᆞᆫ : 다만, 부사)

96) 高麗ㅅ ᄯᅡ해만 : 高麗(고려) + -ㅅ(-의 : 관조) # ᄯᅡㅎ(땅, 地) + -애(-에 : 부조, 위치) + -만(보조사, 한정)

97) 아뫼나 : 아모(아무, 某 : 인대, 부정칭) + -ㅣ나(-나 : 보조사, 선택)

98) 무러든 : 물(← 묻다, ㄷ불 : 묻다, 問)- + -어든(-거든 : 연어, 조건)

99) 우리를다가 : 우리(咱們 : 인대, 1인칭 복수) + -를(목조) + -다가(보조사, 강조)

100) ᄆᆞ슴 사ᄅᆞᄆᆞᆯ : ᄆᆞ슴(무슨, 甚麽 : 관사) # 사ᄅᆞᆷ(사람, 人) + -ᄋᆞᆯ(목조)

1) 보리오 : 보(보다, 看)- + -리(미시)- + -오(←고 : -느냐, 의종, 비인칭, 설명)

9. 飜譯朴通事

<박통사, 朴通事>는 <노걸대, 老乞大>와 함께 대표적인 중국어 학습서이다. 여기서 '박통사(朴通事)'는 역관의 직책을 말하므로 이 책의 제목은 '박 씨'의 성을 가진 역관이라는 뜻이다. <노걸대>가 상인의 무역 활동을 주제로 하는 상업용 회화에 가깝다면, <박통사>는 중국인 귀족들의 일상생활에 관련한 생활 회화에 가깝다. 특히 <노걸대>보다 고급 단계의 언어를 다루고 있어서, 중국어와 우리말의 생생한 모습과 함께 풍속 및 문물 제도까지 접할 수 있는 자료다.

<번역 박통사, 飜譯朴通事>는 역자와 간행에 관한 기록이 없으나, <번역 노걸대, 飜譯老乞大>와 마찬가지로 최세진이 <박통사>를 번역하여 간행한 책으로 추정한다. 간행된 해는 분명하지 않으나 1517년(중종 12)에 발간된 <사성통해, 四聲通解>에 '번역노걸대박통사범례(飜譯老乞大朴通事凡例)'가 실려 있는 점을 보면 1517년(중종 12) 이전에 발간된 것임을 알 수 있다. <번역 박통사>는 현재 권상 1책만 전하나, 1677년에 간행된 <박통사 언해, 朴通事諺解>의 형식을 보면 이 책이 상, 중, 하의 3권 3책으로 구성된 것임을 알 수 있다.

<번역 박통사>는 16세기 초의 국어사 연구에 귀중한 자료가 될 뿐만 아니라 원문 한자에 달려 있는 한글 독음은 중국어의 음운사를 연구하는 데에 이용될 수 있다. 또한 후대에 발간된 <박통사 언해>와 비교할 수 있다는 점에서도 귀중한 자료이다.

이 책에서 나타나는 표기상의 특징은 <번역 노걸대>와 동일한데, 그 특징을 간추리면 다음과 같다.

첫째, 15세기에 쓰였던 글자 가운데 'ㆆ', 'ㆅ', 'ㅸ'이 쓰이지 않았다.

둘째, 'ㅿ'과 'ㆁ'의 글자는 대체로 15세기 문헌과 다름없이 쓰였다. 특히 'ㆁ'과 'ㅇ'은 엄격하게 구분하여 사용하였다.

셋째, 'ㅆ'의 글자는 'ㅅ'과 혼용이 심하다.

넷째, 'ㆍ'의 글자는 15세기와 차이가 없으나 가끔 'ㅗ'로 적힌 데도 있다.

다섯째, 부분적으로 '끊어 읽기'를 통하여 형태소의 원형 밝히기를 시도하고 있다.

여섯째, 'ㄷ'의 구개음화와 /ㄹ/의 두음법칙이 거의 일어나지 않았다.

일곱째, 방점이 찍혀 있어서 15세기 시대의 성조가 대체로 유지된 듯하나, 부분적으로 방점을 찍는 방법이 15세기와 다른 점이 있다.

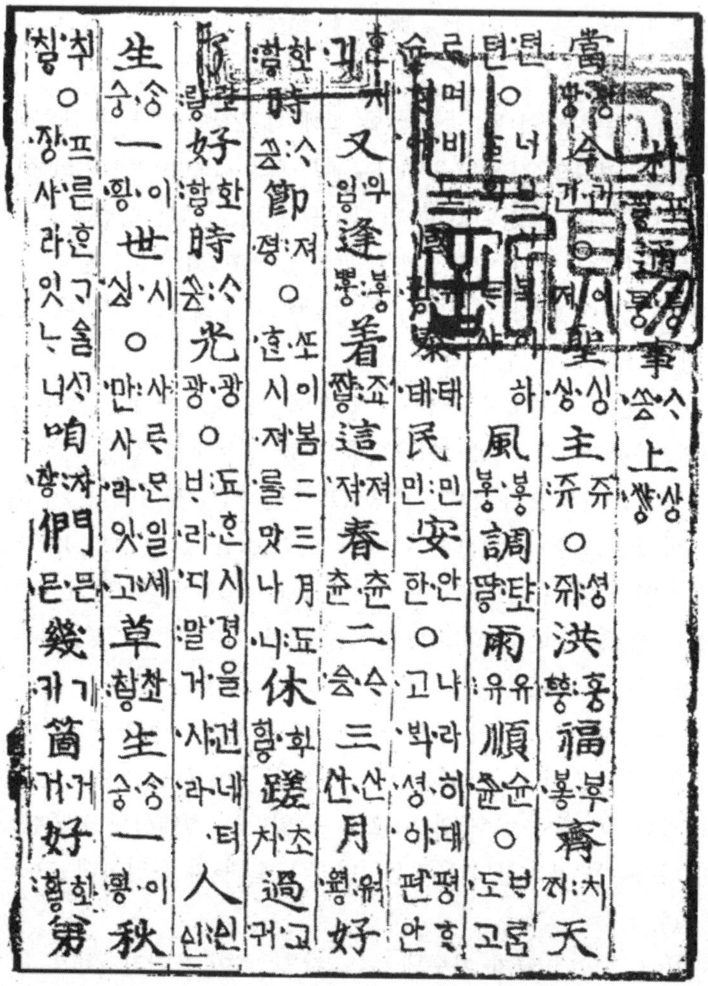

1) 셩쥐: 셩쥬(성주, 聖主)+-ㅣ(-의: 관조) ※ '聖主(성주)'는 어질고 덕이 뛰어난 임금이다.
2) 너브신: 넙(넓다, 洪)-+-으시(주높)-+-ㄴ(관전)
3) 하늘히: 하늘ㅎ(하늘, 天)+-이(-과: 부조, 비교)
4) 빅셩이: 빅셩(백성, 百姓)+-이(←-이: 주조)
5) 편안훈 저긔: 편안ᄒᆞ(편안하다)-+-ㄴ(관전) # 적(적, 때, 時: 의명)+-의(-에: 부조, 위치)
6) 맛나니: 맛나[만나다, 遇: 맛(←맞다)-+나(나다)]-+-니(연어, 설명의 계속, 이유)
7) 시경: 시경(時景), 한 철의 경치이다.
8) 건네터: 건네티[지나치다― 蹉過: 건네(건너다, 지나다)-+-티(-치-: 강접)-]-+-어(연어)
9) 말거시라: 말(말다, 禁: 보용, 금지)-+-ㄹ(관전) # 것(의명)-+-이(서조)-+-라(←-다: 평종)
10) 일셰만: 일셰(一世: 한 세상)+ -만(보조사, 한정)
11) ᄀᆞ술ᄭᆞ장: ᄀᆞ술(가을)+-ᄭᆞ장(-까지: 보조사, 도달)

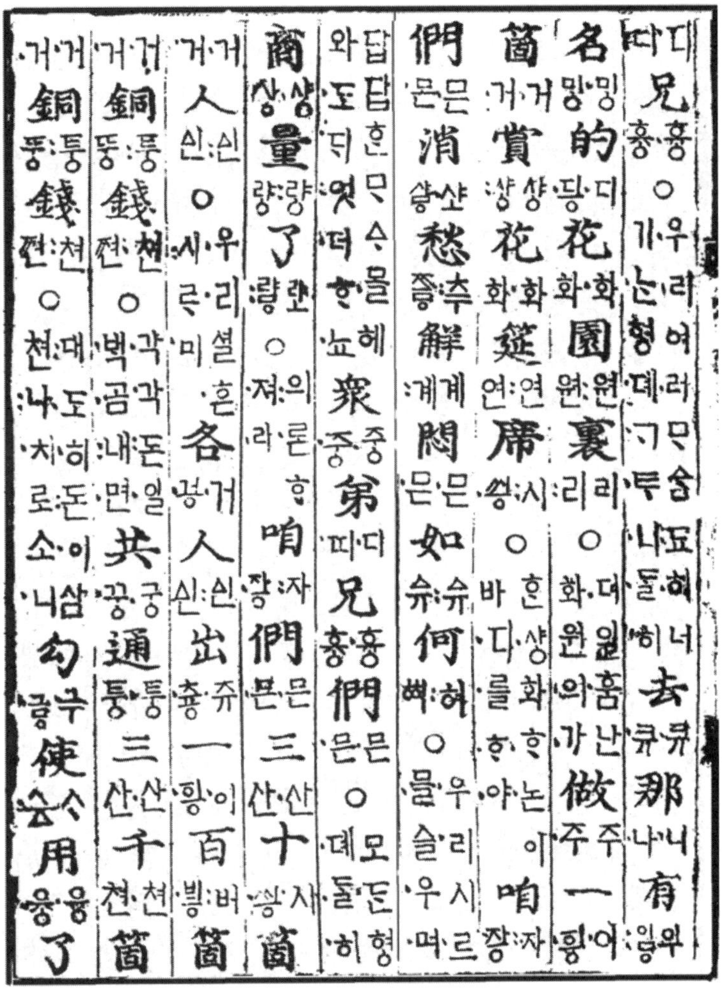
大兄 ○ 去那有
名的花花園裏 ○ 做一
箇賞花筵席 ○ 咱
們消愁解悶 如何 ○
答 衆弟兄們 ○
商量了 ○ 咱們三十箇
人 ○ 各人出一百箇
銅錢 ○ 共通三千箇
銅錢 ○ 勾使用了

---

12) 됴히 : [좋게(부사) : 둏(좋다, 好)- + -이(부접)]
13) ᄀᆞᄐᆞ니ᄃᆞᆯ히 : ᄀᆞᆮ(같다, 同)- + -ᄋᆞᆫ(관전) # 이(이 : 의명) + -ᄃᆞᆯㅎ(-들 : 복접) + -이(주조)
14) 샹화ᄒᆞ논 : 賞花ᄒᆞ(상화ᄒᆞ다 : 꽃을 감상하다)- + -ᄂᆞ(현시)- + -오(대상)- + -ㄴ(관전)
15) 이바디를 : 이바디[잔치, 宴 : 이받(대접하다, 봉양하다)- + -이(명접)] + -를(목조)
16) 슬우며 : 슬우[스러지게 하다, 없어지게 하다 : 슬(스러지다)- + -우(사접)-]- + -며(연어, 나열)
17) 헤와도ᄃᆡ : 헤왇[헤치다 : 헤(헤치다)- + -왇(강접)-]- + -오ᄃᆡ(연어, 설명의 계속)
18) 형뎨ᄃᆞᆯ히 : 형뎨ᄃᆞᆯㅎ[형제들 : 형뎨(형제, 兄弟) + -ᄃᆞᆯㅎ(-들 : 복접)] + -이(주조)
19) 의론ᄒᆞ져라 : 의론ᄒᆞ(의논하다, 議論하다)- + -져라(-자 : 청종, 희망)
20) ᄇᆡᆨ곰 : ᄇᆡᆨ(백, 百 : 수사) + -곰(-씩 : 보조사, 각자)
21) 대도히 : 대체로, 통틀어, 모두(부사)
22) 나치로소니 : 낯(개, 個 : 의명) + -이(서조)- + -롯(←-돗- : 느낌)- + -오니(←-ᄋᆞ니 : 연어, 이유)

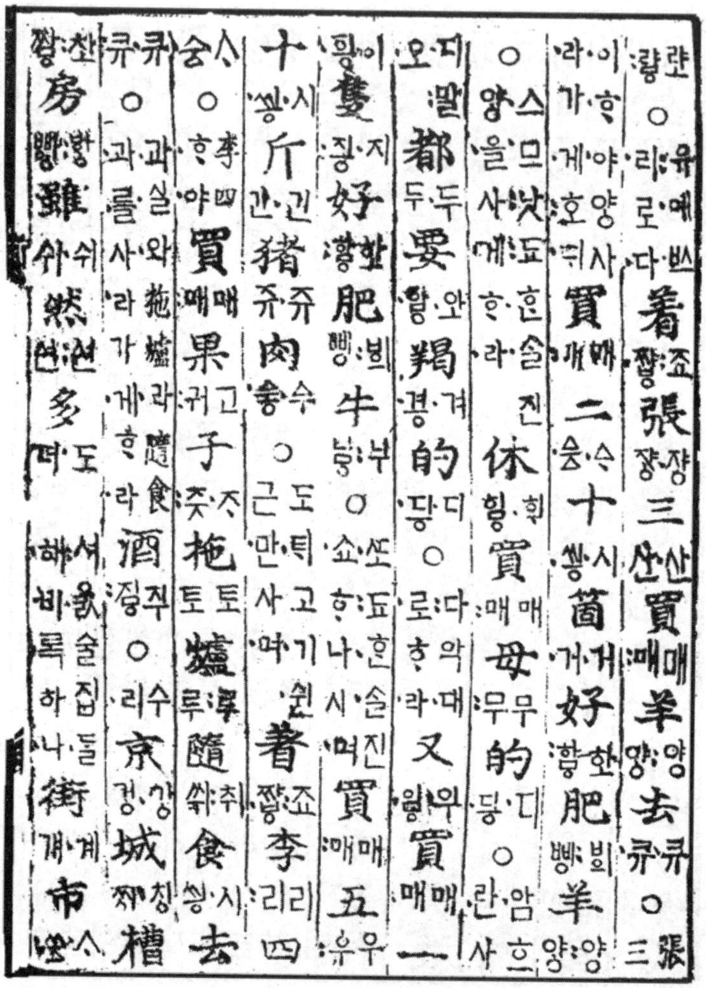

23) 유예 : [유여(有餘)히, 여유있게(부사) : 유여(有餘) + -Ø(←-ᄒᆞ- : 형접)- + -ㅣ(부접)]
24) ᄡᅳ리로다 : ᄡᅳ(쓰다, 用)- + -리(미시)- + -로(←-도 : 느낌)- + -다(평종)
25) 張三이 : [장삼이 : 張三(명사, 인명) + -이(명접)]
26) ᄒᆡ야 : ᄒᆡ이[시키다, 하게 하다, 使 : ᄒᆞ(하다, 爲)- + -이(사접)-]- + -아(연어)
27) 낫 : 낫(←낯 : 個, 마리, 의명) ※ '스므 낟'은 '스무 마리' 혹은 '스무 냥짜리'의 뜻이다.
28) 암ᄒᆞ란 : 암ㅎ(암놈) + -ᄋᆞ란(-은 : 보조사, 주제, 대조)
29) 악대로 : 악대(불깐 짐승) + -로(부조, 방편)
30) ᄉᆞᆯ진 : ᄉᆞᆯ지(살지다, 살이 많다, 肥)- + -ㄴ(관전)
31) 도틱고기 : [돼지고기 : 돝(돼지, 猪) + -ᄋᆡ(-의 : 관조) + 고기(고기, 肉)]
32) 拖爐과 : 拖爐ㅎ(타로 : 대추 모양으로 만든 꿀과자) + -과(접조)
33) 隨食과를 : 隨食(수식 : 밀가루와 기름으로 만든 소병(小餠)) + -과(접조) + -를(목조)

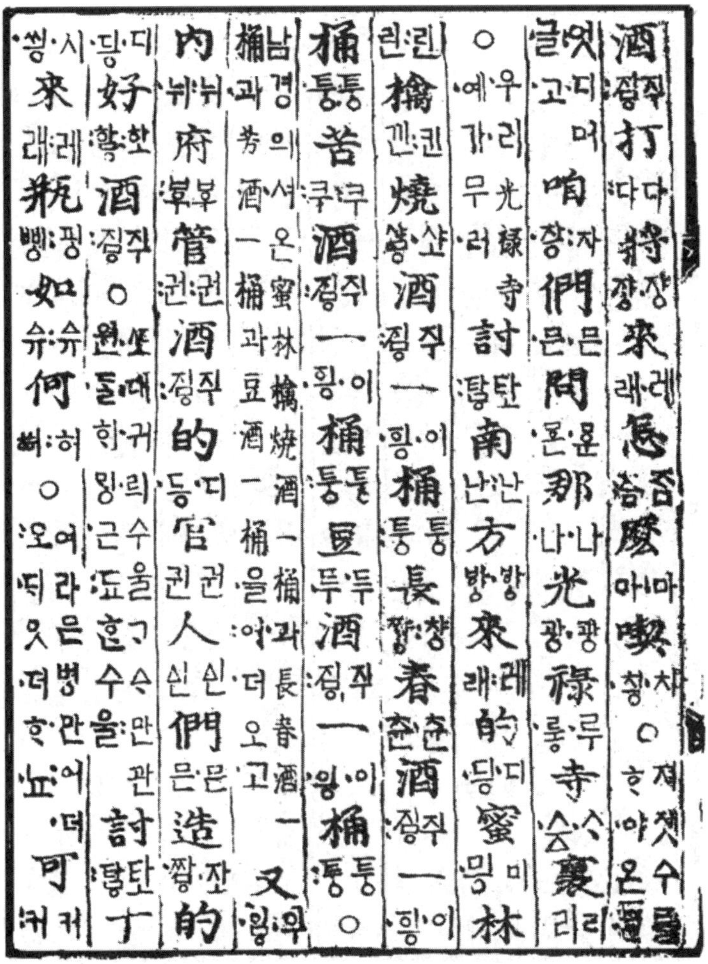

酒打將來怎麽喫
咱們問那光祿寺裏
討南方來的蜜林
檎燒酒一桶長春酒一
桶苦酒一桶豆酒一桶 ○
內府管酒的官人們造的
好酒 ○ 討
來瓶如何 ○ 可

34) 져젯 : 져제(← 져재 : 저자, 시장, 市) + -ㅅ(-의 : 관전)
35) 머글고 : 먹(먹다, 喫)- + -을고(-겠느냐 : 의종, 1·3인칭, 미시, 설명)
36) 光祿寺(광록사) : '광록사'는 북경의 장안문 동쪽에 있는데, 외국 사신들에게 음식과 술을 접대하는 관서(官署)이다.
37) 密林檎燒酒(밀림금소주) : 꿀과 포도를 소주에 담근 술이다.
38) 一桶(일통) : 한 통.
39) 長春酒(장춘주) : 춘분일(春分日)에 담근 술이다.
40) 苦酒(고주) : 쓴 맛이 있는 술이다.
41) 豆酒(두주) : 녹두로 만든 술이다.
42) ᄀᆞᅀᆞ만 : ᄀᆞᅀᆞ매[← ᄀᆞᅀᆞ말다(管, 주관하다) : ᄀᆞ숨(재료, 材) + 알(알다, 知)-]- + -ㄴ(관전)
43) 여러믄 : [← 여라믄(여남은, 十餘 : 관사) : 여(← 열 : 十) + 럼(← 넘다, 餘)- + -은(관전 ▷ 관접)]
44) 오듸 : 오(오다, 來)- + -듸(← -오듸 : -되, 연어, 설명의 계속)

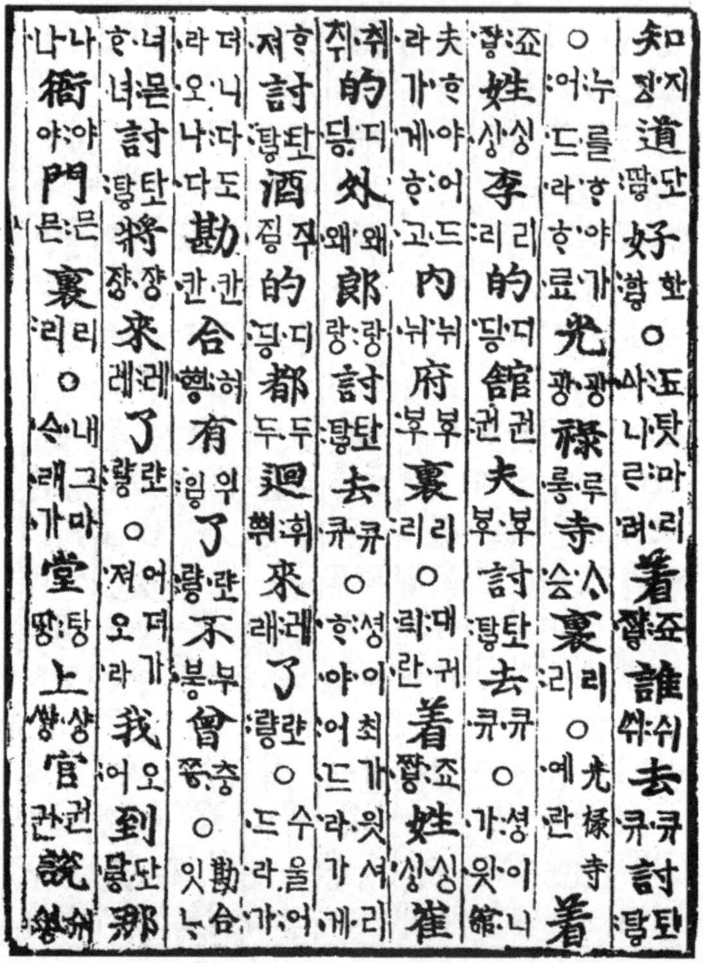

45) 니르려 : 니ᄅᆞ려 : 니ᄅᆞ(이르다, 曰)-+-려(-겠느냐 : 의종, 비인칭, 미시, 판정)
46) 어드라 ᄒᆞ료 : 얻(얻다, 得)-+-으라(명종) # ᄒᆞ(하다, 謂)-+-료(-겠느냐 : 의종, 비인칭, 미시, 판정)
47) 光祿寺예란 : 光祿寺(광록사)+-예(←-에 : 부조, 위치)+-란(-는 : 보조사, 주제, 대조)
48) 니가읫 : 니가(李가, 이가 성씨)+-의(-에 : 부조, 위치)+-ㅅ(-의 : 관조)
49) 舘夫(관부) : 중국의 각 역(驛)에서 사신들을 접대하는 관청에서 일하는 사람이다.
50) 셔리 : 서리(書吏, 胥吏). 관아에 속하여 말단 행정 실무에 종사하던 구실아치이다.
51) ᄒᆞ져 : ᄒᆞ(하다)-+-져(-자 : 청종)
52) 도라오나다 : 도라오(돌아오다)-+-Ø(과시)-+-나(주민)-+-다(평종)
53) 勘合(감합) : 발송할 문서의 한끝을 원본에 겹쳐 대고 그 위에 도장을 찍던 일이나 그 도장.
54) 잇ᄂᆞ녀 : 잇(←이시다 : 있다)-+-ᄂᆞ(현시)-+-녀(-느냐 : 의종, 비인칭, 판정)
55) 마ᅀᆞ래 : 마ᅀᆞᆯ(관청, 衙門)+-애(-에 : 부조, 위치)

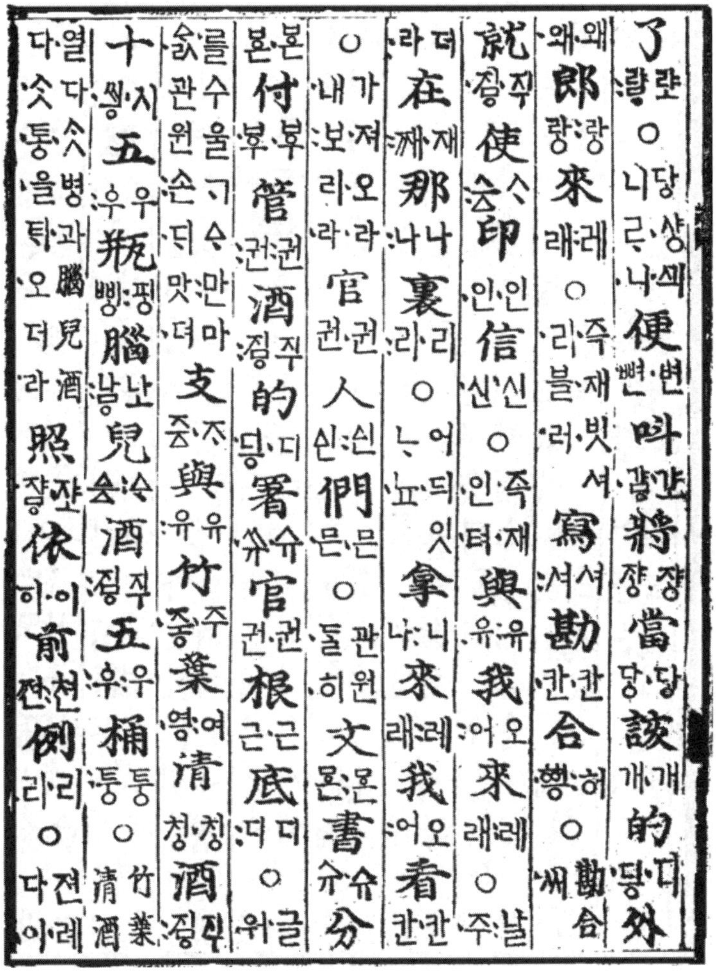

56) 당샹(堂上) : 당상관(堂上官). 정삼품 상(上) 이상의 품계에 해당하는 벼슬을 통틀어 이른다.
57) 빗셔리 : [소임을 맡고 있는 벼슬아치, 담당 관리 : 빗(←빋 : 빚, 일) + 셔리(서리, 胥吏)]
58) 블러 : 블르(←브르다 : 부르다, 召)- + -어(연어)
59) 인 텨 : 인(도장, 印) # 티(치다, 찍다)- + -어(연어)
60) ᄀᆞᅀᆞ만 : ᄀᆞᅀᆞ마[←ᄀᆞᅀᆞ말다(주관하다, 管) : ᄀᆞᅀᆞᆷ(재료, 材) + 아(←알다 : 알다, 知)-]- + -ㄴ(관전)
61) 마ᅀᆞᆳ 관원손ᄃᆡ : 마ᅀᆞᆯ(관청, 衙門) + -ㅅ(관조) # 관원(관원, 官員) + -손ᄃᆡ(-에게 : 부조, 상대)
62) 腦兒酒(뇌아주) : 누룩과 약료를 섞어서 만든 술이다.
63) ᄐᆡ오더라 : ᄐᆡ오[타게 하다 : ᄐᆞ(타다, 受)- + -ㅣ(사접)- + -오(사접)-]- + -더(회상)- + -라(←-다 : 평종)
64) 젼례 다이 : 전례(前例) # 다이(대로, 같이 : 의명)

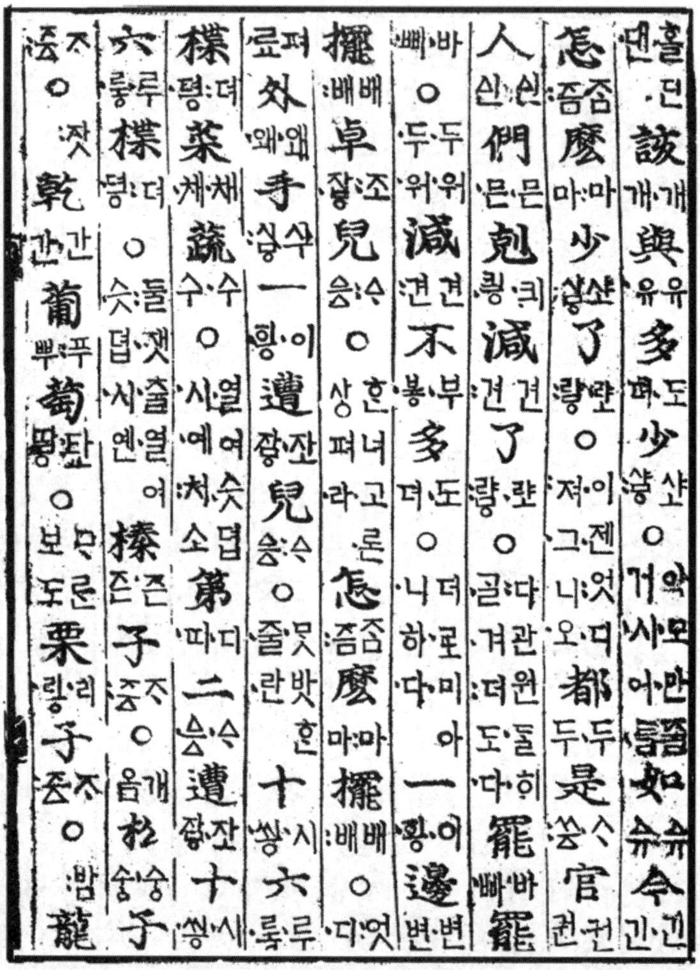

65) 홀 딘댄: ᄒᆞ(하다, 爲)- + -오(대상)- + -ㄹ(관전) # ᄃᆞ(의명) + -ㅣ(서조)- + -ㄴ댄(-면: 연어, 조건)
66) 아모 만: 아모(아무: 지대) # 만(만큼: 의명) ※ '아모 만'은 '어느 정도(多少)'로 옮긴다.
67) 줄 거시어늘: 주(주다, 與)- + -ㄹ(관전) # 것(것: 의명) + -이(서조)- + -어늘(← -거늘: 연어, 상황)
68) 져그니오: 젹(적다, 少)- + -으니오(-으냐: 의종, 비인칭, 설명)
69) ᄀᆞ리겨: ᄀᆞ리기(깎다, 자르다, 剪)- + -어(연어)
70) 더도다: 더(← 덜다, 減)- + -Ø(과시)- + -도(느낌)- + -다(평종)
71) 두워: 두(그만두다, 罷)- + -워(← -어: 명종)
72) 더로미: 덜(덜다, 減)- + -옴(명전) + -이(주조)
73) 녀고론: 녁(녘, 쪽) + -오론(↚ -ᄋᆞ론: -은, 보조사, 주제, 대조) ※ '-오론'은 '-ᄋᆞ론'의 오기다.
74) ᄆᆞᆺ 밧 ᄒᆞᆫ 줄란: ᄆᆞᆺ(제일: 부사) # 밧(← 밝: 밖, 外) # ᄒᆞᆫ(한, 一: 관사) # 줄(줄, 遭) + -란(-은: 보조사, 주제, 대조)
75) 처소: 처소(↚ ᄎᆡ소: 채소, 菜蔬)

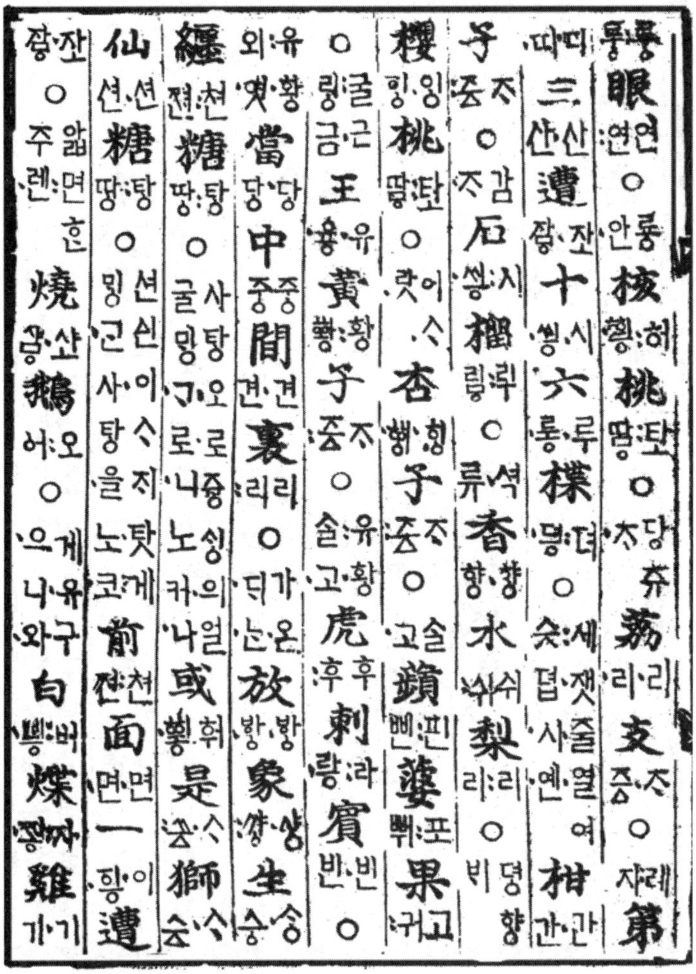

76) 룽안: 용안(龍眼), 모감주나무 열매이다.
77) 례지: 여주 열매이다.
78) 뎝시옌: 뎝시(접시) + -예(← -에: 부조, 위치) + -ㄴ(← -는: 보조사, 주제, 대조)
79) 뎡향ᄇᆡ: '배'의 한 가지.
80) 이ᄉᆞ랏: 이ᄉᆞ랏(← 이스랒: 앵두)
81) 사탕오로: 사탕(砂糖) + -오로(↚ -ᄋᆞ로: 부조, 방편)
82) 즁ᄉᆡᆼ의: 즁ᄉᆡᆼ(짐승, 獸) + -의(관조)
83) ᄆᆡᆼᄀᆞ로니: ᄆᆡᆼᄀᆞᆯ(만들다, 造)- + -오(대상)- + -ㄴ(관전) # 이(것: 의명)
84) 노커나: 놓(놓다, 放)- + -거나(연어, 선택)
85) ᄉᆞᄌᆡ 탓게: ᄌᆞᄌᆡ(사자, 獅子) # 타(타다, 乘)- + -앗(완결 지속)- + -게(연어, 사동)
86) 게유: 게유(← 거유: 거위, 鵝)
87) 구으니와: 구으(↚ 굽다, ㅂ불: 굽다, 燒)- + -ㄴ(관전) # 이(것: 의명) + -와(접조)

88) 제므레 : 제믈[제물, 제 몸에서 생긴 물 : 저(인대) + -ㅣ(관조) + 믈(물, 水)] + -에(부조, 위치)
89) 쵸ᄒᆞᆫ : 쵸ᄒᆞ(초하다, 炒 : 노릇노릇하게 되도록 불에 약간 볶음)- + -ㄴ(관전)
90) 사ᄒᆞ니와 : 사ᄒᆞ(←사ᄒᆞᆯ다 : 썰다)- + -ㄴ(관전) # 이(것 : 의명) + -와(접조)
91) 므르고으니와 : 므르고으[무르게 고다 : 므르- + 고으-]- + -ㄴ(관전) # 이(것 : 의명) + -와(접조)
92) 삐니와 : 삐(찌다, 蒸)- + -ㄴ(관전) # 이(것 : 의명) + -와(접조)
93) 봇그니와 : 봈(볶다, 炒)- + -은(관전) # 이(것 : 의명) + -와(접조)
94) 윗 주레 : 위(위, 上) + -ㅅ(-의 : 관조) # 줄(줄, 遭) + -에(부조, 위치)
95) 수늙 : 부리, 맺부리, 꽃부리(꽃 한 개의 꽃잎 전체)
96) 곳고 : 곳(←곶다 : 꽂다)- + -고(연어, 나열, 계기)
97) 敎坊읫 : 敎坊(교방, 아악과 속악을 맡은 관서) + -의(-에 : 부조, 위치) + -ㅅ(-의 : 관조)
98) 뎡ᄌᆡ신과 : 뎡ᄌᆡ신(정재인, 呈才人, 呈才를 하는 사람) + -과(접조)
99) 로ᄅᆞᆺ바치ᄃᆞᆯ : [광대들 : 로ᄅᆞᆺ(←노ᄅᆞᆺ : 놀이) + 바치(←바지 : 기술자) + -ᄃᆞᆯ(←ᄃᆞᆯㅎ : 복접)]

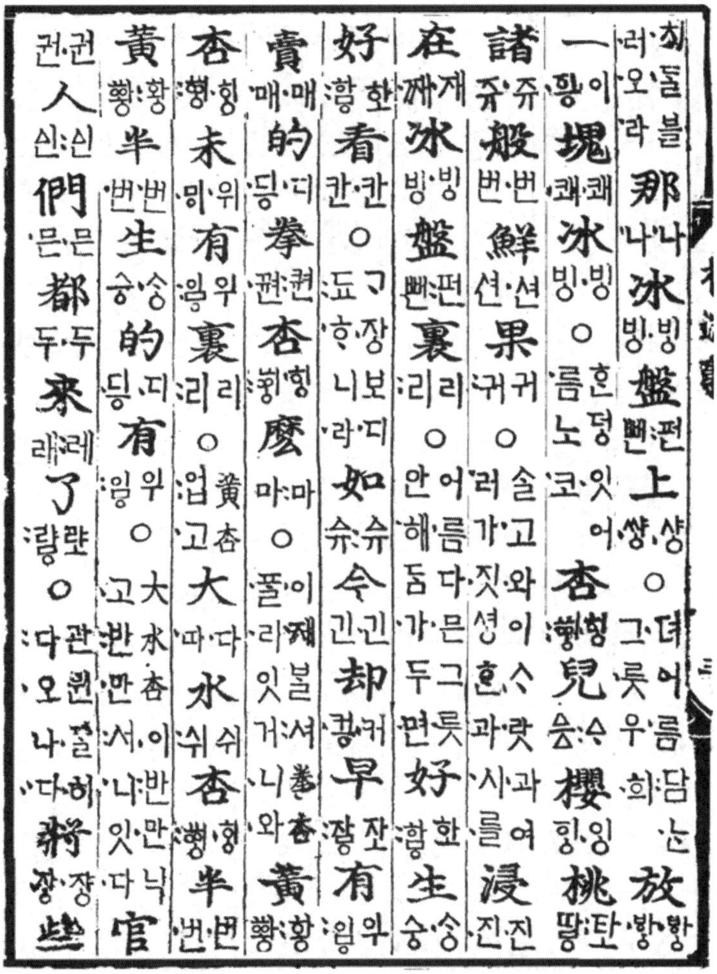
최돌블러오라

那冰盤上放一塊冰 ○ 뎌 어름 담눈 그릇 우희 혼 덩잇 어름 노코 杏兒櫻桃諸般鮮果 ○ 솔고와 이ᄉᆞ랏과 여러 가짓 셩ᄒᆞᆫ 과시를 浸在冰盤裏 ○ 어름 다믄 그릇 안해 돔가 두면 好生好看 ○ ᄀᆞ장 보디 됴ᄒᆞ니라 如今却早有賣的拳杏麼 ○ 이제 볼셔 拳杏 풀리 잇거니와 黃杏未有裏 ○ 黃杏 업고 大水杏半黃半生的有 ○ 大水杏이 반만 닉고 반만 서니 잇다 官人們都來了 ○ 관원들히 다 오나다 將些

100) 이ᄉᆞ랏과 : 이ᄉᆞ랏(← 이ᄉᆞ랒 : 앵두) + -과(접조)
1) 셩ᄒᆞᆫ : 셩ᄒᆞ(성하다, 나무나 풀이 싱싱하게 우거지다)- + -ㄴ(관전)
2) 과시를 : 과실(果實, 과일) + -을(목조)
3) 돔가 두면 : 돔ᄭ(← 돔ᄀᆞ다 : 담그다)- + -아(연어) # 두(두다 : 보용, 지속)- + -면(연어, 조건)
4) 보디 : 보(보다, 見)- + -디(-기 : 명전) ※ '-디'는 특수한 형태의 명사형 어미이다.
5) 됴ᄒᆞ니라 : 둏(좋다, 好)- + -ᄋᆞ니(객믿)- + -라(← -다 : 평종)
6) 拳杏(권행) : 살구의 일종이다.
7) 풀 리 : 풀(팔다, 賣)- + -ㄹ(관전) # 리(← 이 : 것, 의명) + -Ø(주조)
8) 잇거니와 : 잇(← 이시다 : 있다)- + -거니와(-지만 : 연어, 대조)
9) 大水杏(대수행) : 살구의 일종이다.
10) 서니 : 서(← 설다 : 익지 않다)- + -ㄴ(관전) # 이(것 : 의명) + -Ø(주조)
11) 오나다 : 오(오다, 來)- + -Ø(과시)- + -나(주믿)- + -다(평종)

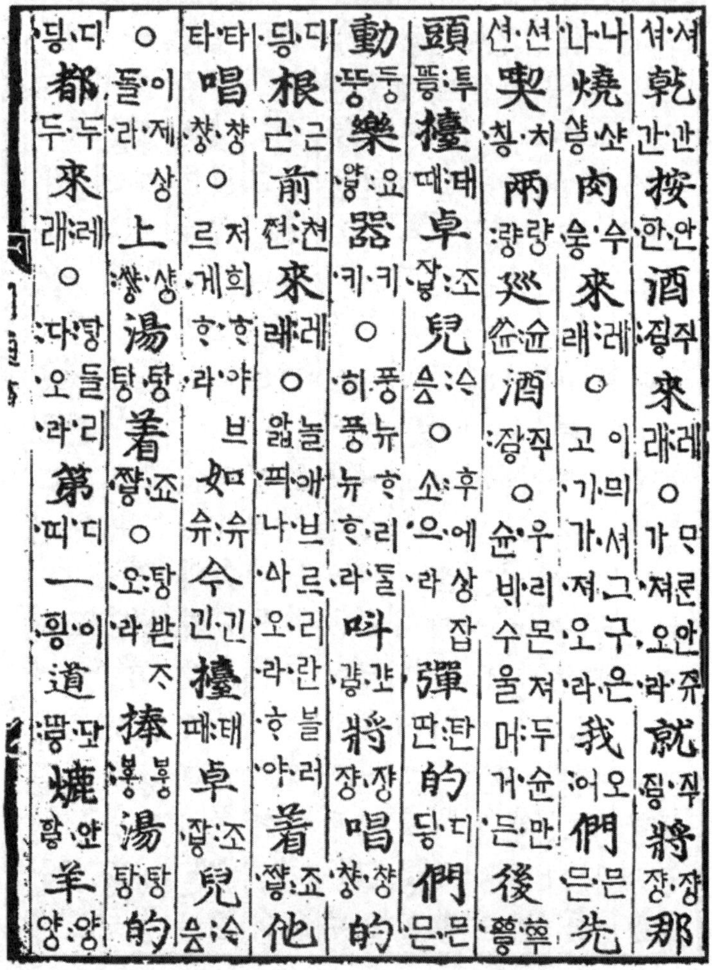

12) 이믜셔 : 이믜(이제 막, 이미, 장차, 곧) + -셔(-서 : 보조사, 강조)
13) 슌 만 : 슌(순, 巡 : 차례로 돌림. 또는 그 차례, 의명) + -만(보조사, 한정)
14) 슌비 : 순배(巡杯). 술자리에서 술잔을 차례로 돌리는 것이나 또는 그 술잔이다.
15) 머거든 : 먹(먹다)- + -어든(-거든 : 연어, 조건)
16) 상 : 상(床, 탁자)
17) 잡소으라 : 잡(들다, 들어 올리다, 擡)- + -소으(←-소오-← -숩- : 객높)- + -라(명종)
18) 풍뉴ᄒᆞ리돌히 : 풍뉴ᄒᆞ(←풍류ᄒᆞ다 : 풍류하다, 動樂器)- + -ㄹ(관전) # 이(이 : 의명) + -돌ㅎ(-들 : 복접) + -이(주조) ※ '풍류'는 관악 합주나 소편성의 관현악을 일상적으로 이르는 말이다.
19) 브르리란 : 브르(부르다, 唱)- + -ㄹ(관전) # 이(이 : 의명) + -란(-는 : 보조사, 주제, 대조)
20) 나ᅀᅡ오라 : 나ᅀᅡ오[나아오다 : 낛(←낫다, ㅅ불 : 나다, 進)- + -아(연어) + 오(오다)-]- + -라(명종)
21) 받ᄌᆞ오라 : 받(바치다, 獻)- + -ᄌᆞ오(←-좁- : 객높)- + -라(명종)
22) 탕 들리 : 탕(탕, 湯) # 들다(들다, 들어올리다, 捧)- + -ㄹ(관전) # 이(이 : 의명) + -Ø(주조)

23) 미수에 : 미수(?) + -에(부조, 위치) ※ '미수'는 원문 '第一道'로 볼 때 '번(番)'으로 보인다.
24) 므르고으니와 : 므르고으[무르게 고다 : 므르- + 고으-]- + -ㄴ(관전) # 이(의명) + -와(접조)
25) 蒸捲떡 : 증권떡. 떡의 종류. 찐 주먹떡.
26) 湯名製法未詳(탕명제법미상) : 탕(湯)의 이름과 만드는 법이 알려져 있지 않다.
27) 一說見集覽(일설견집람) : 한 구절이 集覽(집람)에 보인다.
28) 鮮笋燈龍湯(선순 등룡탕) : 탕(湯)의 한 종류.
29) 三鮮湯(삼선탕) : 탕(湯)의 한 종류.
30) 五軟三下鍋 (오연 삼하과) : 음식의 종류 미상.
31) 鷄脆芙蓉湯(계취 부용탕) : 탕(湯)의 한 종류.
32) 교토 : 고명.
33) 스면과 : 스면(분탕, 粉湯) + -과(접조) ※ '분탕(粉湯)'은 밀가루를 풀어서 끓인 맑은장국이다.

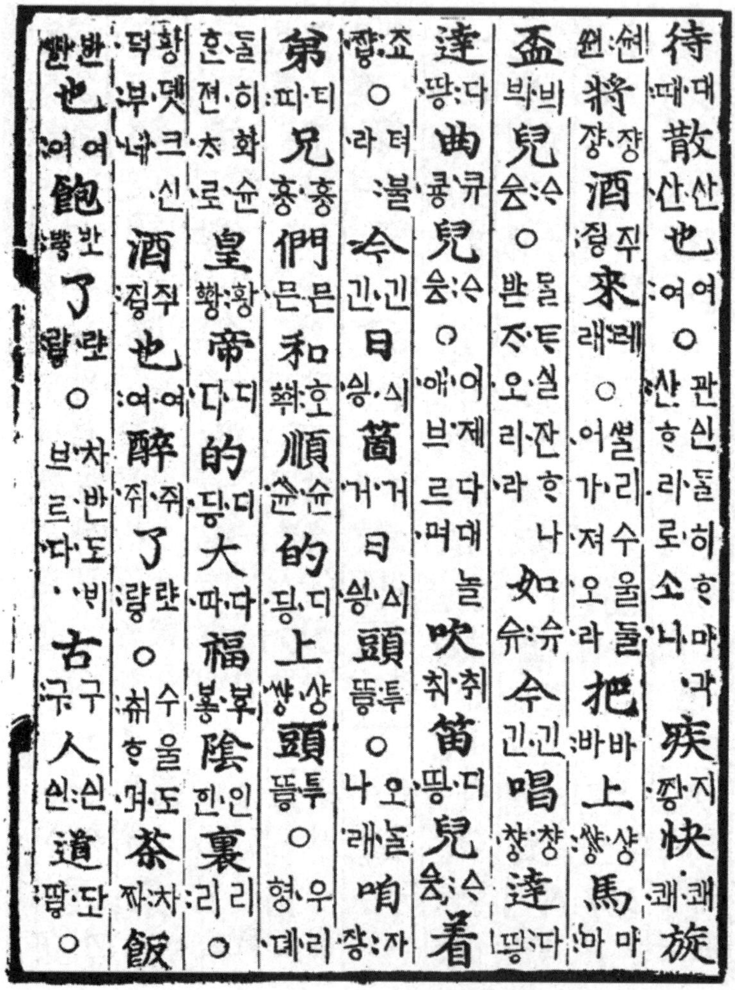

待散也 ○ 관신돌히 ᄒᆞ마 각산ᄒᆞ리로소니 疾快旋將酒來 ○ ᄲᆞᆯ리 수울 둘어 가져오라 把上馬盞兒 ○ ᄆᆞᆯ ᄐᆞ실 잔 ᄒᆞ나 받ᄌᆞ오리라 如今唱達達曲兒吹笛兒着 ○ 이제 다대 놀애 브르며 뎌 블라 今日箇日頭 ○ 오ᄂᆞᆯ 나래 咱弟兄們和順的上頭 ○ 우리 형뎨들히 화슌ᄒᆞᆫ 젼ᄎᆞ로 皇帝的大福廕裏 ○ 황뎻 크신 덕부네 酒也醉了 ○ 수울도 취ᄒᆞ며 茶飯也飽了 ○ 차반도 ᄇᆡ 브르다 古人道 ○

---

34) 관신돌히 : 관신돌ㅎ[관리들 : 관신(官人, 관리) + -돌ㅎ(-들 : 복접)] + -이(주조)

35) 각산ᄒᆞ리로소니 : 각산ᄒᆞ(各散ᄒᆞ다, 저마다 따로따로 흩어지다)- + -리(미시)- + -롯(←-돗- : 느낌)- + -오니(←-ᄋᆞ니 : 연어, 설명의 계속, 이유)

36) 수울 둘어 : 수울(술, 酒) # 둘(←두르다 : 두르다, 旋)- + -어(연어)

37) ᄐᆞ실 잔 : ᄐᆞ(타다, 上)- + -시(주높)- + -ㄹ(관전) # 잔(잔, 盞)

38) 받ᄌᆞ오리라 : 받(바치다, 獻)- + -ᄌᆞ오(←-ᄌᆞᆸ- : 객높)- + -리(미시)- + -라(←-다 : 평종)

39) 다대 : 達達, 달단, 타타르. 나라의 이름이다.

40) 뎌 : 뎌(↚뎌 : 저, 피리, 笛) ※ '뎌'는 '뎌ㅎ(피리, 笛)'의 오기이다.

41) 화슌ᄒᆞᆫ : 화슌ᄒᆞ(화순하다, 온화하고 양순하다, 和順)- + -ㄴ(관전)

42) 차반도 : 차반(음식, 茶飯) + -도(보조사, 첨가)

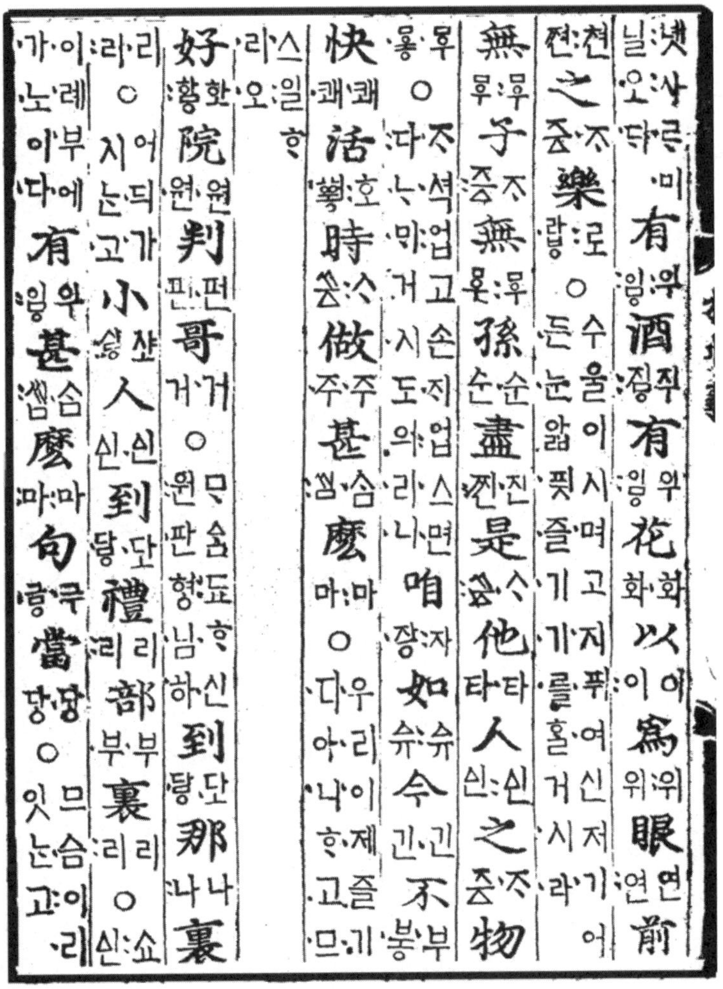

43) 퓌여신 : 퓌(피다)- + -여시(←-어 이시- : 완료 지속)- + -ㄴ(관전)
44) 저기어든 : 적(때, 時) + -이(서조)- + -어든(←-거든 : 연어, 조건)
45) 눈앏핏 : 눈앏ᄑᆡ[눈앞 : 눈(눈, 眼) + 앏ᄑᆡ(←앒 : 앞, 前)] + -의(-에 : 부조, 위치) + -ㅅ(-의 : 관조)
46) ᄌᆞ셕 : 자식(子息)
47) 손ᄌᆡ : 손ᄌᆞ(손자, 孫子) + -ㅣ(주조)
48) 도의리니 : 도의(←도외다 : 되다, 爲)- + -리(미시)- + -니(연어, 설명의 계속, 이유)
49) 므스 일 : 므스(←므슷 : 무슨, 관사) # 일(일, 事)
50) 됴ᄒᆞ신 : 둏(좋다, 好)- + -ᄋᆞ시(주높)- + -ㄴ(관전)
51) 원판(院判) : 원, 명, 청나라 때의 의료 기관인 태의원(太醫院) 소속의 오품(五品)의 관직명.
52) 가시ᄂᆞᆫ고 : 가(가다, 到)- + -시(주높)- + -ᄂᆞ(현시)- + -ㄴ고(-ㄴ가 : 의종, 1·3인칭, 설명)
53) 므슴 이리 : 므슴(무슨 : 관사) # 일(일, 事) + -이(주조)

10. 飜譯小學

<번역소학, 飜譯小學>의 모태가 된 <소학, 小學>은 중국 남송(南宋)시대 주희(朱熹; 朱子)의 감수 아래 그의 제자인 유청지(劉淸之) 등이 편찬한 책인데, 이를 <소학서, 小學書>라고도 한다. <소학>은 1185년에 대략적으로 탈고하고, 그 뒤 일부 수정을 가하여 87년 주희가 58세 때 완성했다. 소학(小學)이란 대학(大學)에 대응시킨 말인데, 이 책은 아동의 초보 교육을 위해서 아동에게 일상적 예의 범절과 어른을 섬기고 벗과 사귀는 도리 등을 가르치는 것을 목적으로 한 책이다. <소학> 6권은 '내편(內篇: 立敎, 明倫, 敬身, 稽古)'과 '외편(外篇: 嘉言, 善行)'의 2편으로 나뉘었다. 여기서 내편은 경서를 인용한 개론에 해당하고, 외편은 그 실제를 사람들의 언행으로 보여 주고 있다.

<번역소학>은 1518년(중종 13년)에 <소학집성, 小學集成>을 저본으로 하여 김전(金詮)과 최숙생(崔淑生) 등이 왕명으로 번역하여 간행하였다. 목판본, 10권 10책이다. 현재 초간본은 전해지지 않고, 16세기 후반에 간행된 것으로 추정되는 복간본(復刊本)이 낙질(落帙)로 전해지고 있다. 현재까지 발견된 복간본은 고려대학교 중앙도서관의 제8권, 서울대학교 가람문고의 제9권, 국립중앙도서관의 제10권 등 3권뿐이다. 특히 국립중앙도서관 소장본에는 '정덕 십삼년 무인 상완(正德十三年戊寅上浣)'이라는 남곤(南袞)의 발문이 있어 초간 연대를 알 수 있다.

<번역소학>의 표기 방법 중 특징적인 것을 간략히 소개하면 다음과 같다.

첫째, 'ㅸ'과 'ㆆ'이 전혀 나타나지 않는다.

둘째, 'ㅿ'이 쓰이고 있으나 몇몇 어휘에서는 'ㅿ'이 'ㅇ'으로 대체되어 쓰이고 있다.

셋째, 'ㆁ'은 종성으로만 쓰이고 초성으로는 쓰이지 않았다. 종성으로 쓰인 것도 글자의 모양이 'ㆁ'과 'ㅇ'이 혼용되고 있다.

넷째, 방점이 나타나지만 15세기에 비해서 많이 달라져 있다.

다섯째, 'ㆍ'는 제1 음절에서는 15세기 국어와 거의 동일하게 사용되고 있으나, 제2 음절부터는 'ㅡ'로 바뀌고 있다.

여섯째, 각자 병서인 'ㄲ, ㄸ, ㅃ, ㅉ, ㆅ' 등이 보이지 않는다.

일곱째, 종성의 'ㅅ'과 'ㄷ'을 구별하여 적고 있다.

선조 때는 <번역소학>이 너무 의역에 흘렀다 하여, 교정청에서 소학을 직역 위주로 다시 번역하여 <소학언해, 小學諺解>를 간행한 바가 있다.

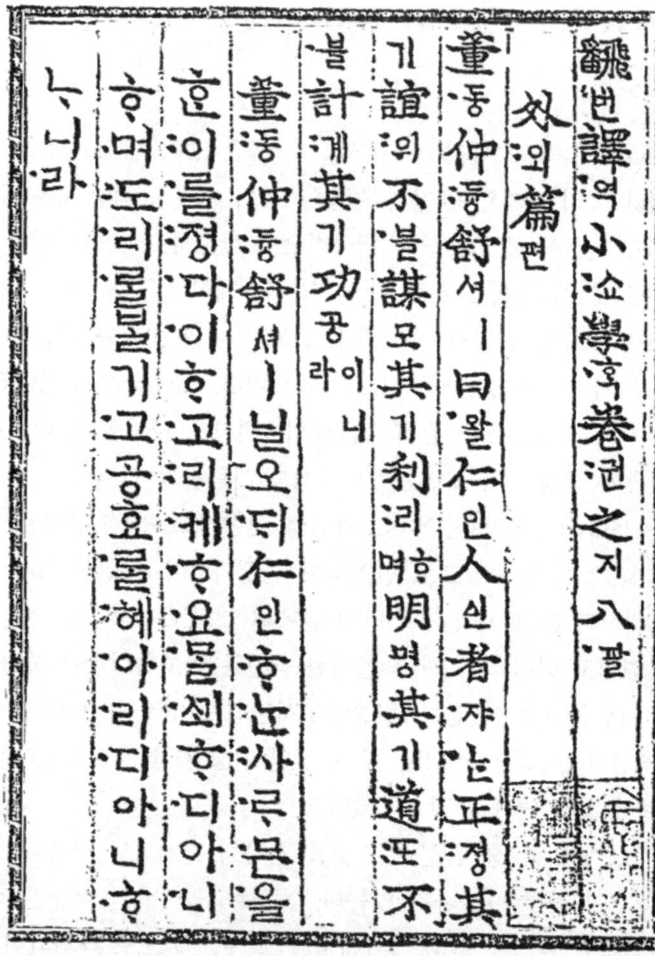
飜번譯역小쇼學ᄒᆞᆨ卷권之지八팔

外외篇편

董동仲듕舒서ㅣ曰왈仁인人ᅀᅵᆫ者쟈ᄂᆞᆫ正졍其기誼의不블謀모其기利리ᄒᆞ며明명其기道도不블計계其기功공이니라

董동仲듕舒셔ㅣ닐오ᄃᆡ仁인ᄒᆞᆫ사ᄅᆞᄆᆞᆫ올ᄒᆞᆫ이를졍다이ᄒᆞ고리케ᄒᆞ요ᄆᆞᆯ꾀ᄒᆞ디아니ᄒᆞ며도리ᄅᆞᆯᄇᆞᆯ기고공효ᄅᆞᆯ혜아리디아니ᄒᆞᄂᆞ니라

1) 외편(外篇) : <번역소학>의 '내편(內篇)'은 경서를 인용한 개론에 해당하고, '외편(外篇)'은 그 실제를 사람들의 언행을 보여 주고 있다.
2) 董仲舒(동중서) : 중국 전한(前漢) 때의 유학자이다. 무제(武帝)가 즉위하여 크게 인재를 구하므로 현량대책(賢良對策)을 올려 인정을 받았고, 전한의 새로운 문교 정책에 참여했다.
3) 닐오ᄃᆡ : 닐(←니ᄅᆞ다 : 이르다, 曰)-+-오ᄃᆡ(연어, 설명의 계속)
4) 仁(인) : 남을 사랑하고 어질게 행동하는 일이다.
5) 졍다이 : [정대하게, 올바르게 : 졍(正)+-다(←-답- : 형접)-+-이(부접)]
6) 리케 : 리ㅎ(←니ᄒᆞ다 : 이롭다, 利)-+-게(연어, 사동)
7) ᄒᆞ요ᄆᆞᆯ : ᄒᆞ(하다, 爲)-+-욤(←-옴 : 명전)+-ᄋᆞᆯ(목조)
8) 꾀ᄒᆞ디 : 꾀ᄒᆞ(꾀하다, 謀)-+-디(-지 : 연어, 부정)
9) ᄇᆞᆯ기고 : ᄇᆞᆯ기[밝히다 : ᄇᆞᆰ(밝다, 明)-+-이(사접)-]-+-고(연어, 나열, 계기)
10) 공효(功效) : 공을 들인 보람이나 효과이다.

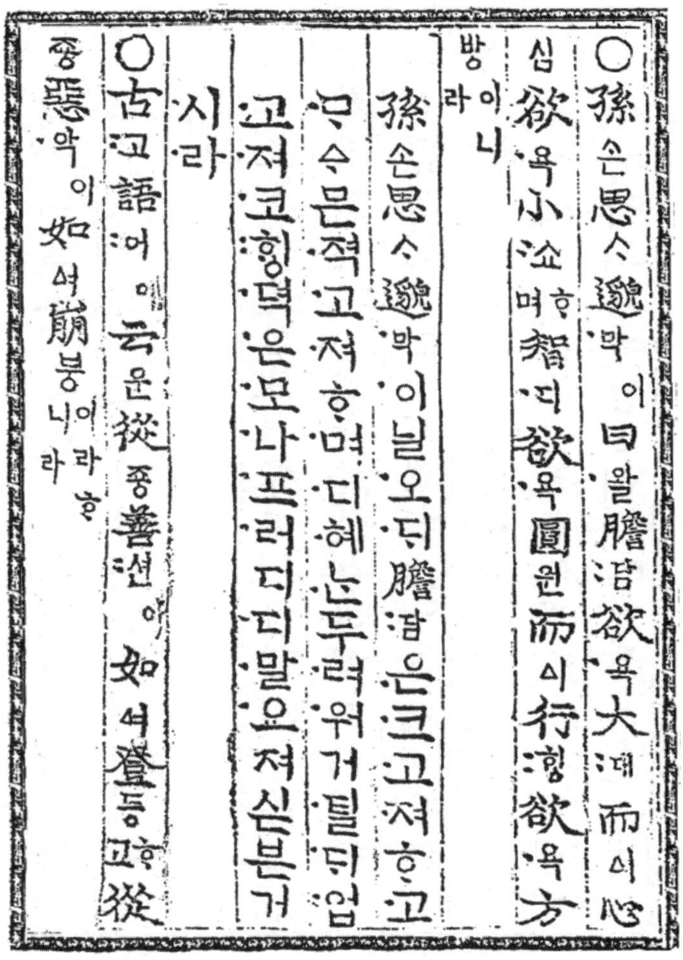

○孫손思ᄉᆞ邈막이 曰왈 膽담欲욕大대而ᅀᅵ心심欲욕小쇼ᄒᆞ며 智디欲욕圓원而ᅀᅵ行ᄒᆡᆼ欲욕方방이니라

孫손思ᄉᆞ邈막이 닐오ᄃᆡ 膽담은 크고져 ᄒᆞ고 ᄆᆞᅀᆞ믄 젹고져 ᄒᆞ며 디혜는 두려워 거틸ᄃᆡ 업고져 코 ᄒᆡᆼ뎍은 모나 프러디디 말오져 싣븐 거시라

○古고語어에 云운 從죵善션이 如여登등ᄒᆞ고 從죵惡악이 如여崩붕ᄒᆞ니라

---

11) 孫思邈(손사막) : 중국 초당(初唐)의 명의이자 신선가(神仙家)이다. 당나라 시대의 대표적 의서인 '비급천금요방'과 '천금익방'이 그의 저작으로 전하여지고 있다.

12) 膽(담) : 膽力(담력)

13) 디혜는 : 디혜(지혜, 知慧) + -는(-는 : 보조사, 주제, 대조)

14) 두려워 : 두려우(←두렵다, ㅂ불 : 둥그렇거나 원만하다, 圓)- + -어(연어)

15) 거틸 : 거티(거리끼다)- + -ㄹ(관전)

16) 업고져 코 : 업(←없다, 無)- + -고져(-고자 : 연어, 의도) # ㅎ(←ᄒᆞ다 : 爲)- + -고(연어, 나열)

17) 모나 : 모나[모나다 : 모(←모ㅎ, 方) + 나(나다, 出)-]- + -Ø(←-아 : 연어)

18) 프러디디 : 프러디[풀어지다 : 플(풀다)- + -어(연어) + 디(지다 : 보용, 피동)-]- + -디(-지 : 연어, 부정)

19) 말오져 : 말(말다, 보용)- + -오져(←-고져 : -고자, 연어)

20) 싣븐 : 싣브(←식브다 : 싶다, 보용, 희망)- + -ㄴ(관전)

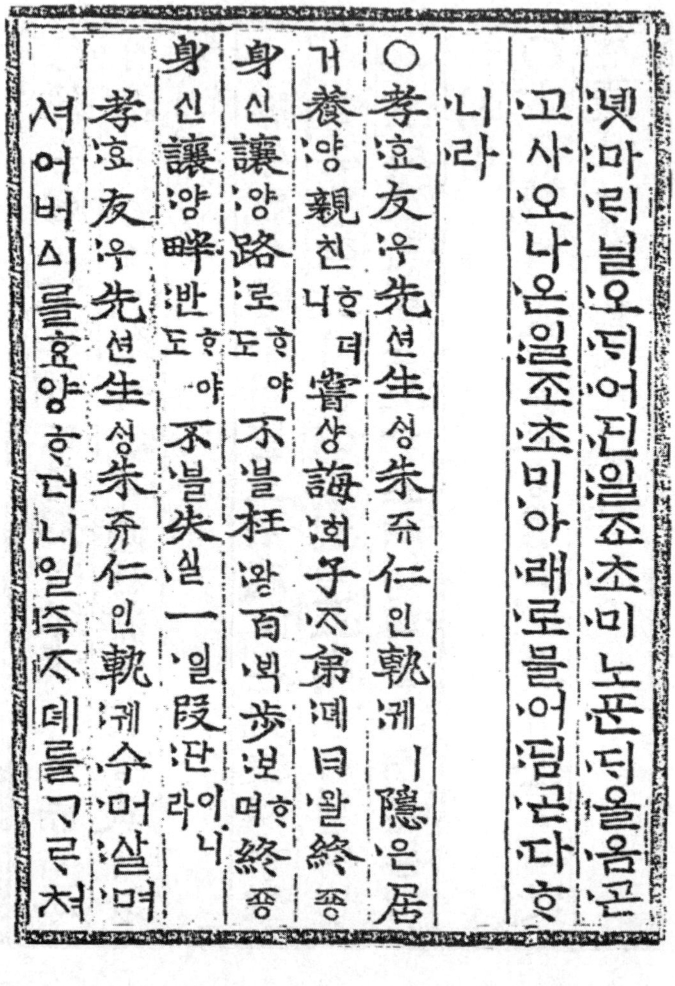

녯마ᄅᆡ닐오ᄃᆡ어딘일조초미노ᄑᆞᆫᄃᆡ올옴ᄀᆞᆮ
고사오나온일조초미아래로믈어딤ᄀᆞᆮ다ᄒᆞ
니라
○孝효友우先션生ᄉᆡᆼ朱쥬仁인軌궤ㅣ隱은居
거ᄒᆞ야養양親친ᄒᆞ더니嘗샹誨회子ᄌᆞ弟뎨曰왈終죵
身신讓양路로ᄒᆞ야도不블枉왕百ᄇᆡᆨ步보ᄒᆞ며終죵
身신讓양畔반ᄒᆞ야도不블失실一일段단이니라
孝효友우先션生ᄉᆡᆼ朱쥬仁인軌궤수머살며
셔어버ᅀᅵ를효양ᄒᆞ더니일즉ᄌᆞ뎨를ᄀᆞᄅᆞ쳐

---

21) 녯 마ᄅᆡ : 네(옛날, 昔) + -ㅅ(-의 : 관전) # 말(말, 言) + -ᄋᆡ(-에 : 부조, 위치)
22) 어딘 일 : 어딜(어질다, 善)- + -ㄴ(관전) # 이(것 : 의명) + -ㄹ(목조)
23) 조초미 : 좇(좇다, 따르다)- + -옴(명전) + -이(주조)
24) 올옴 : 올(← 오ᄅᆞ다 : 오르다, 登)- + -옴(명전)
25) ᄀᆞᆮ고 : ᄀᆞᆮ(← ᄀᆞᇀ다 : 같다, 如)- + -고(연어, 나열)
26) 사오나온 : 사오나오(← 사오납다, ㅂ불 : 사납다, 惡)- + -ㄴ(← -ᄋᆞᆫ : 관전)
27) 믈어딤 : 믈어디[무너지다, 崩 : 믈(← 므르다 : 물러나다)- + -어(연어) + 디(지다 : 보용, 피동)-]- + -ㅁ(← -옴 : 명전)
28) ᄀᆞᆮᄒᆞ니라 : ᄀᆞᆮᄒᆞ(같다, 如)- + -니(객믿)- + -라(← -다 : 평종)
29) 朱仁軌(주인궤) : 중국 당나라 때의 인물이다.
30) 살며셔 : 살(살다, 居)- + -며셔(-면서 : 연어, 동시)
31) 효양ᄒᆞ더니 : 효양ᄒᆞ(孝養하다, 효성으로 봉양하다)- + -더(회상)- + -니(연어, 설명의 계속)

닐오ᄃᆡ모미죽도록길흘ᄉᆞ양ᄒᆞ야도일ᄇᆡᆨ거
르미도록에디아니ᄒᆞ며모미죽도록받ᄀᆞᅀᆞᆯ
ᄉᆞ양ᄒᆞ야도ᄒᆞᆫ귿도일흐미업스리니라
○濂렴溪계周쥬先션生ᄉᆡᆼ이曰왈聖셩希희天
텬이오賢현希희聖셩이오士ᄉᆞ希희賢현이니
濂렴溪계周쥬先션生ᄉᆡᆼ이니ᄅᆞ샤ᄃᆡ셩신은
하ᄂᆞᆯ홀ᄇᆞ라고현신은셩신을ᄇᆞ라고ᄉᆞᄂᆞᆫ현
신을ᄇᆞ라ᄂᆞ니
伊이尹윤顔안淵연은大대賢현也야ㅣ라伊이尹

---

32) 일즉: 일찍이, 嘗(부사)
33) ᄌᆞ뎨: 자제(子弟)
34) ᄉᆞ양ᄒᆞ야도: ᄉᆞ양ᄒᆞ(사양하다, 辭讓하다)- + -야도(←-아도: 연어, 양보)
35) 거르미도록: 거름[걸음: 걸(←걷다, ㄷ불: 걷다, 步)- + -음(명접)] + -이도록(보조사, 도달)
36) 에디: 에(돌다, 피하다)- + -디(-지: 연어, 부정) ※ '에다'를 '(길을) 둘러서 가다'로 옮긴다.
37) 받 ᄀᆞᅀᆞᆯ: 받(←밭: 田) # ᄀᆞᇫ(←ᄀᆞᆺ: 가, 邊) + -ᄋᆞᆯ(목조) ※ '받 ᄀᆞᇫ'을 '밭두렁'으로 옮긴다.
38) 귿도: 귿(←긑: 끝, 末) + -도(보조사, 강조) ※ '귿'은 '밭의 귀퉁이'로 의역한다.
39) 업스리니라: 없(없다, 無)- + -으리(미시)- + -니(객믿)- + -라(←-다: 평종)
40) 周先生(주 선생): 주돈이(周敦頤). 중국 북송의 유학자로서 호는 염계(濂溪)이다.(1017～1073)
41) 니ᄅᆞ샤ᄃᆡ: 니ᄅᆞ(이르다, 曰)- + -샤(←-시-: 주높)- + -ᄃᆡ(←-오ᄃᆡ: -되, 연어, 설명의 계속)
42) ᄉᆞᄂᆞᆫ: ᄉᆞ(사, 선비, 士) + -ᄂᆞᆫ(보조사, 주제)
43) ᄇᆞ라ᄂᆞ니: ᄇᆞ라(바라다, 望)- + -ᄂᆞ(현시)- + -니(평종 반말, 혹은 연어)

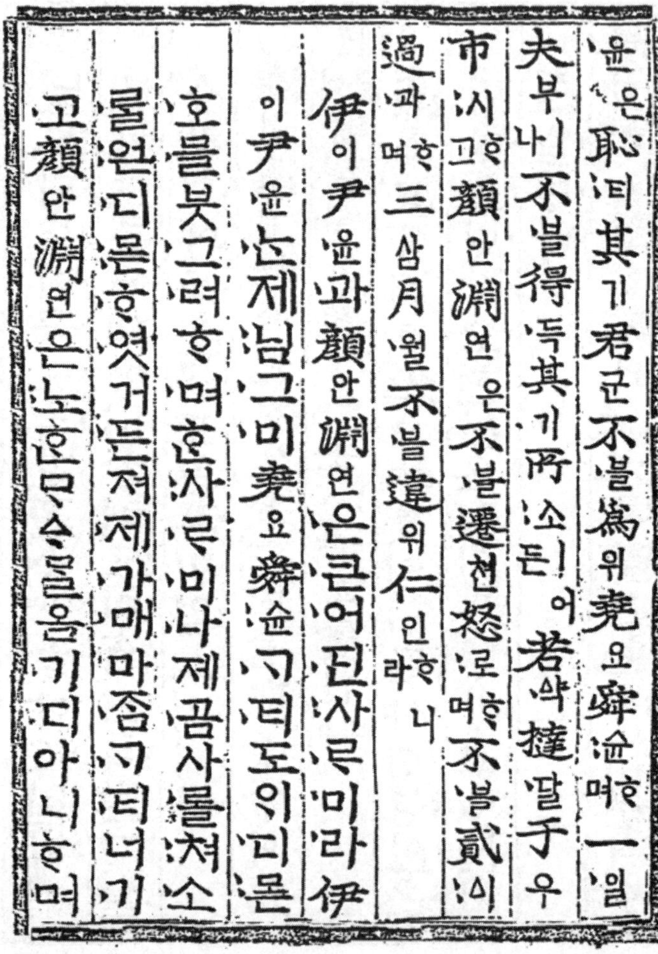

윤은聰ᄒᆞ티其기君군不블爲위堯요舜슌ᄒᆞ며一일
夫부ㅣ나不블得득其기所소ㅣ어든若약撻달于우
市시ᄒᆞ고顔안淵연은不블遷쳔怒로ᄒᆞ며不블貳ᅀᅵ
過과ᄒᆞ며三삼月월不블違위仁인ᄒᆞ니라
伊이尹윤과顔안淵연은큰어딘사ᄅᆞ미라伊
이尹윤ᄋᆞᆫ제님그미堯요舜슌ᄀᆞ티도ᄋᆡ디몯
호ᄆᆞᆯ붓그려ᄒᆞ며ᄒᆞᆫ사ᄅᆞ미나제곰사ᄅᆞᆯ쳐소
ᄅᆞᆯ얻디몯ᄒᆞ엿거든져제가매마좀ᄀᆞ티너기
고顔안淵연은노ᄒᆞᆫᄆᆞᅀᆞᄆᆞᆯ옴기디아니ᄒᆞ며

---

44) 伊尹(이윤) : 중국 은나라 태종 때의 재상으로 탕왕을 도와 하나라의 걸왕을 멸망시켰다.
45) 顔淵(안연) : 안회(顔回). 중국 춘추시대(春秋時代) 노(魯)나라의 현인으로 공자의 제자이다.
46) ᄀᆞ티 : [같이(부사) : ᄀᆞᇀ(같다, 如)- + -이(부접)]
47) 도ᄋᆡ디 : 도ᄋᆡ(되다, 爲)- + -디(-지 : 연어, 부정)
48) 붓그려ᄒᆞ며 : 붓그려ᄒᆞ[부끄러워하다 : 붓그리(부끄러워하다)- + -어(연어) + ᄒᆞ(하다)-]- + -며(연어)
49) 사ᄅᆞ미나 : 사ᄅᆞᆷ(사람, 夫) + -이나(보조사, 강조)
50) 제곰 : 제곰[← 제여곰(제각기, 제각끔 : 부사) : 제(← 저 : 인대) + -곰(-씩 : 보조사 ▷ 부접)]
51) 사ᄅᆞᆯ : 살(살다, 居)- + -오(대상)- + -ㄹ(관전)
52) 몯ᄒᆞ엿거든 : 몯ᄒᆞ(못하다 : 보용, 부정)- + -엿(완료 지속)- + -거든(연어, 조건)
53) 져제 : 져제(← 져재 : 시장, 市)
54) 마좀 : 맞(맞다, 撻)- + -옴(← -옴 : 명전)
55) 옴기디 : 옴기[옮기다, 移 : 옴(← 옮다 : 옮다, 移)- + -기(사접)-]- + -디(-지 : 연어, 부정)

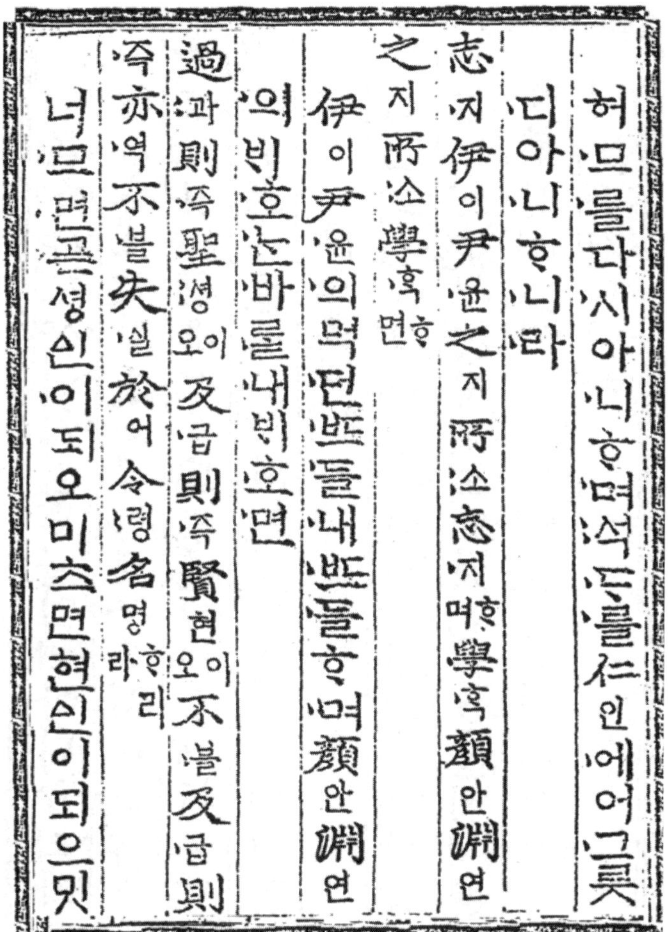
허므를다시아니ᄒᆞ며섯ᄃᆞᆯ仁인에어그릇
디아니ᄒᆞ니라
志지伊이尹윤之지所소志지ᄒᆞ며學ᄒᆞᆨ顔안淵연
之지所소學ᄒᆞᆨᄒᆞ면
伊이尹윤의먹던ᄠᅳ들내ᄠᅳ들ᄒᆞ며顔안淵연
의ᄇᆡ호ᄂᆞᆫ바를내ᄇᆡ호면
過과則즉聖셩이오及급則즉賢현이오不블及급則
즉亦역不블失실於어令령名명ᄒᆞ리라
너므면곧셩인이되오미츠면현인이되으믯

56) 허므를 : 허믈(허물, 잘못, 過) + -을(목조)
57) 어그릇디 : 어그릇(← 어긔릇다 : 어긋나다, 違)- + -디(-지 : 연어, 부정)
58) 伊尹의 : 伊尹(이윤 : 인명) + -의(관조) ※ '-의'는 관형격 조사이지만, 관형절 속에서 문맥상 주격으로 해석된다.
59) 내 ᄠᅳ들 ᄒᆞ며 : 나(나, 我 : 인대) + -ㅣ(주조) # ᄠᅳᆮ(뜻, 志) + -을(목조) # ᄒᆞ(하다)- + -며(연어, 나열) ※ 이때의 'ᄒᆞ다'는 대동사로 쓰였으므로 문맥상 '뜻을 먹으며'로 옮긴다.
60) ᄇᆡ호ᄂᆞᆫ : ᄇᆡ호(배우다, 學)- + -ᄂᆞ(현시)- + -ㄴ(관전)
61) 너므면 : 넘(넘다, 過)- + -으면(연어, 조건)
62) 미츠면 : 및(미치다, 及)- + -으면(연어, 조건)
63) 되으 : 되(되다)- + -으(← -고 : 연어) ※ '-으'는 '-고'의 /ㄱ/이 탈락한 형태인 '-오'의 오기이다.

디몯ᄒᆞ야도ᄯᅩ어딘일ᄒᆞ믈일티아니ᄒᆞ리라

○聖셩人인之지道도ᄂᆞᆫ入입乎호耳ᅀᅵᄒᆞ며存존乎호心심ᄒᆞ야蘊온之지爲위德덕行ᄒᆡᇰᄒᆞ며行ᄒᆡᇰ之지爲위事ᄉᆞ業업ᅌᅦ니彼피以이文문辭ᄉᆞ而ᅀᅵ已이者쟈ᄂᆞᆫ陋루矣의니라

셩인의도ᄂᆞᆫ귀예들며ᄆᆞᅀᆞ매다마안해사핫ᄂᆞᆫ거시德덕行ᄒᆡᇰ이되오밧긔ᄒᆡᇰᄒᆞᄂᆞᆫ거시事ᄉᆞ業업이도ᄋᆡᄂᆞ니뎌ᄡᅥ곰글지ᅀᅵᄯᆞᄅᆞᆷᄒᆞᄂᆞ니ᄂᆞᆫ더러오니라

---

64) 밋디 : 밋(←및다 : 미치다, 及)- + -디(-지 : 연어, 부정)
65) 일티 : 잃(잃다, 失)- + -디(-지 : 연어, 부정)
66) 사핫ᄂᆞᆫ : 샇(쌓다, 蘊)- + -앗(완료 지속)- + -ᄂᆞ(현시)- + -ㄴ(관전)
67) ᄒᆡᇰᄒᆞᄂᆞᆫ : ᄒᆡᇰᄒᆞ(행하다, 行)- + -ᄂᆞ(현시)- + -ㄴ(관전)
68) 도ᄋᆡᄂᆞ니 : 도ᄋᆡ(되다, 爲)- + -ᄂᆞ(현시)- + -니(연어, 설명의 계속, 이유)
69) 뎌 : 저것(지대) ※ '뎌'는 앞선 문맥의 '성인의 도'를 가리킨다.
70) ᄡᅥ곰 : ᄡ(ᄡ다 : 쓰다, 用)- + -어(연어) + -곰(보조사 : 여운감) ※ 'ᄡᅥ곰'은 '-로써'로 옮긴다.
71) ᄒᆞᄂᆞ니ᄂᆞᆫ : ᄒᆞ(하다, 爲)- + -ᄂᆞ(현시)- + -ㄴ(관전) # 이(이, 것 : 의명) + -ᄂᆞᆫ(보조사, 주제)
72) 더러오니라 : 더러오(←더럽다, ㅂ불 : 더럽다, 陋)- + -ᄋᆞ니(객민)- + -라(←-다 : 평종)

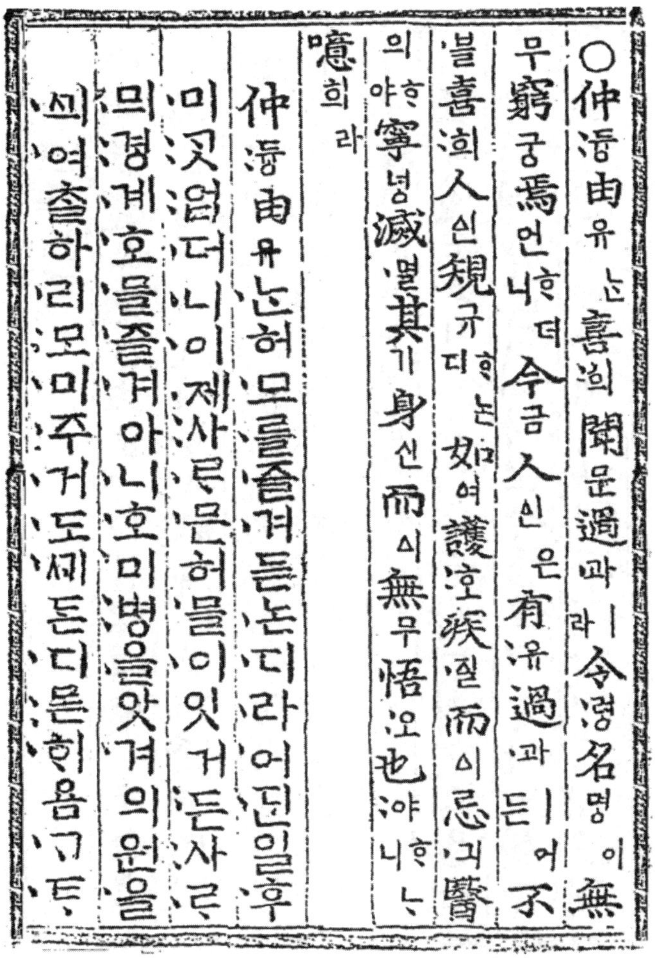
○仲듕由유ᄂᆞᆫ 喜희聞문過과ㅣ라 令령名명이 無
무窮궁焉언ᄒᆞ니ᄃᆡ 今금人신은 有유過과ㅣ어든 不
블喜희人신規규ᄒᆞᄂᆞᆫ디 如여護호疾질而이忌긔醫
의ᄒᆞ야 寧녕滅멸其기身신而ᅀᅵ無무悟오也ᅣᄒᆞᄂᆞ니
噫희라

仲듕由유ᄂᆞᆫ 허므를 즐겨 듣논 디라 어ᄃᆡᆫ 일후
미 ᄀᆞᆺ 업더니 이제 사ᄅᆞᄆᆞᆫ 허믈이 잇거든 사ᄅᆞ
ᄆᆡ 경계호ᄆᆞᆯ 즐겨 아니호미 병을 앗겨 의원을
ᄢᅴ여 ᄎᆞᆷ하리 모미 주거도 ᄭᆡᄃᆞ디 몯 희욤 ᄀᆞᄐᆞ

73) 듣논 디라: 듣(듣다, 聞)-+-ᄂᆞ(현시)-+-오(대상)-+-ㄴ(관전) # ᄃᆞ(것: 의명)+-이(서조)-+-라(←-다: 연어)
74) 어ᄃᆡᆫ: 어ᄃᆡ(↚어딜다: 어질다, 賢)-+-ㄴ(관전) ※ '어ᄃᆡᆫ'은 '어딘'의 오기이다.
75) ᄀᆞᆺ: 끝, 가, 한계(邊)
76) 잇거든: 잇(←이시다: 있다)-+-거든(연어, 조건)
77) 앗겨: 앗기(아끼다)-+-어(연어)
78) ᄢᅴ여: ᄢᅴ(꺼리다)-+-여(←-어: 연어)
79) ᄭᆡᄃᆞ디: ᄭᆡᄃᆞᆮ(깨닫다, 悟)-+-디(-지: 연어, 부정)
80) 몯 희욤: 몯(못: 부사, 부정) # 희[하게 하다: ᄒᆞ(하다, 爲)-+-ㅣ(사접)-]-+-욤(←-옴: 명전)

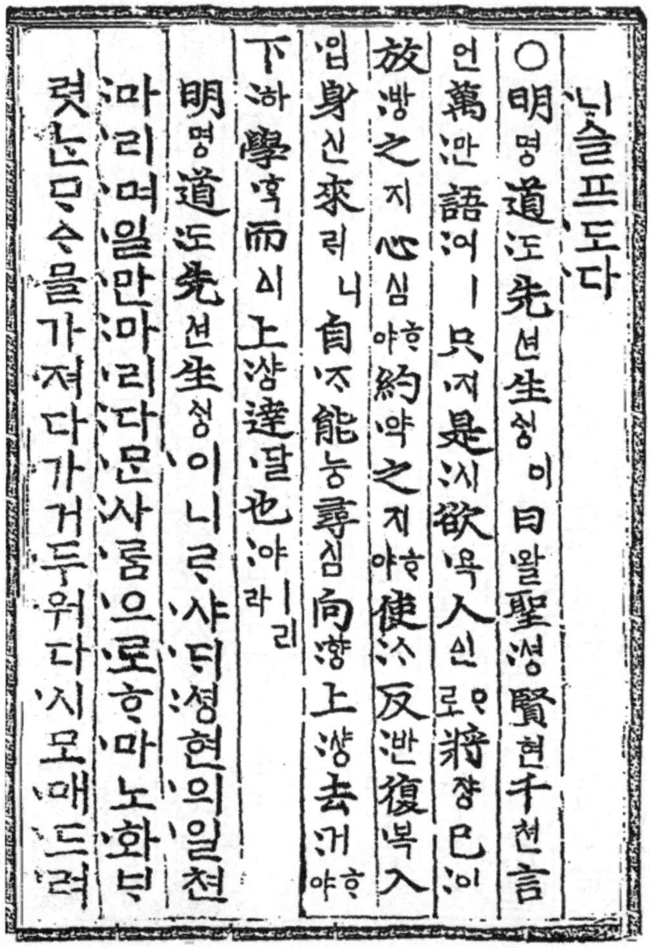

늬슬프도다

○明명道도先션生ᄉᆡᆼ이曰왈聖셩賢현千쳔言언萬만語어ㅣ只지是시欲욕人인로ᄋᆞ將장已이放방之지心심ᄒᆞ야約약之지ᄒᆞ야使ᄉᆞ反반復복入입身신來ᄅᆡ니自ᄌᆞ能ᄂᆞᆼ尋심向향上샹去거ᄒᆞ야下하學ᄒᆞᆨ而ᅀᅵ上샹達달也야ㅣ리라

明명道도先션生ᄉᆡᆼ이니ᄅᆞ샤ᄃᆡ셩현의일쳔마리며일만마리다몯사ᄅᆞᆷ으로ᄒᆞ마노화ᄇᆞ렷ᄂᆞᆫᄆᆞᅀᆞᄆᆞᆯ가져다가거두워다시모매드려

---

81) 슬프도다 : 슬프(슬프다, 噫)- + -도(느낌)- + -다(평종)

82) 明道 先生(명도 선생) : 본명은 정호(程顥). 중국 북송(北宋) 중기의 유학자(1032~1085). '이기일원론(理氣一元論)'과 '성즉리설(性則理說)'을 주창하였다. 그의 사상은 동생인 정이를 거쳐 주자(朱子)에게 큰 영향을 주어 송나라 새 유학의 기초가 되었으며, 정주학(程朱學)의 중핵을 이루었다.

83) 마리며 : 말(말, 言) + -이(서조)- + -며(연어, 나열)

84) 노화 : 노호(← 놓다 : 放)- + -아(연어) ※ '노화'는 '노하'의 오기이다.

85) ᄇᆞ렷ᄂᆞᆫ : ᄇᆞ리(버리다 : 보용)- + -엇(완료 지속)- + -ᄂᆞ(현시)- + -ㄴ(관전)

86) 가져다가 : 가지(가지다)- + -어(연어) + -다가(보조사, 동작의 유지, 강조)

87) 거두워 : 거두우(← 거두다 : 거두다, 約)- + -어(연어) ※ '거두우다'는 '거두다'의 오기이다.

88) 드려 : 드리[들이다, 들게 하다 : 들(들다, 入)- + -이(사접)-]- + -어(연어)

오게코져ᄒᆞᆯᄯᆞᄅᆞ미니스ᄉᆞ로능히우후로ᄎᆞ
자가쉬운일브터ᄇᆡ화셔우후로노ᄑᆞᆫ리예통
달ᄒᆞᆯ거시니라
○心심은要요在ᄌᆡ腔강子ᄌᆞ裏리니라
ᄆᆞᅀᆞᄆᆞᆫ모로매내몸얼굴안히이실거시니라
○伊이川쳔先션生ᄉᆡᇰ이曰왈只지整졍齊제嚴
엄肅슉則즉心심便변一일ᄒᆞ고一일則즉自ᄌᆞ無무
非비辟벽之지干간이니라
伊이川쳔先션生ᄉᆡᇰ이니ᄅᆞ샤ᄃᆡ오직졍제ᄒᆞ

---

89) 코져 : ㅎ(← ᄒᆞ다 : 하다, 보용, 사동)- + -고져(-고자 : 연어, 의도)
90) ᄯᆞᄅᆞ미니 : ᄯᆞ롬(따름 : 의명) + -이(서조)- + -니(연어, 설명의 계속, 이유)
91) 우후로 : 우ㅎ(위, 上) + -우로(← -으로 : 부조, 방향)
92) ᄇᆡ화셔 : ᄇᆡ호(배우다, 學)- + -아셔(-아서 : 연어)
93) 리예 : 리(이치, 도리, 理) + -예(← -에 : 부조, 위치)
94) 거시니라 : 것(것 : 의명) + -이(서조)- + -니(객믿)- + -라(← -다 : 평종)
95) 내 몸 얼굴 : 나(나, 我 : 인대) + -ㅣ(-의 : 관조) # 몸(몸, 身) # 얼굴(모습)
96) 안히 : 안ㅎ(안, 裏) + -ᄋᆡ(-에 : 부조, 위치)

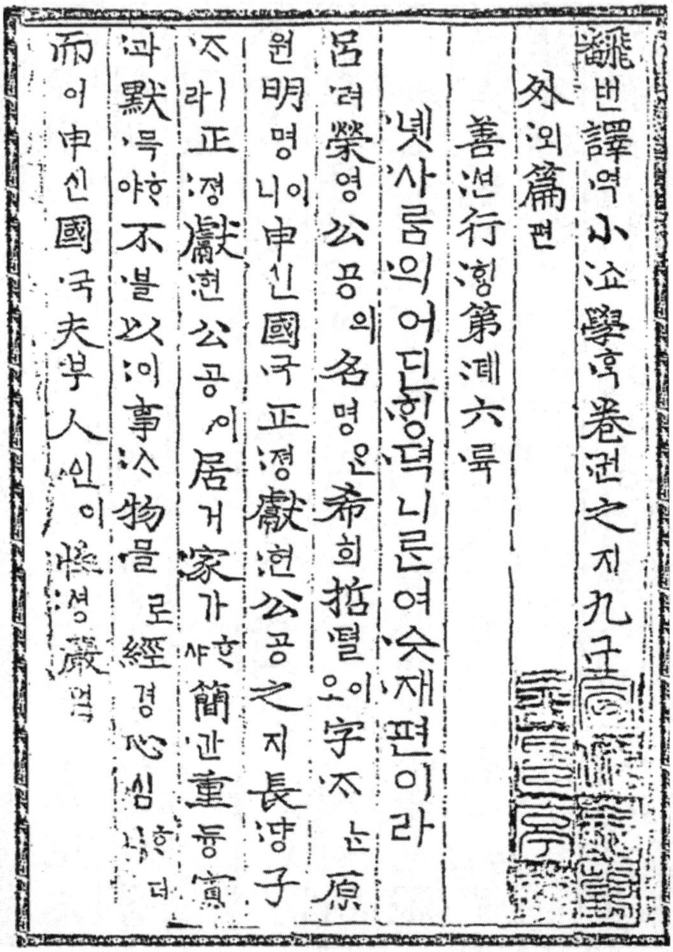
飜번譯역小쇼學ᄒᆞᆨ卷권之지九구

外외篇편

善션行ᄒᆡᆼ第뎨六륙

녯사ᄅᆞᆷ의어딘ᄒᆡᆼ뎍니ᄅᆞᆫ여ᄉᆺ재편이라

呂려榮영公공의名명은希희哲텰이오字ᄌᆞᄂᆞᆫ原

원明명이니申신國국正졍獻헌公공之지長댱子

ᄌᆞㅣ라正졍獻헌公공이居거家가ᄒᆞ샤簡간重듕寡

과默믁ᄒᆞ야不블以이事ᄉᆞ物믈로經경心심ᄒᆞ더

而이申신國국夫부人인이性셩嚴엄

---

1) 녯 : 녜(옛날, 昔) + -ㅅ(-의 : 관조)
2) ᄒᆡᆼ뎍 : 행적(行績)
3) 니ᄅᆞᆫ : 니ᄅᆞ(이르다, 曰)- + -ㄴ(관전)
4) 여ᄉᆺ재 : [여섯째 : 여ᄉᆺ(여섯, 六 : 수사) + -재(-째 : 접미)]

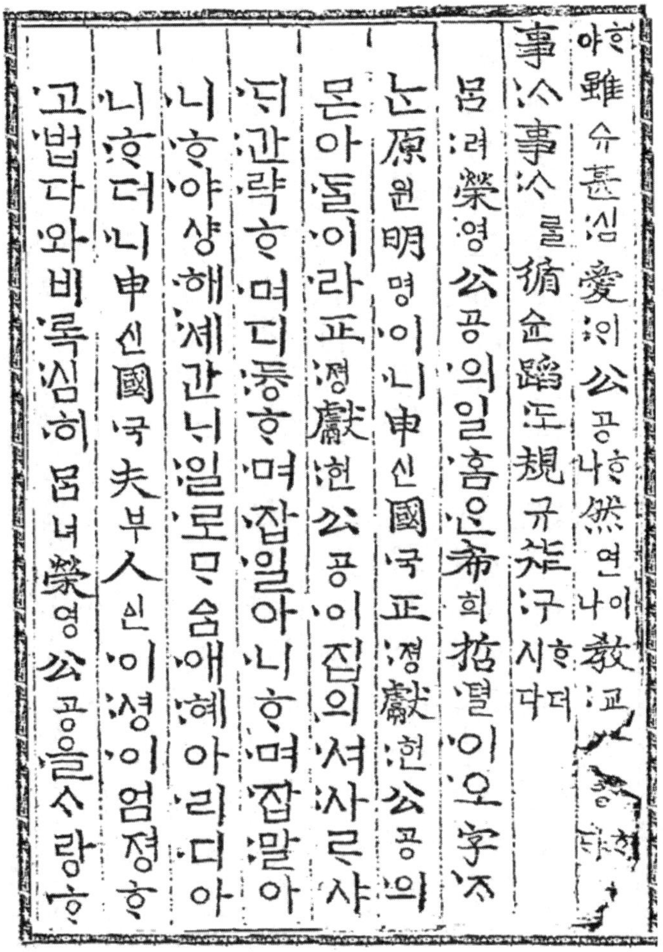
ᄒᆞ야雖슈甚:심愛ᄋᆡ公공ᄒᆞ나然연이나教:교[illegible]
事ᄉᆞ事ᄉᆞ를循슌蹈도規규矩구ᄒᆞ더시다
呂려榮영公공의일홈은希희哲텰이오字ᄌᆞ
ᄂᆞᆫ原원明명이니申신國국正졍獻헌公공의
ᄆᆞᆮ아ᄃᆞᆯ이라正졍獻헌公공이집의셔사ᄅᆞ샤
ᄃᆡ간략ᄒᆞ며디듕ᄒᆞ며잡일아니ᄒᆞ며잡말아
니ᄒᆞ야샹해셰간ᄂᆡ일로ᄆᆞᅀᆞᆷ애혜아리디아
니ᄒᆞ더니申신國국夫부人신이셩이엄졍ᄒᆞ
고법다와비록심히呂려榮영公공을ᄉᆞ랑ᄒᆞ

5) 呂榮公(여영공) : 북송(北宋) 때의 학자이며 명신(名臣)이다.
6) 申國(신국) : 여신국(呂申國). 사람의 이름이다.
7) ᄆᆞᆮ아ᄃᆞᆯ이라 : ᄆᆞᆮ아ᄃᆞᆯ[맏아들 : ᄆᆞᆮ(맏이, 昆 : 명사) + 아ᄃᆞᆯ(아들)] + -이(서조)- + -라(← -다 : 평종)
8) 집의셔 : 집(집, 宅) + -의셔(-에서 : 부조, 위치)
9) 사ᄅᆞ샤ᄃᆡ : 살(살다, 住)- + -ᄋᆞ샤(← -으시- : 주높)- + -ᄃᆡ(← -오ᄃᆡ : 연어, 설명의 계속)
10) 디듕 : 지중(至重). 더할 수 없이 귀중하거나, 혹은 더할 수 없이 무거운 것이다.
11) 샹해 : 늘, 常(부사)
12) 셰간ᄂᆡ : 셰간ㄴ(← 셰간 : 世間, 세상) + -ᄋᆡ(-의 : 관조)
13) 혜아리디 : 혜아리(헤아리다, 생각하다)- + -디(-지 : 연어, 부정)
14) 셩(性) : 성품(性品)
15) 법다와 : 법다오[← 법답다, ㅂ불(법에 맞다) : 법(법, 法) + -답(형접)-]- + -아(연어)
16) ᄉᆞ랑ᄒᆞ야도 : ᄉᆞ랑ᄒᆞ(사랑하다)- + -야도(← -아도 : 연어, 양보)

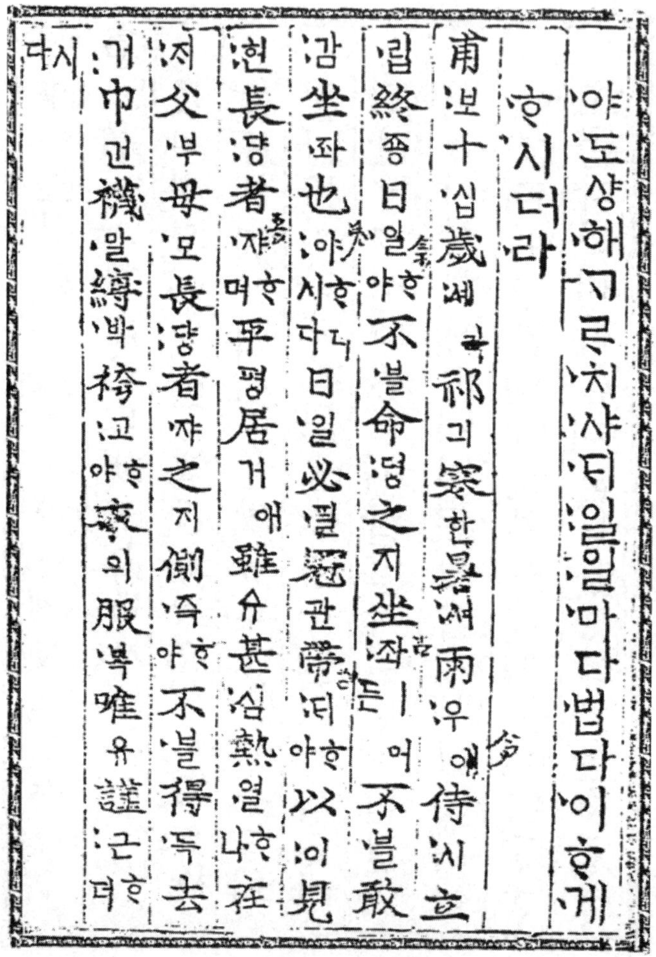
야 도 샹해 ᄀᆞᄅᆞ치샤ᄃᆡ 일일마다 법다이 ᄒᆞ게
ᄒᆞ시더라
甫보十십歲셰ᄅᆡ 祁긔寒한暑셔雨우에 侍시立
립終죵日일ᄒᆞ야 不블命명之지坐좌ㅣ어든 不블敢
감坐좌也야ᄒᆞ시니다 日일必필冠관帶ᄃᆡᄒᆞ야 以이見
현長댱者쟈ᄒᆞ며 平평居거애 雖슈甚심熱열ᄒᆞ나 在
지父부母모長댱者쟈之지側즉ᄒᆞ야 不블得득去
거巾건襪말縛박袴고ᄒᆞ야 衣의服복唯유謹근ᄒᆞ더
시다

---

17) 샹해 : 늘, 항상(부사)
18) ᄀᆞᄅᆞ치샤ᄃᆡ : ᄀᆞᄅᆞ치(가르치다, 敎)- + -샤(←-시- : 주높)- + -ᄃᆡ(←-오ᄃᆡ : -되, 연어, 설명의 계속)
19) 일일마다 : 일일(모든 일, 事事) + -마다(보조사, 각자)
20) 법다이 : [법에 맞게(부사) : 법(법, 法 : 명사) + -답(형접)- + -이(부접)]
21) ᄒᆞ시더라 : ᄒᆞ(하다, 爲)- + -시(주높)- + -더(회상)- + -라(←-다 : 평종) ※ 15세기에는 선어말 어미의 실현 순서가 '-더시-'였는데, 16세기 초기에 현대어처럼 '-시더-'로 실현된 예가 나타나는 것을 확인할 수 있다.

계오 열설 머거셔 쇠 치운 저기며 덥고 비오ᄂᆞᆫ
저긔도 뫼ᅀᆞ와 져므도록 셔셔 안ᄌᆞ라 아니ᄒᆞ
거시ᄃᆞᆫ 안찌 아니ᄒᆞ시더라 랄마다 모로매 冠
관帶ᄃᆡ ᄒᆞ야 얼우시ᄂᆞᆯ 뫼ᅀᆞ오며 샹해 비록 ᄀᆞ
장 더운 저기라도 부모와 얼우신의 견틔 이셔
ᄂᆞᆫ 곳갈와 보션과 힝뎐ᄋᆞᆯ 밧디 아니ᄒᆞ야 衣의
服복ᄒᆞ고 조심ᄒᆞ야 겨시더라
行ᄒᆡᆼ步보 出츌入입애 無무得득入입茶다肆ᄉᆞ
酒쥬肆ᄉᆞᄒᆞ며 市시井졍里리巷항之지語어와 鄭

---

22) 쇠: 몹시, 祁(부사)
23) 치운: 치우(← 칩다, ㅂ불: 춥다, 寒)- + -은(관전)
24) 저긔도: 적(때, 時: 의명) + -의(-에: 부조, 위치, 시간) + -도(보조사, 마찬가지, 강조)
25) 뫼ᅀᆞ와: 뫼ᅀᆞ오(← 뫼ᅀᆞᆸ다, ㅂ불: 모시다, 侍)- + -아(연어)
26) 져므도록: 져므(← 져믈다: 저물다, 暮)- + -도록(연어, 도달)
27) 아니 ᄒᆞ거시ᄃᆞᆫ: 아니(부사, 부정) # ᄒᆞ(아니하다)- + -시(주높)- + -거 … ᄃᆞᆫ(-거든: 연어, 조건)
28) 랄마다: 랄(↚날: 날, 日) + -마다(보조사, 각자) ※ '랄마다'는 '날마다'의 오기이다.
29) 冠帶(관대)ᄒᆞ야: 冠帶ᄒᆞ(관을 쓰고 띠를 매다)- + -야(← -아: 연어)
30) 얼우시늘: 얼우신[어르신, 長子: 얼(← 어르다: 혼인하다)- + -우(사접)- + -시(주높)- + -ㄴ(관전▷명접)] + -을(목조)
31) 저기라도: 적(때, 時: 의명) + -이라도(보조사, 양보)
32) 견틔: 견ㅌ(← 곁: 곁, 傍) + -의(-에: 부조, 위치)
33) 이셔ᄂᆞᆫ: 이시(있다, 在)- + -어(연어) + -ᄂᆞᆫ(보조사, 주제) ※ '이셔ᄂᆞᆫ'은 '있을 때는'으로 옮긴다.
34) 곳갈와: 곳갈(고깔, 巾) + -와(← -과: 접조)
35) 힝뎐: 행전(行纏). 바지나 고의를 입을 때 정강이에 꿰어 무릎 아래에 매는 물건이다.

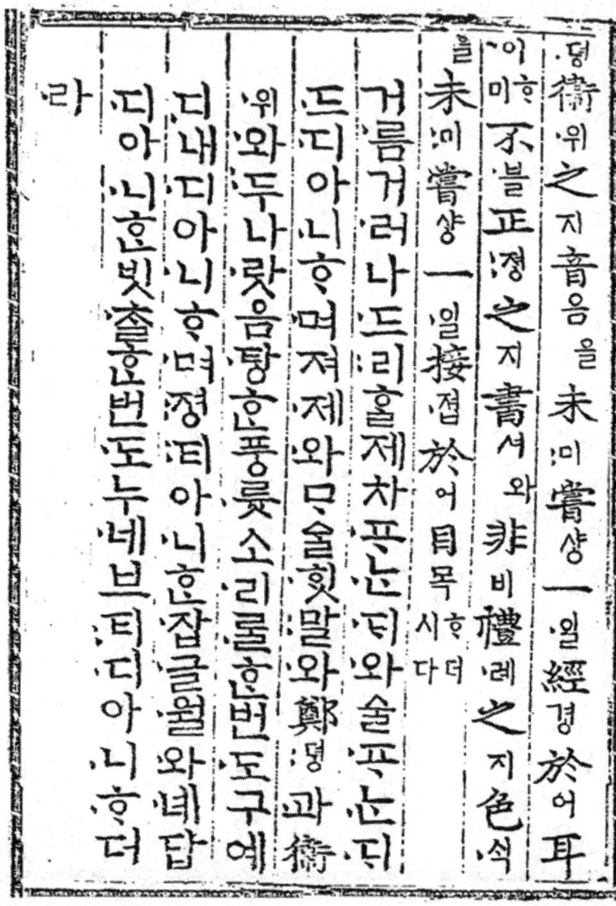

·뎡衛위之지音음을未미嘗샹一일經경於어耳·이ᄒᆞ미不블正졍之지書셔와非비禮례之지色석을未미嘗샹一일接졉於어目목시ᄒᆞ다더 거름거러나드리ᄒᆞᆯ제차픈ᄃᆡ와술픈ᄃᆡ드디아니ᄒᆞ며져제와ᄆᆞ술힛말와鄭뎡과衛·위와두나랏음탕ᄒᆞᆫ풍륫소리롤ᄒᆞᆫ번도구예디내디아니ᄒᆞ며졍티아니ᄒᆞᆫ잡글월와녜답디아니ᄒᆞᆫ빗촐ᄒᆞᆫ번도누네브티디아니ᄒᆞ더라

36) 나드리 : [나들이 : 나(나다, 出)- + 들(들다, 入)- + -이(명접)]
37) 드디 : 드(← 들다 : 들다, 入)- + -디(-지 : 연어, 부정)
38) 져제와 : 져제(저자, 시장, 市) + -와(← -과 : 접조)
39) ᄆᆞ술힛 : ᄆᆞ술ㅎ(마을, 村) + -이(-에 : 부조, 위치) + -ㅅ(-의 : 관조)
40) 鄭(정) : 정나라(BC 806년~BC 375년)는 주 왕조와 춘추 시대에 걸친 주나라의 제후국이다.
41) 衛(위) : 위나라. 중국 주나라 무왕(武王)의 동생 강숙(康叔)을 시조로 하는 제후국이다.
42) 풍륫 : 풍류(풍류, 風流) + -ㅅ(-의 : 관조)
43) 구에 : 구(← 귀 : 귀, 耳) + -에(부조, 위치) ※ '구에'는 '귀예'의 오기이다.
44) 디내디 : 디내[지나게 하다 : 디나(지나다, 經)- + -ㅣ(사접)-]- + -디(-지 : 연어, 부정)
45) 졍티 : 졍ㅎ(← 졍ᄒᆞ다 : 바르다, 正)- + -디(-지 : 연어, 부정)
46) 잡글월와 : 잡글월[잡글 : 잡(雜 : 접두)- + 글(글, 書) + -월(접미)] + -와(← -과 : 접조)
47) 녜답디 : 녜답[예답다, 예에 맞다 : 녜(← 례, 禮 : 명사) + -답(형접)-]- + -디(-지 : 연어, 부정)
48) 빗촐 : 빗ㅊ(← 빛 : 빛, 光) + -올(목조)
49) 브티디 : 브티[붙이다 : 븥(붙다, 接)- + -이(사접)-]- + -디(-지 : 연어, 부정)

正졍獻헌公공이 通통判판潁영州쥬ㅣ어늘 歐구
陽양公공이 適뎍知디州쥬事ᄉᆞㅣ러니 焦쵸先션
生ᄉᆡᆼ千쳔之지伯ᄇᆡᆨ強강이 客ᄀᆡᆨ文문忠튱公공
所소ᄒᆞ야 嚴엄毅의方방正졍이어시늘 正졍獻헌公공
이 招툐延연之지ᄒᆞ야 使ᄉᆞ敎교諸졔子ᄌᆞᄒᆞ더시니 諸
졔生ᄉᆡᆼ이 小쇼有유過과差차ㅣ시든 先션生ᄉᆡᆼ이
端단坐좌ᄒᆞ야 召쇼與여相샹對ᄃᆡᄒᆞ야 終죵日일竟
경夕셕이도록 不블與여之지語어ᄒᆞ다가 諸제生ᄉᆡᆼ
이 恐공懼구畏외伏복이에사 先션生ᄉᆡᆼ이 方방略

락降강辭ᄉᆞ色ᄉᆡᆨ시ᄒᆞ다더
正정獻헌公공이潁영州쥬ㅣㅅ고ᄋᆞᆯ通통判
판이랏벼슬ᄒᆞ엿거늘歐구陽양文문忠튱公
공이마초아그고ᄋᆞᆯ知디州쥬ㅣ事ᄉᆞㅣ랏벼
슬ᄒᆞ엿더니焦쵸先션生ᄉᆡᆼ의일홈은千쳔之
지오ᄌᆞᄂᆞᆫ伯ᄇᆡᆨ強강이랏사ᄅᆞᆷ미文문忠튱公
공의게손이도ᄋᆡ여셔싁싁고거여우며方방
正정ᄒᆞ거ᄂᆞᆯ正정獻헌公공이블러마자다가
모ᄃᆞᆫᄌᆞ식을ᄀᆞᄅᆞ치라ᄒᆞ시니모ᄃᆞᆫ뎨ᄌᆞ돌히

---

50) 潁州ㅣㅅ: 潁州(영주) + -ㅣ(관조) + -ㅅ(관조) ※ '潁州ㅣㅅ'은 '潁州(영주)ㅅ'의 오기이다.
51) 通判이랏: 通判(통판, 벼슬 이름) + -이(서조)- + -라(←-다: 평종) + -ㅅ(-의: 관전)
52) ᄒᆡ엿거늘: ᄒᆡ(← ᄒᆞ다: 하다, 爲)- + -엿(완료 지속)- + -거늘(연어, 상황)
53) 마초아: [마침, 適(부사): 맞(맞다)- + -호(사접)- + -아(연어 ▷ 부접)]
54) 知州ㅣ 事ㅣ랏: 知州(지쥬) + -ㅣ(-의: 관조) # 事(사) + -ㅣ(서조)- + -라(←-다: 평종) + -ㅅ(-의 : 관조)
55) ᄒᆞ엿더니: ᄒᆞ(하다, 爲)- + -엿(←-앗-: 완료 지속)- + -더(회상)- + -니(연어, 설명의 계속)
56) 千之오: 千之(천지) + -Ø(서조)- + -오(←-고: 연어, 나열)
57) 伯強이랏: 伯強(백강) + -이(서조)- + -라(←-다: 평종) + -ㅅ(-의: 관조)
58) 焦先生~伯強이랏 사ᄅᆞᆷ이: 焦先生이랏 【焦先生의 일홈은 千之오 ᄌᆞᄂᆞᆫ 伯強이라】 사ᄅᆞᆷ미~
59) 文忠公의게: 文忠公(문충공) + -의게(-에게: 부조, 상대)
60) 도ᄋᆡ여셔: 도ᄋᆡ(되다, 爲)- + -여셔(←-어서: 연어)
61) 싁싁고: 싁싁(← 싁싁ᄒᆞ다: 엄하다, 嚴)- + -고(연어, 나열)
62) 거여우며: 거여우(← 거엽다 ← 게엽다, ㅂ불: 거하다, 굳세다, 毅)- + -으며(연어, 나열)
63) 마자다가: 맞(迎)- + -아(연어) + -다가(보조사, 동작의 유지, 강조)
64) 뎨ᄌᆞ돌히: 뎨ᄌᆞ돌ㅎ[제자들: 뎨ᄌᆞ(제자, 弟子) + -돌ㅎ(-들: 복접)] + -이(주조)

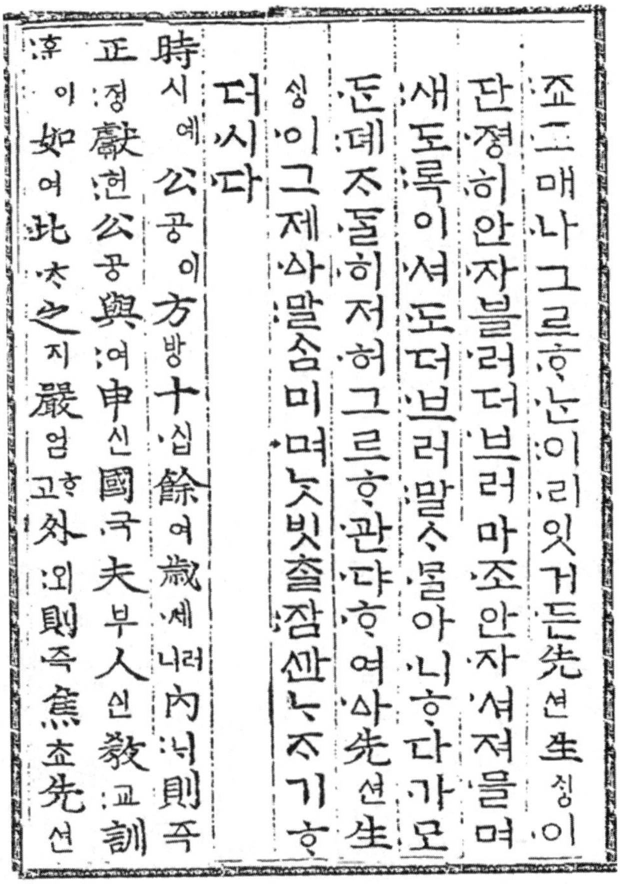

죠고매나 그르ᄒᆞᄂᆞᆫ 이리 잇거든 先션生ᄉᆡᆼ이
단졍히 안자 블러 더브러 마조 안자 셔 져믈며
새도록 이셔도 더브러 말ᄉᆞ믈 아니ᄒᆞ다가 모
ᄃᆞᆫ 뎨ᄌᆞᄃᆞᆯ히 저허 그르ᄒᆞ관댜 ᄒᆞ여ᅀᅡ 先션生
ᄉᆡᆼ이 그제ᅀᅡ 말ᄉᆞᆷ미며 ᄂᆞᆺ빗ᄎᆞᆯ 잠ᄭᅡᆫ ᄂᆞᄌᆞ기 ᄒᆞ
더시다
時시예 公공이 方방十십餘여歲셰나려 內ᄂᆡ則즉
正졍獻헌公공與여申신國국夫부人신敎교訓
ᄒᆞᄃᆡ 이 如여此ᄎᆞ之지嚴엄ᄒᆞ고 外외則즉焦쵸先션

65) 죠고매나 : 죠고마[조금, 小(부사) : 죠곰(조금 : 부사) + -마(접미)] + -이나(보조사, 선택, 강조)
66) 그르ᄒᆞᄂᆞᆫ : 그르ᄒᆞ[잘못하다 : 그르(잘못 : 부사) + -ᄒᆞ(동접)-]- + -ᄂᆞ(현시)- + -ㄴ(관전)
67) 더브러 : 더블(더불다, 함께하다)- + -어(연어)
68) 마조 : [마주(부사) : 맞(迎)- + -오(부접)]
69) 아니 ᄒᆞ다가 : 아니(부사, 부정) # ᄒᆞ(하다, 爲)- + -다가(연어, 동작의 전환)
70) 저허 : 젛(두려워하다, 恐懼)- + -어(연어)
71) 그르ᄒᆞ관댜 : 그르ᄒᆞ(잘못하다 : 동사)- + -Ø(과시)- + -과(←-어- : 주민)- + -Ø(←-오- : 인칭)- + -ㄴ댜(←-관뎌 : -구나, 감종)
72) ᄒᆞ여ᅀᅡ : ᄒᆞ(하다, 謂)- + -여ᅀᅡ(←-아ᅀᅡ : -어야, 연어, 필연적 조건)
73) 그제ᅀᅡ : 그제(그제 : 부사) + -ᅀᅡ(-야 : 보조사, 한정 강조)
74) 말ᄉᆞᆷ미며 : 말ᄉᆞᆷㅁ(←말ᄊᆞᆷ : 말씀, 言) + -이며(접조)
75) ᄂᆞᆺ빗ᄎᆞᆯ : ᄂᆞᆺ빗ㅊ[←ᄂᆞᆺ빛(낯빛, 顔色) : ᄂᆞᆺ(←ᄂᆞᆾ : 낯, 顔) + 빗ㅊ(←빛 : 빛, 色)] + -ᄋᆞᆯ(목조)
76) 잠ᄭᅡᆫ : [잠깐(부사) : 잠(잠시, 暫) + -ㅅ(관조, 사잇) + 간(사이, 間)]
77) ᄂᆞᄌᆞ기 : ᄂᆞᄌᆞ기[나직이, 降 : ᄂᆞᄌᆞᆨ(나직 : 불어) + -Ø(←-ᄒᆞ- : 형접)- + -이(부접)]
78) ᄒᆞ더시다 : ᄒᆞ(하다, 爲)- + -더(회상)- + -시(주높)- + -다(평종)

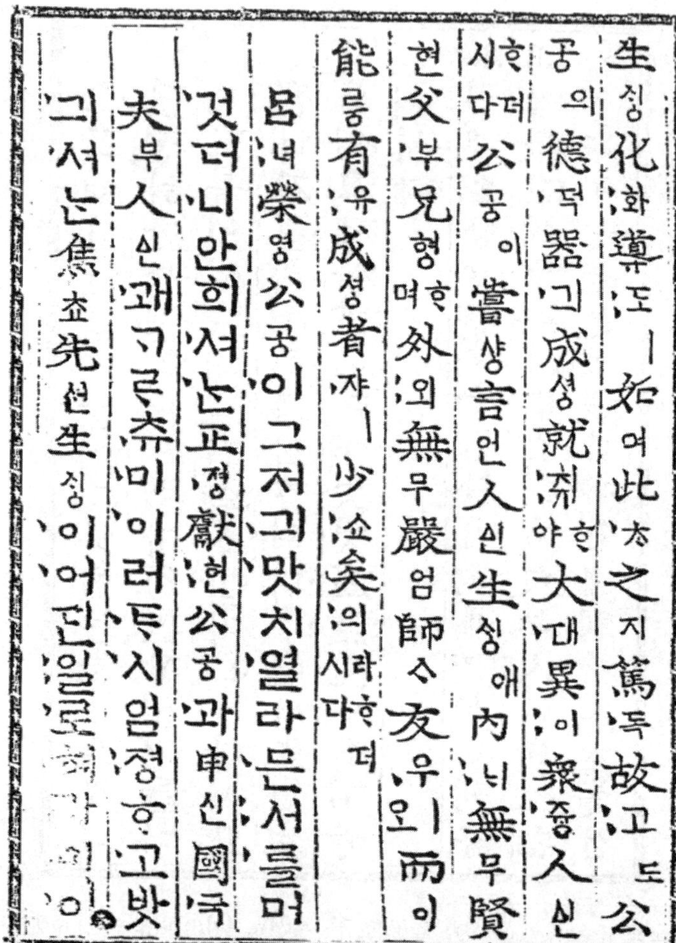

生싱化화導도ㅣ如여此ᄎᆞ之지篤독故고로 公
공의 德덕器긔成셩就츄ᄒᆞ야 大대異이衆즁人신
시ᄒᆞ더다 公공이 嘗상言언人신生싱애 內니無무賢
현父부兄형ᄒᆞ며 外외無무嚴엄師ᄉᆞ友우ㅣ而이
能ᄂᆞᆼ有유成셩者쟈ㅣ少쇼矣의시라 ᄒᆞ더다
呂녀榮영公공이 그저긔맛치 열라믄 서를 머
것더니 안희셔ᄂᆞᆫ 正졍獻헌公공과 申신國국
夫부人신괘 ᄀᆞᄅᆞ츄미 이러ᄐᆞ시 엄졍ᄒᆞ고 밧
긔셔ᄂᆞᆫ 焦쵸先션生싱이 이어딘 일로 혀 가미 이

79) 저긔 : 적(적, 때, 時 : 의명) + -의(-에 : 부조, 위치, 시간)
80) 맛치 : 맛치(← 마치 : 그때에, 때마침, 맞추어, 알맞추, 方, 부사)
81) 열라믄 : [여남은, 十餘(관사) : 열(十) + 람(← 남다 : 餘)- + -은(관전 ▷ 관접)]
82) 머것더니 : 먹(먹다, 食)- + -엇(완료 지속)- + -더(회상)- + -니(연어, 설명의 계속)
83) 안희셔ᄂᆞᆫ : 안ㅎ(안, 內) + -의셔(-에서 : 부조, 위치) + -ᄂᆞᆫ(보조사, 주제, 대조)
84) 申國夫人괘 : 申國夫人(신국 부인) + -과(접조) + -ㅣ(주조)
85) ᄀᆞᄅᆞ츄미 : ᄀᆞᄅᆞ치(가르치다, 敎)- + -움(명전) + -이(주조)
86) 이러ᄐᆞ시 : 이러ㅎ(← 이러ᄒᆞ다 : 이러하다)- + -ᄃᆞᆺ이(-듯이 : 연어, 비교, 흡사)
87) 밧긔셔ᄂᆞᆫ : 밝(밖, 外) + -의셔(-에서 : 부조, 위치) + -ᄂᆞᆫ(보조사, 주제, 대조)
88) 혀 가미 : 혀(이끌다, 導)- + -Ø(← -어 : 연어) # 가(가다 : 보용, 진행)- + -ㅁ(← -옴 : 명전) + -이(주조)

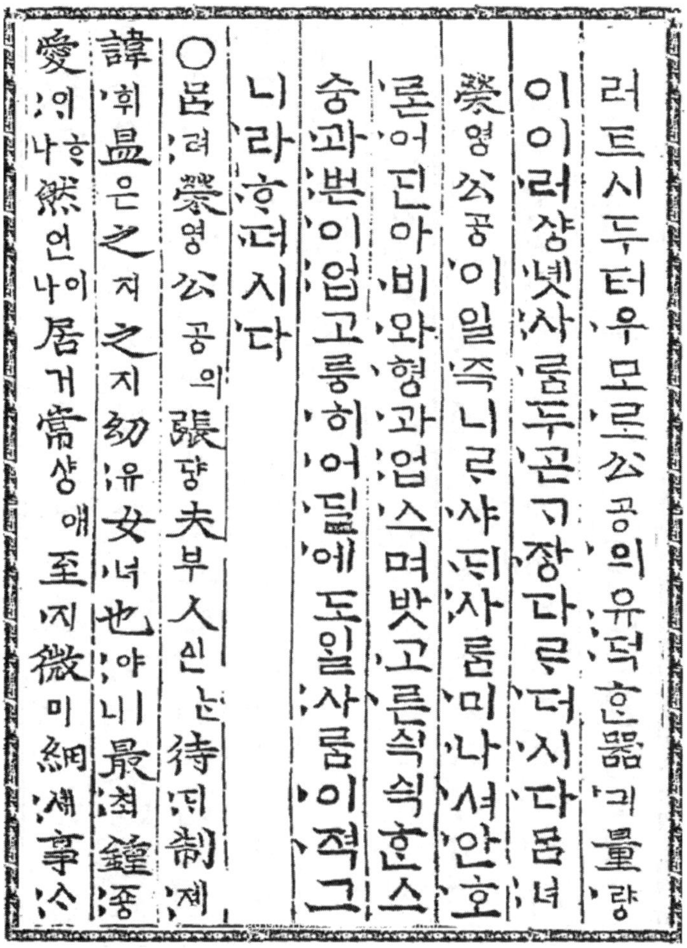

러트시두터우모로公공의유덕ᄒᆞᆫ器긔量량
이이러샹녯사ᄅᆞᆷ두곤ᄀᆞ장다ᄅᆞ더시다呂려
滎영公공이일즉니ᄅᆞ샤ᄃᆡ사ᄅᆞᆷ미나셔안호
론어딘아비와형과업스며밧고른싁싁ᄒᆞᆫ스
승과번이업고릉히어딜에도일사ᄅᆞᆷ이젹그
니라ᄒᆞ더시다
○呂려滎영公공의張댱夫부人인ᄂᆞᆫ待ᄃᆡ制졔
諱휘昷온之지之지幼유女녀也야ㅣ니最최鍾죵
愛ᄋᆡᄒᆞ나然연이나居거常샹애至지微미細셰事ᄉᆞ

89) 두터우모로: 두터우(←두텁다, ㅂ불: 도탑다, 篤)-+-으모로(←-으므로: 연어, 이유)
90) 器量(기량): 사람의 재능과 도량을 아울러 이르는 말이다.
91) 이러: 일(이루어지다, 成)-+-어(연어)
92) 다ᄅᆞ더시다: 다ᄅᆞ(다르다, 異)-+-더(회상)-+-시(주높)-+-다(평종)
93) 사ᄅᆞᆷ미: 사ᄅᆞᆷㅁ(←사ᄅᆞᆷ: 사람, 人)+-이(주조)
94) 안호론: 안ㅎ(안, 內)+-오로(←-ᄋᆞ로: 부조, 방향)+-ㄴ(←-ᄂᆞᆫ: 보조사, 대조)
95) 밧고른: 밨(밖, 外)+-오로(←-ᄋᆞ로: 부조, 방향)+-ㄴ(←-ᄂᆞᆫ: 보조사, 대조)
96) 싁싁ᄒᆞᆫ: 싁싁ᄒᆞ(엄하다, 嚴)-+-ㄴ(관전)
97) 릉히: 릉히[능히: 릉(↚능: 능, 能, 불어)+-ᄒᆞ(동접)-+-이(부접)]
98) 어딜에: 어딜(어질다, 賢)-+-에(←-게: 연어, 사동)
99) 도일: 도ᄋᆡ(되다, 爲)-+-ㄹ(관전)
100) 젹그니라: 젹ㄱ(←젹다: 적다, 少)-+-으니(객믿)-+-라(←-다: 평종)

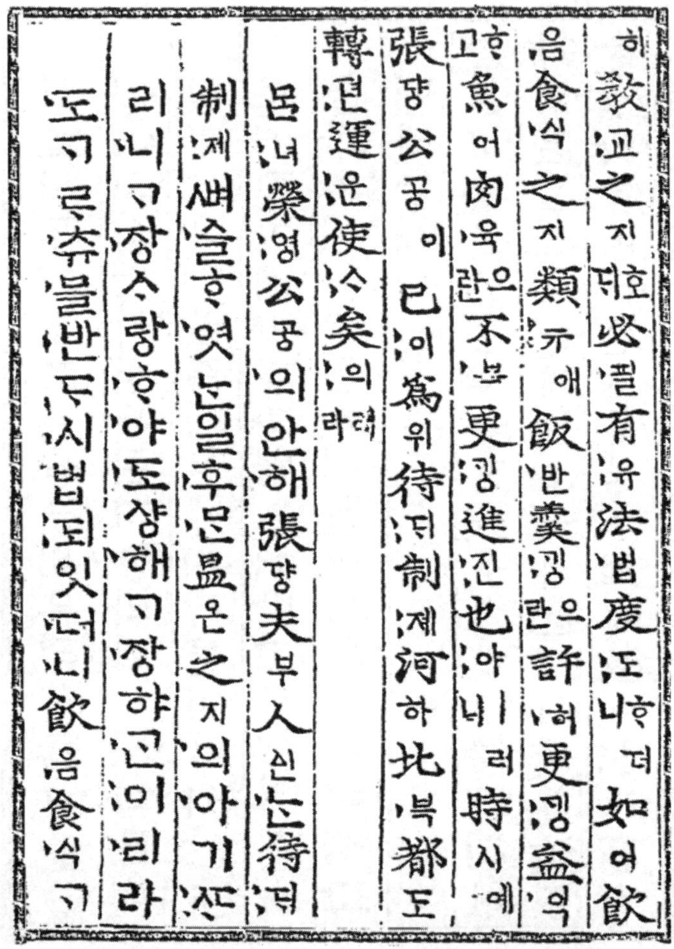

히 敎교之지ᄒᆞ호ᄃᆡ 必필有유法법度도ㅣ니 如여飮
음食식之지類류애 飯반羹ᄀᆡᆼ으란 許허更ᄀᆡᆼ益익ᄒᆞ
고 魚어肉육으란 不블更ᄀᆡᆼ進진也야ㅣ러니 時시예
張댱公공이 已이爲위待ᄃᆡ制졔河하北븍都도
轉뎐運운使ᄉᆞ矣의러라
呂녀滎영公공의 안해 張댱夫부人신ᄂᆞᆫ 待ᄃᆡ
制졔 ᄲᅧ슬ᄒᆞ엿ᄂᆞᆫ 일후믄 昷온之지의 아기ᄯᆞ
리니 ᄀᆞ장 ᄉᆞ랑ᄒᆞ야도 샹해 ᄀᆞ장 햐ᄀᆞᆫ 이리라
도 ᄀᆞᄅᆞ추믈 반ᄃᆞ시 법되 잇더니 飮음食식ᄀᆞ

---

1) 안해 : 아내, 妻.
2) 待制 ᄲᅧ슬 : 待制(대제 : 관직 명) + -ㅅ(-의 : 관조) # ᄲᅧ슬(벼슬, 官職)
3) ᄒᆞ엿ᄂᆞᆫ : ᄒᆞ(하다, 爲)- + -엿(←-앗- : 완료 지속)- + -ᄂᆞ(현시)- + -ㄴ(관전)
4) 아기ᄯᆞ리니 : 아기ᄯᆞᆯ[막내딸, 幼女 : 아기(아기) + ᄯᆞᆯ(딸)] + -이(서조)- + -니(연어, 설명의 계속)
5) 샹해 : 항상, 평소에, 常(부사)
6) 햐ᄀᆞᆫ : 햑(작다, 微細)- + -ᄋᆞᆫ(관전)
7) 이리라도 : 일(일, 事) + -이라도(보조사, 양보)
8) ᄀᆞᄅᆞ추믈 : ᄀᆞᄅᆞ치(가르치다, 敎)- + -움(명전) + -을(목조) ※ 문맥으로 보아서는 'ᄀᆞᄅᆞ쵸ᇝ'에는 '-을'이 아니라 부사격 조사 '-에/-애'가 실현되어야 한다. 목적격 조사가 강조를 나타내는 보조사적인 용법으로 쓰였다.
9) 법되 : 법도(법도, 法度) + -ㅣ(주조)
10) ᄀᆞᄐᆞᆫ : ᄀᆞᇀ(같다, 如)- + -ᄋᆞᆫ(관전)

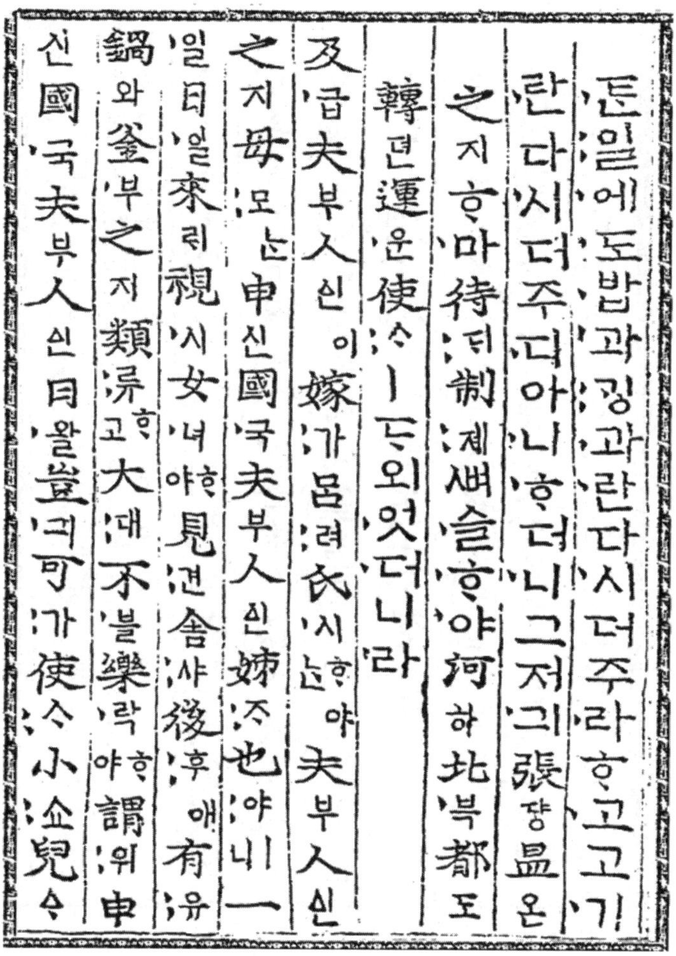

ᄃᆞᆫ일에도밥과깅과란다시더주라ᄒᆞ고고기란다시더주디아니ᄒᆞ더니그저긔張댱昷온之지ᄒᆞ마待ᄃᆡ制졔ᄡᅧ슬ᄒᆞ야河하北븍都도轉뎐運운使ᄉᆞㅣᄃᆞ외엿더니라

及급夫부人신이嫁가呂려氏시ᄒᆞ야夫부人신之지母모ᄂᆞᆫ申신國국夫부人신姊ᄌᆞ也야니ㅣ一일日일來ᄅᆡ視시女녀ᄒᆞ야見견舍샤後후애有유鍋와釜부之지類류ᄒᆞ고大대不블樂락ᄒᆞ야謂위申신國국夫부人신曰왈豈긔可가使ᄉᆞ小쇼兒ᅀᆞ

---

11) 깅과란: 깅(국, 羹) + -과(접조) + -란(-는: 보조사, 주제, 대조)

12) 그 저긔: 그(그: 관사) # 적(때, 적, 時: 의명) + -의(-에: 부조, 위치, 시간)

13) ᄒᆞ마: 이미, 벌써(부사)

14) 待制 ᄡᅧ슬: 待制(대제) + -ㅅ(-의: 관조) # ᄡᅧ슬(벼슬, 官)

15) ᄃᆞ외엿더니라: ᄃᆞ외(되다, 爲)- + -엇(완료 지속)- + -더(회상)- + -니(객민)- + -라(←-다: 평종)

輩ᄇᆡ로 私ᄉᆞ作작飮음食식ᄒᆞ야 壞괴家가法법耶야ㅣ리오ᄒᆞ니 其기嚴엄이 如여此ᄎᆞᄒᆞ더라
夫부人신이 呂녀氏시의 잡의 며느리 되여오
니 夫부人신의 어머님은 申신國국夫부人신
의 형님이니 ᄒᆞᆯᄅᆞᆫ 자내 솓을 보라와 방 뒤헤 손
가마 뉴엣 거시 잇거ᄂᆞᆯ 보고 ᄀᆞ장 즐기디 아니
ᄒᆞ여 申신國국夫부人신ᄃᆞ려 닐우ᄃᆡ 엇디 져
믄 아ᄒᆡᄃᆞᆯ호로 아ᄅᆞᆷ뎟 飮음食식올 ᄆᆞᆫᄃᆞ라 먹
게 ᄒᆞ야 가문 ᄡᅥᆸ을 허러ᄇᆞ리ᄂᆞ뇨 ᄒᆞ니 그 엄졍

16) ᄒᆞᆯᄅᆞᆫ: ᄒᆞᆯㄹ(← ᄒᆞᄅᆞ: 하루, 一日) + -ᄋᆞᆫ(보조사, 주제)
17) 자내: 몸소, 스스로(부사)
18) 뒤헤: 뒤ㅎ(뒤, 後) + -에(부조, 위치)
19) 손가마: [가마솥, 鍋釜: 손(← 솓: 솥, 鍋) + 가마(가마, 釜)]
20) 뉴엣: 뉴(유, 종류, 類) + -에(부조, 위치) + -ㅅ(-의: 관조)
21) 닐우ᄃᆡ: 닐(← 니ᄅᆞ다: 이르다, 曰)- + -우ᄃᆡ(연어, 설명의 계속)
22) 져믄: 졈(젊다, 어리다, 幼)- + -은(관전)
23) 아ᄒᆡᄃᆞᆯ호로: 아ᄒᆡᄃᆞᆯㅎ[아이들: 아ᄒᆡ(아이) + -ᄃᆞᆯㅎ(-들: 복접)-] + -오로(← -ᄋᆞ로: -으로, 부조)
24) 아ᄅᆞᆷ뎟: 아ᄅᆞᆷ뎌[사사로이: 아ᄅᆞᆷ(사사로움: 명사) + -뎌(부접)] + -ㅅ(-의: 관조)
25) ᄆᆞᆫᄃᆞ라: ᄆᆞᆫᄃᆞᆯ(← ᄆᆡᆫᄃᆞᆯ다: 만들다, 造)- + -아(연어)
26) 가문 ᄡᅥᆸ을: 가문(가문, 家門) + -ㅅ(-의: 관조) # 법(법, 法) + -을(목조)
27) 허러ᄇᆞ리ᄂᆞ뇨: 허러ᄇᆞ리[헐어버리다: 헐(헐다, 塊)- + -어(연어) + ᄇᆞ리(버리다: 보용, 완료)-]- + -ᄂᆞ(현시)- + -뇨(-느냐: 의종, 비인칭, 설명)
28) 엄졍호미: 엄졍ᄒᆞ(엄정하다, 嚴正ᄒᆞ다)- + -옴(명전) + -이(주조)

ᄒᆞ미 이러ᄒᆞ더라

○唐당陽양城셩이 爲위國국子ᄌᆞ司ᄉᆞ業업ᄒᆞ야 引인諸제生ᄉᆡᆼ告고之지曰왈凡범學ᄒᆞᆨ者쟈ᄂᆞᆫ 所소以이學ᄒᆞᆨ爲위忠듕與여孝효也야ㅣ니 諸제生ᄉᆡᆼ은 有유久구不블省셩親친者쟈乎호아 ᄒᆞ야ᄂᆞᆯ 明명日일에 謁알城셩ᄒᆞ고 還환養양者쟈ㅣ 二이十십輩ᄇᆡㅣ러니 有유三삼年년不블歸귀侍시者쟈ㅣ어ᄂᆞᆯ 斥쳑之지ᄒᆞ니라

唐당시졀陽양城셩이 國국子ᄌᆞ司ᄉᆞ業업이

11. 小學諺解

<소학언해, 小學諺解>는 중국 남송 시대 사람인 주자(朱子, 1130~1200)가 지은 <소학, 小學>을 한글로 번역한 책이다. <소학언해>는 1586년(선조 19) 교정청(校正廳)에서 처음으로 간행하였고, 이를 바탕으로 하여 몇 차례의 재간행이 이루어졌다. <소학언해>는 경진자본(庚辰字本)의 6권 4책으로 짜였다.

이에 앞서 1518년(중종 19)에 <번역소학, 飜譯小學>이 간행되었는데, 이 책이 한문본을 지나치게 의역(意譯)했다는 비판을 받았다. 이에 따라서 선조 때에 간행된 <소학언해>는 직역을 원칙으로 하여 간행하였으며, 교정청본의 전질(全秩)이 경상북도 안동(安東)의 도산서원(陶山書院)에 수장되어 있다. 그 뒤 1744년(영조 20)에 왕명으로 교정청본을 다시 수정한 <어제소학언해, 御製小學諺解>가 간행되었다.

<소학언해>는 16세기 후반기에 쓰인 국어의 모습을 보여 주는 중요한 자료이다. 곧 이 책은 중세 국어와 근세 국어의 차이를 이루는 중요한 음운과 문법의 변화가 16세기 후반에 일어났음을 보여 준다. 이 책에 나타나는 표기와 음운 상의 특징을 요약하면 다음과 같다.

첫째, 이 책에서는 방점이 유지되고 있으나 표기 방법에 심한 혼란을 보인다.

둘째, 'ㆁ'과 'ㅇ'이 구분되어서 쓰였으나 초성에서 실현되는 'ㆁ'은 쓰임에 제약이 있었다. 곧 앞 음절의 종성이 'ㅇ'인 환경에서만, 뒤의 음절에서 'ㆁ'을 첫 글자로 썼다. 이를 볼 때 'ㆁ'과 'ㅇ'의 구분이 흔들리고 있음을 알 수 있다.

셋째, 'ㅿ'이 나타나지 않아서 이 시기에 /ㅿ/의 소리가 거의 사라졌음을 알 수 있다.

넷째, 'ㅅ' 받침으로 적히던 곳에 'ㄷ'이 쓰인 예가 많이 나타난다.(7종성 체계)

다섯째, 자음 동화 현상, 특히 비음화(콧소리 되기)가 많이 일어난다.

여섯째, 아주 드물지만 구개음화와 두음법칙의 예가 보인다.

일곱째, 명사형 어미가 '-음/-ㅁ'으로 실현된 예가 보이며, 대상법과 인칭법의 선어말 어미의 실현이 불규칙한 경우가 나타난다.

여섯째, '끊어적기(분철, 分綴)'와 '거듭적기(중철, 重綴)'가 함께 많이 나타난다.

이러한 특징 때문에 <소학언해>는 중세 국어와 근세 국어의 차이를 알 수 있는 중요한 문헌이다. 특히 16세기 초에 발행된 <번역소학>과 비교함으로써 이러한 차이를 직접적으로 확인할 수 있다는 점에서 국어의 변화를 살피는 데 큰 도움이 된다.

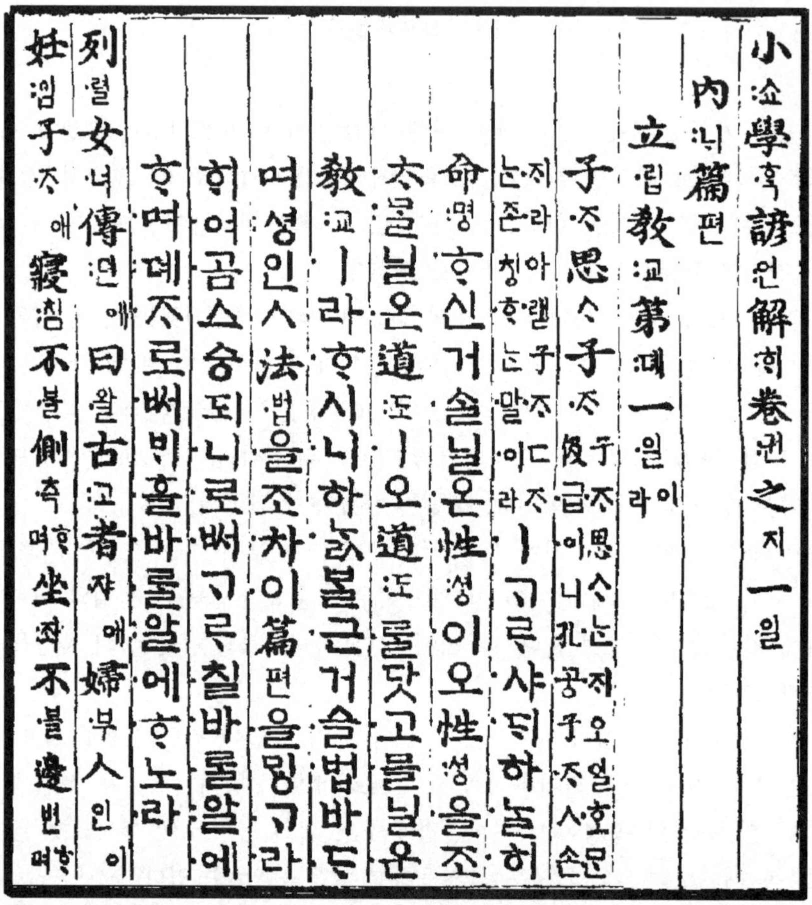

小쇼學ᄒᆞᆨ諺언解ᄒᆡ卷권之지一일

內ᄂᆡ篇편

立립敎교第뎨一일이라

子ᄌᆞ思ᄉᆞ子ᄌᆞ(子ᄌᆞ思ᄉᆞᄂᆞᆫ ᄌᆞㅣ오 일홈은 伋급이니 孔공子ᄌᆞㅅ 손ᄌᆞㅣ라 아랜 子ᄃᆞ ᄌᆞᄂᆞᆫ 존칭ᄒᆞᄂᆞᆫ 말이라)ㅣ ᄀᆞᄅᆞ샤ᄃᆡ 하ᄂᆞᆯ히 命명ᄒᆞ신 거슬 닐온 性셩이오 性셩을 조ᄎᆞ믈 닐온 道도ㅣ오 道도를 닷고믈 닐온 敎교ㅣ라 ᄒᆞ시니 하ᄂᆞᆯ 볼근 거슬 법바ᄃᆞ며 셩인ㅅ 法법을 조차 이 篇편을 ᄆᆡᆼᄀᆞ라 ᄒᆡ여곰 스승 되니로ᄡᅥ ᄀᆞᄅᆞ칠 바를 알에 ᄒᆞ며 뎨ᄌᆞ로ᄡᅥ ᄇᆡ홀 바를 알에 ᄒᆞ노라

列렬女녀傳뎐에 曰왈 古고者쟈애 婦부人인이 妊임子ᄌᆞ애 寢침不블側측ᄒᆞ며 坐좌不블邊변ᄒᆞ며

1) 子思子(자사자) : 중국 고대 노(魯)나라의 학자(子思, BC 483 ? ~ BC 402 ?)로서, 공자의 손자이며 4서의 하나인 <중용, 中庸>의 저자로 전한다.
2) ᄌᆞㅣ오 : ᄌᆞ(자, 字) + -ㅣ(서조)- + -오(←-고 : 연어, 나열) ※ '자(字)'는 본이름 외에 부르는 이름.
3) 손ᄌᆞㅣ라 : 손ᄌᆞ(孫子) + -ㅣ(서조)- + -라(←-다 : 평종)
4) 아랜 子ᄃᆞ ᄌᆞᄂᆞᆫ : 아래(아래, 下) + -ㄷ(←-ㅅ : -의, 관조) # 子(자, 아들자) + -ㄷ(←-ㅅ : -의, 관조) # ᄌᆞ(자, 글자, 字) + -ᄂᆞᆫ(보조사, 주제)
5) ᄀᆞᄅᆞ샤ᄃᆡ : ᄀᆞᆯ(가로다, 曰)- + -ᄋᆞ샤(←-으시- : 주높)- + -ᄃᆡ(←-오ᄃᆡ : -되, 연어, 설명의 계속)
6) 조ᄎᆞ믈 : 좇(좇다, 따르다, 率)- + -ᄋᆞᆷ(←-옴 : 명전) + -ᄋᆞᆯ(목조)
7) 닐온 : 닐(←니ᄅᆞ다 : 이르다, 謂)- + -오(대상)- + -ㄴ(관전, 명사적 용법)
8) 닷고믈 : 닭(닦다, 修)- + -옴(명전) + -을(목조)
9) 법바ᄃᆞ며 : 법받[본받다, 則 : 법(法, 본) + 받(받다, 修)-]- + -ᄋᆞ며(-으며 : 연어, 나열)
10) ᄒᆡ여곰 : [하여금(부사) : ᄒᆞ(하다)- + -ㅣ(사접)- + -여(←-어 : 연어 ▷부접) + -곰(보조사)]
11) 되니로ᄡᅥ : 되(되다, 爲)- + -ㄴ(관전) # 이(이, 人 : 의명) + -로ᄡᅥ(-로써 : 부조, 방편)
12) 알에 : 알(알다, 知)- + -에(←-게 : 연어, 사동)

立립不블蹕필ᄒᆞ며 蹕필은 當당作작跛피
列렬女녀傳뎐 녜 겨지븨 ᄉᆞ실 긔록ᄒᆞᆫ 책이라 에 ᄀᆞ로ᄃᆡ 녜 겨
지비 ᄌᆞ식 ᄇᆡ여실 제 잘 제 기우리디 아니ᄒᆞ며
안조매 ᄀᆞᆮ지디 아니ᄒᆞ며 셔매 ᄒᆞᆫ발 츼드듸디
아니ᄒᆞ며
不블食식邪샤味미ᄒᆞ며 割할不블正졍이어든 不블
食식ᄒᆞ며 席셕不블正졍이어든 不블坐좌ᄒᆞ며
샤특ᄒᆞᆫ 마ᄉᆞᆯ 먹디 아니ᄒᆞ며 버힌 거시 正졍티
아니커든 먹디 아니ᄒᆞ며 돗ᄭᅵ 正졍티 아니커
든 안ᄯᅵ 아니ᄒᆞ면

---

13) 녜 : 예전, 昔(명사)
14) ᄉᆞ실 : 사실(事實 : 명사) ※ 'ᄉᆞ실(事實)'은 실제로 있었던 일이나 현재에 있는 일이다.
15) ᄇᆡ여실 : ᄇᆡ(배다, 姙)- + -여시(←-어시- : 완료 지속)- + -ㄹ(관전)
16) 기우리디 : 기우리[기울이다 : 기울(기울다, 傾)- + -이(사접)-]- + -디(-지 : 연어, 부정)
17) 안조매 : 앉(앉다, 坐)- + -옴(명전) + -애(-에 : 주조, 위치)
18) ᄀᆞᆮ지디 : ᄀᆞᆮ지[←ᄀᆞᆺ디다(가에 치우치다 : ᄀᆞᆮ(←ᄀᆞᆺ : 가, 邊) + 디(지다)-]- + -디(-지 : 연어, 부정)
19) 셔매 : 셔(서다, 立)- + -ㅁ(←-옴 : 명전) + -애(-에 : 부조, 위치)
20) 츼 : 츼 : [치우치게, 기울게, 蹕(부사) : 츼(치우치다)- + -Ø(부접)]
21) 드듸디 : 드듸(디디다, 踏)- + -디(-지 : 연어, 부정)
22) 샤특ᄒᆞᆫ : 샤특ᄒᆞ(사특하다, 邪慝하다)- + -ㄴ(관전)
23) 버힌 : 버히[베다, 斬 : 벟(베어지다)- + -이(사접)-]- + -ㄴ(관전)
24) 正티 : 正ᄒᆞ(←正ᄒᆞ다 : 바르다)- + -디(-지 : 연어, 부정)
25) 아니커든 : 아니ᄒᆞ(←아니ᄒᆞ다 : 아니하다, 보용, 부정)- + -거든(연어, 조건)
26) 돗ᄭᅵ : 돗ㅅ(←돘 : 자리, 座) + -이(주조)
27) 안ᄯᅵ : 앉(←앉다 : 坐)- + -디(-지 : 연어, 부정)

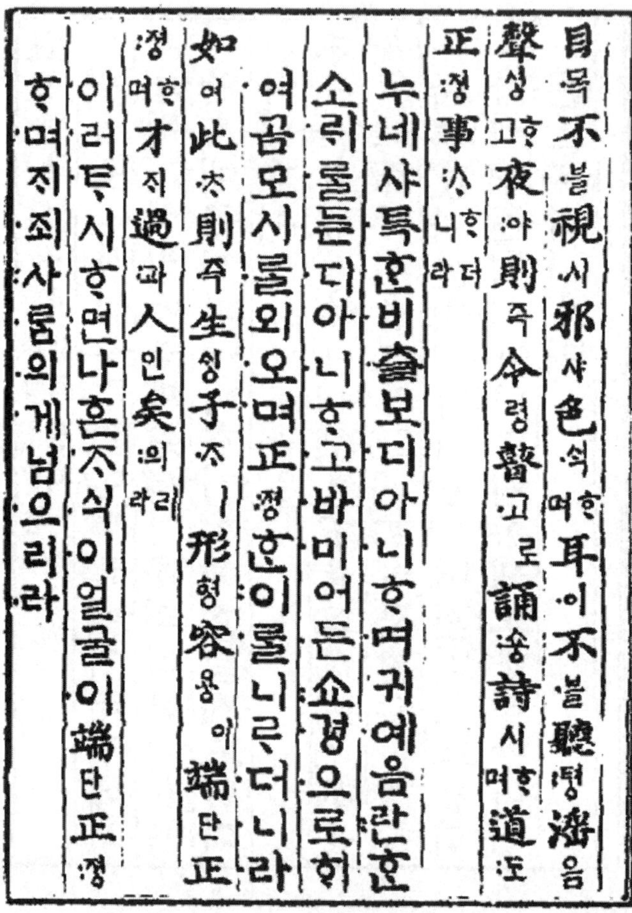
目목不블視시邪샤色ᄉᆡᆨᄒᆞ며耳이不블聽텽淫음
聲셩ᄒᆞ고夜야則즉令령瞽고로誦숑詩시ᄒᆞ며道도
正졍事ᄉᆞᄒᆞ더니라
누네샤특ᄒᆞᆫ비ᄎᆞᆯ보디아니ᄒᆞ며귀예음란ᄒᆞᆫ
소리ᄅᆞᆯ듣디아니ᄒᆞ고바미어든쇼경으로ᄒᆡ
여곰모시ᄅᆞᆯ외오며正졍ᄒᆞᆫ이ᄅᆞᆯ니ᄅᆞ더니라
如여此ᄎᆞ則즉生ᄉᆡᆼ子ᄌᆞㅣ形형容용이端단正
졍ᄒᆞ며才ᄌᆡ過과人인矣의리라
이러ᄐᆞ시ᄒᆞ면나ᄒᆞᆫᄌᆞ식이얼굴이端단正졍
ᄒᆞ며ᄌᆡ죄사ᄅᆞᆷ의게넘으리라

---

28) 바미어든: 밤(밤, 夜)+-이(서조)-+-어든(←-거든: 연어, 조건)
29) 쇼경: 소경(瞽), 눈이 먼 사람.
30) ᄒᆡ여곰: [하여금(부사): ᄒᆞ(하다, 爲)-+-ㅣ(사접)-+-여(←-어: 연어▷부접)+-곰(보조사)]
31) 모시: 모시(毛詩). '시경(詩經)'을 달리 이르는 말. 중국 한나라 때의 '모형'이 전하였다고 하여 이렇게 이른다.
32) 니ᄅᆞ더니라: 니ᄅᆞ(이르다, 曰)-+-더(회상)-+-니(객믿)-+-라(←-다: 평종)
33) 이러ᄐᆞ시: 이러ᄒᆞ(←이러ᄒᆞ다: 이러하다)-+-ᄃᆞ시(-듯이: 연어, 흡사)
34) 얼굴: 모습, 형용(形容)
35) ᄌᆡ죄: ᄌᆡ조(재주)+-ㅣ(주조)
36) 사ᄅᆞᆷ의게: 사ᄅᆞᆷ(사람, 人)+-의게(-에게: 부조, 위치, 비교)

○內ᄂᆡ則측에 曰왈 凡범生ᄉᆡᆼ子ᄌᆞ애 擇ᄐᆡᆨ於어諸제母모와與여可가者쟈호ᄃᆡ 必필求구其기寬관裕유慈ᄌᆞ惠혜溫온良량恭공敬경愼신而이寡과言언者쟈ᄒᆞ야 使ᄉᆞ爲위子ᄌᆞ師ᄉᆞㅣ니라

內ᄂᆡ則측禮례記긔篇편일홈이라에 ᄀᆞ로ᄃᆡ 믈읫 ᄌᆞ식 나호매 모든 어미와 다ᄆᆞᆺ 可가ᄒᆞᆫ 이예 ᄀᆞᆯ히오ᄃᆡ 반ᄃᆞ시 그 어위크고 누그러오며 ᄌᆞ샹ᄒᆞ고 인혜로오며 온화ᄒᆞ고 어딜며 공슌ᄒᆞ고 조심ᄒᆞ며 삼가고 말ᄉᆞᆷ 져그니를 구ᄒᆞ야 ᄒᆞ여곰 ᄌᆞ식의 스승을 사몰 디니라

---

37) 믈읫 : 무릇, 凡(부사)
38) 나호매 : 낳(낳다, 生)- + -옴(명전) + -애(-에 : 부조, 위치)
39) 다ᄆᆞᆺ : 더불어, 함께, 견주어서, 與(부사)
40) 이예 : 이(이, 사람, 者) + -예(←-에 : -에, -에서, 부조, 위치)
41) ᄀᆞᆯ히오ᄃᆡ : ᄀᆞᆯ히(가리다, 選)- + -오ᄃᆡ(-되 : 연어, 설명의 계속)
42) 어위크고 : 어위크[드넓고 크다 : 어위(드넓다, 廣)- + 크(크다, 大)-]- + -고(연어, 나열)
43) 누그러오며 : 누그러오(←누그럽다, ㅂ불 : 너그럽다, 寬裕)- + -며(연어, 나열)
44) 인혜로오며 : 인혜로오(←은혜롭다, ㅂ불 : 인혜롭다, 仁惠)- + -며(연어, 나열)
45) 삼가고 : 삼가(삼가다, 愼)- + -고(연어, 나열)
46) 져그니를 : 젹(적다, 少)- + -은(관전) # 이(이, 사람 : 의명) + -를(목조)
47) 사몰 디니라 : 삼(삼다)- + -오(대상)- + -ㄹ(관전) # ᄃᆞ(것 : 의명) + -이(서조)- + -니(객민)- + -라(←-다 : 평종)

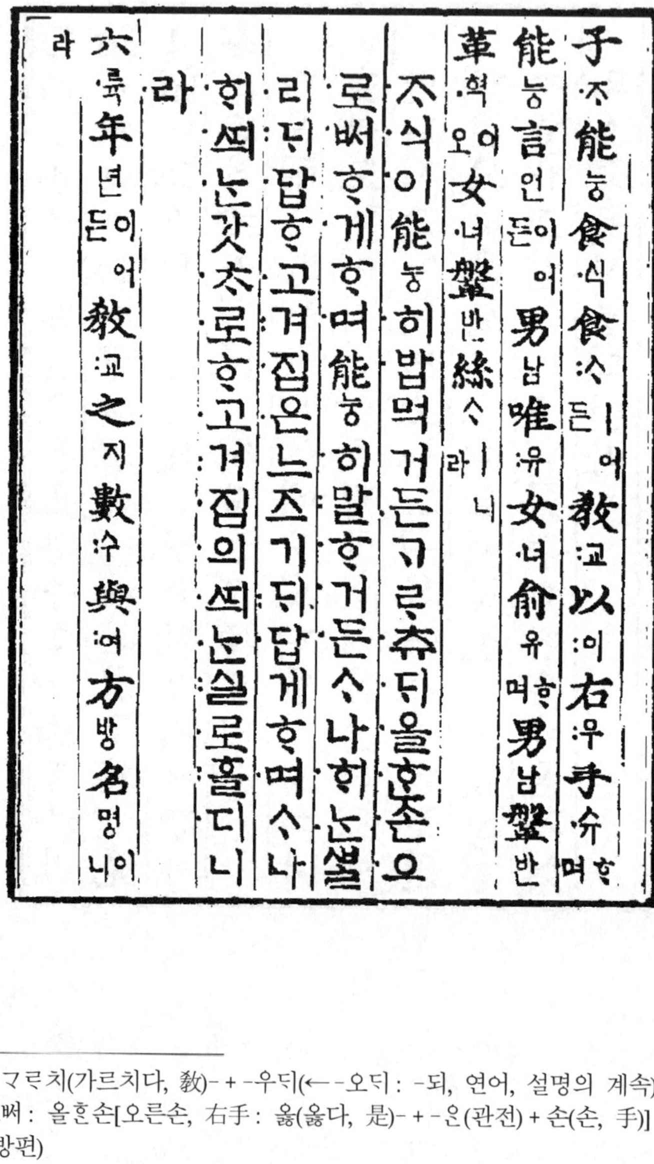
子ᄌᆞ能ᄂᆞᆼ食식食ᄉᆞㅣ어든教교以이右우手슈ᄒᆞ며
能ᄂᆞᆼ言언이어든男남唯유女녀俞유ᄒᆞ며男남鞶반
革혁이오女녀鞶반絲ᄉᆞㅣ니라
ᄌᆞ식이能ᄂᆞᆼ히밥먹거든ᄀᆞᄅᆞ츄ᄃᆡ올ᄒᆞᆫ손오
로ᄡᅥᄒᆞ게ᄒᆞ며能ᄂᆞᆼ히말ᄒᆞ거든ᄉᆞ나ᄒᆡᄂᆞᆫ셜
리ᄃᆡ답ᄒᆞ고겨집은느즈기ᄃᆡ답게ᄒᆞ며ᄉᆞ나
ᄒᆡᄯᅴᄂᆞᆫ갓ᄎᆞ로ᄒᆞ고겨집의ᄯᅴᄂᆞᆫ실로홀디니
라
六륙年년이어든教교之지數수與여方방名명이니
라

48) ᄀᆞᄅᆞ츄ᄃᆡ : ᄀᆞᄅᆞ치(가르치다, 教)- + -우ᄃᆡ(←-오ᄃᆡ : -되, 연어, 설명의 계속)

49) 올ᄒᆞᆫ손으로ᄡᅥ : 올ᄒᆞᆫ손[오른손, 右手 : 옳(옳다, 是)- + -ᄋᆞᆫ(관전) + 손(손, 手)] + -으로ᄡᅥ(-으로써 : 부조, 방편)

50) ᄉᆞ나ᄒᆡᄂᆞᆫ : ᄉᆞ나ᄒᆡ[사나이, 사내, 男 : ᄉᆞᆫ(壯丁) + 아ᄒᆡ(아이, 童)] + -ᄂᆞᆫ(보조사, 주제, 대조)

51) 느즈기 : [느직이(부사) : 느즉(느직)- + -Ø(←-ᄒᆞ- : 형접)- + -이(부접)]

52) ᄃᆡ답게 : ᄃᆡ답(← 대답ᄒᆞ다 : 對答하다)- + -게(연어, 사동)

53) ᄯᅴᄂᆞᆫ : ᄯᅴ(띠, 帶) + -ᄂᆞᆫ(보조사, 주제, 대조)

54) 갓ᄎᆞ로 : 갓ᄎᆞ(← 갗 : 가죽, 革)- + -ᄋᆞ로(부조, 방편)

55) 홀 디니라 : ᄒᆞ(하다, 爲)- + -오(대상)- + -ㄹ(관전) # ᄃᆞ(것 : 의명) + -ㅣ(서조)- + -니(객믿)- + -라(←-다 : 평종)

여숫 ᄒᆡ어든 혬과 다ᄆᆺ 방소 일후믈 ᄀᆞᄅᆞ칠디니라

七칠年년이어든 男남女녀ㅣ 不블同동席셕ᄒᆞ며 不블共공食식이니라

닐굽 ᄒᆡ어든 ᄉᆞ나ᄒᆡ와 겨지비 돗글 ᄒᆞᆫ가지로 아니ᄒᆞ며 먹기를 ᄒᆞᆫᄃᆡ 아니홀디니라

八팔年년이어든 出츌入입門문戶호와 及급卽즉席셕飮음食식애 必필後후長댱者쟈ᄒᆞ야 始시敎교之지讓양이니라

여듧 ᄒᆡ어든 門문과 戶호애 나며 드롬과 밋 돗

---

56) ᄒᆡ어든 : ᄒᆡ(해, 年) + -Ø(서조)- + -어든(← -거든 : 연어, 조건)
57) 혬과 : 혬[셈, 算 : 혜(셈하다, 세다)- + -ㅁ(명접)] + -과(부조, 공동)
58) 다ᄆᆺ : 함께, 與(부사)
59) 방소(方所) : 방위(方位)
60) 돗글 : 돍(자리, 席) + -을(목조)
61) ᄒᆞᆫᄃᆡ : [함께, 共 : ᄒᆞᆫ(한, 一 : 관사)- + ᄃᆡ(데, 處 : 의명)]
62) 戶애 : 戶(호 : 한쪽 문) + -애(-에 : 부조, 위치)
63) 드롬과 : 들(들다, 入)- + -옴(명전) + -과(접조)
64) 밋 : 및, 及(부사) ※ '밋'은 원문의 한자 '及'을 직역한 것이다.
65) 돗긔 : 돗ㄱ(← 돍 : 자리, 席) + -의(-에 : 부조, 위치)

씌나아가며飮음食식호매반ᄃᆞ시얼운의게
후에ᄒᆞ야비로소ᄉᆞ양ᄒᆞ기ᄅᆞᆯᄀᆞᄅᆞ칠디니라
九구年년이어든敎교之지數수日일이니라
아ᄒᆞᆸᄒᆡ어든날혜요믈ᄀᆞᄅᆞ칠디니라
十십年년이어든出츌就츄外외傅부ᄒᆞ야居거宿슉
於어外외ᄒᆞ며學ᄒᆞᆨ書서計계ᄒᆞ며衣의不블帛ᄇᆡᆨ襦
유袴고ᄒᆞ며禮례帥ᄉᆞᆯ初초ᄒᆞ며朝됴夕셕애學ᄒᆞᆨ幼
유儀의호ᄃᆡ請쳥肄이簡간諒량이니라
열ᄒᆡ어든나밧스ᄉᆼ의게나아가밧긔셔이시
며자며글쓰기며산계ᄅᆞᆯ비호며오ᄉᆞᆯ기브로

---

66) 飮食호매 : 飮食ᄒᆞ(음식하다, 마시고 먹다)- + -옴(명전) + -애(-에 : 부조, 위치)

67) 얼운의게 : 얼운[어른, 長者 : 얼(← 어르다 : 배필로 삼다, 교합하다, 婚)- + -우(사접)- + -ㄴ(관전▷명접)] + -의게(-에게 : 부조, 상대)

68) 밧 : 밧(← 밝 : 밖, 外)

69) 밧긔셔 : 밝(밖, 外) + -의셔(-에서 : 부조, 위치)

70) 산계ᄅᆞᆯ : 산계(算計, 계산) + -ᄅᆞᆯ(← -를 : 목조)

71) 기브로 : 깁(비단, 錦) + -으로(부조, 방편)

핟옷과고의롤아니ᄒᆞ며禮·례롤처엄ᄀᆞᄅᆞ친
대로조차ᄒᆞ며아ᄎᆞᆷ나조히져머셔ᄒᆞ욜례모
롤ᄇᆡ호ᄃᆡ간이ᄒᆞ고신실ᄒᆞᆫ일로請·쳥ᄒᆞ야니
길디니라
十·십有:유三삼年년이어든學·혹樂·악ᄒᆞ며誦·숑詩시ᄒᆞ며
舞:무勺·쟉ᄒᆞ고成셩童동이어든舞:무象·샹ᄒᆞ며學·혹射
:샤御:어ㅣ니라
열히오ᄯᅩ세히어든음악을ᄇᆡ호며모시외오
며勺·쟉으로춤ᄎᆞ고아히일어든象·샹勺·쟉象·샹ᄋᆞᆫ:다
樂·악章장이·라으로춤ᄎᆞ며활ᄡᅩ기와:어거ᄒᆞ기롤ᄇᆡ

---

72) 핟옷: [핟옷, 솜을 둔 옷: 핟(←핟-: 솜을 둔, 접두)-+옷(옷, 衣)]
73) 고의: 남자의 여름 홑바지이다. 한자를 빌려 '袴衣'로 적기도 한다.
74) 나조히: 나조ㅎ(저녁, 夕)+-ᄋᆡ(-에: 부조, 위치, 시간)
75) 져머셔: 졈(졂다, 幼)-+-어셔(-어서: 연어)
76) ᄒᆞ욜: ᄒᆞ(하다, 爲)-+-요(←-오-: 대상)-+-ㄹ(관전)
77) 례모: 예모(禮貌), 예절에 맞는 몸가짐이다.
78) ᄇᆡ호ᄃᆡ: ᄇᆡ호(배우다, 學)-+-ᄃᆡ(←-오되: -ᄃᆡ, 연어, 설명의 계속)
79) 간이(簡易): 간단하고 편리한 것이다.
80) 니길 디니라: 니길: 니기[익히다, 肄: 닉(익다, 熟)-+-이(사접)-]-+-ㄹ(관전) # ᄃᆞ(것: 의명)+-ㅣ(서조)-+-니(객믿)-+-라(←-다: 평종)
81) 열히오: 열ㅎ(열, 十: 수사)+-이(서조)-+-오(←-고: 연어, 나열)
82) 춤ᄎᆞ고: 춤ᄎᆞ[춤추다, 舞(동사): ᄎᆞ(추다, 舞)-+-움(명접)+ᄎᆞ(추다, 踊)-]-+-고(연어, 나열)
83) 일어든: 일(成, 이루어지다, 성장하다)-+-어든(←-거든: 연어, 조건)
84) 樂章(악장): 악곡.
85) 어거ᄒᆞ기: 어거ᄒᆞ(어거하다, 거느리어 바른길로 나가게 함)-+-기(명전)

홀디니라

二ᅀᅵ十십而ᅀᅵ冠관ᄒᆞ야 始시學ᄒᆞᆨ禮례ᄒᆞ며 可가以

ᅀᅵ衣의裘구帛ᄇᆡᆨᄒᆞ며 舞무大대夏하ᄒᆞ며 惇돈行ᄒᆡᆼ

孝효弟대ᄒᆞ며 博박學ᄒᆞᆨ 不블敎교ᄒᆞ며 內ᄂᆡ而ᅀᅵ不

블出츌이니라

스믈히어든 가관ᄒᆞ야 비르소 禮례ᄅᆞᆯ ᄇᆡ호며

可가히 ᄡᅧ 갓옷과 기블 니브며 大대夏하樂악章쟝

이라로 춤츠며 효도홈과 공슌호ᄆᆞᆯ 도타이 行ᄒᆡᆼ

ᄒᆞ며 너비 ᄇᆡ호고 ᄀᆞᄅᆞ치디 아니ᄒᆞ며 소개두

고 내디 아니홀디니라

---

86) 스믈히어든 : 스믈ㅎ(스물, 二十 : 수사) + -이(서조)- + -어든(←-거든 : 연어, 조건)

87) 가관(加冠) : 성년식인 관례를 치르며 갓을 처음 쓰는 일이다.

88) ᄡᅧ : 한문 원문의 '以'를 직역한 것으로 '그(= 가죽옷과 비단)로써'의 뜻을 나타낸다. 한문을 번역하는 과정에서 발생하는 잉여적인 표현으로 보아서 보통은 번역하지 않는다.

89) 갓옷 : [가죽옷 : 갓(←갗 : 가죽, 皮) + 옷(옷, 衣)]

90) 기블 : 깁(비단, 帛) + -을(목조)

91) 도타이 : [도타이, 敦(부사) : 도타(←도탑다, ㅂ불)- + -이(부접)] ※ '도타이'는 '서로의 관계에 사랑이나 인정이 많고 깊게'의 뜻이다.

92) 아니홀 디니라 : 아니ᄒᆞ(아니하다 : 보용, 부정)- + -오(대상)- + -ㄹ(관전) # ᄃᆞ(것 : 의명) + -ㅣ(서조)- + -니(객민)- + -라(←-다 : 평종)

12. 東國新續三綱行實圖

<동국신속삼강행실도, 東國新續三綱行實圖>는 1617년(광해군 9)에 유근(柳根) 등이 왕명으로 편찬하였는데, 이는 세종조에 간행된 <삼강행실도, 三綱行實圖>와 중종조에 간행된 <속삼강행실도, 續三綱行實圖>의 속편이다.

<동국신속삼강행실도>는 임진왜란을 겪고 난 뒤에 피폐된 국민의 도의(道義)를 부흥하려고 간행하였다. 당초의 계획은 임진왜란을 통하여 발생한 충(忠), 효(孝), 열(烈)의 행적을 채집하고 공포하여 민심을 격려하는 것이었다. 그러나 기술 대상의 폭을 한층 더 넓혀 주로 왜란 후에 표창 받은 인물을 중심으로 편찬하되, <여지승람, 輿地勝覽> 등의 고전과 각 지방의 보고 자료를 폭넓게 취합하여 '충, 효, 열'의 모범이 되는 수많은 사람들의 행적을 기재했다.

이 책은 원집(原集) 17권과 속부(續附) 1권으로 짜였는데, 원집 권 1~8은 효자, 권 9는 충신, 권 10~17은 열녀이고, 속부는 <삼강행실도>와 <속삼강행실도>에 수록된 인물 72명을 부록으로 싣고 있다. 각 인물의 행적의 내용을 도화(圖畵) 1장에 그렸고 행적의 내용을 한문으로 적은 다음에 국문을 덧붙였다.

이 책은 다음과 같은 17세기 초기의 국어사적인 특징을 잘 보여 주고 있다.

첫째, 간혹 'ㅿ' 글자가 나타나기도 한다. 그 당시에는 /ㅿ/ 소리가 사라진 것을 감안할 때, 이는 현실 발음을 표기한 것이 아니라 전대의 <삼강행실도>와 <속삼강행실도>의 표기에 영향을 받은 것으로 보인다.

둘째, 음절의 첫소리에는 'ㆁ' 글자가 쓰이지 않았으나, 음절의 끝소리에 실현되는 /ŋ/의 소리를 적는 데에는 'ㆁ'과 'ㅇ' 글자를 섞어서 적었다.

셋째, 단어의 첫 머리에 합용 병서인 'ㅴ, ㅵ'의 글자가 그대로 사용되고 있다.

넷째, 각자 병서 글자인 'ㅃ'이 단어의 첫 머리에 나타나서 'ㅆ' 글자와 함께 두 가지의 각자 병서가 모두 쓰였다.

다섯째, 그 전의 시대에 전통적으로 지켜 오던 '이어적기(連綴)' 뿐만 아니라, '끊어적기(分綴)'와 '거듭적기(重綴)' 등의 표기 방법도 나타난다.

여섯째, 모음 조화 규칙이 많이 허물어졌으며, 'ㄷ' 구개음화 현상이나 자음동화 현상이 간혹 나타나기도 한다.

* **介白斷指** (개백단지) : 개백(介白)이 손가락을 자르다. [孝子 7:19]

幼學李介白陽城縣人少有孝行及長父母俱宿疾介白不離其側
坐臥飮食旋便必奉持之至七年不怠母歿哀毁踰禮及葬廬墓啜
粥父病劇嘗糞斷指和藥以進病即瘳居父憂一如前喪前後六年
一不到家服闋每晨昏謁家廟出入亦如之 恭憲大王喪心喪三
年 仁聖 仁順喪皆行素期年今 上朝旌門

유ᄒᆞᆨ니개ᄇᆡᆨ은양셩현사ᄅᆞᆷ이니져머셔브터효ᄒᆡᆼ이잇더니ᄌᆞ
라매미처부뫼다오래병드럿거ᄂᆞᆯ개ᄇᆡᆨ이겨ᄐᆡᄠᅥ나디아니ᄒᆞ
야안ᄌᆞ며누우며음식기며오좀ᄯᅩᆼ눌제반ᄃᆞ시븟자바닐곱ᄒᆡ
예니ᄅᆞ도록게ᄋᆞᆯ리아니ᄒᆞ더니어미죽거ᄂᆞᆯ슬허ᄒᆞᄆᆞᆯ녜예넘
게ᄒᆞ고영장ᄒᆞ매미처시묘사라죽만먹더라아비병이듕커ᄂᆞᆯ
ᄯᅩᆼ을맛보고손가락베혀약애ᄩᅡ밧ᄌᆞ온대병이즉제됴ᄒᆞ니라
아비거상을ᄒᆞᆫᄀᆞᆯᄀᆞᆮ티젼상대로ᄒᆞ니젼후여ᄉᆞᆺᄒᆡᄅᆞᆯᄒᆞᆫ번도지
ᄇᆡ니ᄅᆞ디아니ᄒᆞ니라탈상ᄒᆞ고ᄆᆡ일새배어을메ᄉᆞ당의뵈ᅀᆞᆸ
고나며둘제ᄯᅩ그리ᄒᆞ더라 공헌대왕상ᄉᆞ애심상을삼년을
ᄒᆞ고 인셩 인슌상애다소ᄒᆞ기ᄂᆞᆯ긔년ᄂᆞᆯᄒᆞ니라금 샹됴
애졍문ᄒᆞ시니라

1) 유ᄒᆞᆨ : 유학(幼學). 고려·조선 시대에, 벼슬하지 아니한 유생(儒生)을 이르던 말이다.
2) 니개ᄇᆡᆨ : 이개백(李介白). 사람 이름이다.
3) 양셩현 : 양성현(陽城縣). 땅 이름이다.
4) 져머셔브터 : 졈(졂다, 少)- + -어셔(-어서 : 연어) + -브터(-부터 : 보조사, 비롯함)
5) ᄌᆞ라매 : ᄌᆞ라(자라다, 長)- + -ㅁ(←-옴 : 명전) + -애(-에 : 부조, 위치)
6) 미처 : 및(미치다, 이르다, 及)- + -어(연어)
7) 병드럿거ᄅᆞᆯ : 병들[병들다, 宿疾 : 병(병, 疾) + 들(들다, 宿)-]- + -엇(완료)- + -거ᄅᆞᆯ(← -거늘 : 연어) ※ 16세기에는 어말 어미 '-엇-/-앗-/-얏-' 등이 '완료 지속'을 나타내었는데, 17세기 이후에는 '지속'의 의미는 사라지고 '완료'를 나타내는 것으로 처리한다.
8) 겨ᄐᆡ : 곁(곁, 側) + -ᄋᆡ(-에 : 부조, 위치)
9) 음식기며 : 음식ㄱ(← 음식 : 음식, 飮食) + -이며(접조) ※ '음식기며'는 '음식'의 받침 글자 'ㄱ'을 거듭적은 형태이다.
10) 븓자바 : 븓잡[붙잡다, 持 : 븓(← 븥다 : 붙다, 附)- + 잡(잡다, 執)-]- + -아(연어)
11) 슬허ᄒᆞ몰 : 슬허ᄒᆞ[슬퍼하다 : 슳(슬퍼하다, 哀)- + -어(연어) + ᄒᆞ(하다)-]- + -ㅁ(명전) + -ᄋᆞᆯ(목조)
12) 녜예 : 녜(예, 禮 : 예법) + -예(← -에 : 부조, 위치)
13) 영장호매 : 영장ᄒᆞ(영장, 永葬, 편안하게 장사 지내다)- + -옴(명전) + -애(-에 : 부조, 위치)
14) 시묘 : 시묘(侍墓). 부모의 거상(居喪) 중에 3년간 그 무덤 옆에서 움막을 짓고 사는 것이다.
15) 맏보고 : 맏보[← 맛보다 : 맏(← 맛 : 맛, 味) + 보(보다, 見)-]- + -고(연어, 나열)
16) 베혀 : 베히[← 버히다(베다, 斷) : 벟(베어지다)- + -이(사접)-]- + -여(← -어 : 연어)
17) ᄠᅡ : ᄠᅡ(타다, 섞다, 和)- + -아(연어)
18) 밧ᄌᆞ온대 : 밧(← 받다 : 바치다, 獻)- + -ᄌᆞ오(← -ᄌᆞᆸ- : 객높)- + -ㄴ대(← -은대 : -는데, 연어, 반응)
19) 됴ᄒᆞ니라 : 둏(좋아지다, 瘳)- + -Ø(과시)- + -ᄋᆞ니(객민)- + -라(← -다 : 평종)
20) ᄒᆞᆫᄀᆞᆯᄀᆞᆮ티 : [한결같이, 一如(부사) : ᄒᆞᆫᄀᆞᆯ(한결) + ᄀᆞᆮㅌ(← ᄀᆞᇀ다 : 같다, 如)- + -이(부접)]
21) 젼상대로 : 젼상(前喪 : 앞의 喪) + -대로(보조사, 마찬가지)
22) 새배 : 새벽, 晨(명사)
23) 어을메 : 어읆(어스름, 昏) + -에(부조, 위치, 시간)
24) 공헌대왕(恭憲大王) : 조선 제13대 왕인 명종(明宗) 임금의 시호이다.(재위 기간 1545~1567)
25) 상ᄉᆞ : 상사(喪事). 사람이 죽은 일이다.
26) 심상 : 심상(心喪). 상복은 입지 아니하나 상제와 같은 마음으로 말과 행동을 삼가고 조심하는 것이다.
27) 인셩 : 인성(仁聖). 조선 제12대 왕인 인종(仁宗)의 비(妃)이다.
28) 인슌 : 인순(仁順). 조선 제13대 왕인 명종의 비(妃)이다.
29) 소 : 소(素). 상중(喪中)에 고기나 생선 따위 비린 음식을 먹지 아니하는 일이다.
30) 긔년늘 : 기년ㄴ(← 기년 : 期年, 일년) + -을(목조)
31) 금샹됴 : [금상조, 今上朝 : 금샹(금상, 지금의 임금. 今上) + 됴(조, 朝)] ※ '조(朝)'는 왕이나 왕조의 통치 기간을 이르고, '금상조(今上朝)'는 당대 임금의 통치 기간을 이른다.
32) 졍문 : 정문(旌門). 충신, 효자, 열녀 들을 표창하기 위하여 그 집 앞에 세우던 붉은 문이다.
33) ᄒᆞ시니라 : ᄒᆞ(하다, 爲)- + -시(주높)- + -Ø(과시)- + -니(객민)- + -라(← -다 : 평종)

* 勇男活母 (용남활모) : 용남(勇男)이 어머니를 살리다. [孝子 7:44]

劉勇男忠州人性至孝年九歲値祖父喪見其父母素服曰父母服
衰而兒獨不然於心安乎遂不食肉朝夕助祭以終三年遭壬辰倭
亂與其母伏林下賊至將害其母勇男手扶其母曰寧殺我毋害老
母賊兩釋之今 上朝旌門

류용남은튱쥬사ᄅᆞᆷ이라셩이지극효회러니나히아홉설에할
아븨상ᄉᆞᄅᆞᆯ만나그부모의흰옷니벗ᄂᆞᆫ주ᄅᆞᆯ보고닐오ᄃᆡ부뫼
거상오ᄉᆞᆯ니벗거ᄃᆞᆫᄌᆞ식이홀로아님이ᄆᆞᄋᆞᆷ애편안ᄒᆞ랴ᄒᆞ고
고기ᄅᆞᆯ먹디아니ᄒᆞ고됴셕에졔ᄅᆞᆯ도와삼년을ᄆᆞᆮ다임진왜란
을만나그어미로더브러수플아래업데엿더니도적이니르러
장ᄎᆞᆺ그어미ᄅᆞᆯ해ᄒᆞ려커늘용남이손으로그어미ᄅᆞᆯ븓들고닐
오ᄃᆡᄎᆞᆯ하리나ᄅᆞᆯ주기고늘근어미란해티말라ᄒᆞ니도적이둘
다노ᄒᆞ니라금 샹됴애졍문ᄒᆞ시니라

1) 류용남 : 유용남(劉勇男). 사람의 이름이다.
2) 튱쥐 : 충주, 忠州, 지명
3) 셩 : 성품(性品)
4) 회러니 : 효(효, 孝) + -ㅣ(서조)- + -러(← -더- : 회상)- + -니(연어, 설명의 계속)
5) 할아븨 : 할압[← 할아비(할아버지, 祖) : 할-(← 한- : 大, 접두)- + 아비(아버지, 父)] + -의(관조)
※ 접두사 '할-'은 어원상 [하(크다, 大)- + -ㄴ(관전)]으로 다시 분석할 수 있다.
6) 니벗ᄂᆞᆫ : 닙(입다, 服)- + -엇(완료)- + -ᄂᆞ(현시)- + -ㄴ(관전) ※ 17세기에 이르면 '-엇-'은 완결이나 과거를 나타내게 되는데, '-엇-'이 현재 시제 선어말 어미와 결합한 형태인 '-엇ᄂᆞ-'는 '현재 완료'의 의미로 쓰인다. 여기서 원문의 '니벗ᄂᆞᆫ'은 '입어 있는' 정도로 옮긴다.
7) 니벗거든 : 닙(입다, 服)- + -엇(완료)- + -거든(-는데 : 연어, 설명의 계속)
8) 아님이 : 아니(아니다, 不然)- + -ㅁ(명전) + -이(주조) ※ '아님'은 문맥상 '거상의 옷을 입지 아니함'의 뜻으로 쓰였다.
9) 편안ᄒᆞ랴 : 편안ᄒᆞ(편안하다, 便安)- + -랴(의종, 미시)
10) 됴셕에 : 됴셕(朝夕, 아침저녁) + -에(부조, 위치, 시간)
11) 졔 : 제사(祭)
12) ᄆᆞᆺ다 : ᄆᆞᆺ(← ᄆᆞᆾ다 : 마치다, 終)- + -Ø(과시)- + -다(평종)
13) 업데엿더니 : 업데(엎드리다, 伏)- + -엿(← -엇- : 완료)- + -더(회상)- + -니(연어, 설명 계속, 이유)
14) 니르러 : 니를(이르다, 至)- + -어(연어)
15) 쟝ᄎᆞᆺ : 쟝ᄎᆞᆺ(← 쟝ᄎᆞ : 장차, 將次, 부사).
16) 해호려 : 해ᄒᆞ(해하다, 害)- + -오려(-려 : 연어, 의도)
17) 븟들고 : 븟들[← 븥들다 : 붙들다, 扶 : 븟(← 븥다 : 붙다, 附)- + 들(들다)-]- + -고(연어, 계기)
18) 어미란 : 어미(어머니, 母) + -란(-는 : 보조사, 주제)
19) 해티 : 해ㅎ(← 해ᄒᆞ다 : 해하다, 害)- + -디(-지 : 연어, 부정)
20) 노ᄒᆞ니라 : 놓(놓다, 놓아주다, 釋)- + -Ø(과시)- + -ᄋᆞ니(객믿)- + -라(← -다 : 평종)

* **柳橿同死** (유강동사) : 유강(柳橿)이 같이 죽다. [孝子 8:16]

忠義衛柳橿安陰縣人丁酉倭亂擧家入黃石山城城陷橿負其母出城令其弟㰅扶去還入賊中又負父以出父知不免曰我則已矣汝其先出橿號泣不去曰父在此子出何之遂同死一劍今 上朝旌門

튱의위뉴강은안음현사ᄅᆞᆷ이니뎡유왜난애온집사ᄅᆞᆷ이황셕산셩에드럿더니셩이함ᄒᆞ야ᄂᆞᆯ강이그어미ᄅᆞᆯ업고셩에나가그아ᅀᆞ가로ᄒᆡ여곰븟드러가게ᄒᆞ고도로도적가온대드러가ᄯᅩ아비ᄅᆞᆯ어버나오더니아비면티몯ᄒᆞᆯ줄알고ᄀᆞᆯ오ᄃᆡ나ᄂᆞᆫ칙텨시니네그몬져나가라ᄒᆞ니강이울고가디아니ᄒᆞ야ᄀᆞᆯ오ᄃᆡ아바님이예겨시거든ᄌᆞ식이난ᄃᆞᆯ어드러가리오ᄒᆞ고드ᄃᆡ여ᄒᆞᆫ가지로ᄒᆞᆫ갈해주그니라금 샹됴애졍문ᄒᆞ시니라

---

1) 튱의: 충의(忠義). 충성과 절의이다.
2) 위뉴강: 위유강(衛柳橿). 사람 이름이다.
3) 안음현: 안음현(安陰縣). 땅 이름이다.
4) 뎡유왜난: 정유왜란(丁酉倭亂). 조선 시대에 임진왜란 휴전 교섭이 결렬된 뒤, 선조 30년(1597)에 왜장(倭將) 가토 기요마사(加藤淸正) 등이 14만의 대군을 이끌고 다시 쳐들어와 일으킨 전쟁이다.
5) 온: 온, 모든, 擧(관사)
6) 황셕산셩: 황석산성(黃石山城)
7) 드럿더니: 들(들다, 入)- + -엇(완료)- + -더(회상)- + -니(연어, 설명의 계속)
8) 셩: 성(城)
9) 함ᄒᆞ야늘: 함ᄒᆞ(함락하다, 陷)- + -야늘(← -아늘: -거늘, 연어, 상황)
10) 아ᄋᆞ: 아우, 弟
11) 가로: 가(榎: 사람 이름. 위유강의 동생) + -로(부조, 방편)
12) ᄒᆡ여곰: [하여금(부사): ᄒᆞ(하다, 爲)- + -ㅣ(사접)- + -여(← -어: 연어 ▷ 부접) + -곰(보조사, 강조)]
13) 븟드러: 븟들(← 븥들다: 붙들다, 扶)- + -어(연어)
14) 면티: 면ㅎ(← 면ᄒᆞ다: 면하다, 免)- + -디(-지: 연어, 부정)
15) ᄀᆞᆯ오ᄃᆡ: ᄀᆞᆯ(← ᄀᆞᄅᆞ다: 이르다, 말하다, 曰)- + -오ᄃᆡ(-되: 연어, 설명의 계속)
16) 예: 여기(此: 지대)
17) 츼텨시니: 츼티[결정되다, 치우치다, 已: 츼(치우치다, 비키다)- + -티(강접)-]- + -어시(완료)- + -니(연어, 설명의 계속)
18) 그: 그(其: 지대)
19) 겨시거든: 겨시(계시다, 在)- + -거든(연어, 조건)
20) 난ᄃᆞᆯ: 나(나가다, 出)- + -ㄴᄃᆞᆯ(-ㄴ들: 연어, 양보)
21) 어드러: 어디로(부사)
22) 주그니라: 죽(죽다, 死)- + -Ø(과시)- + -으니(객믿)- + -라(← -다: 평종)
23) 드듸여: 드디어, 遂(부사)
24) 갈해: 갈ㅎ(칼, 劍) + -애(-에: 부조, 위치, 원인)

* **世民代父** (세민대부) : 세민(世民)이 아버지를 대신하다. [孝子 8:70]

私奴李世民京都人父以射手赴戰世民謂其父曰父以獨子且有
老母今若遠出祖母何賴子當代行父不許世民自請兵曹彌許
之世民言于父母曰戰勝而歸立大功若不幸誓不與此賊俱生馳
到忠州官軍大潰世民獨彎弓射賊竟被害今 上朝旌門

ᄉᆞ노ᄂᆡ세민은셔울사ᄅᆞᆷ이니아비샤슈로ᄡᅥ부젼ᄒᆞᆯ제세민이
그아비ᄃᆞ려닐러ᄀᆞ로ᄃᆡ아비독ᄌᆞ로ᄯᅩ늘근어미이시니이제
만일멀리나가면할미어ᄃᆡ의뢰ᄒᆞ리오ᄌᆞ식이반ᄃᆞ시ᄃᆡ힝호
리라아비허티아니ᄒᆞ니세민이ᄉᆞᄉᆞ로병조의나아가브루지
져ᄉᆞᆯ오니허ᄒᆞ여ᄂᆞᆯ세민이부모ᄃᆞ려닐어ᄀᆞ로ᄃᆡ사홈을이긔
고오면큰공을세고만일블힝ᄒᆞ면밍세코이도적으로더브러
ᄒᆞᆫ가지로사디아니호리라ᄒᆞ고ᄃᆞᆯ려튱쥐니르러관군이다해
여디니세민이혼자화ᄅᆞᆯ혀도적을ᄡᅩ다가ᄆᆞᄎᆞᆷ내해ᄒᆞ믈니브
니라금 샹됴의졍문ᄒᆞ시니라

1) ᄉᆞ노: 사노(私奴). 권문세가에서 사적(私的)으로 부리던 노비이다.
2) 니셰민: 이세민(李世民). 사람 이름이다.
3) 샤슈로뻐: 샤슈(사수, 射手) + -로뻐(-로서: 부조, 자격)
4) 부젼ᄒᆞᆯ: 부젼ᄒᆞ(부전하다, 赴戰, 전쟁에 나아가다)- + -ㄹ(관전)
5) 독ᄌᆞ로: 독ᄌᆞ(獨子, 독자) + -로(부조, 자격)
6) 어ᄃᆡ: 어디(何: 지대)
7) 의뢰ᄒᆞ리오: 의뢰ᄒᆞ(의뢰하다, 依賴, 맡기다)- + -리(미시)- + -오(의종, 설명)
8) ᄃᆡ힝호리라: ᄃᆡ힝ᄒᆞ(대행하다, 代行, 대신 가다)- + -오(인칭)- + -리(미시)- + -라(← -다: 평종)
9) 허티: 허ㅎ(← 허ᄒᆞ다: 허하다, 허락하다, 許)- + -디(-지: 연어, 부정)
10) 병조의: 병조(兵曹) + -의(-에: 부조, 위치) ※ '병조(兵曹)'는 조선 시대에, 육조(六曹) 가운데 군사와 우역(郵驛)에 관한 일을 맡아보던 관아이다.
11) 브ᄅᆞ지져: 브ᄅᆞ지지[부르짖다, 號訴: 브ᄅᆞ(부르다, 號)- + 지지(울다, 鳴)-]- + -어(연어)
12) 허ᄒᆞ여ᄂᆞᆯ: 허ᄒᆞ(허하다, 허락하다, 許)- + -여ᄂᆞᆯ(← -아ᄂᆞᆯ: -거늘, 연어, 상황)
13) 셰고: 셰[세우다, 立: 셔(서다: 立)- + -ㅣ(사접)-]- + -고(연어, 계기)
14) 밍셰코: [맹세코(부사): 밍셰(맹세, 盟誓) + -코(부접)] ※ '밍셰코'는 '밍셰ᄒᆞ다'에 연결 어미 '-고'가 붙어서 된 말인데, 여기서는 '밍셰코'의 형태로 굳어서 부사로 파생되었다.
15) 더브러: [더불어, 與(부사): 더블(더불다, 伴)- + -어(연어 ▷ 부접)]
16) ᄒᆞᆫ가지로: ᄒᆞᆫ가지[한가지(명사): ᄒᆞᆫ(한, 一: 관사) + 가지(가지, 類)] + -로(부조, 방편)
17) 아니호리라: 아니ᄒᆞ(아니하다: 보용, 부정)- + -오(인칭)- + -리(미시)- + -라(← -다: 평종)
18) 튱쥐: 충주(忠州). 땅 이름이다.
19) 화ᄅᆞᆯ: 활(활, 弓) + -ᄋᆞᆯ(목조)
20) 혀: 혀(당기다, 引)- + -Ø(← -어: 연어)
21) ᄲᅩ다가: ᄲᅩ(쏘다, 射)- + -다가(연어, 전환)
22) 해홈을: 해ᄒᆞ(해하다, 害)- + -옴(명전) + -을(목조)
23) 니브니라: 닙(입다, 당하다, 被)- + -Ø(과시)- + -으니(객민)- + -라(← -다: 평종)

* **后稷墓諫** (후직묘간) : 후직(后稷)의 묘(墓)가 간(諫)하다. [忠臣 1:7]

金后稷慶州府人新羅眞平王好田獵后稷切諫不聽將死語其子曰我爲人臣不能匡救君惡我死須瘞於王遊田路側其子從之他日王出田中路有聲曰君王毋去王顧問之從者曰金后稷墓也遂陳臨死之言王潸然出涕終身不復田獵人謂之墓諫也

김후직은경쥐부사ᄅᆞᆷ이니신라진평왕이산힝을됴히너기거ᄂᆞᆯ후직이졀히간ᄒᆞ되듣디아니터니쟝ᄎᆞᆺ주글제그아ᄃᆞᆯᄃᆞ려닐러ᄀᆞᆯ오ᄃᆡ내인신이되여능히님금의악을바ᄅᆞ구ᄒᆞ디몯ᄒᆞ니내죽거든모롬이왕의ᄂᆞᆯ며산힝ᄒᆞ논길ᄭᅥ의무드라ᄒᆞ야ᄂᆞᆯ그아ᄃᆞ리조ᄎᆞ니라다ᄅᆞᆫ나래왕이산힝나갈시듕노의소ᄅᆡ이셔ᄀᆞᆯ오ᄃᆡ군왕은가디마ᄅᆞ쇼셔ᄒᆞ거ᄂᆞᆯ왕이도라무ᄅᆞᆫ대조ᄎᆞᆫ사ᄅᆞᆷ이ᄀᆞᆯ오ᄃᆡ김후직의무덤이닝이다ᄃᆞ드여주글적말ᄉᆞᆷ을베픈대왕이산연히눈믈내고몸이ᄆᆞᆺ도록다시산힝아니ᄒᆞ니사ᄅᆞᆷ이닐오ᄃᆡᄆᆈ간ᄒᆞ다ᄒᆞ니라

1) 김후직 : 김후직(金后稷). 사람 이름이다.
2) 경쥐부 : 경주부(慶州府). 땅 이름이다.
3) 진평왕(眞平王) : 신라 제26대 왕(? ~ 632). 본명은 김백정(金白淨). 중국 수나라와 친교를 맺고 불교의 진흥을 꾀하였다.
4) 산힝 : 사냥, 獵(명사)
5) 됴히 : [좋게(부사) : 둏(좋다, 好)- + -이(부접)]
6) 졀히 : [간절히(부사) : 졀(절, 切) + -ᄒᆞ(형접)- + -이(부접)]
7) 간호ᄃᆡ : 간ᄒᆞ(간하다, 諫)- + -오ᄃᆡ(-되 : 연어)
8) 아니터니 : 아니ㅎ(← 아니ᄒᆞ다 : 아니하다)- + -더(회상)- + -니(연어, 설명의 계속)
9) 쟝ᄎᆞᆺ : 쟝ᄎᆞᆺ(← 쟝ᄎᆞ : 장차, 將次, 부사)
10) 인신 : 인신(人臣). 신하.
11) 바ᄅᆞ : [바로, 匡(부사) : 바ᄅᆞ(바르다, 곧다 : 형사)- + -Ø(부접)]
12) 모롬이 : 모름지기, 반드시, 須(부사)
13) 길ᄭᆞᇫ의 : 길ᄭᆞᇫ[길가, 路側 : 길(길, 路) + -ㅅ(관조, 사잇) + ᄀᆞᇫ(가, 側)] + -의(-에 : 부조, 위치)
14) 무드라 : 묻(묻다, 埋)- + -으라(명종)
15) 조ᄎᆞ니라 : 좇(좇다, 從)- + -Ø(과시)- + -ᄋᆞ니(객민)- + -라(← -다 : 평종)
16) 다ᄅᆞᆫ : [다른, 他(관사) : 다ᄅᆞ(다르다, 異)- + -ㄴ(관전 ▷ 관접)]
17) 듕노의 : 듕노(중로, 오가는 길의 중간, 中路) + -의(-에 : 부조, 위치)
18) 마ᄅᆞ쇼셔 : 말(말다, 毋 : 보용, 부정, 금지)- + -ᄋᆞ쇼셔(-으소서 : 명종, 아주 높임)
19) 무ᄅᆞᆫ대 : 물(← 묻다, ㄷ불 : 묻다, 問)- + -ᄋᆞᆫ대(-는데, -으니 : 연어, 반응)
20) 조ᄎᆞᆫ : 좇(좇다, 따르다, 從)- + -ᄋᆞᆫ(관전)
21) 무덤이닝이다 : 무덤[무덤(명사) : 묻(묻다, 埋)- + -엄(명접)] + -이(서조)- + -니(객민)- + -ㆁ이(← -이- : 상높)- + -다(평종)
22) 드드여 : 드디어, 遂(부사)
23) 베픈대 : 베프(베풀다, 펴다, 陳)- + -ㄴ대(-는데 : 연어, 반응)
24) 산연히 : [눈물겹게, 애처롭게(부사) : 산연(산연, 潸然) + -ᄒᆞ(형접)- + -이(부접)]
25) ᄆᆞᆺ도록 : ᄆᆞᆺ(← ᄆᆞᆽ다 : 마치다, 終)- + -도록(연어, 도달)
26) 분뫼 : 분묘(분묘, 무덤, 墳墓) + -ㅣ(주조)
27) 간ᄒᆞ다 : 간ᄒᆞ(간하다, 諫)- + -Ø(과시)- + -다(평종)

* 溫達誓衆 (온달서중) : 온달(溫達)이 대중에게 맹서하다. [忠臣 1:13]

溫達平壤府人陽岡王少女自媒為達妻後周武帝伐遼東為先鋒
奮擊大克王賜爵大兄及平岡王即位達奏曰新羅割我漢北之地
為郡縣願大王不以臣不肖授兵往必復吾地王許之達臨行誓曰
鷄立峴竹嶺以西不歸於我則不返也遂與羅人戰於阿旦城下為
流矢所中而死

온달은평양부사ᄅᆞᆷ이라양강왕의져근ᄯᆞ리스스로듕ᄆᆡᄒᆞ야
달의안해되엿더니후쥬무뎨뇨동을틸시션봉이되여분로ᄒᆞ
여텨크기이긔니왕이대형벼ᄉᆞᆯ주엇더니밋평강왕이즉위ᄒᆞ
매달이엳ᄌᆞ와ᄃᆡ신라우리한븍ᄯᆞ흘버혀군현을사마시
니원컨댄대왕이신으로ᄡᅥ블쵸타마ᄅᆞ샤군을주어셔가게ᄒᆞ
시면반ᄃᆞ시내ᄯᆞ흘다시가지링다왕이허ᄒᆞ셔ᄂᆞᆯ달이님ᄒᆡᆼ애
밍셰ᄒᆞ야ᄀᆞᆯ오ᄃᆡ계립현듁녕으로ᄡᅥ셔녁키내게아니오면도
라오디아니호리라드듸여신나사ᄅᆞᆷ으로더브러아됴셩아래
사호다가ᄒᆞᄅᆞᄂᆞᆫ살의마친배되야주그니라

---

1) 온달 : 온달(溫達). 고구려 평원왕 때의 장군(? ~ 590)이다. 어려서 바보라는 말을 들었으나, 평강 공주와 혼인하여 무예를 닦고 무장이 되었다.
2) 양강왕 : 양강왕(陽岡王). 고구려의 제24대 왕(재위 기간 545~559)이다. 동위, 북제 등에 조공하여 친선을 도모하고 백암성, 신성 등을 중수하였다.
3) 듕미ᄒᆞ야 : 듕미ᄒᆞ(중매하다, 仲媒)- + -야(← -아 : 연어)
4) 되엿더니 : 되(되다, 爲)- + -엿(← -엇- : 완료)- + -더(회상)- + -니(연어, 설명의 계속)
5) 후쥬 : 후주(後周). 중국 남북조 시대에, 북위(北魏)가 동서로 갈라선 뒤 557년에 서위(西魏)의 우문각이 세운 나라이다. 장안(長安)을 도읍으로 하여 북제(北齊)를 멸하고 화베이(華北)를 통일하였으나, 581년에 수나라에 의해 멸망하였다.
6) 무뎨 : 무뎨(무제, 武帝) + -Ø(주조) ※ 중국 북주(北周)의 무제(재위 561~577)이다.
7) 뇨동 : 요동(遼東). 중국 랴오닝 성 남부의 반도이다. 황해의 북쪽에 있으며, 서쪽으로 보하이 해의 랴오둥 만, 동쪽으로 서조선 만이 자리하고 있다.
8) 틸ᄉᆡ : 티(치다, 伐)- + -ㄹᄉᆡ(-므로 : 연어, 이유)
9) 션봉 : 선봉(先鋒). 부대의 맨 앞에 나서서 작전을 수행하는 군대나 사람이다.
10) 분로ᄒᆞ여 : 분로ᄒᆞ(분노하다, 奮怒)- + -여(← -어 : 연어)
11) 크기 : 크(크다, 大)- + -기(↚ -긔 : -게, 연어)
12) 대형 : 대형(大兄). 고구려 때의 십사 관등 가운데 다섯째 등급이다. 국가의 기밀, 법 개정, 병사의 징발, 관작(官爵)의 수여 따위의 일을 맡아보았다.
13) 밋 : 밋(← 및 : 및, 及, 부사) ※ '밋'은 원문의 '及'을 직역였는데 잉여적 표현으로 쓰였다.
14) 즉위호매 : 즉위ᄒᆞ(즉위하다, 卽位)- + -옴(명전) + -애(-에 : 부조, 위치)
15) 엳ᄌᆞ와 : 엳ᄌᆞ오(← 엳ᄌᆞᆸ다, ㅂ불 : 여쭈다, 問)- + -아(연어)
16) 신래 : 신라(신라, 新羅) + -ㅣ(주조)
17) 한븍 : 한북(한북, 漢北). 한강의 북쪽 땅이다.
18) ᄯᅡ흘 : ᄯᅡㅎ(땅, 地) + -ᄋᆞᆯ(목조)
19) 버혀 : 버히[베다, 割 : 벟(베어지다)- + -이(사접)-]- + -여(← -어 : 연어)
20) 군현 : 군현(郡縣)
21) 사마시니 : 삼(삼다, 爲)- + -아시(완료)- + -니(연어, 설명의 계속)
22) 블쵸타 : 블쵸ㅎ(← 블쵸ᄒᆞ다 : 불초하다, 不肖)- + -다(평종) ※ '불초하다'는 '못나고 어리석다'는 뜻이다.
23) 마ᄅᆞ샤 : 말(말다, 毋 : 보용, 부정, 금지)- + -ᄋᆞ샤(-으시- : 주높)- + -Ø(← -아 : 연어)
24) 가지링다 : 가지(가지다, 持)- + -리(미시)- + -ㆁ(← -이- : 상높, 예사 높임)- + -다(평종)
25) 허ᄒᆞ셔ᄂᆞᆯ : 허ᄒᆞ(허하다, 허락하다, 許)- + -시(주높)- + -어ᄂᆞᆯ(-거늘 : 연어, 상황)
26) 님ᄒᆡᆼ애 : 님ᄒᆡᆼ(임행, 떠남에 임함, 臨行) + -애(-에 : 부조, 위치)
27) 듁녕으로ᄡᅥ : 듁녕(竹嶺) + -으로ᄡᅥ(-으로써 : 부조, 위치)
28) 셔녁키 : 셔녁ㅎ[← 섯녁(서쪽, 서녘) : 셔(서, 西) + -ㅅ(-의 : 관조, 사잇) + 녁ㅎ(녘, 쪽 : 의명)] + -이(주조)
29) 내게 : 나(나, 吾) + -ㅣ게(← -의게 : -에게, 부조)
30) 아됴셩 : 아단성(阿旦城). 땅 이름이다.
31) 살의 : 살(화살, 矢) + -의(-에 : 부조, 위치, 원인)
32) 마친 : 마치[맞히다 : 맞(맞다, 中)- + -히(피접)-]- + -ㄴ(관전)

* **象賢忠烈**(상현충렬) : 상현(象賢)은 충성(忠誠)스럽고 節義(절의)에 열렬(熱烈)하다. [忠臣 1:35]

府使宋象賢京都人壬辰倭亂爲東萊府使守城力不能支手書數字於所把扇使從者傳於其父曰月暈孤城禦敵無策當此之時父子恩輕君臣義重云云城陷象賢整朝衣冠北望再拜堅坐而死其妾亦死節賊酋感其義收兩屍合葬而立標時密陽人盧蓋邦爲府教授奉 聖廟位版入城同死 昭敬大王贈吏曹判書今 上朝旌門

부ᄉᆞ숑샹현은셔울사ᄅᆞᆷ이니임진왜난의동ᄂᆡ부ᄉᆞᄒᆞ야셩을딕킈여힘이지당몯ᄒᆞ여손조두어조ᄅᆞᆯ쥐엿던부체예써조ᄎᆞᆫ사ᄅᆞᆷ으로ᄒᆞ여곰제아비게뎐ᄒᆞ여닐오ᄃᆡ돌모로ᄀᆞ티ᄡᆞ인외로온셩의도적마글모칙이업ᄉᆞ니이시졀의당ᄒᆞ여ᄂᆞᆫ부ᄌᆞ의은요경ᄒᆞ고군신의의ᄂᆞᆫ듕ᄒᆞ다ᄒᆞ다함셩호매샹현이관ᄃᆡᄅᆞᆯ정제ᄒᆞ고븍녁ᄒᆞ로ᄇᆞ라며ᄌᆡᄇᆡᄒᆞ고구디안자셔주근대그쳡이ᄯᅩᄉᆞ졀ᄒᆞ여ᄂᆞᆯ도적의장슈그의ᄅᆞᆯ감격ᄒᆞ여두주검을거두워합장ᄒᆞ고닙표ᄒᆞ니라그저긔밀양사ᄅᆞᆷ노개방이고을교쉬되여 셩묘위판을뫼와셩의드러ᄒᆞᆫ가지로주그니라 쇼경대왕이 증니조판셔ᄒᆞ시고금 샹됴애졍문ᄒᆞ시니라

1) 부ᄉᆞ : 부사(府使). 조선 시대에 둔 대도호부사와 도호부사를 통틀어 이르던 말이다.
2) 송샹현 : 송상현(宋象賢). 조선 선조 때의 문신이다.(1551~1592) 자는 덕구(德求). 호는 천곡(泉谷). 동래 부사로서, 임진왜란 때 남문(南門)에 올라가 싸움을 독려하고 순절하였다.
3) 동ᄂᆡ : 동래(東來). 땅 이름이다.
4) 딕킈여 : 딕킈(지키다, 守)- + -여(←-어 : 연어)
5) 지당 : 지탱(支撑). 오래 버티거나 배겨 내는 것이다.
6) 손조 : [손수, 手(부사) : 손(손, 手) + -조(부접)]
7) ᄌᆞ : 자(字). 글자.
8) 쥐엿던 : 쥐(쥐다, 把)- + -엿(←-엇- : 완료)- + -더(회상)- + -ㄴ(관전)
9) 부체예 : 부체(부채, 扇) + -예(←-에 : 부조, 위치)
10) 조ᄎᆞᆫ : 좇(좇다, 따르다, 從)- + -ᄋᆞᆫ(관전)
11) ᄒᆞ여곰 : [하여금, 使(부사) : ᄒᆞ(하다, 爲)- + -이(사접)- + -어(연어▷부접) + -곰(보조사, 강조)]
12) 아븨게 : 압(←아비 : 아버지, 父) + -의게(-에게 : 부조, 상대)
13) ᄃᆞᆯ모로 : [달무리, 月暈 : ᄃᆞᆯ(달, 月) + 모로(해, 달 따위에 어리는 무리, 暈)]
14) ᄀᆞ티 : [같이(부사) : ᄀᆞᇀ(같다, 如)- + -이(부접)]
15) ᄡᆞ인 : ᄡᆞ이[싸이다 : ᄡᆞ(싸다, 包)- + -이(피접)-]- + -ㄴ(관전)
16) 모ᄎᆡᆨ : 묘책(妙策)
17) 당ᄒᆞ여ᄂᆞᆫ : 당ᄒᆞ(당하다, 當)- + -여(←-아 : 연어) + -ᄂᆞᆫ(보조사, 주제)
18) ᄒᆞ다 : ᄒᆞ(하다, 謂)- + -Ø(과시)- + -다(평종)
19) 함셩호매 : 함셩ᄒᆞ(함성하다, 성이 함락되다, 陷城)- + -옴(명전) + -애(-에 : 연어, 이유)
20) 관ᄃᆡ : 관대(冠帶). 옛날 벼슬아치들의 공복(公服)이다.
21) 졍졔 : 정제(整齊). 격식에 맞게 차려입고 매무시를 바르게 하는 것이다.
22) 븍녁흐로 : 븍녁ㅎ[북녘, 북쪽 : 븍(북, 北) + 녁ㅎ(녘, 쪽 : 의명)] + -으로(부조, 방향)
23) ᄌᆡᄇᆡ : 재배(再拜). 절을 두 번 하는 것이다.
24) 구디 : [굳이, 꿋꿋이(부사) : 굳(굳다, 堅)- + -이(부접)]
25) ᄉᆞ절ᄒᆞ여ᄂᆞᆯ : ᄉᆞ절ᄒᆞ(사절하다, 절개를 위하여 목숨을 버리다, 死節)- + -여ᄂᆞᆯ(-거ᄂᆞᆯ : 연어, 상황)
26) 쟝싊 : 쟝슈(장수, 酋) + -ㅣ(주조)
27) 닙표ᄒᆞ니라 : 닙표ᄒᆞ(입표하다, 나무, 돌, 기 따위로 표를 세움, 立標)- + -Ø(과시)- + -니(객믿)- + -라(←-다 : 평종)
28) 노개방 : 노개방(盧盖邦). 사람 이름이다.
29) 교싊 : 교슈(敎授, 교수) + -ㅣ(보조) ※ '교수(敎授)'는 조선 시대에, 지방 유생(儒生)의 교육을 맡아보던 종육품 벼슬이다. 향교(鄕校)를 지도하기 위하여 부(府)와 목(牧)에 두었다.
30) 셩묘 : 성묘(聖廟). 공자를 모신 사당이다.
31) ᄒᆞᆫ가지로 : ᄒᆞᆫ가지[한가지, 마찬가지 : ᄒᆞᆫ(한, 一 : 관형) + 가지(類 : 의명)] + -로(부조, 방편)
32) 위판 : 위판(位版). 단(壇), 묘(廟), 원(院), 절 등에 모시는 신주(神主)의 이름을 적은 나무패.
33) 뫼와 : 뫼오(←뫼옵다, ㅂ불 : 모시다, 奉)- + -아(연어)
34) 쇼경대왕: 소경대왕(昭敬大王). 조선 제14대 왕인 선조(宣祖) 임금의 시호(諡號)이다. 재위 기간은 1567년~1608년이다.
35) 증 : 증(贈). 관직이나 지위를 주다.
36) 니조판셔 : 이조판서(吏曹判書)

* 吉元抗賊(길원항적) : 길원(吉元)이 적에게 항거하다. [忠臣 1:51]

縣監申吉元京都人壬辰歲守聞慶爲倭賊所執賊露刃脅之曰汝
是邑守能馳馬否吉元曰我是儒者安能馳馬賊又脅之曰汝速降
署名吉元又不屈且使指路拒以不知以手指頸曰宜速斬罵不絶
口賊酋大怒斫一臂曰猶不可指路乎吉元曰無臂之人何事可爲
賊寸斫之今 上朝旌門
현감신길원은셔울사ᄅᆞᆷ이니임진셰의문경고을히원으로셔
왜적의게자펴셔도적이환도ᄅᆞᆯ빼여협박ᄒᆞ야닐오ᄃᆡ네고을
원이니ᄆᆞᆯ돌리기잘ᄒᆞᄂᆞᆫ다길원이닐오ᄃᆡ내션비니엇디능히
ᄆᆞᆯ돌리리오도적이ᄯᅩ협박ᄒᆞ야닐오ᄃᆡ네섈리항ᄒᆞ고일홈
두라길원이ᄯᅩ굴티아니ᄒᆞᆫ대ᄯᅩ길ᄒᆞᆯᄀᆞᄅᆞ치라ᄒᆞ거ᄂᆞᆯ아디몯
ᄒᆞ노라번받고손으로목을ᄀᆞᄅᆞ치며닐오ᄃᆡ섈리베히라ᄒᆞ고
ᄭᅮ짓기ᄅᆞᆯ입의그치디아니ᄒᆞᆫ대도적의쟝슈ㅣ크게노ᄒᆞ야ᄒᆞᆫ
ᄑᆞᆯᄒᆞᆯ버히고닐오ᄃᆡ길ᄒᆞᆯᄀᆞᄅᆞ치디몯ᄒᆞ리로소나길원이닐오
ᄃᆡᄑᆞᆯ업ᄉᆞᆫ사ᄅᆞᆷ이므ᄉᆞ이ᄅᆞᆯᄒᆞ리오도적이촌촌이베히다금
샹됴애졍문ᄒᆞ시니라

1) 신길원 : 신길원(申吉元). 사람 이름이다.
2) 임진셰 : 임진세(壬辰歲). 임진년(1592년)
3) 고을히 : 고을ㅎ(고을, 郡) + -ᄋᆡ(-의 : 관조)
4) 원으로셔 : 원(수령, 員, 首領) + -으로셔(-으로서 : 부조, 자격)
5) ᄲᅢ여 : ᄲᅢ(빼다, 拔)- + -여(←-어 : 연어)
6) 자펴셔 : 자피[잡히다, 拘 : 잡(잡다, 執)- + -히(피접)-]- + -어셔(-어서 : 연어)
7) 협박 : 협박(脅迫)
8) 잘ᄒᆞᄂᆞᆫ다 : 잘ᄒᆞ(잘하다, 能)- + -ᄂᆞ(현시)- + -ㄴ다(-는가 : 의종, 2인칭)
9) 션ᄇᆡ니 : 션ᄇᆡ(선비, 士) + -Ø(서조)- + -니(연어, 이유)
10) ᄲᆞᆯ리 : [빨리, 速(부사) : ᄲᆞᆯㄹ(←ᄲᆞᄅᆞ다 : 빠르다)- + -이(부접)]
11) 두라 : 두(두다, 署)- + -라(명종)
12) 굴티 : 굴ㅎ(←굴ᄒᆞ다 : 굴하다, 굴복하다, 屈)- + -디(-지 : 연어, 부정)
13) 번받고 : 번받[번서다, 번대다, 拒 : 번(접두, 강조)- + 받(치받다)-]- + -고(연어, 계기)
14) 베히라 : 베히[←버히다(베다, 斬) : 벟(베어지다)- + -이(사접)-]- + -라(명종)
15) ᄭᅮ짓기ᄅᆞᆯ : ᄭᅮ짓(←ᄭᅮ짖다 : 꾸짖다, 罵)- + -기(명전) + -ᄅᆞᆯ(목조)
16) 몯ᄒᆞ리로소냐 : 몯ᄒᆞ(못하다 : 보용, 부정)- + -리(미시)- + -롯(←-돗- : 느낌)- + -오냐(←-ᄋᆞ냐 : -느냐, 의종, 판정)
17) ᄑᆞᆯ홀 : ᄑᆞᆯㅎ(팔, 臂) + -ᄋᆞᆯ(목조)
18) 업ᄉᆞᆫ : 없(없다, 無)- + -ᄋᆞᆫ(관전)
19) 촌촌이 : [村村이, 갈기갈기(부사) : 촌(촌, 寸) + 촌(촌, 寸) + -이(부접)]
20) ᄆᆞᄉᆞ : ᄆᆞᄉᆞ(←ᄆᆞᄉᆞᆺ : 무슨, 관형)
21) 베히다 : 베히[←버히다(베다, 斫) : 벟(베어지다)- + -이(사접)-]- + -Ø(과시)- + -다(평종)

* **薛氏貞信**(설씨정신) : 설씨(薛氏)가 정조가 굳고 믿음이 있다. [烈女 1:2]

薛氏慶州府人父年老當防秋少年嘉實願代行父曰願以女奉箕
箒於是嘉實請期薛曰妾旣以心許有死無易代歸成禮未晩也乃
分鏡爲信留一馬遂行六年未還父曰始以三年爲期可歸他族薛
不敢從父欲强婚於里人薛固拒於是嘉實來以破鏡投之遂約異
日成禮

셜시는경쥐부사ᄅᆞᆷ이니아비나히늘거부방의당ᄒᆞ연거ᄂᆞᆯ쇼
년가실이라ᄒᆞ리원ᄒᆞ야ᄃᆡ힝ᄒᆞ여지라ᄒᆞ여ᄂᆞᆯ아비골오ᄃᆡ원
컨대ᄯᆞᆯ로ᄡᅥ키뷔ᄅᆞᆯ받들게호리라이예가실이긔약을쳥ᄒᆞᆫ대
셜이골오ᄃᆡ쳡이이미ᄆᆞᅀᆞᆷ으로ᄡᅥ허ᄒᆞ여시니주그미읻고변
호미업스리라ᄃᆡᄒᆞ여도라와셩녜호미늗디아니ᄒᆞ니라이예
거우로ᄅᆞᆯᄠᅡ려신을ᄒᆞ여ᄒᆞᆫ나홀머므루다드듸여힝ᄒᆞ야여ᄉᆞᆫ
ᄒᆡ예도라오디아니ᄒᆞ니아비닐오ᄃᆡ처엄의삼년으로ᄡᅥ긔약
ᄒᆞ여시니가히다ᄅᆞᆫ겨레예도라보낼거시라셜이감히졷디아
니ᄒᆞ니아비강잉ᄒᆞ야ᄆᆞ올사ᄅᆞᆷ의게혼인호려ᄒᆞ거ᄂᆞᆯ셜이구
디거ᄉᆞ다이예가실이와셔ᄠᅡ린거우로ᄡᅥ드리티니드듸여다
ᄅᆞᆫ날로언약ᄒᆞ야녜ᄅᆞᆯ일우니라

---

1) 셜시 : 셜씨(薛氏). 사람 이름이다.
2) 나히 : 나ㅎ(나이, 年) + -이(주조)
3) 부방 : 부방(赴防). 조선 시대에 다른 지방의 군대가 서북 변경을 방어하기 위하여 파견 근무를 하던 일이다.
4) 당ᄒᆞ엿거ᄂᆞᆯ : 당ᄒᆞ(당하다, 當)- + -엿(←-앗- : 완료)- + -거ᄂᆞᆯ(-거늘 : 연어, 상황)
5) 가실이라 : 가실(嘉實 : 사람 이름) + -이(서조)- + -라(←-다 : 평종)
6) ᄒᆞ리 : ᄒᆞ(하다, 謂)- + -ㄹ(관전) # 이(이, 人 : 의명) + -Ø(주조)
7) 원ᄒᆞ야ᄃᆡ : 원ᄒᆞ(원하다, 願)- + -야ᄃᆡ(←-아되 : -되, 연어, 설명의 계속)
8) ᄃᆡ힝ᄒᆞ여지라 : ᄃᆡ힝ᄒᆞ(대행하다, 代行)- + -여(←-아 : 연어) # 지(싶다 : 보용, 희망)- + -라(←-다 : 평종)
9) 키 : 키(箕) ※ '키'는 곡식 따위를 까불러 쭉정이나 티끌을 골라내는 도구이다.
10) 비 : 빗자루(箒)
11) 긔약 : 기약(期約) ※ 이때의 '기약'은 문맥상 '혼인의 날을 정하는 약속'의 뜻으로 쓰였다.
12) 받들게 : 받들[받들다, 奉 : 받(받다, 受)- + 들(들다, 擧)-]- + -게(연어, 사동) ※ '키와 비를 받들다'는 '시집 보내다'라는 의미로 쓰인 말이다.
13) 허ᄒᆞ여시니 : 허ᄒᆞ(허하다, 허락하다, 許)- + -여시(←-아시- : 완료)- + -니(연어, 설명의 계속)
14) 읻고 : 읻(←잇다 : 있다, 有)- + -고(연어) ※ '주그미 읻고'는 '죽음이 있을지언정'으로 옮김.
15) 셩녜호미 : 셩녜ᄒᆞ(성례하다, 成禮)- + -옴(명전) + -이(주조)
16) 거우로ᄅᆞᆯ : 거우로(거울, 鏡) + -ᄅᆞᆯ(목조)
17) ᄣᅢ려 : ᄣᅢ리(부수뜨리다, 分)- + -어(연어)
18) 신 : 신(信). 신표(信標). 믿음의 증표이다.
19) ᄒᆞᆫ나ᄒᆞᆯ : ᄒᆞᆫ나ㅎ(←ᄒᆞ나ㅎ : 하나, 一, 수사) + -ᄋᆞᆯ(목조)
20) 머므루다 : 머므루[←머믈우다(머물게 하다) : 머믈(머물다, 留)- + -우(사접)-]- + -Ø(과시)- + -다(평종) ※ 'ᄒᆞᆫ나ᄒᆞᆯ 머므루다'는 문맥상 '하나를 보관하고 있었다'로 옮긴다.
21) 드듸여 : 드디어, 遂(부사)
22) 여ᄉᆞᆫ : 여ᄉᆞᆫ(←여ᄉᆞᆺ : 여슷, 六, 관형)
23) ᄒᆡᆼᄒᆞ야 : ᄒᆡᆼᄒᆞ(행하다, 代行)- + -야(←-아 : 연어)
24) 긔약ᄒᆞ여시니 : 긔약ᄒᆞ(기약하다, 期約)- + -여시(←-아시- : 완료)- + -니(연어, 설명의 계속)
25) 도라보낼 : 도라보내[돌려보내다, 歸 : 돌(돌다, 回)- + -아(연어) + 보내(보내다, 遣)-]- + -ㄹ(관전)
26) 졷디 : 졷(←좇다 : 좇다, 따르다, 從)- + -디(-지 : 연어, 부정)
27) 강잉ᄒᆞ야 : 강잉ᄒᆞ(무릅쓰다, 강제하다, 强)- + -야(←-아 : 연어)
28) 혼인호려 : 혼인ᄒᆞ(혼인하다, 婚姻)- + -오려(-려 : 연어) ※ 문맥상 '혼인하다'는 '혼인시키다'로 옮긴다.
29) 거ᄉᆞ다 : 거ᄉᆞ(←거ᄉᆞᆯ다 : 거스르다, 拒)- + -Ø(과시)- + -다(평종)
30) 거우로ᄡᅧ : 거우로(거울, 鏡) + -ᄡᅧ(←-로ᄡᅧ : -로써, 부조) ※ 'ᄡᅧ'는 한문 원문의 '以'를 직역한 것인데, '~을 가지고'로 의역한다.
31) 드리티니 : 드리티[들이치다, 들이닥치다, 投 : 들(들다, 入)- + -이(사접)- + -티(강접)-]- + -니(연어, 설명의 계속)
32) 일우니라 : 일우[이루다, 成 : 일(이루어지다)- + -우(사접)-]- + -Ø(과시)- + -니(객믿)- + -라(←-다 : 평종)

* 文氏墜崖(문씨추애) : 문씨(文氏)가 절벽에서 떨어지다. [烈女 1:11]

文氏光山縣人康好文之妻也辛禑戊辰倭寇突入所居里文被擄
寇縶頸逼令前行文知不免迺累幼兒襁褓置諸樹陰謂長兒曰汝
且在此將有收護者兒強從之行至石崖高可千尺文謂同被擄鄰
女曰汚賊求生不如潔身就死乃奮身而墜寇殺兒而去崖下有蘿
蔓得不死

문시ᄂᆞᆫ광산현사ᄅᆞᆷ이니강호문의안해라신우무진년의예도
적기사ᄂᆞᆫ바ᄆᆞ올ᄒᆡᄃᆞ라드니문시잡피믈니버도적기모글ᄆᆡ
여핍박ᄒᆞ여ᄒᆞ여곰압셔가게ᄒᆞ니문시면티몯ᄒᆞᆯ줄알고이예
어린아ᄒᆡᄅᆞᆯ기ᄉᆡᄡᅭ려나모그ᄅᆞᆯᄒᆡ두고큰아ᄒᆡᄃᆞ려닐러ᄀᆞᆯ오
뒤네ᄯᅩᄒᆞ여긔이시라쟝ᄎᆞᆺ간슈ᄒᆞ리이시리라아ᄒᆡ강잉ᄒᆞ여
좃다녜여셕박빙애우ᄒᆡ니ᄅᆞ니노ᄑᆡ가ᄒᆡ일쳔자히라문시ᄒᆞᆫ
가지로자피인ᄆᆞ올겨집ᄃᆞ려닐러ᄀᆞᆯ오뒤도적긔게더러이고
사라시모론모ᄆᆞᆯ조히ᄒᆞ야주그매나아감만곧디몯ᄒᆞ다ᄒᆞ고
이예모ᄆᆞᆯᄠᅧᆯ텨ᄂᆞ려디니도적기아ᄒᆡᄅᆞᆯ주기고가다졀벽아래
며래덩올이이셔죽디아니몰어ᄃᆞ니라

1) 문시 : 문씨(文氏). 사람 이름이다.
2) 광산현 : 광산현(光山縣). 땅 이름이다.
3) 강호문 : 강호문(康好文). 사람 이름이다.
4) 신우(辛禑) : 고려 제32대 왕인 우왕(禑王 : 재위 기간 1374~1388)을 이르는 말. 신돈(辛旽)의 시녀인 반야(般若)의 소생이다. 우왕이 이성계에 의해서 폐위된 왕이기 때문에 시호 없이 신우(辛禑)라고 부르는데, 이는 우왕이 신돈(辛旽)의 자식이라는 뜻으로 붙인 이름이다.
5) 예 : 왜, 倭.
6) ᄃᆞ라드니 : ᄃᆞ라드[←ᄃᆞ라들다 : 달려들다, 突入 : ᄃᆞᆯ(←ᄃᆞᆮ다 : 닫다, 走)- + -아(연어) + 드(←들다, 入)-]- + -니(연어, 설명의 계속)
7) 도적기 : 도적ㄱ(←도적 : 盜賊) + -이(주조) ※ '도적기'는 '도적'의 끝소리 'ㄱ'을 거듭적은 형태이다.
8) 압셔 : 압셔[앒서 : 압(←앒 : 前) + 셔(서다, 立)-]- + -Ø(←어 : 연어)
9) 면티 : 免ㅎ(←免ᄒᆞ다 : 면하다)- + -디(-지 : 연어, 부정)
10) 기ᄉᆡ : 깃(포대기, 襁褓) + -ᄋᆡ(-에 : 부조, 위치)
11) ᄡᅳ려 : ᄡᅳ리(싸다, 裹)- + -어(연어)
12) 그ᄅᆞᆯ히 : 그ᄅᆞᆯㅎ(←ᄀᆞᄂᆞᆯㅎ : 그늘, 陰) + -ᄋᆡ(-에 : 부조, 위치)
13) 여긔 : 역(←여기 : 此) + -의(-에 : 부조, 위치)
14) 이시라 : 이시(있다, 在)- + -라(명종)
15) 쟝ᄎᆞᆫ : 쟝ᄎᆞᆫ(←쟝ᄎᆞᆺ : 장차, 將, 부사)
16) 간슈ᄒᆞ리 : 간슈ᄒᆞ(간수하다, 看守, 보호하다, 護)- + -ㄹ(관전) # 이(이, 人 : 의명) + -Ø(주조)
17) 좃다 : 좃(←좇다 : 좇다, 따르다, 從)- + -Ø(과시)- + -다(평종)
18) 녜여 : 녜(←녀다 : 가다, 行)- + -여(←-어 : 연어)
19) 셕박 : 석벽(石壁)
20) 빙애 : 벼랑(崖)
21) 노픠 : [높이(명사) : 높(높다, 高)- + -의(-이 : 명접)] + -Ø(주조)
22) 자히라 : 자ㅎ(자, 尺 : 의명) + -이(서조)- + -라(←-다 : 평종)
23) ᄒᆞᆫ가지로 : ᄒᆞᆫ가지[한가지, 마찬가지, 同 : ᄒᆞᆫ(한, 一 : 관전) + 가지(가지, 類)] + -로(부조, 방편)
24) 자피인 : 자피이(←자피다 : 잡히다, 被擄 : 잡(잡다, 擄)- + -히(피접)-]- + -ㄴ(관전) ※ '자피인'은 '자핀'을 잘못 적은 것이다.
25) 도적긔게 : 도적ㄱ(←도적 : 盜賊) + -의게(-에게 : 부조, 상대)
26) 더러이고 : 더러이[더럽히다, 汚 : 더러(←더러우 : 더럽다, ㅂ불)- + -이(사접)-]- + -고(연어, 계기)
27) 사라시모론 : 살(살다, 生)- + -아시(완료)- + -ㅁ(명전) + -오론(←-ᄋᆞ론 : -보다, 부조, 비교)
28) 조히 : [깨끗이, 맑게(부사) : 좋(깨끗하다, 맑다, 潔)- + -이(부접)]
29) 만 : 만큼(의명)
30) ᄠᅥᆯ텨 : ᄠᅥᆯ티[떨치다 : ᄠᅥᆯ(떨다, 振)- + -티(강접)-]- + -어(연어)
31) ᄂᆞ려디니 : ᄂᆞ려디[내려지다, 떨어지다, 墜 : ᄂᆞ리(내리다)- + -어(연어) + 디(지다)-]- + -니(연어, 설명의 계속, 이유)
32) 가다 : 가(가다, 去)- + -Ø(과시)- + -다(평종)
33) 며래덩울 : 담쟁이덩굴(蘿蔓)
34) 아니ᄆᆞᆯ : 아니(←아니ᄒᆞ다 : 아니하다, 不)- + -ㅁ(명전) + -ᄋᆞᆯ(목조)

* 千玉節行(천옥절행) : 천옥(千玉)의 절개를 지키는 행실. [烈女 3:43]

私婢千玉博川郡人醫官劉克純之妾也壬辰倭亂夫死於平壤之戰千玉聞之絶而復甦遂往賊陣躬尋夫屍不得将欲赴水里人奔救得免因取其夫平生所剪爪所落髭髮盛諸囊中又斷其髮同封爲歛襲納棺身被衰麻負土成墳寢苫廢食祭祀盡誠四節製新衣就墓前焚之　昭敬大王朝旌門

ᄉᆞ비쳔옥은박쳔군사ᄅᆞᆷ이니의원뉴극슌의쳡이라임진왜난의남진이평양싸홈의가죽거ᄂᆞᆯ쳔옥이듣고긔졀ᄒᆞ엿다가다시ᄭᆡ야도적의딘의가몸소지아븨주검을ᄎᆞ지엇디몯ᄒᆞ야장ᄎᆞᆺ믈의ᄃᆞ라들고져ᄒᆞ거ᄂᆞᆯᄆᆞ올사ᄅᆞᆷ이ᄃᆞ라가구ᄒᆞ여시러곰면ᄒᆞ다인ᄒᆞ야그지아비평ᄉᆡᆼ버힌바손ᄐᆞᆸ과ᄲᅥ러딘바나ᄂᆞᆺ과머리털을가져다가주머니가온대담고ᄯᅩ그머리터럭을버혀ᄒᆞᆫᄃᆡ봉ᄒᆞ여념습ᄒᆞ야곽의녀코몸의거상오ᄉᆞᆯ닙고ᄒᆞᆰ을져무덤을일오고거적의좀자고밥을폐ᄒᆞ고제ᄉᆞᄒᆞ기를졍셩을다ᄒᆞ고ᄉᆞ졀의새오ᄉᆞᆯ지어분묘알ᄑᆡ가블디르더라　쇼경대왕됴애졍문ᄒᆞ시니라

1) ᄉᆞ비 : 사비(私婢). 사가에서 부리던 여자 노비이다.
2) 쳔옥 : 천옥(千玉). 사람 이름이다.
3) 박쳔군 : 박천군(博川郡). 땅 이름이다.
4) 뉴극슌 : 유극순(劉克純). 사람 이름이다.
5) 긔졀ᄒᆞ엿다가 : 긔졀ᄒᆞ(기절하다, 氣絶)-+-엿(←-앗- : 완료)-+-다가(연어, 전환)
6) ᄭᆡ야 : ᄭᆡ(깨다, 甦)-+-야(←-아 : 연어)
7) 딘 : 진(陣). 진영(陣營). 군대가 진을 치고 있는 곳이다.
8) 지아븨 : 지압(← 지아비 : 지아비, 夫)+-의(관조) ※ '지아비'는 어원적으로 볼 때, [집(집, 家)+-ㅅ(관조, 사잇)+아비(아버지, 父)]로 분석할 수 있다. '짒아비 > 짓아비 > 지아비'로 변했다.
9) 주검을 : 주검[주검, 시체, 屍(명사) : 죽(죽다, 死)-+-엄(명접)]+-을(목조)
10) 엇디 : 엇(← 얻다 : 얻다, 得)-+-디(-지 : 연어, 부정)
11) ᄃᆞ라들고져 : ᄃᆞ라들[달려들다, 赴 : ᄃᆞᆯ(← ᄃᆞᆮ다, ㄷ불 : 닫다, 走)-+-아(연어)+들(들다, 入)-]-+-고져(-고자 : 연어, 의도)
12) ᄒᆞ거를 : ᄒᆞ(하다, 爲)-+-거를(↚-거늘 : 연어, 상황)
13) ᄃᆞ라가 : ᄃᆞ라가[달려가다, 奔 : ᄃᆞᆯ(← ᄃᆞᆮ다, ㄷ불 : 닫다, 走)-+-아(연어)+가(가다, 行)-]-+-Ø(← 아 : 연어)
14) 시러곰 : [능히, 得(부사) : 실(← 싣다, ㄷ불 : 얻다, 得)-+-어(연어 ▷ 부접)+-곰(보조사)]
15) 면ᄒᆞ다 : 면ᄒᆞ(면하다, 免)-+-Ø(과시)-+-다(평종)
16) 버힌 : 버히[베다, 剪 : 벟(베어지다)-+-이(사접)-]-+-ㄴ(관전)
17) ᄠᅥ러딘 : ᄠᅥ러디[떨어지다, 落 : ᄠᅥᆯ다(떨다)-+-어(연어)+디(지다)-]-+-ㄴ(관전)
18) 나ᇫ과 : 나ᇫ(↚ 나롯, 날옺 : 나룻, 수염, 髭髮)+-과(접조)
19) 머리터럭 : [머리털, 頭髮 : 머리(머리, 頭)+터럭(털, 髮)]
20) 념습ᄒᆞ야 : 념습ᄒᆞ(염습하다, 殮襲)-+-야(←-아 : 연어) ※ '殮襲(염습)'은 시신을 씻긴 뒤 수의로 갈아입히고 염포로 묶는 일이다.
21) 곽의 : 곽(곽, 관, 槨)+-의(-에 : 부조, 위치)
22) ᄉᆞ졀의 : ᄉᆞ졀(사절, 사계절, 四節)+-의(-에 : 부조, 위치, 시간)
23) 블 : 불(火)
24) 디르더라 : 디르(지르다, 焚)-+-더(회상)-+-라(←-다 : 평종)
25) 쇼경대왕 : 소경대왕(昭敬大王). 조선 제14대 왕인 선조(宣祖) 임금의 시호(諡號)이다.

* 李氏至行(이씨지행) : 이씨(李氏)의 지극한 행실. [烈女 3:58]

李氏京都人兵使尹說之妻　贈領議政廣安府院君李友善之女
也事親至誠親喪一從禮制友兄弟撫諸姪睦親戚極盡其情夫歿
三年哭泣無異初喪服闋今至十年不變衰服素食屢經大病猶不
從權曰我無父母無子女只願速死從夫哀毁雖甚祭必親行家計
雖貧祭務豐潔待夫妾孽子一如其夫生時今　上朝旌門

니시ᄂᆞᆫ셔울사ᄅᆞᆷ이니병ᄉᆞ윤열의안해오　증녕의졍광안부
원군니우션의ᄯᆞᆯ이라어버이셤기믈지셩으로ᄒᆞ고친상의녜
법을ᄒᆞᆫᄀᆞᆯᄀᆞ티졷고형뎨ᄅᆞᆯᄉᆞ랑ᄒᆞ며족하ᄅᆞᆯ어엿세너기며친
쳑을화ᄒᆞ기ᄅᆞᆯ그졍을극진이ᄒᆞ더라지아비죽거ᄂᆞᆯ삼년곡읍
을초상과다ᄅᆞ미업다탈상코이제십년니르히거상옷과소밥
을변티아니ᄒᆞ며여러번큰병디내되오히려죵권을아녀ᄀᆞ로
ᄃᆡ내부모업고ᄌᆞ식업스니다ᄆᆞᆫ수이주거지아비ᄅᆞᆯ조ᄎᆞ몰원
ᄒᆞ노라ᄉᆞᆯ피셜워호미비록심호되제ᄅᆞᆯ반ᄃᆞ시친히ᄒᆞ고가계
비록가난호ᄃᆡ제ᄅᆞᆯ풍결ᄋᆞᆯ힘ᄡᅥᄒᆞ며지아비쳡과얼ᄌᆞᄃᆡ졉을
ᄒᆞᆫᄀᆞᆯᄀᆞ티지아비ᄉᆡᆼ시ᄀᆞ티ᄒᆞ더라금　샹됴애졍문ᄒᆞ시니라

1) 니시 : 이씨(李氏)
2) 병ᄉᆞ : 병사(兵使). 병마절도사(兵馬節度使). 조선 시대에 각 지방의 병마를 지휘하던 종이품의 무관 벼슬인데, 세조 12년(1466)에 병마도절제사를 고친 것이다.
3) 윤열 : 윤열(尹説). 사람 이름이다.
4) 안해오 : 안해(아내, 妻) + -오(← -고 : 연어, 나열)
5) 증녕의졍광안부원군 : 증 영의정 광안 부원군(贈領議政廣安府院君). 국가가 내리는 시호(謚號)의 하나이다.
6) 니우션 : 이우선(李友善). 사람 이름이다.
7) 지셩 : 지성(至誠). 지극한 정성이다.
8) 친상 : 친상(親喪). 아버지나 어머니의 상사(喪事)이다.
9) 녜법 : 예법(禮法)
10) ᄒᆞᆫᄀᆞᆯᄀᆞ티 : [한결같이, 一如(부사) : ᄒᆞᆫᄀᆞᆯ(한결) + ᄀᆞᆮ(← ᄀᆞᆮ다 : 같다, 如)- + -이(부접)]
11) 졷고 : 졷(← 좇다 : 좇다, 따르다, 從)- + -고(연어, 나열)
12) 족하 : 조카(姪)
13) 어엿ᄡᅵ : [어여쁘게, 예쁘게(부사) : 어엿ᄡᅳ(← 어엿브다 : 어여쁘다, 예쁘다, 美)- + -이(부접)]
14) 화ᄒᆞ기ᄅᆞᆯ : 화ᄒᆞ(화하다, 따뜻하고 부드럽게 하다, 和)- + -기(명전) + -ᄅᆞᆯ(목조)
15) 곡읍 : 곡읍(哭泣). 소리를 내어 슬피 우는 것이다.
16) 업다 : 업(← 없다 : 없다, 無)- + -다(평종) ※ 이 문장은 문맥상 과거 시제로 표현되어야 한다. 따라서 '없다'에는 회상의 선어말 어미 '-더-'를 실현하여 '업더라'로 표현해야 올바르다.(참고로 '없다'는 형용사이기 때문에 시제를 나타내는 특정한 어미를 실현하지 않으면 현재 시제로 해석된다.)
17) 탈상코 : 탈상ㅎ(← 탈상ᄒᆞ다 : 탈상하다, 어버이의 삼년상을 마침, 脫喪)- + -고(연어, 계기)
18) 니르히 : [이르도록(부사) : 니르(이르다, 至)- + -히(부접)]
19) 옫 : 옫(← 옷 : 옷, 衣)
20) 소밥 : 소밥(素食). 고기반찬이 없는 밥이다.
21) 종권 : 종권(從權). 그때그때의 형편에 따라 적당히 변통하는 것이다.
22) 아녀 : 아니(← 아니ᄒᆞ다 : 아니하다, 보용, 부정)- + -어(연어)
23) 조ᄎᆞᆷᄋᆞᆯ : 좇(좇다, 따르다, 從)- + -ᄋᆞᆷ(명전) + -ᄋᆞᆯ(목조)
24) 셜워호미 : 셜워ᄒᆞ[서러워하다, 哀 : 셜우(← 셟다, ㅂ불 : 섧다)- + -어(연어) + ᄒᆞ(하다, 爲)-]- + -옴(명전) + -이(주조)
25) 심호ᄃᆡ : 심ᄒᆞ(심하다, 甚)- + -오ᄃᆡ(-되 : 연어, 설명의 계속)
26) 친ᄒᆡᆼᄒᆞ고 : 친ᄒᆡᆼᄒᆞ(친행하다, 친히 행하다, 親行)- + -고(연어, 나열)
27) 풍결히 : [풍성하고 깨끗하게(부사) : 풍결(豊潔 : 풍성하고 깨끗함) + -ᄒᆞ(형접)- + -이(부접)]
28) 지아ᄇᆡ : 지압(← 지아비 : 지아비, 남편, 夫) + -ᄋᆡ(-의 : 관조) 지압(← 지아비 : 지아비, 夫) + -의(관조) ※ '지아비'는 어원적으로 볼 때, [집(집, 家) + -ㅅ(관조, 사잇) + 아비(아버지, 父)]로 분석할 수 있다. '짒아비 > 짓아비 > 지아비'로 변했다.
29) 얼ᄌᆞ : 얼자(孽子). 첩의 자식이다.
30) ᄃᆡ졉 : 대접(待接). 마땅한 예로써 대하는 것이다.
31) ᄉᆡᆼ시 : 생시(生時). 살아 있을 때이다.
32) ᄀᆞ티 : [같이, 如(부사) : ᄀᆞᆮ(같다 : 형사)- + -이(부접)]

13. 五倫行實圖

<오륜행실도, 五倫行實圖>는 조선 정조(正祖) 21년(1797)에 왕명으로 심상규(沈象奎), 이병모(李秉模) 등이 오륜(五倫)에 출중한 사람들의 행적을 설명한 책이다.(활자본 5권 4책) 세종 때(1434년)에 간행된 <삼강행실도, 三綱行實圖>와 중종 때(1518년)에 간행된 <이륜행실도, 二倫行實圖>의 내용을 합하고, 이들 책의 언해문을 정조 당시의 표기로 바꾸어서 간행한 책이다. 이 <오륜행실도>는 초간된 후 62년 만인 1859년(철종 10)에 목판본이 중간(重刊)되었다.

<오륜행실도>에는 우리나라와 중국의 역대 문헌에서 효자(孝子), 충신(忠臣), 열녀(烈女), 형제(兄弟), 붕우(朋友)에 관계된 인물 150명을 뽑아 각 인물의 행적에 대하여 그림과 한문의 설명과 시(詩), 찬(贊)을 붙여 놓았다. 먼저 삼강(三綱)과 관련된 내용으로 효자에 33인, 충신에 35인, 열녀에 35인의 행적을 실었다. 그 다음에 이륜(二倫)과 관련된 내용으로 형제가 24인에 종족(宗族)이 7인, 붕우가 11인에 사생(師生)이 5인으로 모두 150인의 행적이 실렸다. <삼강행실도>와 <이륜행실도>가 각상(欄上)에 언해문을 적었는데 반해서, <오륜행실도>는 언해문을 한문의 본문에 이어서 그대로 실었다.

이 책에 나타난 표기와 국어사적인 특징을 정리하면 다음과 같다.

첫째, 어두 합용 병서는 'ㅅ'계와 'ㅂ'계가 동시에 사용되고 있는데, 'ㅅ'계가 훨씬 많이 쓰였다. 반면에 각자 병서는 거의 쓰이지 않았다.

둘째, '구개음화 현상', 'ㄴ 두음 법칙 현상', '원순 모음화 현상'이 자주 일어난다.

셋째, 아주 드물지만 주격 조사 '-가'의 쓰임이 보인다.

넷째, 선어말 어미 '-엇-/-어시-, -앗-/-아시-, -엿-/-여시-' 등이 활발하게 쓰여서 완결이나 과거 시제의 의미를 나타내는 선어말 어미로 쓰였다.

다섯째, 객체 높임법의 문법 범주가 거의 소멸하여서 '-삽-, -잡-' 등은 상대 높임법이나 공손법의 기능으로 쓰이기도 하였다.

여섯째, 인칭법과 대상법의 문법 범주가 거의 소멸하였는데, 일부 단어에서 인칭법의 흔적이 보이기도 한다.

일곱째, 명사형 전성 어미의 형태가 '-옴/-움'에서 /오/와 /우/가 탈락하여 '-음/-ㅁ'의 형태로 바뀌어서 쓰였다.

* 薛包洒掃 漢 (설포새소 한) : 설포(薛包)가 물을 뿌리고 비로 쓸다. 한나라 때의 일. [卷 1 孝子 60]

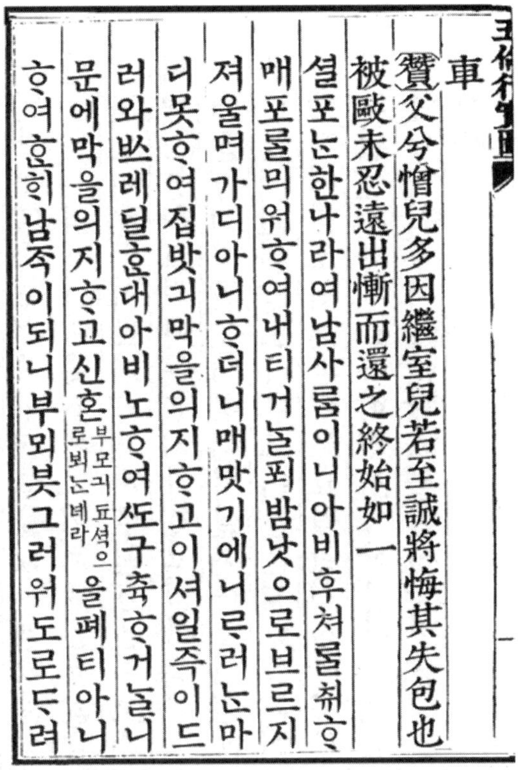

車

贊父兮憎兒多因繼室兒若至誠將悔其失包也被毆未忍遠出慚而還之終始如一

셜포ᄂᆞᆫ한나라여남사ᄅᆞᆷ이니아비후쳐ᄅᆞᆯ취ᄒᆞ매포ᄅᆞᆯ믜워ᄒᆞ여내티거ᄂᆞᆯ푀밤낫으로브르지져울며가디아니ᄒᆞ더니매맛기에니ᄅᆞ러ᄂᆞᆫ마디못ᄒᆞ여집밧긔막을의지ᄒᆞ고이셔일즉이드러와ᄡᅳ레딜ᄒᆞᆫ대아비노ᄒᆞ여ᄯᅩ구츅ᄒᆞ거ᄂᆞᆯ니문에막을의지ᄒᆞ고신혼(부모긔됴셕으로뵈ᄂᆞᆫ녜라)을폐티아니ᄒᆞ여ᄒᆞᆫ히남즉이되니부뫼븟그러워도로ᄃᆞ려

1) 셜포 : 설포(薛包). 사람 이름이다.
2) 여남 : 여남(汝南). 땅 이름이다.
3) 후쳐 : 후처(後妻). 다시 혼인하여 맞은 아내를 이르는 말이다.
4) 취ᄒᆞ매 : 취ᄒᆞ(취하다, 取)- + -매(연어, 이유)
5) 브르지져 : 브르짖[부르짖다, 呼 : 브르(부르다)- + 짖(짖다)-]- + -어(연어)
6) 매맛기에 : 매맞[매맞다, 毆 : 매(매) + 맞(← 맞다 : 맞다)-]- + -기(명전) + -에(부조, 위치)
7) 니ᄅᆞ러ᄂᆞᆫ : 니ᄅᆞᆯ(이르다, 至)- + -어(연어) + -ᄂᆞᆫ(보조사, 주제)
8) 막 : 오두막집, 廬(명사)
9) ᄡᅳ레딜 : [ᄡᅳ레질 : ᄡᅳᆯ(쓸다, 掃)- + -에(명접) + -딜(-질 : 접미)]
10) 구츅ᄒᆞ거ᄂᆞᆯ : 구츅ᄒᆞ(구축하다, 쫓아내다, 驅逐)- + -거ᄂᆞᆯ(연어, 상황)
11) 니문 : 이문(里門). 동네 어귀에 세운 문이다.
12) 신혼 : 신혼(晨昏). 부모께 아침저녁으로 문안을 드리는 예절이다.
13) 녜라 : 녜(예, 예절, 禮) + -Ø(서조)- + -라(← -다 : 평종)
14) 폐티 : 폐ᄒᆞ(← 폐ᄒᆞ다 : 폐하다, 없애다, 閉)- + -디(-지 : 연어, 부정)
15) 남즉이 : 남즉이[← 남ᄌᆞ기(남짓이 : 부사) : 남즉(남짓 : 불어) + -Ø(← -ᄒᆞ- : 형접)- + -이(부접)]
16) 븟그러워 : 븟그러우[부끄럽다, ㅂ불, 慚 : 븟그리(부끄러워하다)- + -업(형접)-]- + -어(연어)
17) ᄃᆞ려오니라 : ᄃᆞ려오[데려오다, 還 : ᄃᆞ리(데리다, 伴)- + -어(연어) + 오(오다, 來)-]- + -Ø(과시)- + -니(객믿)- + -라(← -다 : 평종)

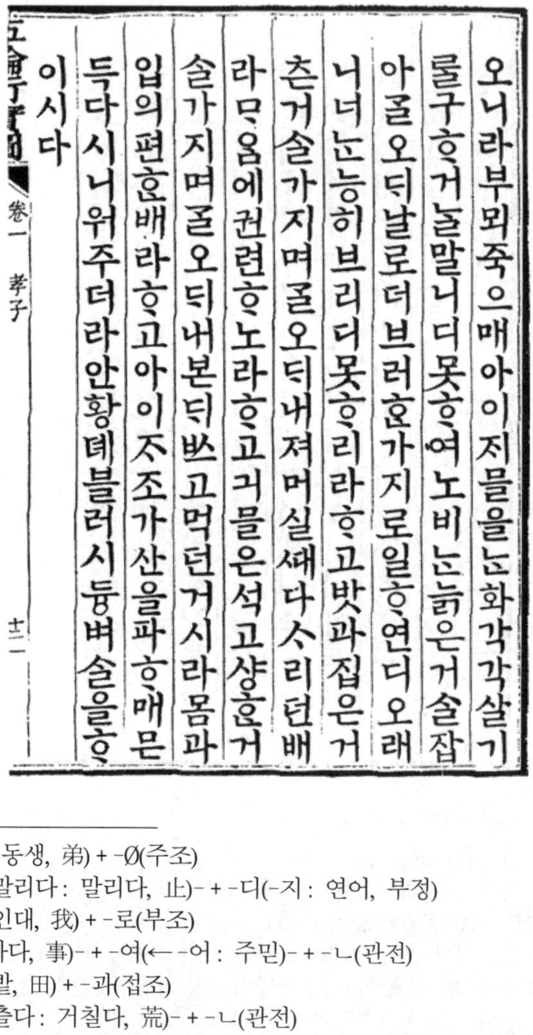

오니라부뫼죽으매아이지믈을논화각각살기
ᄅᆞᆯ구ᄒᆞ거ᄂᆞᆯ말니디못ᄒᆞ여노비ᄂᆞᆫ늙은거ᄉᆞᆯ잡
아ᄋᆞᆯ오ᄃᆡ날로더브러ᄒᆞᆫ가지로일ᄒᆞ연디오래
니너ᄂᆞᆫ능히브리디못ᄒᆞ리라ᄒᆞ고밧과집은거
츤거ᄉᆞᆯ가지며ᄀᆞᆯ오ᄃᆡ내져머실쌔다ᄉᆞ리던배
라ᄆᆞᅀᆞᆷ에권련ᄒᆞ노라ᄒᆞ고긔믈은석고샹ᄒᆞᆫ거
ᄉᆞᆯ가지며ᄀᆞᆯ오ᄃᆡ내본ᄃᆡᄡᅳ고먹던거시라몸과
입의편ᄒᆞᆫ배라ᄒᆞ고아이ᄌᆞ조가산을파ᄒᆞ매믄
득다시니워주더라안황뎨블러시듕벼ᄉᆞᆯ을ᄒᆞ
이시다

卷一 孝子 十二

---

18) 아이 : 아이(아우, 동생, 弟) + -Ø(주조)
19) 말니디 : 말니(← 말리다 : 말리다, 止)- + -디(-지 : 연어, 부정)
20) 날로 : 날(← 나 : 인대, 我) + -로(부조)
21) 일ᄒᆞ연 : 일ᄒᆞ(일하다, 事)- + -여(← -어 : 주민)- + -ㄴ(관전)
22) 밧과 : 밧(← 밭 : 밭, 田) + -과(접조)
23) 거츤 : 거츠(← 그츨다 : 거칠다, 荒)- + -ㄴ(관전)
24) 져머실 : 졈(젊다, 少)- + -어시(완료)- + -ㄹ(관전) ※ '져머실'은 '젊었을'로 옮긴다.
25) 다ᄉᆞ리던 : 다ᄉᆞ리[다스리다, 治 : 다ᄉᆞᆯ(다스려지다)- + -이(사접)-]- + -더(회상)- + -ㄴ(관전)
26) 궐련ᄒᆞ노라 : 궐련ᄒᆞ(← 권련ᄒᆞ다 : 권련하다, 眷戀)- + -노라(현시, 1인칭, 평종) ※ '권련(眷戀)'은 간절히 생각하며 그리워하는 것이다.
27) 긔믈 : 기물(器物). 살림살이에 쓰는 그릇이다.
28) 석고 : 석(썩다, 腐)- + -고(연어, 나열, 계기)
29) 파ᄒᆞ매 : 파ᄒᆞ(파하다, 없애다, 破)- + -매(-므로 : 연어, 이유)
30) 니워 : 니우(← 닛다, ㅅ불 : 잇다, 繼, 賑)- + -어(연어)
31) 안황뎨 : 안 황제(安皇帝).
32) 시듕 : 시중(侍中). 벼슬의 이름이다.
33) ᄒᆞ이시다 : ᄒᆞ이[하게 하다, 使 : ᄒᆞ(하다, 爲)- + -이(사접)-]- + -시(주높)- + -Ø(과시)- + -다(평종)

* **崔氏奮罵 高麗** (최씨분매 고려) : 최씨가 분하여 꾸짖다. 고려 때의 일. [卷 3 烈女 64]

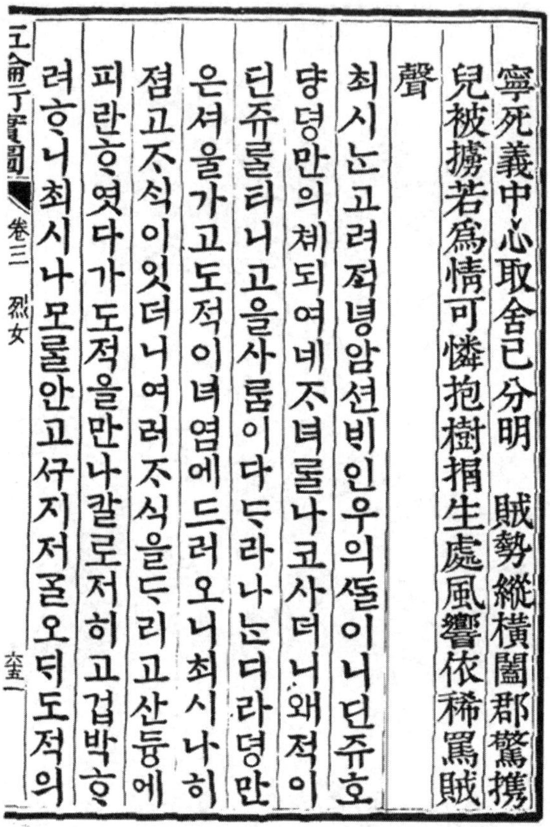

寧死義中心取舍已分明 賊勢縱橫闔郡驚擕
兒被擄若爲情可憐抱樹捐生處風響依稀罵賊
聲
최시ᄂᆞᆫ고려적녕암션비인우의ᄯᆞᆯ이니딘쥬호
댱뎡만의쳬되여네ᄌᆞ녀ᄅᆞᆯ나코사더니왜적이
딘쥬ᄅᆞᆯ티니고을사ᄅᆞᆷ이다ᄃᆞ라나ᄂᆞᆫ디라뎡만
은셔울가고도적이녀염에드러오니최시나히
졈고ᄌᆞ식이잇더니여러ᄌᆞ식을ᄃᆞ리고산듕에
피란ᄒᆞ엿다가도적을만나칼로저히고겁박ᄒᆞ
려ᄒᆞ니최시나모ᄅᆞᆯ안고ᄭᅮ지저ᄀᆞᆯ오ᄃᆡ도적의

三綱行實圖 卷三 烈女

---

1) 녕암: 영암(靈巖). 땅 이름이다.
2) 인우: 인우(仁祐). 사람 이름이다.
3) 딘쥬: 진주(晉州). 땅 이름이다.
4) 호댱: 호장(戶長). 각 고을 아전(衙前)의 우두머리이다.
5) 뎡만: 정만(鄭滿). 사람 이름이다.
6) 쳬 되여: 쳐(처, 妻) + -ㅣ(보조) # 되(되다, 爲)- + -여(← -어: 연어)
7) 나코: 낳(낳다, 生)- + -고(연어, 나열, 계기)
8) 다 ᄃᆞ라나ᄂᆞᆫ디라: 다(다, 悉: 부사) # ᄃᆞ라나[달아나다, 奔: ᄃᆞᆮ(← ᄃᆞᆮ다, ㄷ불: 닫다, 走)- + -아(연어) + 나(나다, 出)-]- + -ᄂᆞ(현시)- + -ㄴ디라(-ㄴ 것이다: 평종)
9) 녀염: 여염(閭閻). 백성의 살림집이 많이 모여 있는 곳이다.
10) ᄌᆞ식: ᄌᆞ싁(姿色). 여자의 고운 얼굴이나 모습이다.
11) 피란ᄒᆞ엿다가: 피란ᄒᆞ(피란하다, 避亂)- + -엿(← -앗-: 완료)- + -다가(연어, 전환)
12) 저히고: 저히[두렵게 하다, 위협하다: 젛(두려워하다, 懼)- + -이(사접)-]- + -고(연어, 계기)
13) 겁박ᄒᆞ려: 겁박ᄒᆞ(겁박하다, 으르고 협박하다, 刼迫)- + -려(연어, 의도)
14) ᄭᅮ지저: ᄭᅮ짖(꾸짖다, 叱)- + -어(연어)

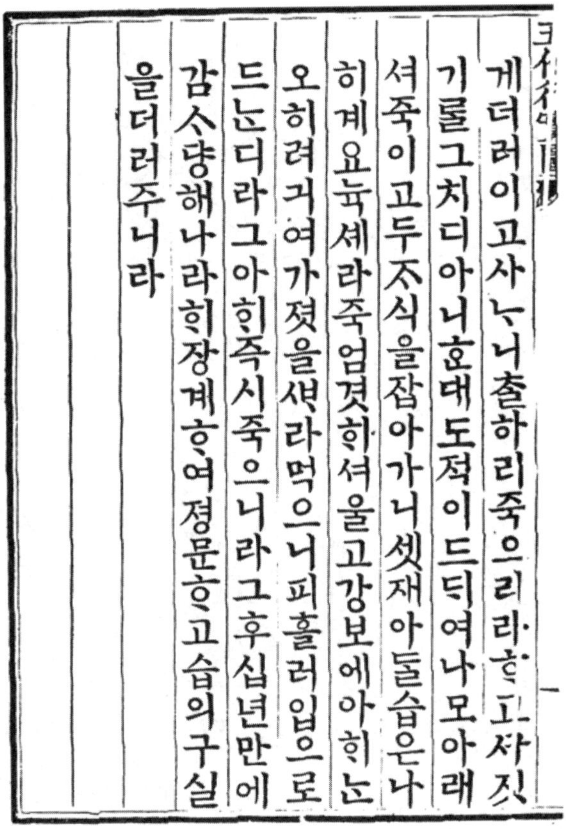

게더러이고사ᄂᆞ니츌하리죽으리라ᄒᆞ고ᄭᅮ짓
기ᄅᆞᆯ그치디아니ᄒᆞᆫ대도적이드듸여나모아래
셔죽이고두ᄌᆞ식을잡아가니셋재아ᄃᆞᆯ습은나
히계요눅셰라죽엄겻희셔울고강보에아히ᄂᆞᆫ
오히려긔여가졋을ᄲᅥ라먹으니피흘러입으로
드ᄂᆞᆫ디라그아히즉시죽으니라그후십년만에
감ᄉᆞ댱해나라히장계ᄒᆞ여졍문ᄒᆞ고습의구실
을더러주니라

15) 더러이고: 더러이[더럽히다: 더럽(더럽다, ㅂ불, 汚)- + -이(사접)-]- + -고(연어, 계기)
16) 눅 셰라: 눅(육, 六: 관형) # 셰(세, 歲) + -Ø(서조)- + -라(← -다: 평종)
17) 죽엄: [주검, 시체, 屍(명사): 죽(죽다, 死)- + -엄(명접)]
18) 겻희셔: 겻ㅎ(← 곁: 곁, 側) + -의셔(-에서: 부조, 위치)
19) 긔여가: 긔여가[기어가다, 匍匐: 긔(기다)- + -여(← -어: 연어) + 가(가다)-]- + -Ø(← 아: 연어)
20) ᄲᅥ라: ᄲᅥᆯ(빨다, 吸)- + -아(연어)
21) 드ᄂᆞᆫ디라: 드(← 들다: 들다, 入)- + -ᄂᆞ(현시)- + -ㄴ디라(-ㄴ지라: 연어, 원인, 이유)
22) 죽으니라: 죽(죽다, 死)- + -Ø(과시)- + -으니(객민)- + -라(← -다: 평종)
23) 감ᄉᆞ: 감사(監司). 관찰사. 고려 시대에, 주(州)와 부(府)에 둔 벼슬이다.
24) 댱해: 댱하(장하, 張夏: 사람 이름) + -ㅣ(주조)
25) 장계ᄒᆞ여: 장계ᄒᆞ(장계하다, 狀啓)- + -여(← -아: 연어) ※ '장계(狀啓)'는 왕명을 받고 지방에 나가 있는 신하가 자기 관하(管下)의 중요한 일을 왕에게 보고하던 일이나 그런 문서이다.
26) 졍문: 정문(旌門). 충신, 효자, 열녀 들을 표창하기 위하여 그 집 앞에 세우던 붉은 문이다.
27) 구실: 예전에 온갖 세납(稅納)을 통틀어 이르던 말, 곧 '사역(使役)'을 이르는 말이다.
28) 더러: 덜(덜다, 감하다, 減, 蠲)- + -어(연어)
29) 주니라: 주(주다: 보용, 봉사)- + -Ø(과시)- + -니(객민)- + -라(← -다: 평종)

* 女宗知禮 宋(여종지례 송): 여종이 예를 알다. 송나라 때의 일. [卷 3 烈女 2]

詩君子當年娶外妻恩情雖隔豈含悽養姑不懈誠彌切千古芳名孰與齊 閨門嫉妬是常情賂遺還能出至誠稱號女宗非溢美開陳婦禮甚分明

녀종은송나라포소의안해라지아비위나라에가삼년을벼슬ᄒᆞ여다른쳐를취ᄒᆞ니녀종이싀어미봉양ᄒᆞ믈더옥공경ᄒᆞ고그지아비게문안ᄒᆞᆯ제다른안해의게지믈을후히보내니동셰닐오ᄃᆡ지아비이믜다ᄅᆞ니ᄅᆞᆯᄉᆞ랑ᄒᆞ거ᄂᆞᆯ그ᄃᆡ엇디머므러잇ᄂᆞ뇨녀종이ᄀᆞᆯ오ᄃᆡ겨집이ᄒᆞᆫ번혼

---

1) 녀종 : 여종(女宗). 사람 이름이다.
2) 포소 : 포소(鮑蘇). 사람 이름이다.
3) 안ᄒᆡ라 : 안ᄒᆡ(← 안해 : 아내, 妻) + -Ø(서조)- + -라(← -다 : 평종)
4) 쳐 : 처, 아내, 妻(명사)
5) 취ᄒᆞ니 : 취ᄒᆞ(취하다, 取)- + -니(연어, 설명의 계속)
6) 싀어미 : [시어머니, 姑 : 싀(시- : 媤, 접두)- + 어미(어머니, 母)]
7) 봉양ᄒᆞ믈 : 봉양ᄒᆞ(봉양하다, 奉養)- + -ㅁ(명전) + -을(목조)
8) 지아비게 : 지아비(지아비, 夫) + -게(-에게 : 부조, 상대)
9) 동셰 : 동셔(동서, 同壻) + -ㅣ(주조) ※ '동셔(同壻)'는 시아주버니나 시동생의 아내이다.
10) 이믜 : 이미, 旣(부사)
11) 다ᄅᆞ니ᄅᆞᆯ : 다ᄅᆞᆫ[다른, 他(관형) : 다ᄅᆞ(다르다, 異)- + -ㄴ(관전 ▷ 관접)] # 이(이, 人) + -ᄅᆞᆯ(목조)
12) 그ᄃᆡ : 그ᄃᆡ[그대(인대, 예사 높임) : 그(그 : 지대) + -ᄃᆡ(접미, 예사 높임)] + -Ø(주조)
13) 머므러 잇ᄂᆞ뇨 : 머믈(머무르다, 留)- + -어(연어) # 잇(← 이시다 : 있다, 보용, 완료 지속)- + -ᄂᆞ(현시)- + -뇨(-냐 : 의종, 설명)
14) 혼인ᄒᆞ매 : 혼인ᄒᆞ(혼인하다, 婚姻)- + -ㅁ(명전) + -애(-에 : 부조, 이유, 근거)

인ᄒᆞ매지아비죽어도졀을곳치디아니ᄒᆞ고질
삼ᄒᆞ며음식을ᄀᆞ초와싀부모를셤기ᄂᆞ니엇디
지아븨ᄉᆞ랑이젼일티못ᄒᆞ므로ᄆᆞᄋᆞᆷ을곳치리
오칠거(안히내칠죄닐곱이라) 지악에새옴이읏듬이라날로
ᄒᆞ여곰읏듬죄를범ᄒᆞ라ᄒᆞᄂᆞᆫ다ᄒᆞ고싀어미셤
기기를더옥삼가ᄒᆞ니송나라님군이듯고그집
을졍문ᄒᆞ고일홈ᄒᆞ여골오ᄃᆡ녀종이라ᄒᆞ니라

古今女範 卷三 烈女 四一

---

15) 졀: 절(節), 절개.
16) 곳치디: 곳치(←고치다: 고치다, 改)-+-디(-지: 연어, 부정)
17) 질삼ᄒᆞ며: 질삼ᄒᆞ(길쌈하다)-+-며(연어, 나열)
18) ᄀᆞ초와: ᄀᆞ초[갖추다, 具: ᄀᆞᆽ(갖추고 있다: 형사)-+-호(사접)-]-+-아(연어)
19) 지아븨: 지압(←지아비, 夫)+-의(관조)
20) 젼일티: 젼일ㅎ(←젼일ᄒᆞ다: 전일하다, 全一)-+-디(-지: 연어, 부정) ※ '전일(全一)'은 마음과 힘을 모아 오직 한 곳에만 쓰는 것이다.
21) 곳치리오: 곳치(←고치다: 고치다, 改)-+-리(미시)-+-오(←-고: 의종, 설명)
22) 칠거: 칠거(七去). ※ '칠거지악(七去之惡)'은 아내를 내쫓는 이유가 되었던 일곱 가지 허물.
23) 새옴이: 새옴[샘: 새오(시샘하다, 질투하다, 妬)-+-ㅁ(명접)]+-이(주조)
24) 읏듬이라: 읏듬(으뜸, 首)+-이(서조)-+-라(←-다: 평종)
25) 날로: 날(←나: 나, 我)+-로(부조, 방편)
26) 범ᄒᆞ라: 범ᄒᆞ(범하다, 犯)-+-라(명종)
27) ᄒᆞᄂᆞᆫ다: ᄒᆞ(하다, 謂)-+-ᄂᆞ(현시)-+-ㄴ다(-ㄴ가: 의종, 2인칭)
28) 듯고: 듯(←듣다: 듣다, 聞)-+-고(연어, 계기)
29) 녀종이라: 녀종(여종, 女宗: 여자의 우두머리)+-이(서조)-+-라(←-다: 평종)

* **許武自穢 漢**(허무자예 한) : 허무가 스스로 명예를 더럽히다. 한나라 때의 일. [卷 6 兄弟 6]

貪還釋弟榮時尋常友愛還誇俗隱德無嫌世所
譏
허무ᄂᆞᆫ한나라양연사ᄅᆞᆷ이니회계태슈뎨오륜
이쳔거ᄒᆞ여벼ᄉᆞᆯᄒᆞ이니뮈그두아이현달티못
ᄒᆞ므로일홈을내려ᄒᆞ여이에아ᄋᆞᄃᆞ려닐오ᄃᆡ
분지ᄒᆞ여각각살기ᄂᆞᆫ응당ᄒᆞᆫ도리라ᄒᆞ고가산
을삼분에ᄂᆞᆫ화무ᄂᆞᆫ됴흔밧과너른집과건장ᄒᆞᆫ
죵을ᄀᆞᆯᄒᆡ여가지고두아ᄋᆞᄂᆞᆫ못ᄡᅳᆯ거ᄉᆞᆯ주니향
듕사ᄅᆞᆷ이다무의탐ᄒᆞ믈더러이너기고두아의
능히ᄉᆞ양ᄒᆞ믈일ᄏᆞ르니일로말ᄆᆡ암아두아ᄋᆡ
卷四 兄弟 七一

1) 허무, 양연, 회계, 태슈, 뎨오륜: 허무(許武: 사람 이름), 양연(陽羨: 고을 이름), 회계(會稽: 고을 이름), 태수(太守: 고대 중국에서 군(郡)의 으뜸 벼슬), 제오륜(第五倫: 사람 이름).
2) 쳔거: 천거(薦擧). 어떤 일을 맡아 할 수 있는 사람을 쓰도록 소개하거나 추천하는 것이다.
3) 벼ᄉᆞᆯᄒᆞ이니: 벼ᄉᆞᆯᄒᆞ이[벼슬을 시키다: 벼ᄉᆞᆯᄒᆞ(벼슬하다)- + -이(사접)-]- + -니(연어, 설명 계속)
4) 뮈: 무(許武, 사람 이름) + -ㅣ(주조)
5) 아이: 아이(←아ᄋᆞ: 아우, 弟) + -Ø(주조)
6) 현달티: 현달ᄒᆞ(←현달ᄒᆞ다: 현달하다, 顯達)- + -디(-지: 연어, 부정) ※ '현달(顯達)'은 벼슬, 명성, 덕망이 높아서 이름이 세상에 드러나는 것이다.
7) 아ᄋᆞᄃᆞ려: 아ᄋᆞ(아우, 弟) + -ᄃᆞ려(-에게: 부조, 상대)
8) 분지: 분재(分財), 재산을 나누는 것이다.
9) 삼분에: 삼분(삼분, 셋으로 나눔. 三分) + -에(부조, 위치, 방편)
10) 밧: 밧(←밭: 밭, 田)
11) ᄀᆞᆯᄒᆡ여: ᄀᆞᆯᄒᆡ(가리다, 選)- + -여(←-어: 연어)
12) ᄡᅳᆯ: ᄡᅳ(쓰다, 用)- + -ㄹ(관전)
13) 향듕: 향중(鄕中). 향소(鄕所)의 일을 맡아보던 사람들의 동아리이다.
14) 더러이: [더럽게, 鄙(부사): 더러(←더럽다, ㅂ불: 더럽다)- + -이(부접)]
15) 아의: 아(←아ᄋᆞ: 아우, 弟) + -의(관조)
16) ᄉᆞ양ᄒᆞ믈: ᄉᆞ양ᄒᆞ(사양하다, 辭讓)- + -ㅁ(명전) + -을(목조)
17) 일ᄏᆞ르니: 일ᄏᆞᆯ(←일ᄏᆞᆮ다, ㄷ불: 칭찬하다, 稱)- + -으니(연어, 설명의 계속)

五倫行實圖

다벼ᄉᆞᆯ을어드니뮈종족을모호고울며ᄀᆞᆯ오ᄃᆡ
내형이되여블쵸ᄒᆞᆫ디라일홈과벼ᄉᆞᆯ을외람히
어더시되두아ᄋᆞᆫ자라매홀로영화ᄅᆞᆯ보디못
ᄒᆞ니내그러므로분지ᄒᆞ믈구ᄒᆞ여스ᄉᆞ로ᄭᆞ디
ᄅᆞᆷ을취ᄒᆞ엿더니이제ᄂᆞᆫ내가산이느러젼의셔
삼ᄇᆡ나더ᄒᆞ엿노라ᄒᆞ고다그아ᄋᆞᆯᄂᆞᆫ화주고ᄒᆞ
나토가지디아니ᄒᆞ니일읍사ᄅᆞᆷ이비로소그어
딜믈일ᄏᆞᆺ더라

18) 종족 : 종족(宗族). 친척이다.
19) 모호고 : 모호(←뫼호다 : 모으다, 集)- + -고(연어, 계기)
20) 블쵸ᄒᆞᆫ : 블쵸ᄒᆞ(불초하다, 못나다, 不肖)- + -ㄴ(관전)
21) 외람히 : [외람되게(부사) : 외람(외람, 猥濫 : 명사) + -ᄒᆞ(형접)- + -이(부접)]
22) 어더시되 : 얻(얻다, 得)- + -어시(완료)- + -되(연어, 설명의 계속)
23) 자라매 : 자라(자라다, 長)- + -ㅁ(명전) + -애(-에 : 부조, 위치)
24) 영화 : 영화(榮華). 몸이 귀하게 되어 이름이 세상에 빛나는 것이다.
25) ᄭᆞ디룸을 : ᄭᆞ디룸[꾸지람, 叱 : ᄭᆞ딜(←ᄭᆞ딛다, ㄷ불 : 꾸짖다)- + -움(명접)] + -을(목조)
26) 취ᄒᆞ엿더니 : 취ᄒᆞ(취하다, 取)- + -엿(←-앗- : 완료)- + -더(회상)- + -니(연어, 설명의 계속)
27) 젼의셔 : 젼(전, 앞, 前) + -의셔(-에서, -보다 : 부조, 위치, 비교)
28) ᄇᆡ나 : ᄇᆡ(배, 倍) + -나(보조사, 강조)
29) 더ᄒᆞ엿노라 : 더ᄒᆞ(더하다, 加)- + -엿(←-앗- : 완료)- + -노라(1인칭, 평종)
30) 아ᄋᆞᆯ : 아ᄋᆞ(아우, 弟) + -ㄹ(목조)
31) ᄒᆞ나토 : ᄒᆞ나ㅎ(하나, 一 : 수사) + -도(보조사, 강조)
32) 일읍 : 일읍(一邑). 한 고을이다.
33) 어딜믈 : 어딜(어질다, 仁)- + -ㅁ(명전) + -을(목조)
34) 일ᄏᆞᆺ더라 : 일ᄏᆞᆺ(←일ᄏᆞᆮ다, ㄷ불 : 칭찬하다, 讚)- + -더(회상)- + -라(←-다 : 평종)

* 棘薩爭死 南北朝 宋(극살쟁사 남북조 송) : 극살(棘薩)이 죽음을 다투다. 남북조의 송나라 때 의 일. [卷 4 兄弟 24]

思天顯克恭哉當前斧鉞爭趨赴豈料金鷄放赦

回

손극은송나라핑셩사ᄅᆞᆷ이니어미ᄅᆞᆯ지효로셤
기더니어미님죵에어린아ᄃᆞᆯ로극의게부탁ᄒᆞ
엿더니나라히군졍을죠발ᄒᆞᆯ시그아이군졍에
색이여가다가긔약을밋디못ᄒᆞ니죽을죄라극
이관가에나아가고호ᄃᆡ내가댱이되여아ᄋᆞ로
ᄒᆞ여곰밋처가디못ᄒᆞ게ᄒᆞ니ᄇᆡᆨ번죽어맛당ᄒᆞᆫ
디라청컨대극의몸으로아ᄋᆞᄅᆞᆯᄃᆡ신ᄒᆞ여디라
ᄒᆞ니아이ᄯᅩ스ᄉᆞ로죄ᄅᆞᆯ당ᄒᆞ거ᄂᆞᆯ태쉬그셩실

五倫行實圖 卷四 兄弟 二五

1) 손극, 핑셩 : 손극(孫棘 : 사람 이름), 팽성(彭城 : 고을 이름)
2) 지효 : 지효(至孝). 지극한 효성이다.
3) 님죵 : 임종(臨終). 죽음을 맞이하는 것이다.
4) 극의게 : 극(손극, 棘 : 사람 이름) + -의게(-에게 : 부조, 상대)
5) 부탁ᄒᆞ엿더니 : 부탁ᄒᆞ(부탁하다, 付託)- + -엿(완료)- + -더(회상)- + -니(연어, 설명의 계속)
6) 군졍 : 군정(軍丁). 군적(軍籍)에 있는 지방의 장정이다.
7) 죠발ᄒᆞᆯ시 : 죠발ᄒᆞ(조발하다, 調發)- + -ㄹ시(-므로 : 연어) ※ '조발(調發)'은 군사로 쓸 사람을 강제로 뽑아 모으는 것이다.
8) 색이여 : 색이[뽑히다 : 색(빼다, 拔)- + -이(피접)-]- + -여(← -어 : 연어)
9) 밋디 : 밋(← 및다 : 미치다, 이르다, 及)- + -디(-지 : 연어, 부정)
10) 죄라 : 죄(죄, 罪) + -Ø(서조)- + -라(← -다 : 평종)
11) 고호ᄃᆡ : 고ᄒᆞ(고하다, 告)- + -오ᄃᆡ(-되 : 연어, 설명의 계속)
12) 가댱 : 가장(家長)
13) 밋처 : 밋ᄎᆞ(← 및다 : 미치다, 及)- + -어(연어)
14) 맛당ᄒᆞᆫ디라 : 맛당ᄒᆞ(마땅하다)- + -ㄴ디라(-ㄴ 것이다 : 평종)
15) 디라 : 디(← 지다 : 싶다, 보형, 희망)- + -라(← -다 : 평종)

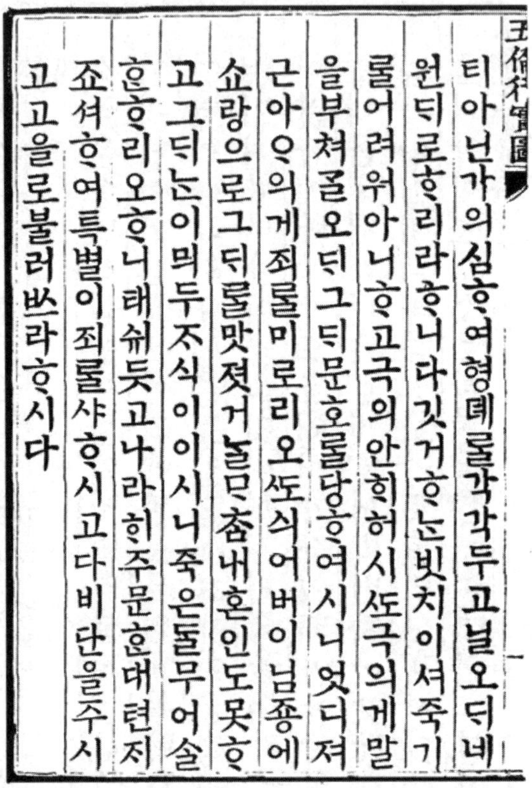
五倫行實圖
티아닌가의심ᄒᆞ여형뎨ᄅᆞᆯ각각두고닐오ᄃᆡ네
원ᄃᆡ로ᄒᆞ리라ᄒᆞ니다깃거ᄒᆞᄂᆞᆫ빗치이셔죽기
ᄅᆞᆯ어려워아니ᄒᆞ고극의안히허시ᄯᅩ극의게말
을부쳐ᄀᆞᆯ오ᄃᆡ그ᄃᆡ문호ᄅᆞᆯ당ᄒᆞ여시니엇디져
근아ᄋᆞ의게죄ᄅᆞᆯ미로리오ᄯᅩ식어버이님죵에
쇼랑으로그ᄃᆡᄅᆞᆯ맛져거ᄂᆞᆯᄆᆞᄎᆞᆷ내혼인도못ᄒᆞ
고그ᄃᆡᄂᆞᆫ이믜두ᄌᆞ식이이시니죽은ᄃᆞᆯ무어ᄉᆞᆯ
ᄒᆞᆫᄒᆞ리오ᄒᆞ니태쉬듯고나라히주문ᄒᆞᆫ대텬지
죠셔ᄒᆞ여특별이죄ᄅᆞᆯ샤ᄒᆞ시고다비단을주시
고고을로불러ᄡᅳ라ᄒᆞ시다

16) 아닌가 : 아니(← 아니ᄒᆞ다 : 아니하다, 보용, 부정)- + -ㄴ가(-ㄴ가 : 의종, 판정)
17) 원ᄃᆡ로 : 원(願, 소원) + -ᄃᆡ로(-대로 : 보조사, 동일)
18) 깃거ᄒᆞᄂᆞᆫ : 깃거ᄒᆞ[기뻐하다, 悅 : 귔(기뻐하다)- + -어(연어) + ᄒᆞ(하다)-]- + -ᄂᆞ(현시)- + -ㄴ(관전)
19) 빗치 : 빗ㅊ(← 빛 : 빛, 光) + -이(주조)
20) 부쳐 : 부치(부치다, 붙이다, 寄)- + -어(연어)
21) 문호 : 문호(門戶). 집으로 드나드는 문이다. ※ 여기서는 '가문(家門)'의 의미로 쓰였다.
22) 당ᄒᆞ여시니 : 당ᄒᆞ(당하다, 맡다, 當)- + -여시(← -아시- : 완료)- + -니(연어, 설명의 계속)
23) 미로리오 : 미로(미루다, 委)- + -리(미시)- + -오(← -고 : -느냐, 의종, 설명)
24) 쇼랑으로 : 소랑(小郞, 나이가 어린 남자, 손극의 아우) + -으로(부조, 방편)
25) 맛져거ᄂᆞᆯ : 맛지(← 맛디다 : 맡기다, 委)- + -엇(완료)- + -거ᄂᆞᆯ(-거ᄂᆞᆯ : 연어, 상황)
26) ᄒᆞᆫᄒᆞ리오 : ᄒᆞᆫᄒᆞ(한ᄒᆞ다, 恨)- + -리(미시)- + -오(← -고 : -느냐, 의종, 설명)
27) 태쉬 듯고 : 태슈(太守) + -ㅣ(주조) # 듯(← 듣다 : 듣다, 聞)- + -고(연어, 계기)
28) 주문ᄒᆞᆫ대 : 주문ᄒᆞ(주문하다, 奏文, 임금께 글로써 고하다)- + -ㄴ대(-니, -는데 : 연어, 반응)
29) 죠셔ᄒᆞ여 : 죠셔ᄒᆞ(조서하다, 詔書)- + -여(← -아 : 연어)
30) 샤ᄒᆞ시고 : 샤ᄒᆞ(사하다, 사면하다, 赦)- + -시(주높)- + -고(연어, 계기)
31) ᄡᅳ라 : ᄡᅳ(사용하다, 用)- + -라(명종)
32) ᄒᆞ시다 : ᄒᆞ(하다, 謂)- + -시(주높)- + -Ø(과시)- + -다(평종)

* 吳郭相報 唐(오곽상보 당) : 오보안과 관중상이 서로 보답하다. 당나라 때의 일. [卷 4 朋友 8]

乃去迎保安子爲娶妻而讓以官

詩投蠻乞救恨家貧力索千縑贖一身負葬服縗還守墓感恩終報再生人 滔滔盡是翻雲手千古稀逢信義中感激恩情期必報兩人高操激婾風

오보안은당나라위쥬사ᄅᆞᆷ이니곽듕샹으로더브러ᄒᆞᆫᄆᆞ을에셔사다가듕샹이요쥬도독니몽의판관이되여보안의궁박ᄒᆞ믈불샹이너겨니몽의게힘뻐천거ᄒᆞ여당셔긔벼ᄉᆞᆯ을ᄒᆞ엿더니후에듕샹이남방오랑캐게잡히여깁일쳔필을

1) 오보안 : 오보안(吳保安). 사람 이름이다.
2) 위쥬 : 위주(魏州). 땅 이름이다.
3) 곽듕샹 : 곽중상(郭仲翔). 사람 이름이다.
4) 사다가 : 사(←살다 : 居)- + -다가(연어, 전환)
5) 요쥬 : 요주(姚州). 땅 이름이다.
6) 도독 : 도독(都督). 중국의 관직명이다. 위(魏)나라 문제(文帝) 때 도독이 군사권을 장악한 이후 당나라 때까지 군대의 실권을 장악하였고 당나라 중기 이후 절도사로 개칭하였다.
7) 니몽 : 이몽(李蒙). 사람 이름이다.
8) 판관 : 판관(判官). 당나라 때의 벼슬 이름이다.
9) 궁박 : 궁박(窮迫). 몹시 가난하여 구차한 것이다.
10) 불샹이 : [불쌍히(부사) : 불샹(불쌍 : 불어) + -Ø(←-ᄒᆞ- : 형접)- + -이(부접)]
11) 당셔긔 : 당셕(←당셔기 : 장서기, 掌書記) + -의(관조) ※ '당셔기(掌書記)'는 당나라 때의 벼슬 이름이다.
12) 오랑캐게 : 오랑캐(오랑캐, 蠻) + -게(←-의게 : -에게, 부조, 상대)
13) 깁 일쳔 필을 : 깁(비단) # 일쳔(일천, 一千 : 관사) # 필(필, 疋 : 의명) + -을(목조)

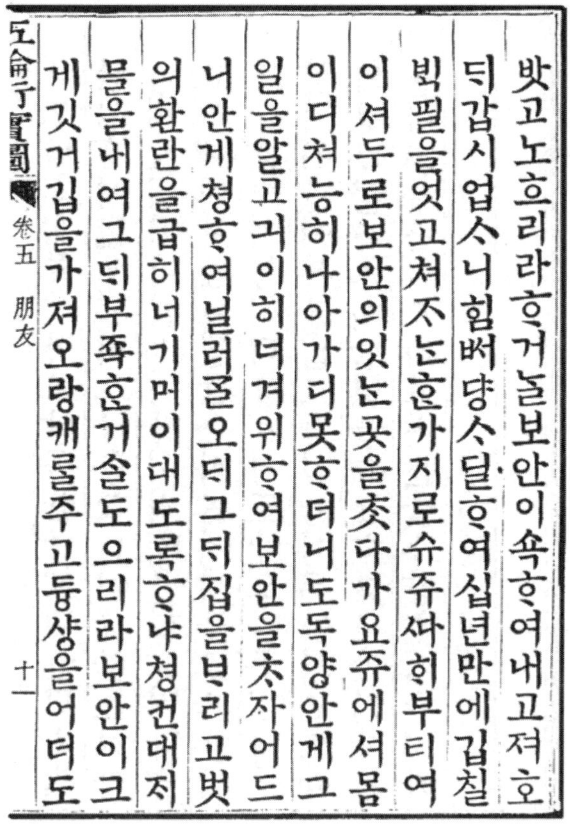
밧고노흐리라ᄒᆞ거ᄂᆞᆯ보안이쇽ᄒᆞ여내고져호
ᄃᆡ갑시업ᄉᆞ니힘뻐댱ᄉᆞ딜ᄒᆞ여십년만에갑칠
빅필을엇고쳐ᄌᆞᄂᆞᆫᄒᆞᆫ가지로슈쥬ᄯᅡᄒᆡ부티여
이셔두로보안의잇ᄂᆞᆫ곳을ᄎᆞᆺ다가요쥬에셔몸
이디쳐능히나아가디못ᄒᆞ더니도독양안게그
일을알고괴이히너겨위ᄒᆞ여보안을ᄎᆞ자어드
니안게쳥ᄒᆞ여닐러ᄀᆞᆯ오ᄃᆡ그ᄃᆡ집을ᄇᆞ리고벗
의환란을급히너기미이대도록ᄒᆞ냐쳥컨대지
믈을내여그ᄃᆡ부족ᄒᆞᆫ거ᄉᆞᆯ도으리라보안이크
게깃거깁을가져오랑캐를주고듕샹을어더도
五倫行實圖 卷五 朋友 十一

14) 밧고: 밧(← 받다: 받다, 受)- + -고(연어, 계기)
15) 노흐리라: 놓(놓다, 放)- + -으리(미시)- + -라(← -다: 평종)
16) 쇽ᄒᆞ여: 쇽ᄒᆞ(속하다, 贖)- + -여(← -아: 연어) ※ '쇽(贖)'은 죄를 면하려고 돈을 바침.
17) 내고져: 내(내다: 나(出)- + -ㅣ(사접)-]- + -고져(-고자: 연어, 의도)
18) 댱ᄉᆞ딜: [장사질, 居貨: 댱ᄉᆞ(장사) + -딜(-질: 행위, 접미)]
19) 엇고: 엇(← 얻다: 얻다, 得)- + -고(연어, 계기)
20) 부티여 이셔: 부티[붙이다, 의탁하다, 客: 븥(붙다, 附)- + -이(사접)-]- + -어(연어) # 이시(있다: 보용, 완결 지속)- + -어(연어)
21) ᄎᆞᆺ다가: ᄎᆞᆺ(← ᄎᆞᆽ다: 찾다, 求)- + -다가(연어, 전환)
22) 디쳐: 디치(지치다, 困)- + -어(연어)
23) 양안게: 양안거(양안거, 楊安居: 사람 이름) + -ㅣ(주조)
24) 괴이히: [괴이하게(부사): 괴이(괴이: 怪異) + -ᄒᆞ(형접)- + -이(부접)]
25) 안게: 안거(安居: 양안거, 사람 이름) + -ㅣ(주조)
26) 이대도록: 이토록, 이다지, 至是(부사)
27) ᄒᆞ냐: ᄒᆞ(하다, 爲)- + -냐(-느냐: 의종, 판정)
28) 도으리라: 도으(← 도오다 ← 돕다, ㅂ불: 돕다, 助)- + -리(미시)- + -라(← -다: 평종)

라오니후에듀샹이모샹을만나삼년을ᄆᆞᄎᆞ매
탄식ᄒᆞ여ᄀᆞᆯ오ᄃᆡ내오공을힘닙어사랏ᄂᆞᆫ디라
이제ᄂᆞᆫ어버이업ᄉᆞ니가히내ᄠᅳᆺ을힝ᄒᆞ리라ᄒᆞ
고이ᄣᅢ에보안이ᄑᆡᆼ산승벼ᄉᆞᆯ에셔죽고그안ᄒᆡ
도ᄯᅩᄒᆞᆫ죽어능히티상ᄒᆞ여도라오디못ᄒᆞ니듀
샹이위ᄒᆞ여복을닙고죽엄을거두어지고도라
와장ᄉᆞᄅᆞᆯᄆᆞᄎᆞ매삼년을슈묘ᄒᆞ고보안의아ᄃᆞᆯ
을마ᄌᆞ와댱가드리고벼ᄉᆞᆯ을ᄉᆞ양ᄒᆞ여주니라

29) 모샹: 모상(母喪). 어머니의 상(喪)이다.
30) ᄆᆞᄎᆞ매: ᄆᆞᆾ(마치다: 終)-+-ᄋᆞᆷ(명전)+-애(-에: 부조, 위치, 이유)
31) 오공: 오공(吳公). '오보안(吳保安)'을 높여서 부르는 말이다.
32) 힘닙어: 힘닙[힘입다, 賴: 힘(힘, 力)+닙(입다, 被)-]-+-어(연어)
33) 사랏ᄂᆞᆫ디라: 살(살다, 生)-+-앗(완료)-+-ᄂᆞ(현시)-+-ㄴ디라(-ㄴ 것이다: 평종)
34) 힝ᄒᆞ리라: 힝ᄒᆞ(행하다, 行)-+-리(미시)-+-라(←-다: 평종)
35) 이 ᄣᅢ: 이(이: 관사)#ᄣᅢ(때, 時: 의명)
36) ᄑᆡᆼ산승: 팽산승(彭山丞). 벼슬의 이름이다.
37) 티상ᄒᆞ여: 티상ᄒᆞ(치상하다, 초상을 치르다, 治喪)-+-여(←-아: 연어)
38) 복: 복(服), 상복(喪服)
39) 죽엄: [주검, 시체, 屍(명사): 죽(죽다, 死)-+-엄(명접)]
40) 슈묘ᄒᆞ고: 슈묘ᄒᆞ(수묘하다, 상을 당하여 묘를 지킴, 守墓)-+-고(연어, 계기)
41) 마ᄌᆞ와: 맞(맞이하다, 迎)-+-ᄋᆞ오(객높, 공손)-+-아(연어)
42) 댱가드리고: 댱가드리[장가들이다: 댱가(장가, 杖家)+들(들다, 入)-+-이(사접)-]-+-고(연어)
43) 주니라: 주(주다, 授)-+-Ø(과시)-+-니(객믿)-+-라(←-다: 평종)

* **侯可求醫** 宋 (후가구의 송) : 후가(侯可)가 의원을 구(求)하다. 송나라 때의 일. [卷 5 朋友 19]

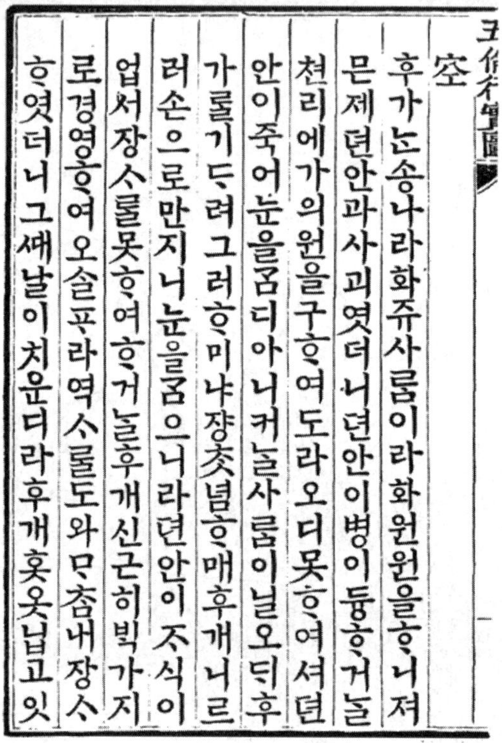

空
후가ᄂᆞᆫ송나라화쥬사ᄅᆞᆷ이라화원원을ᄒᆞ니져
믄제뎐안과사괴엿더니뎐안이병이듕ᄒᆞ거ᄂᆞᆯ
쳔리에가의원을구ᄒᆞ여도라오디못ᄒᆞ여셔뎐
안이죽어눈을ᄀᆞᆷ디아니커ᄂᆞᆯ사ᄅᆞᆷ이닐오ᄃᆡ후
가ᄅᆞᆯ기ᄃᆞ려그러ᄒᆞ미냐쟝ᄎᆞᆺ념ᄒᆞ매후개니르
러손으로만지니눈을ᄀᆞᆷ으니라뎐안이ᄌᆞ식이
업서장ᄉᆞᄅᆞᆯ못ᄒᆞ여ᄒᆞ거ᄂᆞᆯ후개신근히빅가지
로경영ᄒᆞ여오솔프라역ᄉᆞᄅᆞᆯ도와ᄆᆞᄎᆞᆷ내장ᄉᆞ
ᄒᆞ엿더니그ᄯᆡ날이치운디라후개홋옷닙고잇

1) 후가, 화쥬, 화원 : 후가(侯可 : 사람 이름), 화주(華州 : 땅 이름), 화원(화원: 고을 이름)
2) 원 : 원(員). 수령(守令)
3) 져믄 제 : 져므(← 져믈다, 暮)- + -ㄹ(관전) # 제(때, 時 : 의명)
4) 뎐안 : 전안(田顔). 사람 이름이다.
5) 사괴엿더니 : 사괴(사귀다, 爲友)- + -엿(← -엇- : 완료)- + -더(회상)- + -니(연어, 설명의 계속)
6) 듕ᄒᆞ거ᄂᆞᆯ : 듕ᄒᆞ(중하다, 重)- + -거ᄂᆞᆯ(-거늘 : 연어, 상황)
7) 아니커ᄂᆞᆯ : 아니ㅎ(← 아니ᄒᆞ다 : 아니하다, 보용, 부정)- + -거ᄂᆞᆯ(연어, 상황)
8) 그러ᄒᆞ미냐 : 그러ᄒᆞ(그러하다)- + -ㅁ(명전) + -이(서조)- + -냐(-냐 : 의종, 판정)
9) 념ᄒᆞ매 : 념ᄒᆞ(염하다, 殮)- + -ㅁ(명전) + -애(-에 : 부조, 위치, 근거)
10) 후개 : 후가(후가, 侯可 : 사람 이름) + -ㅣ(주조)
11) 니르러 : 니를(이르다, 至)- + -어(연어)
12) ᄀᆞᆷ으니라 : ᄀᆞᆷ(감다, 瞑)- + -∅(과시)- + -으니(객믿)- + -라(← -다 : 평종)
13) 장ᄉᆞᄒᆞ엿더니 : 장사ᄒᆞ(장사하다, 葬事)- + -엿(← -앗- : 완료)- + -더(회상)- + -니(연어, 설명의 계속)
14) 신근히 : [신근히(부사) : 신근(辛勤) + -ᄒᆞ(동접)- + -이(부접)] ※ '신근(辛勤)'은 힘든 일을 맡아 애쓰며 부지런히 일하는 것이다.
15) 역ᄉᆞ : 역사(役事). 토목이나 건축 등의 공사이다.
16) 치운디라 : 치우(← 칩다, ㅂ불 : 춥다, 寒)- + -ㄴ디라(-ㄴ지라 : 연어, 이유)
17) 홋옷 : 홋옷[← 홑옷(홑옷, 單衣) : 홋(← 홑 : 홑, 單) + 옷(옷, 衣)]

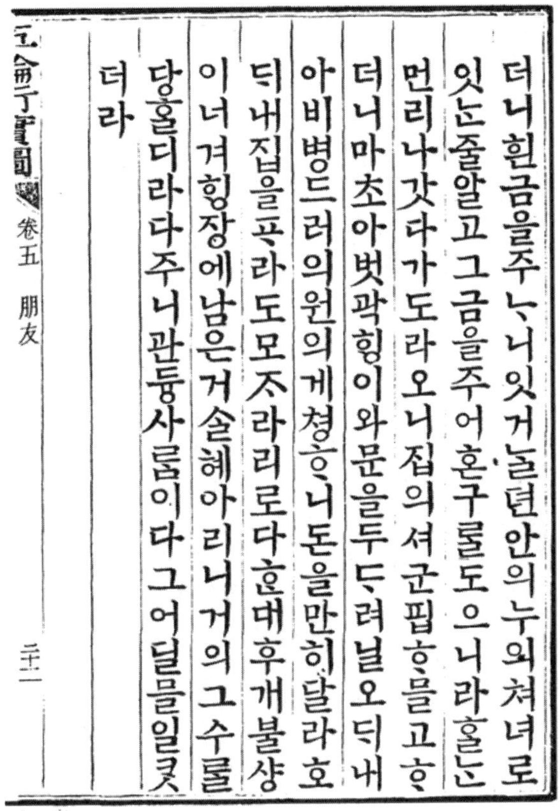

더니흰금을주ᄂᆞᆫ니잇거ᄂᆞᆯ텬안의누외쳐녀로
잇ᄂᆞᆫ줄알고그금을주어혼구ᄅᆞᆯ도으니라ᄒᆞᆯᄂᆞᆫ
먼리나갓다가도라오니집의셔군핍ᄒᆞᆷ을고ᄒᆞ
더니마초아벗곽ᄒᆡᆼ이와문을두ᄃᆞ려널오ᄃᆡ내
아비병드러의원의게쳥ᄒᆞ니돈을만히달라ᄒᆞ
ᄃᆡ내집을ᄑᆞ라도모ᄌᆞ라리로다ᄒᆞᆫ대후개불샹
이너겨ᄒᆡᆼ장에남은거ᄉᆞᆯ혜아리니거의그수ᄅᆞᆯ
당ᄒᆞᆯ디라다주니관듕사ᄅᆞᆷ이다그어딜믈일쾃
더라

五倫行實圖 卷五 朋友 三十二

18) 흰금: [백금, 白金: 희(희다, 白)-+-ㄴ(관전) # 금(금, 金)]
19) 주ᄂᆞᆫ니: 주(주다, 饋)-+-ᄂᆞ(현시)-+-ㄴ(관전) # 이(이, 人: 의명)+-Ø(주조)
20) 혼구: 혼구(婚具). 혼인 때에 쓰는 여러 가지 기구이다.
21) 도으니라: 도으(↞도오다←돕다, ㅂ불: 助)-+-니(←-으니-: 객민)-+-라(←-다: 평종)
22) ᄒᆞᆯᄂᆞᆫ: ᄒᆞᆯㄴ(↞ᄒᆞᆯㄹ←ᄒᆞᄅᆞ: 하루, 一日)+-ᄋᆞᆫ(보조사, 주제)
23) 먼리: 먼리[↞멀리(부사): 멀ㄹ(←멀다: 멀다, 遠)-+-이(부접)]
24) 나갓다가: 나가[나가다: 나(나다, 出)-+가(가다, 行)]-+-앗(완료)-+-다가(연어, 전환)
25) 군핍ᄒᆞᆷ을: 군핍ᄒᆞ(군핍하다, 궁핍하다, 窘乏)-+-ㅁ(명전)+-을(목조)
26) 마초아: [때마침(부사): 맞(맞다, 當)-+-호(사접)-+-아(연어▷부접)]
27) 곽ᄒᆡᆼ: 곽행(郭行). 사람 이름이다.
28) ᄑᆞ라도: ᄑᆞᆯ(팔다, 賣)-+-아도(연어, 양보)
29) 모ᄌᆞ라리로다: 모ᄌᆞ라(모자라다, 缺)-+-리(미시)-+-로(←-도-: 느낌)-+-다(평종)
30) ᄒᆞᆫ대: ᄒᆞ(하다, 謂)-+-ㄴ대(-니, -ㄴ데: 연어, 반응)
31) 당ᄒᆞᆯ디라: 당ᄒᆞ(당하다, 當)-+-ㄹ디라(-ㄹ지라: 연어, 이유)
32) 관듕: 관중(關中). 중국 북부의 산서 성(陝西省) 위수(渭水) 강 분지 일대를 이르는 말이다.
33) 어딜믈: 어딜(어질다, 賢)-+-ㅁ(명전)+-을(목조)
34) 일쾃더라: 일쾃(←일ᄏᆞᆮ다: 칭찬하다, 稱)-+-더(회상)-+-라(←-다: 평종)

14. 독닙신문

서재필(徐載弼)이 갑신정변(1884년) 후 미국으로 망명했다가 귀국한 뒤, 정부로부터 자금을 받아서 1896년 4월 7일에 창간한 신문이다. 창간하던 해에는 가로 22cm, 세로 33cm의 크기로 4면 가운데 3면은 한글 전용으로 <독립신문>으로 편집하고, 마지막 1면은 영문판인 <The Independent>로 편집하였다. 창간 이듬해인 1897년 1월 5일자부터는 국문판과 영문판을 분리하여 두 가지 신문을 발행하였다. 그러나 <독립신문>은 외세의 영향 하에 있었던 정부 관료와 개화 사상에 반감을 가졌던 수구파의 미움을 사게 되었는데, 그 결과로 정부가 <독립신문>을 인수하여 1899년 12월 4일자로 폐간하였다.

<독립신문>은 19세기 말 한국 사회의 발전과 민중의 계몽을 위하여 지대한 역할을 수행한 한 시대의 기념비적인 신문으로 평가받고 있다. 또한 <독립신문>은 신문의 중요성을 일반에 널리 인식시켜 그 후에 여러 민간 신문이 창간되는 계기를 만들었다.

이러한 사회적인 의의와 함께 <독립신문>은 개화기 국어의 모습을 반영하고 있다는 점에서도 큰 의의를 가진다. <독립신문>에 나타난 국어학적 특징을 정리하면 다음과 같다.(나은미 2004:91 이하 참조.)

첫째, '뎡부/졍부', '인텬항/인쳔항'처럼 동일한 어휘에 대하여 구개음화가 반영된 표기와 반영되지 않은 표기가 함께 쓰였다.

둘째, '더브러/더부러', '-브터/-부터'처럼 원순 모음화된 표기와 원순 모음화되지 않은 표기가 함께 쓰였다.

셋째, /i, j/에 선행하는 어두음 'ㄴ'은 '닐곱'이나 '닐은바'처럼 'ㄴ' 탈락이 일어나기 이전의 표기법이 주를 이루고 있다.

넷째, /ㆍ/의 소리가 이미 없어졌지만 표기의 보수성으로 인해 'ㆍ'가 그대로 쓰인 경우가 많으나, 'ㆍ' 대신에 'ㅏ'를 사용하는 경우도 간혹 보인다.

다섯째, 표기의 보수성으로 '또'와 '까닭'과 같은 'ㅅ'계 합용 병서의 글자가 쓰였다.

여섯째, 최초로 빈칸 띄어쓰기를 시도하였지만, 현대 국어에 비하여 띄어 쓰는 단위에 일관성이 없었다.

일곱째, '고로', '-ㄴ즉'과 같은 한문의 영향을 받은 의고적 표현이 많이 쓰였다.

여덟째, 분철이 주조를 이루고 있으나 아직 연철이나 중철도 눈에 띈다. 특히 의존명사 '것'은 연철, 중철, 분철 표기가 모두 나타난다.

뎨일권 독닙신문 뎨일호

조션 셔울 건양 원년 ᄉ월 초칠일 금요일

광고

독닙신문이 본국과 외국 ᄉ졍을 자셰이 긔록홀터이요 졍부속과 민간 소문을 다보고 홀터이라 졍치샹일과 농ᄉ 쟝ᄉ 의술상 일을 얼만콤식 이신문샹 미일 긔록홈 갑슨 일년에 일원삼십젼 ᄒᆞᆫ돌에 십이젼 ᄒᆞᆫ쟝에 동젼 ᄒᆞᆫ픈 독닙신문 분국이 졔물포 원산 부산 파주 숑도 평양 슈원 강화 등지에 잇더라

신문을 돌노졍ᄒᆞ든지 일년간으로 졍ᄒᆞ여 사보고스분이는 졍동 독닙신문샤로 와셔 돈을 미리 내고 셩명과 집이 어데라고 젹어 노코 가면 ᄒᆞ로걸어 신문을 보내줄터이니 신문 보고 스분이는 속히 셩명을 보내기 ᄇᆞ라옴

무론 누구든지 무러볼 말이 잇든지 셰샹사ᄅᆞᆷ의게 ᄒᆞ고스분말잇스면 이신문샤로 간단ᄒᆞ게 귀졀 떼여셔 편지ᄒᆞ면 디답홀만ᄒᆞᆫ말이든지 신문에 낼만ᄒᆞᆫ 말이면 디답홀터이요 내기도 홀터이옴 한문으로ᄒᆞᆫ 편지는 당초에 샹관아니홈

경향간에 무론 누구든지 길거리에셔 쟝ᄉᆞᄒᆞ는이 이신문을 가져다가 노코 팔고져ᄒᆞ거든 여긔와셔 신문을 가져다가 팔면 열장에 여돏장만 셰음ᄒᆞ고 ᄇᆡᆨ장에 여든장만 셰음홈

---

1) 건양: 建陽. 조선 고종 때인 1896년에 제정한 조선(朝鮮)의 연호(年號)이다. 고종 32년(1895년) 8월에 2차 집권한 김홍집 내각(金弘集 內閣)에 의하여 갑오개혁이 이루어지면서 건양이라는 연호가 제정되어 이듬해인 1896년부터 사용하였다.

2) 긔록홀터이요: 긔록ᄒᆞ(기록하다, 記錄)- + -ㄹ(관전) # 터(터, 것: 의명) + -이(서조)- + -요(←-오←-고: 연어, 나열)

3) 졍부속과: 졍부(정부, 政府) # 속ㅎ(←속: 속, 안, 內) + -과(접조)

4) 보고 홀터이라: 보고ᄒᆞ(보고하다, 報告)- + -ㄹ(관전) # 터(터, 것: 의명) + -이(서조)- + -라(←-다: 평종)

5) 졍치샹일과: 졍치샹[정치상: 졍치(정치, 政治) + -샹(-상 上: 접미)] # 일(일, 事) + -과(접조)

6) 얼만콤식 : 얼(↚얼마 : 명사) + -만콤(↚-만큼 : 보조사, 동일) + -식(-씩 : 접미, 각자)
7) 신문샹 : [신문상 : 신문(신문, 新聞) + -샹(-상, 上 : 접미)]
8) 긔록홈 : 긔록ᄒᆞ(←긔록ᄒᆞ다 : 기록하다, 記錄)- + -옴(명전▷평종) ※ '-옴'은 원래는 명사형 어미인데 여기서는 평서형 종결 어미처럼 쓰여서 문장을 간결하게 끝내었다.
9) 잇더라 : 잇(있다, 在)- + -더(회상)- + -라(←-다 : 평종)
10) ᄃᆞᆯ노정ᄒᆞ든지 : ᄃᆞᆯ(달, 月) + -노(↚-로 : 부조, 방편) # 정ᄒᆞ(정하다, 定)- + -든지(연어, 선택)
11) 사보고스분이ᄂᆞᆫ : 사(사다, 買)- + -아(연어) # 보(보다 : 보용, 시도)- + -고(연어) # 스부(싶다 : 보용, 희망)- + -ㄴ(관전) # 이(사람, 人 : 의명) + -ᄂᆞᆫ(보조사, 주제)
12) 어ᄃᆡ라고 : 어ᄃᆡ(어디 : 지대, 미지칭) + -Ø(서조)- + -라(←-다 : 평종) + -고(부조, 인용)
13) ᄒᆞ로걸어 : ᄒᆞ로(하루, 一日) # 걸(←거르다 : 缺)- + -어(연어)
14) 보내줄터이니 : 보내(보내다, 送)- + -어(연어) # 주(주다 : 보용, 봉사)- + -ㄹ(관전) # 터(것 : 의명) + -이(서조)- + -니(연어, 설명의 계속)
15) ᄇᆞ라옴 : ᄇᆞ라(바라다, 望)- + -옴(명전▷평종)
16) 무론 : 물론(勿論)
17) 누구든지 : 누구(인대, 미지칭) + -든지(보조사, 모두 선택)
18) 잇든지 : 잇(있다, 有)- + -든지(연어, 모두 선택)
19) 셰샹사ᄅᆞᆷ의게 : 셰샹(세상, 世上) # 사ᄅᆞᆷ(사람, 人) + -의게(-에게 : 부조, 상대)
20) ᄒᆞ고스분말잇ᄉᆞ면 : ᄒᆞ(하다, 爲)- + -고(연어) # 스부(싶다 : 보용, 희망)- + -ㄴ(관전) # 말(말, 言) # 잇ㅅ(←있다 : 있다, 有)- + -ᄋᆞ면(연어, 조건)
21) 이신문샤로 : 이(이 : 관사) # 신문샤(신문사, 新聞社) + -로(부조, 방향)
22) 귀졀 : 구절(句節)
23) ᄯᅦ여셔 : ᄯᅦ(떼다, 離)- + -여셔(←-어서 : 연어)
24) ᄃᆡ답홀만ᄒᆞᆫ말이든지 : ᄃᆡ답ᄒᆞ(대답하다, 對答)- + -ㄹ(관전) # 만(의명) # ᄒᆞ(하다)- + -ㄴ(관전) # 말(말, 言) + -이(서조)- + -든지(연어, 모두 선택)
25) 낼만ᄒᆞᆫ : 내[내다 : 나(나다, 出)- + -ㅣ(사접)-]- + -ㄹ(관전) # 만(의명) # ᄒᆞ(하다)- + -ㄴ(관전)
26) ᄃᆡ답홀터이요 : ᄃᆡ답ᄒᆞ(대답하다, 對答)- + -ㄹ(관전) # 터(것 : 의명) + -이(서조)- + -요(←-오←-고 : 연어, 나열)
27) 한문으로ᄒᆞᆫ : 한문(한문, 漢文) + -으로(부조, 방편) # ᄒᆞ(하다, 爲, 製)- + -ㄴ(관전)
28) 당초에 : 당초(당초, 當初) + -에(부조, 위치, 시간)
29) 샹관아니홈 : 샹관(상관, 相關) # 아니(부사, 부정) # ᄒᆞ(하다, 爲)- + -옴(명전▷평종)
30) 경향간에 : 경향(京鄕, 서울과 지방) # 간(간, 間 : 의명) + -에(부조, 위치)
31) 쟝ᄉᆞᄒᆞᄂᆞᆫ이 : 쟝ᄉᆞᄒᆞ(장사하다, 商)- + -ᄂᆞ(현시)- + -ㄴ(관전) # 이(이, 사람 : 의명) + -Ø(주조)
32) 여긔와셔 : 여긔(여기 : 부사) # 오(오다, 來)- + -아셔(-아서 : 연어)
33) 세음ᄒᆞ고 : 세음ᄒᆞ[셈하다, 算 : 세(세다, 算)- + -음(명접) + -ᄒᆞ(동접)-]- + -고(연어, 나열)

논셜

우리가 독닙신문을 오늘 처음으로 츌판ᄒᆞᄂᆞᆫᄃᆡ 조션속에 잇ᄂᆞᆫ ᄂᆡ외국 인민의게 우리 쥬의를 미리 말ᄉᆞᆷᄒᆞ여 아시게 ᄒᆞ노라

우리는 첫지 편벽 되지 아니ᄒᆞᆫ고로 무ᄉᆞᆷ당애도 샹관이 업고 샹하귀쳔을 달니ᄃᆡ졉아니ᄒᆞ고 모도죠션 사ᄅᆞᆷ으로만 알고 죠션만 위ᄒᆞ며공평이 인민의게 말 ᄒᆞᆯ터인ᄃᆡ 우리가 셔울 ᄇᆡᆨ셩만 위ᄒᆞᆯ게 아니라 죠션젼국인민을 위ᄒᆞ여 무ᄉᆞᆷ일이든지 ᄃᆡ언ᄒᆞ여 주랴홈 정부에셔 ᄒᆞ시ᄂᆞᆫ일을 ᄇᆡᆨ셩의게 젼ᄒᆞᆯ터이요 ᄇᆡᆨ셩의 정셰을 정부에 젼ᄒᆞᆯ터이니 만일 ᄇᆡᆨ셩이 정부일을 자세이알고 정부에셔 ᄇᆡᆨ셩에 일을 자세이 아시면 피ᄎᆞ에 유익ᄒᆞᆫ 일만히 잇슬터이요 불평ᄒᆞᆫ ᄆᆞ옴과 의심ᄒᆞᄂᆞᆫ ᄉᆡᆼ각이 업서질 터이옴 우리가 이신문 츌판 ᄒᆞ기ᄂᆞᆫ 취리ᄒᆞ랴

---

1) ᄒᆞ노라: ᄒᆞ(하다, 爲)-+-노라(평종, 현시, 1인칭)
2) 아니ᄒᆞᆫ고로: 아니ᄒᆞ(아니하다: 보용, 부정)-+-ㄴ(관전) # 고로(까닭으로, 故로: 의명)
3) 무ᄉᆞᆷ당애도: 무ᄉᆞᆷ(무슨: 관사) # 당(당, 黨)+-애(-에: 부조, 위치)+-도(보조사, 강조)
4) 달니ᄃᆡ졉아니ᄒᆞ고: 달니[←달리(부사): 달ㄹ(←다르다: 異)-+-이(부접)] # ᄃᆡ접(대접, 待接) # 아니(부사, 부정) # ᄒᆞ(하다, 爲)-+-고(연어, 나열)
5) 모도죠션: 모도[모두, 全(부사): 몯(모이다, 集)-+-오(부접)] # 죠션(조선, 朝鮮)
6) 위ᄒᆞ며공평이: 위ᄒᆞ(위하다, 爲)-+-며(연어, 나열) # 공평이[공평히(부사): 공평(공평, 公平)+-Ø(←-ᄒᆞ-: 형접)+-이(부접)]
7) ᄒᆞᆯ터인ᄃᆡ: ᄒᆞ(ᄒᆞ다, 爲)-+-ㄹ(관전) # 터(것: 의명)+-이(서조)-+-ㄴᄃᆡ(-ㄴ데: 연어, 설명 계속)
8) 위ᄒᆞᆯ게: 위ᄒᆞ(위하다, 爲)-+-ㄹ(관전) # 거(←것: 것, 의명)+-ㅣ(주조)
9) 주랴홈: 주(주다: 보용, 봉사)-+-랴(-려: 연어, 의도) # ᄒᆞ(하다, 爲)-+-옴(명전▷평종)
10) 젼ᄒᆞᆯ터이요: 젼ᄒᆞ(전하다, 傳)-+-ㄹ(관전) # 터(것: 의명)+-이(서조)-+-요(←-오←-고: 연어)
11) 일만히: 일(일, 事: 명사) # 만히[많이(부사): 많(많다, 多)-+-이(부접)]
12) 잇슬터이요: 잇ㅅ(←있다)-+-을(관전) # 터(것: 의명)+-이(서조)-+-요(←-오←-고: 연어)
13) 취리ᄒᆞ랴ᄂᆞᆫ게: 취리ᄒᆞ(취리하다, 取利)-+-랴(-려: 연어) # ᄒᆞ(하다, 爲)-+-ᄂᆞ(현시)-+-ㄴ(관전) # 거(←것: 것, 의명)+-ㅣ(주조) ※ '취리(取利)'는 경제적인 이득을 얻는 것이다.

는게 아닌고로 갑술 헐허도록 ᄒᆞ엿고 모
도 언문 으로 쓰기는 남녀 샹하귀쳔이 모
도 보게 홈이요 ᄯᅩ 귀졀을 ᄯᅦ여 쓰기는 알
어 보기 쉽도록 홈이라 우리는 바른 ᄃᆡ로
만 신문을 ᄒᆞᆯ터인고로 졍부 관원이라도
잘못ᄒᆞᄂᆞᆫ이 잇스면 우리가 말ᄒᆞᆯ터이요 탐
관오리 들을 알면 셰샹에 그사ᄅᆞᆷ의 ᄒᆡᆼ젹
을 폐일터이요 ᄉᆞᄉᆞᄇᆡᆨ셩이라도 무법ᄒᆞᆫ일
ᄒᆞᄂᆞᆫ 사ᄅᆞᆷ은 우리가 차저 신문에 셜명
ᄒᆞᆯ터이옴 우리는 죠션
대군쥬폐하와 됴션졍부와 죠션인민을 위
ᄒᆞᄂᆞᆫ 사ᄅᆞᆷ드린고로 편당잇ᄂᆞᆫ 의논이든지
ᄒᆞᆫᄶᅩᆨ만 ᄉᆡᆼ각코 ᄒᆞᄂᆞᆫ 말은 우리 신문샹에
업실터이옴 ᄯᅩ ᄒᆞᆫᄶᅩᆨ에 영문으로 기록ᄒᆞ기
ᄂᆞᆫ 외국인민이 죠션 ᄉᆞ졍을 자셰이몰은
즉 혹 편벽 된 말만 듯고 죠션을 잘못 ᄉᆡᆼ
각ᄒᆞᆯᄶᅡ 보아 실샹 ᄉᆞ졍을 알게ᄒᆞ고져ᄒᆞ여
영문으로 조곰 긔록홈

---

14) 아닌고로: 아니(아니다, 不)-+-ㄴ(관전)# 고로(까닭으로, 故로: 의명)
15) 헐허도록: 헐허(헐하다, 값이 싸다)-+-도록(연어, 도달)
16) ᄒᆞᆯ터인고로: ᄒᆞ(하다, 爲)-+-ㄹ(관전)# 터(것: 의명)+-이(서조)-+-ㄴ(관전)# 고로(까닭으로, 故로: 의명)
17) 폐일터이요: 폐이[펴게 하다, 알리다: 펴(펴다, 伸)-+-ㅣ(사접)-+-이(사접)-]-+-ㄹ(관전)# 터(것: 의명)+-이(서조)-+-요(←-오←-고: 연어, 나열) ※ '폐이다'는 '알리다'로 옮긴다.
18) ᄉᆞᄉᆞᄇᆡᆨ셩이라도: ᄉᆞᄉᆞ(사사, 私私)# ᄇᆡᆨ셩(백성, 百姓)+-이라도(보조사, 양보)
19) 사ᄅᆞᆷ드린고로: 사ᄅᆞᆷ들[사람들: 사ᄅᆞᆷ(사람, 人)+-들(복접)]+-이(서조)-+-ㄴ(관전)# 고로(까닭으로, 故로: 의명)
20) 편당잇ᄂᆞᆫ: 편당(편당, 한 당파에 치우침, 偏黨)# 잇(있다, 有)-+-ᄂᆞ(현시)-+-ㄴ(관전)
21) 업실터이옴: 없(없다, 無)-+-일(←-을: 관전)# 터(것: 의명)+-이(서조)-+-옴(명전▷평종)
22) ᄉᆞ졍: 사정(事情)
23) 자셰이몰은즉: 자셰이[자세히(부사): 자셰(자세: 仔細)+-Ø(←-ᄒᆞ-: 형접)+-이(부접)]# 몰(←모르다, 不知)-+-은즉(-니까: 연어, 근거, 이유)
24) 듯고: 듯(←듣다: 듣다, 聞)-+-고(연어, 계기)
25) ᄉᆡᆼ각ᄒᆞᆯᄶᅡ: ᄉᆡᆼ각ᄒᆞ(생각하다)-+-ㄹᄶᅡ(-을까: 의종, 미시, 판정)

그리ᄒᆞᆫ즉 이신문은 ᄯᅩᆨ 죠션만 위ᄒᆞᆷ을 가
히 알터이요 이신문을 인연ᄒᆞ여 ᄂᆡ외 남
녀 샹하 귀쳔이 모도 죠션일을 서로알터
이옴 우리가 ᄯᅩ 외국 사정도 죠션 인민을
위ᄒᆞ여 간간이 긔록ᄒᆞᆯ터이니 그걸 인연ᄒᆞ
여 외국은 가지 못ᄒᆞ드ᄅᆡ도 죠션인민이
외국 사정도 알터이옴 오날은 처음인 고
로 대강 우리 쥬의만 세샹에 고ᄒᆞ고 우리신
문을 보면 죠션인민이 소견과 지혜가 진보
ᄒᆞᆷ을 밋노라 논셜ᄭᅳᆺ치기젼에 우리가
대균쥬 폐하ᄭᅴ 송덕ᄒᆞ고 만세을 부르ᄂᆞ이
다

우리신문이 한문은 아니쓰고 다만 국문로
로만 쓰는거슨 샹하귀쳔이 다보게 홈이라
ᄯᅩ 국문을 이러케 귀절을 ᄯᅦ여 쓴즉 아모
라도 이신문 보기가 쉽고 신문속에 잇는말
을 자세이 알어 보게 홈이라 각국에셔는
사ᄅᆞᆷ들이 남녀 무론ᄒᆞ고 본국 국문을 몬저
ᄇᆡ화 능통ᄒᆞᆫ 후에야 외국 글을 ᄇᆡ오는 법
인ᄃᆡ 죠션셔는 죠션 국문은 아니 ᄇᆡ오드ᄅᆡ
도 한문만 공부 ᄒᆞᄂᆞᆫ ᄭᆞ닭에 국문을 잘

---

26) ᄯᅩᆨ : 똑, 꼭(부사)
27) 서로알터이옴 : 서로(相 : 부사) # 알(알다, 知)- + -ㄹ(관전) # 터(것 : 의명) + -이(서조)- + -옴(명전▷평종)
28) 이걸 : 어거(←이것 : 지대) + -ㄹ(←-을 : 목조)
29) 못ᄒᆞ드ᄅᆡ도 : 못ᄒᆞ(못하다 : 보용, 부정)- + -드ᄅᆡ도(-더라도 : 연어, 가정, 양보)
30) 밋노라 : 밋(←믿다 : 믿다, 信)- + -노라(평종, 현시, 1인칭)
31) 논셜ᄭᅳᆺ치기젼에 : 논셜(논설, 論說) # ᄭᅳᆺ치(←ᄭᅳᆺ치다 : 그치다, 終)- + -기(명전) # 전(전, 前) + -에(부조, 위치, 시간)
32) 부르ᄂᆞ이다 : 부르(부르다, 唱)- + -ᄂᆞ이다(평종, 현시, 아주 높임)
33) 국문로로만 : 국문(국문, 國文) + -로로(←-으로 : 부조, 방편) + -만(보조사, 한정) ※ '-로로'는 '-으로'의 오기이다.
34) 쓴즉 : 쓰(쓰다)- + -ㄴ즉(연어, 근거, 이유)
35) 아모라도 : 아모(아무, 某 : 인대, 부정칭) + -라도(←-아도 : 보조사, 양보)
36) 법인ᄃᆡ : 법(법, 法) + -이(서조)- + -ㄴᄃᆡ(-ㄴ데 : 연어, 대조)
37) 죠션셔는 : 죠션(조선, 朝鮮) + -셔(←-서 : 보조사, 강조) + -는(보조사, 주제)
38) ᄇᆡ오드ᄅᆡ도 : ᄇᆡ오(배우다, 學)- + -드ᄅᆡ도(-더라도 : 연어, 양보)
39) ᄭᆞ닭에 : ᄭᆞ닭(까닭, 由) + -에(부조, 위치, 근거)

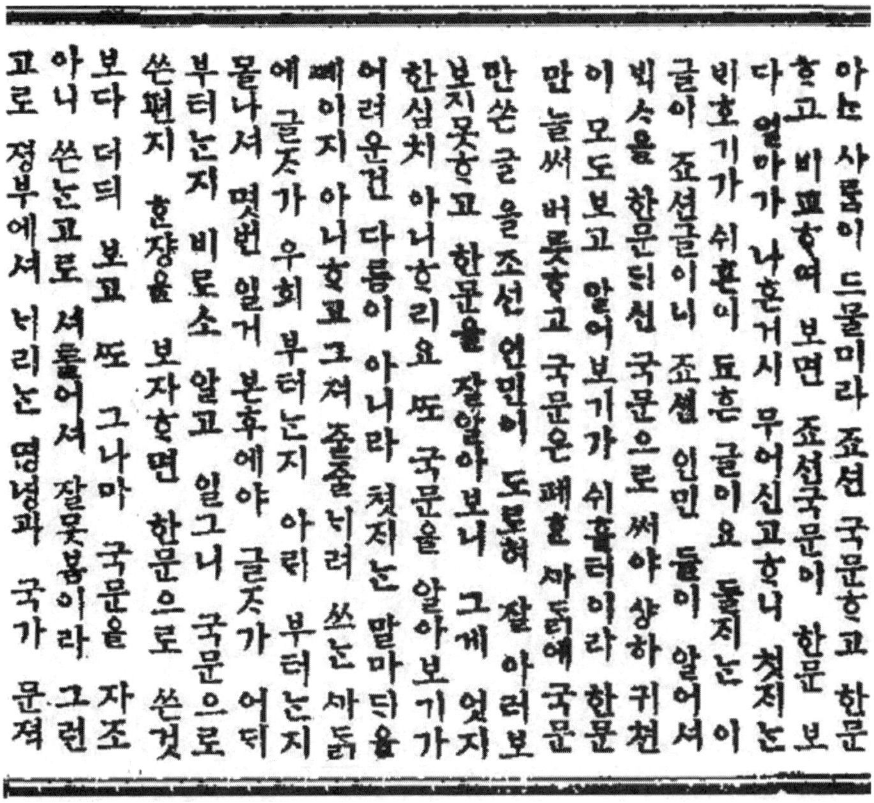
아는 사ᄅᆞᆷ이 드물미라 죠션 국문ᄒᆞ고 한문
ᄒᆞ고 비교ᄒᆞ여 보면 죠션국문이 한문 보
다 얼마가 나흔거시 무어신고ᄒᆞ니 첫ᄌᆡ는
비호기가 쉬흔이 됴흔 글이요 둘ᄌᆡ는 이
글이 죠션글이니 죠션 인민 들이 알어셔
빅ᄉᆞ을 한문되신 국문으로 써야 상하 귀쳔
이 모도보고 알어보기가 쉬흘터이라 한문
만 늘써 버릇ᄒᆞ고 국문은 폐ᄒᆞᆫ 까ᄃᆞᆰ에 국문
만쓴 글을 죠션 인민이 도로혀 잘 아러보
지못ᄒᆞ고 한문을 잘알아보니 그게 엇지
한심치 아니ᄒᆞ리요 ᄯᅩ 국문을 알아보기가
어려운건 다름이 아니라 첫ᄌᆡ는 말마듸을
ᄢᅦ이지 아니ᄒᆞ고 그저 줄줄ᄂᆡ려 쓰는 까ᄃᆞᆰ
에 글ᄌᆞ가 우희 부터는지 아ᄅᆡ 부터는지
몰나셔 몃번 일거 본후에야 글ᄌᆞ가 어ᄃᆡ
부터는지 비로소 알고 일그니 국문으로
쓴편지 ᄒᆞᆫ쟝을 보자ᄒᆞ면 한문으로 쓴것
보다 더듸 보고 ᄯᅩ 그나마 국문을 자조
아니 쓴ᄂᆞᆫ고로 셔툴어셔 잘못봄이라 그런
고로 정부에셔 ᄂᆡ리는 명녕과 국가 문젹

40) 드물미라 : 드물(드물다, 稀)- + -ㅁ(명전) + -이(서조)- + -라(←-다 : 평종)
41) 나흔거시 : 낳(↚낫다, ㅅ불 : 낫다, 優)- + -은(관전) # 것(것 : 의명) + -이(주조)
42) 무어신고 : 무엇(무엇 : 지대, 미지칭) + -이(서조)- + -ㄴ고(-ㄴ가 : 의종, 설명)
43) 쉬흔이 : 쉬ㅎ(↚쉬우, ㅂ불 : 쉽다, 易)- + -은이(←-으니 : 연어, 이유)
44) 빅ᄉᆞ을 : 빅ᄉᆞ(백사, 여러 일, 百事) + -을(↚-를 : 목조) ※ '빅ᄉᆞ을'은 '빅ᄉᆞ를'의 오기이다.
45) 쉬흘터이라 : 쉬ㅎ(↚쉬우, ㅂ불 : 쉽다)- + -을(관전) # 터(의명) + -이(서조)- + -라(←-다 : 평종)
46) 아니ᄒᆞ리요 : 아니ᄒᆞ(아니하다 : 보용, 부정)- + -리(미시)- + -요(←-오 ← -고 : -느냐, 의종, 설명)
47) 말마듸을 : 말마듸[어절, 語節 : 말(말, 言) + 마듸(마디, 節)] + -을(←-를 : 목조)
48) ᄢᅦ이지 : ᄢᅦ이[떼게 하다 : ᄢᅦ(떼다, 離)- + -이(사접)-]- + -지(연어, 부정)
49) 부터는지 : 붙(붙다, 附)- + -어(↚-엇- : 완료, 과시)- + -는지(-는지 : 의종, 판정)
50) 더듸 : 더듸[더디, 더디게(부사) : 더듸(더디다, 遲)- + -Ø(부접)]
51) 쓴ᄂᆞᆫ고로 : 쓰(쓰다, 用)- + -ㄴᄂᆞ(↚-ᄂᆞ- : 현시)- + -ㄴ(관전) # 고로(까닭으로, 故로 : 의명)
52) 정부에셔 : 정부(정부, 政府) + -에셔(-에서 : 부조▷주조) ※ '-에셔'는 원래 부사격 조사였으나, 단체 무정 명사 뒤에 실현되어서 주격 조사처럼 쓰였다.
53) 문젹 : 문적(文籍), 책.

을 한문으로만 쓴즉 한문못ᄒᆞᄂᆞᆫ 인민은
나모 말만 ᄃᆞᆺ고 무ᄉᆞᆷ 명녕인줄 알고 이편
이 친이 그글을 못 보니 그사ᄅᆞᆷ은 무단이
병신이 됨이라 한문 못 ᄒᆞᆫ다고 그사ᄅᆞᆷ이
무식ᄒᆞᆫ사ᄅᆞᆷ이 아니라 국문만 잘ᄒᆞ고 다른
물졍과 학문이 잇스면 그사ᄅᆞᆷ은 한문만ᄒᆞ
고 다른 물졍과 학문이 업ᄂᆞᆫ 사ᄅᆞᆷ 보다
유식ᄒᆞ고 놉흔 사ᄅᆞᆷ이 되ᄂᆞᆫ 법이라 죠션
부인네도 국문을 잘ᄒᆞ고 각ᄉᆡᆨ 물졍과 학
문을 ᄇᆡ화 소견이 놉고 ᄒᆡᆼ실이 졍직ᄒᆞ면
무론 빈부 귀쳔 간에 그부인이 한문은 잘
ᄒᆞ고도 다른것 몰으ᄂᆞᆫ 귀죡 남ᄌᆞ 보다 놉
흔 사ᄅᆞᆷ이 되ᄂᆞᆫ 법이라 우리 신문은 빈부
귀쳔을 다름업시 이신문을 보고 외국 물졍과
ᄂᆡ지 ᄉᆞ졍을 알게 ᄒᆞ랴ᄂᆞᆫ ᄯᅳᆺ시니 남녀 노
소 샹하 귀쳔 간에 우리 신문을 ᄒᆞ로 걸
너 몃ᄃᆞᆯ간 보면 새지각과 새학문이 ᄉᆡᆼ
길걸 미리 아노라

---

54) 나모 : 남(남, 他人) + -오(←-ᄋᆡ : 관조) ※ '나모'는 '나ᄆᆡ'의 오기이다.
55) 명녕인줄 : 명녕(←명령 : 명령, 命令) + -이(서조)- + -ㄴ(관전) # 줄(줄, 것 : 의명)
56) 무단이 : [무단히, 아무 까닭 없이(부사) : 무단(무단, 無斷) + -Ø(←-ᄒᆞ- : 형접)-]- + -이(부접)]
57) 놉흔 : 놉ㅎ(←높다 : 높다, 高)- + -은(관전)
58) 죠션부인네도 : 죠션(조선, 朝鮮) # 부인네[부인네 : 부인(婦人) + -네(접미)] + -도(보조사, 첨가)
59) 각ᄉᆡᆨ : 각색(各色), 각종.
60) ᄇᆡ화 : ᄇᆡ호(배우다, 學)- + -아(연어)
61) ᄒᆡᆼ실 : 행실(行實)
62) 몰으ᄂᆞᆫ : 몰으(←모르다 : 모르다, 不知)- + -ᄂᆞ(현시)- + -ㄴ(관전)
63) ᄂᆡ지 : 내지(內地). 한 나라의 영토 안이다.
64) ᄒᆞ랴ᄂᆞᆫ : ᄒᆞ(하다, 爲)- + -랴(-려 : 연어, 의도) # ᄒᆞ(하다, 爲)- + -ᄂᆞ(현시)- + -ㄴ(관전) ※ 'ᄒᆞ랴ᄂᆞᆫ'은 'ᄒᆞ랴 ᄒᆞᄂᆞᆫ'이 줄어진 말이다.
65) ᄯᅳᆺ시니 : ᄯᅳᆺㅅ(←ᄯᅳᆺ : 뜻, 意) + -이(서조)- + -니(연어, 설명의 계속, 이유)
66) 걸너 : 걸ㄴ(←걸ㄹ-←거르- : 거르다, 缺)- + -어(연어)
67) 몃ᄃᆞᆯ간 : 몃(←몇 : 몇, 幾, 관사) # ᄃᆞᆯ간[달간 : ᄃᆞᆯ(달, 月) + -간(간, 間 : 접미)]
68) ᄉᆡᆼ길걸 : ᄉᆡᆼ기(생기다, 生)- + -ㄹ(관전) # 거(←것 : 것, 의명) + -ㄹ(←-을 : 목조)

잡보

아라샤에 가는공ᄉᆞ 민영환 슈원 윤치호
참셔관 김득련 김도일 졔씨는 본월 초일
일에 아라샤 황뎨 즉위 례애 참례 ᄒᆞ랴고
졔물포 에셔 츌발ᄒᆞ다 아라샤 황뎨 즉위
례에 각국이 다 별ᄉᆞ을 보ᄂᆡᄂᆞᆫᄃᆡ 일본셔
ᄂᆞᆫ 륙군대쟝 산현유붕씨가 가고 쳥국셔ᄂᆞᆫ
니홍쟝 씨가 갓다더라

일본 주경공ᄉᆞ 니하영씨ᄂᆞᆫ 그젹게 일본
으로 갓다더라

슌검일명이 술을먹고 힝실이 맛당치 아니
ᄒᆞᆫ 고로총슌 하나가 지내다가 그걸보고
슌취ᄒᆞᆫ 슌검을 ᄭᅮ지져든이 슌검이 총슌
ᄃᆞ려 불경ᄒᆞᆫ 말을 ᄒᆞᄂᆞᆫ고로 총슌이 소지
ᄒᆞ고 자퇴ᄒᆞ랴 횟든이 경무쳥에셔 소지을
밧지아니ᄒᆞ고 그져다니라 횟스나 그슌취
횟든슌검은 퇴거도 아니ᄒᆞ고 또 그슌검이
총슌을 보고 비웃ᄂᆞᆫ 말을 ᄒᆞᄂᆞᆫ고로 총슌
이 괴여히 사직ᄒᆞ고 ᄌᆞ퇴 ᄒᆞ다니 우리가
듯기에 매우 가엽더라

---

1) 아라샤: 아라사(俄羅斯). '러시아'의 음역어이다.
2) 가ᄂᆞᆫ: 가(가다, 行)- + -ᄂᆞ(현시)- + -ㄴ(관전)
3) 공ᄉᆞ: 공사(公使). 국가를 대표하여 파견되는 외교 사절이다.
4) 슈원: 수원(隨員). 수행원이다.
5) 참셔관: 참서관(參書官). 대한 제국 때에, 여러 관청에 둔 주임 벼슬이다. 궁내부, 의정부, 중추원, 표훈원, 내부, 외부, 탁지부, 법부, 학부, 농상공부에 두었다.
6) 졔씨: 제씨((諸氏). '여러 사람'을 높여 이르는 말이다.
7) 례애: 례(예, 예식, 禮) + -애(←-에: 부조, 위치)
8) 참례 ᄒᆞ랴고: 참례ᄒᆞ(참례하다, 참여하다, 參禮)- + -랴고(-려고: 연어, 의도)
9) 츌발ᄒᆞ다: 츌발ᄒᆞ(출발하다, 出發)- + -다(평종) ※ 문맥으로 보아서는 과거 시제나 완료의 선어말 어미가 실현되어야 하는데, 이러한 실현되지 않은 형태이다. 중세 국어에서 쓰인 부정법의 과거 시제 선어말 어미의 잔영으로 볼 수도 있다.
10) 별ᄉᆞ을: 별ᄉᆞ(별사, 특별한 사명을 띤 사신, 別使) + -을(←-를: 목조) ※ '별ᄉᆞ를'의 오기이다.
11) 보ᄂᆡᄂᆞᆫᄃᆡ: 보ᄂᆡ(보내다, 遣)- + -ᄂᆞᆫᄃᆡ(-는데: 연어, 설명의 계속)
12) 일본셔ᄂᆞᆫ: 일본(일본, 日本) + -셔(-서: 보조사, 강조) + -ᄂᆞᆫ(보조사, 주제)
13) 산현유붕씨: 산현유붕(山縣有朋: 사람 이름) # 씨(氏, 씨: 의명) ※ '산현유붕(山縣有朋)'은 야

마가타 아리토모(1838. 8. 3.~ 1922. 2. 1.)로서, 일본의 의회 제도 체제에 배출된 최초의 총리였다.

14) 니홍쟝: 리홍장(李鴻章, 1823. 2. 15.~1901. 11. 7.). 중국 청나라 말의 정치가이다.
15) 갓다더라: 가(가다, 行)-+-앗(완료, 과시)-+-다(평종) # ᄒᆞ(하다, 謂)-+-더(회상)-+-라(←-다: 평종) ※ '갓다더라'는 '갓다ᄒᆞ더라'가 줄어진 말이다.
16) 주경: 주경(駐京). 서울에 주재하는 것이다.
17) 그젹게: 그저께, 어제의 전날에(부사)
18) 슌검일명이: 슌검(순검, 巡檢) # 일(일, 一: 관사) # 명(명, 名: 의명) + -이(주조) ※ '순검'은 조선 후기에 경무청에 속해 있던 판임관 벼슬의 하나이다. 지금의 순경과 같으며, 각 지방의 관아에 30명씩 두었다.
19) 맛당치: 맛당ㅎ(←맛당ᄒᆞ다: 마땅하다)-+-지(연어, 부정)
20) 총순(總巡): 구한말에 경무청에 속한 판임관이다. 고종 32년(1895)에 두었는데, 경무관 다음 서열로서 30명 이하의 정원을 두었다.
21) ᄭᅮ지져든이: ᄭᅮ짖(꾸짖다, 叱)-+-여(←-엇-: 완료, 과시)-+-든이(←-더니: 연어, 이유, 원인)
22) 소지ᄒᆞ고: 소지ᄒᆞ(소지하다, 所志)-+-고(연어, 계기) ※ '소지(所志)ᄒᆞ다'는 예전에 청원이 있을 때에 관아에 서면(書面)으로 제출하던 것이다.
23) 자퇴ᄒᆞ랴힛든이: 자퇴ᄒᆞ(자퇴하다, 自退)-+-랴(-려: 연어, 의도) # ᄒᆞ(하다, 爲)-+-엿(←-앗-: 완료, 과시)-+-든이(←-더니: 연어, 이유, 원인) ※ '힛-'은 'ᄒᆞ엿-'이 축약된 형태이다.
24) 경무쳥에셔: 경무쳥(경무청, 警務廳) + -에셔(-에서: 부조, 위치) ※ '경무청'은 조선 고종 31년(1894)의 갑오개혁 이후에 한성부 안의 경찰 업무와 감옥의 일을 맡아보던 관청이다.
25) 밧지아니ᄒᆞ고: 밧(←받다: 받다, 受)-+-지(연어, 부정) # 아니ᄒᆞ(아니하다: 보용, 부정)-+-고(연어, 계기)
26) 그져다니라: 그져(그저: 부사) # 다니(다니다, 勤務)-+-라(명종)
27) 힛스나: ᄒᆞ(하다, 爲)-+-엿(←-앗-: 완료, 과시)-+-으나(연어, 대조) ※ '힛-'은 'ᄒᆞ엿-'이 축약된 형태이다.
28) 그슐취힛든슌검은: 그(그: 관사) # 슐(술, 酒) # 취ᄒᆞ(취하다, 醉)-+-엿(←-앗-: 완료, 과시)-+-드(←더: 회상)-+-ㄴ(관전) # 슌검(순검, 巡檢) + -은(보조사, 주제)
29) 틔거도: 틔거(퇴거, 물러남, 退去) + -도(보조사, 강조)
30) 긔여히: 기어이(부사)
31) ᄌᆞ퇴 ᄒᆞᆫ다니: ᄌᆞ퇴ᄒᆞ(자퇴하다, 自退)-+-ㄴ(현시)-+-다(평종) # ᄒᆞ(하다, 謂)-+-니(연어, 설명의 계속, 이유) ※ 'ᄌᆞ퇴ᄒᆞᆫ다니'는 'ᄌᆞ퇴ᄒᆞᆫ다 ᄒᆞ니'가 줄어진 말이다.
32) 듯기에: 듯(←듣다: 듣다, 聞)-+-기(명전) + -에(부조, 위치, 근거)

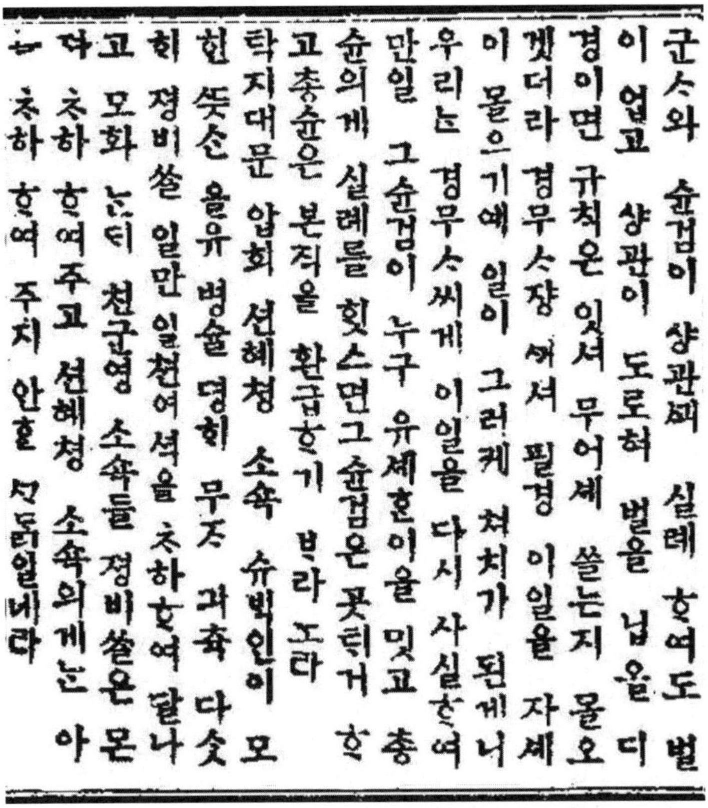
군ᄉᆞ와 슌검이 샹관께 실례 ᄒᆞ여도 벌
이 업고 샹관이 도로혀 벌을 닙올 디
경이면 규칙은 잇셔 무어셰 쓸는지 몰오
겟더라 경무ᄉᆞ장 쎄셔 필경 이일을 자셰
이 몰으기예 일이 그러케 쳐치가 된게니
우리ᄂᆞᆫ 경무ᄉᆞ씨게 이일을 다시 사실ᄒᆞ여
만일 그슌검이 누구 유셰ᄒᆞᆫ이올 밋고 총
슌의게 실례를 힛스면 그슌검은 꼿티거 ᄒᆞ
고총슌은 본직을 환급ᄒᆞ기 ᄇᆞ라노라
탁지대문 압회 션혜청 소쇽 슈빅인이 모
힌 뜻슨 을유 병슐 녕히 무ᄌᆞ 과촉 다ᄉᆺ
히 정비쌀 일만 일쳔여셕을 ᄎᆞ하ᄒᆞ여 달나
고 모화 ᄂᆞᆫ디 천군영 소쇽들 정비쌀은 몬
져 ᄎᆞ하 ᄒᆞ여주고 션혜청 소쇽의게는 아
니 ᄎᆞ하 ᄒᆞ여 주지 안홀 ᄯᆞ돍일네라

---

33) 도로혀 : 도리어(부사)
34) 닙올 : 닙(입다, 被)- + -올(←-을 : 관전)
35) 디경이면 : 디경(지경, 地境) + -이(서조)- + -면(연어, 조건)
36) 무어셰 : 무엇(지대, 미지칭) + -예(←-에 : 부조, 위치) ※ '무어셰'는 '무어세'의 오기이다.
37) 몰오겟더라 : 몰오(← 모르다 : 모르다, 不知)- + -겟(미시)- + -더(회상)- + -라(← -다 : 평종)
38) 경무ᄉᆞ장 쎄셔 : 경무ᄉᆞ장(경무사장, 警務使長) + -쎄셔(-께서 : 주조, 높임) ※ '경무ᄉᆞ(警務使)'는 대한 제국 때에, 내무아문에 속한 경무청의 으뜸 벼슬이다.
39) 쳐치가 : 쳐치(처치, 處置) + -가(보조)
40) 된게니 : 되(되다, 爲)- + -ㄴ(관전) # 거(← 것 : 것, 의명) + -ㅣ(서조)- + -니(연어, 설명의 계속, 이유)
41) 경무ᄉᆞ씨게 : 경무ᄉᆞ(경무사, 警務使) # 씨(씨, 氏 : 의명) + -게(← -께 : 부조, 상대, 높임)
42) 사실ᄒᆞ여 : 사실ᄒᆞ(사실하다, 査實)- + -여(← -어 : 연어) ※ '사실(査實)ᄒᆞ다'는 사실을 조사하여 알아보는 것이다.
43) 유셰ᄒᆞᆫ이을 : 유셰ᄒᆞ(유세하다, 세력이 있다, 有勢)- + -ㄴ(관전) # 이(사람, 人 : 의명) + -을(← -를 : 목조) ※ '이을'은 '이를'의 오기이다.
44) 힛스면 : ᄒᆞ(하다, 爲)- + -엿ㅅ(← -엿- : 완료, 과시)- + -으면(연어, 조건) ※ '힛스면'은 'ᄒᆞ엿

스면'이 줄어진 형태이다.

45) 곳틔거 ᄒᆞ고: 곳(곧: 곧, 卽, 부사) # 틔거ᄒᆞ(퇴거하다, 退去)- + -고(연어, 계기)

46) 탁지대문: 탁지부 건물의 대문이다. ※ '탁지부(度支部)'는 1895년(고종 32) 탁지아문(度支衙門)을 개칭한 것으로, 국가의 재정 전반을 담당하였다.

47) 압희: 압ㅎ(←앞: 앞, 前) + -의(←-에: 부조, 위치)

48) 션혜청: 선혜청(宣惠廳). ※ '선혜청'은 조선 시대에 대동미와 대동목, 대동포 따위의 출납을 맡아보던 관아이다. 선조 41년(1608)에 두었다가, 고종 31년(1894)에 없앴다.

49) 슈빅인: 수백인(數百人). 수백 명.

50) 뜻슨: 뜻ㅅ(←뜻: 뜻, 意) + -은(보조사, 주제)

51) 을유: 을유년(乙酉年). 육십갑자의 스물두째 해이다. 여기서는 1885년이다.

52) 병슐: 병술년(丙戌年). 육십갑자의 스물셋째 해이다. 여기서는 1886년이다.

53) 뎡히: 정해년(丁亥年). 육십갑자의 스물넷째 해이다. 여기서는 1887년이다.

54) 무ᄌᆞ: 무자년(戊子年). 육십갑자의 스물다섯째 해이다. 여기서는 1888년이다.

55) 긔츅: 기축년(己丑年). 육십갑자의 스물여섯째 해이다. 여기서는 1889년이다.

56) 졍비쏠: 정비쌀(情費쌀) ※ '정비쌀'은 조세를 바칠 때에 비공식으로 아전들에게 주던 잡비로 내던 쌀이다.

57) ᄎᆞ하ᄒᆞ여: ᄎᆞ하ᄒᆞ(차하하다, 대어 주다, 借下)- + -여(←-아: 연어)

58) 달나고: 달(달다, 주다, 授)- + -나(←-라: 명종) + -고(부조, 인용)

59) 모화 논ᄃᆡ: 모호(←모히다: 모이다, 集)- + -아(←-앗-: 완결, 과시)- + -ᄂᆞᆫ데(-는데: 연어) ※ '모호다(= 모ᄋᆞ다)'는 '모히다(= 모이다)'의 오기이다.

60) 친군영: 친군영(親軍營). 구한말에 서울과 지방에 설치하여 여러 군영을 통할하던 관아이다. 서양의 군제(軍制)를 본떠서 고종 19년(1882)에 처음으로 친군 좌·우영을 설치하였다.

61) 소쇽들: [소속들: 소쇽(소속, 所屬) + -들(접미)]

62) 소쇽의게ᄂᆞᆫ: 소쇽(소속, 所屬) + -의게(-에게: 부조, 위치) + -ᄂᆞᆫ(보조사, 주제)

63) 아□: 문맥상 '아직(부사)'으로 보인다.

64) ᄭᆞ닭일네라: ᄭᆞ닭(까닭, 由) + -이(서조)- + -ㄹ네라(-ㄹ레라: 평종, 추측) ※ '-ㄹ네라'는 '-ㄹ레라'의 변이 형태이다. 여기서 '-ㄹ레라'는 '-ㄹ(←-리-: 미시, 추측)- + -러(←-더-: 회상)- + -라(←-다: 평종)'으로 분석할 수 있다.

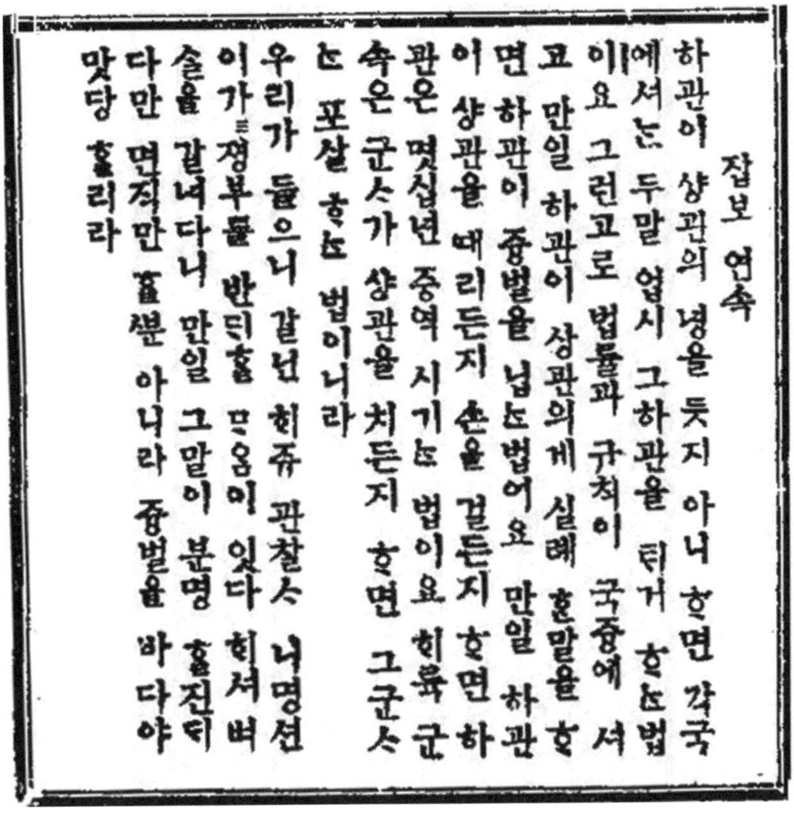

잡보 연속

하관이 샹관의 녕을 듯지 아니 ᄒᆞ면 각국에서ᄂᆞᆫ 두말 업시 그하관을 티거 ᄒᆞᄂᆞᆫ법이요 그런고로 법률과 규칙이 국즁에 셔고 만일 하관이 샹관의게 실례 ᄒᆞᆫ말을 ᄒᆞ면 하관이 즁벌을 닙ᄂᆞᆫ법이요 만일 하관이 샹관을 때리든지 손을 걸든지 ᄒᆞ면 하관은 몃십년 중역 시기ᄂᆞᆫ 법이요 히륙군속은 군ᄉᆞ가 샹관을 치든지 ᄒᆞ면 그군ᄉᆞᄂᆞᆫ 포살 ᄒᆞᄂᆞᆫ 법이니라

우리가 들으니 갈닌 히쥬 관찰ᄉᆞ 니명션이가 쟝부를 반ᄃᆡᄒᆞᆯ ᄆᆞᄋᆞᆷ이 잇다 히서 벼슬을 갈녀다니 만일 그말이 분명 ᄒᆞᆯ진ᄃᆡ 다만 면직만 ᄒᆞᆯ ᄲᅮᆫ 아니라 즁벌을 바다야 맛당 ᄒᆞᆯ리라

---

1) 녕 : 영(令). 명령.
2) 군속 : 군속(軍屬). 국군에 복무하는 사람이다.
3) 포살 : 포살(捕殺). 잡아 죽이는 것이다.
4) 법이니라 : 법(법, 法) + -이(서조)- + -니라(평종) ※ '-니라'는 진리나 으레 있는 사실을 일러 줄 때에 예스럽게 쓰이는 평서형의 종결 어미이다.
5) 갈닌 : 갈니[← 갈리다(갈리다, 교체되다) : 갈(갈다, 替)- + -니(← -리- : 피접)-]- + -ㄴ(관전)
6) 히쥬 : 해주(海州). 지명이다.
7) 니명션이가 : [이명선이 : 니명션(이명선 : 사람 이름) + -이(접미)] + -가(주조)
8) 갈녀다니 : 갈(갈다, 替)- + -녀(← -려 : 연어, 의도) # ᄒᆞ(하다, 爲)- + -다(← -더- : 회상)- + -니(연어, 설명의 계속) ※ '갈녀다니'는 '갈려하더니'의 준말이다.
9) 분명 ᄒᆞᆯ진ᄃᆡ : 분명ᄒᆞ(분명하다, 分明)- + -ㄹ진ᄃᆡ(-ㄹ진대 : 연어) ※ '-ㄹ진ᄃᆡ'는 앞 절의 일을 인정하면서, 그것을 뒤 절 일의 조건이나 이유, 근거로 삼음을 나타내는 연결 어미이다.
10) 면직만 ᄒᆞᆯᄲᅮᆫ : 면직(면직, 免職) + -만(보조사, 한정) # ᄒᆞ(하다, 爲)- + -ㄹ(관전) # ᄲᅮᆫ(뿐 : 한정, 의명)
11) 바다야 : 받(받다, 受)- + -아야(연어, 필연적 조건)
12) 맛당 ᄒᆞᆯ리라 : 맛당ᄒᆞ(마땅하다)- + -ㄹ리(← -리- : 미시)- + -라(← -다 : 평종)

한영ᄌᆞ뎐
한영문법

죠션 ᄉᆞᄅᆞᆷ이 영국 말을 ᄇᆡ호랴면 이 두 ᄎᆡᆨ 보다 더 긴ᄒᆞᆫ 거시 업ᄂᆞᆫ지라[1] 이 두 ᄎᆡᆨ이 미국인 워두우[2] ᄆᆞᆫᄃᆞᆫ[3] 거시니 한영ᄌᆞ뎐은 영국 말과 언문과 한문을 합ᄒᆞ야 ᄆᆞᆫᄃᆞᆫ ᄎᆡᆨ이오 한영문법은 영국문법과 죠션 문법을 서로 견주 엇시니[4] 말이 간단ᄒᆞ야 영국 말을 ᄌᆞ셰히[5] ᄇᆡ호랴면[6] 이 ᄎᆡᆨ이 잇서야[7] ᄒᆞᆯ거시니라[8] 갑ᄉᆞᆫ 한영ᄌᆞ뎐 ᄉᆞ원 한영문법 삼원 ᄇᆡᄌᆡ 학당[9] 한미화활판소[10]에 와서 사라

---

1) 업ᄂᆞᆫ지라: 업(← 없다: 없다, 無)- + -ᄂᆞᆫ지라(-는지라: 연어, 이유, 원인)
2) 워두우: 언더우드(Underwood, Horace Grant). 미국의 의학자·선교사(1859~1916)이다. 1884년에 초대 주한(駐韓) 선교사로서 경신 학교를 설립하고, 1915년에는 연희 전문학교의 교장이 되어 교육 사업에 헌신하였다.
3) ᄆᆞᆫᄃᆞᆫ: ᄆᆞᆫᄃᆞ(← ᄆᆞᆫᄃᆞᆯ다: 만들다, 作)- + -ㄴ(관전)
4) 견주 엇시니: 견주(견주다, 比)- + -엇ㅅ(← -엇-: 완료, 과시)- + -이니(← -으니: 연어, 설명의 계속)
5) ᄌᆞ셰히: [자세히(부사): ᄌᆞ셰(자세, 仔細: 불어) + -ᄒᆞ(형접)- + -이(부접)]
6) ᄇᆡ호랴면: ᄇᆡ호(배우다, 學)- + -려면(연어, 의도와 조건)
7) 잇서야: 잇ㅅ(← 있다: 있다, 有)- + -어야(연어, 필연적 조건)
8) ᄒᆞᆯ거시니라: ᄒᆞ(하다, 爲)- + -ㄹ(관전) # 것(의명) + -이(서조)- + -니라(평종) ※ '-니라'는 진리나 으레 있는 사실을 일러 줄 때에 예스럽게 쓰이는 종결 어미로 처리한다.
9) ᄇᆡᄌᆡ 학당: 배재학당(培材學堂). ※ '배재학당'은 조선 고종 22년(1885)에 미국의 북감리회 선교사인 아펜젤러가 서울에 세운 우리나라 최초의 근대식 사립 학교이다.
10) 한미화활판소: 1889년에 감리교 선교부가 서울 정동의 배재학당 내에 설치한 인쇄소를 겸한 출판 기관이다. '미이미활판소', '한미화활판소', '삼미활판소' 등으로 이름이 바뀌었다.

주지회샤

셔울 졍동

각쇡외국 샹등물
건을 파ᄂᆞᆫ듸 갑도
빗ᄉᆞ지 아니ᄒᆞ더
라 각쇡 담비와
다른 물건이 만
이 잇더라

가메야회샤

셔울 졍동

외국 샹등 물건을 파
ᄂᆞᆫ듸 물건이 다 죠코
갑도 외누리 업더라

안창회샤

셔울 졍동

셔양 물건과 쳥국 물
건을 파ᄂᆞᆫ듸 샹등 셔
양 술과 각쇡 담비가
만히 잇더라

READ THE FOLLOWING
or have it translated to you

ᄉᆞ민필지

셰계 지리셔를
한문으로 번역
ᄒᆞᆫ 거신듸 사ᄅᆞᆷ
마다 볼만ᄒᆞᆫ 칙
이니 학문상에
유의ᄒᆞᄂᆞᆫ 이ᄂᆞᆫ
이 칙을 죵노 칙
젼에셔 사시ᄋᆞᆸ
갑슨 여덟냥

---

1) 외누리: 에누리.
2) 주지회샤: 주지(상호, 商號) # 회샤(회사, 會社)
3) 각쇡외국: 각쇡(각색, 각종, 各色) # 외국(외국, 外國)
4) 샹등: 상등(上等), 등급을 상·하 또는 상·중·하로 나눈 것의 가장 위 등급이다.
5) 파ᄂᆞᆫ듸: 파(←팔다: 팔다, 賣)-+-ᄂᆞᆫ데(-는데: 연어, 설명의 계속)
6) 갑도: 갑(←값: 값, 價)+-도(보조사, 첨가)
7) 빗ᄉᆞ지: 빗ᄉᆞ(비싸다, 高價)-+-지(연어, 부정)
8) 만이: [←만히(많이: 부사): 만(←많다: 많다, 多)-+-이(부접)]
9) ᄉᆞ민: 사민(四民). 사(士)·농(農)·공(工)·상(商) 네 가지 신분이나 계급의 백성이란 뜻으로, '온 백성'을 이르는 말이다.
10) 필지: 필지(必知). 반드시 알아야 하는 것이다.
11) 셰계: 세계(世界)
12) 지리셔: 지리서(地理書)
13) 거신듸: 것(것: 의명)+-이(서조)-+-ㄴ듸(-ㄴ데: 연어, 설명의 계속)
14) 볼만ᄒᆞᆫ: 보(보다, 見)-+-ㄹ(관전) # 만(의명, 가치) # ᄒᆞ(하다)-+-ㄴ(관전)
15) 유의ᄒᆞᄂᆞᆫ: 유의ᄒᆞ(유의하다, 有意)-+-ᄂᆞ(현시)-+-ㄴ(관전)
16) 죵노: 종로(鐘路). 땅 이름이다.
17) 칙젼에셔: 칙젼(책전, 서점, 冊廛)+-에셔(-에서: 부조, 위치)
18) 쳥국: 청국(淸國). 청나라.

[부록1] 제1부의 예문 주해

제1장 글자와 표기법

1.1. 훈민정음의 제자 원리

1.1.1. 제자의 일반 원리

(1) 正音二十八字。各象其形而制之[1)]。 [훈해 제자 1]

1.1.2. 초성과 종성 글자의 제자 원리

〈상형〉

(2) 初聲凡十七字[2)]。牙音ㄱ象舌根閉喉之形[3)]。舌音ㄴ象舌附上腭之形[4)]。脣音ㅁ象口形[5)]。齒音ㅅ象齒形。喉音ㅇ象喉形。 [훈해 제자 1]

〈가획〉

(3) ㅋ比ㄱ 聲出稍厲[6)]。故加劃[7)]。ㄴ而ㄷ ㄷ而ㅌ ㅁ而ㅂ ㅂ而ㅍ ㅅ而ㅈ ㅈ而 ㅊ ㅇ而ㆆ ㆆ而ㅎ。其因聲加劃之義皆同。而唯ㆁ爲異[8)]。 [훈해 제자 1]

〈종성〉

(4) 終聲復用初聲[9)]。 [훈해 예의 3]

---

1) 象(상 : 본뜨다), 制(제 : 만들다)
2) 凡(범 : 모두)
3) 閉(폐 : 막다), 喉(후 : 목구멍)
4) 附(부 : 붙다), 腭(악 : 잇몸)
5) 脣(순 : 입술)
6) 聲(성 : 소리), 稍(초 : 약간), 厲(려 : 세다)
7) 故(고 : 이유), 加(가 : 더하다), 劃(획 : 획)
8) 而(이 : 그러나), 唯(유 : 오직), 異(이 : 다르다)
9) 復(부 : 다시)

1.1.3. 중성 글자의 제자 원리

〈상형〉

(5) 中聲凡十一字。 ・(…)形之圓 象乎天也[10]。 一(…)形之平 象乎地也。 ㅣ (…) 形之立 象乎人也。 [훈해 제자 4]

〈합용〉

(6) ㅗ(…)其形則・與一合而成(…)[11]。 ㅏ(…)其形則ㅣ與・合而成(…)。 ㅜ(…)其形則一與・合而成。 ㅓ(…)其形則・與ㅣ合而成。 ㅛ與ㅗ同而起於ㅣ。 ㅑ與ㅏ同而起於ㅣ。 ㅠ與ㅜ同而起於ㅣ。 ㅕ與ㅓ 同而起於ㅣ。 [훈해 제자 5]

1.1.4. 글자의 운용법

〈연서법〉

(7) ㅇ連書脣音之下[12]。 則爲脣輕音[13]。 [훈해 예의 3]

〈병서법〉

(8) 初聲合用則竝書[14]。 終聲同。 [훈해 예의 3-4]

〈성음법〉

(10) 凡字必合而成音。 [훈해 예의 6]

---

10) 圓(원 : 둥글다), 乎(호 : 어조사, -을/를), 也(야 : 문장의 끝맺음을 나타낸다.)
11) 與(여 : 더불다, -와/과)
12) 連書(연서 : 이어 쓰다)
13) 則(즉 : 곧)
14) 竝書(병서 : 나란히 쓰다)

〈부서법〉

(12) ·ㅡㅗㅜㅛㅠ 附書初聲之下[15)]。ㅣㅏㅓㅑㅕ 附書於右[16)]。 [훈해 예의 4]

(13) 中聲則圓者橫者在初聲之下[17)] ·ㅡㅗㅜㅛㅠ是也[18)]。縱者在初聲之右[19)] ㅣㅏㅓㅑㅕ是也。 [훈해 합자 21]

〈사성법〉

(14) 凡字之左 加一點則去聲[20)]。二則上聲。無則平聲。入聲加點同而促急[21)]。 [훈해 예의 4]

사성(四聲)		좌가점(左加點)	용례	소리의 성질	
				해례본	언해본
비입성(非入聲)	거성	한 점	·칼(刀), ·키(箕)	擧而壯[22)]	가장 높은 소리
	상성	두 점	:돌(石), :범(虎)	和而擧[23)]	처음이 낮고 나중이 높은 소리
	평성	없음	벼(稻), 콩(大豆)	安而和[24)]	가장 낮은 소리
입성(入聲)	거성	한 점	·못(釘), ·턱(頤)	促而塞[25)]	빨리 그치는 소리
	상성	두 점	:곡식(穀), :비단(繒)		
	평성	없음	독(甕), 엽구리(脅)		

[표 3'. 방점의 운용법]

15) 附書(부서: 붙여 쓰다)
16) 於(어: 어조사, -에)
17) 圓者(원자: 둥근 것), 橫者(횡자: 가로 그은 것), 在(재: 놓이다)
18) 是也(시야: 그것이다)
19) 縱者(종자: 위에서 아래로 그은 것)
20) 點(점: 점)
21) 促急(촉급: 촉박하여 매우 급함.)
22) 擧而壯(거이장): 擧(거)하고 壯(장)하다. 높으며 크다.
23) 和而擧(화이거): 和(화)하고 擧(거)하다. 고르며 높다.
24) 安而和(안이화): 安(안)하고 和(화)하다. 안정되고 고르다.
25) 促而塞(촉이색): 促(촉)하고 塞(색)하다. 빠르고 막히다.

1.2. 글자의 소리

1.2.1. 초성과 종성 글자의 소리

1.2.1.1. 초성과 종성의 소리 체계

1.2.1.2. 초성 글자의 소리

가. 홑 초성 글자의 소리

가-1. 없어진 홑 초성 글자의 소리

(1) ㄱ. 러ᄫᅳᆯ, 서ᄫᅦ, 바ᄫᅩᆯ, 그ᅌᅦ, 미드니ᅌᅵᆺ가

ㄴ. 長湍ᄋᆞᆯ 건너<u>시ᇙ</u> 제, <u>가ᇙ</u> 길히, 니르고져 <u>ᄒᆞᇙ</u> 배, 도라<u>오ᇙ</u> 軍士, 지브로 도라오<u>시ᇙ</u> 제

ㄷ. 거ᅀᅴ, 겨ᅀᅳᆯ, ᄀᆞᅀᆞᆯ, ᄆᆞᅀᆞᆯ, ᄉᆞᅀᅵ, 아ᅀᆞ, 한ᅀᅮᆷ, 몸ᅀᅩ

(1′) ㄱ. 너구리, 성에, 방울, 거기(에), 믿었습니까

ㄴ. 長湍(장단)을 건너실 때, 갈 길이, 말하고자 할 바가, 돌아올 軍士(군사), 집으로 돌아오실 때

ㄷ. 거의, 겨울, 가을, 마을, 사이, 아우, 한숨, 몸소

가-2. 바뀐 홑 초성 글자의 소리

〈ㅇ〉

(2) ㄱ. 아ᄒᆡ, 아ᅀᆞ, 어마님, 요주ᅀᅮᆷ, 입시울 ; 요ᇰ(用), 욕(欲), 이ᇰ(異)

ㄴ. 셔ᇰ(書), ᄍᆞᇰ(字), ᅀᅧᇰ(如), ᄎᆞᇰ(此), 뽀ᇰ(步)

(2′) ㄱ. 아이, 아우, 어머님, 요즈음, 입술 ; 용(用), 욕(欲), 이(異)

ㄴ. 서(書), 자(字), 여(如), 차(此), 보(步)

(3) ㄱ. 놀애, ᄂᆞᆯ애, 몰애 ; 달아, 일우다

ㄴ. ᄀᆞᇫ애, 아ᇫ이 ; 그ᇫ어, 비ᇫ이고, 우ᇫ음

ㄷ. 아니어늘, 몯ᄒᆞ리오, 뷔오

(3′) ㄱ. 노래(歌), 날개(羽), 모래(沙), 달라(異: 다르다), 일우다(成: 이루다)
ㄴ. 가위(剪), 아우(弟)가, 그어(劃), 아름답게 꾸미게 하고(粧), 웃음거리가 됨(嘲弄)
ㄷ. 아니거늘, 못하리오, 비고(空: 뷔다)

〈ㅈ, ㅊ〉

(4) 잡다, 잣(城), ᄌᆞ라다, 좀먹다, 즘게 ; 차(茶), 차반, 춤, ᄎᆞᆷ히, ᄎᆞᆷ쌔, ᄎᆡᆨᄒᆞ다

(4′) 잡다, 성(城), 자라다, 좀먹다, 나무 ; 차(茶), 음식, 춤, 참하게, 참깨, 책망하다

나. 병서 글자의 소리

나-1. 각자 병서 글자의 소리

〈ㄲ, ㄸ, ㅃ, ㅉ, ㅆ〉

(5) ㄱ. 말<u>ᄊᆞᆷ</u>, <u>쓰</u>다, <u>싸</u>호다, ᄇᆞᆯ<u>써</u>
ㄴ. ᄇᆞᄅᆞᆯ <u>끼</u>름, 수믈 <u>띄</u>, 여흴 <u>쩌</u>긔, 펼 <u>ᄊᆞ</u>ᅀᅵ예
ㄷ. 일흘<u>까</u>, 아ᅀᆞᄫᆞᆯ<u>까</u>, 이실<u>까</u>, 겻굴<u>따</u>
ㄹ. 녀<u>ᄊᆞᆸ</u>고, 듣<u>ᄊᆞᆸ</u>고, 노<u>ᄊᆞᆸ</u>고 ; 연<u>ᄍᆞᆸ</u>고, 무<u>ᄍᆞ</u>ᄫᆞᆫ대, 조<u>ᄍᆞᆸ</u>고, 마<u>ᄍᆞ</u>ᄫᅵ
ㅁ. 엄<u>쏘</u>리, 니<u>쏘</u>리, 혀<u>쏘</u>리
ㅂ. 而ᅀᅵᆼ終즁不붏得득伸신其<u>끵</u>情<u>쪙</u>者쟝ㅣ多당矣읭라 [세훈]

(5′) ㄱ. 말씀, 쓰다, 싸우다, 벌써
ㄴ. 바를 기름, 숨을 데, 여윌 적에, 펼 사이에
ㄷ. 잃을까, 알까, 있을까, 겪을까
ㄹ. 넣고, 덮고, 놓고 ; 얹고, 물으면, 좇고, 마중
ㅁ. 어금닛소리, 잇소리, 혓소리
ㅂ. 그러나 끝내 그 뜻을 능히 펼 수 없는 사람이 많다.

〈ㆅ〉

(6) <u>ᅘᅧ</u>[1], 내<u>ᅘᅧ</u>ᄂᆞ니[2], ᄲᅡ<u>ᅘᅧᆯ</u> 씨니[3], 치<u>ᅘᅧ</u>시니[4], 두르<u>ᅘᅧ</u>[5], 두위<u>ᅘᅧ</u>[6], ᄃᆞᄅᆞ<u>ᅘᅧ</u>[7]

(6′) ᅘᅧ(당기어), 내ᅘᅧᄂᆞ니(내키니), ᄲᅡᅘᅧᆯ 씨니(빼는 것이니), 치ᅘᅧ시니(끌어당기시니), 두르ᅘᅧ(돌이켜), 두위ᅘᅧ(뒤집어), 도ᄅᆞᅘᅧ(도리어)

〈ㆀ〉

(7) ㄱ. 使ᄂᆞᆫ ᄒᆡᅇᅧ[8] ᄒᆞᄂᆞᆫ 마리라 [세훈 3]
ㄴ. 生死애 ᄆᆡᅇᅩᆫ[9] 根源 [능언 5:5]
ㄷ. 사ᄅᆞᄆᆡ 게[10] 믜ᅇᅵᆫ[11] 고ᄃᆞᆯ[12] 긋[13] 아라 [몽언 9]
ㄹ. 王이 威嚴이 업서 ᄂᆞᄆᆡ 소내 쥐ᅇᅧ[14] 이시며 [월석 2:11]

(7′) ㄱ. '使(사)'는 '-하게 하다(시키다)'라고 하는 말이다.
ㄴ. 生死(생사)에 매인 根源(근원)…
ㄷ. 사람에게 미움을 받은 것을 반드시 알아서…
ㄹ. 王(왕)이 威嚴(위엄)이 없어 남의 손에 쥐여 있으며…

〈ㄴㄴ〉

(8) 다ᄂᆞ니라[15], 슬ᄂᆞ니[16]

(8′) 닿느니라, 슬퍼하느니

---

1) ᅘᅧ : ᅘᅧ(당기다, 引)- + -어(연어)
2) 내ᅘᅧᄂᆞ니 : 내ᅘᅧ(내키다, 出)- + -ᄂᆞ(현시)- + -니(연어)
3) ᄲᅡᅘᅧᆯ 씨니 : ᄲᅡᅘᅧ(빼다, 拔)- + -ㄹ(관전) # ᄊᆞ(← ᄉᆞ : 것, 의명) + -이(서조)- + -니(연어)
4) 치ᅘᅧ시니 : 치ᅘᅧ(끌어당기다, 引)- + -시(주높)- + -니(연어)
5) 두르ᅘᅧ : 두르ᅘᅧ(돌이키다, 回)- + -어(연어)
6) 두위ᅘᅧ : 두위ᅘᅧ(뒤집다, 覆)- + -어(연어)
7) 도ᄅᆞᅘᅧ : 도ᄅᆞᅘᅧ(도리어, 猶 : 부사)
8) ᄒᆡᅇᅧ : ᄒᆡᅇᅵ[← ᄒᆡ다(하게 하다, 시키다, 使) : ᄒᆞ(하다, 爲)- + -ㅣ(사접)-]- + -어(연어)
9) ᄆᆡᅇᅩᆫ : ᄆᆡᅇᅵ[← ᄆᆡ이다(매이다, 繫) : ᄆᆡ(매다)- + -이(피접)-]- + -오(대상)- + -ㄴ(관전)
10) 사ᄅᆞᄆᆡ 게 : 사ᄅᆞᆷ(사람, 人) + -ᄋᆡ(관조) # 게(거기에 : 의명)
11) 믜ᅇᅵᆫ : 믜ᅇᅵ[← 믜이다(미움을 받다) : 믜(미워하다)- + -이(피접)-]- + -ㄴ(관전)
12) 고ᄃᆞᆯ : 곧(것, 곳 : 의명) + -ᄋᆞᆯ(목조)
13) 긋 : 반드시, 구태여, 억지로, 힘써서, 必(부사)
14) 쥐ᅇᅧ : 쥐ᅇᅵ[← 쥐이다(쥠을 당하다) : 쥐(쥐다, 握)- + -이(피접)-]- + -어(연어)
15) 다ᄂᆞ니라 : 닿(닿다, 觸)- + -ᄂᆞ(현시)- + -니(객믿)- + -라(← -다 : 평종)
16) 슬ᄂᆞ니 : 슳(슬퍼하다, 哀)- + -ᄂᆞ(현시)- + -니(연어)

나-2. 합용 병서 글자의 소리

(9) ㄱ. ᄩᅡᆯ기, ᄩᅳᆮ ; ᄡᅮᆨ, ᄡᅵ, ᄡᅡᆯ ; 대ᄧᅩᆨ[17], ᄧᅡᆨ ; ᄩᅳ고, ᄩᅥ디며[18] ('ㅂ'계 합용 병서)
ㄴ. ᄭᅬ, ᄭᅩ리, ᄭᅮᆷ ; ᄮᅡᄒᆡ ; ᄯᅡᇂ, ᄯᅥᆨ, ᄯᅩ, ᄲᅧ ('ㅅ'계 합용 병서)
ㄷ. ᄢᅮᆯ, ᄢᅳᆷ, ᄢᅢ니[19] ; ᄃᆞᇌᄣᅢ[20], ᄦᅵ며[21], ᄣᅢ리니 ('ㅄ'계 합용 병서)

(9′) ㄱ. 딸기, 뜻 ; 쑥, 씨, 쌀 ; 대쪽, 짝 ; 트고, 터지며 ('ㅂ'계 합용 병서)
ㄴ. 꾀, 꼬리, 꿈 ; 사나이 ; 땅, 떡, 또(又), 뼈 ('ㅅ'계 합용 병서)
ㄷ. 꿀(蜜), 틈, 깨니(破) ; 닭때(酉時), 찌며(蒸), 때리니 ('ㅄ'계 합용 병서)

다. 연서 글자의 소리

〈ㅸ〉

(10) ㅇ連書脣音之下[22] 則爲脣輕音者[23] 以輕音脣乍合而喉聲多也[24]。[훈해 제자 4]

(11) ㄱ. ᄀᆞᄅᆞᄫᅵ, 셔ᄫᅳᆯ, ᄒᆞᄫᆞᅀᅡ, 대ᄫᅥᆷ
ㄴ. 열ᄫᅳᆫ[25], 셜ᄫᅥ[26], 글ᄫᅡᆯ, 말ᄫᅡᆷ ; 우ᇫᄫᅳ니[27]
ㄷ. 斗둫ᇢ 字, 漂푷ᇢ 字

(11′) ㄱ. 가랑비, 서울, 혼자, 큰범
ㄴ. 엷은, 설워, 글월, 마름쇠 ; 우스우니

---

17) 대ᄧᅩᆨ : [대쪽 : 대(대, 竹) + ᄧᅩᆨ(쪽, 片)]
18) ᄩᅥ디며 : ᄩᅥ디[터지다, 爆 : ᄩᅳ(트다)- + -어(연어) + 디(지다 : 보용, 피동)-]- + -며(연어)
19) ᄢᅢ니 : ᄢᅢ(깨다, 破)- + -니(연어)
20) ᄃᆞᇌᄣᅢ : [닭때, 酉時 : ᄃᆞᆰ(닭, 鷄) + -ㅅ(관조, 사잇) + ᄣᅢ(때, 時)]
21) ᄦᅵ며 : ᄦᅵ(찌다, 蒸)- + -며(연어)
22) 脣(순 : 입술)
23) 者(자 : 것, 의명)
24) 乍(사 : 잠깐, 약간)
25) 열ᄫᅳᆫ : 여ᇦ(← 엷다, ㅂ불 : 엷다, 薄)- + -은(관전)
26) 셜ᄫᅥ : 셔ᇦ(← 셟다, ㅂ불 : 섧다, 哀)- + -어(연어)
27) 우ᇫᄫᅳ니 : 우ᇫᄫ(← 우ᇫᆸ다, ㅂ불 : 우습나, 哏)- + -ᄋᆞ니(연어)

ㄷ. 斗ᄃᆞᇢ의 字(자, 글자), 漂ᅗᅸᇢ의 字(자, 글자)

1.2.1.3. 종성 글자의 소리

(12) 박(瓢), ᄯᅥᆨ(餠) ; 강아지(犬), 방(房) ; 낟(穀), 벋(友) ; 빈혀(簪), 션ᄇᆡ(士) ; 입(口), 납(猿) ; 밤(栗), ᄌᆞᆷ(眠) ; 못(池), ᄆᆞᆺ(最) ; 절(拜), ᄆᆞᆯ(馬)

(12′) 박(瓢), 떡(餠) ; 강아지(犬), 방(房) ; 낟(穀), 벗(友) ; 비녀(簪), 선비(士) ; 입(口), 원숭이(猿) ; 밤(栗), 잠(眠) ; 못(池), 가장(最) ; 절(拜), 말(馬)

(14) ㄱ. ᄆᆞᅀᆞᆷ, 드르ㅎ, 기릐
ㄴ. 몸소, 나라ㅎ, 우ᅀᅮᆷ, 멀험
ㄷ. 쇼ㅎ, 약대, 유무, 여ᅀᆞ

(14′) ㄱ. 마음, 들(野), 길이
ㄴ. 몸소, 나라(國), 웃음, 마굿간
ㄷ. 속인(俗人), 낙타, 소식, 여우(狐)

(16) ㄱ. 좌ᄒᆞ다, 워기다
ㄴ. ᄆᆡ샹, ᄆᆡ다, 외얏, 대범, 뮈다, 세ㅎ
ㄷ. 쇠ᄯᅩᆼ, ᄌᆞ개[28], 셰다[29]
ㄹ. 괘씸ᄒᆞ다, 웨다

(16′) ㄱ. 정좌(定座)하여 먹다, 외치다
ㄴ. 늘, 미워하다, 오얏(자두), 큰범, 움직이다, 셋(三)
ㄷ. 쇠똥, 자기가, 세우다
ㄹ. 괘씸하다, 외치다

---

28) ᄌᆞ개: ᄌᆞ갸(자기, 彼: 인대, 재귀칭, 높임) + -ㅣ(주조)
29) 셰다: 셰[세우다: 셔(서다, 立)- + -ㅣ(사접)-]- + -다(평종)

1.2.2. 중성 글자의 소리

(17) ㆍ舌縮而聲深[30]。 [훈해 제자 4]

(18) ㅗ與ㆍ同而口蹙[31], ㅏ與ㆍ同而口張[32]。 [훈해 제자 5]

1.3. 표기법

1.3.1. 종성의 표기

〈음소적 표기〉

(1) ㄱ. 목소리, 스승, 낟(穀), 눈, 솝옷, ᄭᅮᆷ, 옷, 믈
ㄴ. 받(←밭), 놉고(←높고), 곳(←곶), 노ᅀᆞᆸ고(←놓ᅀᆞᆸ고)

(1′) ㄱ. 목소리, 스승, 낟(穀), 눈(目), 속옷(內衣), 꿈, 옷, 물(水)
ㄴ. 밭(田), 높고, 꽃, 놓고

(2) ㄱ. 모ᄆᆞᆯ(몸+-ᄋᆞᆯ), 사ᄅᆞ미(사ᄅᆞᆷ+-이), 도ᄂᆞ로(돈+-ᄋᆞ로), ᄠᅳ들(ᄠᅳᆮ+-을)
ㄴ. 업슬(없-+-을), 업시(없-+-이), 아나(안-+-아), 빌머그라(빌먹-+-으라)

(2′) ㄱ. 몸을, 사람이, 돈으로, 뜻을, 손에, 남의, 꿈을, 달을, 흙을, 눈이라
ㄴ. 없을, 없이, 안아, 빌어먹으러, 앉아, 받아, 얻으리라, 솟아

〈형태 음소적 표기〉

(3) ㄱ. 곶비, 낯과 ; 좇거늘, 빛나시니이다 ; 깊고, 높고, 닢, ; 낱
ㄴ. 눈에, 손ᄋᆞ로 ; 일ᄋᆞᆯ, 믈이 ; ᄭᅮᆷ을, 몸이 ; 죵ᄋᆞᆯ, 딮동ᄋᆞᆯ ; 즈ᇫ을

(3′) ㄱ. 꽃비, 낯과 ; 좇거늘(따르거늘), 빛나셨습니다 ; 깊고, 높고, 잎(葉,) 낱(個)
ㄴ. 눈에, 손으로 ; 일을, 물이 ; 꿈을, 몸이 ; 종을, 짚동을 ; 모습을

30) 縮(축) : 오그라들다
31) 蹙(축) : 오므라지다
32) 張(장) : 퍼지다

1.3.2. 사잇소리의 표기

(4) ㄱ. 野人ㅅ 서리, 님긊 德, 아바닚[1] 뒤, 나랏 小民, 긼ᄀᆞ새[2] [용가]

ㄴ. 부텻 말, 聖人ㅅ 믈, 神通ㅅ 이ᄅᆞᆯ [법언]

(4′) ㄱ. 野人(야인)의 사이, 임금의 德(덕), 아버님의 뒤, 나라의 小民(소민), 길가에

ㄴ. 부처의 말, 聖人(성인)의 무리(衆), 神統(신통)의 일을

1.3.3. 한자어의 표기

(5) ㄱ. 狄人ㅅ 서리예[3] 가샤[4] 狄人이 ᄀᆞᆯ외어늘[5] [용가 4장]

ㄴ. 나랏 말ᄊᆞ미 中듕國귁에[6] 달아 [세훈 1]

ㄷ. 솅世존尊ㅅ 일 ᄉᆞᆯᄫᅩ리니[7] 먼萬링里욍外 일이시나 [월석 1:1]

(5′) ㄱ. 狄人(적인)의 사이에 가셔서 狄人(적인)이 침범하거늘…

ㄴ. 나라의 말이 中國(중국)과 달라…

ㄷ. 世尊(세존)의 일 아뢰리니 萬里(만리) 밖의 일이시나…

1.3.4. 붙여쓰기

(6) ㄱ. 나랏말ᄊᆞ미中國애달아文字와로서르ᄉᆞᄆᆞᆺ디[8]아니ᄒᆞᆯᄊᆡ[9] [세훈 1]

ㄴ. 닐굽고졸因ᄒᆞ야信誓기프실ᄊᆡ世世예妻眷이ᄃᆞ외시니 [월석 1:4]

---

1) 아바닚 : 아바님[아버님, 父親 : 아바(← 아비 : 아버지, 父) + -님(높접)] + -ㅅ(관조, 사잇)
2) 긼ᄀᆞ새 : 긼ᄀᆞᇫ(← 긼ᄀᆞᆺ : 길가, 路邊) : 길(길, 路) + -ㅅ(관조, 사잇) + ᄀᆞᇫ(← ᄀᆞᆺ : 가, 邊) + -애(-에 : 부조, 위치)
3) 서리예 : 서리(사이, 間, 中) + -예(← -에 : 부조, 위치)
4) 가샤 : 가(가다, 去)- + -샤(← -시- : 주높)- + -Ø(← -아 : 연어)
5) ᄀᆞᆯ외어늘 : ᄀᆞᆯ외(침범하다, 侵)- + -어늘(← -거늘 : 연어, 상황)
6) 中國(중국)에 : 中國(중국) + -에(-과 : 부조, 비교)
7) ᄉᆞᆯᄫᅩ리니 : ᄉᆞᇦ(← ᄉᆞᆲ다, ㅂ불 : 아뢰다, 奏)- + -오(인칭)- + -리(미시)- + -니(연어, 설명의 계속)
8) ᄉᆞᄆᆞᆺ디 : ᄉᆞᄆᆞᆺ(← ᄉᆞᄆᆞᆽ다 : 통하다, 通)- + -디(-지 : 연어, 부정)
9) 아니ᄒᆞᆯᄊᆡ : 아니ᄒᆞ(아니하다 : 보용, 부정)- + -ㄹᄊᆡ(-므로 : 연어, 이유)

(6′) ㄱ. 나라의 말씀이 中國(중국)과 달라 文字(문자, 한자)와 서로 通(통)하지 아니하므로…

ㄴ. 일곱 꽃을 말미암아 信書(신서)[10]가 깊으시므로 世世(세세)[11]에 妻眷(처권)[12]이 되셨으니…

10) 信誓(신서) : 진심으로 한 맹세이다.
11) 世世(세세)예 : 후세에 태어날 적마다.
12) 妻眷(처권) : 아내이다.

제2장 형태론

2.1. 단어의 형성

2.1.1. 단어의 짜임새

〈어근과 접사〉

(1)	ㄱ. 니ᄡᆞᆯ(니- + **ᄡᆞᆯ**)	(1′)	ㄱ. 입쌀
	ㄴ. 불무질(**불무** + -질)		ㄴ. 풀무질
	ㄷ. 검듸영(**검**- + -듸영)		ㄷ. 검댕

(2)	ㄱ. ᄇᆞᄅᆞ매(**ᄇᆞᄅᆞᆷ**- + -애)	(2′)	ㄱ. 바람에
	ㄴ. 뮐ᄊᆡ(**뮈**- + -ㄹᄊᆡ)		ㄴ. 움직이므로
	ㄷ. 됴코(**둏**- + -고)		ㄷ. 좋고

〈단일어와 복합어〉

(3) ㄱ. 쇼, 나모 ; 새(新), 다시(再) ; ᄆᆡᇰᄀᆞᆯ다(造), 하다(多)

ㄴ. ᄀᆞᆯ가마괴[1], ᄉᆡ어미[2] ; 무덤[3], ᄂᆞᆯ개[4]

ㄷ. 밤낮, ᄡᆞᆯ밥[5], 불뭇골[6] ; 검븕다[7], 오ᄅᆞᄂᆞ리다[8], 도라오다[9]

---

1) ᄀᆞᆯ가마괴 : [갈가마귀 : ᄀᆞᆯ(갈- : 접두)- + 가마괴(까마귀, 烏)]
2) ᄉᆡ어미 : [시어머니, 姑 : ᄉᆡ(시-, 媤 : 접두)- + 어미(어머니, 母)]
3) 무덤 : [무덤, 墓 : 묻(묻다, 埋)- + -엄(명접)]
4) ᄂᆞᆯ개 : [날개, 翼 : ᄂᆞᆯ(날다, 飛)- + -개(명접)]
5) ᄡᆞᆯ밥 : [쌀밥 : ᄡᆞᆯ(쌀, 米) + 밥(밥, 飯)]
6) 불뭇골 : [풀뭇골, 冶谷 : 불무(풀무, 冶) + -ㅅ(관조, 사잇) + 골(골짜기, 谷)]
7) 검븕다 : 검븕[검붉다 : 검(검다, 黑)- + 븕(붉다, 赤)-]- + -다
8) 오ᄅᆞᄂᆞ리다 : 오ᄅᆞᄂᆞ리[오르내리다 : 오ᄅᆞ(오르다, 登)- + ᄂᆞ리(내리다, 降)-]- + -다
9) 도라오다 : 도라오[돌아오다, 回 : 돌(돌다, 回)- + -아(연어) + 오(오다, 來)-]- + -다

2.1.2. 합성법

2.1.2.1. 어근의 결합 방법에 따른 합성법의 유형

〈통사적 합성법〉

(4) ㄱ. 어ᅀᅵ아ᄃᆞᆯ[10], ᄒᆡᄃᆞᆯ[11] ; 요ᄉᆞᅀᅵ[12], 늘그니[13]

ㄴ. 도라가다[14], 업시너기다[15]

ㄷ. 값없다[16], 맛보다[17]

〈비통사적 합성법〉

(5) 죽살다[18], ᄢᅱ놀다[19] ; 감ᄑᆞᄅᆞ다[20], 됴쿶다[21]

2.1.2.2. 품사에 따른 합성법의 종류

가. 체언 합성법

〈명사 합성법〉

(6) ㄱ. 공쟝바치[22], ᄆᆞ쇼[23] ; 믌결[24], ᄃᆞᆯᄀᆞ알[25]

---

10) 어ᅀᅵ아ᄃᆞᆯ : [어미와 아들, 母子 : 어ᅀᅵ(어머니, 母) + 아ᄃᆞᆯ(아들, 子)]
11) ᄒᆡᄃᆞᆯ : [해와 달, 日月 : ᄒᆡ(해, 日) + ᄃᆞᆯ(달, 月)]
12) 요ᄉᆞᅀᅵ : [요사이 : 요(요 : 관사) + ᄉᆞᅀᅵ(사이, 間)]
13) 늘그니 : [늙은이, 老人 : 늙(늙다, 老)- + -은(관전) + 이(이, 人 : 의명)]
14) 도라가다 : 도라가[돌아가다, 歸 : 돌(돌다, 回)- + -아(연어) + 가(가다, 去)-]- + -다
15) 업시너기다 : 업시너기[업신여기다 : 없(없다, 無)- + -이(부접) + 너기(여기다, 慮)-]- + -다
16) 값없다 : 값없[값없다 : 값(값, 價) + 없(없다, 無)-]- + -다 ※ 값없다 : ① 가치가 없다. ② 아주 귀하고 가치가 높다.
17) 맛보다 : 맛보[맛보다, 嘗 : 맛(맛, 味) + 보(보다, 見)-]- + -다
18) 죽살다 : 죽살[죽고 살다 : 죽(죽다, 死)- + 살(살다, 生)-]- + -다
19) ᄢᅱ놀다 : ᄢᅱ놀[뛰놀다 : ᄢᅱ(뛰다, 踊)- + 놀(놀다, 遊)-]- + -다
20) 감ᄑᆞᄅᆞ다 : [검푸르다 : 감(검다, 黑)- + ᄑᆞᄅᆞ(푸르다, 靑)-]- + -다
21) 됴쿶다 : [좋거나 궂다 : 둏(좋다, 好)- + 궂(궂다, 不好)-]- + -다
22) 공쟝바치 : [기술자, 장인 : 공쟝(공장, 工匠) + 바치(기술자, 匠)]
23) ᄆᆞ쇼 : [마소, 말과 소 : ᄆᆞ(← ᄆᆞᆯ : 말, 馬) + 쇼(소, 牛)]
24) 믌결 : [물결 : 믈(물, 水) + -ㅅ(관조, 사잇) + 결(결, 紋)]

ㄴ. 요즈슴[26] ; 져므니[27], 하나비[28] ; ᄌᆞᄆᆞᆯ쇠[29]

나. 용언 합성법

〈동사 합성법〉

(7) ㄱ. 믈들다[30], 빛나다, 본받다, ᄉᆞᆯ지다[31], 앒셔다[32], 벋삼다[33]

ㄴ. ᄀᆞᄅᆞ디르다[34], 업시너기다[35]

ㄷ. 나ᅀᅡ가다[36], 도라오다[37]

ㄹ. 나들다, 듣보다[38], 딕먹다[39], 빌먹다[40], ᄠᅱ놀다[41], 오ᄅᆞᄂᆞ리다[42], 여위ᄆᆞᄅᆞ다[43], 죽살다[44]

〈형용사 합성법〉

(8) ㄱ. 값없다[45], ᄉᆞᆯ지다[46], 그지없다[47], 힘세다

---

25) ᄃᆞᆯᄀᆡ알 : [달걀 : ᄃᆞᆰ(닭, 鷄) + -ᄋᆡ(관조) + 알(알, 卵)]
26) 요즈슴 : [요즈음 : 요(요 : 관사) + 즈슴(즈음 : 명사)]
27) 져므니 : [젊은이 : 졈(젊다, 幼)- + -은(관전) + 이(이, 者 : 의명)]
28) 하나비 : [할아버지, 祖父 : 하(크다, 大)- + -ㄴ(관전) + 아비(아버지, 父)]
29) ᄌᆞᄆᆞᆯ쇠 : [자물쇠 : ᄌᆞᄆᆞ(잠그다, 閉)- + -ㄹ(관전) + 쇠(쇠, 鐵)]
30) 믈들다 : 믈들[물들다 : 믈(물, 色) + 들(들다, 入)-]- + -다
31) ᄉᆞᆯ지다 : ᄉᆞᆯ지[살찌다(동사) : ᄉᆞᆯ(←ᄉᆞᆯㅎ : 살, 肉) + 지(찌다, 많아지다 : 동사)-]- + -다
32) 앒셔다 : 앒셔[앞서다 : 앒(앞, 前) + 셔(서다, 立)-]- + -다
33) 벋삼다 : 벋삼[벗삼다 : 벋(벗, 友) + 삼(삼다, 爲)-]- + -다
34) ᄀᆞᄅᆞ디르다 : ᄀᆞᄅᆞ디르[가로지르다 : ᄀᆞᄅᆞ(가로, 橫 : 부사) + 디르(지르다, 逕)-]- + -다
35) 업시너기다 : 업시너기[업신여기다 : 없(없다, 無)- + -이(부접) + 너기(여기다, 思)-]- + -다
36) 나ᅀᅡ가다 : 나ᅀᅡ가[나아가다 : 나ᇫ(←낫다, ㅅ불 : 나아가다, 進)- + -아(연어) + 가(가다, 行)-]- + -다
37) 도라오다 : 도라오[돌아오다 : 돌(돌다, 回)- + -아(연어) + 오(오다, 來)-]- + -다
38) 듣보다 : 듣보[듣고 보다 : 듣(듣다, 聞)- + -고(연어) + 보(보다, 見)-]- + -다
39) 딕먹다 : 딕먹[찍어 먹다 : 딕(찍다, 琢)- + 먹(먹다, 食)-]- + -다
40) 빌먹다 : 빌먹[빌어먹다 : 빌(빌다, 乞)- + 먹(먹다, 食)-]- + -다
41) ᄠᅱ놀다 : ᄠᅱ놀[뛰놀다 : ᄠᅱ(뛰다, 踊)- + 놀(놀다, 遊)-]- + -다
42) 오ᄅᆞᄂᆞ리다 : 오ᄅᆞᄂᆞ리[오르내리다 : 오ᄅᆞ(오르다, 登)- + ᄂᆞ리(내리다, 降)-]- + -다
43) 여위ᄆᆞᄅᆞ다 : 여위ᄆᆞᄅᆞ[여위고 마르다 : 여위(여위다, 瘦)- + ᄆᆞᄅᆞ(마르다, 燥)-]- + -다
44) 죽살다 : 죽살[죽고 살다 : 죽(죽다, 死)- + 살(살다, 生)-]- + -다
45) 값없다 : 값없[값없다 : 값(값, 價) + 없(없다, 無)-] ① 가치가 없다. ② 아주 귀하고 가치가 높다.
46) ᄉᆞᆯ지다 : ᄉᆞᆯ지[살지다, 기름지다(형사) : ᄉᆞᆯ(←ᄉᆞᆯㅎ : 살, 肉) + 지(지다, 많다 : 형사)-]- + -다

ㄴ. 됴ᄏᆞᆽ다[48], 검븕다[49], 감ᄑᆞᄅᆞ다[50], 어위크다[51], 질긔굳다[52]

다. 수식언 합성법

〈관형사 합성법〉

(9) ㄱ. ᄒᆞᆫ두[53], 두ᅀᅥ[54] ; 스므나ᄆᆞᆫ, 여라ᄆᆞᆫ[55] ; 녀나ᄆᆞᆫ[56], 그나ᄆᆞᆫ[57]

ㄴ. 온갓[58] ; 아니한[59]

〈부사 합성법〉

(10) ㄱ. 몯다[60] ; 다폴다폴[61], 너운너운[62]

ㄴ. 나날[63], ᄆᆞᄃᆡᄆᆞᄃᆡ[64], 가지가지[65]

ㄷ. 외ᄠᆞ로[66]

---

47) 그지없다: 그지없[그지(끝, 한도, 限: 명사) + 없(없다, 無)-]- + -다
48) 됴ᄏᆞᆽ다: 됴ᄏᆞᆽ[좋거나 궂다: 둏(좋다, 好)- + 궂(不好)-]- + -다
49) 검븕다: 검븕[검붉다: 검(검다, 黑)- + 븕(붉다, 赤)-]- + -다
50) 감ᄑᆞᄅᆞ다: 감ᄑᆞᄅᆞ[검푸르다: 감(검다, 黑)- + ᄑᆞᄅᆞ(푸르다, 靑)-]- + -다
51) 어위크다: 어위크[드넓고 크다: 어위(드넓다, 廣)- + 크(크다, 大)-]- + -다
52) 질긔굳다: 질긔굳[질기고 굳다: 질긔(질기다, 嚴)- + 굳(굳다, 堅)-]- + -다
53) ᄒᆞᆫ두: [한두(관사): ᄒᆞᆫ(ᄒᆞᆫ, 一: 관사) + 두(두, 二: 관사)]
54) 두ᅀᅥ: [두어(관사): 두(두, 二: 관사) + ᅀᅥ(← 서: 세, 三, 관사]
55) 여라ᄆᆞᆫ: [열 남짓 한(관사): 여(← 열, 十: 관사) + 람(← 남다, 餘)- + -ᄋᆞᆫ(관전 ▷ 관접)] ※ '여라ᄆᆞᆫ'은 '열 + 남- + -ᄋᆞᆫ'에서 '나ᄆᆞᆫ'의 첫소리 /ㄴ/이 /ㄹ/로 바뀐 다음에, '열'의 /ㄹ/이 탈락한 것으로 본다. 1632년에 발간된 중간본 <두시언해>에는 '여나ᄆᆞᆫ'으로 표기되어 있다.
56) 녀나ᄆᆞᆫ: [여남은, 餘他(관사): 녀(← 녀느: 他, 명사) + 남(남다, 餘)- + -ᄋᆞᆫ(관전 ▷ 관접)]
57) 그나ᄆᆞᆫ: [그남은(관사): 그(그: 지대) + 남(남다, 餘)- + -ᄋᆞᆫ(관전 ▷ 관접)]
58) 온갓: [온갖(관사): 온(온, 全: 관사) + 갓(← 가지, 類: 명사)]
59) 아니한: [많지 않은(관사): 아니(부사, 부정) + 하(많다, 多)- + -ㄴ(관전 ▷ 관접)]
60) 몯다: [못다(부사): 몯(못: 부사) + 다(다, 悉: 부사)]
61) 다폴다폴: [겹겹이(부사): 다폴(부사) + 다폴(부사)]
62) 너운너운: [너울너울(부사): 너운(너울: 부사) + 너운(너울: 부사)] ※ '너운너운'은 물결이나 늘어진 천, 나뭇잎 따위가 부드럽고 느릿하게 굽이져 자꾸 움직이는 모양이다.
63) 나날: [나날이, 날마다(부사): 나(← 날: 日) + 날(날, 日)]
64) ᄆᆞᄃᆡᄆᆞᄃᆡ: [마디마디, 마디마다(부사): ᄆᆞᄃᆡ(마디, 寸: 명사) + ᄆᆞᄃᆡ(마디, 寸: 명사)]
65) 가지가지: [가지가지, 가지마다(부사): 가지(가지, 類: 명사) + 가지(가지, 類: 명사)]
66) 외ᄠᆞ로: [외따로(부사): 외(외, 孤: 관사) + ᄠᆞ로(따로, 別: 부사)

2.1.3. 파생법

2.1.3.1. 어휘적 접사와 통사적 접사

〈어휘적 접사〉

(11) ㄱ. ᄒᆞᆫ옷[67], 횟돌다[68]

ㄴ. 아기씨[69], 열티다[70], 몯내[71]

〈통사적 접사〉

(12) ㄱ. ᄉᆡ미 기픈 므른 ᄀᆞᄆᆞ래[72] 아니 그츨ᄊᆡ[73] [용가 2장]

ㄴ. ᄒᆞᆫ비ᄅᆞᆯ 아니 그치샤[74] [용가 68장]

(12′) ㄱ. 샘이 깊은 물은 가뭄에 아니 그치므로…

ㄴ. 큰 비를 아니 그치시어…

(13) ㄱ. 블근 새[75] 그를[76] 므러[77] [용가 7장]

ㄴ. 모딘 즁ᄉᆡᆼ[78] 믈여[79] 橫死ᄒᆞᆯ 씨오[80] [월석 9:58]

(13′) ㄱ. 붉은 새가 글을 물어

ㄴ. 모진 짐승에게 물리어 橫死(횡사)하는 것이요.

---

67) ᄒᆞᆫ옷: [핫옷, 솜옷: ᄒᆞᆫ(핫-: 솜을 넣은)- + 옷(옷, 衣)]
68) 횟돌다: 횟돌[휘돌다: 횟(강접)- + 돌(돌다, 回)-]- + -다
69) 아기씨: [아기씨: 아기(아기, 兒) + -씨(높접)]
70) 열티다: 열티[열치다: 열(열다, 開)- + -티(강접)-]- + -다
71) 몯내: [못내(부사): 몯(못: 부사, 부정) + -내(접미)]
72) ᄀᆞᄆᆞ래: ᄀᆞᄆᆞᆶ(가뭄, 旱) + -애(-에: 부조)
73) 그츨ᄊᆡ: 긏(그치다, 止)- + -을ᄊᆡ(-으므로: 연어)
74) 그치샤: 그치[그치게 하다: 긏(그치다, 止)- + -이(사접)-]- + -샤(←-시-: 주높)- + -Ø(←-아: 연어)
75) 새: 새(새, 鳥) + -Ø(주조)
76) 그를: 글(글, 書) + -을(목조)
77) 므러: 믈(물다)- + -어(연어)
78) 즁ᄉᆡᆼ: 짐승, 獸
79) 믈여: 믈이[물리다: 믈(물다)- + -이(피접)-]- + -어(연어)
80) 씨오 : ᄉᆞ(것: 의명) + -ㅣ(서조)- + -오(←-고: 연어, 나열)

2.1.3.2. 접두 파생법

가. 체언 파생법

형태	의미	예
가(갓)-	못생긴	가-싸ᄒᆡ(계집아이)
갈-	무늬가 있는	갈-웜(갈범)[81], 갈-지게(갈지개)[82], 갈-외(가뢰)[83]
ᄀᆞᆯ-	배가 흰	ᄀᆞᆯ-가마괴(갈까마귀)[84], ᄀᆞᆯ-거믜(갈거미)[85]
납-	넓다(廣)	납-거믜(납거미)[86]
니-	잡곡에 대립되는 '보통의'	니-ᄡᆞᆯ(입쌀)
댓-	크고 억센	댓-무수(당근), 댓-ᄡᆞ리(댑싸리)
들-	야생의	들-기름, 들-ᄢᅢ(들깨)
뫼-	찰기가 없이 메진	뫼-ᄡᆞᆯ(멥쌀)
새-	희고 밝은	새-별(샛별), 새-매[87], 새-삼(새삼)
소-	맨-	소-밥[88]
쉿-	작고 둥근	쉿-무수(순무)[89]
ᄉᆞ-	새로 된	ᄉᆞ-ᄀᆞᄫᆞᆯ(시골)
싀-	새로 된, 媤	싀-아비(시아버지), 싀-어미(시어머니)
ᄠᅳ-	곡식 가루, 흰	ᄠᅳ-믈(뜨물)
아ᄎᆞᆫ-	작은	아ᄎᆞᆫ-아ᄃᆞᆯ(조카), 아ᄎᆞᆫ-설(작은설)
이듬-	그 다음	이듬-ᄒᆡ(이듬해)
읻-	둘	읻-ᄒᆡ(이태, 두 해)

81) 갈웜 : 갈범, 칡범. 몸에 칡덩굴 같은 어룽어룽한 줄무늬가 있는 범이다.
82) 갈지게 : 사냥용으로 기르는 한 살 된 매. 몸은 갈색이며 어두운 빛깔의 세로무늬가 있다.
83) 갈외 : 가룃과의 곤충. 중앙과 겉날개에 몇 줄의 회색을 띤 황색의 세로줄이 있다.
84) ᄀᆞᆯ가마괴 : 갈까마귀. 까마귓과의 새이다. 검은색이고 목둘레와 배가 희다.
85) ᄀᆞᆯ거믜 : 갈거미. 거미의 일종. 배의 윗면과 아랫면에는 각각 갈색과 노란 세로무늬가 있다.
86) 납거믜 : 납거미. 거미의 일종. 몸 빛깔은 갈색이며 머리와 가슴이 평평한 반원형이다.
87) 새매 : 수릿과의 새이다. 아랫면은 흰색이고 온몸에 어두운 갈색의 가로무늬가 있다.
88) 소밥 : 고기 반찬이 없는 밥이다.
89) 쉿무수 : 순무. 무의 하나로 뿌리가 퉁퉁하며 물이 많고 흰색, 붉은색, 자주색을 띤다.

젼-	군것을 섞지 않은	젼-술(전술)[90], 젼-국(청국장), 쳥-국(← 젼국: 청국)
초-	초(初)-	초-ᄒᆞᄅᆞ(초하루)
ᄎᆞᆯ-	끈기가 있는	ᄎᆞᆯ-콩(찰콩), ᄎᆞ-ᄡᆞᆯ[91](찹쌀)
ᄎᆞᆷ-	인공을 들인, 진짜의, 품질이 좋은	ᄎᆞᆷ-기름(참기름), ᄎᆞᆷ-ᄢᅢ(참깨), ᄎᆞᆷ-빗(참빗), ᄎᆞᆷ-먹(참먹)
한-	집밖의	한-ᄃᆡ(한데)
핟-	솜을 넣은	핟-옷(핫옷)
항-	큰(← 한)	항-것(上典)

[표 1. 체언을 파생하는 접두사]

나. 용언 파생법

형태	의미	예
걸-	걸다(掛)	걸-앉다(걸터앉다)
것ᄆᆞᄅᆞ-	가짜(假)	것ᄆᆞᄅᆞ-죽다(기절하다)
넙-	넘나들다	넙-놀다(넘놀다)
답-	한 군데 첩첩이	답-샇다(한군데 덮쳐서 쌓다)
더위-	손을 높이 올려 당기다.	더위-잡다(더위잡다[92])
덧-	강조	덧-궂다(몹시 궂다)
데-	감정적인 색채를 더함.	데-ᄠᅳ다(들뜨다)
마-	수척(瘦瘠), 야위다	마-ᄆᆞᄅᆞ다(메마르다)
ᄆᆞᆮ(ᄇᆞᆮ)-	힘주어 꽉	ᄆᆞᆮ-ᄃᆞᆼ기다/ᄇᆞᆮ-ᄃᆞᆼ기다(힘주어 세게 당기다)
박-	힘주어 세게	박-ᄎᆞ다(박차다)
브르-	솟아나게	브르-돋다(부르돋다), 브르-ᄠᅳ다(부릅뜨다)
비-	멸시하여	비-웃다(비웃다)
아ᅀᅵ-	처음	아ᅀᅵ-ᄢᅵ다(처음 찌다)

90) 전술 : 물을 조금도 타지 아니한 순수한 술이다.
91) ᄎᆞᄡᆞᆯ : [ᄎᆞ(← ᄎᆞᆯ- : 끈기가 있고 차진)- + ᄡᆞᆯ(쌀, 米)]
92) 더위잡다 : 높은 곳에 오르려고 무엇을 끌어 잡다.

엇-	어긋나게	엇-막다(엇막다 : 비스듬히 막다)
져-	기대에 어긋나게	져-ᄇᆞ리다(저버리다)
줓-	바로 밑바닥까지	줓-앉다(주저앉다)
즏-	함부로 마구	즏-ᄇᆞᆲ다(짓밟다)
ᄎᆞᆺ-	강조	ᄎᆞᆺ-듣다(세게 떨어지다)
치-	힘줌	치-잡다(세게 잡다), 치-ᅘᅧ다(끌어당기다)
티-	위로, 세게, 힘주어	티-ᄎᆞ다(올려 차다, 세게 차다), 티-소다(위로 쏘다, 세게 쏘다), 티-디ᄅᆞ다(치받다, 힘껏 지르다), 티-받다(치받다)
휫-	돌아가는 모양	휫-돌다(휘돌다), 휫-도니다(휘돌아다니다)
ᄒᆞ-	남을 못살게	ᄒᆞ-놀이다(남을 못살게 놀리다)
에-	'옳지 않으면서 세기만 한'의 뜻	에-굳다(몹시 굳다, 완고하다)

[표 2. 용언을 파생하는 접두사]

2.1.3.3. 접미 파생법

가. 체언 파생법

(15) ㄱ. ᄇᆞᄅᆞᆷ가비[93], 뒷간[94], 아바님[95], 머리맡[96], ᄇᆡᆺ복[97], 글발[98], 아기씨[99], 말씀[100], 프ᅀᅥᆼ귀[1], ᄉᆞ라기[2], 고랑[3], ᄆᆞ야지[4], 등어리[5], 가락지[6], 불무질[7], 발측[8], 기

93) ᄇᆞᄅᆞᆷ가비 : [바람개비 : ᄇᆞᄅᆞᆷ(바람, 風) + -가비(-개비 : 명접)] ※ '-개비'는 가늘게 쪼갠 나무 토막이나 기름한 토막의 낱개를 나타내는 접미사이다.
94) 뒷간 : [뒷간 : 뒤(뒤, 後) + -ㅅ(관조, 사잇) + -간(간, 間 : 명접)]
95) 아바님 : [아버님 : 아바(← 아비 : 아버지, 父) + -님(명접, 높임)]
96) 머리맡 : [머리맡 : 머리(머리, 頭) + -맡(접미)] ※ '-맡'은 '가까운 곳'의 뜻을 더하는 접미사다.
97) ᄇᆡᆺ복 : [배꼽 : ᄇᆡ(배, 腹) + -ㅅ(관조, 사잇) + -복(-꼽 : 가운데, 명접)]
98) 글발 : [글월 : 글(글, 書) + -발(-월 : 명접)]
99) 아기씨 : [아기씨 : 아기(아기, 兒) + -씨(명접, 높임)]
100) 말씀 : [말 : 말(말, 言) + -씀(-씀 : 명접)]
1) 프ᅀᅥᆼ귀 : [푸성귀 : 프(← 플 : 풀, 草) + -ᅀᅥᆼ귀(-성귀 : 명접)]
2) ᄉᆞ라기 : [싸라기 : ᄉᆞᆯ(← ᄡᆞᆯ : 쌀, 米) + -아기(-아기 : 명접)] ※ '-아기/-앙/-아지/-야지' 등은 '작은 사물'을 나타내는 접미사(지소사, 指小辭)이다.
3) 고랑 : [고랑 : 골(골, 峽) + -앙(-앙 : 명접)]

동[9], 담쟝이[10]

ㄴ. 그듸[11], 그듸내[12], 너희(ᄃᆞᆯㅎ[13]), 저희(ᄃᆞᆯㅎ)[14]

ㄷ. ᄒᆞ나차히[15], 둘차히, 세차히, 네차히, 다ᄉᆞᆺ차히, 여스차히, 닐굽차히,…

(16) ㄱ. 이바디[16], 마지[17] ; 거름[18], 무덤[19], 싸홈[20], 우ᅀᅮᆷ[21] ; ᄀᆞᅀᅢ[22], 울에[23], ᄂᆞᆯ개[24] ; 얼운[25]

ㄴ. 기리[26] ; 노ᄑᆡ[27], 기릐[28], 킈[29], 더ᄫᅱ[30], 치ᄫᅱ[31]

---

4) ᄆᆞ야지 : [망아지 : ᄆᆞ(← ᄆᆞᆯ : 말, 馬) + -야지(← -아지 : 명접)]
5) 둥어리 : [등어리 : 둥(등, 背) + -어리(명접)] ※ '-어리'는 '부분'의 뜻을 더하는 접미사이다.
6) 가락지 : [가락지 : 가락(손가락) + -지(명접)]
7) 불무질 : [풀무질 : 불무(풀무, 冶) + -질(명접) ※ '-질'은 '어떠한 도구를 가지고 하는 일'의 뜻을 더하는 접미사이다.
8) 발측 : [발뒤축 : 발(발, 足) + -측(명접)]
9) 기동 : [기둥 : 긷(기둥, 柱) + -옹(-웅 : 명접)]
10) 담쟝이 : [담(담, 墻) + -쟝이(-쟁이 : 명접)
11) 그듸 : [그대(인대) : 그(그, 彼 : 지대) + -듸(접미, 높임)]
12) 그듸내 : [그대들 : 그(그, 彼 : 지대) + -듸(접미, 높임) + -내(-네 : 복접, 높임)]
13) 너희ᄃᆞᆯㅎ : [너희들 : 너(인대, 2인칭) + -희(복접) + -ᄃᆞᆯㅎ(복접)]
14) 저희ᄃᆞᆯㅎ : [자기들 : 저(자기 : 인대, 재귀칭) + -희(복접) + -ᄃᆞᆯㅎ(복접)]
15) ᄒᆞ나차히 : [첫째 : ᄒᆞ나(← ᄒᆞ나ㅎ : 하나, 一, 수사) + -차히(-째 : 접미, 순서)]
16) 이바디 : [잔치, 宴 : 이받(대접하다, 供)- + -이(명접)]
17) 마지 : [맞이 : 맞(맞이하다, 迎)- + -이(명접)]
18) 거름 : [걸음 : 걸(← 걷다, ㄷ불 : 步)- + -음(명접)]
19) 무덤 : [무덤, 墓 : 묻(묻다, 埋)- + -엄(명접)]
20) 싸홈 : [싸움 : 싸호(싸우다, 爭)- + -ㅁ(명접)]
21) 우ᅀᅮᆷ : [웃음 : 우ᇫ(← 웃다, ㅅ불 : 웃다, 笑)- + -움(명접)]
22) ᄀᆞᅀᅢ : [가위, 剪 : ᄀᆞᇫ(← ᄀᆞᆺ다, ㅅ불 : 긇다, 斷)- + -애(명접)]
23) 울에 : [우레, 雷 : 울(← 우르다 : 소리치다, 포효하다, 叫)- + -에(명접)]
24) ᄂᆞᆯ개 : [날개, 翼 : ᄂᆞᆯ(날다, 飛)- + -개(명접)]
25) 얼운 : [어른, 成人 : 얼(결혼하다, 교합하다, 婚)- + -우(사접)- + -ㄴ(관전▷명접)]
26) 기리 : [길이 : 길(길다, 長)- + -이(명접)]
27) 노ᄑᆡ : [높이 : 높(높다, 高)- + -ᄋᆡ(명접)]
28) 기릐 : [길이 : 길(길다, 長)- + -의(명접)]
29) 킈 : [키 : 크(크다, 大)- + -의(명접)]
30) 더ᄫᅱ : [더위 : 더ᇦ(← 덥다, ㅂ불 : 덥다, 暑)- + -위(← -의 : 명접)]
31) 치ᄫᅱ : [추위 : 치ᇦ(← 칩다, ㅂ불 : 춥다, 寒)- + -위(← -의 : 명접)]

나. 용언 파생법

〈동사 파생법〉

(17) ㄱ. 니르받다[32], 밀왇다[33] ; 열티다[34] ; 니ᄅᆞ혀다[35], 드위ᅘᅧ다[36]

ㄴ. 무티다[37], 밧기다[38], 노기다[39] ; 구티다[40], 너피다[41], 더러ᄫᅵ다[42], 녀토다[43], 길우다[44], ᄀᆞ초다[45]

ㄷ. 두피다[46], 다티다[47], 담기다[48], ᄃᆞᆷ기다[49] ; ᄆᆡᅇᅵ다[50], 괴ᅇᅵ다[51]

ㄹ. 공ᄉᆞᄒᆞ다[52], 그슴ᄒᆞ다[53], 깃ᄒᆞ다[54], 시름ᄒᆞ다[55], ᄉᆞᅀᅵᄒᆞ다[56], 풍류ᄒᆞ다[57]

(18) ㄱ. 깃다(깃들이다) : 깃(보금자리, 巢) + -Ø- + -다

---

32) 니르받다 : 니르받['일으키다'의 강조형 : 닐(일어나다, 起)- + -으(사접)- + -받(강접)-]- + -다
33) 밀왇다 : 밀왇[밀치다 : 밀(밀다, 推)- + -왇(강접)-]- + -다
34) 열티다 : 열티[열치다 : 열(열다, 開) + -티(강접)-]- + -다
35) 니ᄅᆞ혀다 : 니ᄅᆞ혀[일으키다 : 닐(일어나다, 起)- + -ᄋᆞ(사접)- + -혀(강접)-]- + -다
36) 드위ᅘᅧ다 : 드위ᅘᅧ[뒤집다, 거스르다 : 드위(뒤집다, 轉)- + -ᅘᅧ(강접)-]- + -다
37) 무티다 : 무티[묻히다 : 묻(묻다, 染)- + -히(사접)-]- + -다
38) 밧기다 : 밧기[벗기다 : 밧(벗다, 奪)- + -기(사접)-]- + -다
39) 노기다 : 노기[녹이다 : 녹(녹다, 融)- + -이(사접)-]- + -다
40) 구티다 : [굳히다 : 굳(굳다, 堅)- + -히(사접)-]- + -다
41) 너피다 : 너피[넓히다 : 넙(넙다, 廣)- + -히(사접)-]- + -다
42) 더러ᄫᅵ다 : 더러ᄫᅵ[더럽히다 : 더럻(← 더럽다, ㅂ불 : 더럽다, 汚)- + -이(사접)-]- + -다
43) 녀토다 : 녀토[얕게 하다 : 녙(얕다, 엳다, 淺)- + -오(사접)-]- + -다
44) 길우다 : 길우[길르다 : 길(자라다, 長)- + -우(사접)-]- + -다
45) ᄀᆞ초다 : ᄀᆞ초[갖추다 : ᄀᆞᆽ(갖추어져 있다, 持 : 형사)- + -호(사접)-]- + -다
46) 두피다 : 두피[덮히다 : 둪(덥다, 包)- + -이(피접)-]- + -다
47) 다티다 : 다티[닫히다 : 닫(닫다, 閉)- + -히(피접)-]- + -다
48) 담기다 : 담기[담기다 : 담(담다, 貯)- + -기(피접)-]- + -다
49) ᄃᆞᆷ기다 : ᄃᆞᆷ기[담기다, 잠기다 : ᄃᆞᆷ(담다, 잠그다, 沉)- + -기(피접)-]- + -다
50) ᄆᆡᅇᅵ다 : ᄆᆡᅇᅵ[← ᄆᆡ이다(매이다) : ᄆᆡ(매다, 縛)- + -ᅇᅵ(← -이- : 피접)-]- + -다
51) 괴ᅇᅵ다 : 괴ᅇᅵ[← 괴이다(사랑받다) : 괴(사랑하다, 愛)- + -ᅇᅵ(← -이- : 피접)-]- + -다
52) 공ᄉᆞᄒᆞ다 : 공ᄉᆞᄒᆞ[재판하다, 裁判 : 공ᄉᆞ(재판, 公事 : 명사) + -ᄒᆞ(동접)-]- + -다
53) 그슴ᄒᆞ다 : 그슴ᄒᆞ[기한하다 : 그슴(긑, 한도, 末, 限 : 명사) + -ᄒᆞ(동접)-]- + -다
54) 깃ᄒᆞ다 : 깃ᄒᆞ[깃들이다 : 깃(깃, 보금자리, 소굴 : 명사) + -ᄒᆞ(동접)-]- + -다
55) 시름ᄒᆞ다 : 시름ᄒᆞ[시름하다, 걱정하다 : 시름(시름, 걱정, 愁 : 명사) + -ᄒᆞ(동접)-]- + -다
56) ᄉᆞᅀᅵᄒᆞ다 : ᄉᆞᅀᅵᄒᆞ[간격을 두다 : ᄉᆞᅀᅵ(사이, 隔 : 명사) + -ᄒᆞ(동접)]- + -다
57) 풍류ᄒᆞ다 : 풍류ᄒᆞ[풍류하다 : 풍류(풍류, 風流 : 명사) + -ᄒᆞ(동접)-]- + -다

ㄴ. ᄀᆞ믈다(가물다) : ᄀᆞ믈(가뭄, 旱) + -Ø- + -다
ㄷ. 되다(되다) : 되(되, 升) + -Ø- + -다
ㄹ. 신다(신다) : 신(신, 履) + -Ø- + -다
ㅁ. 품다(품다) : 품(품, 胸) + -Ø- + -다
ㅂ. 낛다(낚다) : 낛(낚시, 釣) + -Ø- + -다

〈형용사 파생법〉

(19) ㄱ. 녇갑다[58], ᄂᆞᆽ갑다[59], 맛갑다[60]
ㄴ. 골ᄑᆞ다[61], 믿브다[62], 깃브다[63] ; 앗갑다[64], 므겁다[65]
ㄷ. 곳답다[66], 아ᄅᆞᆷ답다[67] ; 녜롭다[68], 아ᅀᆞ롭다[69] ; 힘젓다[70]

다. 수식언 파생법

〈부사 파생법〉

(20) ㄱ. 날로[71], 새로[72], 진실로[73] ; 내ᄌᆞᆼ내[74], ᄆᆞᄎᆞᆷ내[75] ; 몸소[76], 손소[77]

---

58) 녇갑다 : 녇갑[여트막하다 : 녇(←녙다 : 얕다, 淺)- + -갑(형접, 강조)-]- + -다
59) ᄂᆞᆽ갑다 : ᄂᆞᆽ갑[낮다 : ᄂᆞᆽ(←ᄂᆞᆽ다 : 낮다, 底)- + -갑(형접, 강조)-]- + -다
60) 맛갑다 : 맛갑[알맞다 : 맛(←맞다, 當)- + -갑(형접, 강조)-]- + -다
61) 골ᄑᆞ다 : 골ᄑᆞ[고프다 : 곯(곯다, 飢)- + -ᄇᆞ(형접)-]- + -다
62) 믿브다 : 믿브[미쁘다 : 믿(믿다, 信)- + -브(형접)-]- + -다
63) 깃브다 : 깃브[기뻐하다 : 깃(←긼다 : 기뻐하다, 歡)- + -브(형접)-]- + -다
64) 앗갑다 : 앗갑[아깝다 : 앗(←앗기다 : 아끼다, 惜)- + -압(형접)-]- + -다
65) 므겁다 : [무겁다 : 므기(무겁게 하다)- + -업(형접)-]- + -다
66) 곳답다 : 곳답[향기롭다 : 곳(←곶 : 꽃, 花) + -답(형접)-]- + -다
67) 아ᄅᆞᆷ답다 : 아ᄅᆞᆷ답[아름답다 : 아ᄅᆞᆷ(아름 : 불어) + -답(형접)-]- + -다
68) 녜롭다 : 녜롭[예스럽다 : 녜(예전, 昔) + -롭(형접)-]- + -다
69) 아ᅀᆞ롭다 : 아ᅀᆞ롭[공손하다 : 아ᅀᆞ(아우, 弟) + -롭(형접)-]- + -다
70) 힘젓다 : 힘젓[힘이 되다, 유력하다 : 힘(힘, 力) + -젓(형접)-]- + -다
71) 날로 : [날로(부사) : 날(날, 日) + -로(부조▷부접)
72) 새로 : [새로(부사) : 새(새것, 新) + -로(부조▷부접)]
73) 진실로 : [진실로(부사) : 진실(眞實) + -로(부조▷부접)]
74) 내ᄌᆞᆼ내 : [끝내(부사) : 내ᄌᆞᆼ(끝, 乃終) + -내(부접)]
75) ᄆᆞᄎᆞᆷ내 : [마침내(부사) : ᄆᆞᄎᆞᆷ(마침, 終) + -내(부접)]
76) 몸소 : [몸소(부사) : 몸(몸, 身) + -소(부접)]

ㄴ. 비르서[78], 모다[79], 가ᄉᆡ야[80] ; 갓ᄀᆞ로[81], 마조[82], 골오[83], 조초[84], 너무[85], 비르수[86]

ㄷ. 기리[87], 노피[88], 기피[89], ᄇᆞᆯ기[90], 너비[91], 해[92], 슬피[93], 키[94] ; 훤츨히[95], 펴러히[96], 이러히[97] ; ᄀᆞᄃᆞ기[98], ᄂᆞᄌᆞ기[99] ; 그러나[100], 그러면, 그럴ᄊᆡ[1]

ㄹ. 이런ᄃᆞ로[2], 그런ᄃᆞ로[3]

(21) ㄱ. 부텨 向ᄒᆞᅀᆞᄫᅡ[4] 손 고초샤[5] [월석 1:52]

ㄴ. 되[6] 征伐호ᄆᆞᆯ ᄀᆞ초아[7] ᄒᆞᄂᆞ다[8] [두언 7:25]

---

77) 손소 : [손수(부사) : 손(손, 手) + -소(부접)]
78) 비르서 : [비로소(부사) : 비릇(비롯하다, 由)- + -어(연어▷부접)]
79) 모다 : [모두(부사) : 몯(모이다, 集)- + -아(연어▷부접)]
80) 가ᄉᆡ야 : [다시(부사) : 가ᄉᆡ(없어지다, 달라지다, 變)- + -아(연어▷부접)]
81) 갓ᄀᆞ로 : [거꾸로(부사) : 갓ᄀᆞᆯ(거꾸러지다, 顚)- + -오(부접)]
82) 마조 : [마주(부사) : 맞(맞다, 迎)- + -오(부접)]
83) 골오 : [고루(부사) : 골(← 고ᄅᆞ다 : 고르다, 均)- + -오(부접)]
84) 조초 : [좇아, 따라(부사) : 좇(좇다, 從)- + -오(부접)]
85) 너무 : [너무(부사) : 넘(넘다, 越)- + -우(부접)]
86) 비르수 : [비로소(부사) : 비릇(비롯하다, 由)- + -우(부접)]
87) 기리 : [길이(부사) : 길(길다, 長)- + -이(부접)]
88) 노피 : [높이(부사) : 높(높다, 高)- + -이(부접)]
89) 기피 : [깊이(부사) : 깊(깊다, 深)- + -이(부접)]
90) ᄇᆞᆯ기 : [밝게(부사) : ᄇᆞᆰ(밝다, 明)- + -이(부접)]
91) 너비 : [널리(부사) : 넙(넓다, 廣)- + -이(부접)]
92) 해 : [많이(부사) : 하(많다, 多)- + -이(부접)]
93) 슬피 : [슬피(부사) : 슬프(슬프다, 哀)- + -이(부접)]
94) 키 : [크게(부사) : 크(크다, 大)- + -이(부접)]
95) 훤츨히 : [훤친하게(부사) : 훤츨(훤칠 : 불어) + -ᄒᆞ(형접)- + -이(부접)]
96) 펴러히 : [펴렇게(부사) : 펴러(펴러 : 불어) + -ᄒᆞ(형접)- + -이(부접)]
97) 이러히 : [이렇게(부사) : 이러(이러 : 불어) + -ᄒᆞ(형접)- + -이(부접)]
98) ᄀᆞᄃᆞ기 : [가득이(부사) : ᄀᆞᄃᆞᆨ(가득 : 불어) + -Ø(← -ᄒᆞ- : 형접)- + -이(부접)]
99) ᄂᆞᄌᆞ기 : [나직이(부사) : ᄂᆞᄌᆞᆨ(나직 : 불어) + -Ø(← -ᄒᆞ- : 형접)- + -이(부접)]
100) 그러나 : [그러나(부사) : 그러(그러 : 불어) + -Ø(← -ᄒᆞ- : 형접)- + -나(연어▷부접)]
1) 그럴ᄊᆡ : [그러므로(부사) : 그러(그러 : 불어) + -Ø(← -ᄒᆞ- : 형접)- + -ㄹᄊᆡ(연어▷부접)]
2) 이런ᄃᆞ로 : [이러므로(부사) : 이러(이러 : 불어) + -Ø(← -ᄒᆞ- : 형접)- + -ㄴ(관전, 관접) + ᄃᆞ(것 : 의명) + -로(부조▷부접)]
3) 그런ᄃᆞ로 : [그러므로(부사) : 그러(그러 : 불어) + -Ø(← -ᄒᆞ- : 형접)- + -ㄴ(관전, 관접) + ᄃᆞ(것 : 의명) + -로(부조▷부접)]
4) 向ᄒᆞᅀᆞᄫᅡ : 向ᄒᆞ(향하다)- + -ᅀᆞᇦ(← -ᅀᆞᆸ- : 객높)- + -아(연어)
5) 고초샤 : 고초(기울이다, 집중하다 : 集)- + -샤(← -시- : 주높)- + -Ø(← -아 : 연어)

(21′) ㄱ. 부처를 향하여 손을 기울이시어(집중하시어)…

ㄴ. 오랑캐를 征伐(정벌)함을 갖추어서 하는구나.

(22) ㄱ. ᄒᆞᆫ 발로 고초[9] 드듸여 셔샤 [월석 1:52]

ㄴ. ᄆᆞᅀᆞᆷ 조초[10] ᄀᆞ초[11] 얻긔 ᄒᆞ리라 [석상 9:10]

(22′) ㄱ. 한 발로 곧추 디디어 서시어…

ㄴ. 마음을 좇아서(따라서) 고루 얻게 하리라.

라. 조사 파생법

(23) ㄱ. 著ᄋᆞᆫ 브틀 씨라[12] [월석 서:3]

ㄴ. 네 사ᄅᆞᆷ ᄃᆞ리샤 [용가 58장]

(23′) ㄱ. 著(저)는 붙는 것이다.

ㄴ. 네(四) 사람을 데리시어…

(24) ㄱ. 阿鼻地獄브터 有頂天에 니르시니 [석상 13:16]

ㄴ. 世尊이 文殊師利ᄃᆞ려 니ᄅᆞ샤ᄃᆡ [석상 9:11]

(24′) ㄱ. 阿鼻地獄(아비지옥)[13]부터 有頂天(유정천)[14]에 이르시니(至)…

ㄴ. 世尊(세존)이 文殊師利(문수사리)에게 이르시되…

---

6) 되 : 오랑캐, 胡

7) ᄀᆞ초아 : ᄀᆞ초[갖추다, 具 : ᄀᆞᆽ(갖추어져 있다)- + -호(사접)-]- + -아(연어)

8) ᄒᆞᄂᆞᆺ다 : ᄒᆞ(하다, 爲)- + -ᄂᆞ(현시)- + -옷(느낌)- + -다(평종)

9) 고초 : [곧추(부사) : 고초(기울이다, 집중하다 : 集)- + -Ø(부접)] ※ '고초'는 '굽히거나 구부리지 아니하고 곧게'의 뜻이다.

10) 조초 : [조차, 따라(부사) : 좇(좇다, 從)- + -오(부접)]

11) ᄀᆞ초 : [갖추, 고루 있는 대로(부사) : 갖초(갖추어져 있다, 備)- + -Ø(부접)]

12) 브틀 씨라 : 븥(붙다, 附)- + -을(관전) # ᄊᆞ(← ᄉᆞ : 것, 의명)- + -이(서조)- + -라(← -다 : 평종)

13) 阿鼻地獄(아비지옥) : 한 겁(劫) 동안 끊임없이 고통을 받는다는 지옥이다.

14) 有頂天(유정천) : 구천(九天) 가운데 가장 높은 하늘로서, 욕계(慾界)와 색계(色界)의 가장 높은 곳에 있다.

(25) ㄱ. 아뫼나[15] 이 經을 디녀 [석상 9:21]

ㄴ. 이런 有情들ᄒᆞᆫ 이에셔 주그면 餓鬼어나[16] 畜生이어나[17] [석상 9:12] ᄃᆞ외리니

(25′) ㄱ. 아무나 이 經(경)을 지녀…

ㄴ. 이런 有情(유정)[18]들은 여기서 죽으면 餓鬼(아귀)거나 畜生(축생)이거나 될 것이니…

2.1.4. 단어 형성법의 음운 변동

2.1.4.1. 합성법의 음운 변동

〈음운의 탈락〉

(26) ㄱ. 므쇼[19], 화살[20], 가ᅀᆞ며살다[21] ; 소나모, 드나ᄃᆞᆯ다, 므너흘다[22]

ㄴ. 수ᄃᆞᆯ마기[23], 암ᄃᆞᆯ마기[24]

〈음운의 바뀜〉

(27) ㄱ. 갯버들[25], 묏골[26], 빗시울[27], 빗돇[28] ; 눉ᄌᆞᅀᆡ, 니슶길, 솘바당, 밠등

ㄴ. ᄀᆞᄅᆞ비[29], 대밭[30], 대범[31] ; 메밧다[32]

---

15) 아뫼나 : 아모(아무, 某 : 인대, 부정칭) + -ㅣ나(-나 : 보조사, 선택)
16) 餓鬼어나 : 餓鬼(아귀) + -어나(←-이어나 : 보조사, 선택) ※ 팔부의 하나로서 계율을 어기거나 탐욕을 부려 아귀도에 떨어진 귀신이다.
17) 畜生이어나 : 畜生(축생) + -이어나(보조사, 선택)
18) 有情(유정) : 마음을 가진 살아 있는 중생.
19) 므쇼 : [물소 : 므(←믈 : 물, 水) + 쇼(소, 牛)]
20) 화살 : [화살 : 화(←활 : 활, 弓) + 살(箭)]
21) 가ᅀᆞ며살다 : [부유하게 살다 : 가ᅀᆞ며(←가ᅀᆞ멸다 : 부유하다, 富)- + 살(살다, 活)-]- + -다
22) 므너흘다 : [물어뜯다 : 므(←믈다 : 물다, 咬)- + 너흘(씹다, 물어뜯다, 齕)-]- + -다
23) 수ᄃᆞᆯ마기 : [수단추 : 수(←수ㅎ : 수컷, 雄) + ᄃᆞᆯ마기(단추)]
24) 암ᄃᆞᆯ마기 : [암단추 : 암(←암ㅎ : 암컷, 雌) + ᄃᆞᆯ마기(단추)]
25) 갯버들 : [갯버들 : 개(야생, 野) + -ㅅ(관조, 사잇) + 버들(버드나무, 柳)]
26) 묏골 : [산골 : 뫼(산, 山) + -ㅅ(관조, 사잇) + 골(골짜기, 峽)]
27) 빗시울 : [뱃전 : ᄇᆡ(배, 船) + -ㅅ(관조, 사잇) + 시울(가장자리, 側)]
28) 빗돇 : [배의 돛 : ᄇᆡ(배, 船) + -ㅅ(관조, 사잇) + 돇(돛, 帆)]

ㄷ. ᄇᆡᄉᆞᆯㅎ[33], 한ᅀᅡᆷ[34], 한ᅀᅮᆷ[35]

2.1.4.2. 파생법의 음운 변동

〈접두 파생어의 음운 변동〉

(28) ᄎᆞᄡᆞᆯ[36], ᄀᆞᆯ아마괴[37]

〈접미 파생어의 음운 변동〉

(29) ㄱ. 숑아지[38], 처ᅀᅥᆷ[39], 구지람[40], 춤[41] ; 올이다[42], 들이다[43], 부ᇫ이다[44] ; 수ᄫᅵ[45], 어려ᄫᅵ[46]

ㄴ. ᄂᆞᆯ애[47] ; 구믈어리다[48]

ㄷ. ᄆᆞ야지[49] ; 더ᄫᅱ[50], 치ᄫᅱ[51] ; 우ᇫᄫᅳ다[52]

---

29) ᄀᆞᄅᆞᄫᅵ : [가랑비 : ᄀᆞᄅᆞ(가루, 粉) + ᄫᅵ(←비 : 비, 雨)]
30) 대ᄫᅡᇀ : [대밭 : 대(대나무, 竹) + ᄫᅡᇀ(←밭, 田)]
31) 대ᄫᅥᆷ : [대범, 큰범 : 대(大) + ᄫᅥᆷ(←범, 虎)]
32) 메ᄫᅡᆺ다 : [벗어 메다 : 메(메다)- + ᄫᅡᆺ(←밧다 : 벗다, 脫)-]- + -다 ※ '메ᄫᅡᆺ다'는 공경하는 뜻을 보이기 위해서 한 쪽 어깨를 벗어 메는 것이다
33) ᄇᆡᄉᆞᆯㅎ : [배알, 창자, 腸 : ᄇᆡ(배, 腹) + ᄉᆞᆯㅎ(←ᄉᆞᆯㅎ : 살, 肉)]
34) 한ᅀᅡᆷ : [한삼덩굴 : 하(크다, 大)- + -ㄴ(관전) + ᅀᅡᆷ(←삼 : 삼, 뽕나무과의 식물)]
35) 한ᅀᅮᆷ : [한숨 : 하(크다, 大)- + -ㄴ(관전) + ᅀᅮᆷ(←숨 : 숨, 息)]
36) ᄎᆞᄡᆞᆯ : [찹쌀 : ᄎᆞ(←ᄎᆞᆯ- : 찰-, 접두)- + ᄡᆞᆯ(쌀, 米)] ※ 'ᄎᆞᆯ-'은 끈기가 있고 차진'의 뜻을 더하는 접두사이다.
37) ᄀᆞᆯ아마괴 : [갈까마귀 : ᄀᆞᆯ(배가 흰 : 접두)- + 아마괴(←가마괴 : 까마귀, 烏)]
38) 숑아지 : [송아지 : 숑(←쇼 : 소, 牛) + -아지(명접)]
39) 처ᅀᅥᆷ : [처음 : 처ᇫ(←첫 : 첫, 初 : 관형) + -엄(명접)]
40) 구지람 : [구지람 : 구질(←구짇다, ㄷ불 : 꾸짖다, 叱)- + -암(명접)]
41) 춤 : [춤 : ㅊ(←츠다 : 추다, 舞)- + -움(명접)]
42) 올이다 : [올리다 : 올(←오ᄅᆞ다 : 오르다, 登)- + -이(사접)-]- + -다
43) 들이다 : [들리다 : 들(←듣다, ㄷ불 : 듣다, 聞)- + -이(피접)-]- + -다
44) 부ᇫ이다 : [부어지다 : 부ᇫ(←붓다, ㅅ불 : 붓다, 注)- + -이(피접)-]- + -다
45) 수ᄫᅵ : [쉬이, 쉽게(부사) : 수ᇦ(←쉽다, ㅂ불 : 쉽다, 易)- + -이(부접)]
46) 어려ᄫᅵ : [어려이, 어렵게(부사) : 어려ᇦ(←어렵다, ㅂ불 : 어렵다, 難)- + -이(부접)]
47) ᄂᆞᆯ애 : [날개, 翼 : ᄂᆞᆯ(날다, 飛)- + -애(←-개 : 명접)]
48) 구믈어리다 : [구물거리다 : 구믈(구물 : 부사)- + -어리(←-거리- : 동접)-]- + -다
49) ᄆᆞ야지 : [망아지 : ᄆᆞ(←ᄆᆞᆯ : 말, 馬) + -야지(←-아지 : 명접)]

2.2. 품사

2.2.1. 체언

2.2.1.1. 명사

(1) ㄱ. 불휘 기픈 남ᄀᆞᆫ ᄇᆞᄅᆞ매 아니 뮐씨 [용가 2장]

ㄴ. 海東 六龍이 ᄂᆞᄅᆞ샤[1] [용가 1장]

(1′) ㄱ. 뿌리가 깊은 나무는 바람에 아니 움직이므로…

ㄴ. 海東(해동) 六龍(육룡)이 나시어…

(2) ㄱ. ᄉᆡ미 기픈 므른 [용가 2장]

ㄴ. 니르고져 홇 배 이셔도 [세훈 2]

(2′) ㄱ. 샘이 깊은 물은…

ㄴ. 이르고자 할 바가 있어도…

〈의존 명사〉

(3) ㄱ. 니르고져 홇 배 이셔도 [세훈 2]

ㄴ. 당다이 이 ᄯᅡ해 橫死홇 주리[2] 업스며 [석상 9:22]

ㄷ. ᄆᆞᆯ ᄐᆞᆫ 자히[3] 건너시니이다[4] [용가 34장]

(3′) ㄱ. 이르고자 할 바가 있어도…

ㄴ. 반드시 이 땅에 橫死(횡사)할 것이 없으며…

ㄷ. 말 탄 채로 건너셨습니다.

---

50) 더ᄫᅱ: [더위: 더ᇦ(←덥다, ㅂ불: 덥다, 暑)-+-위(←-의: 명접)]
51) 치ᄫᅱ: [추위: 치ᇦ(←칩다, ㅂ불: 춥다, 寒)-+-위(←-의: 명접)]
52) 우ᇫᄫᅳ다: [우습다: 우ᇫ(←웃다, ㅅ불: 웃다, 笑)-+-ᄫᅳ(←-브-: 형접)-]-+-다
1) ᄂᆞᄅᆞ샤: ᄂᆞᆯ(날다, 飛)-+-ᄋᆞ샤(←-ᄋᆞ시-: 주높)-+-Ø(←-아: 연어)
2) 주리: 줄(것, 所: 의명)+-이(주조)
3) ᄐᆞᆫ 자히: ᄐᆞ(타다, 乘)-+-오(대상)-+-ㄴ(관전) # 자히(채로: 의명)
4) 건너시니이다: 건너(건너다, 渡)-+-시(주높)-+-Ø(과시)-+-니(객민)-+-이(상높)-+-다(평종)

① 보편성 의존 명사

(4) ㄱ. 또 阿難[5]이 아롫 거시[6] 아니니 [능언 4:104]
ㄴ. 行陣을 조ᄎᆞ샤[7] 不解甲이 현 나리신[8] 둘 알리 [용가 112장]
ㄷ. 니르고져 홇 배[9] 이셔도 [석상 9:8]
ㄹ. 命終은 목숨 ᄆᆞ촐 씨라[10] [석상 6:3]

(4′) ㄱ. 또 阿難(아난)이 알 것이 아니니…
ㄴ. 行陣(행진)을 좇으시어 不解甲(불해갑)[11]이 몇 날이신 것을 알리?
ㄷ. 이르고자 할 바가 있어도…
ㄹ. 命終(명종)은 목숨을 마치는 것이다.

② 주어성 의존 명사

(5) ㄱ. 南北東西에 그츤[12] ᄉᆞ치 없거늘 [영남 상:13-14]
ㄴ. 諸佛 供養이 그츯[13] ᄉᆞᆺ[14] 업스니 [월천 기205]

(5′) ㄱ. 南北東西(남북동서)에 그친 사이가 없거늘…
ㄴ. 諸佛 供養(제불 공양)이 그칠 사이 없으니…

③ 부사어성 의존 명사

(6) ㄱ. 이는 서르 섯근[15] 돗[16] 疑心ᄃᆞ외도다[17] [능언 2:98]

---

5) 阿難(아난) : Ānanda. 석가모니의 십대 제자 가운데 한 사람. 십육 나한의 한 사람으로, 석가모니 열반 후에 경전 결집에 중심이 되었으며, 여인 출가의 길을 열었다.
6) 아롫 # 거시: 알(알다, 知)- + -오(대상)- + -ㅭ(관전) # 것(의명) + -이(보조)
7) 조ᄎᆞ샤: 좇(좇다, 從)- + -ᄋᆞ샤(← -ᄋᆞ시- : 주높)- + -Ø(← -아 : 연어)
8) 현 나리신: 현(몇 : 관사) # 날(날, 日) + -이(서조)- + -시(주높)- + -ㄴ(관전)
9) 홇 배 : ᄒᆞ(하다, 爲)- + -오(대상)- + -ㅭ(관전) # 바(의명) + -ㅣ(주조)
10) ᄆᆞ촐 씨라: ᄆᆞᆾ(마치다, 終)- + -ᄋᆞᆯ(관전) # ᄊᆞ(← ᄉᆞ : 것, 의명) + -ㅣ(서조)- + -라(← -다 : 평종)
11) 不解甲(불해갑) : 갑옷을 벗지 못함을 이른다.
12) 그츤 : 긏(그치다, 止)- + -은(관전)
13) 그츯 : 긏(그치다, 止)- + -읋(관전)
14) ᄉᆞᆺ : ᄉᆞᆺ(← ᄉᆞᆾ : 사이, 間 : 의명)
15) 섯근 : 섥(섞다, 混)- + -은(관전)
16) 돗 : 돗(듯 : 의명)

ㄴ. ᄆᆞᆯ ᄐᆞᆫ 자히 건너시니이다 [용가 34장]

(6′) ㄱ. 이는 서로 섞은 듯 疑心(의심)되었구나. [능언 2:98]

ㄴ. 말을 탄 채로 건너셨습니다. [용가 34장]

(7) ㄱ. 佛法이ᅀᅡ[18] 내 이어긔도[19] 죠고마치[20] 잇다 ᄒᆞ야시ᄂᆞᆯ[21] [남명 상:14]

ㄴ. 佛禪力의 뎌에[22] 通力 빌이샤ᄆᆞᆯ[23] 因ᄒᆞ니 [월석 18:7]

(7′) ㄱ. 佛法(불법)이야 나의 여기에도 조그만큼 있다고 하시거늘…

ㄴ. 佛禪力(불선력)의 저기에 通力(통력)[24]을 빌리심을 因(인)하니…

④ **단위성 의존 명사**

(8) ㄱ. 이 經을 마ᅀᆞᆫ 아홉 디위[25] 닑고 [석상 9:32]

ㄴ. 술 ᄒᆞᆫ 셔믈[26] 다ᄆᆞᆺ[27] 주리라 [두언 25:4]

(8′) ㄱ. 이 經(경)을 마흔 아홉 번 읽고…

ㄴ. 술 한 섬을 함께 주겠라.

2.2.1.2. 대명사

가. 대명사의 종류

가-1. 인칭 대명사

---

17) 疑心ᄃᆞ외도다: 疑心ᄃᆞ외(의심되다)-+-Ø(과시)-+-도(느낌)-+-다(평종)
18) 佛法이ᅀᅡ: 佛法(불법)+-이(주조)+-ᅀᅡ(-야: 한정 강세)
19) 이어긔도: 이어긔(여기에, 此: 의명)+-도(보조사, 첨가) ※ '내 이어긔'는 문맥상 '나에게'로 의역할 수 있다.
20) 죠고마치: 조그만큼, 少(부사)
21) ᄒᆞ야시ᄂᆞᆯ: ᄒᆞ(하다, 謂)-+-시(주높)-+-야…ᄂᆞᆯ(←-아ᄂᆞᆯ: -거늘, 연어)
22) 뎌에: 저기에(의명) ※ '佛禪力의 뎌에'는 문맥상 '佛禪力에게'로 의역할 수 있다.
23) 빌이샤ᄆᆞᆯ: 빌이(빌리다, 借)-+-샤(←-시-: 주높)-+-ㅁ(←-옴: 명전)+-ᄋᆞᆯ(목조)
24) 通力(통력): 신통력, 神通力
25) 디위: 디위(번, 番: 의명)
26) 셔믈: 셤(섬: 의명)+-을(목조)
27) 다ᄆᆞᆺ: 함께, 與(부사)

(9) ㄱ. 내 太子를 셤기ᅀᆞᄫᅩᄃᆡ[28)] [석상 6:4]

ㄴ. 이제 너를 노하 보내면 내 모미 長者ㅣ[29)] 怒를 맛나리라[30)] [월석 8:98]

ㄷ. 우리 모다[31)] 직조를 겻고아[32)] 뎌옷[33)] 이긔면[34)] (精舍를) 짓게 ᄒᆞ고 [월석 6:26]

ㄹ. 七大之王ᄋᆞᆯ 뉘 마ᄀᆞ리잇가[35)] [용가 15장]

ㅁ. 아뫼나[36)] 이 藥師琉璃光如來ㅅ 일후믈 듣ᄌᆞᄫᆞ면[37)] [석상 9:17]

ㅂ. 어린 百姓이… ᄆᆞᄎᆞᆷ내 제 ᄠᅳ들 시러 펴디 몯ᄒᆞᇙ 노미 하니라 [세훈 2]

(9′) ㄱ. 내 太子(태자)를 섬기되…

ㄴ. 이제 너를 놓아 보내면 내 몸이 長者(장자)[38)]의 怒(노: 노함)를 만나리라.

ㄷ. 우리 모두 재주를 겨루어서 저(= 저 사람)가 이기면 精舍(정사)[39)]를 짓게 ᄒᆞ고…

ㄹ. 七代之王(칠대지왕)[40)]을 누가 막겠습니까?

ㅁ. 아무나 이 藥師琉璃光如來(약사 유리광 여래)[41)]의 이름을 들으면…

ㅂ. 어리석은 백성이 … 마침내 제 뜻을 능히 펴지 못할 사람이 많으니라.

---

28) 셤기ᅀᆞᄫᅩᄃᆡ: 셤기(섬기다, 奉)- + -ᅀᆞᇦ(← -ᅀᆸ-: 객높)- + -오ᄃᆡ(연어, 설명의 계속)
29) 長者ㅣ: 長者(장자) + -ㅣ(-의: 관조)
30) 맛나리라: 맛나(만나다, 遇)- + -리(미시)- + -라(← -다: 평종)
31) 모다: [모두: 몯(모이다, 會)- + -아(연어)]
32) 겻고아: 겻고(겨루다, 爭)- + -아(연어)
33) 뎌옷: 뎌(저: 인대, 3인칭) + -옷(← -곳: 보조사, 한정 강조)
34) 이긔면: 이긔(이기다, 勝)- + -면(연어, 조건)
35) 마ᄀᆞ리잇가: 막(막다, 障)- + -ᄋᆞ리(미시)- + -잇(← -이-: 상높)- + -가(-니까: 의종, 판정)
36) 아뫼나: 아모(아무, 某: 인대, 부정칭) + -ㅣ나(-이나: 보조사, 선택)
37) 듣ᄌᆞᄫᆞ면: 듣(듣다, 聞)- + -ᄌᆞᇦ(← -ᄌᆞᆸ-: 객높)- + -ᄋᆞ면(-으면: 연어, 조건)
38) 長者(장자): 덕망이 뛰어나고 경험이 많아 세상일에 익숙한 어른이다.
39) 精舍(정사): 절, 寺.
40) 七代之王(칠대지왕): 7대(代)의 왕(王) 곧 양자강의 남쪽인 금릉에 차례로 도읍을 두었던 오(吳), 진(晋), 송(宋), 제(齊), 양(梁), 진(陳), 명(明) 나라의 왕들을 가리킨다.
41) 藥師琉璃光如來(약사 유리광 여래): 열두 가지 서원(誓願)을 세워 중생의 질병 구제, 수명 연장, 재화 소멸, 의식(衣食) 만족을 이루어 주며, 중생을 바른길로 인도하여 깨달음을 얻게 하는 부처이다.

가-2. 지시 대명사

	화자에 가까울 때	청자에 가까울 때	둘 다에 멀 때	미지칭	부정칭
사물	이것	그것	저것	어느 것 ; 무엇 ; 얼마 ; 어째서	아무것
처소	여기	거기	저기	어디, 어디메	아무데

[표 2. 지시 대명사의 종류]

(10) ㄱ. 내 이ᄅᆞᆯ 爲ᄒᆞ야 어엿비 너겨 [세훈 2]

ㄴ. 님긊 말ᄊᆞ미 긔[42] 아니 올ᄒᆞ시니[43] [용가 39장]

ㄷ. 이 두 말ᄋᆞᆯ 어늘[44] 從ᄒᆞ시려뇨[45] [월석 7:6]

ㄹ. 阿難이 묻ᄌᆞᄫᆞᄃᆡ 아홉 橫死ᄂᆞᆫ 므스기잇고[46] [석상 9:35]

ㅁ. 죵과 ᄆᆞᆯ와ᄅᆞᆯ[47] 현맨[48] ᄃᆞᆯ[49] 알리오[50] [월천 기52]

ㅂ. 그 마리 엇뎨오[51] [법언 2:27]

ㅅ. ᄒᆞ다가 빋낸[52] 사ᄅᆞ미 아모것도 마가 줄 것 업거든 [번역박통사 상 61]

(10′) ㄱ. 내 이를 불쌍히 여겨…

ㄴ. 임금의 말씀이 그것이 아니 옳으시니?

ㄷ. 이 두 말(言)을 어느 것을 따르시이오?

ㄹ. 阿難(아난)이 묻되 아홉 橫死(횡사)는 무엇입니까?

---

42) 긔: 그(그, 彼: 지대) + -ㅣ(주조)

43) 올ᄒᆞ시니: 옳(옳다, 是)- + -ᄋᆞ시(주높)- + -니(의종, 반말)

44) 어늘: 어느(어느것, 何: 지대, 미지칭) + -ㄹ(목조)

45) 從ᄒᆞ시려뇨: 從ᄒᆞ(좇다)- + -시(주높)- + -리(미시)- + -어(주믿)- + -뇨(-느냐: 의종, 설명)

46) 므스기잇고: 므슥(무엇, 何: 지대, 미지칭) + -이(서조)- + -잇(←-이-: 상높)- + -고(-니까: 의종, 설명)

47) ᄆᆞᆯ와ᄅᆞᆯ: ᄆᆞᆯ(말, 馬) + -와(←-과: 접조) + -ᄅᆞᆯ(목조)

48) 현맨: 현마[얼마, 幾(지대): 현(몇: 관사, 수사) + -마(접미)] + -이(서조)- + -ㄴ(관전)

49) ᄃᆞᆯ: ᄃᆞ(것: 의명) + -ㄹ(목조)

50) 알리오: 알(알다, 知)- + -리(미시)- + -오(←-고: -느냐, 의종, 설명)

51) 엇뎨오: 엇뎨(어째서, 何: 지대) + -오(←-고: -냐, 보조사, 의문)

52) 빋낸: 빋내[빚내다: 빋(빚, 債) + 나(나다, 出)- + -ㅣ(사접)-]- + -ㄴ(관전)

ㅁ. 종(從僕)과 말(馬)이 얼마인 것을 알겠느냐?
ㅂ. 그 말이 어째서이냐?
ㅅ. 만일 빚낸 사람이 아무것도 막아 줄 것이 없거든…

(11) ㄱ. 이 經 디닐 싸ᄅᆞ미 이어긔 이셔도 다 能히 ᄀᆞᆯᄒᆡ며[53] [석상 19:17]
ㄴ. 그어긔 쇠[54] 하아 쇼로 쳔량[55] 사마 홍졍ᄒᆞᄂᆞ니라[56] [월석 1:24]
ㄷ. 어듸 머러 威不及ᄒᆞ리잇고[57] [용가 47장]
ㄹ. 아모ᄃᆡ도 마근 ᄃᆡ 업서 [월석 서:8장]

(11′) ㄱ. 이 經(경)을 지닐 사람이 여기 있어도 다 能(능)히 구별하며…
ㄴ. 거기에 소(牛)가 많아 소로 재물 삼아 흥정하느니라.
ㄷ. 어디가 멀어 威不及(위불급)[58]하겠습니까?
ㄹ. 아무데도 막은 데가 없어…

2.2.1.3. 수사

(12) ㄱ. ᄒᆞ나ㅎ, 둘ㅎ, 세ㅎ, 네ㅎ, 다ᄉᆞᆺ, …, 몇, 여러ㅎ
ㄴ. 一, 二, 三, 四, 五, 六 …, 百, 千, 萬, 億, …
ㄷ. ᄒᆞ나차히[59], 둘차히, 세차히, 네차히, 다ᄉᆞᆺ차히, …
ㄹ. 第一, 第二, 第三, 第四, …

(12′) ㄱ. 하나, 둘, 셋, 넷, 다섯, … 몇, 여러
ㄴ. 一(일), 二(이), 三(삼), 四(사), 五(오), 六(육), … 百(백), 千(천), 萬(만), 億(억),…
ㄷ. 첫째, 둘째, 셋째, 넷째, 다섯째, …
ㄹ. 第一(제일), 第二(제이), 第三(제삼), 第四(제사), …

---

53) ᄀᆞᆯᄒᆡ며: ᄀᆞᆯᄒᆡ(가리다, 구별하다, 選, 別)- + -며(연어, 나열)
54) 쇠: 쇼(소, 牛) + -ㅣ(주조)
55) 쳔량: 재물, 財
56) 홍졍ᄒᆞᄂᆞ니라: 홍졍ᄒᆞ(흥정하다)- + -ᄂᆞ(현시)- + -니(객믿)- + -라(←-다: 평종)
57) 威不及ᄒᆞ리잇고: 威不及ᄒᆞ(위불급하다)- + -리(미시)- + -잇(←-이-: 상높)- + -고(-느냐: 의종, 설명)
58) 威不及(위불급): 위세가 미치지 않음.
59) ᄒᆞ나차히: [하나째: ᄒᆞ나(하나, 一: 수사) + -차히(-째: 접미)]

2.2.2. 관계언

2.2.2.1. 격조사

〈주격 조사〉

(1) ㄱ. 부텻 모미 여러 가짓[1] 相이 ᄀᆞᄌᆞ샤[2] [석상 6:41]
ㄴ. 프른 베[3] 하니 [두언 7:36]
ㄷ. 불휘[4] 기픈 남ᄀᆞᆫ[5] ᄇᆞᄅᆞ매 아니 뮐ᄊᆡ [용가 2장]

(1′) ㄱ. 부처의 몸이 여러 가지의 相(상)[6]이 갖추어지시어…
ㄴ. 푸른 벼가 많으니…
ㄷ. 뿌리가 깊은 나무는 바람에 아니 흔들리므로…

〈서술격 조사〉

(2) ㄱ. 國ᄋᆞᆫ 나라히라[7] [세훈 1]
ㄴ. 形은 양ᄌᆡ라[8] [월석 8:21]
ㄷ. 頭ᄂᆞᆫ 머리라[9] [세훈 14]

(2′) ㄱ. 國(국)은 나라다.
ㄴ. 形(형)은 모양이다.
ㄷ. 頭(두)는 머리다.

---

1) 가짓: 가지(가지, 種)+-ㅅ(-의: 관조)
2) ᄀᆞᄌᆞ샤: ᄀᆞᆽ(갖추어져 있다, 具: 형사)-+-ᄋᆞ샤(←-ᄋᆞ시-: 주높)-+-Ø(←-아: 연어)
3) 베: 벼(벼, 禾)+-ㅣ(주조)
4) 불휘: 불휘(뿌리, 根)+-Ø(주조)
5) 남ᄀᆞᆫ: 남ㄱ(← 나모: 나무, 木)+-ᄋᆞᆫ(보조사, 주제)
6) 相(상): 볼 수 있고, 알 수 있는 모습이다. 자상(自相)과 공상(共相), 동상(同相)과 이상(異相) 따위로 나눈다.
7) 나라히라: 나랗(나라, 國)+-이(서조)-+-라(←-다: 평종)
8) 양ᄌᆡ라: 양ᄌᆞ(모양, 모습, 樣)+-ㅣ(서조)-+-라(←-다: 평종)
9) 머리라: 머리(머리, 頭)+-Ø(서조)-+-라(←-다: 평종)

〈목적격 조사〉

(3) ㄱ. 太子ᄅᆞᆯ 하ᄂᆞᆯ히 ᄀᆞᆯ히샤[10] [용가 8장]

ㄴ. 麗運이 衰ᄒᆞ거든[11] 나라ᄒᆞᆯ[12] 맛ᄃᆞ시릴ᄊᆡ[13] [용가 6장]

ㄷ. ᄇᆞ야미[14] 가칠 므러 즘겟가재[15] 연ᄌᆞ니[16] [용가 7장]

(3′) ㄱ. 太子(태자)를 하늘이 가리시어…

ㄴ. 麗運(여운)[17]이 衰(쇠)하거든 나라를 맡으시겠으므로…

ㄷ. 뱀이 까치를 물어 나뭇가지에 얹으니…

〈보격 조사〉

(4) ㄱ. 色界 諸天도 ᄂᆞ려 仙人이[18] ᄃᆞ외더라 [월석 2:24]

ㄴ. 山ᄋᆡ[19] 草木이 軍馬ㅣ ᄃᆞᄫᆡ니이다[20] [용가 98장]

ㄷ. 四衆의 힝뎌기[21] ᄒᆞᆫ 가지 아니어늘[22] [월석 17:83]

(4′) ㄱ. 色界(색계)[23] 諸天(제천)[24]도 ᄂᆞ려 仙人(선인)이 되더라.

ㄴ. 山(산)의 草木(초목)이 軍馬(군마)가 되었습니다.

ㄷ. 四衆(사중)[25]의 행적이 한 가지가 아니거늘…

---

10) ᄀᆞᆯ히샤: ᄀᆞᆯ히(가리다, 선택하다, 擇)- + -샤(← -시-: 주높)- + -Ø(← -아: 연어)
11) 衰ᄒᆞ거든: 衰ᄒᆞ(쇠하다)- + -거든(-거든: 연어, 조건)
12) 나라ᄒᆞᆯ: 나라ㅎ(나라, 國) + -ᄋᆞᆯ(목조)
13) 맛ᄃᆞ시릴ᄊᆡ: 맜(맡다, 任)- + -ᄋᆞ시(주높)- + -리(미시)- + -ㄹᄊᆡ(-므로: 연어, 이유)
14) ᄇᆞ야미: ᄇᆞ얌(뱀, 蛇) + -이(주조)
15) 즘겟가재: 즘겟갖[나뭇가지, 枝: 즘게(나무, 木) + -ㅅ(관조, 사잇) + 갖(가지, 枝)] + -애(-에: 부조, 위치)
16) 연ᄌᆞ니: 엱(얹다, 寘)- + -ᄋᆞ니(-으니: 연어, 설명의 계속)
17) 麗運(여운): 高麗(고려)의 국운이다.
18) 仙人이: 仙人(선인, 신선) + -이(보조)
19) 山ᄋᆡ: 山(산) + -ᄋᆡ(-에: 부조, 위치)
20) ᄃᆞᄫᆡ니이다: ᄃᆞᄫᆡ(되다, 化)- + -Ø(과시)- + -니(객믿)- + -이(상높, 아주 높임)- + -다(평종)
21) 힝뎌기: 힝뎍(행적, 行績) + -이(주조)
22) 아니어늘: 아니(아니다, 不)- + -어늘(← -거늘: 연어, 상황)
23) 色界(색계): 삼계(三界)의 하나로서, 욕계에서 벗어난 깨끗한 물질의 세계를 이른다.
24) 諸天(제천): 천상계의 모든 천신(天神)이다.
25) 四衆(사중): 부처의 네 종류의 제자인 '비구, 비구니, 우바새, 우바니'를 이른다.

〈관형격 조사〉

(5) ㄱ. 네 性이[26]… 죵ᄋᆡ 서리예[27] 淸淨ᄒᆞ도다 [두언 25:7]

ㄴ. 徐卿의 두 아ᄃᆞ리 나[28] [두언 8:24]

ㄷ. 그 묏보오리[29] 쇠[30] 머리[31] ᄀᆞᄐᆞᆯᄊᆡ[32] [월석 1:27]

(5′) ㄱ. 네 性(성 : 성품)이 … 종(從僕) 중에서 淸淨(청정)하구나.

ㄴ. 徐卿(서경)의 두 아들이 나서…

ㄷ. 그 산봉우리가 소의 머리와 같으므로…

(6) ㄱ. 나랏 말ᄊᆞ미 中國에 달아 [세훈 1]

ㄴ. 부텻 모미 여러 가짓 相이 ᄀᆞᄌᆞ샤[33] [석상 6:41]

(6′) ㄱ. 나라의 말이 中國(중국)과 달라…

ㄴ. 부처의 몸이 여러 가지의 相(상)이 갖추어져 있어서…

〈부사격 조사〉

① {-애/-에/-예}

(7) ㄱ. 世尊이 象頭山애 가샤[34] [석상 6:1]

ㄴ. 나랏 말ᄊᆞ미 中國에 달아[35] [세훈 2]

ㄷ. 東녀그로[36] 萬里예 녀 가 [두언 7:2]

(7′) ㄱ. 世尊(세존)이 象頭山(상두산)에 가시어…

---

26) 性이 : 性(성 : 성품) + -이(주조)
27) 서리예 : 서리(가운데, 사이, 中) + -예(← -에 : 부조, 위치)
28) 나 : 나(나다, 태어나다, 生, 現)- + -아(-아 : 연어)
29) 묏보오리 : [산봉우리, 峰 : 뫼(산, 山) + -ㅅ(관조, 사잇) + 보오리(봉우리, 峰)] + -Ø(주조)
30) 쇠 : 쇼(소, 牛) + -ㅣ(-의 : 관조)
31) 머리 : 머리(머리, 頭) + -Ø(부조, 비교)
32) ᄀᆞᄐᆞᆯᄊᆡ : ᄀᆞᇀ(같다, 如)- + -ᄋᆞᆯᄊᆡ(-므로 : 연어, 이유)
33) ᄀᆞᄌᆞ샤 : ᄀᆞᆽ(갖추어져 있다, 具 : 형사)- + -ᄋᆞ샤(← -시- : 주높)- + -Ø(← -아 : 연어)
34) 가샤 : 가(가다, 行)- + -샤(← -시- : 주높)- + -Ø(← -아 : 연어)
35) 달아 : 달(← 다ᄅᆞ다 : 다르다, 異)- + -아(연어)
36) 東녀그로 : 東녁[동녘, 동쪽 : 東(동) + 녁(녘, 쪽, 向 : 의명)] + -으로(부조, 방향)

ㄴ. 나라의 말이 中國(중국)과 달라…

ㄷ. 東(동)녘으로 萬里(만리)에 가서…

② {-ᄋᆡ/-의}

(8) ㄱ. 남ᄀᆡ ᄢᅦ여[37] 性命을 ᄆᆞᄎᆞ시니[38] [월천 기4]

ㄴ. 처ᅀᅥᄆᆡ[39] ᄒᆞᆫ 번 ᄇᆞ리니 [두언 15:3]

(8′) ㄱ. 나무에 꿰여 性命(성명)[40]을 마치시니…

ㄴ. 처음에 한 번 버리니…

③ {-애셔/-에셔/-예셔}

(9) ㄱ. 일후미 救脫이라 ᄒᆞ샤리[41] 座애셔 니르샤[42] [월석 9:29]

ㄴ. 玉女寶ᄂᆞᆫ … 이베셔 靑蓮花ㅅ 香내[43] 나며 [월석 1:26]

ㄷ. 金剛ᄋᆞᆫ 쇠예셔 난 ᄆᆞᆺ[44] 구든 거시니[45] [두언 21:41]

(9′) ㄱ. 이름이 救脫(구탈)이라 하실 이가 座(좌)에서 일어나시여…

ㄴ. 玉女寶(옥녀보)는 … 입에서 靑蓮花(청련화)의 香(향)내 나며…

ㄷ. 金剛(금강)은 쇠에서 난 가장 굳은 것이니…

④ {-ᄃᆞ려, -ᄭᅴ}

(10) ㄱ. 世尊이 ᄯᅩ 文殊師利ᄃᆞ려 니ᄅᆞ샤ᄃᆡ [석상 9:11]

ㄴ. 阿難과 모ᄃᆞᆫ 大衆이 … 부텨ᄭᅴ 禮數ᄒᆞᅀᆞ와[46] [능언 2:1]

---

37) ᄢᅦ여: ᄢᅦ(꿰이다, 꿰어지다, 꿰다, 貫)- + -여(←-어: 연어) ※ 'ᄢᅦ다'는 능격 동사이다.
38) ᄆᆞᄎᆞ시니: ᄆᆞᆾ(마치다, 終)- + -ᄋᆞ시(주높)- + -니(평종, 반말)
39) 처ᅀᅥᄆᆡ: 처ᅀᅥᆷ[처음, 始: 첫(←첫: 첫, 初, 관사) + -엄(명접)] + -ᄋᆡ(-에: 부조, 위치, 시간)
40) 性命(성명): '목숨'이나 '생명(生命)'을 달리 이르는 말이다.
41) ᄒᆞ샤리: ᄒᆞ(하다, 謂)- + -샤(←-시-: 주높)- + -Ø(←-오-: 대상)- + -ㄹ(관전) # 이(이, 人: 의명) + -Ø(주조)
42) 니르샤: 닐(일어나다, 起)- + -으샤(←-으시-: 주높)- + -Ø(←-아: 연어)
43) 香내: [향내: 香(향) + 내(냄새)] + -Ø(주조)
44) ᄆᆞᆺ: 가장, 제일, 最(부사)
45) 거시니: 것(것: 의명) + -이(서조)- + -니(연어, 설명의 계속, 이유)

(10′) ㄱ. 世尊(세존)이 또 文殊師利(문수사리)에게 이르시되…

ㄴ. 阿難(아난)과 모든 大衆(대중)이 … 부처께 禮數(예수)[47]하여…

⑤ {-ᄋᆞ로/-으로/-로}

(11) ㄱ. 도ᄌᆞᆨ 五百이 … 精舍ㅅ 겨ᄐᆞ로 디나가니 [월석 1:6]

ㄴ. 實로 ᄒᆡ로 變ᄒᆞ며 … ᄯᅩ 兼ᄒᆞ야 ᄃᆞᆯ로 化ᄒᆞ며… [능언 2:7]

(11′) ㄱ. 도적 五百(오백)이 … 精舍(정사)의 곁으로 지나가니

ㄴ. 실(實)로 해로 變(변)하며 … 또 兼(겸)하여 달로 化(화)하며…

⑥ {-ᄋᆞ로/-으로/-로, -ᄋᆞ로ᄡᅥ/-으로ᄡᅥ/-로ᄡᅥ}

(12) ㄱ. 欄干階砌예 七寶로 ᄭᅮ미고 [월석 2:27]

ㄴ. 衆生이 거즛[48] 일로 沙門이 ᄃᆞ외야 [월석 21:40]

ㄷ. ᄯᅩ 正音으로ᄡᅥ 곧 因ᄒᆞ야 더 飜譯ᄒᆞ야 사기노니[49] [월석 서:6]

(12′) ㄱ. 欄干階砌(난간계체)[50]를 七寶(칠보)[51]로 꾸미고…

ㄴ. 衆生(중생)이 거짓의 일로 沙門(사문)[52]이 되어…

ㄷ. 또 正音(정음)으로써 (말미암아) 더 飜譯(번역)하여 새기노니…

⑦ {-과/-와, -과로/-와로}

(13) ㄱ. 샹녜 스승과 ᄒᆞᆫᄃᆡ 나ᄂᆞ니 [법언 3:191]

ㄴ. 世間앳 이른 눌와[53] 다ᄆᆞᆺ 議論ᄒᆞᄂᆞ뇨[54] [두언 21:23]

---

46) 禮數(예수)ᄒᆞᅀᆞ와 : 禮數ᄒᆞ(예수하다)- + -ᅀᆞ오(←-ᅀᆞᆸ- : 객높)- + -아(연어)
47) 禮數(예수) : 주인과 손님이 서로 만나 인사하다.
48) 거즛 : 거짓, 假(명사)
49) 사기노니 : 사기(새기다, 刻)- + -ᄂᆞ(현시)- + -오(인칭)- + -니(연어, 설명의 계속, 이유)
50) 欄干階砌(난간계체) : 난간(층계)과 계체(무덤 앞에 편평하게 만들어 놓은 장대석)이다.
51) 七寶(칠보) : 일곱 가지 주요 보배. 무량수경에서는 '금, 은, 유리, 파리, 마노, 거거, 산호'를 이르며, 법화경에서는 '금, 은, 마노, 유리, 거거, 진주, 매괴'를 이른다.
52) 沙門(사문) : 불문에 들어가서 도를 닦는 사람을 이르는 말이다.
53) 눌와 : 눌(←누 : 누구, 誰 : 인대, 미지칭) + -와(←-과 : 부조, 함께)
54) 議論ᄒᆞᄂᆞ뇨 : 議論ᄒᆞ(의논하다)- + -ᄂᆞ(현시)- + -뇨(-느냐 : 의종, 설명)

ㄷ. 사ᄅᆞᆷ과로 ᄒᆞᆫᄢᅴ[55] 살며 ᄯᅩ 주그리라 [두언 16:42]

(13′) ㄱ. 늘 스승과 함께 나느니…

ㄴ. 세상에의 일은 누구와 함께 議論(의논)하느냐?

ㄷ. 사람과 함께 살며 또 죽으리라.

⑧ {-이/-ㅣ, -두고, -라와, -ᄋᆞ론/-으론}

(14) ㄱ. ᄃᆞ리 즈믄 ᄀᆞᄅᆞ매 비취요미[56] ᄀᆞᆮᄒᆞ니라[57] [월석 1:1]

ㄴ. 光明이 ᄒᆡᄃᆞᆯ두고[58] 더으니 [월석 1:26]

ㄷ. 貪欲앳[59] 브리 이 블라와[60] 더으니라 [월석 10:14]

ㄹ. 各別히 勞心호ᄆᆞ론[61] 더으니라 [금강 4:30]

(14′) ㄱ. 달이 천 개의 江(강)에 비취는 것과 같으니라.

ㄴ. 光明(광명)이 해달보다 더하니…

ㄷ. 貪欲(탐욕)에의 불이 이 불보다 더하니라.

ㄹ. 各別(각별)히 勞心(노심)[62]함보다 더하니라.

〈호격 조사〉

(15) ㄱ. 彌勒아 아라라 [석상 13:26]

ㄴ. 牽牛야 네 큰 神力을 諸神이 미츠리[63] 져그니 [월석 21:151]

ㄷ. 어딜쎠[64] 觀世音이여 [능언 6:65]

ㄹ. ᄃᆞᆯ하 노피곰[65] 도ᄃᆞ샤 [악궤 5:10 정읍사]

---

55) ᄒᆞᆫᄢᅴ: ᄒᆞᆫᄢᅴ[함께, 동시에(부사): ᄒᆞᆫ(한, 一: 관사) + ᄢᅴ(때, 時)]
56) 비취요미: 비취(비치다, 照)- + -욤(← -옴: 명전) + -이(-과: 부조, 비교)
57) ᄀᆞᆮᄒᆞ니라: ᄀᆞᆮᄒᆞ(같다, 如)- + -니(객믿)- + -라(← -다: 평종)
58) ᄒᆡᄃᆞᆯ두고: [해와 달, 日月: ᄒᆡ(해, 日) + ᄃᆞᆯ(달, 月)] + -두고(-보다: 부조, 차등 비교)
59) 貪欲앳: 貪欲(탐욕) + -애(-에: 부조, 위치) + -ㅅ(-의: 관조)
60) 블라와: 블(불, 火) + -라와(-보다: 부조, 차등 비교)
61) 勞心호ᄆᆞ론: 勞心ᄒᆞ(노심하다)- + -옴(명전) + -ᄋᆞ론(-보다: 부조, 차등 비교)
62) 勞心(노심): 마음으로 애를 쓰는 것이다.
63) 미츠리: 및(미치다, 及)- + -을(관전) # 이(이, 人: 의명) + -Ø(주조)
64) 어딜쎠: 어디(← 어딜다: 어질다, 賢)- + -ㄹ쎠(-구나: 감종)
65) 노피곰: 노피[높이(부사): 높(높다, 高)- + -이(부접)] + -곰(보조사, 강조)

(15′) ㄱ. 彌勒(미륵)[66]아 알아라.

ㄴ. 牽牛(견우)야 네 큰 神力(신력)을 諸神(제신: 모든 신)이 미칠 사람이 적으니…

ㄷ. 어질구나 觀世音(관세음)[67]이여.

ㄹ. 달이시여, 높이 돋으시어…

2.2.2.2. 접속 조사

(16) ㄱ. 입시울와 혀와 엄과 니왜[68] 다 됴ᄒᆞ며[69] [석상 19:7]

ㄴ. 밤과 낮과 法을 니ᄅᆞ시니 [두언 21:2]

(16′) ㄱ. 입술과 혀와 어금니와 이가 다 좋으며…

ㄴ. 밤과 낮과 法(법)을 이르시니…

(17) ㄱ. 夫人도 목수미 열 ᄃᆞᆯᄒᆞ고 닐웨 기터[70] 겨샷다[71] [월석 2:13]

ㄴ. 天人師ᄂᆞᆫ 하ᄂᆞᆯ히며 사ᄅᆞᄆᆡ 스ᄉᆞ이시다[72] ᄒᆞ논[73] 마리라 [석상 9:3]

ㄷ. 닐굽 ᄒᆡ[74] 도ᄃᆞ면 뫼히여 돌히여[75] 다 노가 디여[76] [월석 1:48]

(17′) ㄱ. 夫人(부인)도 목숨이 열 달하고 이레 남아 계시구나.

ㄴ. 天人師(천인사)[77]는 '하늘이며 사람의 스승이시다.' 하는 말이다.

ㄷ. 일곱 해가 돋으면 산이며 돌이며 다 녹아져서….

---

66) 彌勒(미륵): 내세에 성불하여 사바세계에 나타나서 중생을 제도하리라는 보살이다.
67) 觀世音(관세음): 관세음보살. 아미타불의 왼편에서 교화를 돕는 보살이다.
68) 니왜: 니(이, 齒) + -와(← -과: 접조) + -ㅣ(주조)
69) 됴ᄒᆞ며: 둏(좋다, 好)- + -ᄋᆞ며(-으며: 연어, 나열)
70) 기터: 깉(남다, 餘)- + -어(연어)
71) 겨샷다: 겨샤(← 겨시다: 계시다, 보용, 완료 지속)- + -ㅅ(← -옷: 느낌)- + -다(평종)
72) 스ᄉᆞ이시다: 스ᄉᆞᆼ(스승, 師) + -이(서조)- + -시(주높)- + -다(평종)
73) ᄒᆞ논: ᄒᆞ(하다, 謂)- + -ᄂᆞ(현시)- + -오(대상)- + -ㄴ(관전)
74) 닐굽 ᄒᆡ: 닐굽(일곱, 七: 관사) # ᄒᆡ(해, 日) + -Ø(주조)
75) 뫼히여 돌히여: 뫼ㅎ(산) + -이여(접조) # 돌ㅎ(돌, 石) + -이여(접조)
76) 녹아 디여: 녹(녹다, 融)- + -아(연어) # 디(지다: 보용, 피동)- + -여(← -어: 연어)
77) 天人師(천인사): '부처'의 딴 이름으로, 하늘과 인간 세상의 모든 중생들의 스승이라는 뜻이다.

2.2.2.3. 보조사

가. 체언, 부사, 용언에 두루 붙는 보조사

(18) ㄱ. 나<u>ᄂᆞᆫ</u> 어버ᅀᅵ 여희오 [석상 6:5]
ㄴ. 어미<u>도</u> 아ᄃᆞᄅᆞᆯ 모ᄅᆞ며 아ᄃᆞᆯ<u>도</u> 어미ᄅᆞᆯ 모ᄅᆞ리니 [석상 6:3]
ㄷ. 머리<u>셔</u>[78] 제 아비 보ᄆᆞᆫ 能히 證티[79] 몯호ᄆᆞᆯ [법언 2:196]
ㄹ. 甁의 므를 기러 두고<u>ᅀᅡ</u> 가리라 [월석 7:9]
ㅁ. 녯 이ᄅᆞᆯ ᄉᆞ랑ᄒᆞ논[80] ᄠᅳᆮ<u>곳</u> 쇽절업시[81] 잇도다 [두언 8:64-65]
ㅂ. ᄒᆞ다가[82] 잢간<u>이나</u> 디닐[83] 싸ᄅᆞ미면[84] 내 歡喜ᄒᆞ며 [법언 4: 147]
ㅅ. 밦듕<u>이ᄃᆞ록</u>[85] 자디 아니ᄒᆞ시며 [내훈 2 하:38]
ㅇ. 阿鼻地獄<u>브터</u> 有頂天에 니르시니 [석보 13:16-7]
ㅈ. ᄉᆞᆯ히[86] 여위신ᄃᆞᆯ[87] 金色<u>잇ᄃᆞᆫ</u> 가ᄉᆡ시리여[88] [월천 기62]

(18′) ㄱ. 나<u>는</u> 어버이 여의고…
ㄴ. 어미<u>도</u> 아들을 모르며 아들<u>도</u> 어미를 모르겠으니…
ㄷ. 멀리<u>서</u> 제 아비 보는 것은 能(능)히 깨닫지 못함을 비유하고…
ㄹ. 甁(병)의 물을 길어 두고<u>야</u> 가겠다.
ㅁ. 옛 일을 생각하는 뜻<u>만</u> 속절없이 있구나.
ㅂ. 만일 잠깐<u>이나</u> (이 經(경)을) 지닐 사람이면 내가 歡喜(환희)하며…
ㅅ. 밤중<u>이도록</u> 자지 아니하시며…
ㅇ. 阿鼻地獄(아비지옥)<u>부터</u> 有頂天(유정천)에 이르시니…

---

78) 머리셔: 머리[멀리(부사): 멀(멀다, 遠)- + -이(부접)] + -셔(-서: 보조사, 강조)
79) 證티: 證ㅎ(←證ᄒᆞ다: 깨닫다, 알리다, 증명하다)- + -디(-지: 연어, 부정)
80) 사랑ᄒᆞ논: 사랑ᄒᆞ(생각하다, 懷)- + -ᄂᆞ(현시)- + -오(대상)- + -ㄴ(관전)
81) 쇽절업시: [속절없이, 헛되이, 空(부사): 쇽절(속절: 불어) + 없(없다, 無)- + -이(부접)]
82) ᄒᆞ다가: 만일, 若(부사)
83) 디닐: 디니(지니다, 持)- + -ㄹ(관전)
84) 싸ᄅᆞ미면: 싸ᄅᆞᆷ(←사ᄅᆞᆷ: 사람, 人) + -이(서조)- + -면(연어, 조건)
85) 밦듕이ᄃᆞ록: 밦듕[밤중: 밤(밤, 夜) + -ㅅ(관조, 사잇) + 듕(중, 中)] + -이ᄃᆞ록(-이도록: 보조사, 도달)
86) ᄉᆞᆯ히: ᄉᆞᆯㅎ(살, 膚) + -이(주조)
87) 여위신ᄃᆞᆯ: 여위(여위다, 瘦)- + -시(주높)- + -ㄴᄃᆞᆯ(-ㄴ들: 연어, 양보)
88) 가ᄉᆡ시리여: 가ᄉᆡ(변하다, 變)- + -시(주높)- + -리(미시)- + -여(-느냐: 의종, 판정)

ㅈ. 살이 여위신들 金色(금색)<u>이야</u> 변하시겠느냐?

나. 체언에만 붙는 보조사

(19) ㄱ. 臣下<u>란</u> 忠貞을 勸ᄒᆞ시고 子息<u>으란</u> 孝道ᄅᆞᆯ 勸ᄒᆞ시고 [월석 8:29]

ㄴ. 사ᄅᆞᆷ<u>마다</u> 수ᄫᅵ[89] 아라 [석상 서:6]

ㄷ. ᄒᆞᆫ 나라해[90] ᄒᆞᆫ 須彌山<u>곰</u> 이쇼ᄃᆡ[91] [월석 1:22]

ㄹ. 門人이 一千<u>나마</u>[92] 잇ᄂᆞ니 [육언 상 5]

ㅁ. ᄭᅮᆷ<u>곳</u>[93] 아니면 어느 길헤 다시 보ᅀᆞᄫᆞ리[94] [월석 8:82]

ㅂ. 밥 머긇 덛<u>만뎡</u>[95] 長常[96] 이 이ᄅᆞᆯ ᄉᆡᇰ각ᄒᆞ라 [월석 8:8]

ㅅ. 엇뎨 잢간<u>인ᄃᆞᆯ</u>[97] 놀라 저ᄒᆞ리오[98] [금삼 3:25]

(19′) ㄱ. 臣下(신하)는 忠貞(충정)을 勸(권)하시고 子息(자식)은 孝道(효도)를 勸(권)하시고…

ㄴ. 사람마다 쉽게 알아…

ㄷ. 한 나라에 한 須彌山(수미산)[99]씩 있되…

ㄹ. 門人(문인)[100]이 一千(일천) 넘게 있으니…

ㅁ. 꿈만 아니면 어느 길에 다시 보리?

ㅂ. 밥 먹을 동안이라도 長常(장상 : 늘) 이 일을 생각하라.

ㅅ. 어찌 잠깐인들 놀라 두려워하겠느냐?

---

89) 수ᄫᅵ : 수ᄫᅵ[쉬이, 쉽게(부사) : ᄉᆔᇦ(← 쉽다, ㅂ불 : 쉽다, 易)- + -이(부접)]

90) 나라해 : 나라ㅎ(나라, 國) + -애(-에 : 부조, 위치)

91) 이쇼ᄃᆡ : 이시(있다, 有)- + -오ᄃᆡ(-되 : 연어, 설명의 계속)

92) 一千나마 : 一千(일천 : 수사) + -나마(넘게 : 보조사, 초과) ※ 보조사 '-나마'는 '남다(餘)'의 어간인 '남-'에 조사 파생 접사로 기능하는 연결 어미 '-아'가 붙어서 된 파생 조사이다.

93) ᄭᅮᆷ곳 : ᄭᅮᆷ(꿈, 夢) + -곳(보조사, 국한 강조)

94) 보ᅀᆞᄫᆞ리 : 보(보다, 見)- + -ᅀᆞᇦ(← -ᅀᆞᆸ- : 객높)- + -ᄋᆞ리(의종, 반말)

95) 덛만뎡 : 덛(동안, 間) + -만뎡(-일망정 : 보조사, 양보)

96) 長常(장상) : 늘, 항상(부사)

97) 잢간인ᄃᆞᆯ : 잢간[잠깐, 暫 : 잠(잠, 暫) + -ㅅ(관조, 사잇) + 간(간, 間)] + -인들(보조사, 양보)

98) 저ᄒᆞ리오 : 젛(두려워하다, 畏)- + -ᄋᆞ리(미시)- + -오(← -고 : -느냐, 의종, 설명)

99) 須彌山(수미산) : 불교의 우주관에서, 세계의 중앙에 있다는 산이다.

100) 門人(문인) : 문하생

다. 용언의 연결형과 부사에만 붙는 보조사

(20) ㄱ. 이리곰 火災호ᄆᆞᆯ 여듧 번 ᄒᆞ며 [월석 1:49]

ㄴ. 네 바리ᄅᆞᆯ 어듸 가 어든다[1] 도로다가[2] 두어라 [월석 7:8]

(20′) ㄱ. 이렇게 火災(화재)가 나는 것을 여덟 번 하며…

ㄴ. 네가 바리[3]를 어디 가서 얻었는가? 도로 두어라.

라. 의문문을 만드는 보조사

(21) ㄱ. 언ᄂᆞᆫ[4] 藥이 므스것고[5] [월석 21:215]

ㄴ. 사호매[6] 서르 맛나ᄆᆞᆫ[7] ᄯᅩ 어느 날오[8] [두언 21:16]

ㄷ. 이ᄂᆞᆫ 法身가 報身가 [금삼 3:23]

ㄹ. 이ᄂᆞᆫ 賞가 罰아[9] ᄒᆞᆫ 가지아 아니아 [능언 3:99]

(21′) ㄱ. 얻는 藥(약)이 무엇인가?

ㄴ. 이는 法身(법신)[10]인가 報身(보신)[11]인가?

ㄷ. 싸움(전쟁)에 서로 만남은 또 어느 날인가?

ㄹ. 이는 賞(상)인가 罰(벌)인가? 한 가지인가 아닌가?

---

1) 어든다: 얻(얻다: 得)- + -Ø(과시)- + -ㄴ다(-ㄴ가: 의종, 2인칭)
2) 도로다가: 도로[도로, 返(부사): 돌(돌다, 回)- + -오(부접)] + -다가(보조사, 강조)
3) 바리: 바리때, 발우(鉢盂). 절에서 쓰는 승려의 공양 그릇이다.
4) 언ᄂᆞᆫ: 얻(얻다, 得)- + -ᄂᆞ(현시)- + -오(대상)- + -ㄴ(관전)
5) 므스것고: 므스것[무엇, 何(지대, 미지칭): 므스(무슨: 관사) + 것(것: 의명)] + -고(-이냐: 보조사, 의문, 설명)
6) 사호매: 사홈[싸움, 戰爭: 사호(싸우다, 爭)- + -ㅁ(명접)] + -애(-에: 부조, 위치, 근거)
7) 맛나ᄆᆞᆫ: 맛나[만나다, 遇: 맛(← 맞다: 迎)- + 나(出)-]- + -ㅁ(← -옴: 명전) + -ᄋᆞᆫ(보조사, 주제)
8) 날오: 날(날, 日) + -오(← -고: -이냐, 보조사, 의문, 설명)
9) 罰아: 罰(벌) + -아(← -가: -이냐, 보조사, 의문, 판정)
10) 法身(법신): 삼신(三身)의 하나이다. 불법의 이치와 일치하는 부처의 몸을 이른다.
11) 報身(보신): 삼신(三身)의 하나이다. 선행 공덕을 쌓은 결과로 부처의 공덕이 갖추어진 몸을 이른다.

2.2.2.4. 조사의 생략과 겹침

가. 조사의 생략

(22) ㄱ. 곶Ø 됴코 여름Ø 하ᄂᆞ니 [용가 2장]
ㄴ. 右手左手로 天地Ø ᄀᆞᄅᆞ치샤 [월석 2:34]

(22′) ㄱ. 꽃Ø 좋고 열매 많으니…
ㄴ. 右手(우수) 左手(좌수)로 天地(천지)Ø 가리키시어…

(23) 아비Ø[12] 어미Ø[13] 날 기를 저긔 [두언 8:67]

(23′) 아버지와 어머니가 나를
기를 적에…

나. 조사의 겹침

〈같은 종류의 조사가 겹침〉

(24) ㄱ. 一千 化佛이 … 摩耶씌로[14] 向ᄒᆞ야 ᄉᆞᆲᄫᆞ샤ᄃᆡ[15] [석상 23:29]
ㄴ. 집마다셔[16] 사ᄅᆞᆷᄋᆞᆯ ᄒᆞ놀이놋다[17] [두언 15:6]

(24′) ㄱ. 一千(일천) 化佛(화불)[18]이 … 摩耶(마야)께로 向(향)하여 아뢰시되…
ㄴ. 집마다에서 사람을 조롱하는구나.

---

12) 아비 : 아비(아버지, 父) + -Ø(← -와 : 접조)
13) 어미 : 어미(어머니, 母) + -Ø(← -와 : 접조) + -Ø(주조)
14) 摩耶씌로 : 摩耶(마야) + -씌(부조, 상대, 높임) + -로(부조, 방향)
15) ᄉᆞᆲᄫᆞ샤ᄃᆡ : ᄉᆞᆲ(← ᄉᆞᆲ다, ㅂ불 : 아뢰다, 奏)- + -ᄋᆞ샤(← -ᄋᆞ시- : 주높)- + -ᄃᆡ(← -오ᄃᆡ : -되, 연어, 설명의 계속)
16) 집마다셔 : 집(집, 家) + -마다(보조사, 각자) + -셔(-서 : 보조사, 강조)
17) ᄒᆞ놀이놋다 : ᄒᆞ놀이[남을 못살게 놀리다, 조롱하다, 惱, 弄 : ᄒᆞ(남을 못살게 굴다 : 접두)- + 놀(놀다, 遊)- + -이(서접)-]- + -ᄂᆞ(현시)- + -옷(느낌)- + -다(평종)
18) 化佛(화불) : 정토종에서, 그 몸은 없으나 인연에 응하여 불보살의 신통력에 의하여 홀연히 환영처럼 나타나는 부처이다.

〈다른 종류의 조사가 겹침〉

(25) ㄱ. 威嚴과 德괘[19] 自在ᄒᆞ야 [석상 9:19]

ㄴ. 오직 부텨ᅀᅡ[20] 能히 아ᄅᆞ시니[21] [법언 4:63]

ㄷ. 報와 化왜ᅀᅡ[22] 비르서[23] 말[24] 겨시니 [금삼 4:36]

ㄹ. 生과 滅와로셔[25] 이숀[26] 디[27] 아니며 [능언 3:17]

(24′) ㄱ. 威嚴(위엄)과 德(덕)이 自在(자재)[28]하여…

ㄴ. 오직 부처야 能(능)히 아시니…

ㄷ. 報化(보화)이야 비로소 말씀이 있으시니… (報化ㅣᅀᅡ 方有說ᄒᆞ시니…)

ㄹ. 生滅(생멸)로부터 있은 것이 아니며… (非生滅로셔 有ㅣ며…)

2.2.3. 용언

2.2.3.1. 용언의 종류

가. 동사와 형용사

〈동사〉

① 자동사

(1) ㄱ. 아비 죽다[1] [월석 17:21]

ㄴ. 衆生이 福이 다ᄋᆞ거다[2] [석상 23:28]

---

19) 德괘: 德(덕)+-과(접조)+-ㅣ(주조)
20) 부텨ᅀᅡ: 부텨(부처, 佛)+-ㅣ(주조)+-ᅀᅡ(-야: 보조사, 한정 강조)
21) 아ᄅᆞ시니: 알(알다, 知)-+-ᄋᆞ시(주높)-+-니(연어, 설명의 계속)
22) 化왜ᅀᅡ: 化(화)+-와(←-과: 접조)+-ㅣ(주조)+-ᅀᅡ(보조사: 한정 강조)
23) 비르서: [비로소, 始(부사): 비릇(비롯하다, 始)-+-어(연어▷부접)]
24) 말: 말, 說.
25) 滅와로셔: 滅(멸)+-와(←-과: 접조)+-로(부조, 방편)+-셔(-서: 보조사, 강조)
26) 이숀: 이시(있다, 有)-+-오(대상)-+-ㄴ(관전)
27) 디: ᄃᆞ(것: 의명)+-ㅣ(보조)
28) 自在(자재): 저절로 있음.
1) 죽다: 죽(죽다, 死)-+-Ø(과시)-+-다(평종)
2) 다ᄋᆞ거다: 다ᄋᆞ(다하다, 盡)-+-Ø(과시)-+-거(주믿)-+-다(평종)

(1′) ㄱ. 아버지가 죽었다.

ㄴ. 衆生(중생)이 福(복)이 다하였다.

② 타동사

(2) ㄱ. (世尊이) 十方諸國ᄋᆞᆯ 보긔 ᄒᆞ시니 [월석 8:1]

ㄴ. 셜ᄫᅳᆯ쎠[3] 衆生이 正ᄒᆞᆫ 길ᄒᆞᆯ 일허다[4] [석상 23:19]

(2′) ㄱ. 世尊(세존)이 (韋提希(위제희)에게) 十方(시방)[5] 諸國(제국)을 보게 하시니…

ㄴ. 서럽구나. 衆生(중생)이 올바른 길을 잃었다.

〈형용사〉

(3) ㄱ. 골ᄑᆞ다, 그립다, 깃브다, 둏다, 슬프다, 슳다, 알ᄑᆞ다

ㄴ. 길다, 높다, ᄂᆞᆽ갑다, 븕다, ᄒᆡ다 ; 고요ᄒᆞ다 ; 거츨다, ᄎᆞ다 ; ᄃᆞᆯ다, ᄆᆡᆸ다, ᄡᅳ다

(3′) ㄱ. 고프다, 그립다, 기쁘다, 좋다, 슬프다, 싫다, 아프다

ㄴ. 길다, 높다, 낮다, 붉다, 희다 ; 고요하다 ; 거칠다 ; 차다 ; 달다, 맵다, 쓰다

(4) ㄱ. 赤島 안ᄒᆡᇫ[6] 움흘[7] 至今에 보ᅀᆞᆸᄂᆞ니[8] 王業艱難이 이러ᄒᆞ시니[9] [용가 5장]

ㄴ. 비록 그러ᄒᆞ나 이 無ᅙ字ᄂᆞᆫ 어느 고ᄃᆞᆯ[10] 從ᄒᆞ야 나뇨[11] [몽언 61]

ㄷ. 至孝ㅣ 뎌러ᄒᆞ실ᄊᆡ ᄂᆞ믄[12] 즐기ᄂᆞᆫ 나ᄅᆞᆯ[13] 아니 즐겨 [용가 92장]

---

3) 셜ᄫᅳᆯ셔 : 셟(← 셟다, ㅂ불 : 섧다, 서럽다, 哀)-+-을셔(-구나 : 감종)
4) 일허다 : 잃(잃다, 失)-+-Ø(과시)-+-어(주민)-+-다(평종)
5) 十方(시방) : 사방(四方), 사우(四隅), 상하(上下)를 통틀어 이르는 말이다.
6) 안ᄒᆡᇫ : 안ㅎ(안, 內)+-애(-에 : 부조, 위치)+-ㅿ(-의 : 관조)
7) 움흘 : 움ㅎ(움)+-을(목조) ※ '움ㅎ'은 땅을 파고 위에 거적 따위를 얹어 비바람이나 추위를 막아 겨울에 화초나 채소를 넣어 두는 곳이다.
8) 보ᅀᆞᆸᄂᆞ니 : 보(보다, 見)-+-ᅀᆞᆸ(객높)-+-ᄂᆞ(현시)-+-니(연어, 설명의 계속)
9) 이러ᄒᆞ시니 : 이러ᄒᆞ(이러하다)-+-시(주높)-+-니(평종, 반말)
10) 고ᄃᆞᆯ : 곧(곳, 것 : 의명)+-ᄋᆞᆯ(목조)
11) 나뇨 : 나(나타나다, 생기다, 生)-+-Ø(과시)-+-뇨(-느냐 : 의종, 비인칭, 설명)
12) ᄂᆞ믄 : ᄂᆞᆷ(남, 他)+-ᄋᆞᆫ(보조사, 주제)
13) 나ᄅᆞᆯ : 날(날, 日)+-ᄋᆞᆯ(목조)

ㄹ. 羅睺羅를 出家히샤[14] 나라 니ᅀᅳ리를[15] 긋게[16] [석상 6:7]
ᄒᆞ시ᄂᆞ니[17] 엇더ᄒᆞ니잇고[18]

(4′) ㄱ. 赤島(적도) 안에의 움막집을 至今(지금)에 보니 王業艱難(왕업간난)[19]이 이러하시니.
ㄴ. 비록 그러하나 이 無(무)의 글자는 어느 것(곳)을 따라서 났느냐?
ㄷ. 至孝(지효)[20]가 저러하시므로 남(他)은 즐기는 날(日)을 아니 즐겨…
ㄹ. 羅睺羅(나후라)[21]를 出家(출가)시키어 나라를 이을 사람을 끊게 하시는 것이 (도대체) 어떠합니까?

나. 보조 용언

보조 동사	현대어	의미	용례
보다	보다	시도	일로[22] 혜여[23] 보건덴[24] [석상 6:6]
ᄇᆞ리다	버리다	완료	恩惠를 니저 ᄇᆞ리샤 [석상 6:4]
디다	지다	절로 어떤 경지에 도달함	뫼히여[25] 들히여 다 노가 디어 [월석 1:48]
두다	두다	행동, 상태의 유지	왼녁 피 닫[26] 담고 올ᄒᆞᆫ녁[27] 피 닫 담아 두고 닐오ᄃᆡ [월석 1:7]

---

14) 出家히샤: 出家히[출가시키다: 出家ᄒᆞ(출가하다)-+-ㅣ(사접)-]-+-샤(←-시-: 주높)-+-Ø(←-아: 연어)
15) 니ᅀᅳ리를: 닛(←닛다, ㅅ불: 잇다, 繼承)-+-을(관전) # 이(이, 사람: 의명)+-를(목조)
16) 긋게: 긋(←긏다: 끊어지다, 斷)-+-게(연어, 사동)
17) ᄒᆞ시ᄂᆞ니: ① ᄒᆞ(하다, 使: 보용, 사동)-+-시(주높)-+-ᄂᆞ(현시)-+-ㄴ(관전) # 이(것: 의명)+-Ø(주조) ② ᄒᆞ(하다, 使: 보용, 사동)-+-시(주높)-+-ᄂᆞ(현시)-+-니(연어, 설명의 계속)
18) 엇더ᄒᆞ니잇고: 엇더ᄒᆞ(어떠하다)-+-잇(←-이-: 상높)-+-니…고(-니까: 의종, 비인칭, 설명)
19) 王業艱難(왕업 간난): 왕업을 이루는 데 겪는 어려움이다.
20) 至孝(지효): 지극한 효성이다.
21) 나후라(羅睺羅): '라훌라'의 음차이다. 석가모니의 아들로서 십대 제자 가운데 한 사람이다.
22) 일로: 일(←이: 이것, 此: 지대)+-로(부조, 방편)
23) 혜여: 혜(헤아리다, 量)-+-여(←-어: 연어)
24) 보건덴: 보(보다: 보용, 경험)-+-건덴(-면: 연어, 조건)
25) 뫼히여: 뫼ㅎ(산, 山)+-이여(-이며: 접조)
26) 닫: 따로, 別(부사)
27) 올ᄒᆞᆫ녁: 올ᄒᆞᆫ녁[오른쪽, 右: 옳(옳다, 是)-+-ᄋᆞᆫ(관전)+녁(녘, 쪽)]

나다	나다	어떤 상태에서 탈피함	뎌 如來를 念ᄒᆞ야 恭敬ᄒᆞᅀᆞᄫᆞ면[28] 다 버서 나리라 [석상 9:24]
내다	내다	끝까지 완수함	勞度差ㅣ ᄯᅩ ᄒᆞᆫ 쇼ᄅᆞᆯ 지ᅀᅥ[29] 내니 [석상 6:32]
ᄃᆞ외다	되다	되다	우리 어ᅀᅵ아ᄃᆞ리[30] 외ᄅᆞᆸ고 입게[31] ᄃᆞ외야 [석상 6:5]
말다	말다	금지	너희 브즈러니 지ᅀᅥ[32] 게으르디 말라 [법언 2:209]
ᄒᆞ다	하다	당위	善男子 善女人이 뎌 부텻 世界예 나고져 發願ᄒᆞ야ᅀᅡ[33] ᄒᆞ리라 [석상 9:11]
이시다 잇다	있다	진행	내 풍류바지[34] ᄃᆞ리고 됴ᄒᆞᆫ 차반[35] 먹고 이쇼ᄃᆡ[36] [석상 24:28]
		완료 지속	赤眞珠ㅣ ᄃᆞ외야 잇ᄂᆞ니라 [월석 1:23]
겨시다	계시다	완료 지속	미친 사ᄅᆞᆷ ᄀᆞ티[37] 묏고래[38] 수머 겨샤 [석상 6:4]

[표 2. 보조 동사의 종류와 의미]

보조 동사	현대어	의미	용례
보다	보다	시도	이로 헤아려 보건데… [석상 6:6]
ᄇᆞ리다	버리다	완료	恩惠(은혜)를 잊어 버리시어… [석상 6:4]
디다	지다	절로 어떤 경지에 도달함	산이며 들이며 다 녹아져서… [월석 1:48]
두다	두다	행동, 상태의 유지	왼쪽 피를 따로 담고 오른쪽 피를 따로 담아 두고 이르되… [월석 1:7]

28) 恭敬ᄒᆞᅀᆞᄫᆞ면 : 恭敬ᄒᆞ(공경하다)- + -ᅀᆞᇦ(← -ᅀᆞᆸ- : 객높)- + -ᄋᆞ면(-으면 : 연어, 조건)
29) 지ᅀᅥ : 지ᇫ(← 짓다, ㅅ불 : 짓다, 만들다, 作)- + -어(연어)
30) 어ᅀᅵ아ᄃᆞ리 : 어ᅀᅵ아ᄃᆞᆯ[어머니와 아들, 母子 : 어ᅀᅵ(어머니, 母) + 아ᄃᆞᆯ(아들, 子)] + -이(주조)
31) 입게 : 입(입다 : 괴롭다, 고달프다, 혼미하다, 苦)- + -게(연어, 피동)
32) 지ᅀᅥ : 지ᇫ(← 짓다, ㅅ불 : 짓다, 만들다, 作)- + -어(연어)
33) 發願ᄒᆞ야ᅀᅡ : 發願ᄒᆞ(발원하다)- + -야ᅀᅡ(← -아ᅀᅡ : -아야, 연어, 필연적 조건)
34) 풍류ᄫᅡ지 : 풍류ᄫᅡ지[악공(樂工) : 풍류(풍류, 風流) + -ᄫᅡ지(기술을 가진 사람, 匠)]
35) 차반 : 음식(飮食)
36) 이쇼ᄃᆡ : 이시(있다 : 보용, 동작의 진행)- + -오ᄃᆡ(-되 : 연어, 설명의 계속)
37) ᄀᆞ티 : [같이(부사) : ᄀᆞᇀ(같다, 如 : 형사)- + -이(부접)]
38) 묏고래 : 묏골[산골 : 뫼(산, 山) + -ㅅ(관조, 사잇) + 골(골짜기, 谷)] + -애(-에 : 부조, 위치)

나다	나다	어떤 상태에서 탈피함	저 如來(여래)를 생각하여 恭敬(공경)하면 다 벗어 나리라. [석상 9:24]
내다	내다	끝까지 완수함	勞度差(노도차)[39]가 또 한 소를 만들어 내니… [석상 6:32]
ᄃᆞ외다	되다	되다	우리 어미아들이 외롭고 불쌍하게 되어… [석상 6:5]
말다	말다	금지	너희들이 부지런히 일하여 게으르지 말라. [법언 2:209]
ᄒᆞ다	하다	당위	善男子(선남자) 善女人(선여인)[40]이 저 부처의 世界(세계)에 나고자 發願(발원)[41]하여야 하리라. [석상 9:11]
이시다 잇다	있다	진행	내가 악공 데리고 좋은 음식 먹고 있되… [석상 24:28]
		완료 지속	赤眞珠(적진주)가 되어 있느니라. [월석 1:23]
겨시다	계시다	완료 지속	미친 사람같이 산골에 숨어 계셔… [석상 6:4]

[표 2'. 보조 동사의 종류와 의미]

보조 형용사	현대어	의미	용례
식브다	싶다	희망, 추측	나고져 식브녀[42] [월천 기132]
지다	싶다	바람, 원망	東山 구경ᄒᆞ야 지이다[43] [월석 2:27]

[표 3. 보조 형용사의 종류와 의미]

보조 형용사	현대어	의미	용례
식브다	싶다	희망, 추측	태어나고자 싶으냐? [월천 기132]
지다	싶다	바람, 원망	東山(동산)을 구경하고 싶습니다. [월석 2:27]

[표 3'. 보조 형용사의 종류와 의미]

39) 勞度差(노도차): 외도인(外道人)으로 환술(幻術)에 매우 능했다는 사람이다. 부처 제자 가운데 지혜(智慧) 제일인 사리불(舍利弗)과 재주 겨루다가 진 뒤에 그의 제자가 되었다.
40) 善男子(선남자) 善女人(선여인): 불법에 귀의한 남자와 여자이다.
41) 發願(발원): 신이나 부처에게 소원을 비는 것이나, 또는 그 소원이다.
42) 식브녀: 식브(싶다, 望: 보용, 희망)-+-녀(-냐: 의종, 비인칭, 판정)
43) 지이다: 지(싶다, 望: 보용, 바람)-+-이(상높)-+-다(평종)

보조 용언	현대어	의미		용례	
아니ᄒᆞ다	아니하다	부정	보동	菩提 일우믈[44] 得ᄒᆞ디 <u>아니ᄒᆞ리</u>[45] 업ᄂᆞ니	[원언 하 2-2:43]
			보형	슬후미[46] 녇디[47] <u>아니ᄒᆞ니</u>	[두언 6:29]
몯ᄒᆞ다	못하다	부정	보동	보도 몯ᄒᆞ며 듣도 <u>몯거니</u>[48]	[석상 24:28]
			보형	本來ㅅ 아로미[49] ᄇᆞᆰ디 <u>몯ᄒᆞ거든</u> 다 疑心을 두리니	[몽언 14]

[표 4. 보조 동사와 보조 형용사로 두루 쓰이는 보조 용언]

보조 용언	현대어	의미		용례	
아니ᄒᆞ다	아니하다	부정	보동	菩提(보리)를 이루는 것을 得(득)하지 아니할 이가 없으니…	[원언 하 2-2:43]
			보형	슬퍼함이 열지 아니하니…	[두언 6:29]
몯ᄒᆞ다	못하다	부정	보동	보지도 못하며 듣지도 못하니…	[석상 24:28]
			보형	本來(본래)의 앎(지식)이 밝지 못하거든 다 疑心(의심)을 두리니…	[몽언 14]

[표 4'. 보조 동사와 보조 형용사로 두루 쓰이는 보조 용언]

다. 규칙 용언과 불규칙 용언

〈규칙 용언〉

(5) ㄱ. 슬후미[50] <u>녇</u>디[51] 아니ᄒᆞ니 [두언 6:29]

ㄴ. 새 그를 고<u>툐</u>ᄆᆞᆯ[52] ᄆᆞᆾ고[53] [두언 16:14]

---

44) 일우믈: 일[이루다, 成: 일(이루어지다)- + -우(사접)-]- + -ㅁ(← 움: 명전) + -을(목조)
45) 아니ᄒᆞ리: 아니ᄒᆞ(아니하다: 보용, 부정)- + -ㄹ(관전) # 이(이, 사람: 의명) + -Ø(주조)
46) 슬후미: 슳(슬퍼하다, 哀)- + -움(명전) + -이(주조)
47) 녇디: 녇(← 녙다: 열다, 薄, 淺)- + -디(-지: 연어, 부정)
48) 몯거니: 몯(← 몯ᄒᆞ다: 못하다, 보용, 부정)- + -거(주민)- + -니(연어, 설명의 계속, 이유)
49) 아로미: 알(알다, 知)- + -옴(명전) + -이(주조)
50) 슬후미: 슳(슬퍼하다, 哀)- + -움(명전) + -이(주조)
51) 녇디: 녇(← 녙다: 열다, 薄)- + -디(-지: 연어, 부정)

(5′) ㄱ. 슬퍼하는 것이 옅지 아니하니…
ㄴ. 새 글을 고치는 것을 마치고…

(6) ㄱ. 업던 번게를 하ᄂᆞᆯ히 ᄇᆞᆯ기시니[54] [용가 30장]
ㄴ. ᄒᆞᆯᄀᆞᆯ 파[55] 가져 [월석 1:7]

(6′) ㄱ. 없던 번개를 하늘이 밝히셨으니.
ㄴ. 흙을 파 가져…

(7) ㄱ. ᄂᆞᄆᆞᆫ[56] 뜯 다ᄅᆞ거늘 [용가 24장]
ㄴ. 나랏 말ᄊᆞ미 中國애 달아[57] [세훈 1]

(7′) ㄱ. 남(他)은 뜻이 다르거늘…
ㄴ. 나라의 말이 中國(중국)과 달라…

(8) ㄱ. 고ᄌᆞ로[58] 비ᅀᅳᆫ[59] 가시[60] [월천 기51]
ㄴ. 夫人이 … ᄀᆞ장[61] 비ᅀᅥ[62] 됴ᄒᆞᆫ 양[63] ᄒᆞ고 [월석 2:5]

(8′) ㄱ. 꽃으로 꾸민(단장한) 아내가…
ㄴ. 부인이 … 한껏 꾸미어 좋은 모습을 하고…

(9) ㄱ. 天命을 모ᄅᆞ실ᄊᆡ[64] [용가 13장]

---

52) 고툐ᄆᆞᆯ : 고티[고치다, 改 : 곧(곧다, 直)- + -히(사접)-]- + -옴(명전) + -ᄋᆞᆯ(목조)
53) ᄆᆞᆺ고 : ᄆᆞᆺ(← ᄆᆞᆾ다 : 마치다, 終)- + -고(연어, 나열, 계기)
54) ᄇᆞᆯ기시니 : ᄇᆞᆯ기[밝히다 : ᄇᆞᆰ(밝다, 明)- + -이(사접)-]- + -시(주높)- + -Ø(과시)- + -니(평종, 반말)
55) 파 : ᄑᆞ(파다, 掘)- + -아(연어)
56) ᄂᆞᄆᆞᆫ : ᄂᆞᆷ(남 : 他) + -ᄋᆞᆫ(보조사, 주제, 대조)
57) 달아 : 달(← 다ᄅᆞ다 : 다르다, 異)- + -아(연어)
58) 고ᄌᆞ로 : 곶(꽃, 花) + -ᄋᆞ로(부조, 방편)
59) 비ᅀᅳᆫ : 비ᇫ(← 비ᅀᅳ다 : 아름답게 하다, 단장하다, 裝)- + -은(관전)
60) 가시 : 갓(아내, 妻) + -이(주조)
61) ᄀᆞ장 : 한껏, 충분히(부사)
62) 비ᅀᅥ : 비ᇫ(← 비ᅀᅳ다 : 아름답게 하다, 단장하다, 裝)- + -어(연어)
63) 양 : 모양, 모습, 樣(의명)
64) 모ᄅᆞ실ᄊᆡ : 모ᄅᆞ(모르다, 不知)- + -시(주높)- + -ㄹᄊᆡ(-므로 : 연어, 이유)

ㄴ. 方面을 몰라[65] 보시고 [용가 85장]

(9′) ㄱ. 天命(천명)을 모르시므로…

ㄴ. 方面(방면)[66]을 몰라 보시고…

(10) ㄱ. 흐르는 심 [석상 13:23]

ㄴ. 時節이 … 흘러[67] 가면 [석상 19:11]

(10′) ㄱ. 흐르는 샘…

ㄴ. 時節(시절)이 … 흘러 가면

(11) ㄱ. 자바, ᄂᆞ라

ㄴ. 주거, 버서

(11′) ㄱ. 자바(잡-+-아), ᄂᆞ라(ᄂᆞᆯ-+-아)

ㄴ. 주거(죽-+-어), 버서(벗-+-어)

〈불규칙 용언〉

(12) ㄱ. 암龍 ᄃᆞ외야 毒龍ᄋᆞᆯ 얻더니 [월석 7:27]

ㄴ. 넷[68] 날애 바리ᄅᆞᆯ 어더 [월천 기88]

(12′) ㄱ. 암龍(용)이 되어 毒龍(독룡)을 얻더니…

ㄴ. 옛 날에 바리[69]를 얻어…

(13) ㄱ. 아ᄒᆡ 井華水ᄅᆞᆯ 긷ᄂᆞ니 [두언 9:21]

ㄴ. 甁의 무를 기러 두고ᅀᅡ[70] 가리라 ᄒᆞ야 므를 기르니 [월석 7:9]

---

65) 몰라: 몰ㄹ(←모ᄅᆞ다: 모르다, 不知)-+-아(연어)

66) 方面(방면): '방면'은 네모반듯한 얼굴을 이르는데, 훗날 황제가 될 사람의 얼굴 모습이다. 주나라 때의 임금인 세종이 그의 신하인 조광윤(趙匡胤)의 얼굴 모습이 네모반듯함을 모르고 그에게 높은 벼슬을 주었다. 이후 조광윤은 주나라를 멸하고 송나라를 세웠다.

67) 흘러: 흘ㄹ(←흐르다: 흐르다, 流)-+-어(연어)

68) 넷: 녜(예전, 昔)+-ㅅ(-의: 관조)

69) 바리: 절에서 쓰는 중의 공양 그릇. 나무나 놋쇠로 대접처럼 만들어 안팎에 칠을 한다.

70) 두고ᅀᅡ: 두(두다: 보용)-+-고(연어)+-ᅀᅡ(-야: 보조사, 한정 강세)

(13′) ㄱ. 아이가 井華水(정화수)[71]를 길으니…

ㄴ. 甁(병)의 물을 길어 두고야 가리라 하여 물을 길으니…

다-1. 어간이 불규칙하게 바뀌는 용언

〈'ㅅ' 불규칙 용언〉

(14) ㄱ. 오직 낫고[72] 믈룸[73] 업수미[74] 일후미 不退心이라 [능언 8:18]

ㄴ. 부텻 알ᄑᆡ[75] 나ᅀᅡ 드르샤[76] [석상 11:17]

(14′) ㄱ. 오직 나아가고 물러남이 없는 것이 (그) 이름이 不退心(불퇴심)이다.

ㄴ. 부처의 앞에 나아가 (말씀을) 들으시어…

〈'ㅂ' 불규칙 용언〉

(15) ㄱ. 江漢앤[77] ᄃᆞᇌ비치 곱도다 [두언 20:8]

ㄴ. 太子ㅣ 性 고ᄫᆞ샤 [월석 21:211]

(15′) ㄱ. 江漢(강한)엔 달빛이 곱구나.

ㄴ. 太子(태자)가 性(성: 성품)이 고우셔서…

〈'ㄷ' 불규칙 용언〉

(16) ㄱ. 難陁ㅣ… ᄒᆞᆫ ᄣᅢ[78] 계도록[79] (므를) 긷다가 몯ᄒᆞ야 [월석 7:9]

ㄴ. 甁의 므를 기러 두고ᅀᅡ[80] 가리라 [월석 7:9]

---

71) 井華水(정화수): 이른 새벽에 길은 우물물. 조상에게 가족들의 평안을 빌면서 정성을 들이거나 약을 달이는 데 쓴다.

72) 낫고: 낫(낫다, 나아가다, 進)-+-고(연어, 나열, 계기, 대조)

73) 믈룸: 믈ㄹ(←므르다: 물러나다, 退)-+-움(명전)

74) 업수미: 없(없다, 無)-+-움(명전)+-이(주조)

75) 알ᄑᆡ: 앒(앞, 前)+-ᄋᆡ(-에: 부조, 위치)

76) 드르샤: 들(←듣다, ㄷ불: 듣다, 聞)-+-으샤(←-으시-: 주높)-+-Ø(←-아: 연어)

77) 江漢앤: 江漢(강한, 지명)+-애(-에: 부조, 위치)+-ㄴ(←-는: 보조사, 주제)

78) ᄣᅢ: ᄣᅢ(때, 시각, 時)+-Ø(주조)

79) 계도록: 계(지나다, 넘다, 過)-+-도록(연어, 도달)

80) 두고ᅀᅡ: 두(두다, 置: 보용, 완료 지속)-+-고(연어)+-ᅀᅡ(-야: 보조사, 한정 강세)

(16′) ㄱ. 難陁(난타)가 … 한 시각이 지나도록 (물을) 긷다가 못하여…
ㄴ. 甁(병)의 물을 길어 두고야 가리라.

〈개별 용언의 불규칙 활용〉

① '시므다, ᄌᆞᄆᆞ다'의 불규칙 활용

(17) ㄱ. 여러 가짓 됴ᄒᆞᆫ 根源을 시므고[81] [석상 19:33]
ㄴ. 아마도 福이 조ᅀᆞᄅᆞᄫᆡ니[82] 아니 심거[83] 몯ᄒᆞᆯ 꺼시라[84] [석상 6:37]

(17′) ㄱ. 여러 가지의 좋은 根源(근원)을 심고…
ㄴ. 아마도 福(복)이 중요하니 아니 심지 못할 것이다.

(18) ㄱ. 밀므리 사ᄋᆞ리로ᄃᆡ[85] 나거ᅀᅡ[86] ᄌᆞᄆᆞ니이다[87] [용가 67장]
ㄴ. 청 믈 든 뵈[88] ᄌᆞᆷ가[89] 우러난 즙 서 되를 머그라[90] [구간 6:36]

(18′) ㄱ. 밀물이 사흘이되 (伯顔(백안)의 군사가 강가에서) 나가야 잠기었습니다.
ㄴ. 청(靑) 물이 든 베가 잠기어 우러난 즙(汁) 서 되를 먹어라.

② '녀다'의 불규칙 활용

(19) ㄱ. 어셔 도라 니거라 [월석 8:101]
ㄴ. 東ᄋᆡ 니거시든[91] 西夷 ᄇᆞ라ᅀᆞᄫᆞ니[92] [용가 38장]

---

81) 시므고: 시므(심다, 植)- + -고(연어, 나열)
82) 조ᅀᆞᄅᆞᄫᆡ니: 조ᅀᆞᄅᆞᄫᆡ[긴요하다, 중요하다, 重要: 조ᅀᆞᆯ(요체, 요점: 명사)- + -ᄅᆞᄫᆡ(형접)-]- + -니(연어, 이유)
83) 심거: 시ᇚ(←시므다: 심다, 植)- + -어(연어)
84) 꺼시라: 껏(←것: 의명) + -이(서조)- + -라(←-다: 평종)
85) 사ᄋᆞ리로ᄃᆡ: 사ᄋᆞᆯ(사흘, 三日) + -이(서조)- + -로ᄃᆡ(←-오ᄃᆡ: -되, 연어, 설명의 계속)
86) 나거ᅀᅡ: 나(나가다, 出)- + -거ᅀᅡ(-아야: 연어, 필연적 조건)
87) ᄌᆞᄆᆞ니이다: ᄌᆞᄆᆞ(잠기다, 沈)- + -Ø(과시)- + -니(객믿)- + -이(상높)- + -다(평종)
88) 뵈: 뵈(삼베, 布)
89) ᄌᆞᆷ가: ᄌᆞᇚ(←ᄌᆞᄆᆞ다: 잠기다, 沈)- + -아(연어)
90) 머그라: 먹(먹다, 食)- + -으라(명종)
91) 니거시든: 니(가다, 行)- + -시(주높)- + -거…든(연어, 조건)
92) ᄇᆞ라ᅀᆞᄫᆞ니: ᄇᆞ라(바라다, 기대하다, 기다리다, 望)- + -ᅀᆞᇦ(←-ᄉᆞᆸ-: 객높)- + -Ø(과시)- + -ᄋᆞ니(평종, 반말)

ㄷ. 내 니거 지이다[93] [용가 58장]

(19′) ㄱ. 어서 돌아 가거라.

ㄴ. (은나라 성탕이) 東(동)에 가시거든 西夷(서이)[94]가 (성탕을) 바랐으니.

ㄷ. 내가 가고 싶습니다.

③ **'이시다'의 불규칙 활용**

(20) ㄱ. 셔볼[95] 賊臣이 잇고 ᄒᆞᆫ 부니 天命이실씨[96] [용가 37장]

ㄴ. 大愛道ㅣ 드르시고 ᄒᆞᆫ 말도 몯ᄒᆞ야 잇더시니[97] [월석 7:1]

(20′) ㄱ. 서울에 賊臣(적신)[98]이 있고 한 분이 天命(천명)[99]이시므로…

ㄴ. 大愛道(대애도)[100]가 들으시고 한 말도 못하고 계시더니…

다-2. 어미가 불규칙하게 바뀌는 용언

〈/ㄷ/으로 시작하는 어미의 /ㄷ/이 /ㄹ/로 바뀜〉

(21) ㄱ. 일후미 涅槃이라[1] ᄒᆞ더니 [능언 2:3]

ㄴ. 네 得혼[2] 거슨 聲聞의 慧眼이라가[3] 이제 [금삼 73]

---

93) 니거지이다: 니(가다, 行)-+-거(연어) # 지(싶다: 보용, 희망)-+-이(상높)-+-다(평종)

94) 西夷(서이): 중국에서, 서쪽 변방의 이민족을 이르던 말이다. 이 구절은 은나라의 임금인 성탕(成湯)이 정사를 잘 못하는 나라 열 나라를 정벌했는데, 그 나라 백성들이 탕왕이 자기 나라부터 정벌해 주기를 바랐다는 내용이다.

95) 셔볼: 서울(京)

96) 天命(천명)이실씨: 天命(천명)+-이(서조)-+-시(주높)-+-ㄹ씨(-므로: 연어, 이유)

97) 잇더시니: 잇(←이시다: 있다, 有)-+-더(회상)-+-시(주높)-+-니(연어, 설명의 계속)

98) 賊臣(적신): 육사신(六邪臣: 나라에 해로운 여섯 종류의 신하)의 하나이다. 반역하거나 불충한 신하를 이른다.

99) 天命(천명): 타고난 수명이나 운명이다.

100) 大愛道(대애도): 본명은 마하프라자파티(Mahaprajapati)이며 석가세존(釋迦世尊)의 이모(姨母). 석존의 어머니인 마하마야(摩訶摩耶)가 죽은 뒤 석존을 양육하였고, 뒤에 맨 처음으로 비구니(比丘尼)가 되었음.

1) 涅槃이라: 涅槃(열반)+-이(서조)-+-라(←-다: 평종)

2) 得혼: 得ᄒᆞ(얻다)-+-오(대상)-+-ㄴ(관전)

3) 慧眼이라가: 慧眼(혜안)+-이(서조)-+-라가(←-다가: 연어) ※ '혜안(慧眼)'은 오안의 하나. 우주의 진리를 밝게 보는 눈이다. 모든 현상에 대한 집착을 버리고, 차별의 현상계를 보지 않는 지혜이다.

니르러사[4] 비르서 부텻 쁘들 아ᄉᆞ올씨[5]

ㄷ. 六師ᄋᆡ 무리 三億萬이러라[6] [석상 6:28]

ㄹ. 네 업던 이리로다[7] [월석 1:14]

(21′) ㄱ. 이름이 涅槃(열반)이라고 하더니…

ㄴ. 예전에 得(득)한 것은 聲聞(성문)[8]의 慧眼(혜안)이다가 이제 이르러야 비로서 부처의 뜻을 알므로…

ㄷ. 六師(육사)의 무리가 三億萬(삼억만)이더라.

ㄹ. 예전에 없던 일이구나.

〈/ㄱ/으로 시작하는 어미의 /ㄱ/이 탈락됨〉

(22) ㄱ. 西征에 功이 일어늘[9] 所獲ᄋᆞᆯ 다 도로 주샤 [용가 41장]

ㄴ. 狄人이 ᄀᆞ외어늘[10] 岐山 올ᄆᆞ샴도[11] 하ᄂᆞᇙ 쁘디시니[12] [용가 4장]

ㄷ. 노ᄑᆞᆫ 座 ᄆᆡᆼᄀᆞ오[13] (이 經ᄋᆞᆯ) 便安히 연ᄌᆞ면[14] [석상 9:21]

ㄹ. 眷屬ᄋᆞᆯ 여희오[15] 어딘 사ᄅᆞᆷᄋᆞᆯ 갓가비[16] ᄒᆞ야 [석상 13:22]

ㅁ. 이 光明ㅅ 因緣을 알오져[17] ᄒᆞ더니 [석상 13:32]

(22′) ㄱ. 西征(서정)[18]에 功(공)이 이루어지거늘 所獲(소획)[19]을 다 도로 주시어…

---

4) 니르러사: 니를(이르다, 至)- + -어사(-어야: 연어, 필연적 조건)
5) 아ᄉᆞ올씨: 아(←알다, 知)- + -ᄉᆞ오(←-ᄉᆞᆸ-: 객높)- + -ㄹ씨(-으므로: 연어, 이유)
6) 三億萬이러라: 三億萬(삼억만) + -이(서조)- + -러(←-더-: 회상)- + -라(←-다: 평종)
7) 이리로다: 일(일, 事) + -이(서조)- + -로(←-도-: 느낌)- + -다(평종)
8) 성문(聲聞): 석가의 음성을 들은 사람이라는 뜻으로 불제자를 이르는 말이다.
9) 일어늘: 일(이루어지다, 成)- + -어늘(←-거늘: 연어, 상황)
10) ᄀᆞ외어늘: ᄀᆞ외(덤비다, 침범하다, 방종하다, 侵)- + -어늘(←-거늘: 연어, 상황)
11) 올ᄆᆞ샴도: 옮(옮기다, 移)- + -ᄋᆞ샤(←-으시-: 주높)- + -ㅁ(←-옴: 명전) + -도(보조사, 첨가)
12) 쁘디시니: ᄠᅳᆮ(뜻, 意) + -이(서조)- + -시(주높)- + -니(평종, 반말)
13) ᄆᆡᆼᄀᆞ오: ᄆᆡᆼᄀᆞᆯ(만들다, 作)- + -오(←-고: 연어, 계기)
14) 연ᄌᆞ면: 엱(얹다, 寘)- + -ᄋᆞ면(연어, 조건)
15) 여희오: 여희(여의다, 別)- + -오(←-고: 연어, 나열, 계기)
16) 갓가비: [가까이(부사): 갓갛(←갓갑다, ㅂ불: 近)- + -이(부접)]
17) 알오져: 알(알다, 知)- + -오져(←-고져: -고자, 연어, 의도)
18) 西征(서정): 서쪽을 정벌하는 것이다.
19) 所獲(소획): 잡은 것이다.

ㄴ. 狄人(적인)[20]이 덤비거늘 岐山(기산)으로 옮으신 것도 하늘의 뜻이시니.

ㄷ. 높은 座(좌)를 만들고 (이 經(경)을) 便安(편안)하게 얹으면…

ㄹ. 眷屬(권속)[21]을 여의고 어진 사람을 가까이하여…

ㅁ. 이 光明(광명)의 因緣(인연)을 알고자 하더니…

〈/ㅗ, ㅜ/로 시작하는 어미의 /ㅗ/가 /로/로 바뀜〉

(23) ㄱ. 工夫ㅣ ᄒᆞᆫ가지로ᄆᆞᆯ[22] 니르니라 [몽언 19]

ㄴ. 밀므리 사ᄋᆞ리로ᄃᆡ[23] 나거ᅀᅡ[24] ᄌᆞᄆᆞ니이다 [용가 67장]

(23′) ㄱ. 工夫(공부)가 한가지인 것을 말하였느니라.

ㄴ. 밀물이 사흘이되 (伯顔이 강가를) 나가야 잠기었습니다.

〈선어말 어미 '-아-/-어-'가 '-거-'와 '-나-'로 바뀜〉

(24) ㄱ. 衆生이 正ᄒᆞᆫ 길ᄒᆞᆯ 일허다[25] [석상 23:28]

ㄴ. 어셔 도라 니거라[26] [월석 8:101]

ㄷ. 내 니마해[27] ᄇᆞᆯ론[28] 香이 몯 ᄆᆞᆯ랫거든[29] 도로 오나라[30] [월석 7:7]

(24′) ㄱ. 衆生(중생)이 正(정)한 길을 잃었다.

ㄴ. 어서 돌아 가거라.

ㄷ. 내가 이마에 바른 香(향)이 못 말라 있거든 도로 오너라.

---

20) 狄人(적인): 예전에 중국의 북쪽에 살던 오랑캐를 이르던 말이다.
21) 眷屬(권속): 한집에 거느리고 사는 식구이다.
22) ᄒᆞᆫ가지로ᄆᆞᆯ: ᄒᆞᆫ가지[한가지, 同: ᄒᆞᆫ(한, 一: 관사) + 가지(類: 의명)] + -Ø(서조)- + -롬(←-옴: 명전) + -ᄋᆞᆯ(목조)
23) 사ᄋᆞ리로ᄃᆡ: 사ᄋᆞᆯ(사흘, 三日) + -이(서조)- + -로ᄃᆡ(←-오ᄃᆡ: 연어, 설명의 계속)
24) 나거ᅀᅡ: 나(나다, 出)- + -거ᅀᅡ(-어야: 연어, 필연적 조건)
25) 일허다: 잃(잃다, 失: 타동사)- + -Ø(과시)- + -어(주민)- + -다(평종)
26) 니거라: 니(←녀다, 불규칙: 가다, 去, 자동사)- + -거(주민)- + -라(명종)
27) 니마해: 니마ㅎ(이마, 額) + -애(-에: 부조, 위치)
28) ᄇᆞᆯ론: ᄇᆞᆯㄹ(←ᄇᆞᄅᆞ다: 바르다, 塗)- + -오(대상)- + -ㄴ(관전)
29) ᄆᆞᆯ랫거든: ᄆᆞᆯㄹ(←ᄆᆞᄅᆞ다: 마르다, 燥)- + -아(연어) + 잇(←이시다: 있다, 보용, 완료 지속)- + -거든(연어, 조건)
30) 오나라: 오(오다, 來)- + -나(주민)- + -라(명종)

〈'ᄒᆞ-' 뒤에 실현되는 연결 어미의 /아/가 /야/로 바뀜〉

(25) ㄱ. 煩煩惱障이 ᄆᆞᅀᆞᄆᆞᆯ ᄀᆞ려 ᄆᆞᅀᆞ미 解脫 몯ᄒᆞ야[31] 業을 [월석 9:6-7]
지ᅀᅥ 生ᄋᆞᆯ 受ᄒᆞ야 다ᄉᆞᆺ 길헤 輪回ᄒᆞ며
ㄴ. 주긇 相이 一定ᄒᆞ야[32] 어버ᅀᅵ며 … 아로리며[33] 두루 [석상 9:29-30]
에ᄒᆞ야셔[34] 울어든

(25′) ㄱ. 煩惱障(번뇌장)[35]이 마음을 가려 마음이 解脫(해탈) 못하여 業(업)[36]을 지어 生(생)을 受(수)하여 다섯 길[37]에 輪回(윤회)하며…
ㄴ. 죽을 相(상)이 일정(一定)하여 어버이며 … 아는 사람이 두루 둘러싸서 울거든…

2.2.3.2. 어미의 종류와 기능

가. 활용

〈활용의 개념〉

(26) ㄱ. 길헤 ᄀᆞᄅᆞ미 잇더니 … 건나디 몯ᄒᆞ야 ᄀᆞᅀᅢ셔[38] 자다니[39][월석 10:23]
ㄴ. 처섬 出家ᄒᆞ샤 좀 잘 자거시늘 如來ㅣ 구지즈신대[40] [영남 상:25]
ㄷ. 이트를 자ᄃᆡ[41] 노로ᄆᆞᆯ[42] 아니 ᄒᆞ야 잇다니[43] [두언 7:23]

31) 몯ᄒᆞ야: 몯ᄒᆞ(몯ᄒᆞ다, 不能)-+-야(←-아: 연어)
32) 一定(일정)ᄒᆞ야: 一定ᄒᆞ(한번 정하다)-+-야(←-아: 연어)
33) 아로리며: 알(알다, 知)-+-오(대상)-+-ㄹ(관전) # 이(이, 사람: 의명)+-며(접조)
34) 에ᄒᆞ야셔: 에ᄒᆞ(둘러싸다, 繞)-+-야셔(←-아셔: -아서, 연어)
35) 煩惱障(번뇌장): 삼장(三障)의 하나. 중생의 몸과 마음을 번거롭게 하여 열반을 방해하는 일을 이른다.
36) 업(業): 몸과 입과 마음으로 짓는 선악의 소행으로서, 미래에 선악의 결과를 가져오는 원인이 된다고 한다.
37) 다섯 길(五道): 중생이 선악의 업보에 따라 가는 다섯 세계이다. 곧 천도, 인도, 축생도, 아귀도, 지옥도이다.
38) ᄀᆞᅀᅢ셔: ᄀᆞᇫ(←ᄀᆞᆺ: 가, 邊)+-애셔(-에서: 부조, 위치)
39) 자다니: 자(자다, 宿)-+-다(←-더-: 회상)-+-Ø(←-오-: 인칭)-+-니(연어, 설명의 계속)
40) 구지즈신대: 구짖(꾸짖다, 叱)-+-으시(주높)-+-ㄴ대(-면: 연어, 조건)
41) 자ᄃᆡ: 자(자다, 眠)-+-ᄃᆡ(←-오ᄃᆡ: -되, 연어, 설명의 계속)
42) 노로ᄆᆞᆯ: 놀(놀다, 遊)+-옴(명전)+-ᄋᆞᆯ(목조)

ㄹ. 셤 안해 자싫 제[44] 한비 사ᄋᆞ리로ᄃᆡ[45] [용가 8:18]

(26′) ㄱ. 길에 강이 있더니…(내가) 건너지 못하여 가에서 자더니…

ㄴ. 처음 出家(출가)하시여 잠 잘 자시거늘 如來(여래)가 꾸짖으시면…

ㄷ. 이틀을 자되 노는 것을 아니 하고 있더니…

ㄹ. 섬 안에서 주무실 때 큰비가 사흘이로되…

〈어미의 유형〉

(28) ㄱ. 모딘 길헤[46] ᄠᅥ러디면 恩愛ᄅᆞᆯ 머리[47] 여희여[48] [석상 6:3]

ㄴ. ᄀᆞᄌᆞᆫ[49] 道ᄅᆞᆯ 듣ᄌᆞᆸ고져[50] ᄒᆞᄉᆞᆸᄂᆞ이다[51] [법언 1:165]

ㄷ. 使者ᄂᆞᆫ ᄇᆞ리신[52] 사ᄅᆞ미라 [석상 6:2]

(28′) ㄱ. 모진 길에 떨어지면恩愛(은애)[53]를 멀리 떠나보내어…

ㄴ. 갖추어진 道(도)를 듣고자 합니다.

ㄷ. 使者(사자)는 부리신 사람이다.

나. 어미의 유형

나-1. 선어말 어미

〈높임 표현의 선어말 어미〉

---

43) 잇다니: 잇(←이시다: 있다, 보용)-+-다(←-더-: 회상)-+-Ø(←-오-: 인칭)-+-니(연어, 설명의 계속)

44) 자싫 제: 자(자다, 宿)-+-시(주높)-+-ㅭ(관전)#제(제, 때, 時: 의명)

45) 사ᄋᆞ리로ᄃᆡ: 사ᄋᆞᆯ(사흘, 三日)+-이(서조)-+-로ᄃᆡ(←-오되: -되, 연어, 설명의 계속)

46) 길헤: 길ㅎ(길, 路)+-에(부조, 위치)

47) 머리: 머리[멀리(부사): 멀(멀다, 遠)-+-이(부접)]

48) 여희여: 여희(떠나보내다, 이별하다, 여의다, 別)-+-여(←-어: 연어)

49) ᄀᆞᄌᆞᆫ: [갖은, 골고루 다 갖춘, 全(관사): ᄀᆞᆽ(갖추어져 있다, 具: 형사)-+-ᄋᆞᆫ(관전▷관접)]

50) 듣ᄌᆞᆸ고져: 듣(듣다, 聞)-+-ᄌᆞᆸ(객높)-+-고져(-고자: 연어, 의도)

51) ᄒᆞᄉᆞᆸᄂᆞ이다: ᄒᆞ(하다, 爲)-+-ᄉᆞᆸ(객높)-+-ᄂᆞ(현시)-+-이(상높)-+-다(평종)

52) ᄇᆞ리신: ᄇᆞ리(부리다, 使)-+-시(주높)-+-ㄴ(관전)

53) 恩愛(은애): 어버이와 자식, 또는 부부의 은정(恩情)에 집착하여 떨어지기 어려운 일이다.

① 상대 높임의 선어말 어미

(29) ㄱ. 世尊하 … 이런 고디[54] 업스ᅌᅵ다 [능언 1:50]

ㄴ. 내 이제 엇뎨ᄒᆞ야ᅀᅡ[55] 地獄 잇ᄂᆞᆫ ᄯᅡ해 가리ᅌᅵᆺ고[56] [월석 21:25]

(29′) ㄱ. 世尊(세존)이시여 … 이런 곳이 없습니다.

ㄴ. 내가 이제 어찌하여야 地獄(지옥)이 있는 땅에 가겠습니까?

② 주체 높임의 선어말 어미

(30) ㄱ. 王이 … 그 蓮花ᄅᆞᆯ ᄇᆞ리라 ᄒᆞ시다 [석상 11:31]

ㄴ. **부톄** 百億 世界예 化身ᄒᆞ야 敎化ᄒᆞ샤미 [월석 1:1]

(30′) ㄱ. 王(왕)이 … 그 蓮花(연화)를 버리라 하셨다.

ㄴ. 부처가 百億(백억) 世界(세계)에 化身(화신)[57]하여 敎化(교화)하심이…

③ 객체 높임의 선어말 어미

(31) ㄱ. 벼슬 노ᄑᆞᆫ 臣下ㅣ **님그믈** 돕ᄉᆞ바[58] [석상 9:34]

ㄴ. 내 아래브터[59] **부텻긔**[60] 이런 마ᄅᆞᆯ 몯 듣ᄌᆞᄫᆞ며[61] [석상 13:44]

ㄷ. 須達이 **世尊** 뵈ᅀᆞᆸ고져[62] 너겨 [석상 6:45]

(31′) ㄱ. 벼슬 높은 臣下(신하)가 임금을 도와…

ㄴ. 내가 예전부터 부처께 이런 말을 못 들으며…

ㄷ. 須達(수달)이 世尊(세존)을 배알하고자 여겨…

---

54) 고디: 곧(곳, 處: 의명)-+-이(주조)

55) 엇뎨ᄒᆞ야ᅀᅡ: 엇뎨ᄒᆞ[어찌하다: 엇뎨(어찌: 부사)+-ᄒᆞ(동접)-]-+-야ᅀᅡ(←아ᅀᅡ: -여야, 연어, 필연적 조건)

56) 가리ᅌᅵᆺ고: 가(가다, 行)-+-리(미시)-+-ᅌᅵᆺ(←-ᅌᅵ-: 상높)-+-고(의종, 비인칭, 설명)

57) 化身(화신): 부처가 중생을 교화하기 위하여 여러 모습으로 변화하는 일이나 그 불신(佛身)을 이른다.

58) 돕ᄉᆞ바: 돕(돕다, 助)-+-ᄉᆞᇦ(←-ᄉᆞᆸ-: 객높)-+-아(연어)

59) 아래브터: 아래(예전, 昔)+-브터(-부터: 보조사, 비롯함)

60) 부텻긔: 부텨(부처, 佛)+-ᄭᅴ(-께: 부조, 상대, 높임)

61) 듣ᄌᆞᄫᆞ며: 듣(듣다, 聞)-+-ᄌᆞᇦ(←-ᄌᆞᆸ-: 객높)-+-ᄋᆞ며(연어, 나열)

62) 뵈ᅀᆞᆸ고져: 뵈(배알하다, 拜謁)-+-ᅀᆞᆸ(객높)-+-고져(-고자: 연어, 의도)

〈시간 표현의 선어말 어미〉

① 발화시를 기준으로 하는 시간 표현

(32) ㄱ. 네 이제 ᄯᅩ 묻ᄂᆞ다[63)] [월석 23:97]

ㄴ. 내 이제 大衆과 여희노라[64)] [월석 21:217]

(32′) ㄱ. 네 이제 또 묻는다.

ㄴ. 내가 이제 大衆(대중)과 이별한다.

(33) ㄱ. 아ᄃᆞᆯᄯᆞᄅᆞᆯ 求ᄒᆞ면 아ᄃᆞᆯᄯᆞᄅᆞᆯ 得ᄒᆞ리라 [석상 9:23]

ㄴ. 말ᄉᆞᄆᆞᆯ 安定히 ᄒᆞ면 百姓을 便安케 ᄒᆞ린뎌[65)] [내훈 1:7]

(33′) ㄱ. 아들딸을 求(구)하면 아들딸을 得(득)하겠다.

ㄴ. 말씀을 安定(안정)히 하면 百姓(백성)을 便安(편안)케 하겠구나.

(34) ㄱ. 너도 ᄯᅩ 이 ᄀᆞᆮᄒᆞ다[66)] [능언 2:23]

ㄴ. 닐굽 ᄒᆡ[67)] 너무 오ᄅᆞ다[68)] [월석 7:2]

(34′) ㄱ. 너도 또 이와 같다.

ㄴ. 일곱 해가 너무 오래다.

(35) ㄱ. 이 ᄣᅴ[69)] 아ᄃᆞᆯᄃᆞᆯ히[70)] 아비 죽다[71)] 듣고 [월석 17:21]

ㄴ. 菩提를 得ᄒᆞ시다[72)] 드르시고 [석상 13:30]

(35′) ㄱ. 이때 아들들이 "아비가 죽었다." 듣고…

---

63) 묻ᄂᆞ다: 묻(묻다, 聞)- + -ᄂᆞ(현시)- + -다(평종)
64) 여희노라: 여희(떠나다, 이별하다, 여의다, 別)- + -ᄂᆞ(현시)- + -오(인칭)- + -라(← -다: 평종)
65) ᄒᆞ린뎌: ᄒᆞ(하다, 使: 보용, 사동)- + -리(미시)- + -ㄴ뎌(-구나: 감종)
66) ᄀᆞᆮᄒᆞ다: ᄀᆞᆮᄒᆞ(같다, 同)- + -Ø(현시)- + -다(평종)
67) ᄒᆡ: ᄒᆡ(해, 年) + -Ø(주조)
68) 오ᄅᆞ다: 오라(오래다, 久)- + -Ø(현시)- + -다(평종)
69) ᄣᅴ: 때, 時
70) 아ᄃᆞᆯᄃᆞᆯ히: 아ᄃᆞᆯᄃᆞᆶ[아들들: 아ᄃᆞᆯ(아들, 子)- + -ᄃᆞᆶ(-들: 복접)] + -이(주조)
71) 죽다: 죽- + -Ø(과시)- + -다
72) 得ᄒᆞ시다: 得ᄒᆞ(득하다, 얻다)- + -시(주높)- + -Ø(과시)- + -다(평종)

ㄴ. 菩提(보리)를 得(득)하셨다 들으시고…

② 경험시를 기준으로 하는 시간 표현

(36) ㄱ. ᄠᅳ데 몯 마ᄌᆞᆫ 이리 다 願 ᄀᆞ티 ᄃᆞ외더라 [월석 10:30]
ㄴ. 六師ᄋᆡ 무리 三億萬이러라[73] [석상 6:28]
ㄷ. 功德이 이러 당다이[74] 부톄 ᄃᆞ외리러라[75] [석상 19:34]
ㄹ. 내 지븨 이스ᇙ[76] 저긔 受苦ㅣ 만타라[77] [월석 23:74]

(36′) ㄱ. 뜻에 못 맞은 일이 다 願(원)같이 되더라.
ㄴ. 六師(육사)[78]의 무리가 三億萬(삼억만)이더라.
ㄷ. 功德(공덕)이 이루어져 반드시 부처가 되겠더라.
ㄹ. 내가 집에 있을 적에 受苦(수고)가 많더라.

〈태도 표현의 선어말 어미〉

① 주관적 믿음 표현의 선어말 어미

(37) ㄱ. 崔九의 집 알ᄑᆡ[79] 몃 디월[80] 드러뇨[81] [두언 16:52]
ㄴ. 셜ᄫᅳᆯ쎠[82] 衆生이 正ᄒᆞᆫ 길ᄒᆞᆯ 일허다[83] [석상 23:19]
ㄷ. 네 願 다히[84] ᄒᆞ야라[85] [석상 24:14]

(37′) ㄱ. 崔九(최구)[86]의 집 앞에서 몇 번을 들었느냐?

---

73) 三億萬이러라 : 三億萬(삼억만) + -이(서조)- + -러(← -더- : 회상)- + -라(← -다 : 평종)
74) 당다이 : 마땅히, 반드시, 必(부사)
75) ᄃᆞ외리러라 : ᄃᆞ외(되다, 爲)- + -리(미시)- + -러(← -더- : 회상)- + -라(← -다 : 평종)
76) 이스ᇙ : 이시(있다, 在)- + -ㅭ(관전)
77) 만타라 : 많(많다, 多)- + -다(← -더- : 회상)- + -Ø(← -오- : 인칭)- + -라(← -다 : 평종)
78) 六師(육사) : 불교 이외의 종교를 받드는 外道(외도)들이 모시는 여섯 스승을 이른다.
79) 알ᄑᆡ : 앒(앞, 前) + -ᄋᆡ(-에 : 부조, 위치)
80) 디월 : 디위(번, 番 : 의명) + -ㄹ(목조)
81) 드러뇨 : 들(← 듣다, ㄷ불 : 聞)- + -Ø(과시)- + -어(주민)- + -뇨(-느냐 : 의종, 비인칭, 설명)
82) 셜ᄫᅳᆯ쎠 : 셟(← 셟다, ㅂ불 : 셟다, 哀)- + -을쎠(-구나 : 감종)
83) 일허다 : 잃(잃다, 失)- + -Ø(과시)- + -어(주민)- + -다(평종)
84) 다히 : 대로(의명)
85) ᄒᆞ야라 : ᄒᆞ(하다, 爲)- + -야(← -아- : 주민)- + -라(명종)

ㄴ. 설워라! 衆生(중생)이 바른 길을 잃었다.

ㄷ. 네 소원대로 하여라.

(38) ㄱ. 安樂國이ᄂᆞᆫ … 어미도 몯 보아 시르미 더욱 깁거다[87] [월석 8:101]

ㄴ. 衆生이 福이 다ᄋᆞ거다[88] [석상 23:28]

ㄷ. 내 니마해[89] ᄇᆞᆯ른[90] 香이 몯 ᄆᆞᆯ랫거든[91] 도로 오나라[92] [월석 7:7]

(38′) ㄱ. 安樂國(안락국)이는 … 어미도 못 보아서 시름이 더욱 깊다.

ㄴ. 衆生(중생)이 福(복)이 다했다.

ㄷ. 내 이마에 바른 香(향)이 못 말라 있거든 도로 오너라.

② 객관적 믿음 표현의 선어말 어미

(39) ㄱ. 사ᄅᆞ미 살면 주그미 이실씨 모로매 늙ᄂᆞ니라[93] [석상 11:36]

ㄴ. ㄱᄂᆞᆫ 엄쏘리니[94] 君ㄷ字 처ᅀᅥᆷ 펴아 나ᄂᆞᆫ 소리 ᄀᆞᄐᆞ니라[95] [세훈 4]

ㄷ. 녜ᄂᆞᆫ[96] 죠ᄒᆡ[97] 업서 대ᄅᆞᆯ 엿거[98] 그를 쓰더니라[99] [월석 8:98]

---

86) 崔九(최구): 중국 당나라 때 현종의 측근으로 비서감(秘書監)을 지낸 인물이다. 두보가 최구의 집에 초대를 받아서 풍류와 시작(詩作)을 하면서 즐겁게 지낸 적이 있었다.

87) 깁거다: 깁(←깊다: 深)-+-거(주믿)-+-다(평종)

88) 다ᄋᆞ거다: 다ᄋᆞ(다하다, 盡)-+-Ø(과시)-+-거(주믿)-+-다(평종)

89) 니마해: 니마ㅎ(이마, 額)+-애(-에: 부조, 위치)

90) ᄇᆞᆯ른(론): ᄇᆞᆯㄹ(←ᄇᆞᄅᆞ다: 바르다, 垸)-+-오(대상)-+-ㄴ(관전) ※ 원문에는 'ᄇᆞᆯ른'으로 표기되어 있으나, 중심어와 관형절의 서술어의 의미적인 관계가 '대상-풀이'의 관계이므로 대상법 선어말 어미가 실현되어야 한다. 따라서 'ᄇᆞ른'은 'ᄇᆞᆯ론'의 오기로 처리한다.

91) ᄆᆞᆯ랫거든: ᄆᆞᆯㄹ(←ᄆᆞᄅᆞ다: 마르다, 燥)-+-아(연어)+잇(←이시다: 있다, 보용, 완료 지속)-+-거든(연어, 조건)

92) 오나라: 오(오다, 來)-+-나(주믿)-+-라(명종)

93) 늙ᄂᆞ니라: 늙(늙다, 老)-+-ᄂᆞ(현시)-+-니(객믿)-+-라(←-다: 평종)

94) 엄쏘리니: 엄쏘리[어금닛소리, 牙音: 엄(어금니, 牙)+-ㅅ(관조, 사잇)+소리(소리, 音)]+-Ø(서조)-+-니(연어, 설명의 계속)

95) ᄀᆞᄐᆞ니라: ᄀᆞᇀ(←ᄀᆞᆮᄒᆞ다: 같다, 同)-+-ᄋᆞ니(객믿)-+-라(←-다: 평종)

96) 녜ᄂᆞᆫ: 녜(예전, 옛날, 昔)+-ᄂᆞᆫ(보조사, 주제, 대조)

97) 죠ᄒᆡ: 죠ᄒᆡ(종이, 紙)+-Ø(주조)

98) 엿거: 엮(엮다, 編)-+-어(연어)

99) 쓰더니라: 쓰(쓰다, 書)-+-더(회상)-+-니(객믿)-+-라(←-다: 평종)

(39′) ㄱ. 사람이 살면 죽음이 있으므로 반드시 늙느니라.

ㄴ. ‘ㄱ’은 어금닛소리니 ‘君(군)’의 글자 처음 펴 나는 소리와 같으니라.

ㄷ. 옛날에는 종이가 없어 대를 엮어 글을 쓰더니라.

③ 느낌 표현의 선어말 어미

(40) ㄱ. ᄠᅳ디 기프시도다[100] [금삼 5:21]

ㄴ. 새 그를 어제 브텨[1] 보내돗더라[2] [두언 23:29]

(40′) ㄱ. 뜻이 깊으시구나.

ㄴ. 새 글(詩)을 어제 부쳐 보내었더구나.

(41) ㄱ. 녜 업던 이리로다[3] [월석 1:14]

ㄴ. 天龍鬼神ᄋᆞᆯ 네[4] 數를 알리로소니여[5] 모ᄅᆞ리로소니여 [석상 11:4]

(41′) ㄱ. 예전에 없던 일이구나.

ㄴ. 네가 天龍鬼神(천룡 귀신)의 數(수)를 알겠느냐 모르겠느냐?

〈1인칭 주어 표현과 대상 표현의 선어말 어미〉

① 인칭 표현의 선어말 어미

(42) ㄱ. ᄒᆞ오ᅀᅡ 내 尊호라[6] [월석 2:34]

ㄴ. 나ᄂᆞᆫ 弟子 大目健連이로라[7] [월석 23:82]

ㄷ. 世尊ㅅ 일 ᄉᆞᆲ보리니[8] … 눈에 보논가[9] [월석 1:1]

---

100) 기프시도다: 깊(깊다, 深)- + -으시(주높)- + -도(느낌)- + -다(평종)

1) 브텨: 브티(부치다, 託送)- + -어(연어)

2) 보내돗더라: 보내(보내다, 送)- + -돗(느낌)- + -더(회상)- + -라(← -다: 평종)

3) 이리로다: 일(일, 事) + -이(서조)- + -로(← -도-: 느낌)- + -다(평종)

4) 네: 너(너, 汝: 인대) + -ㅣ(주조)

5) 알리로소니여: 알(알다, 知)- + -리(미시)- + -롯(← -돗-: 느낌)- + -오니여(← -ᄋᆞ니여: 의종, 비인칭, 판정)

6) 尊호라: 尊ᄒᆞ(존하다, 존귀하다)- + -오(인칭)- + -라(← -다: 평종)

7) 大目健連이로라: 大目健連(대목건련) + -이(서조)- + -로(← -오-: 인칭)- + -라(← -다: 평종)

8) ᄉᆞᆲ보리니: ᄉᆞᆲ(← ᄉᆞᆲ다, ㅂ불: 아뢰다, 사뢰다, 奏)- + -오(인칭)- + -리(미시)- + -니(연어, 설

너기ᄉᆞᄫᆞ쇼셔[10]

(42′) ㄱ. 오직(혼자) 내가 존귀하노라.

ㄴ. 나는 弟子(제자)인 大目健連(대목건련)[11]이다.

ㄷ. 世尊(세존)의 일을 아뢰겠으니 … 눈에 보는가 여기십시오.

(43) ㄱ. **내** 롱담ᄒᆞ다라[12] [석상 6:24]

ㄴ. **내** 지븨 이싫 저긔[13] 受苦ㅣ 만타라[14] [월석 10:23]

ㄷ. **내** … 舍衛國 사ᄅᆞ미라니[15] [월석 10:23]

(43′) ㄱ. 내가 농담하더라.

ㄴ. 내가 집에 있을 적에 受苦(수고)가 많더라.

ㄷ. 내가 … 舍衛國(사위국) 사람이더니…

(44) ㄱ. **내** 이제 훤히[16] 즐겁과라[17] [법언 2:137]

ㄴ. **내** 親히 저숩고[18] 香 퓌우숩가니[19] [월석 23:88-89]

명이 계속, 이유)

9) 보ᄂᆞᆫ가: 보(보다, 見)-+-ᄂᆞ(현시)-+-오(인칭)-+-ㄴ가(-ㄴ가: 의종, 1·3인칭, 판정)

10) 너기ᄉᆞᄫᆞ쇼셔: 너기(여기다, 思)-+-ᅀᆞᆸ(←-ᅀᆞᆸ-: 객높)-+-ᄋᆞ쇼셔(-으소서: 명종, 아주 높임)

11) 大目健連(대목건련): 마우드갈리아야나(Maudgalyayana). 석가모니의 십대 제자 주의 한 사람으로 '目連(목련)'이라고도 한다. 부처의 교화를 펼치고 신통(神通) 제일의 성예(聲譽)를 얻었다.

12) 롱담ᄒᆞ다라: 롱담ᄒᆞ(농담하다: 롱담(弄談: 명사)+-ᄒᆞ(동접)-]-+-다(←-더-: 회상)-+-Ø(←-오-: 인칭)-+-라(←-다: 평종)

13) 이싫 저긔: 이시(있다, 住)-+-ㅭ(관전) # 적(적, 때, 時: 의명)+-의(-에: 부조, 위치, 시간)

14) 만타라: 많(←만ᄒᆞ다: 많다, 多)-+-다(←-더-: 회상)-+-Ø(←-오-: 인칭)-+-라(←-다: 평종)

15) 사ᄅᆞ미라니: 사ᄅᆞᆷ(사람, 人)+-이(서조)-+-라(←-다-←-더-: 회상)-+-Ø(←-오-: 인칭)-+-니(연어, 설명의 계속)

16) 훤히: [훤히, 시원히(부사): 훤(훤: 불어)+-ᄒᆞ(형접)-+-이(부접)]

17) 즐겁과라: 즐겁(즐겁다, 喜: 형사)-+-과(←-거-: 주믿)-+-Ø(←-오: 인칭)-+-라(←-다: 평종) ※ '즐겁다'는 [즑(즐거워하다)-+-업(형접)-+-다]로 분석되는 파생 형용사이다.

18) 저숩고: 저숩(신이나 부처에게 절하다, 배알하다, 拜)-+-고(연어, 계기) ※ '저숩다'는 [저(←절: 절, 拜)+-Ø(←-ᄒᆞ-: 동접)-+-숩(객높)-+-다]로 분석할 가능성이 있다.

19) 퓌우숩가니: 퓌우[피우다, 焚: 퓌(피다, 發)-+-우(사접)-]-+-숩(객높)-+-가(←-어-: 주믿)-+-Ø(←-오-: 인칭)-+-니(연어, 설명의 계속, 이유)

(44′) ㄱ. 내가 이제 시원하게 즐겁다.

ㄴ. 내가 親(친)히 (부처께) 절하고 香(향)을 피우니…

② 대상 표현의 선어말 어미

ⓐ '주체－풀이'의 관계

(45) 出家ᄒᆞᆫ 사ᄅᆞᄆᆞᆫ 쇼히[20] ᄀᆞᆮ디 아니ᄒᆞ니 [석상 6:22]

(45′) 出家(출가)한 사람은 속세 사람과 같지 아니하니…

ⓑ '객체－풀이'의 관계

(46) ㄱ. 須達ᄋᆡ 지ᅀᅮᆫ[21] 精舍마다 드르시며[22] [석상 6:38]

ㄴ. 王이 … 누ᄫᅮᆫ[23] 자리예 겨샤 [월석 10:9]

(46′) ㄱ. 須達(수달)이 지은 精舍(정사)마다 드시며…

ㄴ. 王(왕)이 … 누운 자리에 계시어…

ⓒ 동격의 관계

(47) ㄱ. 十方佛 보ᅀᆞ오시ᄂᆞᆫ[24] 이ᄅᆞᆯ 다시 諷ᄒᆞ샤[25] [법언 5:75]

ㄴ. 法 爲혼[26] ᄆᆞᅀᆞ미 너블씨[27] [법언 6:12]

(47′) ㄱ. 十方佛(십방불)을 보시는 일을 다시 諷하시어…

ㄴ. 法(법)을 爲(위)한 마음이 넓으므로…

---

20) 쇼히: 숗(속세 사람, 俗人)+-이(-와: 부조, 비교)
21) 지ᅀᅮᆫ: 짛(←짓다, ㅅ불: 짓다, 만들다, 作)-+-우(대상)-+-ㄴ(관전)
22) 드르시며: 들(들다, 入)-+-으시(주높)-+-며(연어, 나열)
23) 누ᄫᅮᆫ: 눟(←눕다, ㅂ불: 눕다, 臥)-+-우(대상)-+-ㄴ(관전)
24) 보ᅀᆞ오시ᄂᆞᆫ: 보(보다, 見)-+-ᅀᆞ오(←-ᅀᆞᆸ-: 객높)-+-시(주높)-+-ᄂᆞ(현시)-+-오(대상)-+-ㄴ(관전)
25) 諷ᄒᆞ샤: 諷ᄒᆞ(풍하다, 비유하다)-+-샤(←-시-: 주높)-+-Ø(←-아: 연어)
26) 爲혼: 爲ᄒᆞ(위하다)-+-오(대상)-+-ㄴ(관전)
27) 너블씨: 넙(넓다, 廣)-+-을씨(-으므로: 연어, 이유)

나－2. 어말 어미

〈종결 어미〉

① **평서형 종결 어미**

(48) ㄱ. 이 道ᄅᆞᆯ 이젯[28] 사ᄅᆞ믄 ᄇᆞ료ᄆᆞᆯ[29] ᄒᆞᆰ ᄀᆞ티[30] ᄒᆞᄂᆞ다 [두언 25:56]

ㄴ. 네 아비 ᄒᆞ마 주그니라[31] [월석 17:21]

ㄷ. 그리호마[32] 혼[33] 이리 分明히 아니ᄒᆞ면 [내훈 3:21]

(48′) ㄱ. 이 道(도)를 이제(요즈음) 사람은 버리는 것을 흙같이 한다.

ㄴ. 너의 아비가 이미 죽었느니라.

ㄷ. 그리하마 한 일이 分明(분명)히 (그 일을) 아니하면…

② **의문형 종결 어미**

(49) ㄱ. ᄋᆡ 男子아 (네) 엇던 이ᄅᆞᆯ 爲ᄒᆞ야 이 길헤 든다[34] [월석 21:118]

ㄴ. 네 信ᄒᆞᄂᆞᆫ다[35] 아니 信ᄒᆞᄂᆞᆫ다 [석상 9:26]

ㄷ. 네 내 마ᄅᆞᆯ 다 드를따[36] ᄒᆞ야ᄂᆞᆯ [석상 6:8]

(49′) ㄱ. 야, 男子(남자)야, (네가) 어떤 일을 爲(위)하여 이 길에 들었느냐?

ㄴ. 네가 믿느냐 아니 믿느냐?

ㄷ. "네가 내 말을 다 듣겠는가?" 하거늘…

(50) ㄱ. 내…엇뎨 자보ᄆᆞᆯ[37] 보ᄂᆞᆫ고[38] [법언 2:200]

---

28) 이젯: 이제(이제, 요즈음, 今)＋-ㅅ(-의: 관조)
29) ᄇᆞ료ᄆᆞᆯ: ᄇᆞ리(버리다, 棄)-＋-옴(명전)＋-ᄋᆞᆯ(목조)
30) ᄀᆞ티: [같이, 如(부사): ᄀᆞᇀ(같다, 如: 형사)-＋-이(부접)]
31) 주그니라: 죽(죽다, 死)-＋-Ø(과시)-＋-으니라(평종, 보수)
32) 그리호마: 그리ᄒᆞ(그리하다)-＋-오(인칭)-＋-마(평종, 약속)
33) 혼: ᄒᆞ(하다, 謂)-＋-오(대상)-＋-ㄴ(관전)
34) 든다: 드(←들다: 入)-＋-Ø(과시)-＋-ㄴ다(-ㄴ가: 의종, 2인칭)
35) 信ᄒᆞᄂᆞᆫ다: 信ᄒᆞ(믿다)-＋-ᄂᆞ(현시)-＋-ㄴ다(-ㄴ가: 의종, 2인칭)
36) 드를따: 들(←듣다, ㄷ불: 듣다, 聞)-＋-을따(←-읋다: -겠는가, 의종, 2인칭, 미시)
37) 자보ᄆᆞᆯ: 잡(잡다, 執)-＋-옴(명전)＋-ᄋᆞᆯ(목조)
38) 보ᄂᆞᆫ고: 보(보다, 見)-＋-ᄂᆞ(현시)-＋-ㄴ고(-ㄴ가: 의종, 1·3인칭, 설명)

ㄴ. 두 사ᄅᆞᄆᆞᆫ 시러곰[39] 님그ᇝ 겨틔[40] 둘가[41] 몯ᄒᆞᆯ가[42] [두언 25:10]

(50′) ㄱ. 내가 … 어찌 잡는 것을 보는가?

ㄴ. 두 사람은 능히 임금의 곁에 두겠는가 (두지) 못하겠는가?

(51) ㄱ. 다시 묻노라[43] 네 어드러[44] 가ᄂᆞ니오[45] [두언 8:6]

ㄴ. 슬후미[46] 이어긔[47] 잇디 아니ᄒᆞ니아[48] [두언 7:14]

(51′) ㄱ. 다시 묻노라. 네가 어디로 가느냐?

ㄴ. 슬퍼함이 여기에 있지 아니하느냐?

(52) ㄱ. 이 智慧 업슨[49] 比丘ㅣ 어드러셔[50] 오뇨[51] [석상 19:30]

ㄴ. 大施主의 功德이 하녀[52] 져그녀[53] [석상 19:4]

(52′) ㄱ. 이 智慧(지혜) 없는 比丘(비구)[54]가 어디에서 왔느냐?

ㄴ. 大施主(대시주)[55]의 功德(공덕)이 많으냐 적으냐?

---

39) 시러곰: 시러[능히, 能(부사): 실(←싣다, ㄷ불: 얻다, 할 수 있다, 得)- + -어(연어▷부접)] + -곰(보조사: 강조) ※ '시러'를 파생 부사로 보고 '능히 … 할 수 있다'로 의역할 수 있다.
40) 겨틔: 곁(傍) + -의(-에: 부조, 위치)
41) 둘가: 두(두다, 置)- + -ㄹ가(←-ㅭ가: -겠는가, 의종, 1·3인칭, 미시, 판정)
42) 몯ᄒᆞᆯ가: 몯ᄒᆞ(못하다: 보용, 부정)- + -ㄹ가(←-ㅭ가: -겠는가, 의종, 1·3인칭, 미시, 판정)
43) 묻노라: 묻(묻다, 問)- + -ᄂᆞ(현시)- + -오(인칭)- + -라(←-다: 평종)
44) 어드러: 어디로(부사)
45) 가ᄂᆞ니오: 가(가다, 行)- + -ᄂᆞ(현시)- + -니오(-느냐: 의종, 비인칭, 설명)
46) 슬후미: 슳(슬퍼하다, 悲)- + -움(명전) + -이(주조)
47) 이어긔: 여기에, 此(부사)
48) 아니ᄒᆞ니아: 아니ᄒᆞ(아니하다: 보용, 부정)- + -니아(-느냐: 의종, 비인칭, 판정)
49) 업슨: 없(없다, 無)- + -은(관전)
50) 어드러셔: 어드러(어디로: 부사) + -셔(-서: 보조사, 강조)
51) 오뇨: 오(오다, 來)- + -Ø(과시)- + -뇨(-느냐: 의종, 비인칭, 설명)
52) 하녀: 하(많다, 多)- + -녀(-으냐: 의종, 비인칭, 판정)
53) 저그녀: 적(적다, 少)- + -으녀(-으냐: 의종, 비인칭, 판정)
54) 比丘(비구): 출가하여 구족계를 받은 남자 중이다.
55) 大施主(대시주): 자비심으로 조건 없이 절이나 중에게 물건을 베풀어 주는 일. 또는 그런 일을 하는 사람이다.

(53) ㄱ. 엇뎨 겨르리 업스리오[56] [월석 서:17]

ㄴ. 세 술위예[57] 글 시루믈[58] 肯許ᄒᆞ리아[59] [두언 22:14]

(53′) ㄱ. 어찌 겨를이 없겠느냐?

ㄴ. 세 수레에 글을 싣는 것을 흔쾌히 허락하겠느냐?

(54) ㄱ. 그에[60] 精舍ㅣ 업거니[61] (네) 어드리[62] 가료[63] [석상 6:22]

ㄴ. 이 사ᄅᆞᄆᆡ 得혼[64] 福德이 하려[65] 몯 하려 [금삼 45]

(54′) ㄱ. 거기에 精舍(정사)가 없으니 어찌 가겠느냐?

ㄴ. 이 사람이 얻은 福德(복덕)이 많겠느냐 (많지) 못 하겠느냐?

(55) ㄱ. 나라 니ᅀᅳ리ᄅᆞᆯ[66] 긋게[67] ᄒᆞ시ᄂᆞ니[68] 엇더(ᄒᆞ)니잇고[69] [석상 6:7]

ㄴ. 사로미[70] 이러커늘ᅀᅡ[71] 아ᄃᆞᆯᄋᆞᆯ 여희리잇가[72] [월천 기143]

---

56) 업스리오: 없(없다, 無)-+-으리(미시)-+-오(←-고: -느냐, 의종, 비인칭, 설명)
57) 술위예: 술위(수레, 車)+-예(←-에: 부조, 위치)
58) 시루믈: 실(←싣다, ㄷ불: 싣다, 載)-+-움(명전)+-을(목조)
59) 肯許(긍허)ᄒᆞ리아: 肯許ᄒᆞ(흔쾌히 허락하다)-+-리(미시)-+-아(←-가: -느냐, 의종, 비인칭, 판정)
60) 그에: 그에(거기, 거기에: 지대)
61) 업거니: 없(없다, 無)-+-거(주믿)-+-니(연어, 설명의 계속, 이유)
62) 어드리: 어찌, 何(부사)
63) 가료: 가(가다, 去)-+-료(-겠느냐: 의종, 비인칭, 미래, 설명)
64) 得(득)혼: 得ᄒᆞ(얻다)-+-오(대상)-+-ㄴ(관전)
65) 하려: 하(많다, 크다, 多, 大)-+-려(-겠느냐: 의종, 비인칭, 미래, 판정)
66) 니ᅀᅳ리ᄅᆞᆯ: 닝(←닛다, ㅅ불: 잇다, 繼)-+-을(관전)#이(이, 사람, 人: 의명)+-ᄅᆞᆯ(목조)
67) 긋게: 긋(←긏다: 끊어지다, 絶)-+-게(연어, 사동)
68) ᄒᆞ시ᄂᆞ니: ᄒᆞ(하다, 爲)-+-시(주높)-+-ᄂᆞ(현시)-+-ㄴ(관전)#이(것: 의명)+-Ø(주조) ※ 'ᄒᆞ시ᄂᆞ니'를 'ᄒᆞ(하다, 爲)-+-시(주높)-+-ᄂᆞ(현시)-+-니(연어)'로 분석할 수도 있는데 이렇게 분석하면 'ᄒᆞ시ᄂᆞ니'는 '하시느니'로 해석된다.
69) 엇더(ᄒᆞ)니잇고: 엇더ᄒᆞ(어떠하다)-+-잇(←-이-: 상높)-+-니…고(-니까: 의종, 비인칭, 설명)
70) 사로미: 살(살다, 活)-+-옴(명전)+-이(주조)
71) 이러커늘ᅀᅡ: 이러ᄒᆞ(이러하다)-+-거늘(-거늘: 연어)+-ᅀᅡ(-야: 보조사, 한정, 강세)
72) 여희리잇가: 여희(이별하다, 떠나다, 別)-+-리(미시)-+-잇(←-이-: 상높)-+-가(-니까: 의종, 비인칭, 판정)

(55′) ㄱ. 나라를 이을 사람을 끊어지게 하시는 것이 (과연) 어떠합니까?

ㄴ. 사는 것이 이렇거늘 (어찌) 아들과 이별하겠습니까?

③ 명령형 종결 어미

(56) ㄱ. 너희ᄃᆞᆯ히 … 부텻 마ᄅᆞᆯ 바다 디니라[73] [석상 13:62]

ㄴ. 文殊아 아라라[74] [석상 13:26]

(56′) ㄱ. 너희들이 … 부처의 말을 받아 지녀라.

ㄴ. 文殊(문수)야, 알아라.

(57) ㄱ. 내ᅀᅡ[75] 주거도 므던커니와[76] 이 아ᄃᆞᄅᆞᆯ 사ᄅᆞ고라[77] [삼행 효:20]

ㄴ. 모로매 願이 이디[78] 말오라[79] ᄒᆞ더니 [석상 11:30]

(57′) ㄱ. 내야 죽어도 괜찮거니와 이 아들을 살리오.

ㄴ. "반드시 願(원)이 이루어지지 마오." 하더니…

(58) ㄱ. 엇뎨 부톄라[80] ᄒᆞᄂᆞ닛가[81] 그 ᄠᅳ들 닐어쎠[82] [석상 6:16]

ㄴ. 이 ᄠᅳ들 닛디[83] 마ᄅᆞ쇼셔[84] [용가 110장]

(58′) ㄱ. 어찌 부처라고 하오? 그 뜻을 말하오.

ㄴ. 이 뜻을 잊지 마소서.

---

73) 디니라 : 디니(지니다, 持)- + -라(명종, 낮춤)
74) 아라라 : 알(알다, 知)- + -아(주믿)- + -라(명종, 낮춤)
75) 내ᅀᅡ : 나(我 : 인대) + -이(주조) + -ᅀᅡ(-야 : 보조사, 한정, 강세)
76) 므던커니와 : 므던ᄒᆞ(무던하다, 괜찮다, 無關)- + -거니와(연어, 대조)
77) 사ᄅᆞ고라 : 사ᄅᆞ[살리다, 活 : 살(살다, 活)- + -ᄋᆞ(사접)-]- + -고라(명종, 반말)
78) 이디 : 이(← 일다, 成 : 이루어지다, 成)- + -디(-지 : 연어, 부정)
79) 말오라 : 말(말다, 勿 : 보용, 부정, 금지)- + -오라(← -고라 : 명종, 반말)
80) 부톄라 : 부텨(부처, 佛) + -이(서조)- + -라(← -다 : 평종)
81) ᄒᆞᄂᆞ닛가 : ᄒᆞ(하다, 謂)- + -ᄂᆞ(현시)- + -ㅅ(← -잇- : 상높, 예사 높임)- + -니…가(-니까 : 의종, 비인칭, 판정)
82) 닐어쎠 : 닐(← 니르다 : 이르다, 曰)- + -어쎠(명종, 예사 높임)
83) 닛디 : 닛(← 닞다 : 잊다, 忘)- + -디(-지 : 연어, 부정)
84) 마ᄅᆞ쇼셔 : 말(말다, 勿 : 보용)- + -ᄋᆞ쇼셔(-으소서 : 명종, 아주 높임)

④ 청유형 종결 어미

(59) ㄱ. 네 發願을 호ᄃᆡ[1] 世世예 妻眷이 ᄃᆞ외져[2] ᄒᆞ거늘 [석상 6:8]

ㄴ. 淨土애 ᄒᆞᆫᄃᆡ[3] 가 나사이다[4] [월석 8:100]

(59′) ㄱ. 네 發願(발원)을 하되 "世世(세세)[5]에 妻眷(처권)[6]이 되자." 하거늘…

ㄴ. 淨土(정토)[7]에 함께 가서 나십시다.

⑤ 감탄형 종결 어미

(60) ㄱ. 義ᄂᆞᆫ 그 큰뎌[8] [내훈 3:54]

ㄴ. 됴ᄒᆞᆯ쎠[9] 오ᄂᆞᆳ날 果報ㅣ여[10] [월석 23:82]

ㄷ. 目連이 닐오ᄃᆡ 몰라보애라[11] [월석 23:86]

(60′) ㄱ. 義(의)는 그것이 크구나.

ㄴ. 좋구나. 오늘날의 果報(과보)[12]여

ㄷ. 目連(목련)이 이르되 "(내가) 몰라보았구나."

(61) ㄱ. 여슷 하ᄂᆞ래 그듸[13] 가 들 찌비[14] ᄇᆞᆯ쎠 이도다[15] [석상 6:35]

ㄴ. 太子ㅣ 그런 사ᄅᆞ미시면 이 이리 ᄯᅩ 어렵도소이다[16] [월석 21:216]

---

1) 호ᄃᆡ: ᄒᆞ(하다, 爲)-+-오ᄃᆡ(-되: 연어, 설명의 계속)
2) ᄃᆞ외져: ᄃᆞ외(되다, 爲)-+-져(-자: 청종)
3) ᄒᆞᆫᄃᆡ: ᄒᆞᆫᄃᆡ[함께, 同(부사): ᄒᆞᆫ(관형)+ᄃᆡ(데, 處: 의명)]
4) 나사이다: 나(나다, 태어나다, 生)-+-사이다(-십시다: 청종, 아주 높임)
5) 世世(세세): 몇 번이든지 다시 환생하는 일이나, 또는 그런 때이다.
6) 妻眷(처권): 처가 쪽의 친척이다. 여기서는 '아내'의 뜻으로 쓰였다.
7) 淨土(정토): 부처나 보살이 사는, 번뇌의 굴레를 벗어난 아주 깨끗한 세상이다.
8) 큰뎌: 크(크다, 大)-+-ㄴ뎌(-구나: 감종)
9) 됴ᄒᆞᆯ쎠: 둏(좋다, 好)-+-ᄋᆞᆯ쎠(-구나: 감종)
10) 果報ㅣ여: 果報(과보)+-ㅣ여(-여: 호조, 예사 높임, 영탄)
11) 몰라보애라: 몰라보[몰라보다: 몰ㄹ(←모ᄅᆞ다: 모르다, 不知)-+-아(연어)+보(보다, 見)-]-+-Ø(과시)-+-Ø(←-오-: 인칭)-+-애라(-구나: 감종)
12) 果報(과보): 전생에 지은 선악에 따라 현재의 행과 불행이 있고, 현세에서의 선악의 결과에 따라 내세에서 행과 불행이 있는 것이다.
13) 그듸: 그듸[그대(인대, 2인칭, 높임): 그(그: 지대)+-듸(접미, 높임)]+-Ø(주조)
14) 찌비: 찝(←집: 집, 家)+-이(주조)
15) 이도다: 일(이루어지다, 成)-+-Ø(과시)-+-도(느낌)-+-다(평종)

(61′) ㄱ. 여섯 하늘에 그대가 가서 들어갈 집이 벌써 이루어졌구나.
ㄴ. 太子(태자)가 그런 사람이시면 이 일이 또 어렵습니다.

〈연결 어미〉

① 대등적 연결 어미

(62) ㄱ. 子ᄂᆞᆫ 아ᄃᆞ리오 孫ᄋᆞᆫ 孫子이니 [월석 1:7]
ㄴ. ᄯᅩ 善커든[17] 通콕[18] 惡거든[19] 마가ᅀᅡ[20] 어려ᄫᅮ미 업스리라 [월석 14:76]
ㄷ. ᄯᅩ 玉女ᄃᆞᆯ히 虛空애셔 온가짓[21] 풍류ᄒᆞ며 굴근 江이 ᄆᆞᆰ고 [월석 2:32]

(62′) ㄱ. 子(자)는 아들이고 孫(손)은 孫子(손자)이니…
ㄴ. 또 善(선)하거든 通(통)하고 惡(악)하거든 막아야 어려움이 없으리라.
ㄷ. 또 玉女(옥녀)들이 虛空(허공)에서 여러 가지의 풍류를 하며 넓은 江(강)이 맑고…

(63) ㄱ. ᄒᆞᆫ 願을 일우면 져그나[22] 기튼[23] 즐거ᄫᅮ미 이시려니와[24] [월석 2:5]
ㄴ. 구루멧[25] ᄒᆡ 블 ᄀᆞᆮᄒᆞ나[26] 더운 하ᄂᆞᆯ히 서늘ᄒᆞ도다[27] [두언 6:35]

(63′) ㄱ. 한 소원을 이루면 적으나 남은 즐거움이 있겠거니와…
ㄴ. 구름에 있는 해가 불 같으나 더운 하늘이 서늘하도다.

---

16) 어렵도소이다: 어렵(어렵다, 難)- + -돗(느낌)- + -오이(← -ᅌᆞ이- : 상높)- + -다(평종)
17) 善커든: 善ㅎ(←善ᄒᆞ다: 선하다)- + -거든(연어, 조건)
18) 通콕: 通ㅎ(←通ᄒᆞ다: 통하다)- + -곡(-고: 연어, 나열)
19) 惡거든: 惡(←惡ᄒᆞ다: 악하다)- + -거든(연어, 조건)
20) 마가ᅀᅡ: 막(막다, 拒)- + -아ᅀᅡ(-아야: 연어, 조건)
21) 온가짓: 온가지[여러 가지(명사): 온(온, 全: 관사) + 가지(가지, 類: 의명)] + -ㅅ(-의: 관조)
22) 져그나: 젹(적다, 少)- + -으나(-지만: 연어, 대조)
23) 기튼: 깉(남다, 餘)- + -은(관전)
24) 이시려니와: 이시(있다, 有)- + -리(미시)- + -어니와(← -거니와: 연어, 대조)
25) 구루멧: 구룸(구름, 雲)- + -에(부조, 위치) + -ㅅ(-의: 관조)
26) ᄀᆞᆮᄒᆞ나: ᄀᆞᆮᄒᆞ(같다, 同)- + -나(연어, 대조)
27) 서늘ᄒᆞ도다: 서늘ᄒᆞ(서늘ᄒᆞ다, 凉)- + -도(느낌)- + -다(평종)

(64) ㄱ. 제[28] 쓰거나 ᄂᆞᆷ ᄒᆡ여[29] 쓰거나 ᄒᆞ고 [석상 9:21]

ㄴ. 오나 가나 다 새지비[30] 兼ᄒᆞ얫도소니[31] [두언 7:16]

ㄷ. ᄂᆞᄆᆡ[32] 것 서르 일버수믈[33] ᄒᆞᆯᄊᆡ 외니[34] 올ᄒᆞ니 決ᄒᆞᇙ[35] 사ᄅᆞ미 업서 [월석 1:45]

(64′) ㄱ. 자기가 쓰거나 남을 시키어 쓰거나 하고…

ㄴ. 오나 가나 다 초가집이 兼(겸)하여 있으니…

ㄷ. 남의 것을 서로 훔치는 것을 하므로 그르니 옳으니 결정할 사람이 없어…

② 종속적 연결 어미

(65) ㄱ. 모딘 길헤[36] ᄠᅥ러디면 恩愛ᄅᆞᆯ 머리[37] 여희여 [석상 6:3]

ㄴ. 불휘 기픈 남ᄀᆞᆫ ᄇᆞᄅᆞ매 아니 뮐ᄊᆡ 곶 됴코 여름[38] 하ᄂᆞ니[39] [용가 2장]

ㄷ. 아뫼나[40] 와 가지리[41] 잇거든 주노라[42] [월석 7:3]

ㄹ. 聖人ㅅ 道理 ᄇᆡ화ᅀᅡ[43] ᄒᆞ리니 [석상 6:3]

ㅁ. 현[44] 번 ᄢᅱ운ᄃᆞᆯ[45] ᄂᆞ미 오ᄅᆞ리잇가[46] [용가 48장]

---

28) 제: 저(자기, 彼: 인대, 재귀칭)+-ㅣ(주조)
29) ᄒᆡ여: ᄒᆡ[하게 하다, 시키다, 使: ᄒᆞ(하다, 爲)-+-ㅣ(사접)]-+-여(←-어: 연어)
30) 새지비: 새집[초가, 띠집: 새(띠, 풀이름, 茅)+집(집, 宅)]+-이(주조)
31) 兼ᄒᆞ얫도소니: 兼ᄒᆞ(겸하다)-+-야(←-아: 연어)+잇(←이시다: 있다, 보용, 완료 지속)-+-돗(느낌)-+-오니(←-ᄋᆞ니: 연어, 설명의 계속, 이유)
32) ᄂᆞᄆᆡ: ᄂᆞᆷ(남, 他)+-ᄋᆡ(관조)
33) 일버수믈: 일벗(←일벗다, ㅅ불: 훔치다, 竊)-+-움(명전)+-을(목조)
34) 외니: 외(그르다, 誤)-+-니(연어, 대조)
35) 決ᄒᆞᇙ: 決ᄒᆞ(결정하다)-+-ᇙ(관전)
36) 길헤: 길ㅎ(길, 路)+-에(부조, 위치)
37) 머리: [멀리, 遠(부사): 멀(멀다, 遠)-+-이(부접)]
38) 여름: [열매, 實(명사): 열(열다, 結)-+-음(명접)]
39) 하ᄂᆞ니: 하(많다, 多)-+-ᄂᆞ(현시)-+-니(평종, 반말)
40) 아뫼나: 아모(아무, 某: 인대, 부정칭)+-ㅣ나(-나: 보조사, 선택)
41) 가지리: 가지(가지다, 持)-+-ㄹ(관전) # 이(이, 人: 의명)+-Ø(주조)
42) 주노라: 주(주다, 授)-+-ᄂᆞ(현시)-+-오(인칭)-+-라(←-다: 평종)
43) ᄇᆡ화ᅀᅡ: ᄇᆡ호(배우다, 學)-+-아ᅀᅡ(-아야: 연어, 필연적 조건)
44) 현: 현(몇, 幾: 관사)
45) ᄢᅱ운ᄃᆞᆯ: ᄢᅱ우[튀어 오르게 하다: ᄢᅱ(튀다, 跳)-+-우(사접)-]-+-ㄴᄃᆞᆯ(-ㄴ들: 연어, 양보)

ㅂ. 善男子 善女人이 뎌 부텻 世界예 나고져 [석상 9:11]
發願ᄒᆞ야ᅀᅡ[47] ᄒᆞ리라

ㅅ. ᄒᆞᆫ 菩薩이 … 나라해[48] 빌머그라[49] 오시니 [월석 1:5]

(65′) ㄱ. 모진 길에 떨어지면 恩愛(은애)[50]를 멀리 떠나

ㄴ. 뿌리가 깊은 나무는 바람에 아니 움직이므로 꽃이 좋고 열매가 많으니.

ㄷ. 아무나 와서 가질 사람이 있거든 준다.

ㄹ. 聖人(성인)의 道理(도리)를 배워야 하겠으니…

ㅁ. 몇 번을 뛰어 오르게 한들 (어찌) 남이 오르겠는가?

ㅂ. 善男子(선남자) 善女人(선여인)[51]이 저 부처의 世界(세계)에 나고자 發願(발원)[52]하여야 하리라.

ㅅ. 한 菩薩(보살)이 … 나라에 빌어먹으러 오시니…

③ 보조적 연결 어미

(66) ㄱ. 赤眞珠ㅣ ᄃᆞ외야[53] 잇ᄂᆞ니라 [월석 1:23]

ㄴ. 慈悲ᄂᆞᆫ 衆生ᄋᆞᆯ 便安케[54] ᄒᆞ시ᄂᆞᆫ 거시어늘[55] [석상 6:5]

ㄷ. 아비 보라 니거 지라[56] [월석 8:101]

(66′) ㄱ. 赤眞珠(적진주)가 되어 있느니라.

ㄴ. 慈悲(자비)는 衆生(중생)을 便安(편안)하게 하시는 것이거늘…

ㄷ. 아비를 보러 가고 싶다.

---

46) 오ᄅᆞ리잇가 : 오ᄅᆞ(오르다, 登)- + -리(미시)- + -잇(← -이- : 상높)- + -가(-니까 : 의종, 비인칭, 판정)

47) 發願ᄒᆞ야ᅀᅡ : 發願ᄒᆞ(발원하다)- + -야ᅀᅡ(← 아ᅀᅡ : -아야, 연어, 조건)

48) 나라해 : 나라ㅎ(나라, 國) + -애(-에 : 부조, 위치)

49) 빌머그라 : 빌먹[빌어먹다, 乞食 : 빌(빌다, 乞)- + 먹(먹다, 食)-]- + -으라(-으러 : 연어, 목적)

50) 恩愛(은애) : 은혜와 사랑을 아울러 이르는 말이다. 혹은 불교 용어로 어버이와 자식, 또는 부부의 은정(恩情)에 집착하여 떨어지기 어려운 일이다.

51) 善男子 善女人(선남자 선여인) : 불법에 귀의한 남자와 여자이다.

52) 發願(발원) : 신이나 부처에게 소원을 비는 것이나, 또는 그 소원이다.

53) ᄃᆞ외야 : ᄃᆞ외(되다, 化)- + -야(← -아 : 연어)

54) 便安케 : 便安ᄒᆞ(편안하다)- + -게(-게 : 연어, 사동)

55) 거시어늘 : 것(의명) + -이(서조)- + -어늘(← -거늘 : 연어, 상황)

56) 니거 지라 : 니(가다, 去)- + -거(연어) # 지(싶다 : 보용, 희망)- + -라(← -다 : 평종)

(67) ㄱ. 너희 브즈러니[57] 지ᅀᅥ[58] 게으르디 말라 [법언 2:209]

ㄴ. 나ᄂᆞᆫ 난 後로 ᄂᆞᆷ 더브러[59] ᄃᆞ토ᄃᆞᆯ[60] 아니ᄒᆞ노이다[61] [석상 11:34]

ㄷ. 치마옛[62] 아기ᄅᆞᆯ ᄲᅡ디오[63] 소ᄂᆞ로[64] 얻다가 얻드란[65] [월석 10:24]
몯고[66] 어분 아기ᄅᆞᆯ 조쳐[67] 디오

(67′) ㄱ. 너희 부지런히 (일을) 지어서 게으르지 말라.

ㄴ. 나는 난 後(후)로 남과 더불어 다투지를 아니합니다.

ㄷ. 치마에 있는 아기를 빠뜨리고, 손으로 잡다가 잡지는 못하고, 업은 아기를 아울러(함께) 떨어뜨리고….

〈전성 어미〉

① 명사형 전성 어미

(68) ㄱ. 됴ᄒᆞᆫ 法 닷고ᄆᆞᆯ[68] 몯ᄒᆞ야 [석상 9:14]

ㄴ. 사ᄅᆞᄆᆡ 몸 ᄃᆞ외요미[69] 어렵고 [석상 9:28]

ㄷ. 工夫ㅣ ᄒᆞᆫ가지로ᄆᆞᆯ[70] 니르니라 [몽언 19]

ㄹ. ᄂᆞᆾ 그림제 眞實ㅅ ᄃᆞᆯ 아니로미[71] ᄀᆞᆮᄒᆞ니라[72] [월석 2:55]

ㅁ. 正覺 일우샤ᄆᆞᆯ[73] 뵈샤ㅊ [월석 서:6]

---

57) 브즈러니: [부지런히, 勤(부사): 브즈런(부지런: 명사) + -Ø(←-ᄒᆞ-: 형접)- + -이(부접)]
58) 지ᅀᅥ: 지ᇫ(← 짓다, ㅅ불: 作)- + -어(연어)
59) 더브러: 더블(더불다, 伴)- + -어(연어)
60) ᄃᆞ토ᄃᆞᆯ: ᄃᆞ토(다투다, 爭)- + -ᄃᆞᆯ(-지를: 연어, 부정)
61) 아니ᄒᆞ노이다: 아니ᄒᆞ(아니하다: 보용)- + -ᄂᆞ(현시)- + -오(인칭)- + -이(상높)- + -다(평종)
62) 치마옛: 치마(치마, 裳) + -예(←-에: 부조, 위치) + -ㅅ(-의: 관조)
63) ᄲᅡ디오: ᄲᅡ디(빠지게 하다, 落)- + -오(←-고: 연어, 나열, 계기)
64) 소ᄂᆞ로: 손(손, 手) + -ᄋᆞ로(-으로: 부조, 방편)
65) 얻드란: 얻(얻다, 잡다, 執)- + -드란(-지는: 연어, 부정 강조)
66) 몯고: 몯(← 몯ᄒᆞ다: 못하다, 不能: 보용, 부정)- + -고(연어, 나열)
67) 조쳐: 조치(아우르다, 겸하다, 兼)- + -어(연어)
68) 닷고ᄆᆞᆯ: 닧(닦다, 修)- + -옴(명전) + -ᄋᆞᆯ(목조)
69) ᄃᆞ외요미: ᄃᆞ외(되다, 爲)- + -욤(←-옴: 명전) + -이(주조)
70) ᄒᆞᆫ가지로ᄆᆞᆯ: ᄒᆞᆫ가지[한가지, 同(명사): ᄒᆞᆫ(한, 一: 관사) + 가지(가지, 類: 의명)] + -Ø(서조)- + -롬(←-옴: 명전) + -ᄋᆞᆯ(목조)
71) 아니로미: 아니(아니다, 不)- + -롬(←-옴: 명전) + -이(-과: 부조, 비교)
72) ᄀᆞᆮᄒᆞ니라: ᄀᆞᆮᄒᆞ(같다, 如)- + -니(객믿)- + -라(←-다: 평종)

ㅂ. 부텨 맛:나<u>미</u>[74] 어려ᄫᅳ며 [석상 6:11]

(68′) ㄱ. 좋은 法(법) 닦음을 못하여…

ㄴ. 사람의 몸이 되는 것이 어렵고…

ㄷ. 工夫(공부)가 한가지임을 이르니라.

ㄹ. 달의 그림자가 眞實(진실)의 달이 아닌 것과 같으니라.

ㅁ. 正覺(정각)[75]을 이루는 것을 보이시어…

ㅂ. 부처를 만나는 것이 어려우며…

(69) ㄱ. 比丘ㅣ… 오직 절ᄒᆞ<u>기</u>를 ᄒᆞ야 [석상 19:30]

ㄴ. 그림 그리<u>기</u>예 늘구미[76] 將次 오ᄆᆞᆯ[77] 아디 몯ᄒᆞᄂᆞ니 [두언 16:25]

(69′) ㄱ. 比丘(비구)[78]가… 오직 절하기를 하여…

ㄴ. 그림 그리기에 늙음이 將次(장차) 오는 것을 알지 못하니…

(70) ㄱ. 내 겨지비라[79] 가져가<u>디</u>[80] 어려ᄫᅳᆯᄊᆡ [월석 1:13]

ㄴ. ᄆᆞᅀᆞᆯ히[81] 멀면 乞食ᄒᆞ<u>디</u> 어렵고 [석상 6:23]

(70′) ㄱ. 내가 여자(계집)라서 (꽃을) 가져가기가 어려우므로…

ㄴ. 마을이 멀면 乞食(걸식)[82]하기가 어렵고…

② 관형사형 전성 어미

(71) ㄱ. 어미 주<u>근</u>[83] 後에 부텻긔 와 묻ᄌᆞᄫᆞ면[84] [월석 21:21]

---

73) 일우샤ᄆᆞᆯ : 일우[이루다, 成 : 일(이루어지다, 成)- + -우(사접)-]- + -샤(← -시- : 주높)- + -ㅁ(← -옴 : 명전) + -ᄋᆞᆯ(목조)

74) 맛:나미 : 맛나[만나다, 遇 : 맛(← 맞다 : 迎)- + 나(나다, 出)-]- + -ㅁ(← -옴 : 명전) + -이(주조)

75) 正覺(정각) : 올바른 깨달음. 일체의 참된 모습을 깨달은 더할 나위 없는 지혜이다.

76) 늘구미 : 늙(늙다, 老)- + -움(명전) + -이(주조)

77) 오ᄆᆞᆯ: 오(오다, 來)- + -ㅁ(← -옴 : 명전) + -ᄋᆞᆯ(목조)

78) 比丘(비구) : 출가하여 구족계를 받은 남자 중이다.

79) 겨지비라 : 겨집(계집, 女)- + -이(서조)- + -라(← -아 : 연어, 이유)

80) 가져가디 : 가져가[가져가다 : 가지(가지다, 持)- + -어(연어) + 가(가다, 行)-]- + -디(-기 : 명전) + -Ø(주조)

81) ᄆᆞᅀᆞᆯ히 : ᄆᆞᅀᆞᆶ(마을, 村) + -이(주조)

82) 乞食(걸식) : 음식 따위를 빌어먹는 것, 또는 먹을 것을 빌리는 것이다.

ㄴ. 이 지븨 사ᄂᆞᆫ[85] 얼우니며[86] 아ᄒᆡ며[87] [월석 21:99]

ㄷ. 모딘 일 짓던[88] 즁ᄉᆡᆼ[89]이 새[90] 주근 사ᄅᆞᆷᄃᆞᆯ히니[91] [월석 21:25]

ㄹ. 찻믈 기릃[92] 婇女를 비러오라[93] ᄒᆞ야시ᄂᆞᆯ[94] [월석 8:90]

(71′) ㄱ. 어미 죽은 後(후)에 부처께 와 물으면…

ㄴ. 이 집에 사는 어른이며 아이며…

ㄷ. 모진 일을 짓던 짐승이 새로 죽은 사람들이니…

ㄹ. 찻물을 길을 婇女(채녀) 빌려오라 하시거늘…

(72) ㄱ. 德이여[95] 福이라 호ᄂᆞᆯ[96] 나ᅀᆞ라[97] 오소이다[98] [악궤 동동]

ㄴ. 威化振旅(위화진려)ᄒᆞ시ᄂᆞ로[99] 輿望이 다 몯ᄌᆞᄫᆞ나[100] [용가 11장]

(72′) ㄱ. 德(덕)이며 福(복)이라고 하는 것을 바치러 왔습니다.

ㄴ. 威化振旅(위화진려)[1]하신 것으로 輿望(여망)[2]이 다 모이나…

---

83) 주근: 죽(죽다, 死)-+-은(관전)

84) 묻ᄌᆞᄫᆞ면: 묻(묻다, 問)-+-ᄌᆞᇦ(←-ᄌᆞᆸ-: 객높)-+-ᄋᆞ면(-으면: 연어, 조건)

85) 사ᄂᆞᆫ: 사(←살다, 居)-+-ᄂᆞ(현시)-+-ㄴ(관전)

86) 얼우니며: 얼운[어른, 丈: 얼(←어르다: 배필로 삼다, 결혼하다, 婚)-+-우(사동)-+-ㄴ(관전▷명접)]+-이며(접조)

87) 아ᄒᆡ며: 아ᄒᆡ(아이, 童)+-며(접조)

88) 짓던: 짓(짓다, 作)-+-더(회상)-+-ㄴ(관전)

89) 즁ᄉᆡᆼ: 짐승, 獸

90) 새: 새로, 新(부사)

91) 사ᄅᆞᆷᄃᆞᆯ히니: 사ᄅᆞᆷᄃᆞᆶ[사람들: 사ᄅᆞᆷ(사람, 人)+-ᄃᆞᆶ(복접)]+-이(서조)-+-니(연어, 설명의 계속)

92) 기릃: 길(←긷다, ㄷ불: 긷다, 汲)-+-읋(관전)

93) 비러 오라: 빌(빌리다, 구걸하다, 乞)-+-어(연어) # 오(오다, 來)-+-라(명종)

94) ᄒᆞ야시ᄂᆞᆯ: ᄒᆞ(하다, 謂)-+-시(주높)-+-야 … ᄂᆞᆯ(←-아ᄂᆞᆯ: -거늘, 연어, 상황)

95) 德이여: 德(덕)+-이여(-이며: 접조)

96) 호ᄂᆞᆯ: ᄒᆞ(하다, 謂)-+-오(대상)-+-ㄴ(-음: 관전, 명사적 용법)+-ᄋᆞᆯ(목조)

97) 나ᅀᆞ라: 나ᇫ(←낫다, ㅅ불: 바치다, 獻)-+-ᄋᆞ라(-으러: 연어, 목적)

98) 오소이다: 오(오다, 來)-+-Ø(과시)-+-ㅅ(느낌)-+-오(인칭)-+-이(상높)-+-다(평종)

99) ᄒᆞ시ᄂᆞ로: 威化振旅ᄒᆞ(위화진려하다)-+-시(주높)-+-ㄴ(-음: 관전, 명사적 용법)+-ᄋᆞ로(-으로: 부조, 방편)

100) 몯ᄌᆞᄫᆞ나: 몯(모이다, 集)-+-ᄌᆞᇦ(←-ᄌᆞᆸ-: 객높)-+-ᄋᆞ나(-으나: 연어, 대조)

1) 威化振旅(위화진려): 위화도에서 군대를 거두어 개선하는 것이다. 이는 이성계(李成桂)가 위화도(威化島)에서 진군(進軍)을 그치고 회군(回軍)함을 이른다.

(73) ㄱ. 다ᄋᆞᇝ[3] 업슨 긴 ᄀᆞᄅᆞᄆᆞᆫ 니ᅀᅥᆷ 니ᅀᅥ[4] 오ᄂᆞᆺ다[5] [두언 10:35]

ㄴ. 놀애를 노외야[6] 슬픐[7] 업시 브르ᄂᆞ니 [두언 25:53]

(73′) ㄱ. 다함(끝)이 없는 긴 강은 이어 이어 오는구나.

ㄴ. 노래를 다시(거듭하여) 슬픔이 없이 부르니…

2.2.4. 수식언

2.2.4.1. 관형사

나. 관형사의 유형

〈성상 관형사〉

(1) ㄱ. 여스슨[8] 외 바랫[9] 두 머린[10] 觀이니 [원언 하2-2:21]

ㄴ. 믌고기는 샹[11] 거시라 [두언 16:62]

ㄷ. 眞金은 진딧[12] 金이라 [월석 7:29]

ㄹ. 이 ᄲᅮᆫ[13] 아니라 녀나ᄆᆞᆫ[14] 祥瑞도 하며 [월석 2:46]

ㅁ. 녯[15] 대예[16] 새 竹筍이 나며 [금삼 3:23]

---

2) 輿望(여망): 어떤 개인이나 사회에 대한 많은 사람의 기대를 받는 것. 혹은 그 기대이다.
3) 다ᄋᆞᇝ: 다ᄋᆞ(다하다, 盡)-+-ᇝ(-음: 관전, 명사적 용법)
4) 니ᅀᅥᆷ 니ᅀᅥ: 니ᇫ(←닛다, ㅅ불: 잇다, 繼)-+-엄(연어: 같은 동작의 반복)#니ᇫ(←닛다, ㅅ불: 잇다, 繼)-+-어(연어)
5) 오ᄂᆞᆺ다: 오(오다, 來)-+-ᄂᆞ(현시)-+-옷(느낌)-+-다(평종)
6) 노외야: 노외야[거듭하여, 다시, 復(부사): 노외(←ᄂᆞ외다: 거듭하다, 復)-+-야(←-아: 연어▷부접)] ※ '노외야'는 'ᄂᆞ외야'의 변이 형태이다.
7) 슬픐: 슬프(슬프다, 哀)-+-ᇝ(-음: 관전, 명사적 용법)
8) 여스슨: 여슷(여섯, 六: 수사)+-은(보조사, 주제)
9) 바랫: 발(발, 足)+-애(-에: 부조, 위치)+-ㅅ(-의: 관조)
10) 머린: 머리(머리, 頭)+-Ø(서조)-+-ㄴ(관전)
11) 샹: 보통의, 常(관사)
12) 진딧: 진짜의, 眞(관사)
13) 이 ᄲᅮᆫ: 이(此: 지대)#ᄲᅮᆫ(뿐: 의명)
14) 녀나ᄆᆞᆫ: [그 밖의, 다른, 他(관사): 녀느(다른 것, 他: 명사)+남(남다, 餘)-+ᄋᆞᆫ(관전▷관접)]
15) 녯: 녜(예전, 昔)+-ㅅ(-의: 관조)
16) 대예: 대(대나무, 竹)+-예(←-에: 부조, 위치)

(1′) ㄱ. 여섯은 외발에 두 머리인 觀(관)[17]이니…

ㄴ. 물고기는 보통의 것이다.

ㄷ. 眞金(진금)은 진짜의 金(금)이다.

ㄹ. 이뿐 아니라 다른 祥瑞(상서)[18]도 많으며…

ㅁ. 옛 대나무에 새 竹筍(죽순)이 나며…

〈지시 관형사〉

(2) ㄱ. ᄇᆡ홇[19] 사ᄅᆞᄆᆞᆫ 모로매 몬져 이 트렛[20] 이ᄅᆞᆯ 더러[21] ᄇᆞ리고 [내훈 3:56]

ㄴ. 그 일후미 阿若憍陳如와 摩訶迦葉과… [석상 13:1]

ㄷ. 調達ᄋᆡ 몸이 뎌 넉시러니[22] [월천 기136]

(2′) ㄱ. 배울 사람은 반드시 먼저 이 따위의 일을 덜어 버리고…

ㄴ. 그 이름이 阿若憍陳如(아약교진여)[23]와 摩訶迦葉(마하가섭)[24]과…

ㄷ. 調達(조달)의 몸이 저 넋이더니…

(3) ㄱ. 그듸[25] 子息 업더니 므ᅀᅳᆺ 罪오[26] [월석 1:7]

ㄴ. 菩薩이 어느 나라해 ᄂᆞ리시게[27] ᄒᆞ려뇨[28] [월석 2:10]

---

17) 觀(관) : 모양, 모습.
18) 祥瑞(상서) : 경사(慶事)롭고 길한 징조(徵兆)이다.
19) ᄇᆡ홇 : ᄇᆡ호(배우다, 學)- + -ㄹ(관전)
20) 트렛 : 틀(따위, 법식, 형식, 機, 式) + -에(부조, 위치) + -ㅅ(-의 : 관조)
21) 더러 : 덜(덜다, 없애다, 減)- + -어(연어)
22) 넉시러니 : 넋(넋, 魂) + -이(서조)- + -러(← -더- : 회상)- + -니(평종, 반말)
23) 阿若憍陳如(아약교진여) : 부처님이 출가하여 고행할 때 6년 동안 부처님을 측근에서 시봉하였다. 부처님이 성도(成道)하신 뒤 阿若憍陳如(아약교진여)를 제일 먼저 설법하여 제도하심으로써 阿若憍陳如(아약교진여)가 제일 먼저 아라한이 되었다.
24) 摩訶迦葉(마하가섭) : 석가의 십대 제자 중 한 사람이다. 석가가 죽은 뒤 제자들의 집단을 이끌어 가는 영도자 역할을 해냄으로써 '두타제일(頭陀第一)'이라 불린다.
25) 그듸 : 그듸[그대, 汝(인대, 예사 높임) : 그(지대) + -듸(접미, 높임)] + -Ø(주조)
26) 罪오 : 罪(죄) + -오(← -고 : 보조사, 의문, 설명)
27) ᄂᆞ리시게 : ᄂᆞ리(내리다, 降)- + -시(주높)- + -게(연어, 사동)
28) ᄒᆞ려뇨 : ᄒᆞ(하다, 使)- + -리(미시)- + -어(주민)- + -뇨(-느냐 : 의종, 비인칭, 설명)

ㄷ. 아모 사ᄅᆞ미나[29] ᄒᆞ오ᅀᅡ[30] 滅度ᄅᆞᆯ 得디[31] 아니케[32] ᄒᆞ야[월석 12:48]

(3′) ㄱ. 그대가 子息(자식)이 없더니 무슨 罪(죄)이오?

ㄴ. 菩薩(보살)이 어느 나라에 내리시게 하겠느냐?

ㄷ. 아무 사람이나 혼자 滅度(멸도)[33]를 얻지 아니하게 하여…

〈수 관형사〉

(4) ㄱ. 黑龍이 ᄒᆞᆫ 사래[34] 주거 [용가 22장]

ㄴ. ᄋᆞᆫ[35] 사ᄅᆞᆷ ᄃᆞ리샤[36] 기ᄅᆞ말[37] 밧기시니[38] [용가 58장]

(4′) ㄱ. 黑龍(흑룡)이 한 화살에 죽어…

ㄴ. 백 사람을 데리시어 길마(말의 안장)를 벗기시니…

(5) ㄱ. 전[39] ᄆᆞ리 현[40] 버늘 딘ᄃᆞᆯ[41] [용가 31장]

ㄴ. 漸漸 늘구메[42] 봄 맛나ᄆᆞᆫ[43] 能히 몃 디위리오[44] [두언 10:7]

ㄷ. 봄이 오나ᄃᆞᆫ[45] 온갓 고지 프며 [영남 상:63]

ㄹ. 믈읫[46] 字ㅣ 모로매 어우러ᅀᅡ[47] 소리 이ᄂᆞ니[48] [세훈 13]

---

29) 사ᄅᆞ미나: 사ᄅᆞᆷ(사람, 人) + -이나(보조사, 선택)
30) ᄒᆞ오ᅀᅡ: 혼자, 홀로, 獨(부사)
31) 得디: 得(←得ᄒᆞ다: 득하다, 얻다)- + -디(-지: 연어, 부정)
32) 아니케: 아니ㅎ(←아니ᄒᆞ다: 아니하다, 不: 보용)- + -게(연어, 사동)
33) 滅度(멸도): 모든 번뇌의 얽매임에서 벗어나고, 진리를 깨달아 불생불멸의 법을 체득한 경지이다. 불교의 궁극적인 실천 목적이다.
34) 사래: 살(화살, 箭) + -애(-에: 부조, 위치)
35) ᄋᆞᆫ: 백, 百(관사)
36) ᄃᆞ리샤: ᄃᆞ리(데리다, 伴)- + -샤(←-시-: 주높)- + -Ø(←-아: 연어)
37) 기ᄅᆞ말: 기ᄅᆞ마(길마, 말의 안장, 鞍) + -ㄹ(←-ᄅᆞᆯ: 목조)
38) 밧기시니: 밧기[벗기다: 밧(벗다, 脫)- + -기(사접)-]- + -시(주높)- + -니(연어, 설명의 계속, 이유)
39) 전: 저(←절다: 다리를 절다, 尳)- + -ㄴ(관전)
40) 현: 몇, 幾(관사)
41) 딘ᄃᆞᆯ: 디(넘어지다, 거꾸러지다, 轉)- + -ㄴᄃᆞᆯ(-ㄴ들: 연어, 양보)
42) 늘구메: 늙(늙다, 老)- + -움(명전) + -에(부조, 위치)
43) 맛나ᄆᆞᆫ: 맛나[만나다, 遇: 맛(←맞다, 迎)- + 나(出)-]- + -ㅁ(←-옴: 명전) + -ᄋᆞᆫ(보조사, 주제)
44) 디위리오: 디위(번, 番: 의명) + -Ø(서조)- + -리(미시)- + -오(←-고: 의종, 비인칭, 설명)
45) 오나ᄃᆞᆫ: 오(오다, 來)- + -나ᄃᆞᆫ(←-거든: 연어, 조건)

ㅁ. 諸根ᄋᆞᆫ <u>여러</u> 불휘니[49] [석상 6:28]

(5′) ㄱ. (다리를) 저는 말이 몇 번을 넘어진들…

ㄴ. 漸漸(점점) 늙음에 봄을 만나는 것은 能(능)히 몇 번이겠느냐?

ㄷ. 봄이 오거든 온갖 꽃이 피며…

ㄹ. 모든 글자가 반드시 어울려야 소리가 되니…

ㅁ. 諸根(제근)은 여러 뿌리니…

2.2.4.2. 부사

가. 부사의 개념

나. 부사의 유형

나-1. 성분 부사

〈성상 부사〉

(7) ㄱ. 이 罪人을 <u>그르</u> 주시도소이다[50] [영험 8]

ㄴ 正ᄒᆞᆫ 信心ᄋᆞᆯ <u>ᄀᆞ장</u> 發ᄒᆞ야 一切 쳔량 <u>ᄀᆞ장</u> 얻고 [법언 2:245]

(7′) ㄱ. 이 罪人(죄인)을 잘못 주셨습니다.

ㄴ. 올바른 信心(신심)을 한껏 發(발)하여 一切(일체)의 재물을 한껏 얻고…

(8) ㄱ. 活潑潑ᄋᆞᆫ <u>설설</u> 흐르는 믌겨레[51] 비췬[52] ᄃᆞᇌ비ᄎᆞᆯ[53] [몽언 43]
널온[54] 마리니

---

46) 믈읫 : 모든, 全(관사)
47) 어우러ᅀᅡ : 어울(어울리다, 合)- + -어ᅀᅡ(-어야 : 연어, 필연적 조건)
48) 이ᄂᆞ니 : 이(← 일다 : 이루어지다, 되다, 成)- + -ᄂᆞ(현시)- + -니(연어, 설명의 계속)
49) 불휘니 : 불휘(뿌리, 根) + -Ø(서조)- + -니(연어, 설명의 계속, 이유)
50) 주시도소이다 : 주(주다, 授)- + -시(주높)- + -Ø(과시)- + -ᄃᆞᆺ(느낌)- + -오이(← -ᄋᆞ이- : 상높)- + -다(평종)
51) 믌겨레 : 믌결[물결, 波 : 믈(물, 水) + -ㅅ(관조, 사잇) + 결(결, 紋)] + -에(부조, 위치)
52) 비췬 : 비취(비치다, 照)- + -ㄴ(관전)
53) ᄃᆞᇌ비ᄎᆞᆯ : ᄃᆞᇌ빛[달빛 : ᄃᆞᆯ(달, 月) + -ㅅ(관조, 사잇) + 빛(빛, 光)] + -ᄋᆞᆯ(목조)
54) 널온 : 니르(이르다, 曰)- + -오(대상)- + -ㄴ(관전)

ㄴ. 듥긔동 방해나[55] 디허[56] 히애 [시향 33 상저가]

(8′) ㄱ. 活潑潑(활발발)은 절절 흐르는 물결에 비친 달빛을 이른 말이니…

ㄴ. 덜커덩 방아나 찧어. 히애.

〈지시 부사〉

(10) ㄱ. 이리 受苦ᄒᆞ시니라[57] [월석 1:6]

ㄴ. 그리옷[58] 아니ᄒᆞ면 正覺 일우디[59] 아니호리이다[60] [월석 23:87]

(10′) ㄱ. 이렇게 受苦(수고)하셨니라.

ㄴ. 그렇게만 아니하면 正覺(정각)을 이루지 아니하겠습니다.

(11) ㄱ. 엇뎨[61] 가며 오미 이시리오[62] [월석 서:2]

ㄴ. 부텻 法이 精微ᄒᆞ야 져믄 아ᄒᆡ 어느 듣ᄌᆞᄫᆞ리잇고[63] [석상 6:11]

ㄷ. 우리ᄃᆞᆯ히 … ᄆᆞᄉᆞᆷ 어즈러이 偈ᄅᆞᆯ 지ᅀᅳ리오[64] [육언 상:12]

(11′) ㄱ. 어찌 가며 옴이 있겠느냐?

ㄴ. 부처의 法(법)이 精微(정미)하여[65] 어린 아이가 어찌 듣겠습니까?

ㄷ. 우리들이 … 어찌 어지럽게 偈(게)[66]를 지으리오?

---

55) 방해나: 방하(방아, 碓)+-ㅣ나(-이나: 보조사, 선택)
56) 디허: 딯(찧다, 舂)-+-어(연어)
57) 受苦ᄒᆞ시니라: 受苦ᄒᆞ(수고하다)-+-시(주높)-+-Ø(과시)-+-니(객민)-+-라(평종)
58) 그리옷: 그리(그렇게: 부사)+-옷(←-곳: 보조사, 한정 강조)
59) 일우디: 일우[이루다, 成: 일(이루어지다, 成)-+-우(사접)-]-+-디(-지: 연어, 부정)
60) 아니호리이다: 아니ᄒᆞ(아니하다: 보용)-+-오(인칭)-+-리(미시)-+-이(상높)-+-다(평종)
61) 엇뎨: 어찌, 何(부사)
62) 이시리오: 이시(있다, 有)-+-리(미시)-+-오(←-고: -느냐, 의종, 비인칭, 설명)
63) 듣ᄌᆞᄫᆞ리잇고: 듣(듣다, 聞)-+-ᄌᆞᇦ(←-ᄌᆞᆸ-: 객높)-+-오(인칭)-+-리(미시)-+-잇(←-이-: 상높)-+-고(-니까: 의종, 비인칭, 설명)
64) 지ᅀᅳ리오: 지ᇫ(←짓다, ㅅ불: 짓다, 作)-+-으리(미시)-+-오(←-고: -느냐, 의종, 비인칭, 설명)
65) 精微(정미)하다: 정밀하고 자세한 것이다.
66) 偈(게): 부처의 공덕이나 가르침을 찬탄하는 노래 글귀이다.

〈부정 부사〉

(12) ㄱ. 向ᄋᆞᆫ <u>아니</u> 오란 요ᄉᆞᅀᅵ라[67] [월석 서:26]

ㄴ. 四祖ㅣ 便安히 <u>몯</u> 겨샤 [용가 110장]

(12′) ㄱ. 向(향)은 아니 오랜 요사이이다.

ㄴ. 四祖(사조)[68]가 便安(편안)히 못 계셔서…

나-2. 문장 부사

〈문장의 내용에 대한 판단을 나타내는 부사〉

(14) ㄱ. <u>모로매</u> 내[69] 모매[70] 닷가[71] 내 ᄆᆞᅀᆞ매 證호ᇙ ᄃᆞ니[72] [능언 1:93]

ㄴ. <u>모ᄃᆡ</u> 세 가지로 닐어ᅀᅡ[73] ᄀᆞᄌᆞ리라[74] [월석 2:14]

ㄷ. <u>반ᄃᆞ기</u> 甘雨ㅣ ᄂᆞ리리라[75] [월석 10:122]

(14′) ㄱ. 모름지기 내 몸에 닦아 내 마음에 證(증)할[76] 것이니…

ㄴ. 반드시 세 가지로 말해야 가지리라.

ㄷ. 반드시 甘雨(감우)[77]가 내리리라.

〈접속 부사〉

(16) ㄱ. 道國王과 <u>밋</u> 舒國王은 實로 親ᄒᆞᆫ 兄弟니라[78] [두언 8:5]

---

67) 요ᄉᆞᅀᅵ라: 요ᄉᆞᅀᅵ[요사이, 近來: 요(요: 관사) + ᄉᆞᅀᅵ(사이, 間)] + -Ø(서조)- + -라(← -다: 평종)
68) 四祖(사조): 세종의 네 할아버지, 곧 '목조, 익조, 도조, 환조'를 일컫는다.
69) 내: 나(我: 인대) + -ㅣ(관조)
70) 모매: 몸(身) + -애(-에: 부조, 위치)
71) 닷가: 닭(닦다, 修)- + -아(연어)
72) 證호ᇙ 디니: 證ᄒᆞ(증하다: 깨닫다)- + -오(대상)- + -ㅭ(관전) # ᄃᆞ(것: 의명) + -ㅣ(서조)- + -니(연어, 설명의 계속)
73) 닐어ᅀᅡ: 닐(← 니ᄅᆞ다: 이르다, 말하다, 曰)- + -어ᅀᅡ(-어야: 연어, 필연적 조건)
74) ᄀᆞᄌᆞ리라: ᄀᆽ(갖다, 갖추고 있다, 具: 형사)- + -ᄋᆞ리(미시)- + -라(← -다: 평종)
75) ᄂᆞ리리라: ᄂᆞ리(내리다, 降)- + -리(미시)- + -라(← -다: 평종)
76) 證하다: 깨닫다, 알리다
77) 甘雨(감우): 때를 잘 맞추어 알맞게 내리는 비이다.
78) 兄弟니라: 兄弟(형제) + -Ø(서조)- + -니(객믿)- + -라(← -다: 평종)

ㄴ. 이 相이 알픽 現ᄒᆞ시니 반ᄃᆞ기 이 果ᄅᆞᆯ 이긔시리로다[79] [법언 5:77]

그러나 다 ᄭᅮ믈 브트샤[80] 니ᄅᆞ샤ᄆᆞᆫ[81]

ㄷ. ᄯᅩ 이 數에 더으디 아니홀 ᄯᆞᆯ[82] 엇뎨 알리오[83] [법언 3:165]

그러면 니ᄅᆞ샨[84] 아롬[85] 어려우미 佛智의 어려우미 아니라[86]

(16′) ㄱ. 道國王(도국왕) 및 舒國王(서국왕)은 實(실)로 親(친)한 兄弟(형제)이다.

ㄴ. 이 相(상)[87]이 앞에 나타나시니 반드시 이 果(과)[88]를 이기시겠구나.

그러나 다 꿈을 말미암아 말씀하시는 것은…

ㄷ. 또 이 數(수)에 더하지 아니할 것을 어찌 알겠느냐?

그러면 말씀하신 바를 알기가 어려운 것이 佛智(불지)[89]의 어려움이 아니라…

2.2.5. 독립언

가. 독립언의 개념

(1) ㄱ. 이 슬프다 [선언 서:15]

ㄴ. 아소[90] 님하[91] 어마님 ᄀᆞ티[92] 괴시리[93] 업세라[94] [악가 가사 상:6 사모곡]

---

79) 이긔시리로다: 이긔(이기다, 勝)- + -시(주높)- + -리(미시)- + -로(← -도-: 느낌)- + -다(평종)

80) 브트샤: 븥(붙다, 말미암다, 의지하다, 附, 由, 依)- + -으샤(← -으시-: 주높)- + -Ø(← -아: 연어)

81) 니ᄅᆞ샤ᄆᆞᆫ: 니ᄅᆞ다(이르다, 曰)- + -샤(← -시-: 주높)- + -ㅁ(← -옴: 명전) + -ᄋᆞᆫ(보조사, 주제)

82) ᄯᆞᆯ: ᄯᆞ(← ᄃᆞ: 것, 의명) + -ㄹ(목조)

83) 알리오: 알(알다, 知)- + -리(미시)- + -오(← -고: -느냐, 의종, 비인칭, 설명)

84) 니ᄅᆞ샨: 니ᄅᆞ(이르다, 曰)- + -샤(← -시-: 주높)- + -Ø(← 오: 대상)- + -ㄴ(관전) ※ 원문의 '所謂'을 번역한 것임.

85) 아롬: 알(알다, 知)- + -옴(← -옴: 명전)

86) 아니라: 아니(아니다, 非)- + -라(연어, 이유)

87) 상(相): 볼 수 있고, 알 수 있는 모습이다. 자상(自相)과 공상(共相), 동상(同相)과 이상(異相) 따위로 나눈다.

88) 果(과): 원인에 따라 일어나는 결과이다.

89) 佛智(불지): 진리를 완전히 깨달은 부처의 지혜이다.

90) 아소: 아소(앗으시오, 마소서, 勿: 금지를 나타내는 감탄사)

91) 님하: 님(임) + -하(-이시여: 호조, 아주 높임)

92) ᄀᆞ티: [같이(부사): ᄀᆞᇀ(같다, 如)- + -이(부접)]

(1′) ㄱ. 아, 슬프다.

ㄴ. 마소서, 임이시여. 어머님같이 사랑하실 이가 없구나.

나. 독립언의 유형

〈감정 감탄사〉

(2) ㄱ. ᄋᆡ 男子아 엇던[95] 이ᄅᆞᆯ 爲ᄒᆞ야 이 길헤[96] 든다[97] [월석 21:118]

ㄴ. 아으 動動다리 [악궤 動動]

(2′) ㄱ. 아, 男子(남자)야, 어떤 일을 爲(위)하여 이 길에 들었는가?

ㄴ. 아아, 動動(동동)다리

〈의지 감탄사〉

(3) ㄱ. 舍利佛이 ᄉᆞᆯᄫᅩᄃᆡ[98] 엥 올ᄒᆞ시니이다[99] [석상 13:47]

ㄴ. 아소 님하 어마님 ᄀᆞ티 괴시리 업세라 [악가 가사 상:6 사모곡]

(3′) ㄱ. 舍利佛(사리불)[100]이 아뢰되, "예, 옳으십니다."

ㄴ. 마소서, 임이시여. 어머님같이 사랑하실 이가 없어라.

---

93) 괴시리 : 괴(사랑하다, 愛)- + -시(주높)- + -ㄹ(관전) # 이(사람, 人 : 의명) + -Ø(주조)

94) 업세라 : 없(없다, 無)- + -에라(-구나, -어라 : 감종)

95) 엇던 : ① 엇더[← 엇더ᄒᆞ다(어떠하다 : 형사) : 엇더(어찌 : 부사) + -Ø(← -ᄒᆞ- : 형접)-]- + -ㄴ(관전) ② [어떤, 何(관사) : 엇더(어찌 : 부사)- + -Ø(형접)-]- + -ㄴ(관전▷관접)]

96) 길헤 : 길ㅎ(길, 路) + -에(부조, 위치)

97) 든다 : 드(← 들다 : 들다, 入)- + -Ø(과시)- + -ㄴ다(-는가 : 의종, 2인칭)

98) ᄉᆞᆯᄫᅩᄃᆡ : ᄉᆞᆲ(← ᄉᆞᆲ다, ㅂ불 : 아뢰다, 사뢰다, 奏)- + -오ᄃᆡ(-되 : 연어, 설명의 계속)

99) 올ᄒᆞ시이다 : ᄋᆞᆶ(ᄋᆞᆶ다, 是)- + -ᄋᆞ시(주높)- + -니(객믿)- + -이(상높)- + -다(평종)

100) 舍利佛(사리불) : 사리푸트라(Sāriputra). 석가모니의 십대 제자 가운데 한 사람(?~ B.C.486).

제3장 통사론

3.1. 문장 성분

3.1.1. 문장 성분의 개념

3.1.2. 문장 성분의 유형

〈서술어〉

(1) ㄱ. 너희ᄃᆞᆯ히[1] … 부텻 마ᄅᆞᆯ 바다 디니라 [월석 13:62]

ㄴ. 民瘼ᄋᆞᆯ 모ᄅᆞ시면 ᄒᆞᄂᆞᆯ히 ᄇᆞ리시ᄂᆞ니[2] [용가 116장]

(1′) ㄱ. 너희들이 … 부처의 말을 받아 지녀라.

ㄴ. 民瘼(민막)[3]을 모르시면 하늘이 버리시느니…

〈주어〉

(2) ㄱ. 世尊이 象頭山애 가샤 [석상 6:1]

ㄴ. 님금 도라오시니[4] [용가 33장]

ㄷ. 당다이[5] 이 ᄯᅡ해[6] 橫死ᄒᆞᇙ[7] 주리 업스며 [석상 9:22]

ㄹ. 사ᄅᆞᄆᆡ 몸 ᄃᆞ외요미[8] 어렵고 [석상 9:28]

(2′) ㄱ. 世尊(세존)이 象頭山(상두산)에 가시어…

---

1) 너희ᄃᆞᆯ히: 너희ᄃᆞᆶ[너희들: 너(汝: 인대) + -희(복접) + -ᄃᆞᆶ(-들: 복접)] + -이(주조)
2) ᄇᆞ리시ᄂᆞ니: ᄇᆞ리(버리다, 棄)- + -시(주높)- + -ᄂᆞ(현시)- + -니(연어, 설명의 계속)
3) 民瘼(민막): 국민을 괴롭히고 나라를 망치는 정치 때문에 국민이 고생하는 일이다.
4) 도라오시니: 도라오[돌아오다, 歸: 돌(돌다, 回)- + -아(연어) + 오(오다, 來)-]- + -Ø(과시)- + -시(주높)- + -니(평종, 반말)
5) 당다이: 반드시, 마땅히, 必(부사)
6) ᄯᅡ해: ᄯᅡᇂ(땅, 地) + -애(-에: 부조, 위치)
7) 橫死ᄒᆞᇙ: 橫死ᄒᆞ(횡사하다)- + -오(대상)- + -ᇙ(관전)
8) ᄃᆞ외요미: ᄃᆞ외(되다, 爲)- + -욤(← -옴: 명전) + -이(주조)

ㄴ. 임금이 돌아오셨으니.

ㄷ. 반드시 이 땅에 橫死(횡사)할 줄이 없으며…

ㄹ. 사람의 몸이 되는 것이 어렵고…

〈목적어〉

(3) ㄱ. 赤島 안해ᇫ[9] 움흘[10] 至今에 보ᅀᆸᄂᆞ니[11] [용가 5장]

ㄴ. 姓 ᄀᆞᆯᄒᆡ야[12] 員이 오니 [용가 16장]

ㄷ. 됴ᄒᆞᆫ 고ᄌᆞ란[13] ᄑᆞ디 말오[14] [월석 1:9]

ㄹ. 如來 … 여슷 ᄒᆡᄅᆞᆯ 苦行ᄒᆞ샤 [석상 6:4]

ㅁ. 됴ᄒᆞᆫ 法 닷고ᄆᆞᆯ[15] 몯ᄒᆞ야 [석상 9:14]

(3′) ㄱ. 赤島(적도) 안에 있는 움집을 至今(지금)에 보니…

ㄴ. 姓(성)을 가려서 員(원: 고을 수령)이 오니…

ㄷ. 좋은 꽃은 팔지 말고…

ㄹ. 如來(여래)가 … 여섯 해를 苦行(고행)하시어…

ㅁ. 좋은 法(법)을 닦는 것을 못하여…

〈보어〉

(4) ㄱ. 山ᄋᆡ 草木이 軍馬ㅣ ᄃᆞᄫᆡ니이다[16] [용가 98장]

ㄴ. ᄂᆞᄆᆡ 겨집 ᄃᆞ외노니[17] 출히[18] 뎌 고마[19] ᄃᆞ외아 지라[20] [법언 2:28]

---

9) 안해ᇫ: 안ㅎ(안, 內) + -애(-에: 부조, 위치) + -△(-의: 관조)
10) 움흘: 움ㅎ(움, 움집, 穴) + -을(목조)
11) 보ᅀᆸᄂᆞ니: 보(보다, 見)- + -ᅀᆸ(객높)- + -ᄂᆞ(현시)- + -니(연어, 설명의 계속)
12) ᄀᆞᆯᄒᆡ야: ᄀᆞᆯᄒᆡ(가리다, 선택하다, 擇)- + -야(← -아: 연어)
13) 고ᄌᆞ란: 곶(꽃, 花) + -ᄋᆞ란(-은: 보조사, 주제)
14) 말오: 말(말다, 勿: 보용, 부정)- + -오(← -고: 연어, 나열)
15) 닷고ᄆᆞᆯ: ᄃᆞᆰ(닦다, 修)- + -옴(명전) + -ᄋᆞᆯ(목조)
16) ᄃᆞᄫᆡ니이다: ᄃᆞᄫᆡ(되다, 爲)- + -Ø(과시)- + -니(객믿)- + -이(상높)- + -다(평종)
17) ᄃᆞ외노니: ᄃᆞ외(되다, 化)- + -노니(-느니: 연어, 대조)
18) 출히: 차라리(부사)
19) 고마: 첩, 妾.
20) ᄃᆞ외아 지라: ᄃᆞ외(되다, 爲)- + -아(연어) # 지(싶다: 보용, 희망)- + -라(← -다: 평종)

(4′) ㄱ. 山(산)의 草木(초목)이 軍馬(군마)가 되었습니다.
ㄴ. 남의 처가 되느니 차라리 저(저 사람)의 첩이 되고 싶다.

〈관형어〉

(5) ㄱ. 믈읫[21] 사ᄅᆞ믄 失墜호ᄆᆞᆯ[22] 삼갈[23] 디어다[24] [두언 6:23]
ㄴ. 그듸ᄂᆞᆫ 徐卿의 두 아ᄃᆞ리 나[25] ᄀᆞ장 奇異호ᄆᆞᆯ 보디 아니ᄒᆞᄂᆞ다[26] [두언 8:24]
ㄷ. 어미 주근 後에 부텨ᄭᅴ 와 묻ᄌᆞᄫᆞ면[27] [월석 21:21]
ㄹ. 廣熾ᄂᆞᆫ 너비[28] 光明이 비취닷[29] ᄠᅳ디오[30] [월석 2:9]

(5′) ㄱ. 모든 사람은 失墜(실추)[31]함을 삼갈 것이다.
ㄴ. 그대는 徐卿(서경)의 두 아들이 나서 가장 奇異(기이)함을 보지 아니하는가?
ㄷ. 어미가 죽은 後(후)에 부처께 와 물으면…
ㄹ. 廣熾(광치)는 널리 光明(광명)이 비쳤다 하는 뜻이고…

〈부사어〉

(6) ㄱ. 菩薩이 前生애 지ᅀᅩᆫ[32] 罪로 이리 受苦ᄒᆞ시니라[33] [월석 1:6]
ㄴ. 世尊이 象頭山애 가샤 [석상 6:1]
ㄷ. 道國王과 밋 舒國王은 實로 親ᄒᆞᆫ 兄弟니라[34] [두언 8:5]

---

21) 믈읫: 모든, 全(관사)
22) 失墜호ᄆᆞᆯ: 失墜ᄒᆞ(실추하다)- + -옴(명전) + -ᄋᆞᆯ(목조)
23) 삼갈: 삼가(삼가다, 謹)- + -ㄹ(관전)
24) 디어다: ᄃᆞ(것: 의명) + -ㅣ(서조)- + -어(←-거-: 주믿)- + -다(평종)
25) 나: 나(나다, 나타나다, 生, 現)- + -아(연어)
26) 아니ᄒᆞᄂᆞ다: 아니ᄒᆞ(아니하다: 보용, 부정)- + -ᄂᆞ(현시)- + -ㄴ다(-ㄴ가: 의종, 2인칭)
27) 묻ᄌᆞᄫᆞ면: 묻(묻다, 問)- + -ᄌᆞᇦ(←-ᄌᆞᆸ-: 객높)- + -ᄋᆞ면(-으면: 연어, 조건)
28) 너비: [널리(부사): 넙(넓다, 廣)- + -이(부접)]
29) 비취닷: 비취(비치다, 照)- + -Ø(과시)- + -다(평종) + -ㅅ(-의: 관조)
30) ᄠᅳ디오: ᄠᅳᆮ(뜻, 意) + -이(서조)- + -오(←-고: 연어, 나열)
31) 失墜(실추): 명예나 위신 따위를 떨어뜨리거나 잃는 것이다.
32) 지ᅀᅩᆫ: 지ᇫ(←짓다, ㅅ불: 짓다, 製)- + -오(대상)- + -ㄴ(관전)
33) 受苦ᄒᆞ시니라: 受苦ᄒᆞ(수고하다)- + -시(주높)- + -Ø(과시)- + -니(객믿)- + -라(←-다: 평종)
34) 兄弟니라: 兄弟(형제) + -Ø(서조)- + -니(객믿)- + -라(←-다: 평종)

ㄹ. 聲聞이 히미 비록 몯 미츠나[35] 그러나 信으로 [법언 2:159]
드로ᄆᆞᆯ[36] 許ᄒᆞ실ᄊᆡ

(6′) ㄱ. 菩薩(보살)이 前生(전생)에 지은 罪(죄)로 이리 受苦(수고)하셨다.
ㄴ. 世尊(세존)이 象頭山(상두산)에 가시어…
ㄷ. 道國王(도국왕) 및 舒國王(서국왕)은 實(실)로 親(친)한 兄弟(형제)이다.
ㄹ. 聲聞(성문)[37]이 힘이 비록 못 미치나, 그러나 信(신: 믿음)으로 듣는 것을 許(허: 허락)하시므로…

〈독립어〉

(7) ㄱ. ᄋᆡ 슬프다 [선언 서:15]
ㄴ. 比丘아 알라 [월석 17:14]
ㄷ. 어딜쎠[38] 觀世音이여[39] [능언 6:65]

(7′) ㄱ. 아, 슬프다.
ㄴ. 比丘(비구)야, 알라.
ㄷ. 어질구나. 觀世音(관세음)이여.

3.2. 문장의 짜임새

3.2.1. 안은 문장

〈명사절을 안은 문장〉

(1) ㄱ. 됴ᄒᆞᆫ 法 닷고ᄆᆞᆯ[1] 몯ᄒᆞ야 [석상 9:14]
ㄴ. 부텨 供養ᄒᆞ기 ᄒᆞ면 [석상 23:3]

35) 미츠나: 및(미치다, 及)-+-으나(연어, 대조)
36) 드로ᄆᆞᆯ: 들(←듣다, ㄷ불: 듣다, 聞)-+-옴(명전)+-ᄋᆞᆯ(목조)
37) 聲聞(성문): 설법을 듣고 사제(四諦)의 이치를 깨달아 아라한이 되고자 하는 불제자이다.
38) 어딜쎠: 어디(←어딜다: 어질다, 賢)-+-ㄹ쎠(-구나: 감종)
39) 觀世音이여: 觀世音(관세음)+-이여(호조, 예사 높임)
1) 닷고ᄆᆞᆯ: 닭(닦다, 修)-+-옴(명전)+-ᄋᆞᆯ(목조)

ㄷ. 내 겨지비라[2] (꽃을) 가져가디[3] 어려ᄫᅳᆯ씨[4] [월석 1:13]

ㄹ. 그딋 ᄒᆞᆫ[5] 조초[6] ᄒᆞ야 뉘읏븐[7] ᄆᆞᅀᆞᄆᆞᆯ 아니 호리라[8] [석상 6:8]

(1′) ㄱ. 좋은 法(법) 닦기를 못하여…

ㄴ. 부처를 供養(공양)하기를 하면…

ㄷ. 내가 여자라서 가져가기가 어려우므로…

ㄹ. 그대가 한 것을 따라 하여 뉘우쁜 마음을 아니 하겠다.

〈관형절을 안은 문장〉

① 관계 관형절

(2) ㄱ. 부텻 이베셔[9] 난 아ᄃᆞ리 [법언 1:164]

ㄴ. 바래 ᄇᆞᄅᆞᆯ[10] ᄭᅵ름[11] [법언 2:242]

(2′) ㄱ. 부처의 입에서 난 아들이…

ㄴ. 발에 바를 기름…

② 동격 관형절

(3) ㄱ. ᄇᆞᆯ[12] 구피라[13] 펼 ᄊᆞᅀᅵ예[14] [월석 21:4]

ㄴ. 孝道ᄒᆞ실 ᄆᆞᅀᆞᆷ [월천 기46]

---

2) 겨지비라: 겨집(여자, 女) + -이(서조)- + -라(←-아: 연어, 이유)
3) 가져가디: 가져가[가져가다, 抾: 가지(가지다, 持)- + -어(연어) + 가(가다, 去)-]- + -디(-기: 명전) + -Ø(주조)
4) 어려ᄫᅳᆯ씨: 어려ᇦ(←어렵다, ㅂ불: 어렵다, 難)- + -을씨(-으므로: 연어, 이유)
5) 그딋 ᄒᆞᆫ: 그듸(그대, 汝: 인대) + -ㅅ(관조) # ᄒᆞ(하다, 爲)- + -오(대상)- + -ㄴ(관전: 명사적 용법)
6) 조초: 조초[좇아, 따라, 從(부사): 좇(좇다, 따르다, 從)- + -오(부접)]
7) 뉘읏븐: 뉘읏브[뉘우쁘다: 뉘우치는 생각이 있다(형사): 뉘읓(뉘우치다, 悔)- + -브(형접)-]- + -ㄴ(관전)
8) 아니 호리라: 아니(부사, 부정) # ᄒᆞ(하다, 爲)- + -오(인칭)- + -리(미시)- + -라(←-다: 평종)
9) 이베셔: 입(口) + -에셔(-에서: 부조, 위치)
10) ᄇᆞᄅᆞᆯ: ᄇᆞᄅᆞ(바르다, 垸)- + -ㄹ(관전)
11) ᄭᅵ름: ᄭᅵ름(←기름: 기름, 油)
12) ᄇᆞᆯ: ᄇᆞᆯ(←ᄇᆞᆶ: 팔, 臂)
13) 구피라: 구피[굽히다: 굽(굽다, 曲)- + -히(사접)-]- + -라(-다가: 연어, 동작의 전환)
14) ᄊᆞᅀᅵ예: ᄊᆞᅀᅵ(←ᄉᆞᅀᅵ: 사이, 間) + -예(←-에: 부조, 위치, 시간)

(3′) ㄱ. 팔을 굽히다가 펼 사이에…

ㄴ. 孝道(효도)하실 마음…

〈부사절을 안은 문장〉

(4) ㄱ. 돈 업시 帝里예 살오 [두언 20:37]

ㄴ. 처섬 드ᇙ 적브터[15] 百千劫에 니르리[16] 一日一夜애 萬死萬生ᄒᆞ야 [월석 21:46]

ㄷ. 法이 … 너비[17] 펴아 가미[18] 술위ᄢᅵ[19] 그우ᄃᆞᆺ[20] ᄒᆞᆯᄊᆡ [석상 13:4]

(4′) ㄱ. 돈 없이 帝里(제리)[21]에 살고…

ㄴ. 처음 (무간지옥에) 들 때부터 百千劫(백천 겁)에 이르도록 一日一夜(일일 일야)[22]에 萬死萬生(만사 만생)[23]하여…

ㄷ. 法(법)이 … 널리 펴 가는 것이 수렛바퀴가 굴러가듯 하므로…

〈서술절을 안은 문장〉

(5) ㄱ. 하ᄂᆞᆳ[24] 樹王이 고지 픈[25] ᄃᆞᆺ ᄒᆞ니[26] [석상 13:24]

ㄴ. 이 東山ᄋᆞᆫ 남기[27] 됴ᄒᆞᆯᄊᆡ [석상 6:24]

(5′) ㄱ. 하늘의 樹王(수왕 : 나무의 왕)이 꽃이 핀 듯하니…

ㄴ. 이 東山(동산)은 나무가 좋으므로…

---

15) 드ᇙ 적브터 : 드(←들다 : 들다, 入)- + -ㅭ(관전) # 적(적, 때, 時 : 의명) + -브터(-부터 : 보조사, 비롯함)

16) 니르리 : [이르도록(부사) : 니를(니르다, 至)- + -이(부접)]

17) 너비 : [널리(부사) : 넙(넓다, 廣)- + -이(부접)]

18) 펴아 가미 : 펴(펴다, 伸)- + -아(연어) # 가(가다 : 보용, 진행)- + -ㅁ(← -옴 : 명전) + -이(주조)

19) 술위ᄢᅵ : 술위ᄢᅵ[수레바퀴, 輪 : 술위(수레, 車) + ᄢᅵ(띠, 바퀴, 輪)] + -Ø(주조)

20) 그우ᄃᆞᆺ : 그우(← 그울다 : 구르다, 轉)- + -ᄃᆞᆺ(-듯 : 연어, 흡사)

21) 帝里(제리) : 마을의 이름이다.

22) 一日一夜(일일 일야) : 하루 낮 하루 밤에.

23) 萬死萬生(만사 만생) : 만 번 죽고 만 번 사는 것이다.

24) 하ᄂᆞᆳ : 하ᄂᆞᆯ(하늘, 天) + -ㅅ(-의 : 관조)

25) 픈 : 프(피다, 發)- + -ㄴ(관전)

26) ᄃᆞᆺ ᄒᆞ니 : ᄃᆞᆺ(듯 : 의명) # ᄒᆞ(하다)- + -니(연어, 설명의 계속)

27) 남기 : 낡(← 나모 : 나무, 木) + -이(주조)

〈인용절을 안은 문장〉

(6) ㄱ. ᄯᅩ 닐오ᄃᆡ[28] 내 無上涅槃ᄋᆞᆯ 得호라[29] ᄒᆞ고 [능언 9:91]

ㄴ. 부톄[30] 니ᄅᆞ샤ᄃᆡ[31] 올타[32] 올타 네 말 ᄀᆞᄐᆞ니라[33] [석상 9:22]

(6′) ㄱ. 또 이르되, "내 無上涅槃(무상 열반)[34]을 얻었다." 하고…

ㄴ. 부처가 이르시되, "옳다, 옳다. 네 말과 같으니라."

3.2.2. 이어진 문장

〈대등하게 이어진 문장〉

(7) ㄱ. 고히[35] 길오 놉고[36] 고ᄃᆞ며 [석상 19:7]

ㄴ. 菩薩이 ᄃᆞᆮ니시며[37] 셔 겨시며[38] 안ᄌᆞ시며[39] 누ᄫᅳ샤매[40] [월석 2:26]

ㄷ. 브르거니[41] 對答ᄒᆞ거니 ᄒᆞ야 威와 福과ᄅᆞᆯ[42] 짓ᄂᆞ니 [두언 6:38]

ㄹ. 오나 가나 다 새집이[43] 兼ᄒᆞ얫도소니[44] [두언 7:16]

ㅁ. 구루멧[45] 희[46] 블[47] ᄀᆞᆮᄒᆞ나 더운 하ᄂᆞᆯ히[48] 서늘ᄒᆞ도다[49] [두언 6:35]

---

28) 닐오ᄃᆡ: 닐(← 니ᄅᆞ다: 이르다, 曰)- + -오ᄃᆡ(-되: 연어, 설명의 계속)
29) 得호라: 得ᄒᆞ(득하다: 얻다)- + -Ø(과시)- + -오(인칭)- + -라(← -다: 평종)
30) 부톄: 부텨(부처, 佛) + -ㅣ(주조)
31) 니ᄅᆞ샤ᄃᆡ: 니ᄅᆞ(이르다, 曰)- + -샤(← -시-: 주높)- + -ᄃᆡ(← -오ᄃᆡ: -되, 연어, 설명의 계속)
32) 올타: 옳(옳다, 是)- + -다(평종)
33) ᄀᆞᄐᆞ니라: ᄀᆞᇀ(← ᄀᆞᆮᄒᆞ다: 같다, 同)- + -ᄋᆞ니(객믿)- + -라(-다: 평종)
34) 無上涅槃(무상 열반): 열반의 경지는 견줄 것이 없다는 뜻. 부처의 깨달음을 이르는 말.
35) 고히: 고ㅎ(코, 鼻) + -이(주조)
36) 놉고: 놉(← 높다: 高)- + -고(연어, 나열)
37) ᄃᆞᆮ니시며: ᄃᆞᆮ니[다니다, 行: ᄃᆞᆮ(닫다, 走)- + 니(가다, 行)-]- + -시(주높)- + -며(연어, 나열)
38) 겨시며: 겨시(계시다: 보용, 완료 지속, 높임)- + -며(연어, 나열)
39) 안ᄌᆞ시며: 앉(앉다, 坐)- + -ᄋᆞ시(주높)- + -며(연어, 나열)
40) 누ᄫᅳ샤매: 누ᇦ(← 눕다, ㅂ불: 臥)- + -으샤(← -으시-: 주높)- + -ㅁ(← -옴: 명전) + -애(-에: 부조, 위치)
41) 브르거니: 브르(부르다, 呼)- + -거(주믿)- + -니(연어, 선택)
42) 福과ᄅᆞᆯ: 福(복) + -과(접조) + -ᄅᆞᆯ(목조)
43) 새집이: 새집[띠집, 초가집, 茅屋: 새(茅) + 집(屋)] + -이(주조)
44) 兼ᄒᆞ얫도소니: 兼ᄒᆞ(겸하다)- + -야(← -아: 연어) + 잇(← 이시다: 있다, 보용, 완료 지속)- + -돗(느낌)- + -오니(← -ᄋᆞ니: 연어, 설명의 계속, 이유)
45) 구루멧: 구룸(구름, 雲) + -에(부조, 위치) + -ㅅ(-의: 관조)

(7′) ㄱ. 코가 길고 높고 곧으며…
ㄴ. 菩薩(보살)이 다니시며 서 계시며 앉으시며 누우심에…
ㄷ. 부르거니 對答(대답)하거니 하여 威(위: 위엄)와 福(복)을 지으니…
ㄹ. 오나 가나 다 초가집이 兼(겸)하여 있으니[50]…
ㅁ. 구름에 있는 해가 불과 같으나 더운 하늘이 서늘하도다.

〈종속적으로 이어진 문장〉

(8) ㄱ. 舍利佛이 ᄒᆞᆫ 獅子ㅣᄅᆞᆯ[51] 지ᅀᅥ 내니[52] 그 쇼ᄅᆞᆯ 자바머그니[53] [석상 6:32]
ㄴ. 불휘 기픈 남ᄀᆞᆫ[54] ᄇᆞᄅᆞ매 아니 뮐ᄊᆡ 곶 됴코 여름 하ᄂᆞ니 [용가 2장]
ㄷ. 모딘 길헤[55] ᄠᅥ러디면 恩愛ᄅᆞᆯ 머리[56] 여희여[57] [석상 6:3]
ㄹ. 善男子 善女人이 뎌 부텻 世界예 나고져 發願ᄒᆞ야ᅀᅡ[58] ᄒᆞ리라 [석상 9:11]
ㅁ. 이 하ᄂᆞᆯᄃᆞᆯ히[59] 놉디옷[60] 목수미 오라ᄂᆞ니[61] [월석 1:37]

---

46) ᄒᆡ: ᄒᆡ(해, 日) + -Ø(주조)
47) 블: 불(火)
48) 하ᄂᆞᆯ히: 하ᄂᆞᆶ(하늘, 天) + -이(주조)
49) 서늘ᄒᆞ도다: 서늘ᄒᆞ(서늘하다, 凉)- + -도(느낌)- + -다(평종)
50) 兼(겸)하여 있으니: 함께 있으니.
51) 獅子ㅣᄅᆞᆯ: 獅子ㅣ(사자) + -ᄅᆞᆯ(목조)
52) 지ᅀᅥ 내니: 짓(←짓다, ㅅ불: 作)- + -어(연어) # 내(내다: 보용, 완료)- + -니(연어, 설명의 계속)
53) 자바머그니: 자바먹[잡아먹다, 捕食: 잡(잡다, 捕)- + -아(연어) + 먹(食)-]- + -으니(연어, 설명의 계속, 이유)
54) 남ᄀᆞᆫ: 낡(←나모: 나무, 木) + -ᄋᆞᆫ(보조사, 주제)
55) 길헤: 길ㅎ(길, 路) + -에(부조, 위치)
56) 머리: 머리[멀리(부사): 멀(멀다, 遠)- + -이(부접)]
57) 여희여: 여희(여의다, 이별하다, 사별하다, 別)- + -여(←-어: 연어)
58) 發願(발원)ᄒᆞ야ᅀᅡ: 發願ᄒᆞ(발원하다)- + -야ᅀᅡ(←-아ᅀᅡ: -어야, 연어, 필연적 조건)
59) 하ᄂᆞᆯᄃᆞᆯ히: 하ᄂᆞᆯᄃᆞᆶ[하늘들, 諸天: 하ᄂᆞᆯ(하늘, 天) + -ᄃᆞᆶ(-들: 복접)] + -이(주조)
60) 놉디옷: 놉(←높다: 高)- + -디옷(-을수록: 연어, 비례)
61) 오라ᄂᆞ니: 오라(오래다, 오래어지다, 久)- + -ᄂᆞ(현시)- + -니(연어, 설명의 계속, 이유)

(8′) ㄱ. 舍利佛(사리불)이 한 獅子(사자)를 지어 내니, (사자가) 그 소를 잡아먹으니…

ㄴ. 뿌리 깊은 나무는 바람에 아니 움직이므로 꽃 좋고 열매가 많으니…

ㄷ. 모진 길에 떨어지면 恩愛(은애)[62]를 멀리 여의어…

ㄹ. 善男子(선남자) 善女人(선여인)이 저 부처의 世界(세계)에 나고자 發願(발원)하여야 하리라.

ㅁ. 이 하늘들이 높을수록 목숨이 오래어지느니…

〈이어진 문장의 통사적 제약〉

(9) ㄱ. 功德을 國人도 ᄉᆞᆲ거니[63] 漢人 ᄆᆞᅀᆞ미 엇더ᄒᆞ리잇고[64] [용가 72장]

ㄴ. ᄒᆞ마[65] 주글 내어니[66] 子孫ᄋᆞᆯ 議論ᄒᆞ리여[67] [월석 1:7]

(9′) ㄱ. 功德(공덕)을 國人(국인)도 아뢰니 漢人(한인: 중국인)의 마음이 어떠하겠습니까?

ㄴ. 곧 죽을 나이니 子孫(자손)을 議論(의논)하겠느냐?

(10) ㄱ. 이 엇던 神靈ㅅ 德이시관ᄃᆡ[68] 내 시르믈[69] 누기시ᄂᆞᆫ고[70] [월석 21:21]

ㄴ. 地藏菩薩摩訶薩이 … 엇던 願을 셰완ᄃᆡ 不思議옛[71] [월석 21:15]
이ᄅᆞᆯ 能히 일우니잇고[72]

(10′) ㄱ. 이것이 어떤 神靈(신령)의 德(덕)이시기에 나의 시름(걱정)을 누그러뜨리시

---

62) 恩愛(은애): 어버이와 자식, 또는 부부의 은정(恩情)에 집착하여 떨어지기 어려운 일이다.

63) ᄉᆞᆲ거니: ᄉᆞᆲ(사뢰다, 아뢰다, 奏)- + -거(주민)- + -니(연어, 설명의 계속, 이유)

64) 엇더ᄒᆞ리잇고: 엇더ᄒᆞ(어떠하다, 何)- + -리(미시)- + -잇(←-이-: 상높)- + -고(-니까: 의종, 비인칭, 설명)

65) ᄒᆞ마: 머지않아, 곧(부사)

66) 내어니: 나(나, 我: 인대) + -ㅣ(서조)- + -어(←-거-: 주민)- + -니(연어, 설명의 계속, 이유)

67) 議論ᄒᆞ리여: 議論ᄒᆞ(의논하다)- + -리(미시)- + -여(-느냐: 의종, 비인칭, 판정)

68) 德이시관ᄃᆡ: 德(덕) + -이(서조)- + -시(주높)- + -관ᄃᆡ(-기에: 연어, 이유)

69) 시르믈: 시름(걱정, 愁) + -을(목조)

70) 누기시ᄂᆞᆫ고: 누기[눅이다, 押: 눅(눅다)- + -이(사접)-]- + -시(주높)- + -ᄂᆞ(현시)- + -ㄴ고(-ㄴ가: 의종, 1·3인칭, 설명)

71) 不思議옛: 不思議(불사의: 不可思議) + -예(←-에: 부조, 위치) + -ㅅ(-의: 관조)

72) 일우니잇고: 일우[이루다, 成: 일(이루어지다, 成)- + -우(사접)-]- + -Ø(과시)- + -잇(←-이-: 상높)- + -니…고(-니까: 의종, 비인칭, 설명)

는가?

ㄴ. 地藏菩薩(지장보살)[73] 摩訶薩(마하살)[74]이 … 어떤 願(원)을 세웠기에 不思議(불사의)[75]의 일을 能(능)히 이루었습니까?

(11) ㄱ. 이에[76] 든 사ᄅᆞᄆᆞᆫ 죽디ᄫᅵ[77] 나디 몯ᄒᆞᄂᆞ니라[78] [석상 24:14]

ㄴ. 모ᄆᆞ로 端正히 홇 디언뎡[79] 둥[80] 구표미[81] 몯 ᄒᆞ리라[82][몽언 24]

(11′) ㄱ. 여기에 든 사람은 죽지만 나지(는) 못하느니라.

ㄴ. 몸으로 端正(단정)히 할 것이언정 등을 굽히는 것을 못하리라.

(12) ㄱ. 잢간 듣ᄌᆞᆸ고 ᄒᆞ마 善ᄒᆞᆫ 利ᄅᆞᆯ 得곤[83] ᄒᆞᄆᆞᆯ며 브즈러니 [원언 하 2-1:4] 行호미여[84]

ㄴ. 莊子도 오히려 그러콘[85] ᄒᆞᄆᆞᆯ며[86] 道人이ᄯᆞ녀[87] [선언 하:122]

(12′) ㄱ. 잠깐 듣고 벌써 善(선)한 利(이익)을 얻는데 하물며 부지런히 行(행)함이여.

ㄴ. 莊子(장자)도 오히려 그러한데 하물며 道人(도인)이야.

---

73) 地藏菩薩(지장보살) : 무불 세계에서 육도 중생(六道衆生)을 교화하는 대비보살. 천관(天冠)을 쓰고 가사(袈裟)를 입었으며, 왼손에는 연꽃을, 오른손에는 보주(寶珠)를 들고 있다.
74) 摩訶薩(마하살) : 보살(菩薩)을 아름답게 부르는 말이다.
75) 不思議(불사의) : 사람의 생각으로는 미루어 헤아릴 수 없이 이상하고 야릇한 것이다.
76) 이에 : 여기(此 : 지대)
77) 죽디ᄫᅵ : 죽(死)- + -디ᄫᅵ(-지, -되, -지마는 : 연어, 대조)
78) 몯ᄒᆞᄂᆞ니라 : 몯ᄒᆞ(못하다 : 보용, 부정)- + -ᄂᆞ(현시)- + -니(객믿)- + -라(←-다 : 평종)
79) 홇 디언뎡 : ᄒᆞ(하다, 爲)- + -오(대상)- + -ㅭ(관전) # ᄃᆞ(것 : 의명) + -ㅣ(서조)- + -언뎡(←-건뎡 : -언정, 연어, 양보)
80) 둥 : 등, 背(명사)
81) 구표미 : 구피[굽히다 : 굽(굽다, 曲)- + -히(사접)-]- + -옴(명전) + -이(주조)
82) 몯 ᄒᆞ리라 : 몯(부사, 부정) # ᄒᆞ(하다, 爲)- + -리(미시)- + -라(←-다 : 평종)
83) 得곤 : 得(←得ᄒᆞ다 : 얻다)- + -곤(-은데, -지마는 : 연어, 대조)
84) 行호미여 : 行ᄒᆞ(행하다)- + -옴(명전) + -이여(호조, 예사 높임, 영탄)
85) 그러콘 : 그러ᄒᆞ(그러하다, 然)- + -곤(-은데, -지마는 : 연어, 대조)
86) ᄒᆞᄆᆞᆯ며 : 하물며, 況(부사)
87) 道人이ᄯᆞ녀 : 道人(도인) + -이ᄯᆞᆫ(보조사 : 강세) + -여(-이야 : 호조, 영탄, 반어) ※ '-이ᄯᆞ녀'는 강세를 나타내는 '-이ᄯᆞᆫ(보조사)'과 호격 조사 '-여(←-이여)'가 결합하여 반어(反語)를 나타내는 의문형 어미처럼 쓰였다.

【 피동 표현, 사동 표현, 부정 표현 】

1. 파생적 피동 표현

(1) ㄱ. [나랏 法이 有情을 자바]
　　ㄴ. 有情이 나랏 法에 자피여 [월석 9:25]

(1′) ㄱ. [나라의 法(법)이 有情(유정)[1]을 잡아…]
　　ㄴ. 有情(유정)이 나라의 法(법)에 잡히어…

〈파생적 피동문〉

(2) ㄱ. 곶니피[2] 퍼[3] 즁ᄉᆡᆼᄋᆞᆯ[4] 다 두프니[5] [월천 기158]
　　ㄴ. 七寶ㅣ 이러[6] ᄯᅡ[7] 우희[8] 차 두피고[9] [월석 8:18]

(2′) ㄱ. 꽃잎이 피어 뭇사람을 다 덮으니…
　　ㄴ. 七寶(칠보)가 되어 땅 위에 차 덮히고…

(3) ㄱ. 묏[10] 귓거시[11] 다ᄃᆞᆫ 門ㅅ 안해[12] 잇도다[13] [두언 8:60]
　　ㄴ. 東門이 도로 다티고[14] [월석 23:80]

---

1) 有情(유정) : 살아 있는 모든 중생이다.
2) 곶니피 : 곶닢[꽃잎, 葉 : 곶(꽃, 花) + 닢(잎, 葉)] + -이(주조)
3) 퍼 : 프(피다, 開)- + -어(연어)
4) 즁ᄉᆡᆼᄋᆞᆯ : 즁ᄉᆡᆼ(뭇사람, 衆人) + -ᄋᆞᆯ(목조)
5) 두프니 : 둪(덮다, 蓋)- + -으니(연어, 설명의 계속, 이유)
6) 이러 : 일(되다, 이루어지다, 成)- + -어(연어)
7) ᄯᅡ : ᄯᅡ(← ᄯᅡᇂ : 땅, 地)
8) 우희 : 웋(위, 上) + -의(-에 : 부조, 위치)
9) 두피고 : 두피[덮게 하다 : 둪(덮다, 蓋)- + -이(피접)-]- + -고(연어, 나열)
10) 묏 : 뫼(산, 山) + -ㅅ(-의 : 관조)
11) 귓거시 : 귓것[귀신, 鬼 : 귀(귀신, 鬼) + -ㅅ(관조, 사잇) + 것(것 : 의명)] + -이(주조)
12) 안해 : 안ᇂ(안, 內) + -애(-에 : 부조, 위치)
13) 잇도다 : 잇(← 이시다 : 있다, 在)- + -도(느낌)- + -다(평종)
14) 다티고 : 다티[닫히다 : 닫(닫다, 閉)- + -히(피접)-]- + -고(연어, 나열)

(3′) ㄱ. 산의 귀신이 닫은 門(문)의 안에 있구나.
ㄴ. 東門(동문)이 도로 닫히고…

(4) ㄱ. 罪人이 모몰 솔므며[15] [월석 21:80]
ㄴ. 衆生이 글는[16] 鑊[17] 소배[18] 드러 므리 솟글허[19] 솖기더니[20] [월석 23:81]

(4′) ㄱ. 罪人(죄인)의 몸을 삶으며…
ㄴ. 衆生(중생)이 끓는 鑊(확: 가마솥) 속에 들어 물이 끓어 솟아 삶기더니…

〈통사적 피동문〉

(5) ㄱ. 비록 塵劫이 디나도록 모몰 ᄇᆞᅀᆞ며[21] [법언 1:222]
ㄴ. 그 나못 불휘를 ᄲᅢ혀[22] … 드트리[23] ᄃᆞ외이[24] ᄇᆞᆺ아 디거늘 [석상 6:30-31]

(5′) ㄱ. 비록 塵劫(진겁)[25]이 지나도록 몸을 부수며…
ㄴ. 그 나무의 뿌리를 빼어 … 티끌이 되게 부수어지거늘…

2. 사동 표현

(6) ㄱ. 아히 훤히[26] 둥어리 글고[27]

15) 솔ᄆᆞ며: 솖(삶다, 煮)-+-ᄋᆞ며(연어, 나열)
16) 글는: 긇(끓다, 沸)-+-ᄂᆞ(현시)-+-ㄴ(관전)
17) 鑊(확): 가마솥.
18) 소배: 솝(속, 裏)+-애(-에: 부조, 위치)
19) 솟글허: 솟긇[끓어 솟다: 솟(솟다, 噴)-+긇(끓다, 沸)-]-+-어(연어)
20) 솖기더니: 솖기[삶기다: 솖(삶다, 煮)-+-기(피접)-]-+-더(회상)-+-니(연어, 설명의 계속)
21) ᄇᆞᅀᆞ며: ᄇᆞᅀᆞ(부수다, 碎)-+-며(연어, 나열)
22) ᄲᅢ혀: ᄲᅢ혀(빼다: 拔)-+-Ø(←-어: 연어)
23) 드트리: 드틀(티끌, 塵)+-이(주조)
24) ᄃᆞ외이: ᄃᆞ외(되다, 化)-+-이(←-기: -게, 연어, 도달)
25) 塵劫(진겁): 과거, 미래의 티끌처럼 많은 시간이다.
26) 훤히: [시원히(부사): 훤(불어)+-ᄒᆞ(형접)-+-이(부접)]
27) 글고: 글(←긁다: 긁다, 刮)-+-고(연어, 나열)

ㄴ. (내) … 아ᄒᆡ로 훤히 등어리 글키고 [두언 15:4]

(6′) ㄱ. 아이가 시원하게 등어리를 긁고…

ㄴ. (내가) … 아이로 (하여금) 시원하게 등어리를 긁게 하고…

〈파생적 사동문〉

(7) ㄱ. 현 번[28] 뛰운들[29] ᄂᆞ미 오ᄅᆞ리잇가[30] [용가 48장]

ㄴ. (太祖ㅣ) 石壁에 ᄆᆞᆯ를 올이샤[31] [용가 48장]

(7′) ㄱ. 몇 번을 뛰어 오르게 한들 남이 오르겠습니까?

ㄴ. (태조 이성계가) 石壁(석벽)에 말을 올리시어…

(8) ㄱ. 虛空의 녀트며[32] 기푸미[33] ᄂᆞᄆᆡ 하며 져고ᄆᆞᆯ[34] 좃ᄂᆞ니[35][능언 3:87]

ㄴ. 바ᄅᆞ래[36] ᄇᆡ 업거늘 녀토시고[37] 또 기피시니[38] [용가 20장]

(8′) ㄱ. 虛空(허공)의 옅으며 깊음이 남의 많고 적음을 좇으니…

ㄴ. 바다에 배가 없거늘 (하늘이 바다를) 얕게 하시고 또 깊게 하시니…

(9) ㄱ. 내히[39] 이러[40] 바ᄅᆞ래 가ᄂᆞ니 [용가 2장]

ㄴ. 甓이며 디새며[41] ᄒᆞᆯᄀᆞ로[42] 塔ᄋᆞᆯ 이르ᅀᆞᆸ거나[43] [석상 13:51]

---

28) 현 번: 현(몇, 幾: 관사) # 번(번, 番: 의명)
29) 뛰운들: 뛰우[뛰어 오르게 하다: 뛰(뛰어 오르다, 踊)- + -우(사접)-]- + -ㄴ들(-ㄴ들: 연어, 양보)
30) 오ᄅᆞ리잇가: 오ᄅᆞ(오르다, 登)- + -리(미시)- + -잇(←-이-: 상높)- + -가(-니까: 의종, 비인칭, 판정)
31) 올이샤: 올이[올리다: 올(←오ᄅᆞ다: 오르다, 登)- + -이(사접)-]- + -샤(←-시-: 주높)- + -Ø (←-아: 연어)
32) 녀트며: 녙(얕다, 淺)- + -으며(연어, 나열)
33) 기푸미: 깊(깊다, 深)- + -움(명전) + -이(주조)
34) 져고ᄆᆞᆯ: 젹(적다, 少)- + -옴(명전) + -ᄋᆞᆯ(목조)
35) 좃ᄂᆞ니: 좃(←좇다: 따르다, 從)- + -ᄂᆞ(현시)- + -니(연어, 설명의 계속, 이유)
36) 바ᄅᆞ래: 바ᄅᆞᆯ(바다, 海) + -애(-에: 부조, 위치)
37) 녀토시고: 녀토[얕게 하다: 녙(얕다, 淺)- + -오(사접)-]- + -시(주높)- + -고(연어, 나열)
38) 기피시니: 기피[깊게 하다: 깊(깊다, 深)- + -이(사접)-]- + -시(주높)- + -Ø(과시)- + -니(평종, 반말)
39) 내히: 내ㅎ(시내, 川) + -이(주조)
40) 이러: 일(이루어지다, 되다, 成)- + -어(연어)

(9′) ㄱ. 냇물이 되어서 바다에 가느니.

ㄴ. 甓(벽 : 벽돌)이며 기와며 흙으로 塔(탑)을 만들거나…

〈통사적 사동문〉

(10) ㄱ. 慈悲ᄂᆞᆫ 衆生ᄋᆞᆯ 便安케[44] ᄒᆞ시ᄂᆞᆫ 거시어늘[45] [석상 6:5]

ㄴ. (太子ㅣ) 이제 도ᄅᆞᅘᅧ[46] ᄂᆞᄆᆡ 어ᅀᅵ아ᄃᆞᄅᆞᆯ[47] 여희에[48] ᄒᆞ시ᄂᆞ니 [석상 6:5-6]

(10′) ㄱ. 慈悲(자비)는 衆生(중생)을 便安(편안)케 하시는 것이거늘…

ㄴ. (太子가) 이제 도리어 남의 어미아들을 이별하게 하시니…

3. 부정 표현

(1) ㄱ. 向ᄋᆞᆫ 아니 오란[49] 요ᄉᆞᅀᅵ라[50] [월석 서:26]

ㄴ. 光明도 하시나 ᄀᆞᇫ[51] 업스실ᄊᆡ 오ᄂᆞᆯ 몯 ᄉᆞᆲ뇌[52] [월천 기26]

ㄷ. 菩提 일우믈[53] 得ᄒᆞ디 아니ᄒᆞ리[54] 업ᄂᆞ니 [원각 하 2-2:43]

ㄹ. 뮈움과[55] 조ᄎᆞᆷ괘[56] 眞實을 어즈리디[57] 몯ᄒᆞ니 [월석 8:16]

---

41) 甓이며 디새며 : 甓(벽, 벽돌) + -이며(접조) # 디새(기와, 瓦) + -며(접조)
42) ᄒᆞᆯᄀᆞ로 : ᄒᆞᆰ(흙, 土) + -ᄋᆞ로(-으로 : 부조, 방편)
43) 이르ᅀᆞᆸ거나 : 이르[세우다, 만들다, 建 : 일(이루어지다, 成)- + -으(사접)-]- + -ᅀᆞᆸ(객높)- + -거나(연어, 선택)
44) 便安케 : 便安ㅎ(←便安ᄒᆞ다 : 편안하다)- + -게(연어)
45) 거시어늘 : 것(것 : 의명) + -이(서조)- + -어늘(←-거늘 : 연어, 상황)
46) 도ᄅᆞᅘᅧ : 도ᄅᆞᅘᅧ[도리어, 오히려, 猶(부사) : 돌(돌다, 回)- + -ᄋᆞ(사접)- + -ᅘᅧ(강접)- + -Ø(부접)]
47) 어ᅀᅵ아ᄃᆞᄅᆞᆯ : 어ᅀᅵ아ᄃᆞᆯ[어머니와 아들, 母子 : 어ᅀᅵ(어머니, 母) + 아ᄃᆞᆯ(아들, 子)] + -ᄋᆞᆯ(목조)
48) 여희에 : 여희(여의다, 別)- + -에(←-게 : 연어, 사동)
49) 오란 : 오라(오래다 : 久)- + -ㄴ(관전)
50) 요ᄉᆞᅀᅵ라 : 요ᄉᆞᅀᅵ[요사이, 近來 : 요(요, 近 : 관사) + ᄉᆞᅀᅵ(사이, 間)] + -Ø(서조)- + -라(←-다 : 평종)
51) ᄀᆞᇫ : ᄀᆞᇫ(←ᄀᆞᆺ : 가, 邊)
52) ᄉᆞᆲ뇌 : ᄉᆞᆲ(사뢰다, 아뢰다, 奏)- + -뇌(-네 : 평종, 반말) ※ '뇌'는 '-ᄂᆞ(현시)- + -오(인칭)- + -이(상높)- + -다(평종)'에서 변화된 말로서, '-노이다 > -뇌이다 > -뇌'의 변화 과정을 거쳐서 된 반말의 평서형 종결 어미이다.(허웅 1975:663 참조.)
53) 일우믈 : 일우[이루다 : 일(이루어지다, 成)- + -우(사접)-]- + -ㅁ(←-움 : 명전) + -을(목조)
54) 아니ᄒᆞ리 : 아니ᄒᆞ(아니하다 : 보용, 부정)- + -ㄹ(관전) # 이(이, 사람, 人 : 의명) + -Ø(주조)

ㅁ. 太子ㅣ… 須達이ᄃᆞ려 닐오ᄃᆡ 金을 더 내디 말라 [석상 6:26]

(1′) ㄱ. 向(향)은 아니 오랜 요사이다.

ㄴ. 光明(광명)도 크시나 가(邊: 끝)가 없으시므로 오늘 못 아뢰네.

ㄷ. 菩提(보리)를 이룸을 얻지 아니할 이가 없으니…

ㄹ. 움직이게 하는 것과 좇는 것이 眞實(진실)을 어지럽히지 못하니…

ㅁ. 太子가… 須達(수달)이에게 이르되, "金을 더 내지 마라."

〈짧은 부정문〉

(12) ㄱ. 불휘 기픈 남ᄀᆞᆫ[58] ᄇᆞᄅᆞ매 아니 뮐ᄊᆡ [용가 2장]

ㄴ. 四祖ㅣ 便安히 몯 겨샤 [용가 110장]

(12′) ㄱ. 뿌리가 깊은 나무는 바람에 아니 움직이므로…

ㄴ. 四祖(사조)가 便安(편안)히 못 계셔서…

〈긴 부정문〉

(13) ㄱ. 이저디디[59] 아니ᄒᆞᆫ 警戒ᄅᆞᆯ 得ᄒᆞ며 [석상 9:6]

ㄴ. 부톄[60] ᄌᆞ로[61] 니ᄅᆞ샤도[62] 從ᄒᆞᅀᆞᆸ디[63] 아니ᄒᆞ더니 [석상 6:10]

(13′) ㄱ. 이지러지지[64] 아니한 警戒(경계)를 얻으며…

ㄴ. 부처가 자주 이르셔도(말씀하셔도) 따르지 아니하더니…

---

55) 뮈윰과: 뮈우[움직이게 하다: 뮈(움직이다, 動)- + -우(사접)-]- + -ㅁ(←-움: 명전) + -과(접조)

56) 조ᄎᆞᆷ괘: 좇(좇다, 따르다, 從)- + -옴(명전) + -과(접조) + -ㅣ(주조)

57) 어즈리디: 어즈리[어지럽히다: 어즐(어질: 불어) + -이(사접)-]- + -디(-지: 연어, 부정)

58) 남ᄀᆞᆫ: 낡(←나모: 나무, 木) + -ᄋᆞᆫ(보조사, 주제)

59) 이저디디: 이저디[이지러지다, 虧: 잊(이지러지다, 虧)- + -어(연어) + 디(지다: 보용)-]- + -디(-지: 연어, 부정)

60) 부톄: 부텨(부처, 佛) + -ㅣ(주조)

61) ᄌᆞ로: 자주, 頻(부사)

62) 니ᄅᆞ샤도: 니ᄅᆞ(이르다, 曰)- + -샤(←-시-: 주높)- + -도(←-아도: 연어, 양보)

63) 從ᄒᆞᅀᆞᆸ디: 從ᄒᆞ(종하다, 따르다)- + -ᅀᆞᆸ(객높)- + -디(-지: 연어, 부정)

64) 이지러지다: 성격, 생각, 행동 따위가 바르지 못하고 비뚤어지다.(虧)

(14) ㄱ. 王師(왕사)ㅣ 東郡 아ᅀᆞᄆᆞᆯ[65] 알외<u>디[66] 몯ᄒᆞ야시니</u>[67] [두언 7:3]

ㄴ. 부텻 니ᄅᆞ샨[68] 經엣[69] 기픈 ᄠᅳ들 아<u>디 몯ᄒᆞ며</u> [석상 9:13]

(14′) ㄱ. 王師(왕사: 임금이 거느리는 군사)가 東郡(동군)을 빼앗음을 아뢰지(알리지) 못하시니…

ㄴ. 부처가 이르신 經(경)의 깊은 뜻을 알지 못하며…

(15) ㄱ. 이 ᄠᅳ들 닛<u>디[70] 마ᄅᆞ쇼셔</u>[71] [용가 110-124장]

ㄴ. 머리 셰ᄃᆞ록[72] 서르 ᄇᆞ리<u>디 말져</u>[73] ᄒᆞ더라 [두언 16:18]

(15′) ㄱ. 이 뜻을 잊지 마소서.

ㄴ. "머리가 세도록 서로 버리지 말자." 하더라.

---

65) 아ᅀᆞᄆᆞᆯ: 아ᇫ(←앗다, ㅅ불: 앗다, 奪)-+-옴(명전)+-ᄋᆞᆯ(목조)
66) 알외디: 알외(아뢰다, 奏)-+-디(-지: 연어, 부정)
67) 몯ᄒᆞ야시니: 몯ᄒᆞ(못하다: 보용, 부정)-+-야(←-아: 주민)-+-시(주높)-+-니(연어, 설명의 계속, 이유)
68) 니ᄅᆞ샨: 니ᄅᆞ(이르다, 曰)-+-샤(←-시-: 주높)-+-Ø(←-오-: 대상)-+-ㄴ(관전)
69) 經엣: 經(경)+-에(부조, 위치)+-ㅅ(-의: 관조)
70) 닛디: 닛(←닞다: 잊다, 忘)-+-디(-지: 연어, 부정)
71) 마ᄅᆞ쇼셔: 말(말다, 勿: 보용, 부정, 금지)-+-ᄋᆞ쇼셔(-으소서: 명종, 아주 높임)
72) 셰ᄃᆞ록: 셰(머리가 세다, 白)-+-ᄃᆞ록(-도록: 연어, 도달)
73) 말져: 말(말다, 勿: 보용, 부정, 금지)-+-져(-자: 청종)

[부록 2] 옛글의 현대어 풀이

1. 龍飛御天歌
2. 世宗御製訓民正音
3. 釋譜詳節
4. 月印千江之曲
5. 月印釋譜
6. 內訓
7. 杜詩諺解
8. 飜譯老乞大
9. 飜譯朴通事
10. 飜譯小學
11. 小學諺解
12. 東國新續三綱行實圖
13. 五倫行實圖
14. 독닙신문

1. 龍飛御天歌

第一章

海東(해동)의 六龍(육룡)이 나(飛)셔서 일마다 天福(천복)이시니, 古聖(고성)과 同符(동부)하시니.

【내용 풀이】 임금은 반드시 하늘의 명을 받아야 천자의 자리에 오를 수 있다. 조선의 창업도 중국의 옛 임금들과 마찬가지로 하늘의 명을 받은 일이기 때문에, 중국의 옛 임금과 조선을 창업한 임금의 역사적 사실이 서로 맞는다는 것이다.

第二章

뿌리가 깊은 나무는 바람에 아니 움직이므로, 꽃이 좋아지고 열매가 많아지니.

샘이 깊은 물은 가뭄에 아니 그치므로, 내가 이루어져서 바다에 가느니.

【내용 풀이】 모든 일은 일시에 우연으로 되는 것이 아니라 반드시 깊은 까닭이 있는 것이다. 태조 이성계가 나라를 세운 것도 절대로 우연으로 이루어진 것이 아니라, 그 이전의 여러 조상들이 공덕을 쌓은 결과로 이루어진 것이다. 이러한 사실을 '뿌리 깊은 나무'와 '샘이 깊은 물'에 비유하여서 우회적으로 표현했다.

第四章

(주나라의 태왕이) 狄人(적인)의 사이에 가시어 狄人(적인)이 침범하거늘, (태왕이) 岐山(기산)으로 옮으신 것도 하늘의 뜻이시니.

(익조가) 野人(야인)의 사이에 가시어 野人(야인)이 침범하거늘, (익조가) 德源(덕원)으로 옮으신 것도 하늘의 뜻이시니.

【내용 풀이】 은나라(殷)의 말기에 공류(公劉)가 빈곡(山西 또는 陝西省)에 터전을 닦았고, 그 9세손인 태왕(太王)이 이곳에서 그 업을 이어 가고 있었다. 그 때에 외적(外敵)이 침범해 왔으므로 태왕은 선물을 계속 주어 달래었으나, 외적들은 그치지 않고 계속 침범하였다. 태왕은 할 수 없이 살던 땅 빈곡을 떠나서 칠수(漆水)와 저수(沮水)의 두 강을 건너고 양산(梁山)을 넘어서 기산(岐山) 밑에 살게 되었다. 이에 빈곡의 사람들은 태왕의 덕을 기려서 모두 태왕을 따라 갔는데, 태왕을 따르는 사람이 많아서 칠수와 저수 두 강가가 마치 시장과 같았다. 태왕이 이처럼 인심을 얻은 결과 훗날에 그의 자손인 문왕(文王) 때에는 은왕조(殷王朝)에 대항할 수 있는 세력으로 성장하였고, 문왕의 아들인 무왕(武王)은 아버지의 뜻을 계승하여 주왕을 쳐서 은나라를 멸망시키고 주(周)

왕조를 세웠다.

고려 말에 이성계의 고조 할아버지인 목조(穆祖)가 경흥에서 원나라의 벼슬을 하였다. 그리고 목조의 아들인 익조(翼祖)는 이를 이어받아 더욱 더 존경을 받게 되었는데, 야인들은 이를 시기하여 익조를 죽이려고 했다. 익조는 경흥부 동쪽에 있는 붉은섬(赤島)으로 피하고, 뒤에 다시 덕원부(德源府)로 가서 살게 되었다. 이때에 경흥의 백성들이 익조를 따르는 사람이 많아서 그 모양이 시장을 이루듯 했다.

第七章

붉은 새가 글을 물어 (주나라 文王의) 寢室(침실)의 어귀에 앉으니, 聖子革命(성자 혁명)에 帝祜(제호)를 보였으니.

뱀이 까치를 물어 나뭇가지에 얹으니, 聖孫將興(성손 장흥)에 嘉祥(가상)이 먼저이시니.

【내용 풀이】 주나라의 문왕(文王)이 집 안에 있는데, 붉은 새가 글을 물고 문왕의 침실의 문에 앉았다. 그 글은 '의리를 지키는 자는 흥하고 사욕을 탐하는 자는 망한다.'는 뜻이었다. 이것이 곧 그의 아들인 무왕이 은나라를 멸하고 새로운 나라를 일으키리라는 것을 하늘이 보여 주는 것이었다.

고려 말에 이성계의 할아버지인 도조(度祖)가 군영에 주둔하고 있을 때였다. 두 마리의 까치가 군영 안에 있는 큰 나무에 앉았는데, 도조는 멀리 떨어져 한 개의 화살로 두 마리의 까치를 떨어뜨렸다. 그 때 큰 뱀이 나타나 떨어진 까치를 물고 다른 나무에 얹어 놓고 먹지 않았다. 주위 사람들이 모두 이를 신기하게 생각했는데, 이것은 도조의 손자인 이성계가 나라를 세울 징조가 먼저 나타난 것이다.

第二十章

四海(사해 : 천하)를 남을 주겠느냐? 강에 배가 없거늘 (하늘이 그 강을) 얼리시고 또 녹이셨으니.

三韓(삼한 : 우리나라)을 남을 주겠느냐? 바다에 배가 없거늘 (하늘이 그 바다를) 얕게 하시고 또 깊게 하셨으니.

【내용 풀이】 후한(後漢)을 세운 광무제(光武帝) 유수(劉秀)가 싸움에 쫓기어 가다가 강에 이르게 되었다. 군사를 안내하는 길잡이가 배가 없어서 강을 건너지 못할 것이라 했으나, 유수는 사람을 시켜 강에 가 보라고 했다. 그 사람은 군사들을 놀래지 않기 위해서 얼음이 얼어 있다고 거짓말을 했다. 그런데 강에 이르니 놀랍게도 얼음이 얼어 있어서 군사들이 모두 무사히 강을 건넜는데, 강을 건너고 나서는 곧장 얼음이 다시 녹았다고 한다.

고려 말에 태조 이성계의 증조 할아버지인 익조(翼祖)가 야인들에게 쫓기어 붉은섬으로 건너가려고 바닷가에 다다라 보니, 배가 없어 궁지에 빠졌다. 그 때 마침 물이 줄어져서 익조는 따르는 사람들과 다 건널 수 있었다. 익조의 군사가 바다를 건너고 난 뒤에 물이 다시 불어서 적은 건너지 못했다.

第三十一章

(다리를) 전 말이 몇 번을 넘어진들, (당나라 태종은) 삼십 년의 天子(천자)이시니 (적들이) 모진 꾀를 이루겠습니까?

돌 절벽이 한 자(尺)의 사이인들, (태조 이성계는) 數萬里(수만 리)의 임(임금)이시니, 百仞虛空(백인 허공)에 떨어지시겠습니까?

【내용 풀이】 당나라의 고조(高祖)의 아들인 이세민(李世民)이 덕이 높았으므로 그 형은 이를 시기하여 이세민을 해치려 했다. 하루는 이세민이 형과 함께 사냥을 갔었다. 이때 형이 이세민에게 잘 넘어지는 말을 주어 여러 번 넘어지게 했으나 세민은 다치지 않았다. 곧 이세민은 삼십 년 동안 중국을 다스릴 천자(天子)로 미리 정해진 것이니, 형의 모진 꾀가 이루어질 리가 없었다는 것이다.

고려 말에 이성계가 젊어서 산기슭에서 사냥을 할 때에, 돼지 한 마리를 쏘려다가 문득 백길이나 되는 절벽에 다다르게 되었다. 이때 이성계가 급히 말 뒤로 뛰어 내리니 돼지와 말은 함께 떨어지고 말았다. 또 이성계가 절벽 위에서 노루를 쫓다가 절벽에 다다라 노루를 쏘고 급히 말을 세웠는데, 그때는 절벽에서 몇 걸음 거리가 있을 뿐이었다.

第三十四章

물이 깊고 배가 없건마는 하늘이 命(명)하시므로, (금나라 태조가) 말을 탄 채로 (강을) 건너셨습니다.

城(성)이 높고 다리가 없건마는 하늘이 도우시므로, (태조 이성계는) 말을 탄 채로 (그 높은 성에서) 내리셨습니다.

【내용 풀이】 금(金)나라 태조가 요(遼)나라를 치러 갔다. 금 태조의 군사들이 강에 다다라 건너지 못하고 있었는데, 태조는 말을 타고 건너면서 자기를 따르라고 했다. 군사가 다 건너고 난 뒤에 물의 깊이를 재게 했더니 강물이 아주 깊어서 밑에 닿지를 못했다. 이렇게 이들이 깊은 물을 말 탄 채로 건넜으니 이것은 하늘이 시킨 일이란 뜻이다.

고려 말에 이성계가 홍건적과 싸웠다. 밤중에 적과 성문을 다투어 싸우고 있었는데, 적이 이성계의 뒤에서 창으로 귀를 찔렀다. 이때 이성계는 다급해서 말을 달려 높은 성을 무사히 뛰어넘어 어려움을 면했는데, 사람들이 보고 모두들 신기하게 여겼다.

第三十五章

(돌궐이 당나라) 서울의 기별을 알므로(= 알고서 침입하므로), (당나라 태종은) 혼자서 나아가시어 모진 도적을 물리치셨습니다.

(원나라 군사가) (고려의) 시골 軍馬(군마)를 이기므로, (한번은 태조가) 혼자 물러나 쫓기시어 모진 도적을 잡으셨습니다.

【내용 풀이】 당나라 태종(이세민)이 그 형제를 죽이고 임금의 자리에 즉위하였다. 이에 돌궐이 당나라 서울이 내란으로 약해진 줄 알고 쳐들어왔으나, 태종은 군용을 정비하여 혼자 말을 타고 나아가서 위세를 보였다. 이에 돌궐이 그 위세에 놀라서 겁을 먹고 이세민에게 화해할 것을 청했다.

고려 공민왕 때에 원나라 군사가 우리 북쪽 땅을 침범해 왔다. 이에 공민왕은 이성계로 하여금 가서 막게 했는데, 태조는 여러 번 접전하여 번번이 이겼다. 그러던 중 한번은 이성계가 혼자서 뛰어가니 적의 장수 세 사람이 쫓아왔다. 태조는 거짓으로 달아나는 척 하다가 갑자기 옆으로 비켜 나니, 적장들이 졸지에 이성계에 앞서 달리게 되었다. 그 틈을 이용하여 이성계는 적장을 뒤에서 쏘아서 넘어뜨렸다.

第四十八章

(금나라 태조가) 골목에 말을 지나게 하시어 도둑이 다 돌아가니, 半(반) 길 높이인들 다른 사람이 지나겠습니까?

(태조 이성계가) 石壁(석벽)에 말을 올리시어 도적을 다 잡으시니, 몇 번을 튀어 오르게 한들 남이 오르겠습니까?

【내용 풀이】 금나라 태조가 적에게 쫓기어 골목길에서 길을 잃었다. 그 때 금 태조의 앞에 한 길이나 되는 언덕이 가로막고 있었으나 태조의 말은 한 번에 이 언덕을 뛰어 넘어갔다. 따라오던 적들은 금 태조를 쫓지 못하고 그냥 돌아갔다.

고려 말에 왜적이 이성계에게 쫓기어서, 산으로 올라가서 절벽 위에서 칼을 뽑고 창을 세웠는데 그 모양이 고슴도치와 같았다. 이성계는 다른 사람을 보내어 보았으나 도무지 오르지 못하였다. 이에 이성계를 자신이 칼등으로 말을 쳐서 바로 뛰어 오르게 하니, 군사들이 좇아 왜적들을 무찔렀다.

第六十七章

(백안이) 강가에 자거늘, 밀물이 사흘이되 (물에 잠기지 않더니), (백안이) 나가야 (강가가) 잠기

었습니다.

(태조 이성계의 군사가) 섬 안에 자실 때, 큰비가 사흘이되 (섬이 물에 잠기지 않더니), (섬이) 비어야 비로소 (물에) 잠기었습니다.

【내용 풀이】 원(元)나라의 세조가 신하인 백안(伯顔)으로 하여금 송(宋) 나라를 치게 하였다. 이에 백안은 군사를 전당강 가에 주둔시켰는데, 원나라 사람들은 곧 밀물이 들어 백안의 군사가 물에 잠길 것이라고 생각했다. 그러나 밀물은 사흘 동안이나 이르지 않았고, 백안의 군사가 강가를 떠나고 나서야 강가가 잠기었다.

고려 말에 이성계가 위화도에 진군하였다. 군사가 위화도에 주둔한 후 장마가 며칠이나 내렸으나 물이 붇지 않다가, 태조의 군대가 회군하고 나니 섬이 완전히 물에 잠겼다.

第一百章

물 위의 龍(용)이 (송나라 태조가 있는) 江亭(강정)을 向(향)하니, 天下(천하)가 정해질 조짐이시더라.

집 위의 龍(용)이 (태종 이방원의) 御床(어상)을 向(향)하니, (이것은 태종 이방원이) 寶位(보위)를 타실 조짐이시더라.

【내용 풀이】 송나라의 태조인 조광윤(趙匡胤)이 강가에 있는 정자에서 적과 싸울 때에 용이 물 안에서 조광윤을 향해서 뛰었다. 이를 보고서 모두들 놀라서, 이것은 조광윤이 훗날에 임금이 될 조짐이라고 하였다.

이성계의 아들인 이방원이 아직 임금이 되기 전의 일이었다. 어느 날 흰 용이 나타나서 이방원이 거처하는 곳을 바로 향했는데, 사람들은 이것을 그가 훗날에 임금이 될 조짐으로 생각하였다.

第一百十章

四祖(사조)가 便安(편안)히 못 계시어 몇 곳을 옮으셨느냐? 몇 간(間)의 집에 사셨겠습니까?

九重(구중)에 드셔서 太平(태평)을 누리실 적에 이 뜻을 잊지 마소서.

【내용 풀이】 네 할아버지는 임금의 자리에 오르지 못한 '목조(穆祖), 익조(翼祖), 도조(度祖) 환조(桓祖)'를 가리킨다. 이 네 분의 할아버지가 한 곳에 살지 못하고 떠돌아다니며 고생한 일을 설명한 것이다. 아울러 이들 할아버지들이 훗날 왕업을 이루기 위하여 고생한 일을 후대의 왕들은 결코 잊지 말아야 할 것을 주지시키고 있다.

第一百二十五章

千世(천세) 전에 미리 定(정)하신 漢水北(한수 북)에, 累仁開國(누인 개국)하시어, 卜年(복년)이 끝없으시니.

聖神(성신)이 (왕위를) 이으셔도 敬天勤民(경천 근민)하셔야 (나라가) 더욱 굳으시겠습니다.

임금님이시여, 아소서. (하나라 태강처럼) 落水(낙수)에 山行(산행) 가 있으면서 할아버지를 믿었습니까?

【내용 풀이】 하(夏)나라의 태강왕(太康王)이 사냥을 즐겨서 낙수(落水) 남쪽까지 가서 백날이 되어도 돌아올 줄 몰랐다. 이에 유궁(有窮)의 임금이 강북에서 태강을 막아 돌아오지 못하게 하여 태강왕을 폐위했다.

2. 世宗 御製 訓民正音

우리나라의 말이 중국과 달라서 문자(한자, 漢子)와 서로 통하지 아니하므로, 이런 까닭으로 어리석은 백성이 이르고자 할 바가 있어도, 마침내 제 뜻을 능히 펴지 못할 사람이 많으니라. 내가 이를 위하여 불쌍히 여겨 새로 스믈여덟 글자를 만드니, 사람마다 시키어 쉽게 익혀, 날마다 쓰는 데에 편안케 하고자 할 따름이니라.

ㄱ은 어금닛소리니 君(군) 字의 처음 펴서 나는 소리와 같으니, 나란히 쓰면 虯(끃)字가 처음 펴서 나는 소리와 같으니라.

ㅋ은 어금닛소리니 快(쾡) 字의 처음 펴서 나는 소리와 같으니라.

ㆁ은 어금닛소리니 業(업) 字의 처음 펴서 나는 소리와 같으니라.

ㄷ은 혓소리니 斗(둫) 字의 처음 펴서 나는 소리와 같으니, 나란히 쓰면 覃(땀) 字가 처음 펴서 나는 소리와 같으니라.

ㅌ은 혓소리니 呑(튼) 字의 처음 펴서 나는 소리와 같으니라.

ㄴ은 혓소리니 那(낭) 字의 처음 펴서 나는 소리와 같으니라.

ㅂ은 입술소리니 彆(볋) 字의 처음 펴서 나는 소리와 같으니, 나란히 쓰면 步(뽕) 字의 처음 펴서 나는 소리와 같으니라.

ㅍ은 입술소리니 漂(푷) 字의 처음 펴서 나는 소리와 같으니라.

ㅁ은 입술소리니 彌(밍) 字의 처음 펴서 나는 소리와 같으니라.

ㅈ은 잇소리니 卽(즉) 字의 처음 펴서 나는 소리와 같으니, 나란히 쓰면 慈(쯩) 字 처음 펴서 나

는 소리와 같으니라.

ㅊ은 잇소리니 侵(침) 字의 처음 펴서 나는 소리와 같으니라.

ㅅ은 잇소리니 戌(슗) 字의 처음 펴서 나는 소리와 같으니, 나란히 쓰면 邪(쌍) 字 처음 펴서 나는 소리와 같으니라.

ㆆ은 목소리니 挹(흡) 字의 처음 펴서 나는 소리와 같으니라.

ㅎ은 목소리니 虛(헝) 字의 처음 펴서 나는 소리와 같으니, 나란히 쓰면 洪(횽) 字가 처음 펴서 나는 소리와 같으니라.

ㅇ은 목소리니 欲(욕) 字의 처음 펴서 나는 소리와 같으니라.

ㄹ은 半(반)혓소리니 閭(령) 字의 처음 펴서 나는 소리와 같으니라.

ㅿ은 반잇소리니 穰(샹) 字의 처음 펴서 나는 소리와 같으니라.

ㆍ는 呑(튼) 字의 가운뎃소리와 같으니라.

ㅡ는 卽(즉) 字의 가운뎃소리와 같으니라.

ㅣ는 侵(침) 字의 가운뎃소리와 같으니라.

ㅗ는 洪(횽) 字의 가운뎃소리와 같으니라.

ㅏ는 覃(땀) 字의 가운뎃소리와 같으니라.

ㅜ는 君(군) 字의 가운뎃소리와 같으니라.

ㅓ는 業(업) 字의 가운뎃소리와 같으니라.

ㅛ는 欲(욕) 字의 가운뎃소리와 같으니라.

ㅑ는 穰(샹) 字의 가운뎃소리와 같으니라.

ㅠ는 戌(슗) 字의 가운뎃소리와 같으니라.

ㅕ는 彆(볋) 字의 가운뎃소리와 같으니라.

나중의 소리는 첫소리를 쓰느니라.

ㅇ를 입술소리 아래 이어 쓰면 입술 가벼운 소리가 되느니라.

첫소리를 어울러 쓸 것이면 나란히 쓰라. 나중 소리도 한가지라.

ㆍ와 ㅡ와 ㅗ와 ㅜ와 ㅛ와 ㅠ는 첫소리 아래 붙여 쓰고, ㅣ와 ㅏ와 ㅓ와 ㅑ와 ㅕ는 오른쪽에 붙여 쓰라.

무릇(모든) 글자는 반드시 어울려야 소리가 이루어지느니….

왼쪽에 한 점(點)을 더하면 가장 높은 소리고, 점(點)이 둘이면 上聲(상성)이고, 점(點)이 없으면 平聲(평성)이고, 入聲(입성)은 점(點)을 더하는 것은 한가지이되 빠르니라.

중국 소리의 잇소리는 齒頭(치두)와 正齒(정치)를 구별함이 있으니, ᅎ, ᅔ, ᅏ, ᄼ, ᄽ 글자(字)는 齒頭(치두) 소리에 쓰고, 【이 소리는 우리나라의 소리에서 엷으니 혀의 끝이 윗니 머리에 닿느니라.】 ᅐ ᅕ ᅑ ᄾ ᄿ 字(글자)는 正齒(정치)의 소리에 쓰니, 【이 소리는 우리나라의 소리에서 두터우니 혀의 끝이 아래의 잇몸에 닿느니라.】 어금니와 혀와 입술과 목소리의 字(글자)는 中國(중국)의 소리에 두루 쓰느니라.

3. 釋譜詳節

世尊(세존)이 象頭山(상두산)에 가시어 龍(용)과 鬼神(귀신)을 위하여 說法(설법)하시더라.【龍(용)과 鬼神(귀신)을 위하여 說法(설법)하신 것이 부처의 나이가 서른 둘이시더니, 穆王(목왕) 여섯 째의 해 乙酉(을유)이다.】

부처가 目蓮(목련)에게 이르시되, "네가 迦毗羅國(가비라국)에 가서 아버님께와 아주머님께와【아주머니는 大愛道(대애도)를 이르시니, 大愛道(대애도)가 摩耶夫人(마야부인)의 兄(형)님이시니, 모습이 摩耶夫人(마야부인)만 못하시므로 두 번째 夫人(부인)이 되셨다.】 아주버님네께 다 安否(안부)를 묻고, 또 耶輸陀羅(야수다라)를 달래어 恩愛(은애)를 끊어서, 羅睺羅(라후라)를 놓아 보내어 上座(상좌)가 되게 하라. 羅睺羅(라후라)가 得道(득도)하여 돌아가야, 어미를 濟渡(제도)하여 涅槃(열반)을 얻음을 나와 같게 하리라."

目連(목련)이 그 말을 듣고 즉시로 入定(입정)하여서, 폈던 팔을 굽힐 사이에【빠른 것을 일렀니라.】 迦毗羅國(가비라국)에 가서 淨飯王(정반왕)께 安否(안부)를 여쭈더니, 耶輸(야수)가 부처의 使者(사자)가 와 있다고 들으시고【使者(사자)는 부리신 사람이다.】, 하인을 시켜서 기별을 알아 오라 하시니, 羅睺羅(라후라)를 데려다가 沙彌(사미)를 삼으려고 한다고 하므로【沙彌(사미)는 새로 出家(출가)한 사람이니, 世間(세간)에의 뜻을 끊게 하고 慈悲(자비)로운 행적(行績)을 하였다 하는 뜻이니, 처음 佛法(불법)에 들어서 世俗(세속)에서의 뜻이 많은 까닭으로, 모름지기 모진 뜻을 끊어 버리고 자비로운 行績(행적)을 하여야 하겠으므로 沙彌(사미)이라 하였느니라.】, 耶輸(야수)가 그 기별을 들으시고, 羅睺羅(라후라)와 더불어 높은 樓(누) 위에 오르시고【樓(누)는 다락이다.】, 門(문)들을 모두 다 굳게 잠가 두고 있으셨더니, 目連(목련)이 耶輸(야수)의 宮(궁)에 가 보니, 門(문)을 다 잠그고 소식을 드릴 사람도 없거늘, 즉시 神通力(신통력)으로 樓(누) 위로 날아 올라 耶輸(야수)의 앞에 가서 서니, 耶輸(야수)가 보시고, 한편으로는 염려하시고 한편으로는 기뻐, 구태여 일어나 절하시고 "앉으소서." 하시고, 世尊(세존)의 안부를 묻고 (나서) 말씀하시되, "무슨 까닭으로 오셨습니까?"

目連(목련)이 말하되, "太子(태자) 羅睺羅(라후라)가 나이가 벌써 아홉이므로, 出家(출가)하게 하여 聖人(성인)의 道理(도리)를 배워야 하겠으니, 어버이가 子息(자식)을 사랑하는 것은 길지 않은 사이이지만, 하루 아침에 命終(명종)하여【命終(명종)은 목숨이 마치는 것이다.】 모진 길에 떨어지면, 恩愛(은애)를 멀리 떠나서 어지럽고 아득하여, 어미도 아들을 모르며 아들도 어미를 모르리니, 羅睺羅(라후라)가 道理(도리)를 得(득)하여야, 돌아와 어머님을 濟渡(제도)하여, 네 가지의 수고로움을 떠나서 涅槃(열반)을 得(득)하는 것을 부처와 같으시게 하겠습니다."【네 가지의 受苦(수고)는 生(생)과 老(노)와 病(병)과 死(사)이다.】

耶輸(야수)가 이르시되, "如來(여래)가 太子(태자)의 時節(시절)에 나를 계집으로 삼으시니, 내가 太子(태자)를 섬기되 하늘을 섬기듯 하여 한 번도 태만한 일이 없으니, 妻眷(처권)이 된 지 삼 년이 못 차 있어 世間(세간)을 버리시고 城(성)을 넘어 逃亡(도망)하시어, 車匿(차닉)이를 돌려보내시어 盟誓(맹서)하시되, "道理(도리)를 이루어야 돌아오겠다." 하시고, 鹿皮(녹피)옷을 입으시어 미친 사람같이 산골에 숨어 계시어 여섯 해를 苦行(고행)하시어, 부처가 되어 나라에 돌아오셔도 친밀하게 아니 하시어, 예전의 恩惠(은혜)를 잊어버리시어 (나를) 길 가는 사람과 같이 여기시니, 나는 어버이를 여의고 남에게 붙어살되, 우리 모자가 외롭고 괴롭게 되어 人生(인생)에 즐거운 뜻이 없고 죽음을 기다리니, 목숨이 무거운(소중한) 것이므로 스스로 죽지 못하여 서럽고 애달픈 뜻을 먹어 가까스로 살고 있으니, 비록 사람의 무리에 살고도 짐승 만도 못합니다. 서러운 人生(인생)이 어찌 이 같은 일이 있겠습니까? 이제 또 내 아들을 데려 가려 하시니 眷屬(권속)이 되어서 서러운 일도 이러하구나.【眷屬(권속)은 아내며 子息(자식)이며 종이며 집안사람을 다 眷屬(권속)이라 하느니라.】 太子(태자)가 道理(도리)를 이루시어 자기가 慈悲(자비)하다 하시니, 慈悲(자비)는 衆生(중생)을 便安(편안)하게 하시는 것이거늘, (태자가) 이제 도리어 남의 모자(母子)를 이별하게 하시니, 서러운 일의 中(중)에도 離別(이별) 같은 것이 없으니【離別(이별)은 헤어지는 것이다.】, 이것으로 헤아려 보건대 (태자에게) 무슨(어찌) 慈悲(자비)가 있으시냐." 하고, 目連(목련)이에게 이르시되 "돌아가 世尊(세존)께 나의 뜻을 펴서 아뢰소서."

그때 目連(목련)이 여러 方便(방편)으로 다시금 아뢰어도 耶輸(야수)가 잠깐도 듣지 아니하시므로, 目連(목련)이 淨飯王(정반왕)께 돌아가 이 辭緣(사연)을 아뢰는데, 王(왕)이 大愛道(대애도)를 불러 이르시되, "耶輸(야수)는 계집이라서 法(법)을 모르므로 애착하여 애틋하게 사랑하는 뜻을 못 쓸어 버리니 그대가 가서 알아듣게 이르라."

大愛道(대애도)가 五百(오백) 青衣(청의)를 데리고 耶輸(야수)께 가서 여러 方便(방편)으로 두어 번 이르시니, 耶輸(야수)가 오히려 듣지 아니하시고 大愛道(대애도)께 아뢰시되, "내가 집에 있을 적에 여덟 나라의 王(왕)이 경쟁하여 다투거늘, 우리 父母(부모)가 듣지 아니하신 것은 釋迦(석가) 太子(태자)가 재주가 奇特(기특)하시므로【奇(기)는 신기한 것이요, 特(특)은 남의 무리와 따로 다른 것이다.】, 우리 父母(부모)가 太子(태자)께 (나를) 드리시니, 夫人(부인)이 며느리 얻으시는 것은 溫和(온화)하게 살아서 千萬(천만) 누리에 子孫(자손)이 이어감을 위하시니, 太子(태자)가 이미 나가시고 또 羅睺羅(라후라)를 出家(출가)하게 하시어 나라를 이을 사람을 끊어지게 하시는 것이

(과연) 어떠합니까?" 大愛道(대애도)가 들으시고 한 말도 못하고 있으시더니, 그때 世尊(세존)이 즉시 化人(화인)을 보내시어 【化人(화인)은 世尊(세존)의 神力(신력)으로 되게 하신 사람이다.】, 虛空(허공)에서 耶輸(야수)께 이르시되, "네가 지난 옛날 세상의 時節(시절)에 盟誓(맹서)하고 發願(발원)한 일을 생각하느냐 모르느냐? 釋迦(석가) 如來(여래)가 그때 菩薩(보살)의 道理(도리)를 한다 하여, 너에게 五百(오백) 銀(은)돈으로 다섯 줄기의 蓮花(연화)를 사서 錠光佛(정광불)께 바칠 적에, 네가 發願(발원)을 하되 '世世(세세)에 妻眷(처권)이 되자.' 하거늘, 내가 이르되, '菩薩(보살)이 되어 劫劫(겁겁)에 發願(발원)을 行(행)한다 하여서, 一切(일체) 布施(보시)를 남의 뜻 거스르지 아니하거든, 네가 나의 말을 다 듣겠는가?' 하거늘, 네가 盟誓(맹서)를 하되, '世世(세세)에 난 땅마다 나라이며 城(성)이며 子息(자식)이며 나의 몸에 이르도록 布施(보시)하여도, 그대가 한 바를 따라 하여 뉘우쁜 마음을 아니 하리라.' 하더니, 이제 어찌 羅睺羅(라후라)를 아끼는가?"

耶輸(야수)가 이 말을 들으시고, 마음이 훤하시어 前生(전생)의 일이 어제 본 듯하여 애착스러운 마음이 다 없어지거늘, 目連(목련)이를 불러 懺悔(참회)하시고 【懺(참)은 참는 것이니, 내 罪(죄)를 참아 버리소서 하는 뜻이요, 悔(회)는 뉘우치는 것이니 예전의 일을 그르게 했다고 하는 것이다.】, 羅睺羅(라후라)의 손을 잡아 目連(목련)이에게 맡기시고 울며 이별(離別)하셨느니라.

4. 月印千江之曲

웛月 힌印 쳔千 강江 지之 콕曲 썅上

끠其 힗一

높고 높은 석가불(釋迦佛)의 헤아릴 수 없이 많고 가없이 넓은 공덕(功德)을 아무리 오랜 시간일지라도 어찌 다 아뢰리?

【내용 풀이】 큰 석가모니의 큰 공덕을 기리고자 하여 글 머리에 적은 부분이다.

끠基 ᅀᅵ二

세존의 일을 아뢰리니 만 리 밖의 일이시나 (그 일을 내) 눈에 보는가 여기십시오.

세존의 말을 아뢰리니 천 년 전의 말이시나 (그 말을 내) 귀에 듣는가 여기십시오.

【내용 풀이】 월인천강지곡의 이 글은 우리나라에서 수천 리 떨어져 있는 인도에서 태어나

신 석가 세존이 수천 년 전에 말씀하신 것을 기록하였다. 석가 세존의 공덕이 너무나 크고 생생하여서, 마치 듣는 이 자신이 직접 보고 직접 듣는 것처럼 여겨야 한다.

끠其삼三

아승기(阿僧祇) 전세(前世)의 겁(劫)에 임금의 자리(位)를 버리시어 정사(精舍)에 앉아 있으시더니.

오백 전세(前世)의 원수(怨讐)가 나라의 재물을 훔치어 정사(精舍)를 지나갔으니.

【내용 풀이】 석가모니가 이 세상에 태어나기 몇 수십만 겁(劫) 이전 세상에 있을 때의 이야기이다. 한 보살(菩薩)이 임금이 되었다가 그 나라를 자기 동생에게 맡기고 구담 바라문(瞿曇 婆羅門)에게서 도를 배웠다. 그 보살이 구담씨와 옷을 바꿔 입고 있었으므로 다른 사람들이 그 전의 임금인 줄 모르고 소구담(小瞿曇)이라 불렀다. 소구담은 성 밖의 감자원(甘蔗園)에 정사를 짓고 혼자 도를 닦느라 앉아 있었다.

때마침 도둑 오백 명이 나라의 재물을 훔쳐서 정사 앞으로 지나간 일이 있었는데, 이 도둑들은 바로 보살과 오백 겁 전 세상의 원수였다. 그 이튿날 관청에서 도둑의 뒤를 밟아 감자원의 정사까지 와서 소구담을 도둑인 줄 알고 소구담을 잡아서 나무에 매어 두었다.

끠其ᄉᆞ四

(동생이) 형(兄)님을 모르므로 (도적의) 발자취를 좇아 (소구담이) 나무에 꿰여 목숨을 마치셨으니.

(소구담이) 자식(子息)이 없으시므로 몸의 피를 모아 그릇에 담아 남녀(男女)를 내었으니.

【내용 풀이】 동생이 보살의 뒤를 이어 임금이 되었다. 보살이 스승인 구담 바라문(瞿曇 婆羅門)과 옷을 바꾸어 입었으므로, 새 임금(보살의 동생)이 형님인 보살을 관청 물건을 훔친 도둑인 줄 잘못 알고 신하를 보내어 쏘아 죽였다.

보살의 스승인 대구담(大瞿曇)이 이러한 사실을 신통력으로서 알았다. 대구담은 보살이 자식도 없이 억울하게 죽은 것을 불쌍하게 여겨서, 죽은 보살의 피를 한 그릇은 오른쪽에 또 한 그릇은 왼쪽에 담아 놓고 신통한 재주를 부렸다. 그랬더니 열 달 만에 왼쪽 피는 남자가 되고, 오른쪽 피는 여자가 되었다. 이 두 남녀를 구담씨(瞿曇氏)라는 성(姓)을 붙여 불렀는데, 구담씨는 곧 석가씨의 전 세상의 성이다.

끠其오五

불쌍하게 목숨을 마침에 감자씨(甘蔗氏)가 (代를) 이으심을 대구담(大瞿曇)이 이루었습니다.

아득한 후세(後世)에 석가불(釋迦佛)이 되실 것을 보광불(普光佛)이 이르셨습니다.

【내용 풀이】 도둑으로 지목받아 억울하게 죽은 소구담의 피가 대구담(大瞿曇)의 정성으로 남자와 여자가 되었다. 그 중 남자는 소구담(小瞿曇), 감자씨(甘蔗氏) 들로 성(姓)을 삼았으니 이 사람이 석가불의 전 세상의 조상이다.

소구담이 아득한 후세에 석가모니 부처가 될 것을 보광불(寶光佛)이 예언하였다.

끠其륙六

외도인(外道人) 오백(五百)이 선혜(善慧)의 덕(德)을 입어서 제자(弟子)가 되어 은(銀)돈을 바쳤으니.

매화녀(賣花女) 구이(俱夷)가 선혜(善慧)의 뜻을 알아 부부의 원(願)으로 꽃을 바치셨으니.

【내용 풀이】 까마득한 전 세상에 등조왕((燈照(王)의 시절에, 선혜(善慧)라는 도인이 도리에 어긋난 일을 하는 사람을 올바르게 가르쳤다. 오백 명이나 되는 그 제자가 은돈(銀錢)을 선혜에게 바치어 고마움을 표하였다.

등조왕이 보광불(寶光(佛)께 공양할 좋은 꽃을 구한다는 소식을 선혜가 듣고 꽃을 구하러 가다가 구이(俱夷)를 만났다. 선혜의 정성이 지극하여 구이가 병 속에 감추었던 꽃이 저절로 솟아나왔다. 선혜가 오백 개의 은돈으로 그 꽃 다섯 송이를 사려 할 때 구이가 그 용처(用處)를 물었다. 이에 선혜가 “부처께 바치어 일체 중생(一切衆生)을 제도(濟度)하겠노라.”라고 하였다. 구이가 그 뜻을 아름답게 여기어 “뒷세상에 부부의 인연을 맺게 한다면 꽃을 바치겠노라.”라고 하였다. 이러한 약속을 맺음으로써, 선혜가 구이에게서 꽃을 얻어서 보광불께 바쳤다.

끠其칠七

다섯 꽃과 두 꽃이 공중(空中)에 머물거늘 천룡(天龍)과 팔부(八部)가 찬탄(讚歎)하였으니.

옷과 머리를 노중(路中)에 펴시거늘 보광불(普光佛)이 또 수기(授記)하셨으니.

【내용 풀이】 선혜가 구이에게서 얻은 꽃 일곱 송이 중 먼저 다섯 송이를 (보광불게 공양하려고) 공중에 뿌렸는데, 이 다섯 송이가 모두 공중에 머물러 꽃받침이 되었다. 그리고 나머지 두 송이를 공중에 뿌리니, 이 꽃마저 흩어지지 않고 공중에 머물러 있었다. 이곳에 모였던 팔부 대중들이 이 일을 보고 나서는 옛날에는 없던 신기한 일이라고 칭찬하였다.

보광불이 선혜가 던진 꽃의 기적을 보시고 매우 감격하여 찬탄하였다. 보광불이 아승기겁을 지나면 선혜가 석가모니라는 부처가 될 것을 수기(授記)하고 돌아가시는데 그 길이 질었다. 이에 선혜가 자기가 입고 있던 녹피(鹿皮) 옷을 벗어 깔고 머리를 땅에 조아렸다. 보광불이 이 옷을 밟고

지나가시고, 또 다짐하는 수기를 써서, 이 뒤에 선혜가 부처가 되어 오탁악세(五濁惡世)에서 천인(天人)을 제도하기를 마치 나와 같을 것이라고 하였다.

끠其밢八

일곱 꽃을 인(因)하여 신서(信誓)가 깊으시므로 세세(世世)에 처권(妻眷)이 되셨으니.

다섯 꿈을 인(因)하여 수기(授記)가 밝으시므로 오늘날에 세존(世尊)이 되셨으니.

【내용 풀이】 선혜는 구이의 꽃을 은돈 오백 개와 바꾸자고 구이에게 부탁하였다. 이에 구이는 선혜의 부처를 위하는 정성에 감동하여, 뒷세상에 태어날 때마다 부부가 될 것을 조건으로 꽃을 선혜에게 주었다. 그리고 선혜도 구이의 청을 들어줄 것을 맹세하였는데, 이 맹세로 인해서 구이는 태어나는 세상마다 선혜의 처가 되었다.

선혜가 보광불로부터 수기를 받은 뒤에 부처께 가서 출가(出家)하여 중이 되었다. 하루는 선혜가 부처님께 자기가 꾼 다섯 가지의 꿈에 대한 이야기를 하였다. 꿈에서 선혜는 첫째는 자신이 바다에 누웠었고, 둘째는 수미산(須彌山)을 베고 누웠었고, 셋째는 모든 중생(衆生)들이 선혜의 몸 안에 들어오며, 넷째는 해를 손으로 잡으며, 다섯째는 손으로 달을 잡았다 하였다. 이 꿈 이야기를 들은 보광불은 이것은 모두 장차 네가 부처가 될 징조라 하였다. 이는 보광불의 수기한 사실과 일치하였는데, 이로 말미암아서 선혜는 그 뒤의 세상에서 여러 차례 부처가 되었다.

5. 月印釋譜

옛날의 阿僧祇(아승기) 劫(겁)의 時節(시절)에【阿僧祇(아승기)는 그지없는 數(수)이다 하는 말이다. 劫(겁)은 時節(시절)이라 하는 뜻이다.】한 菩薩(보살)이 王(왕)이 되어 계시어【菩薩(보살)은 菩提薩埵(보리살타)이다 하는 말을 줄여 이르니, 菩提(보리)는 부처의 道理(도리)이고 薩埵(살타)는 衆生(중생)을 이루는 것이니, 부처의 道理(도리)로 衆生(중생)을 制度(제도)하시는 사람을 菩薩(보살)이시다 하느니라.】, 나라를 아우에게 맡기시고 道理(도리)를 배우러 나아가시어, 瞿曇(구담) 婆羅門(바라문)을 만나시어【瞿曇(구담)은 姓(성)이다. 婆羅門(바라문)은 깨끗한 행적이다 하는 말이니, 산에 들어가 (세속의) 일 없이 있어서 행적이 깨끗한 사람이다.】, 자기의 옷은 벗고 瞿曇(구담)의 옷을 입으시어, 깊은 산에 들어 果實(과실)과 물을 자시고【深山(심산)은 깊은 산이다.】 坐禪(좌선)하시다가【坐禪(좌선)은 앉아서 깊은 道理(도리)를 생각하는 것이다.】, 나라에 빌어먹으러 오시니 다 몰라보더니 小瞿曇(소구담)이라 하더라.【小(소)는 작은 것이다.】

菩薩(보살)이 城(성) 밖 甘蔗園(감자원)에【城(성)은 잣이다. 甘蔗(감자)는 풀이니, 심은 두어 해째 나되, 대와 같고 길이가 열 자 남짓하니, 그 汁(즙)으로 粆糖(사탕)을 만드느니라. 園(원)은 東山(동산)이다.】精舍(정사)를 만들고【精舍(정사)는 조심하는 집이다.】혼자 앉아 있으시더니, 도적 五百(오백)이【五(오)는 다섯이고 百(백)은 온이다.】관청의 것을 훔치어 精舍(정사)의 곁으로 지나가니, 그 도적이 菩薩(보살)의 前世生(전세생)의 원수이더라.【前世生(전세상)은 아래(이전) 세상의 生(생)이다.】

이튿날에 나라에서 도적의 자취를 좇아가 그 菩薩(보살)을 잡아 나무에 몸을 꿰어 두었더니【菩薩(보살)이 前生(전생)에 지은 罪(죄)로 이렇게 受苦(수고)하셨느니라.】, 大瞿曇(대구담)이 天眼(천안)으로 보고【菩薩(보살)을 小瞿曇(소구담)이시다 하므로 婆羅門(바라문)을 大瞿曇(대구담)이다 하니, 大(대)는 큰 것이다. 天眼(천안)은 하늘의 눈이라고 하는 말이다.】 虛空(허공)에 날아와서 묻되, "그대가 子息(자식)이 없더니, 무슨 罪(죄)인고?" 菩薩(보살)이 對答(대답)하시되, "곧 죽을 나이니 (어찌) 子孫(자손)을 議論(의논)하겠느냐?"【子(자)는 아들이요 孫(손)은 손자이니, 子孫(자손)은 아들이며 孫子(손자)이며 그 後(후)의 孫子(손자)를 無數(무수)히 내리 이른 말이다.】 그 王(왕)이 사람을 부려 쏘아 죽였느니라.

大瞿曇(대구담)이 슬퍼하여 (小瞿曇을) 싸서 棺(관)에 넣고, 피 묻은 흙을 파 가지고 精舍(정사)에 돌아와 왼쪽 피 따로 담고 오른쪽 피 따로 담아 두고 이르되, "이 道師(도사)가 精誠(정성)이 至極(지극)하던 것이면【道士(도사)는 道理(도리)를 배우는 사람이니, 菩薩(보살)을 말하였느니라.】하늘이 마땅히 이 피를 사람이 되게 하시리라." 열 달 만에 왼쪽 피는 男子(남자)가 되고【男子(남자)는 남진이다.】오른쪽 피는 女子(여자)가 되거늘,【女子(여자)는 계집이다.】姓(성)을 瞿曇氏(구담씨)라 하더니【氏(씨)는 姓(성)과 같은 말이다.】이로부터 子孫(자손)이 이으시니 瞿曇氏(구담씨)가 다시 일어나셨느니라.【小瞿曇(소구담)이 甘蔗園(감자원)에 사시므로 甘蔗氏(감자씨)이라고도 하더니라.】

普光佛(보광불)이【普光(보광)은 넓은 光明(광명)이다. 이 부처가 나실 적에 몸의 가에 빛이 燈(등)과 같으시므로 燃燈佛(연등불)이시라고도 하느니, 燃(연)은 불을 켜는 것이다. 또 錠光佛(정광불)이시라고도 하느니, 錠(정)은 발이 있는 燈(등)이다. 佛(불)은 아는 것이니, 내가 알고 남을 아울러 알게 하는 것이니, 부처를 佛(불)이시라고 하느니라.】世界(세계)에 나시거늘【하늘이며 사람이 사는 땅을 다 모아서 世界(세계)라 하느니라.】, 그때 善惠(선혜)라 하는 仙人(선인)이【仙人(선인)은 자기의 몸을 굳혀 오래 사는 사람이니, 산에서 노니느니라.】外道(외도) 五百人(오백인)의 잘못 아는 일을 가르쳐 고치시거늘, 그 五百(오백) 사람이 "弟子(제자)가 되고 싶습니다." 하여 銀(은)돈 한 낱(個)씩 바쳤느니라.【法(법) 가르치는 이는 스승이요, 배우는 이는 제자이다.】 그때에 燈照王(등조왕)이 "普光佛(보광불)을 請(청)하여 供養(공양)하리라." 하여 나라에 出令(출령)하되, "좋은 꽃은 팔지 말고 다 王(왕)께 가져오라."

善慧(선혜)가 들으시고 안타까이 여겨 꽃이 있는 땅을 힘써서(애써서) 가시다가 俱夷(구이)를 만나시니 【俱夷(구이)는 밝은 여자다 하는 뜻이니, 나실 적에 해가 져 가되 그 집은 光明(광명)이 비치므로 俱夷(구이)라 하였니라.】, (俱夷가) 꽃 일곱 줄기를 가지고 계시되 王(왕)의 出令(출령)을 두려워하여 甁(병)의 속에 감추어 두고 있으시더니, 善慧(선혜)의 精誠(정성)이 至極(지극)하시므로 꽃이 솟아나거늘, (善慧가) 좇아 불러서 "사고 싶다." 하시는데, 俱夷(구이)가 이르시되 "大闕(대궐)에 보내어 【大闕(대궐)은 큰 집이니 임금 계신 집이다.】 부처께 바칠 꽃이라서 (네가 꽃을 사지) 못하리라."

善慧(선혜)가 이르시되 "五百(오백) 銀(은)돈으로 다섯 줄기를 사고 싶다." 俱夷(구이)가 물으시되 "무엇에 쓰시리?" 善慧(선혜)가 대답하시되 "부처께 바치리라." 俱夷(구이)가 또 물으시되 "부처께 바쳐서 무엇을 하려 하시니?" 善慧(선혜)가 대답하시되 "一切(일체)의 갖가지 智慧(지혜)를 이루어 衆生(중생)을 濟渡(제도)코자 한다." 【一切(일체)는 다 하는 듯한 말이고, 種種(종종)은 여러 가지라 하는 뜻이다. 衆生(중생)은 一切 世間(일체 세상)의 사람이며 하늘이며 기는 것이며 나는 것이며 물에 있는 것이며, 뭍에 있는 것이며, 숨을 쉬는 것을 다 衆生(중생)이라 하느니라. 濟渡(제도)는 물을 건넨다는 것이니, 世間(세간)의 煩惱(번뇌)가 많음이 바다의 물과 같으니 부처가 法(법)을 가르치시어 煩惱(번뇌)의 바다에 건내어 내시는 것을 '濟渡(제도)이다' 하느니라.】

俱夷(구이)가 여기시되 '이 男子(남자)가 精誠(정성)이 至極(지극)하므로 보배를 아니 아끼는구나.' 하여, 이르시되 "내 이 꽃을 바치리니 願(원)하건대 내 平生(평생)에 그대의 각시(아내)가 되고 싶다." 善慧(선혜)가 대답하시되, "내가 깨끗한 행적을 닦아 초연한 道理(도리)를 求(구)하니 죽살이의 因緣(= 부부의 인연)은 두지 못하리라. 【因緣(인연)은 까닭이니, 前生(전생)의 일의 까닭을 因緣(인연)이라 하고, 그 일을 因(인)하여 後生(후생)에 됨을 果報(과보)라 하느니, 果(과)는 열매이고, 報(보)는 갚는 것이다. 좋은 씨를 심으면 좋은 열매를 여는 것이 前生(전생)의 일이 因緣(인연)으로 後生(후생)에 좋은 몸이 되거나 궂은 몸이 되거나 함과 같으므로 果(과)라 하고, 後生(후생)에 됨이 前生(전생)의 因緣(인연)을 갚음이므로 報(보)라고 하느니라. 부부가 되어 사는 것은 행적이 깨끗하지 못하여 輪廻(윤회)를 벗지 못하는 根源(근원)이므로 죽고 사는 因緣(인연)이라 하였느니라. 夫(부)는 남편이요 妻(처)는 아내다. 輪廻(윤회)는 수레바퀴가 횟도는 것이니, 부처는 煩惱(번뇌)를 떨쳐 버리시므로 죽고 사는 受苦(수고)를 아니하시거니와 항상 사람은 煩惱(번뇌)를 못 떨쳐 버리므로 이 生(생)에서 後生(후생)의 因緣(인연)을 지어 사람이 되거나 벌레 짐승이 되거나 하여 항상 죽으락 살락 하여 受苦(수고)함을 輪廻(윤회)라 하느니라.】

俱夷(구이)가 이르시되, "내 所願(소원)을 아니 따르면 꽃을 못 얻으리라." 善慧(선혜)가 이르시되, "그러면 너의 所願(소원)을 따르리니, 나는 布施(보시)를 즐겨 【布施(보시)는 재물을 펴내어 남에게 주는 것이다.】 사람의 뜻을 거스르지 아니하니, 아무나 와서 내 머리통이며 눈동자며 骨髓(골수)며 아내며 子息(자식)이며 달라 하여도 【骨髓(골수)는 뼈 속에 있는 기름이다.】, 네가 거리낄 뜻을 하여 나의 布施(보시)하는 마음을 헐지 말라." 俱夷(구이)가 이르시되, "그대의 말처럼 하리니, 내가 여자라서 (꽃을) 가져가기 어려우므로 두 줄기를 아울러 맡기니, 부처께 바치어 生生(생생)에 나의 所願(소원)을 잃지 아니케 하오."

그때 燈照王(등조왕)이 臣下(신하)와 百姓(백성)을 領(령)하고 【領(령)은 거느리는 것이다.】 갖가지 供養(공양)을 가져서, 城(성)에 나아가 부처를 맞아 절하고 이름난 꽃을 흩뿌리더라. 다른 사람이 供養(공양)을 마치거늘, 善慧(선혜)가 다섯 꽃을 흩뿌리니 다 空中(공중)에 머물러 꽃의 臺(대)가 되거늘 【空中(공중)은 虛空(허공)의 가운데이다.】, 後(후)에 두 줄기를 흩뿌리니 또 空中(공중)에 머물러 있거늘, 王(왕)이며 天龍(천룡)과 八部(팔부)가 칭찬하여 "예전에 없던 일이로다." 하더니,

【八部(팔부)는 여덟 종류이니, 天(천)과 龍(용)과 夜叉(야차)와 乾闥婆(건달바)와 阿修羅(아수라)와 迦樓羅(가루라)와 緊那羅(긴나라)와 摩睺羅伽(마후라가)이니, 龍(용)은 고기 가운데 우두머리가 되는 것이니 한 몸이 커졌다가 작아졌다가 하여 神奇(신기)한 變化(변화)를 끝내 못 알 것이다. 夜叉(야차)는 '날래고 모질다.' 하는 뜻이니 虛空(허공)에 날아다니느니라. 乾闥婆(건달바)는 '香(향)내를 맡는다.' 하는 뜻이니 하늘의 풍류하는 神靈(신령)이니, 하늘에서 풍류하려 할 적이면 이 神靈(신령)이 香(향)내를 맡고 올라가느니라. 阿修羅(아수라)는 '하늘이 아니다.' 하는 뜻이니, 福(복)과 힘은 하늘과 같으되 하늘의 행적이 없으니 嗔心(진심)이 많은 까닭이다. 迦樓羅(가루라)는 '金(금) 날개이다.' 하는 뜻이니, 두 날개의 사이가 三百三十六萬(삼백삼십육만) 里(리)고 목에 如意珠(여의주)가 있고 龍(용)을 밥으로 삼아 잡아먹느니라. 緊那羅(긴나라)는 '의심스러운(의심이 많은) 神靈(신령)이다.' 하는 뜻이니, 사람과 같되 뿔이 있으므로 사람인가 사람이 아닌가 하여 疑心(의심)되니, (이는) 노래 부르는 神靈(신령)이니 부처가 說法(설법)하신 데마다 다 能(능)히 노래로 부르느니라. 摩睺羅伽(마후라가)는 '큰 배의 바닥으로 기어 움직인다.' 하는 뜻이니 큰 뱀의 神靈(신령)이다. 變(변)은 보통에서 다른 것이요, 化(화)는 되는 것이다. 三(삼)은 셋이요, 十(십)은 열이요, 六(육)은 여섯이다. 열 百(백)은 千(천)이요, 열 千(천)이 萬(만)이다. 여섯 자가 步(보)이요 三百 步(삼백 보)가 里(리)이다. 珠(주)는 구슬이다. 說(설)은 이르는 것이다.】

普光佛(보광불)이 讚歎(찬탄)하여 이르시되, "좋다. 네가 阿僧祇(아승기) 劫(겁)을 지나가서 부처가 되어 號(호)를 釋迦牟尼(석가모니)라 하리라." 【號(호)는 이름 삼아 부르는 것이다. 釋迦(석가)는 어질며 남을 가엾이 여기시는 것이니, 衆生(중생)을 위하여 世間(세상)에 나심을 이르고, 牟尼(모니)는 고요하고 잠잠한 것이니 智慧(지혜)의 根源(근원)을 이르니, 釋迦(석가)라고 하시므로 涅槃(열반)에 아니 계시고, 牟尼(모니)라고 하시므로 生死(생사)에 아니 계시니라. 涅槃(열반)은 '없다.' 하는 뜻이다.】

授記(수기)를 다하시고 【授記(수기)는 "네가 아무 때에 부처가 되리라." 미리 이르시는 것이다.】, 부처 가시는 땅이 질거늘, 善慧(선혜)가 입고 있으시던 鹿皮(녹피) 옷을 벗어 땅에 까시고 【鹿皮

(녹피)는 사슴의 가죽이다.】 머리를 펴 덮으시거늘, 부처가 밟아 지나시고 또 授記(수기)하시되, "네가 後(후)에 부처가 되어 五濁(오탁) 惡世(악세)에【濁(탁)은 흐린 것이요, 惡(악)은 모진 것이다. 五濁(오탁)은 劫濁(겁탁), 見濁(견탁), 煩惱濁(번뇌탁), 衆生濁(중생탁), 命濁(명탁)이니, 本來(본래) 맑은 性(성)에 흐린 마음이 일어남이 濁(탁)이다. 劫(겁)은 時節(시절)이니, 時節(시절)에 모진 일이 많아 흐리게 하여 罪業(죄업)을 일으키는 것이다. 見(견)은 보는 것이니, 비뚤어지게 보는 것이다. 煩(번)은 많은 것이요, 惱(뇌)는 어지럽히는 것이다. 죽으며 살며 하여, 輪廻(윤회)하는 것이 衆生濁(중생탁)이다. 목숨을 못 떨치는 것이 命濁(명탁)이니 命(명)은 목숨이다.】 天人(천인)을 濟渡(제도)하는 것을 어렵게 아니 하는 것이 마땅히 나와 같으리라."【天人(천인)은 하늘과 사람이다.】

6. 內訓

<李氏女戒(이씨여계)>에 이르되, 마음에 갖추어 있음이 情(정)이요 입에 내는 것이 말이니, 말은 榮華(영화)와 辱(욕)의 지도릿 조각(드나드는 문)이며, 親(친)함과 疎遠(소원)함의 큰 마디이니, 또 능히 굳은 것을 헤어지게 하며, 다른 것을 모이게 하며, 怨望(원망)을 지으며, 怨讐(원수)를 일으키니, 큰 것은 나라를 뒤집으며, 집을 亡(망)하게 하고, 적은 것도 오히려 六親(육친)을 헤어지게 하니【六親(육친)은 아비와 어미와 兄(형)과 아우와 아내와 子息(자식)이라.】, 이러므로 賢女(현녀: 어진 여자)가 입을 삼감은 부끄러운 것과 헐뜯음을 부를까 두려워함이니, 혹시 尊前(존전)에 있거나 혹시 寂靜(적정)한 데에 있을 때에 잠깐도 對答(대답)하는 말을 거스르지 아니하며, 아첨스러운 말을 내지 아니하며, 相考(상고)하지 않은 말을 아니하며, 장난의 일을 하지 아니하며, 더러운 일에 얽매이지 아니하며, 嫌疑(혐의)에 있지 아니하느니라.

<곡례(曲禮)>에 이르되, 모여서 마시고 먹을 적에 배부르지 말며, 모여서 밥을 먹을 적에 손을 스치지 말며, 밥을 뭉치지 말며, 밥을 한껏 떠먹지 말며, 그지없이 마시지 말며, 마시고 먹는 것을 소리나게 말며, 뼈를 씹지 말며, 고기를 도로 그릇에 놓지 말며, 뼈를 개에게 던져 주지 말며, 구태여 얻어먹으려 말며, 밥을 흩지 말며, 기장밥을 먹되 젓가락으로 말며, 국거리를 휘몰아 채어먹지 말며, 국을 沙鉢(사발)에서 고쳐 맞추지 말며, 잇새를 찌르지 말며, 젓국을 마시지 말 것이니, 손님이 국을 사발에서 고쳐 (간을) 맞추거든 主人(주인)이 잘 끓이지 못한 것으로 까닭을 말하고, 손님이 젓국을 마시거든 주인이 가난한 것으로 까닭을 말하며, 젖은 고기는 이로 베고, 마른 고기는 이로 베지 말며, 구운 고기를 한꺼번에 모두 먹지 말 것이니라.

남자와 여자가 섞이어 앉지 말며, 옷걸이를 한 곳에(같은 자리에) 말며, 手巾(수건)과 빗을 함께 말며, 직접 전하지 말며, 형수와 아주버님이 묻는 것을 서로 말며【嫂(수)는 형의 아내이요 叔(숙)

은 남편의 형제다.】, 아비의 첩을 아래옷을 빨게 하지 말며, 밖의 말이 門(문) 안에 들게 하지 말고, 안의 말이 門(문) 밖에 나게 하지 말 것이니라. 여자가 婚姻(혼인)하여 있거든, 큰 緣故(연고)가 있지 아니하거든 그 門(문)에 들지 말며, 아주머니와 맏누이와 누이동생과 딸이 이미 婚姻(혼인)하여 돌아와 있거든, 兄弟(형제)가 한 자리에 앉지 말며 한 그릇에 먹지 말 것이니라.

司馬溫公(사마온공)이 이르시되, "부모의 거상(居喪)에 中門(중문) 밖에 검소하고 소박한 더러운 집을 가려서(택하여) 남편이 거상할 땅을 만들고, 暫衰(잠쇠)를 하며【暫衰(잠쇠)는 옷자락의 끝을 아니 혼 옷이다.】, 거적에 자며, 흙무더기를 베며, 絰帶(질대)를 벗지 아니하며【絰(질)은 삼으로 만드니 머리와 허리에 띠느니라.】, 사람과 함께 앉지 말 것이니라. 婦人(부인)은 中門(중문) 안의 別室(별실)에 있고, 揮帳(휘장)이며 이불이며 요에 빛난 것을 걷어 없앨 것이니라. 남편이 緣故(연고)가 없거든 中門(중문)에 들지 아니하며, 婦人(부인)이 남편이 거상하는 땅에 곧바로 이르지 말 것이니라. 晉(진)의 陳壽(진수)가 아비의 거상을 만나 病(병)이 있거늘, 계집종을 시키어 藥(약)을 비비게 하더니, 손(客)이 가서 보고 鄕黨(향당)이 그 일로써 그르다 하는 議論(의논)을 하였다. 이 탓으로 沉滯(침체)하여 걸려서 몸(一身)을 마치니, 嫌疑(혐의)스러운 때에는 가히 삼가지 아니함이 못하리라."

司馬溫公(사마온공)이 이르되, 무릇 婚姻(혼인)을 議論(의논)하되, 모름지기 먼저 그 사위와 며느리의 性品(성품)과 행적(行績)과 그 집의 法(법)이 어떤가 하여 살피고, 苟且(구차)히 그 부유하며 벼슬 높은 것을 부러워하지 말 것이니라. 사위가 眞實(진실)로 어질면 이제 비록 가난하고 천(賤)한들 다른 시절에 富貴(부귀)치 아니할 줄을 어찌 알리요? 진실로 不肖(불초)하면 이제 비록 富貴(부귀)한들 다른 시절에 貧賤(빈천)하지 아니할 줄을 어찌 알리요? 며느리라 하는 것은 집의 盛(성)하거나 衰(쇠)하거나 함에 붙은(따르는) 바이니, 만일 一時(일시)의 富貴(부귀)를 부러워하여 娶(취)하면, 저가 그 富貴(부귀)를 껴서 그 남편을 소홀히 여기며, 그 시아비 어미에게 傲慢(오만)하지 아니할 이가 적으니, 驕慢(교만)하며 샘내는 성질을 길러 이루면, 다른 날에 分別(분별: 근심, 患)됨이 어찌 끝이 있으리요? 비록 며느리의 재물(財物)을 因(인)하여 그로써 부유함을 이르게(至) 하며, 며느리의 有勢(유세)를 말미암아서 貴(귀)함을 취한들, 진실된 丈夫(장부)의 뜻과 기운을 두고 있는 사람이면 能(능)히 부끄러움이 없으리요?

7. 杜詩諺解

蜀相

丞相(승상)의 祠堂(사당)을 어디 가 찾으리요?

金官(금관)의 성 밖에 잣나무가 빽빽하게 늘어선 데이구나.
섬돌에 비취어 있는 푸른 풀은 절로 봄의 빛이 되어 있고
잎을 사이하여 있는 꾀꼬리는 속절없이(헛되이) 좋은 소리구나.
세 번 돌아봄을 어지럽게 함은 天下(천하)를 爲(위)하여 헤아림이니
두 朝(조)를 구함은 늙은 신하의 마음이니라.
軍師(군사)를 내어 가 이기지 못하여서 몸이 먼저 죽으니
길이 (후대의) 英雄(영웅)으로 하여금 눈물로 옷깃에 가득하게 한다.

江村

맑은 강의 한 굽이가 마을을 안아 흐르니
긴 여름의 江村(강촌)에 일마다 그윽하고 깊구나.
저절로 가며 저절로 오는 것은 집 위의 제비요
서로 親(친)하며 서로 가까운 것은 물 가운데의 갈매기이구나.
늙은 아내는 종이를 그려 장기판을 만들거늘
젊은 아들은 바늘을 두드려 고기를 낚을 낚시를 만든다.
많은 病(병)에 얻고자 하는 바는 오직 藥物(약물)이니
조그만 몸이 이 밖에 다시 무엇을 구하겠느냐?

望春

나라가 亡(망)하니 산(山)과 강만 있고
성(城) 안의 봄에 풀과 나무만 깊어 있구나.
時節(시절)을 感歎(감탄)하니 꽃이 눈물을 뿌리게 하고
헤어져 있음을 슬퍼하니 새가 마음을 놀라게 한다.
烽火(봉화)가 석달을 이어 있으니
집의 편지는 萬金(만금)의 값이 있구나.
센 머리를 긁으니 또 (머리가) 짧으니
다 비녀를 이기지 못할 듯하구나.

絶句二數

1. 긴 해에 강과 산이 빛나니
   봄바람에 꽃과 풀이 향기롭구나.
   흙이 녹으니 제비가 날고
   모래가 더우니 鴛鴦(원앙)이 조는구나.

2. 강이 파라니 새(鳥)가 더욱 희고
   산이 퍼러니 꽃 빛이 불붙는 듯하구나.
   올 봄이 (내가) 보건대 또 지나가니
   어느 날이 바로 그 돌아갈 해이냐?

登高

바람이 빠르며 하늘이 높고 원숭이의 휘파람이 슬프니
물가가 맑으며 모래가 흰 데에 새가 날아 돌아오는구나.
끝없이 지는 나뭇잎은 쓸쓸히 내리고
다함이 없는 긴 강은 잇고 이어서 오는구나.
萬里(만리)에 가을을 슬퍼하여서 늘 나그네가 되니
百年(백년)의 많은 病(병)에 홀로 臺(대)에 올랐다.
艱難(간난)에 서리 같은 구레나룻이 어지러움을 심히 슬퍼하느니
늙고 사나움에 흐린 술잔을 새로(다시) 멈추게 한다.

登岳陽樓

예전에 洞庭(동정)의 물을 듣더니
오늘 岳陽樓(악양루)에 올랐다.
吳(오)나라와 楚(초)나라의 東南(동남) 녘이 터져 있고
하늘과 땅은 밤낮으로 떠 있구나.
親(친)한 벗이 한 자의 글도 없으니
늙어 감에 외로운 배만 있구나.
싸움의 말이 關山(관산)의 北(북)녘에 있으니
난간(欄干)을 의지하여 눈물을 흘린다.

歸雁

봄에 와 있는, 萬里(만리)에 있는 나그네는
亂(난)이 그치거든 어느 해에 돌아가겠느냐?
江城(강성)의 기러기가 높이 바로
北(북)으로 날아감에 (나의) 애간장을 끊는다.

江南逢李龜年

岐王(기왕)의 집 안에서 (너를) 늘 보았더니
崔九(최구)의 집 앞에서 (너의 노래를) 몇 번을 들었느냐?
참으로 이 江南(강남)에 風景(풍경)이 좋으니
꽃이 지는 時節(시절)에 또 너를 만나 보았다.

茅屋爲秋風所破家

八月(팔월)에 가을 하늘이 높고 바람이 怒(노)하여 크게 소리치니
내 집 위의 세 벌(겹) 띠를 걷어 버린다.
띠가 날아 강을 건너 강의 들에 뿌려지되
높은 것은 긴 수풀의 끝에 걸려 있고
낮은 것은 (바람에) 불려 옮아가서 못 우묵한 데에 담기는구나.
南(남)녘 마을의 모든 아이가 나의 늙어 힘없음을 欺弄(기롱)하여
감히 能(능)히 낯을 對(대)하여서[1] (띠를) 훔친다.
보라는 듯이 띠를 안아서 대나무의 사이로 들어가거늘
입술이 마르며 입이 마르도록 부르다가 말았다.
돌아와 막대에 기대어서 내가 歎息(탄식)하더니
오래지 않은 사이에 바람이 그치고 구름이 먹 빛 같으니
가을 하늘이 아득아득하여 저녁의 어두움으로 향한다.
베 이불이 여러 해를 차가움이 쇠와 같으니
응석부리는 아이가 사납게 누워 (베 이불의) 안감을 밟아 찢어 버린다.
臥床(와상)마다 집이 새어 마른 땅이 없으니

---

1) 낯을 對하여서 : 얼굴을 빤히 보면서.

빗발이 삼(麻) 낱 같아서 그치지 아니한다.
喪亂(상란)을 당한 이후로부터 졸음이 적으니
긴 밤에 젖는 것을 무슨 수로 지내겠느냐?
어찌하면 넓은 집 천만 칸을 얻어
天下(천하)에 추운 사람을 크게 돌보아서 다 기쁜 낯이게 하여
바람과 비에 흔들리지 아니하여 便安(편안)함이 산 같게 하겠느냐?
슬프다. 언제 눈앞에 높은 이런 집을 보겠느냐?
(만약 그럴 수만 있다면) 내 집이 홀로 헐어져서 얼어 죽음을 당하여도 또 足(족)하겠다.

8. 飜譯 老乞大

老乞大 上

中: 큰형님. 네가 어디에서 왔는가?
高: 내가 高麗(고려) 王京(왕경)으로부터 왔다.
中: 이제 어디로 가는가?
高: 내가 北京(북경)을 향하여 가노라.
中: 네가 언제 王京(왕경)에서 떠났는가?
高: 내가 이 달 초하룻날 王京(왕경)에서 떠났다.
中: 이미 이 달 초하룻날 王京(왕경)에서 떠났으니, 이제 반 달(개월)이로되, 어찌 아까(방금 전)에야 왔느냐?
高: 나의 한 벗이 뒤떨어져서 오므로 내가 길을 좇아(따라) 늦추어 가서 (벗을) 기다려서 오느라 하여, 이런 까닭으로 오는 것이 더디다.
中: 그 벗이 이제 따라 올까 못 올까?
高: 이 벗이 곧 그(그 사람)이니 어제 막 왔다.
中: 네가 이 달 그믐께 北京(북경)에 갈까 모르겠구나.
高: 그 말을 어찌 이르리요?
하늘이 불쌍히 여기시어 몸이 편안하면 (북경에) 가리라.
中: 너는 高麗(고려)의 사람이신데 또 어찌 漢語(한어)를 말하는 것을 잘 하느냐?
高: 내가 漢兒人(한아인)에게 글을 배웠으니 이런 까닭으로 조금이나 漢語(한어)를 아노라.

中: 네가 누구에게서 글을 배웠는가?

高: 내가 오랑캐 학당(學堂)에서 글을 배웠다.

中: 네가 무슨 글을 배웠는가?

高: 論語(논어), 孟子(맹자), 小學(소학)을 읽었다.

中: 네가 매일 무슨 이력(履歷)하는가?

高: 매일 이른 새벽에 일어나, 학당에 가서 스승님께 글을 듣고, 학당에서 (학생들을) 놓거든 집에 와 밥 먹기를 마치고, 또 학당에 가 서품(글씨본) 쓰기 하고, 서품 쓰기 마치고 연구(聯句)하기 하고, 연구하기 마치고 글 읊기 하고, 글 읊기 마치고 스승님 앞에 글을 강(講)하노라.

中: 무슨 글을 강하느냐?

高: 小學(소학), 論語(논어), 孟子(맹자)를 강하노라.

中: 글 새김하기 마치고 무슨 공부하느냐?

高: 저녁에 다다르거든 스승님 앞에서 제비를 빼어(뽑아) 글 외우기 하여, 외운 이는 스승님이 免帖(면첩) 하나를 주시고, 만일 외우지 못하거든 일직(日直)하는 선비를 시키어서 (외우지 못한 이를) 엎드리게 하고 세 번 치느니라.

中: 어찌하는 것이 제비를 빼어 글 외우기며 어찌하는 것이 免帖(면첩)인가?

高: 각각 한 대쪽에 한 선비의 이름을 쓰고, 모든 선비의 이름을 다 이렇게 써서 한 제비 통에 담아, 일직(日直) 선비를 시키어 제비 통 가져다가 흔들어 그 중에 하나를 빼어, "뺀 이가 누구인가?" 하여 문득 그 사람을 시키어 글을 외우게 하되, 외우거든 스승이 免帖(면첩) 하나를 주니, 그 免帖(면첩) 위에 "세 번 맞음을 면하라." 하여 쓰고, 스승이 위에 수결(手決)을 두느니라. 만일 다시 제비를 빼어 외우지 못하여도 면첩을 내어 헐어버리고, 예전에 외워 免帖(면첩)을 타 있던 공으로 이번 못 외운 죄를 맞추어 치기를 면하거니와, 만일 免帖(면첩)만 없으면 반드시 세 번 맞음을 당하리라.

中: 너는 高麗(고려)의 사람이시니 漢人(한인)의 글을 배워 무엇을 하겠는가?

高: 네가 말하는 것도 옳다 하거니와, 각각 사람이 다 으뜸으로 보는 것이 있느니라.

中: 네 무슨 으뜸으로 보는 것이 있느냐? 네가 이르라. 내가 들으마.

高: 이제 조정(朝廷)이 천하를 一統(일통)하여 있으니, 세간(世間)에 쓰는 것이 漢人(한인)의 말이니, 우리 이 高麗(고려)의 말은 다만 高麗(고려)의 땅에만 쓰는 것이요, 義州(의주)를 지나서 中朝(중조)의 땅에 오면 다 漢語(한어)를 하니, 아무나 한 (마디의) 말을 묻거든 또 대답하지 못하면, 다른 사람이 우리를 무슨(어떤) 사람으로 생각해 보겠느냐?

9. 飜譯朴通事

朴通事 上

이제 성주(聖主)의 넓으신 복이 하늘과 같으시어, 바람도 고르며 비도 순(順)하여 나라가 태평하고 백성이 편안한 때에, 또 이 봄 二三月(이삼 월) 좋은 시절을 만나니 좋은 시경(時景)을 지나쳐 버리지 말 것이라.

사람은 일세(一世)만 살아 있고 풀은 한 가을까지 살아 있느니, 우리 여러 마음 좋게 여기는 형제(兄弟)와 같은 이들이 저 이름난 화원(花園)에 가서, 한 상화(賞花)하는 잔치를 하여 우리의 시름을 사라지게 하며 답답한 마음을 풀어헤치되, 어떠하냐? 모든 형제들이 의논하자.

우리 서른 사람이 각각 돈 일 백씩 내면 대체로 돈이 삼천 낱이니 여유 있게 쓰겠구나. 張三(장삼)이를 시키어 양을 사러 가게 하되, 스무 낱의 좋은 살진 양을 사게 하라. 암놈은 사지 말고 다 악대로 하라. 또 좋은 살진 소 하나를 사며 돼지고기 쉰 근만 사며 李四(이사)를 시키어 과실과 拖爐(타로)와 隨食(수식)을 사러 가게 하라.

술이 서울의 술집들에 비록 많으나 시장의 술을 시키어 온들 (그것을) 어찌 먹겠는가? 우리 光祿寺(광록사)에 가서 물어 남경(南京)에서 온 密林檎燒酒(밀림금소주) 一桶(일통)과 長春酒(장춘주) 一桶(일통)과 苦酒(고주) 一桶(일통)과 豆酒(두주) 一桶(일통)을 얻어 오고 또 대궐에서 술을 관장하는 관원들이 만든 좋은 술을 여남은 병(瓶)만 얻어 오되, (그것이) 어떠하냐? 좋다는 말이야 (굳이) 이르랴? 누구를 시키어 가서 얻으라고 하랴? 光祿寺(광록사)에는 성(姓)이 이가(李哥)의 舘夫(관부)를 시키어 얻으러 가게 하고, 대궐에는 성(姓)이 최가(崔哥)의 서리(書吏)를 시키어 얻으러 가게 하자.

술을 얻으러 가던 이가 다 돌아왔다. 勘合(감합)이 있느냐 없느냐? (勘合을) 얻어서 가져 왔다. 내가 그 관청(衙門)에 가서 당상(堂上)께 이르니, 즉시 담당 관리를 불러서 勘合(감합)을 써서 즉시 도장을 찍어서 나를 주더라. (감합이) 어디 있느냐? 가져오라. 내가 보리라. 관원들이 글(= 감합)을 술을 주관하는 관청의 관원에게 맡겨 竹葉淸酒(죽엽청주) 열다섯 병과 腦兒酒(뇌아주) 다섯 통을 타게 하더라. 전례(前例) 같이 할 것이면 어느 정도(는) 줄 것이거늘 이제는 어찌 적으냐? 다 관원들이 깎아서 덜었구나. (그냥) 두어라. (그냥) 두어라. 던 것이 많지 않다.

한 쪽으로는 상을 펴라. 어떻게 펴랴? 맨 바깥의 한 줄은 열여섯 접시에 채소, 둘째의 줄 열여섯 접시엔 개암 · 잣 · 마른 포도 · 밤 · 용안 · 호두 · 여주, 셋째 줄의 열여섯 접시에는 감자 · 석류 · 정향배 · 앵두 · 살구 · 굵은 능금 · 유황살구 · 유황자두, 가운데는 사탕으로 짐승의 형상을 만든 것을 놓거나, 선인(仙人)이 사자를 타고 있게 만든 사탕을 놓고, 앞면 한 줄에는 거위 구운 것과, 물에 삶은 닭과, 제물에 볶은 돼지고기와, 비둘기를 구워 썬 것과, 발을 무르게 곤 것과, 생선을 찐 것과, 쇠고기를 구운 것과, 돼지의 창자를 볶은 것과, 앉은 (자리) 앞에 있는 첫(윗) 줄에 보배로 꾸민 꽃부리가 높은 꽃을 꽂고, 長三(장삼)이를 시키어 가서 教坊(교방)에 있는 여남은 樂工(악공)과 으뜸가는 정재인(呈才人)과 여러 가지의 광대들을 불러 오라.

저 얼음 담는 그릇 위에 한 덩이의 얼음 놓고 살구와 앵두와 여러 가지의 싱싱한 과실을 얼음을 담은 그릇 안에 담가 두면 가장 보기 좋으니라. 이제 벌써 拳杏(권행)을 팔 이가 있거니와 黃杏(황행)이 없고 大水杏(대수행)이 반만 익고 반만 선 것이 있다.

관원들이 다 왔다. 마른안주를 가져 오라. 이제 막 그 구운 고기를 가져 오라. 우리 먼저 두 차례만 순배 술을 먹거든 (그) 후에 상(床)을 잡으라. 풍류할 이들이 풍류하라. 노래를 부를 이는 불러서 앞에 나오라 하여, 그들(노래를 부를 이들)을 시켜 (노래를) 부르게 하라.

이제 상(床)을 들라. 탕(湯)을 바쳐라. 탕을 들(바칠) 이가 다 오라. 첫 번에 양을 무르게 고은 것과 蒸捲떡(증권떡)과 第二道(제이도) 金銀豆腐湯(금은 두부탕)【탕의 이름과 만드는 법은 알 수 없다. 한 구절이 집람(集覽)에 보인다.】第三道(제삼도) 鮮笋燈龍湯(선순 등룡탕)【탕의 이름과 만드는 법은 알 수 없다. 한 구절이 집람(集覽)에 보인다.】第四道(제사도) 三鮮湯(삼선탕)【탕의 이름과 만드는 법은 알 수 없다. 한 구절이 집람(集覽)에 보인다.】第五道(제오도) 五軟三下鍋(오연삼하과)【탕의 이름과 만드는 법은 알 수 없다. 한 구절이 집람(集覽)에 보인다.】第六道(제육도) 鷄脆芙蓉湯(계취 부용탕)【탕의 이름과 만드는 법은 알 수 없다. 한 구절이 집람(集覽)에 보인다.】다 깨끗한 각종 약(藥)을 들여 만든 고명을 두라. 일곱째의 번에는 분탕(粉湯)과 만두(를 두라). 관인(官人)들이 곧 각기 흩어지겠으니 빨리 술을 둘러서 가져오라. 말을 타면서 술을 마실 잔(盞)을 하나 바치겠라. 이제 타타르의 노래를 부르며 피리를 불어라.

오늘날에 우리 형제들이 화순(和順)한 까닭으로 황제(皇帝)의 크신 덕분(德分)에 술도 취(醉)하며 음식도 배부르다. 옛 사람이 이르되 술이 있으며 꽃이 피어 있는 때이니 눈앞에 즐기기를 할 것이라. 자식(子息)이 없고 손자(孫子)가 없으면 다 남의 것이 되겠으니 우리가 이제 즐기지 아니하고 무슨 일을 하겠느냐?

10. 飜譯小學

飜번譯역 小소學혹 卷권之지八팔 外외篇편

董仲舒(동중서)가 이르되, 仁(인)을 하는 사람은 옳은 일을 정대하게 하고, (자신에게) 이롭게 함을 꾀하지 아니하며, 도리를 밝히고, 공효(功效)를 헤아리지 아니하느니라. [8:1]

孫思邈(손사막)이 이르되, 膽(담)은 크고자 하고 마음은 적고자 하며, 지혜(知慧)는 원만하여 거리낄 데가 없고자 하고, 행적(行蹟)은 모가 나서 풀어지지 말고자 싶은 것이다. [8:1]

옛 말에 이르되 어진 것을 좇는 것이 높은 데 오름과 같고, 사나운 것을 좇는 것이 아래로 무너짐과 같으니라. [8:2]

孝友先生(효우 선생) 朱仁軌(주인궤)가 숨어 살면서 어버이를 효양(孝養)하더니, 일찍이 자제(子弟)를 가르쳐 이르되, 몸이 죽도록 (남에게) 길을 사양(辭讓)하여도 일백(一白) 걸음이 되도록 (길을) 둘러서 가지 아니하며, 몸이 죽도록 밭두렁을 사양(辭讓)하여도 (밭의) 한 귀퉁이도 잃음이 없을 것이니라. [8:2]

濂溪(염계) 周先生(주 선생)이 이르시되, 성인(聖人)은 하늘을 바라고, 현인(賢人)은 성인(聖人)을 바라고, 사(士)는 현인(賢人)을 바라니 [8:2]

伊尹(이윤)과 顔淵(안연)은 큰 어진 사람이다. 伊尹(이윤)은 제 임금이 堯舜(요순)과 같이 되지 못함을 부끄러워하며, 한 사람이나 제각기 살 처소(處所)를 얻지 못하였거든 시장에 감에 두들겨 맞음과 같이 여기고, 顔淵(안연)은 노(怒)한 마음을 옮기지 아니하며, 허물을 다시 아니 하며, 석 달을 仁(인)에 어긋나지 아니하였니라. [8:3]

伊尹(이윤)이 먹던 뜻을 내가 뜻을 먹으며, 顔淵(안연)이 배우는 바를 내가 배우면, 넘으면 곧 성인(成人)이 되고, 미치면 현인(賢人)이 되고, 미치지 못하여도 또 어진 이름을 잃지 아니하리라. [8:3]

성인(聖人)의 도(道)는 귀에 들며 마음에 담아 안에 쌓아 있는 것이 德行(덕행)이 되고, 밖에 행(行)하는 것이 事業(사업)이 되니, 저로써 글짓기만 하는 것은 더러우니라. [8:4]

仲由(중유)는 허물을 즐겨 듣는지라 어진 이름이 끝이 없더니, 이제의 사람은 허물이 있으면 사람(타인)이 경계(警戒)함을 즐겨 아니 하는 것이, (마치) 병(病)을 아끼어 의원을 꺼리어 차라리 몸이 죽어도 깨닫지 못하게 함과 같으니, 슬프구나. [8:4]

明道先生(명도 선생)이 이르시되, 성현(聖賢)의 일천(一千)의 말이며 일만(一萬)의 말이 다만 사람으로 (하여금) 이미 놓아 버린 마음을 가져다가 거두어, 다시 몸에 들이어 오게 하고자 할 따름이니, 스스로 능히 위로 찾아가 쉬운 일부터 배워서 위로 높은 도리에 통달할 것이니라. [8:4]

飜번譯역小쇼學혹 卷권之지九구 外외篇편

善行(선행) 第六(제육)

옛 사람의 어진 행적(行績)을 말한 여섯째 編(편)이다.

呂滎公(여영공)의 이름은 希哲(희철)이고 字(자)는 原明(원명)이니, 申國(신국) 正獻公(정헌공)의 맏아들이다. 正獻公(정헌공)이 집에서 사시되, 간략(簡略)ᄒᆞ며 지중(至重)하며, 잡일을 아니 하며 잡말을 아니 하여, 늘 세상의 일로 마음에 생각하지 아니하더니, 申國(신국)의 夫人(부인)이 성품(性品)이 엄정(嚴正)하고 법에 맞아서, 비록 심히 呂滎公(여영공)을 사랑하여도, 늘 가르치시되 일마다 법대로 하게 하시더라. [9:1]

겨우 열 살 먹어서, 몹시 추운 때이며 덥고 비 오는 때에도 (어르신을) 모셔, 날이 저물도록 서서, (어르신이) 앉아라 아니 하시거든 앉지 아니하시더라. 날마다 반드시 冠帶(관대)를 하여 어르신을 모시며, 늘 비록 가장 더운 때라도 부모와 어르신의 곁에 있을 때는, 고깔과 버선과 행전(行纏)을 벗지 아니하여, 衣服(의복)를 갖추고 조심하여 계시더라. [9:2]

걸음을 걸어 나들이 할 적에, 차 파는 데와 술 파는 데 들지 아니하며, 시장과 마을에의 말(言)과 鄭(정나라)과 衛(위나라)의 두 나라의 淫蕩(음탕)한 風流(풍류)의 소리를 한 번도 귀에 지나게 하지 아니하며, 바르지 아니한 잡글과 예(禮)에 맞지 아니한 빛을 한 번도 눈에 붙이지 아니하더라. [9:3]

正獻公(정헌공)이 潁州(영주)의 고을 通判(통판)이라는 벼슬하였거늘, 歐陽(구양) 文忠公(문충공)이 마침 그 고을의 '知州(지주) 事(사)'라는 벼슬을 하였더니, 焦先生(초 선생)의 이름은 千之(천지)이고 자(字)는 伯強(백강)이라는 사람이, 文忠公(문충공)에게 손님이 되어서, 엄하고 굳세며 方正(방정)하거늘, 正獻公(정헌공)이 불러 맞아다가 모든 자식을 가르치라 하시니, 모든 제자들이 조금이나 잘못하는 일이 있거든, 선생이 단정히 앉아 불러 더불어 마주 앉아서, (날이) 저물며 새도록 있어도 더불어 말씀을 아니 하다가, 모든 제자들이 두려워하여 "잘못하였구나." 하여야, 선생이 그제야 말씀이며 낯빛을 잠깐 나직이 하시더라. [9:4]

呂滎公(여영공)이 그때에 때마침 여남은 살을 먹었더니, 안에서는 正獻公(정헌공)과 申國夫人(신국 부인)이 가르치는 것이 이렇듯이 엄정하고, 밖에서는 焦先生(초 선생)이 어진 일로 이끌어 감이 이렇듯이 도타우므로, 公(공)의 유덕한 器量(기량)이 이루어져, 보통의 사람보다 매우 다르시더라. 呂滎公(여영공)이 일찍이 이르시되, "사람이 나서 안으로는 어진 아비와 형이 없으며, 밖으로는 엄한 스승과 벗이 없고(서), 능히 어질게 될 사람이 적으니라." 하시더라. [9:5]

呂滎公(여영공)의 아내 張夫人(장부인)은 待制(대제)의 벼슬을 한 (이름은) 昷之(온지)의 막내딸이니, (昷之가 막내딸을) 매우 사랑하여도 늘 매우 작은 일이라도 가르치는 것에 반드시 법도(法度)가 있더니, 먹고 마시는 것과 같은 일에도 밥과 국은 다시 더 주라 하고, 고기는 다시 더 주지 아니하더니, 그때에 張昷之(장온지)가 이미 待制(대제)의 벼슬을 하여 河北都轉運使(하북도전운사)가 되었더라. [9:6]

長夫人(장부인)이 呂氏(여씨)의 집에 며느리가 되어 오니, 長夫人(부인)의 어머님은 申國夫人(신국부인)의 형님이니, 하루는 몸소 딸을 보러 와, 방 뒤에 가마솥과 같은 것이 있거늘, 보고 매우 즐기지 아니하여, 申國夫人(신국부인)에게 이르되, "어찌 어린 아이들로 사사로운 飮食(음식)을 만들어 먹게 하여 가문(家門)의 법(法)을 헐어 버리느냐?" 하니, 그 엄정(嚴正)함이 이러하더라. [9:7]

11. 小學諺解

小쇼學혹諺언解히 卷권之지一일

內닉篇편

입교(立教) 第一(제일)이다.

가르침을 세움이니 차례(次例)에 첫째이다.

子思子(자사자)【子思(자사)는 자(字)이고 이름은 伋(급)이니 孔子(공자)의 손자(孫子)이다. 아래의 子(자)의 자(字)는 존칭하는 말이다.】가 이르시되, "하늘이 命(명)하신 것을 이른 것이 性(성)이고, 性(성)을 좇는 것을 이른 것이 道(도)이고, 道(도)를 닦는 것을 이른 것이 教(교)이다." 하시니, 하늘의 밝은 것을 본받으며 성인(聖人)의 法(법)을 좇아 이 編(편)을 만들어, 스승 된 이로 하여금 가르칠 바를 알게 하며 제자(弟子)로써 배울 바를 알게 하노라. [1:1]

烈女傳(열녀전)【옛날 여자의 사실(事實)을 기록한 책이다.】에 가로되, 옛날 여자가 자식을 배어 있을 때, 잘 때 (몸을) 기울이지 아니하며, 앉음에 가에 치우치지 아니하며, 일어섬에 한 발을 기울게 디디지 아니하며 사특(邪慝)한 맛을 먹지 아니하며, 벤 것이 바르지 아니하거든 먹지 아니하며, 자리가 바르지 아니하거든 앉지 아니하며 눈에 사특한 빛을 보지 아니하며, 귀에 음란한 소리를 듣지 아니하고, 밤이거든 소경으로 하여금 모시(毛詩)를 외게 하며, 正(정)한 일을 이르더니라. 이렇듯이 하면 낳은 자식이 모습이 端正(단정)하며, 재주가 (딴) 사람에게 넘으리라. [1:2]

內則(내칙)【禮記篇(예기편)의 이름이다.】에 가로되, 무릇 자식을 낳음에 모든 어미와 함께 可(가)한 사람에서 가리되, 반드시 그 드넓고 크며, 너그러우며 자상하고 은혜로우며 온화하고 어질며 공손하고 조심하며 삼가고 말이 적은 이를 구하여, (그로) 하여금 자식의 스승을 삼을 것이니라. [1:3] 자식이 能(능)히 밥을 먹거든 가르치되 오른손으로써 하게 하며, 能(능)히 말하거든 남자는 빨리 대답하고 여자는 느직이 대답하게 하며, 남자의 띠는 가죽으로 하고 여자의 띠는 실로

할 것이니라. [1:3] 여섯 해거든 셈(算)과 함께 방소(方所)의 이름을 가르칠 것이니라. [1:4] 일곱 해거든 남자와 여자가 자리를 한가지로(함께) 아니 하며 먹기를 함께 아니 할 것이니라. [1:4] 여덟 해거든 門(문)과 戶(호)에 나며 들어옴과 자리에 나아가며 마시고 먹음에, 반드시 어른의 후에 하여 비로소 사양하기를 가르칠 것이니라. [1:4] 열 해거든 나가서 밖의 스승에게 나아가 밖에서 있으며, 자며 글쓰기며 계산을 배우며, 옷을 비단으로써 핫옷과 고의를 아니 하며, 禮(예)를 처음 가르친 대로 좇아(따라) 하며, 아침저녁에 젊어서 할 예모(禮貌)를 배우되 간이(簡易)하고 신실(信實)한 일로 請(청)하여 익힐 것이니라. [1:4] 열이고 또 세 해거든 음악을 배우며 모시(毛詩)를 외우며 勺(작)으로 춤추고, 아이가 다 자라거든 象(상) 【勺象(작상)은 다 樂章(악장)이다.】 으로 춤추며 활쏘기와 어거하기를 배울 것이니라. [1:5] 스물 해거든 가관(加冠)하여 비로소 禮(예)를 배우며, 可(가)히 가죽옷과 비단을 입으며, 大夏(대하) 【樂章(악장)이다.】 로 춤추며, 효도함과 공손함을 도타이 行(행)하며, 널리 배우고 가르치지 아니하며, 속에 두고 내지 아니할 것이니라. [1:5] 서른이거든 아내를 두어 비로소 남자의 일을 다스리며, 널리 배워 자리를 가리지 않고 행하며, 벗에게 겸손히 하되 그 뜻을 볼 것이니라. [1:6] 마흔에 비로소 벼슬하여 일에 맞추어 계교(計巧)를 내며, 사려(思慮)를 베풀어서 道(도)가 맞거든 일을 하여 좇고, 可(가)하지 아니하거든 나갈 것이니라. [1:6]

쉰에 命(명)으로 대부(大夫)가 되어 관청의 정사를 맡아 하고, 일흔에 일을 도로 (나라에) 드릴 것이니라. [1:6]

12. 東國 新續 三綱 行實圖

介白斷指

유학(幼學) 이개백(李介白)은 양성현(陽城縣)의 사람이니 젊어서부터 효행(孝行)이 있더니, 자람에 이르러 부모(父母)가 다 오래 병들었거늘 개백이 곁에 떠나지 아니하여 앉으며 누우며 음식이며 오줌똥 눌 때 반드시 붙잡아 일곱 해에 이르도록 게을리 아니하더니, 어미가 죽거늘 슬퍼함을 예(禮)에 넘게 하고 영장(永葬)함에 이르러 시묘(侍墓) 살아 죽만 먹더라. 아비가 병이 중(重)하거늘, 똥을 맛보고 손가락을 베어 약에 따서 바쳤는데 병이 즉시 좋아졌느니라. 아비의 거상(居喪)을 한결같이 전상(前喪)대로 하니, 전후 여섯 해를 한 번도 집에 이르지 아니하였느니라. 탈상(脫喪)하고 매일 새벽 어스름에 사당(祠堂)에 뵙고 나며 들 때 또 그리 하더라. 공헌대왕(恭憲大王)의 상사(喪事)에 심상(心喪)을 삼 년 하고, 인성(仁聖), 인순(仁順)의 상(喪)에 다 소(素)하거늘 기년(期年)을 하였느니라. 금상(今上)의 조(朝)에 정문(旌門)하셨느니라.

勇男活母

류용남(劉勇男)은 충주(忠州)의 사람이다. 성품(性品)이 지극한 효(孝)이더니 나이 아홉 살에 할아버지의 상사(喪事)를 만나 그 부모가 흰 옷 입은 것을 보고 이르되, "부모가 거상(居喪)의 옷을 입었는데 자식이 홀로 (거상의 옷을 입지) 아니함이 마음에 편하랴?" 하고 고기를 먹지 아니하고, 조석(朝夕)에 제(祭)를 도와 삼 년을 마쳤다. 임진왜란(壬辰倭亂)을 만나 그 어머니와 더불어 수풀 아래 엎드렸더니, 도적이 이르러 장차 그 어머니를 해하려 하거늘 용남이 손으로 그 어머니를 붙들고 이르되, "차라리 나를 죽이고 늙은 어머니는 해하지 말라." 하니, 도적이 둘 다 놓아주었느니라. 금상(今上)의 조(朝)에 정문(旌門)하셨느니라.

柳橿同死

충의(忠義) 위유강((衛柳橿)은 안음현(安陰縣)의 사람이니 정유왜란(丁酉倭亂)에 온 집 사람이 황석산성(黃石山城)에 들었더니, 성(城)이 항복(降服)하거늘 강(橿)이 그 어머니를 업고 성에 나가 그 아우 가(榎)로 하여금 붙들어 가게 하고 도로 도적 가운데 들어가 또 아버지를 업어 나오더니, 아버지가 면하지 못할 줄을 알고 이르되, "나는 (죽음이) 결정되었으니 네가 그 먼저 나가라." 하니 강이 울고 가지 아니하여 이르되, "아버님이 여기 계시는데 자식이 나간들 어디로 가리오?" 하고 드디어 한가지로 한 칼에 죽었느니라. 금상(今上)의 조(朝)에 정문(旌門)하셨느니라.

世民代父

사노(私奴) 이세민(李世民)은 서울 사람이니 아버지가 사수(射手)로서 부전(赴戰)할 때 세민이 그 아버지에게 일러 말하되, "아버지가 독자(獨子)로 또 늙은 어머니가 있으니, 이제 만일 멀리 나가면 할머니가 어디에 의뢰(依賴)하리오? 자식이 반드시 대행(代行)하리라." 아버지가 허락하지 아니하니 세민이 스스로 병조(兵曹)에 나아가 부르짖어 아뢰니 (병조에서) 허(許)하거늘, 세민이 부모에게 일러 말하되, "싸움을 이기고 오면 큰 공을 세우고, 만일 불행(不幸)하면 맹세코 이 도적으로 더불어 함께 살지 아니하리라." 하고 달려 충주(忠州)에 이르러, 관군(官軍)이 다 헤어지니 세민이 혼자 활을 당겨 도적을 쏘다가 마침내 해(害)함을 당하였느니라. 금상(今上)의 조(朝)에 정문(旌門)하셨느니라.

后稷墓諫

김후직(金后稷)은 경주부(慶州府)의 사람이니, 신라 진평왕(眞平王)이 사냥을 좋게 여기거늘 후직이 간절히 간(諫)하되 듣지 아니하더니, 장차 죽을 때 그 아들에게 일러 말하되 "내 인신(人臣)이 되어 능히 임금의 악(惡)을 바로 구하지 못하니, 내가 죽거든 모름지기 왕이 놀며 사냥하는 길가에 묻어라." 하거늘, 그 아들이 (그 말을) 좇았느니라. 다른 날에 왕이 사냥 나가므로 중로(中路)에 소리가 있어 말하되 "군왕은 가지 마소서." 하거늘 왕이 돌아서 물으니 (왕을) 따른 사람이 말하되 "김후직의 무덤입니다." 드디어 죽을 때의 말을 베푸니, 대왕이 애처롭게 눈물을 흘리고 몸이 마치도록 다시 사냥을 아니 하니 사람이 이르되 "분묘(墳墓)가 간(諫)하였다." 하였느니라.

溫達誓衆

온달(溫達)은 평양부(平壤府) 사람이다. 양강왕(陽岡王)의 작은 딸이 스스로 중매(仲媒)하여 온달의 아내가 되었더니, 후주(後周)의 무제(武帝)가 요동(遼東)을 치므로 (온달이) 선봉(先鋒)이 되어 분노(奮怒)하여 쳐서 크게 이기니, 왕이 대형(大兄)의 벼슬을 주었더니, 평강왕이 즉위하매 온달이 여쭈어 이르되, "신라가 우리 한북(漢北) 땅을 베어서 군현(郡縣)을 삼아 있으니, 원컨대 대왕이 신에게 '불초(不肖)하다.' 마시고 군사(軍士)를 주어서 가게 하시면, 반드시 내가 땅을 다시 가지겠습니다." 왕이 허락하시거늘, 온달이 임행(臨行)에 맹세하여 말하되, "계립현(鷄立峴) 죽령(竹嶺)으로부터 서쪽이 나에게 아니 오면 돌아오지 아니하리라." 드디어 (온달이) 신라(新羅) 사람과 더불어 아단성(阿旦城) 아래서 싸우다가 흐르는 화살에 맞은 바가 되어서 죽었느니라.

象賢忠烈

부사(府使) 송상현(宋象賢) 은 서울 사람이니, 임진왜란에 동래(東來) 부사를 하여 성(城)을 지키어 힘이 지탱 못하여, 손수 두어 글자를 쥐었던 부채에 써서 따른 사람으로 하여금 자기의 아버지에게 전(傳)하여 이르되, "달무리 같이 싸인 외로운 성에 도적을 막을 묘책(妙策)이 없으니, 이러한 때에 당(當)하여는 부자(夫子)의 은(恩)은 경(輕)하고 군신(君臣)의 의(義)는 중(重)하다." 하였다. 함성(陷城)함에 상현이 관대(冠帶)를 정제(整齊)하고 북쪽으로 바라보며 재배(再拜)하고 꼿꼿이 앉아서 죽으니 그 첩(妾)이 또 사절(死節)하거늘 도적의 장수(將帥)가 그 의(義)를 감격하여 "주검을 거두어 합장하고 입표(立標)하였느니라. 그 때에 밀양(密陽) 사람인 노개방(盧盖邦)이 고을의 교수(教授)가 되어 성묘(聖廟)와 위판(位版)을 모셔서 성에 들어 마찬가지로 죽었느니라. 소경대왕(昭敬大王)이 이조판서(吏曹判書)를 증(贈)하시고 금상(今上)의 조(朝)에 정문(旌門)하셨느니라.

吉元抗賊

현감(縣監) 신길원(申吉元)은 서울 사람이니, 임진년(壬辰年)에 문경(聞慶) 고을의 원(員)으로서 왜적(倭賊)에게 잡혀서, 도적(盜賊)이 환도(環刀)를 빼어 협박(脅迫)하여 이르되 "네가 고을의 원이니 말달리기를 잘하는가?" 길원이 이르되 "내가 선비니 어찌 능히 말을 달리리오?" 도적이 또 협박하여 이르되, "네가 빨리 항복하고 이름을 두라." 길원이 또 굴(屈)하지 아니하니, 또 "길을 가리키라." 하거늘 "알지 못한다." 하고 뻗대고 손으로 목을 가리키며 이르되 "빨리 베라." 하고 꾸짖기를 입에 그치지 아니하니, 도적의 장수가 크게 노하여 한 팔을 베고 이르되 "길을 가리키지 못하겠느냐?" 길원이 이르되 "팔 없는 사람이 무슨 일을 하리오?" 도적이 (길원을) 갈기갈기 베었다. 금상(今上)의 조(朝)에 정문(旌門)하셨느니라.

薛氏貞信

설씨(薛氏)는 경주부(慶州府) 사람이니, (설씨의) 아버지가 나이가 늙어 부방(赴防)에 당(當)하였거늘, 소년(少年) 가실(嘉實)이라고 하는 이가 원(願)하여 "대행(代行)하고 싶다." 하거늘, (설씨의) 아버지가 이르되, "원(願)컨대 (내) 딸로써 (당신을 위하여) 키와 빗자루를 받들게 하리라." 이에 가실이 기약(期約)을 청(請)하니 설이 이르되, "첩(妾)이 이미 마음으로써 허(許)하였으니, 죽음이 있을지언정 변(變)함이 없으리라. (저의 아버지를) 대신하고 돌아와 성례(成禮)함이 늦지 아니하느니라." 이에 거울을 부수어 신표(信標)를 삼아서 (깨어진 조각) 하나를 가지고 있었다. 드디어 (가실이 부방을) 대행하여 여섯 해에 돌아오지 아니하니, (설씨의) 아버지가 (설씨에게) 이르되, "처음에 삼 년으로 기약(期約)하였으니 가히 다른 겨레(사람, 族)에 돌려보낼 것이라." 설이 감히 좇지 아니하니 아버지가 강제(强制)하여 마을 사람에게 혼인(婚姻)시키려 하거늘, 설이 굳이 (아버지의 말을) 거슬렀다. 이에 가실이 와서 부순 거울을 가지고 들이닥치니, 드디어 다른 날로 언약(言約)하여 예(禮)를 이루었느니라.

文氏墜崖

문씨(文氏)는 광산현(光山縣)의 사람이니 강호문(康好文)의 아내다. 신우(辛禑) 무진년(戊辰年)에 왜(倭) 도적이 (문씨가) 사는 (곳) 마을에 달려드니, 문씨가 잡힘을 당하여 도적이 목을 매어 핍박(逼迫)하여 (문씨로) 하여금 앞서서 가게 하니, 문씨가 (죽음을) 면(免)치 못할 줄을 알고, 이에 어린 아이를 보자기에 싸서 나무 그늘에 두고, 큰 아이에게 일러 말하되 "너 또한 여기에 있어라. 장차 보호할 이가 있으리라." 아이가 억지로 (어머니의 말을) 좇았다. (문씨가) 가서 석벽 벼랑 위에 이르니 높이가 가히 일천 자이다. 문씨가 (자기와) 마찬가지로 잡힌 마을 여자에게 일러 말하되, "도적에게 더럽히고 살아 있음보다 몸을 깨끗이 하여 죽음에 나아감만 같지 못하다." 하고, 이에 몸을 떨쳐서 떨어지니 도적이 아이를 죽이고 갔다. 절벽 아래 담쟁이덩굴이 있어서 (윤씨가) 죽지 아니함을 얻었느니라.

千玉節行

사비(私婢)인 천옥(千玉)은 박천군(博川郡)의 사람이니 의원(醫員)인 유극순(劉克純)의 첩이다. 임진왜란에 남편이 평양 싸움에 가서 죽거늘, 천옥이 (그 사실을) 듣고 기절(氣節)하였다가, 다시 깨어 도적의 진영(陣營)에 가서 몸소 지아비의 주검을 찾았는데, (주검을) 얻지 못하여 장차 물에 달려들고자 하거늘, 마을 사람이 달려가 구하여 능히 (죽음을) 면(免)하였다. 인(因)하여 그 지아비가 평생(平生) 벤 손톱과 떨어진 수염과 머리털을 가져다가 주머니 가운데 담고, 또 그 머리털을 베어서 함께 봉(封)하여 염습(殮襲)하여 관에 넣고, 몸에 거상(居喪) 옷을 입고 흙을 져서, 사절(四節)에 새 옷을 지어서 분묘(墳墓) 앞에 가서 불을 지르더라. 소경대왕(昭敬大王)의 조(朝)에 정문(旌門)하셨느니라.

李氏至行

이씨(李氏)는 서울 사람이니, 병사(兵使) 윤열(尹說)의 아내이고 '증 영의정 광안 부원군(贈 領議政 廣安府院君)'인 이우선(李友善)의 딸이다. 어버이 섬김을 지성(至誠)으로 하고 친상(親喪)의 예법(禮法)을 한결같이 좇고, 형제(兄弟)를 사랑하며 조카를 어여삐 여기며 친척(親戚)과 화합(和合)하기를 그 정(情)을 극진(極盡)히 하더라. 지아비가 죽거늘 삼 년 곡읍(哭泣)을 초상(初喪)과 다름이 없더라. 탈상(脫喪)하고 이제 십 년이 이르도록 거상(居喪)의 옷과 소밥을 변하지 아니하며, 여러 번 큰 병을 지내되 오히려 종권(從權)을 아니 하여 이르되 "내 부모 없고 자식 없으니 다만 쉽게 죽어 지아비를 좇음을 원하노라." 슬피 서러워함이 비록 심하되 제(祭)를 반드시 친행(親行)하고, 가계가 비록 가난하되 제(祭)를 풍결(豊潔)히 함을 힘써 하며, 지아비의 첩과 얼자(孼子)의 대접(待接)을 한결같이 지아비 생시(生時)같이 하더라. 금상(今上)의 조(朝)에 정문(旌門)하셨느니라.

13. 五倫 行實圖

薛包洒掃 漢

설포(薛包)는 한(漢)나라의 여남(汝南) 사람이니, 아버지가 후처(後妻)를 취(取)하매 포(包)를 미워하여 내치거늘, 포가 밤낮으로 부르짖어 울며 가지 아니하더니, 매 맞기에 이르러는 말지 못하여 집 밖에 막을 의지하고 있어서 일찍이 들어와 쓰레질하니, 아버지가 노하여 또 구축(驅逐)하거늘, 이문(里門)에 막을 의지하고 신혼(晨昏)【부모(父母)께 조석(朝夕)으로 뵈는 예(禮)이다.】을 폐(廢)

하지 아니하여 한 해 남짓이 되니, 부모가 부끄러워서 도로 데려왔느니라.

부모가 죽으매 아우가 재물(財物)을 나누어 각각 살기를 구(求)하거늘, 말리지 못하여 노비(奴婢)는 늙은 것을 잡아 가로되 "나와 더불어 한가지로 일한 지가 오래니 너는 능히 내가 부리지 못하리라." 하고, 밭과 집은 거친 것을 가지며 가로되 "내 젊었을 때 다스리던 것이라서 마음에 권련(眷戀)한다." 하고, 기물(器物)은 썩고 상한 것을 가지며 가로되 "내 본디 쓰고 먹던 것이라 몸과 입에 편한 것이다." 하고, 동생이 자주 가산(家産)을 파(破)하매 문득 다시 이어 주더라. 안 황제(安皇帝)가 불러 시중(侍中)의 벼슬을 시키셨다.

崔氏奮罵　高麗

최씨(崔氏)는 고려 때 영암(靈巖)의 선비인 인우(仁祐)의 딸이니, 진주(晉州)의 호장(戶長)인 정만(鄭滿)의 처(妻)가 되어 네 자녀(子女)를 낳고 살더니, 왜적(倭賊)이 진주를 치니 고을 사람이 다 달아나는 것이다.

정만은 서울에 가고 도적이 여염(閭閻)에 들어오니 최씨가 나이가 젊고 자색(姿色)이 있더니, 여러 자식(子息)을 데리고 산중(山中)에 피란(避亂)하였다가 도적(盜賊)을 만나 칼로 위협하고 겁박(劫迫)하려 하니 최씨가 나무를 안고 꾸짖어 가로되 "도적에게 (나의 몸을) 더럽히고 사느니 차라리 죽으리라." 하고 꾸짖기를 그치지 아니하는데, 도적이 드디어 나무 아래에서 죽이고 두 자식을 잡아가니, 셋째 아들 습(習)은 나이가 겨우 육(六) 세(歲)이다. 주검 곁에서 울고 강보에 (있는) 아이는 오히려 기어가 젖을 빨아먹으니, 피가 흘러 입으로 드는 것이다. 그 아이 즉시 죽었느니라. 그 후 십 년 만에 감사(監司)인 장하(張夏)가 나라에 장계(狀啓)하여 정문(旌門)을 하고, 습(習)의 (세납의) 구실을 덜어 주었느니라.

女宗知禮　宋

여종(女宗)은 송(宋)나라 포소(鮑蘇)의 아내다. 지아비가 위(魏)나라에 가서 삼 년을 벼슬하여 다른 처(妻)를 취(取)하니, 여종이 시어머니를 봉양(奉養)함을 더욱 공경(恭敬)하고, 그 지아비에게 문안(問安)할 때 다른 아내에게 재물(財物)을 후(厚)히 보내니, 동서(同壻)가 가로되 "지아비가 이미 다른 이를 사랑하거늘 그대가 어찌 머물러 있느냐?" 여종이 가로되 "여자가 한 번 혼인(婚姻)함에 지아비가 죽어도 절개(節槪)를 고치지 아니하고, 길쌈하며 음식(飮食)을 갖추어 시부모를 섬기느니, 어찌 지아비의 사람이 전일(全一)하지 못하므로 마음을 고치리오? 칠거(七去) 【아내를 내칠 죄(罪)의 일곱이다.】 지악(之惡)에 시샘이 으뜸이다. 나로 하여금 으뜸의 죄를 범(犯)하라 하는가?" 하고 시어머니를 섬기기를 더욱 삼가니 송나라의 임금이 듣고 그 집을 정문(旌門)하고 이름하여 가로되 "여종(女宗)이다." 하였느니라.

許武自穢 漢

허무(許武)는 한(漢)나라 양연(陽羨) 사람이니, 회계(會稽) 태수(太守)인 제오륜(第五倫)이 천거(川渠)하여 벼슬을 시키니, 무(武)가 그 두 아우가 현달(顯達)하지 못하므로 이름을 내려 하여, 이에 아우에게 이르되 “분재(分財)하여 각각 살기는 응당 한(一) 도리(道理)다.” 하고, 가산(家産)을 삼분(三分)으로 나누어, 무(武)는 좋은 밭과 너른 집과 건장(健壯)한 종을 가리어 가지고 두 아이는 못 쓸 것을 주니, 향중(鄕中) 사람이 다 무(武)의 탐(耽)함을 더럽게 여기고, 두 아우가 능히 사양(辭讓)함을 칭찬하니, 이로 말미암아 두 아우가 다 벼슬을 얻으니, 무(武)가 종족(宗族)을 모으고 울며 가로되 “내가 형(兄)이 되어 불초(不肖)한 것이다. 이름과 벼슬을 외람되게 얻었으되 아우는 자람에 홀로 영화(榮華)를 보지 못하니, 내 그러므로 분재(分財)함을 구(求)하여 스스로 꾸짖음을 취(取)하였더니, 이제는 내 가산(家産)이 늘어 전(前)보다 삼(三) 배(倍)나 더하였노라.” 하고, 다 그 아우를 나누어 주고 하나도 가지지 아니하니, 일읍(一邑) 사람이 비로소 그 어짊을 칭찬하더라.

棘薩爭死 南北朝宋

손극(孫棘)은 송(宋)나라 팽성(彭城)의 사람이니, 어머니를 지효(至孝)로 섬기더니, 어머니가 임종(臨終)에 어린 아들을 극에게 부탁(付託)하였더니, 나라가 군정(軍丁)을 조발(調發)하므로, 그 아우가 군정(軍丁)에 뽑히어 가다가 기약(期約)을 미치지 못하니 죽을 죄이다.

극이 관가(官家)에 나아가 고(告)하되 “내가 가장(家長)이 되어 아우로 하여금 (기약에) 미치어 가지 못하게 하니, 백 번 죽어 마땅한 것이다. 청(請)컨대 극의 몸으로 아우를 대신(代身)하고 싶다.” 하니 아우 또 스스로 죄를 당(當)하거늘, 태수(太守)가 그가 성실(誠實)하지 아니한가 의심(疑心)하여, 형제(兄弟)를 각각 두고 이르되 “네 원(願)대로 하리라.” 하니, 다 기뻐하는 빛이 있어 죽기를 어려워 아니하고, 극의 아내 허씨(許氏) 또 극에게 말을 붙여 가로되 “그대가 우리 가문(家門)을 맡았으니, 어찌 (나이가) 적은 아우에게 죄(罪)를 이루리오? 또 시어버이가 임종(臨終)에 소랑(小郞: 손극의 아우)을 그대에게 맡겼거늘 끝내 (소랑이) 혼인(婚姻)도 못하고, 그대는 이미 두 자식(子息)이 있으니 죽은들 무엇을 한(恨)하리오?” 하니, 태수(太守)가 듣고 나라에 주문(奏文)하니, 천자(天子)가 조서(詔書)하여 특별히 죄를 사(赦)하시고 다 비단을 주시고 고을로 불러 “쓰라.” 하셨다.

吳郭相報 唐

오보안(吳保安)은 당(唐)나라 위주(魏州)의 사람이니, 곽중상(郭仲翔)과 더불어 한 마을에서 살다가, 중상이 요주(姚州)의 도독(都督)인 이몽(李蒙)의 판관(判官)이 되어 보안의 궁박(窮迫)함을 불쌍히 여겨, 이몽(李蒙)에게 힘써 천거(薦擧)하여 장서기(掌書記)의 벼슬을 하였더니, 후(後)에 중상이 남방(南方) 오랑캐에게 잡히어, (오랑캐들이) "비단 일천 필(匹)을 받고 (중상을) 놓을 것이다." 하거늘, 보안이 속(贖)하여 내고자 하되, 값(돈)이 없으니 힘써서 장사질하여 십 년 만에 비단 칠백 필을 얻고, 처자(妻子)는 같이 수주(遂州) 땅에 붙이어 있어서 두루 보안의 있는 곳을 찾다가 요주(姚州)에서 몸이 지쳐 능히 나아가지 못하더니, 도독(都督)인 양안거((楊安居)가 그 일을 알고 괴이(怪異)히 여겨 위(爲)하여 보안을 찾아 얻으니, 안거가 청(請)하여 일러 가로되 "그대가 집을 버리고 벗의 환란(患亂)을 급히 여기며 이토록 하느냐? 청(請)컨대 재물(財物)을 내어 그대 부족(不足)한 것을 도우리라." 보안이 크게 기뻐하여 비단을 가져 오랑캐를 주고 중상을 얻어 돌아오니, 후(後)에 중상이 모상(母喪)을 만나 삼 년을 마침에 탄식(歎息)하여 가로되 "내 오공(吳公)에게 힘입어 살아 있는 것이다. 이제는 어버이 없으니 가히 내 뜻을 행하리라." 하고, 이때에 보안이 팽산승(彭山丞)의 벼슬에서 죽고 그 아내도 또한 죽어 능히 치상(治喪)하여 돌아오지 못하니, 중상이 위(爲)하여 복(服)을 입고 주검을 거두어 지고 돌아와 장사(葬事)를 마침에 삼 년을 수묘(守墓)하고 보안의 아들을 맞아 장가들이고 벼슬을 사양(辭讓)하여 주었느니라.

侯可求醫 宋

후가(侯可)는 송(宋)나라의 화주(華州) 사람이다. 화원(華原)의 원(員)을 하니 젊은 때 전안(田顔)과 사귀었더니, 전안이 병(病)이 중(重 병(病 천리(千里)에 가 의원(醫員)을 구(求)하여 돌아오지 못하여서, 전안이 죽어 눈을 감 의원(하거늘, 사람이 이르되 "후가(侯可)를 기다려 그러함이냐?" 장차 염(殮)함에 후가가 이르러 손으로 만지니 눈을 감았느니라.

전안이 자식(子息)이 없어 장사(葬事)를 못하여 하거늘, 후가가 신근(辛勤)히 백(百) 가지로 경영(經營)하여 옷을 팔아 역사(役事)를 도와 마침내 장사(葬事)하였더니, 그때 날이 추운 것이다. 후가가 홑옷을 입고 있더니 백금(白金)을 주는 사람이 있거늘, 전안의 누이가 처녀(處女)로 있는 줄을 알고 그 금(金)을 주어 혼구(婚具)를 도왔느니라.

하루는 멀리 나갔다가 돌아오니 집에서 군핍(窘乏)함을 고(告)하더니, 때마침 벗인 곽행(郭行)이 와 문(門)을 두드려 이르되 "내 아버지가 병들어 의원(醫員)에게 청(請)하니, 돈을 많이 달라 하되 내 집을 팔아도 모자라겠구나." 하니, 후가가 불쌍히 여겨 행장(行裝)에 남은 것을 헤아리니 거의 그 수(數)를 당(當)할 것이다. (행장에 남은 것을) 다 주니 관중(關中) 사람이 다 그 어짊을 칭찬하더라.

14. 독닙신문

광고

독립신문이 본국과 외국 사정을 자세히 기록할 것이요, 정부 속(안)과 민간(의) 소문을 다 보고 할 것이다. 정치상 일과 농사, 장사, 의술상의 일을 얼마만큼씩 이 신문상(에) 매일 기록함. 값은 일 년에 일 원 삼십 전, 한 달에 십이 전, 한 장에 동전 한 푼. 독립신문 분국이 제물포, 원산, 부산, 파주, 송도, 평양, 수원 강화 등지에 있더라.

신문을 달(月)로 정하든지 일 년간으로 정하여 사 보고 싶은 이는 정동 독립신문사로 와서 돈을 미리 내고 성명과 집이 어디라고 적어 놓고 가면 하루 걸러 신문을 보내 줄 것이니, 신문을 보고 싶은 이는 속히 성명을 보내기 바람.

물론 누구든지 물어볼 말이 있든지 세상 사람에게 하고 싶은 말이 있으면, 이 신문사로 간단하게 구절을 떼어서 편지하면, 대답할 만한 말이든지 신문에 낼 만한 말이면 대답할 것이요, (신문에) 내기도 할 것임. 한문으로 한 편지는 당초에 상관 아니함.

경향 간에 물론 누구든지 길거리에서 장사하는 이가 이 신문을 가져다가 놓고 팔고자 하거든, 여기 와서 신문을 가져다가 팔면 열 장에 여덟 장만 셈하고 백 장에 여든 장만 셈함.

논설

우리가 독립신문을 오늘 처음으로 출판하는데, 조선 속(안)에 있는 내외국 인민에게 우리 주의를 미리 말씀하여 아시게 하노라.

우리는 첫째 편벽되지 아니한 고로 무슨 당에도 상관이 없고, 상하(上下) 귀천(貴賤)을 달리 대접 아니 하고, 모두 조선 사람으로만 알고 조선만 위하며 공평히 인민에게 말 할 터인데, 우리가 서울 백성만 위할 게 아니라 조선 전국 인민을 위하여 무슨 일이든지 대언(代言)하여 주려 함. 정부에서 하시는 일을 백성에게 전할 터이요, 백성의 정세를 정부에 전할 터이니, 만일 백성이 정부 일을 자세히 알고 정부에서 백성의 일을 자세히 아시면, 피차(彼此)에 유익한 일 많이 있을 터이요, 불평한 마음과 의심하는 생각이 없어질 터임. 우리가 이 신문 출판하기는 취리(取利)하려는 게 아닌 고로, 값을 헐하도록 하였고 모두 언문으로 쓰기는 남녀 상하 귀천이 모두 보게 함이요, 또 구절을 떼어 쓰기는 알아보기 쉽도록 함이다. 우리는 바른 대로만 신문을 할 터인 고로 정부 관원이라도 잘못하는 이가 있으면 우리가 말할 터이요, 탐관오리들을 알면 세상에 그 사람의 행적(行績)을 알릴 터이요, 사사(私私)로운 백성이라도 무법한 일 하는 사람은 우리가 찾아 신문에 설명할 터임. 우리는 조선 대군주 폐하와 조선 정부와 조선 인민을 위한 사람들인 고로, 편당(偏黨)이 있는 의논이든지 한 쪽만 생각하고 하는 말은 우리 신문상에 없을 터임. 또 한 쪽에 영문으로 기록하는 것은 외국 인민이 조선 사정을 자세히 모르는즉, 혹 편벽(偏僻)된 말만 듣고 조선을 잘못 생각할까 보아, 실상 사정을 알게 하고자 하여 영문으로 조금 기록함.

그리한즉 이 신문은 똑(꼭) 조선만 위함을 가히 알 터이요, 이 신문을 인연하여 내외 남녀 상하 귀천이 모두 조선 일을 서로 알 터임. 우리가 또 외국 사정도 조선 인민을 위하여 간간이 기록할 터이니, 그것을 인연하여 외국은 가지 못하더라도 조선 인민이 외국 사정도 알 터임. 오늘은 처음인 고로 대강 우리의 주의(主義)만 세상에 고하고, 우리 신문을 보면 조선 인민이 소견과 지혜가 진보함을 믿노라. 논설 그치기 전에 우리가 대군주 폐하께 송덕(頌德)하고 만세를 부르나이다.

우리 신문이 한문을 아니 쓰고 다만 국문으로만 쓰는 것은 상하(上下) 귀천(貴賤)이 다 보게 함이다. 또 국문을 이렇게 구절(句節)을 떼어 쓴즉, 아무라도 이 신문 보기가 쉽고 신문 속에 있는 말을 자세히 알아보게 함이다. 각국에서는 사람들이 남녀 물론하고 본국 국문을 먼저 배워 능통한 후에야 외국 글을 배우는 법인데, 조선서는 조선 국문은 아니 배우더라도 한문만 공부하는 까닭에 국문을 잘 아는 사람이 드묾이다. 조선 국문하고 한문하고 비교하여 보면, 조선 국문이 한문보다 얼마가 나은 것이 무엇인고 하니, 첫째는 배우기가 쉬우니 좋은 글이요, 둘째는 이 글이 조선 글이니 조선 인민들이 알아서 백사(百事)를 한문 대신 국문으로 써야, 상하 귀천이 모두 보고 알아보기가 쉬울 터이다. 한문만 늘 써 버릇하고 국문은 폐(廢)한 까닭에, 국문만 쓴 글을 조선 인민이 도리어 잘 알아보지 못하고 한문을 잘 알아보니, 그게 어찌 한심치 아니하리오? 또 국문을 알아보기가 어려운 건 다름이 아니라, 첫째는 말마디를 떼이지 아니하고 그저 줄줄 내려 쓰는 까닭에, 글자가 위에 붙었는지 아래 붙었는지 몰라서, 몇 번 읽어 본 후에야 글자가 어디 붙었는지 비로소 알고 읽으니, 국문으로 쓴 편지 한 장을 보자 하면, 한문으로 쓴 것보다 더디 보고, 또 그나마 국문을 자주 아니 쓰는 고로, 서툴러서 잘못 봄이다. 그런고로 정부에서 내리는 명령과 국가 문적(文籍)을 한문으로만 쓴즉, 한문 못 하는 인민은 남의 말만 듣고 무슨 명령인 줄 알고, 이 편이 친히 그 글을 못 보니, 그 사람은 무단히 병신이 됨이다. 한문 못 한다고 그 사람이 무식한 사람이 아니라, 국문만 잘하고 다른 물정과 학문이 있으면, 그 사람은 한문만 하고 다른 물정과 학문이 없는 사람보다 유식하고 높은 사람이 되는 법이다. 조선 부인네도 국문을 잘하고 각색(各色) 물정과 학문을 배워 소견이 높고 행실이 정직하면, 물론 빈부 귀천 간에 그 부인이 한문은 잘하고도 다른 것 모르는 귀족 남자보다 높은 사람이 되는 법이다. 우리 신문은 빈부 귀천을 다름없이 이 신문을 보고 외국 물정과 내지(內地) 사정을 알게 하려는 뜻이니, 남녀 노소 상하 귀천 간에 우리 신문을 하루 걸러 몇 달간 보면, 새 지각(知覺)과 새 학문이 생길 것을 미리 아노라.

외국 통신(外國 通信)

아메리카 합중국 남쪽에 있는 쿠바라고 하는 섬은 스페인 속국인데, 거기 백성들이 자주 독립하려고 일어나서 스페인 관병(官兵)하고 싸움을 시작한 지 벌써 일 년이 넘었는데, 합중국 정부에서 쿠바를 독립국으로 대접하자 하는 말이 많이 있는데, 근일에 합중국 의회원(議會院)에서 쿠바인 병사를 스페인 역적으로 아니 대접하고 의병으로 알아주자는 의논이 있었더니, 스페인 신문지들이 합중국을 대단히 험담하고 스페인 인민이 미국 사람들을 대하여 실례(失禮)하는 자가 많이 있는 고로, 스페인 정부에서 별도로 조속(操束)하고 스페인에 있는 미국 인민을 보호한다더라.

이집트 일 때문에 영국하고 불란서하고 대단히 시비가 있을 모양인데, 영국 군사가 '동골아'라고 하는 데로 군사를 근일에 보낸 까닭에 불란서 인민이 대단히 좋아 아니하고 어찌하면 영불 간에 싸움이 되기가 쉽다더라. 이탈리아 군사는 이디오피아 군사하고 아프리카에서 싸움하다가 대패하였는데, 이디오피아 사람들은 불란서에서 속으로 도와준다더라.

잡보(雜報)

러시아에 가는 공사(公使) 민영환, 수행원(隨行員) 윤치호, 참서관(參書官) 김득련, 김도일 제씨(諸氏)는 본월(本月) 초일일(初一日)에 러시아 황제 즉위례(卽位禮)에 참례하려고 제물포에서 출발하였다. 러시아 황제 즉위례에 각국이 다 별사(別使)를 보내는데, 일본서는 육군 대장 산현유붕(山縣有朋) 씨가 가고, 청국서는 이홍장 씨가 갔다 하더라.

일본 주경(駐京) 공사인 이하영 씨는 그저께 일본으로 갔다 하더라.

순검 한 명이 술을 먹고 행실이 마땅하지 아니한 고로, 총순(總巡) 하나가 지나가다가 그것을 보고 술취한 순검을 꾸짖었더니, 순검이 총순에게 불경한 말을 하는 고로, 총순이 소지(所志)를 하고 자퇴(自退)하려 했더니, 경무청에서 소지를 받지 아니하고 그저 다니라 했으나, 그 술 취했던 순검은 퇴거(退去)도 아니하고 또 그 순검이 총순을 보고 비웃는 말을 하는 고로, 총순이 기어히 사직하고 자퇴한다니, 우리가 듣기에 매우 가엽더라.

군사와 순검이 상관께 실례하여도 벌이 없고, 상관이 도리어 벌을 입을 지경이면 규칙은 있어 무엇에 쓸는지 모르겠더라. 경무사장(警務使長)께서 필경(畢竟) 이 일을 자세히 모르기에 일이 그렇게 처치(處置)가 된 것이니, 우리는 경무사 씨에게 이 일을 다시 사실(査實)하여, 만일 그 순검이 누구 유세(有勢)한 이를 믿고 총순에게 실례를 했으면, 그 순검은 곧 퇴거하고, 총순은 본직을 환급(還給)하기 바란다.

탁지부(度支部)의 대문(大門) 앞에 선혜청 소속의 수백 인이 모인 뜻은 을유(乙酉), 병술(丙戌), 정해(丁亥), 무자(戊子), 기축(己丑) 다섯 해의 정비(情費)쌀 일만 일천여 석을 대어 주어 달라고 모였는데, 친군영(親軍營) 소속들의 정비쌀을 먼저 대어 주고, 선혜청 소속에게는 아직 대어 주지 않은 까닭일 것이라.

잡보(雜報) 연속(連續)

하관(下官)이 상관(上官)의 영(令)을 듣지 아니하면 각국에서는 두말 없이 그 하관을 퇴거(退去)하는 법이요, 그런 고로 법률과 규칙이 국중(國中)에 서고, 만일 하관이 상관에게 실례(失禮)한 말을 하면 하관이 중벌(重罰)을 입는 법이요, 만일 하관이 상관을 때리든지 손을 걸든지 하면 하관은 몇 십 년 중역(重役)을 시키는 법이요, 해륙(海陸) 군속(軍屬)은 군사(軍士)가 상관을 치든지 하면 그 군사는 포살(砲殺)하는 법이니라.

우리가 들으니 갈린 해주 관찰사 이명선이가 정부를 반대할 마음이 있다 해서 벼슬을 갈려 하더니, 만일 그 말이 분명하다면 다만 면직(免職)만 할 뿐 아니라, 중벌(重罰)을 받아야 마땅하리라.

한영 자전 · 한영 문법

조선 사람이 영국 말을 배우려면 이 두 책보다 더 긴요한 것이 없는지라, 이 두 책이 미국인 언더우드가 만든 것이니, 한영 자전은 영국 말과 언문과 한문을 합하여 만든 책이요, 한영 문법은 영국 문법과 조선 문법을 서로 견주었으니, 말이 간단하여 영국 말을 자세히 배우려면 이 책이 있어야 할 것이니라. 값은 한영 자전 사 원, 한영 문법 삼 원. 배재학당 한미화활판소에 와서 사라.

주지회사

서울 정동

각종 외국 상등(上等) 물건을 파는데 값도 비싸지 아니하더라. 각종 담배와 다른 물건이 많이 있더라.

안창회사

서울 정동

서양 물건과 청국 물건을 파는데 상등(上等) 서양 술과 각종 담배가 많이 있더라.

가메야 회사

서울 정동

외국 상등 물건을 파는데, 물건이 다 좋고 값도 에누리가 없더라.

사민(四民) 필지(必知)

세계 지리서를 한문으로 번역한 것인데, 사람마다 볼 만한 책이니 학문상에 유의(有意)하는 이는 이 책을 종로(鐘路) 책전(冊廛)에서 사시옵.
값은 여덟 냥.

참고 문헌

강성일(1972), '중세국어 조어론 연구', 동아논총 9, 동아대학교.

강신항(1990), "훈민정음 연구(증보판)", 성균관대학교 출판부.

강인선(1977), '15세기 국어의 인용구조 연구', 석사학위 논문, 서울대학교.

강헌규(1973), '가시리'의 신석을 위한 어문학적 고찰', 국어국문학 62·63 합병호.

고성환(1993), '중세국어 의문사의 의미와 용법', 국어학논집 1, 태학사.

고영근(1961), "'석보상절'과 '월인석보'의 한 비교', 한글 128. 한글학회.

고영근(1981), "중세국어의 시상과 서법", 탑출판사.

고영근(1983), '한글의 유래에 대하여', "백석 조문제 교수 화갑 기념 논문집", 백석 조문제 교수 화갑 기념 논문집 간행 위원회.

고영근(1985=1995), '處容歌의 한 解讀', "단어·문장·텍스트", 한국문화사.

고영근(1987), "표준 중세 국어 문법론", 탑출판사.

고영근(1991), '삼강행실도의 번역 연대', "김영배 선생 회갑기념 논총", 경운출판사.

고영근(1993), '석보상절·월인천강지곡·월인석보', "국어사 자료와 국어학의 연구", 안병희 선생 회갑기념 논총, 문학과지성사

고영근(1995), '중세어의 동사 형태부에 나타나는 모음동화', "국어사와 차자표기 - 소곡 남풍현 선생 화갑 기념 논총", 태학사.

고영근(1996), '한국 고전 작품에 대한 텍스트 언어학적 분석', 새국어생활 6-1, 국립국어연구원.

고영근(2004), "한국어의 시제 서법 동작상", 태학사.

고영근(2006), "개정판 표준 중세 국어 문법론", 집문당.

교육인적자원부(2007), "고등학교 교사용 지도서 문법", (주)교학사.

교육인적자원부(2007), "고등학교 문법", (주)교학사.

구본관(1996), '15세기 국어 파생법에 대한 연구', 박사학위 논문, 서울대학교.

권영철(1968), '鄭瓜亭歌 新硏究', "曉大論文集".

권영환(1992), '우리말 도움풀이씨 연구', 석사학위 논문, 부산대학교.

권용경(1990), '15세기 국어 서법의 선어말어미에 대한 연구', 국어연구 101. 국어연구회.

김대행 외(편저)(1986), "고려시가의 정서", 개문사.

김명호(1983), "한국 시가 문학 연구", 신구문화사.
김동소(2003), "역주 구급방언해 상, 하", 세종대왕기념사업회.
김문기(1999), "중세국어 매인풀이씨 연구", 석사학위 논문, 부산대학교.
김문기(2007), '한국어 매인풀이씨 연구', 박사학위 논문, 부산대학교.
김민수(1957), "주해 훈민정음", 통문관.
김상억(1975), "용비어천가", 을유문화사.
김상억(1982), '정석가고', "고려시대의 가요문학", 새문사.
김성칠(1948), "주해 용비어천가", 조선금융조합연합회.
김소희(1996), '16세기 국어의 '거/어'의 교체에 대한 연구', 국어연구 142, 국어연구회.
김송원(1988), '15세기 중기 국어의 접속월 연구', 박사학위 논문, 건국대학교.
김언주(2002), "역주 금강경언해(상, 하)", 세종출판사.
김언주(2004), "역주 능엄경언해 1", 세종출판사.
김언주(2005), "역주 능엄경언해 2", 세종출판사.
김열규 · 신동욱(공편)(1982), "고려시대의 가요 문학", 새문사.
김영배(1972), "석보상절 권23 · 24 주해", 일조각.
김영배(1986), "석보상절"(상, 하), 현대불교신서 57 · 58, 동국대학교 불교간행위원회(상 : 권 1 · 2 · 7 · 10, 하 : 권 3 · 6 · 23 · 24).
김영송(1981), "우리말 소리의 연구", 과학사.
김영욱(1989), '중세국어의 존비법에 대한 연구', 국어연구 89, 국어연구회.
김영욱(1990), '중세국어 관형격조사 '인/의, ㅅ'의 기술과 관련된 문제 해결을 위하여', 주시경학보 8, 탑출판사.
김완진(1966), '青山別曲의 '사슴'에 대하여', "文學과 言語", 탑출판사.
김완진(1971), '青山別曲의 結聯에 대한 一考察', "문학과 언어", 탑출판사.
김완진(1979), '문학 작품의 해석과 문법', "문학과 언어", 탑출판사.
김완진(1985), '高麗歌謠 語義 탐색의 몇 경우', "歷史言語學", 전예원.
김완진(1996), '고려가요의 어학적 해석', 새국어생활 6-1(봄), 국립국어원.
김유범(2007), "국어 문법형태소의 역사적 이해", 도서출판 월인.
김유범(2007), "중세국어 문법형태소의 형태론과 음운론", 도서출판 월인.
김정남(1993), '주체높임법과 관련된 이중주어 구문의 문제', 국어학논집 1, 태학사.
김정아(1985), '15세기 국어의 '-ㄴ가' 의문문에 대하여', 국어국문학 94, 국어국문학회.

김정아(1993), '15세기 국어의 비교구문 연구', 박사학위 논문, 서울대학교.

김정아(1993), '용비어천가', "국어사 자료와 국어학의 연구", 안병희 선생 회갑기념 논총, 문학과지성사.

김진형(1995), '중세국어 보조사에 대한 연구', 국어연구 136.

김차균(1986), '월인천강지곡에 나타나는 표기체계와 음운', 한글 182호, 한글학회.

김철환(1986), "漢韓大字典", 민중서림.

김충회(1972), '15세기 국어의 서법체계 시론', 국어학논총 5・6, 단국대학교.

김쾌덕(1983), '鄭瓜亭曲 小考', 국어국문학 20, 부산대 국어국문학과.

김형규(1955), "고가주석", 백영사.

김형규(1976), "고가요주석", 일조각.

나은미(2004), '<독립신문>의 표기법 연구', 한성어문학 23집, 한성대학교 국어국문학과.

나진석(1971), "우리말 때매김 연구", 과학사.

나찬연(2008), "중세 국어 문법의 이해 – 이론편", 교학연구사.

나찬연(2008), "중세 국어 문법의 이해 – 주해편", 교학연구사.(공저)

나찬연(2008), "중세 국어 문법의 이해 – 강독편", 교학연구사.

나찬연(2009), "현대 국어 문법의 이해", 도서출판 월인.

남광우(1960), "국어학 논문집", 일조각.

남기심・고영근(1993), "표준국어문법론", 탑출판사.

남윤진(1989), '15세기 국어의 접속어미에 대한 연구', 국어연구 93, 국어연구회.

남풍현(1976), "국어 부정법의 발달", 문법연구 3. 탑출판사.

노동헌(1993), '선어말어미 '-오-'의 분포와 기능 연구', 국어연구 114.

류광식(1990), '15세기 국어 부정법의 연구', 박사학위 논문, 건국대학교.

리의도(1989), '15세기 우리말의 이음씨끝', 한글 206호, 한글학회.

민현식(1988), '중세국어 어간형 부사에 대하여', 선청어문 16・17집, 서울대학교 국어교육과.

박노준(1985), '청산별곡의 재조명', 한국학논집 7, 한양대 한국학연구소.

박노준(1990), '서경별곡의 구조와 화자의 태도', "고려가요의 연구", 새문사.

박노준(1990), "고려가요의 연구", 새문사.

박노준(1996), '고려가요의 문학적 해독', 새국어생활 6-1(봄), 국립국어원.

박병채(1968), '고려가요의 어석연구', 선명문화사.

박병채(1991), "논주 월인천강지곡"(增訂版), 세영사.

박병채(1994), "새로 고친 고려가요 어석연구", 국학자료원.

박상규(1991), 'Altai제어에서 본 청산별곡의 신고찰', "민속학 연구" 3, 중앙대 민속학 연구소.

박선자(1996), "한국어 어찌말의 통어의미론", 세종출판사.

박지홍(1984), "풀이한 훈민정음", 교학사.

박태영(1993), '15세기 국어의 사동법 연구', 석사학위 논문, 단국대학교.

박희식(1984), '중세국어의 부사에 대한 연구', 국어연구 63. 국어연구회

배석범(1994), '용비어천가의 문제에 대한 일고찰', 국어학 24. 국어학회.

백영 정병욱 선생 10주기 추모논문집 간행위원회(1992), "한국 고전시가 작품론", 집문당.

법 정(2003), "깨달음의 거울－선가귀감", 동쪽나라.

서수생(1963), '청산별곡 소고', 교육연구 1, 경북대 사범대.

서재극(1960), '鄭瓜亭曲 新釋 試圖', 어문학 6, 한국어문학회.

서재극(1972), '서경별곡의 '네가시럼난디' 재고', 어문학 27, 한국어문학회.

서재극(1974), '여요 해석에 따른 몇 가지 문제', 국어국문학 64, 국어국문학회.

서재극(1975), '노래 動動에서 본 고려어', "고려시대의 언어와 문학", 형설출판사.

서재극(1981), '고려노래 되새김길', "한국시가연구", 형설출판사.

서태길(1990), '한정조사 '서'에 대한 연구 – 그 결합형을 중심으로', 석사학위 논문, 고려대학교.

성기옥(1994), '악학궤범의 시문학 사료적 가치', 진단학보 77, 진단학회.

성기철(1979), '15세기 국어의 화계 문제', 논문집 13, 서울산업대학교.

성현경(1972), '청산별곡고', 국어국문학 58 · 59 · 60, 국어국문학회.

손세모돌(1992), '중세국어의 'ᄇᆞ리다'와 '디다'에 대한 연구', 주시경학보 9, 탑출판사.

시부(志部昭平)(1990), "언해 삼강행실도연구" (2책), 동경 : 汲古書阮.

신동욱(1982), '청산별곡의 평민적 의식의 삶', 김열규 · 신동욱 편, "고려시대의 가요 문학", 새문사.

신상순 외 편(1988), "훈민정음의 이해", 한신문화사.

안병희(1960), '여요(麗謠) 이제(二題)', 한글 127, 한글학회.

안병희(1966), '부정격(Casus Infinitus)의 정립을 위하여', 동아문화 6.

안병희(1985), '훈민정음 사용에 관한 역사적 연구 – 창제로부터 19세기까지', 동방학지 46 · 47 · 48, 연세대학교 국학연구원.

안병희(1991), '월인천강지곡의 교정에 대하여', "이승욱 선생 회갑기념 논총", 서강대학교 국어국문학과.

안병희(1992), "국어사 자료 연구", 문학과 지성사.

안병희 · 이광호(1993), "중세국어문법론", 학연사.

양명희(1993), '내훈', "국어사 자료와 국어학의 연구"(안병희 선생 회갑기념 논총), 문학과지성사.

양정호(1991), '중세국어의 파생접미사 연구', 국어연구 105. 국어연구회.

양주동(1954), "여요전주", 을유문화사.

양주동(1962), '고가전차의(古歌箋箚疑)', "國學硏究論考", 을유문화사.

양태순(1986), '정읍사는 백제 노래인가', "한국문학사의 쟁점", 집문당.

양태순(1992), '정과정의 종합적 고찰', "백영 정병욱 선생 10주기 추모논문집 한국고전시가작품론", 집문당.

여증동(1973), '서경별곡 고구', "청계 김사엽박사 송수기념 논총", 학문사.

여증동(1982), '쌍화점 노래 연구', 김열규 · 신동욱 편, "고려시대의 가요문학", 새문사.

유동석(1987), '15세기 국어 계사의 형태 교체에 대하여', "우해 이병선 박사 회갑 기념 논총". 우해 이병선 박사 회갑 기념 논총 간행위원회.

윤경수(1963), '쌍화점에 나타난 인간 자세', 현대문학 98, 현대문학사.

윤석민 외(2006), "쉽게 읽는 선가귀감언해－상", 박이정.

윤석민 외(2006), "쉽게 읽는 용비어천가－ I , II", 박이정.

윤용선(1993), '두시언해', "국어사 자료와 국어학의 연구", 안병희 선생 회갑기념 논총, 문학과 지성사.

윤철중(1982), '정석가연구', 논문집 10, 상명여대.

이광정(1983), '15세기 국어의 부사형어미', 국어교육 44 · 45,

이광호(1972), '중세국어 '사이시옷' 문제와 그 해석 방안', "국어사 연구와 국어학 연구 – 안병희 선생 회갑 기념 논총", 문학과 지성사.

이광호(1972), '중세국어의 대격 연구', 국어연구 29. 국어연구회.

이광호(1982), '고려가요의 의문법', "백영 정병욱 선생 화갑기념 논총", 신구문화사.

이광호(1995), '후음 'ㅇ'과 중세국어 분철표기의 신해석', "국어사와 차자표기 – 남풍현 선생 회갑기념", 태학사.
이기문(1959), '救急簡易方에 대하여', 文理大學報 7-2. 서울대학교.
이기문(1963), "국어표기법의 역사적 연구 - 신정판", 한국연구원.
이기문(1988), "국어사개설 - 신정판", 태학사.
이기문(1991), "국어 어휘사 연구", 동아출판사.
이기백(1975), '여요에 쓰인 조사에 대하여', "고려시대의 언어와 문학", 형설출판사.
이남순(1988), "국어의 부정격과 격표지", 탑출판사.
이동림(1959), "주해 석보상절", 동국대학교 출판부 (권6・9・13・19).
이등룡(1985), '청산별곡 후렴구의 어휘적 의미 연구', 대동문화연구 19, 성균관대 대동문화연구소.
이명규(1981), '딩하 돌하 당금에 계샤이다', 문학사상 105, 문학사상사.
이병운(2000), "중세국어의 음절과 표기법 연구", 세종출판사.
이병주(1975), "두시언해 비주", 통문관.
이상복(1979), '동사 '말다'에 대하여', 연세어문학 9・10집, 연세대학교 국어국문학과.
이숭녕(1981), "중세국어문법 - 개정 증보판", 을유문화사.
이승명(1975), '청산별곡 연구', "고려시대의 언어와 문학", 형설출판사.
이승희(1996), '중세국어 감동법 연구', 국어연구 139. 국어연구회.
이응백(1978), '동동 구월령 어석고', 국어국문학 77. 국어국문학회.
이인모(1973), '청산별곡 내용의 재검토', 국어국문학 61, 국어국문학회.
이정택(1994), '15세기 국어의 입음법과 하임법', 한글 223, 한글학회.
이주행(1993), '후기 중세국어의 사동법', 국어학 23, 국어학회.
이태욱(1995), '중세국어의 부정법 연구', 박사학위 논문, 성균관대학교.
이현규(1984), '명사형어미 '-기'의 변화', "목천 유창돈 박사 회갑 기념 논문집", 계명대학교 출판부.
이현희(1994), "중세국어 구문 연구", 신구문화사.
이홍식(1993), ''-오-'의 기능 구명을 위한 서설', 국어학논집 1, 태학사.
임기중(1979), '고려가요 동동고', "고려가요 연구", 정음사.
임동권(1982), '동동의 해석', "고려가요 연구", 새문사.
임동훈(1994), '중세국어 선어말어미 {-시-}의 형태론', 국어학 24. 국어학회.
임주탁(1996), '정석가의 문학적 성격', 고전문학연구 10.

장경희(1993), '노걸대·박통사의 언해본', "국어사 자료와 국어학의 연구", 안병희 선생 회갑기념 논총, 문학과 지성사.
장사훈(1955), '서경별곡', 한글 113, 한글학회.
장사훈(1959), '정읍사의 음악적 고찰', 자유문학 27, 자유문학사.
장지영(1955), '옛노래 읽기(靑山別曲)', 한글 110, 한글학회.
장지영(1955), '옛노래읽기(정읍사)' 한글 111.
전재호(1973), "두시언해의 국어학적 연구", 통문관.
전정례(1995), '새로운 '-오-' 연구', 한국문화사.
정철(1954), '원본 훈민정음의 보존 경위에 대하여', 국어국문학 9, 국어국문학회.
정병욱(1960), '망부석의 비곡(정읍사)', 자유문학 43.
정병욱(1977), "고전시가론", 신구문화사.
정병욱(1979), '쌍화점고', "한국고전시가론", 신구문화사.
정병욱(1982), '악기의 구음으로 본 별곡의 여음구, "고려시대 가요문학", 새문사.
정재영(1996), "중세국어 의존명사 'ᄃᆞ'에 대한 연구", 국어학총서 23, 태학사.
정재호(1982), '鄭瓜亭에 대하여', 김열규·신동욱 편, "고려시대의 가요문학", 새문사.
조동일(1994), "한국문학통사" 2, 지식산업사.
조동일·남풍현(1991), '속악가사-국어국문학편', "한국학기초자과선집 중세편", 한국정신문화연구원.
지헌영(1947), "향가 여요 신석", 정음사.
지헌영(1961), '정읍사의 연구', 아세아연구 7, 고려대학교 아시아문제 연구소.
최동주(1995), '국어 시상체계의 통시적 변화에 관한 연구', 박사학위 논문, 서울대학교.
최미정(1988), '죽은 임을 위한 노래 - 동동', 문학한글 2. 한글학회.
최정여(1967), '정읍사 재고', 계명논총 3, 계명대 출판부.
최진원(1971), '동동고 Ⅰ', 대동문화연구 4, 성균관대학교 대동문화연구원.
최진원(1975), '동동고 Ⅱ', 대동문화연구 8, 성균관대학교 대동문화연구원.
최진원(1978), '동동고 Ⅲ', 대동문화연구 12, 성균관대학교 대동문화연구원.
최철·박재민(2003), "석주 고려가요". 이회출판사.
최현배(1961), "고친 한글갈", 정음사.
최현배(1980), "우리말본", 정음사.
하치근(2002), "현대우리말본", 도서출판 박이정.

한국어문학회(편)(1975), "고려시대의 언어와 문학", 형설출판사.

한글학회(1985), "訓民正音", 영인본.

한재영(1984), '중세국어 피동구문의 특성에 대한 연구', 국어연구 61. 국어연구회.

한재영(1986), '중세국어 시제체계에 관한 관견', 언어 11-2. 한국언어학회.

한재영(1990), '선어말어미 '-오/우-'', "국어 연구 어디까지 왔나", 동아출판사.

한재영(1992), '중세국어의 대우체계 연구', 울산어문논집 8, 울산대학교 국어국문학과.

허웅 외(1991), "역주 석보상절"(2책), 세종대왕 기념사업회(권6・9・11・13・19).

허웅(1955), "용비어천가", 정음사.

허웅(1975=1981), "우리 옛말본", 샘문화사.

허웅(1977), "용비어천가", 어문총서 201, 형설출판사.

허웅(1986), "국어 음운학", 샘문화사.

허웅(1989), "16세기 우리 옛말본", 샘문화사.

허웅(1991), '용비어천가', 한국 민족문화 대백과사전, 한국정신문화연구원.

허웅(1992), "15・16세기 우리 옛말본의 역사", 탑출판사.

허웅・이강로(1999), "주해 월인천강지곡", 신구문화사.

홍사성(1996), "불교 상식 백과", 불교시대사.

홍윤표(1969), '15세기 국어의 격연구', 국어연구 21, 국어연구회.

홍종선(1983), '명사화어미의 변천', 국어국문학 89, 국어국문학회.

황선엽(1995), '15세기 국어의 '-(으)니'의 용법과 기원', 국어연구 135, 국어연구회.

찾아보기

용례 찾기

- 소리와 글자 -

– 파생 접사 · 조사 · 어미 –

(ㄱ)

(ㄴ)

(ㄷ)

- 어휘 -

용어 찾기

지은이 **나찬연**은 1960년에 부산에서 태어났다. 부산대학교 국어국문학과를 나오고(1986), 같은 학교의 대학원에서 문학석사(1993)와 문학박사(1997)의 학위를 받았다. 지금은 경성대학교 국어국문학과에서 교수로 재직하고 있으면서 국어학 분야의 강의를 맡고 있다.

홈페이지 : '학교 문법 교실(http://scammar.com)'에서는 이 책의 내용과 관련된 각종 학습 자료를 온라인으로 제공합니다. 이 책을 구입한 이는 '학교 문법 교실'을 방문하여서 자료실과 문답방에 올려져 있는 다양한 학습 정보를 이용하기 바랍니다.

전자메일 : ncy@ks.ac.kr

주요 논저

우리말 이음에서의 삭제와 생략현상 연구(1993), 우리말 의미중복 표현의 통어·의미 연구(1997), 우리말 잉여표현 연구(2004), 개정 2판 한글 맞춤법의 이해(2008), 중세 국어 문법의 이해-이론편(2010), 중세 국어 문법의 이해-주해편(2010)(공저), 중세 국어 문법의 이해-강독편(2010), 중세 국어 문법의 이해-문제편(2011)(공저), 현대 국어 문법의 이해(2009), 벼리 한국어 회화 1, 2(2011), 벼리 한국어 읽기 1, 2(2011).

지은이 **김문기**는 1971년에 부산에서 태어났다. 부산대학교 국어국문학과를 나오고(1997), 같은 학교의 대학원에서 문학석사(1999)와 문학박사(2007)의 학위를 받았다. 지금은 부산대학교 국어국문학과에서 전임대우강사로 재직하고 있으면서 국어학 분야의 강의를 맡고 있다.

전자메일 : kimmg5058@hanmail.net

주요 논저

중세국어 매인풀이씨 연구(1999), 석사학위 논문
한국어 매인풀이씨 연구(2007), 박사학위 논문
한국어 매인풀이씨 연구(2008), 제이앤씨
중세 국어 문법의 이해-주해편(2008), 교학연구사 (공저)
중세 국어 문법의 이해-문제편(2011), 도서출판경진 (공저)
문법의 진화-시제, 상, 양태(2010), 소통 (공저)

옛글 읽기

초　판 1쇄 발행 • 2009년 10월 26일
수정판 1쇄 발행 • 2011년 11월 12일

지은이 • 나찬연 / 김문기
펴낸이 • 박성복
펴낸곳 • 도서출판 月印
서울특별시 강북구 수유2동 252-9
등록 • 제6-0364호 / **등록일** • 1998년 5월 4일
대표전화 • (02) 912-5000 / **팩스** • (02) 900-5036
http://www.worin.net

ISBN 978-89-8477-450-6 93710

값 18,000원

☞ 잘못된 책은 구입하신 서점이나 본사에서 바꾸어 드립니다.